COMENTÁRIOS AO ESTATUTO DA PESSOA COM DEFICIÊNCIA À LUZ DA CONSTITUIÇÃO DA REPÚBLICA

HELOISA HELENA BARBOZA
VITOR ALMEIDA
Coordenadores

Prefácios
Francisco J. Bariffi
Gustavo Tepedino

COMENTÁRIOS AO ESTATUTO DA PESSOA COM DEFICIÊNCIA À LUZ DA CONSTITUIÇÃO DA REPÚBLICA

2ª edição revista, ampliada e atualizada

Belo Horizonte

2021

© 2018 Editora Fórum Ltda.
2021 2ª edição

É proibida a reprodução total ou parcial desta obra, por qualquer meio eletrônico, inclusive por processos xerográficos, sem autorização expressa do Editor.

Conselho Editorial

Adilson Abreu Dallari	Floriano de Azevedo Marques Neto
Alécia Paolucci Nogueira Bicalho	Gustavo Justino de Oliveira
Alexandre Coutinho Pagliarini	Inês Virgínia Prado Soares
André Ramos Tavares	Jorge Ulisses Jacoby Fernandes
Carlos Ayres Britto	Juarez Freitas
Carlos Mário da Silva Velloso	Luciano Ferraz
Cármen Lúcia Antunes Rocha	Lúcio Delfino
Cesar Augusto Guimarães Pereira	Marcia Carla Pereira Ribeiro
Clovis Beznos	Márcio Cammarosano
Cristiana Fortini	Marcos Ehrhardt Jr.
Dinorá Adelaide Musetti Grotti	Maria Sylvia Zanella Di Pietro
Diogo de Figueiredo Moreira Neto (*in memoriam*)	Ney José de Freitas
Egon Bockmann Moreira	Oswaldo Othon de Pontes Saraiva Filho
Emerson Gabardo	Paulo Modesto
Fabrício Motta	Romeu Felipe Bacellar Filho
Fernando Rossi	Sérgio Guerra
Flávio Henrique Unes Pereira	Walber de Moura Agra

Luís Cláudio Rodrigues Ferreira
Presidente e Editor

Coordenação editorial: Leonardo Eustáquio Siqueira Araújo
Aline Sobreira de Oliveira

Av. Afonso Pena, 2770 – 15º andar – Savassi – CEP 30130-012
Belo Horizonte – Minas Gerais – Tel.: (31) 2121.4900 / 2121.4949
www.editoraforum.com.br – editoraforum@editoraforum.com.br

Técnica. Empenho. Zelo. Esses foram alguns dos cuidados aplicados na edição desta obra. No entanto, podem ocorrer erros de impressão, digitação ou mesmo restar alguma dúvida conceitual. Caso se constate algo assim, solicitamos a gentileza de nos comunicar através do *e-mail* editorial@editoraforum.com.br para que possamos esclarecer, no que couber. A sua contribuição é muito importante para mantermos a excelência editorial. A Editora Fórum agradece a sua contribuição.

Dados Internacionais de Catalogação na Publicação (CIP) de acordo com a AACR2

C732   Comentários ao estatuto da pessoa com deficiência à luz da Constituição da República/ Heloisa Helena Barboza, Vitor Almeida (Coord.). 2. ed. – Belo Horizonte : Fórum, 2021.
448 p., 17x24cm

ISBN: 978-65-5518-252-1

1. Direito Constitucional. 2. Direito Civil. 3. Direitos Humanos 4. Direito Urbanístico. I. Barboza, Heloisa Helena. II. Almeida, Vitor. III. Título.

CDD: 341.2
CDU: 342

Elaborado por Daniela Lopes Duarte – CRB-6/3500

Informação bibliográfica deste livro, conforme a NBR 6023:2018 da Associação Brasileira de Normas Técnicas (ABNT):

BARBOZA, Heloisa Helena; ALMEIDA, Vitor (Coord.). *Comentários ao estatuto da pessoa com deficiência à luz da Constituição da República*. 2. ed. Belo Horizonte: Fórum, 2021. 448 p. ISBN 978-65-5518-252-1.

Nothing about us, without us.

SUMÁRIO

PREFACIO A LA 2ª EDICIÓN
Francisco J. Bariffi 15

PREFÁCIO DA 2ª EDIÇÃO
Francisco J. Bariffi 19

PREFÁCIO DA 1ª EDIÇÃO
Gustavo Tepedino 23

APRESENTAÇÃO DA 2ª EDIÇÃO 25

LEI Nº 13.146, DE 6 DE JULHO DE 2015 29

Art. 1º 29

Art. 2º 35

Art. 3º 39

Art. 4º 44

Art. 5º 55

Art. 6º 62

Art. 7º 72

Art. 8º 76

Art. 9º 81

Art. 10 93

Art. 11 94

Art. 12 98

Art. 13 103

Art. 14 106

Art. 15 109

Art. 16 113

Art. 17 116

Art. 18 119

Art. 19 122

Art. 20 130

Art. 21 132

Art. 22 134

Art. 23 135

Art. 24 137

Art. 25 139

Art. 26 140

Art. 27 144

Art. 28 152

Art. 29 (VETADO) 159

Art. 30 160

Art. 31 163

Art. 32 167

Art. 33 169

Art. 34 171

Art. 35 174

Art. 36 176

Art. 37 178

Art. 38 180

Art. 39 182

Art. 40 186

Art. 41 188

Art. 42 192

Art. 43 197

Art. 44 198

Art. 45 202

Art. 46 206

Art. 47 209

Art. 48 211

Art. 49 212

Art. 50 213

Art. 51 215

Art. 52 217

Art. 53 219

Art. 54 222

Art. 55 224

Art. 56 226

Art. 57 227

Art. 58 230

Art. 59 233

Art. 60 234

Art. 61 237

Art. 62 239

Art. 63 243

Art. 64 249

Art. 65 250

Art. 66 252

Art. 67 253

Art. 68 256

Art. 69 259

Art. 70 261

Art. 71 262

Art. 72 263

Art. 73 264

Art. 74 266

Art. 75 268

Art. 76 271

Art. 77 275

Art. 78 277

Art. 79 279

Art. 80 290

Art. 81 293

Art. 82 (VETADO) 298

Art. 83 299

Art. 84 303

Art. 85 308

Art. 86 311

Art. 87 312

Art. 88 314

Art. 89 318

Art. 90 321

Art. 91 324

Art. 92 326

Art. 93 331

Art. 94 332

Art. 95 335

Art. 96 337

Art. 97 340

Art. 98 342

Art. 99 344

Art. 100 345

Art. 101 348

Art. 102 351

Art. 103 356

Art. 104 357

Art. 105 359

Art. 106 (VETADO) 361

Art. 107 362

Art. 108 364

Art. 109 365

Art. 110 367

Art. 111 368

Art. 112 369

Art. 113 372

Art. 114 374

Art. 115 405

Art. 116 406

Art. 117 414

Art. 118 415

Art. 119 416

Art. 120 418

Art. 121 420

Art. 122 424

Art. 123 426

Art. 124 436

Art. 125 437

Art. 126 438

Art. 127 439

SOBRE OS AUTORES 445

PREFACIO A LA 2ª EDICIÓN

Con enorme placer y honor me aboco en estas breves palabras a prologar esta nueva edición de la magnífica obra coordinada por los profesores Heloisa Helena Barboza y Vitor Almeida titulada "Comentarios al Estatuto de la Persona con Discapacidad a la luz de la Constitución de la República".

Tras el éxito editorial de la primera impresión en 2018, este nuevo emprendimiento pretende ahondar y promover la reflexión jurídica y práctica en torno a la implementación e interpretación de la Ley 13.146 de 2015 (Estatuto de la Persona con Discapacidad – EPD), y su inserción en el ordenamiento jurídico brasileño.

No cabe duda alguna que la negociación, adopción, y entrada en vigor de la Convención de las Naciones Unidas sobre los Derechos de las Personas con Discapacidad (CDPD) supuso un hito histórico en torno a la especificación y tutela de los derechos de las personas con discapacidad.

La CDPD representa la máxima aspiración de derechos humanos de las personas con discapacidad. Ello no sólo por el modelo filosófico que la inspira, sino por el simple hecho de que sus cláusulas responden, casi en su totalidad, a los reclamos y reivindicaciones de las propias personas con discapacidad. Con ello, hemos conseguido dar un enorme paso, esto es, recoger a modo de guía u hoja de ruta los pasos a seguir y los principios a aplicar para respetar, proteger y realizar los derechos humanos de las personas con discapacidad.

Habiéndose superado ya la década de vigencia de la CDPD, la cual cuenta con un nivel altísimo de ratificación mundial, podemos apreciar cambios importantes en las políticas y legislaciones de los Estados Parte. El Comité de la CDPD, abocado al seguimiento universal de las obligaciones recogidas en el tratado, ha efectuado ya una revisión integral de los informes remitidos por los Estados Parte. Las observaciones finales ofrecidas por el Comité evidencian, en mayor o menor medida, que todos los Estados que han ratificado la CDPD han promovido cambios normativos y de políticas públicas en materia de discapacidad, pero también que las mismas resultan insuficientes para alcanzar los compromisos acordados.

El caso de Brasil ha sido muy particular en tanto que se ha optado por la adopción de una ley marco con el principal objeto de incorporar al derecho interno los compromisos internacionales asumidos por la República Federativa al ratificar la CDPD en 2008. En cambio países como Argentina, Perú, Colombia, Costa Rica o México – por nombrar solo algunos de nuestro espacio Latino-Americano – se ha decantado por reformas específicas en ámbitos normativos concretos.

Para lograr su ambicioso y loable objetivo el EPD modifica expresa e implícitamente una gran cantidad de normas infra-constitucionales entre las principales el Código Civil y sus disposiciones relativas a la capacidad jurídica, los derechos sexuales y reproductivos, y los derechos emergentes de las relaciones de familia. Asimismo el EPD también ofrece garantías jurisdiccionales en torno a la protección de derechos fundamentales de tipo civiles y políticos, como la vida, la libertad y la integridad personal, al tiempo que también lo hace respecto de derechos económicos, sociales y culturales como el trabajo, la educación, la salud, la habilitación y la rehabilitación, la asistencia social, o la vida independiente.

El EPD se erige entonces como el marco normativo de referencia en el derecho interno brasileño en relación con la tutela de los derechos de las personas con discapacidad, lo cual no ha impedido que, tras su sanción, se hayan generado numerosos interrogantes frente a eventuales y concretos conflictos normativos. Disposiciones del EPD tales como el reconocimiento pleno de la capacidad jurídica, el derecho al consentimiento libre e informado, o la protección de la libertad e integridad de la persona con discapacidad, en el sentido requerido por la CDPD, impactan e incluso en cierto modo contradicen disposiciones recogidas y vigentes en el derecho privado brasileño.

De este modo, la convivencia entre la Constitución Federal, la CDPD, el EPD y el Código Civil Brasileño se ha tornado, en algunos puntos, compleja y conflictiva, haciéndose necesario promover su debate y reflexión. En dicho contexto obras como la presente resultan de vital importancia en tanto que ofrecen diversidades de enfoques y reflexiones producto de la participación de 26 juristas con acreditada experiencia en la materia.

La idea de contar con un Estatuto normativo específico para la tutela de los derechos de las personas con discapacidad no es desacertada puesto que muchas veces los esfuerzos de reforma legislativa específicos o puntuales terminan operando como parches que ofrecen enfoques anacrónicos y fuera de contexto. No puede negarse que el EPD permite al menos contar en el contexto brasileño con el marco normativo sistematizado y de coherencia que permita promover el tan mentado cambio de paradigma hacia el modelo social de discapacidad.

Pero también es cierto que la fragmentación que impone el EPD frente al resto de ordenamiento jurídico brasileño puede generar injusticias, incoherencias y mala praxis con efectos negativos en la vida diaria de la persona discapacidad. Y ello puesto que existe una tensión permanente entre los derechos humanos y el derecho privado. Por un lado, el derecho internacional de los derechos humanos, o el paradigma de los derechos humanos, es un orden jurídico humanizado que coloca en su centro a la persona pero, como contrapartida, es también un orden que tiene cierta vaguedad y que cuenta con frecuentes "lagunas jurídicas".

Contrariamente con lo que sucede con los derechos humanos, el derecho privado es un orden jurídico primordialmente deshumanizado. Nuestros códigos civiles no han surgido a la luz de los derechos de las personas, sino principalmente a los derechos de propiedad. Es un orden jurídico que goza de cierta exhaustividad, aunque un tanto incompleto. Hoy por hoy ya se ha abandonado esa idea de la Ilustración, de que un código civil podía regular todas las relaciones jurídicas posibles de la vida de las personas, pero es cierto que el derecho privado sigue siendo un orden jurídico exhaustivo, que de alguna forma, nos da respuestas bastante precisas y concretas sobre cómo se van a desarrollar las relaciones jurídicas entre las personas. Como corolario de esa exhaustividad, el derecho privado lo que aporta es cierta seguridad jurídica, nos da bastante certeza sobre cómo se van a producir esas relaciones humanas, de qué forma, y cuáles van a ser sus consecuencias.

En este sentido, he mencionado ya en reiteradas ocasiones que el derecho civil clásico se ha mantenido al margen del discurso ético y jurídico en torno a los derechos humanos. Y lo que resulta curioso de este fenómeno es que el derecho civil aborda o regula cuestiones fundamentales de derechos humanos, y ello no sólo en la actualidad, donde los Códigos Civiles del mundo comienzan a regular aspectos sociales que por la evolución tecnológica requieren de una respuesta legal (bioderecho), sino históricamente desde su misma génesis.

Quizás la más patente y fundamental prueba de lo señalado en el párrafo anterior es la consideración jurídica de "persona física o natural". Seguramente no existe un ámbito más trascendental e intrínsecamente propio del discurso ético y jurídico en torno a los derechos humanos que la consideración jurídica de persona, es decir, qué es lo que jurídicamente nos inviste de tales derechos. Y, sin embargo, estas cuestiones han estado históricamente abordadas o reguladas por el derecho civil, rama del derecho que históricamente se ha resistido a reconocer que estas cuestiones forman parte del dominio natural e indiscutido de los derechos humanos.

Probablemente no exista discusión más importante y central que aquélla relativa a "quién tiene derechos" y "quién puede ejercerlos". Aunque la institución de la capacidad jurídica ha sido tradicionalmente abordada desde la perspectiva del derecho privado sobre la base de los antecedentes históricos del derecho romano, hoy día parece indudable que el establecimiento de sus condiciones jurídicas de ejercicio está directamente condicionado por estándares de derechos humanos y libertades fundamentales de carácter universal.

Es importante reflexionar sobre este punto y comprender que cuando pensamos en regular las condiciones de goce y ejercicio de la capacidad jurídica (capacidad de ejercicio), nos encontramos ante un tema principal del derecho civil, pero también ante el núcleo mismo del discurso de los derechos humanos y de sus condiciones de respeto y vigencia. La condición de persona es la puerta de acceso a la titularidad de los derechos y la capacidad jurídica es la puerta de acceso al ejercicio de ellos. Sin un reconocimiento pleno de capacidad jurídica, no es posible acceder verdaderamente al ejercicio de los derechos humanos en general.

Por ello, cuando reflexionamos sobre "restricciones a la capacidad", lo que se encuentra a debate no son meramente concepciones o puntos de vista de derecho civil o comercial, sino que estamos debatiendo las condiciones legales mínimas a partir de las cuales las personas (niños y niñas, adultos mayores, personas con discapacidad) pueden ejercer sus derechos humanos más básicos como la vida, la libertad o la integridad personal. La conexión entre capacidad jurídica, entendida como la dimensión de acceso al ejercicio de los derechos, y los derechos humanos, nos permite situar a las condiciones de ejercicio estipuladas en normas universales por encima de toda consideración nacional, cultural, religiosa e incluso cuestionar instituciones jurídicas con más de un milenio de vigencia, guiados por el principio *pro homine* como máxima aspiración de justicia.

En resumidas cuentas, tenemos el deber moral y el deber jurídico de pensar y justificar desde una perspectiva de derechos humanos toda limitación o restricción a la capacidad de ejercicio de los derechos. Este debate ya lo hemos tenido respecto de las mujeres décadas atrás, y sobre los niños, niñas y adolescentes (aunque en este último caso aún con mucho camino por recorrer). El reto actual es tenerlo respecto de las personas con discapacidad.

Mar del Plata, 06 de febrero de 2020.

Francisco J. Bariffi

Profesor e investigador – Universidad Nacional de Mar del Plata. PhD y LLM – Universidad Carlos III de Madrid. Subdirector del Centro de Investigación y Docencia en Derechos Humanos – UNMdP. Coordinador Académico de la RED-CDPD (www.redcdpd.net).

PREFÁCIO DA 2ª EDIÇÃO[1]

É com grande prazer e honra que assumo, nestas breves palavras, o prefácio desta nova edição da magnífica obra coordenada pelos Professores Heloisa Helena Barboza e Vitor Almeida intitulada "Comentários ao Estatuto da Pessoa com Deficiência à Luz da Constituição da República".

Após o sucesso editorial da primeira edição em 2018, este novo empreendimento visa aprofundar e promover a reflexão jurídica e prática sobre a implementação e interpretação da Lei nº 13.146 de 2015 (Estatuto da Pessoa com Deficiência – EPD), e sua inserção no ordenamento jurídico brasileiro.

Não há dúvida de que a negociação, adoção e entrada em vigor da Convenção das Nações Unidas sobre os Direitos das Pessoas com Deficiência (CDPD) foi um marco histórico na especificação e proteção dos direitos das pessoas com deficiência.

A CDPD representa a maior aspiração de direitos humanos para as pessoas com deficiência. Isto não só pelo modelo filosófico que o inspira, mas também pelo simples fato de que suas cláusulas respondem, quase na sua totalidade, às reivindicações e exigências das próprias pessoas com deficiência. Com isto, conseguimos dar um enorme passo em frente, ou seja, definir, através de um guia ou roteiro, os passos a dar e os princípios a aplicar para respeitar, proteger e cumprir os direitos humanos das pessoas com deficiência.

Agora que a CDPD está em vigor há mais de uma década e foi ratificada em todo o mundo, podemos ver mudanças importantes nas políticas e na legislação dos Estados Partes. O Comitê da CDPD, que se dedica ao monitoramento universal das obrigações contidas no tratado, já realizou uma revisão abrangente dos relatórios apresentados pelos Estados Partes. As observações finais fornecidas pelo Comitê mostram, em maior ou menor grau, que todos os Estados que ratificaram a CDPD promoveram mudanças normativas e de políticas públicas no campo da deficiência, mas também que estas são insuficientes para alcançar os compromissos acordados.

O caso do Brasil tem sido muito particular por ter optado pela adoção de uma lei-quadro com o objetivo principal de incorporar ao direito interno os compromissos internacionais assumidos pela República Federal quando ratificou a CDPD em 2008. Por outro lado, países como Argentina, Peru, Colômbia, Costa Rica ou México – para citar apenas alguns de nossos espaços latino-americanos – optaram por reformas específicas em áreas normativas específicas.

Para atingir seu ambicioso e louvável objetivo, o EPD modifica expressa e implicitamente um grande número de normas infraconstitucionais, entre as principais o Código Civil e suas disposições relativas à capacidade jurídica, aos direitos sexuais e reprodutivos e aos emergentes direitos das relações familiares. O EPD também oferece garantias jurisdicionais para a proteção dos direitos civis e políticos fundamentais, como a vida, a liberdade e a integridade pessoal, ao mesmo tempo em que protege os direitos

---

[1] Tradução realizada pela coordenação mediante autorização do prefaciador.

econômicos, sociais e culturais, como o trabalho, a educação, a saúde, a habilitação e a reabilitação, a assistência social e a vida independente.

O EPD é assim o quadro normativo de referência no direito interno brasileiro para a proteção dos direitos das pessoas com deficiência, o que não a tem impedido de levantar inúmeras questões face a possíveis e concretos conflitos normativos. As disposições do EPD, tais como o pleno reconhecimento da capacidade jurídica, o direito ao consentimento livre e esclarecido ou a proteção da liberdade e integridade da pessoa com deficiência, no sentido exigido pela CDPD, têm impacto e até certo ponto contradizem as disposições incluídas e em vigor no direito privado brasileiro.

Assim, a convivência entre a Constituição Federal, a CDPD, o EPD e o Código Civil brasileiro tornou-se, em alguns pontos, complexa e conflituosa, tornando necessário promover seu debate e reflexão. Neste contexto, trabalhos como o presente são de vital importância, já que oferecem uma variedade de abordagens e reflexões, como resultado da participação de 26 juristas com experiência comprovada na área.

A ideia de ter um estatuto normativo específico para a proteção dos direitos das pessoas com deficiência não é insensata, uma vez que muitas vezes os esforços de reforma legislativa específicos ou ocasionais acabam por funcionar como remendos que oferecem abordagens anacrônicas e fora de contexto. Não se pode negar que, no contexto brasileiro, o EPD ao menos permite um marco normativo sistematizado e coerente para promover a tão falada mudança de paradigma em direção ao modelo social da deficiência.

Mas também é verdade que a fragmentação imposta pelo EPD em relação ao restante do sistema jurídico brasileiro pode gerar injustiças, inconsistências e malversações com efeitos negativos na vida cotidiana da pessoa deficiente. Isto porque existe uma tensão permanente entre os direitos humanos e o direito privado. Por um lado, o direito internacional dos direitos humanos, ou paradigma dos direitos humanos, é uma ordem jurídica humanizada que coloca a pessoa no seu centro, mas, por outro lado, é também uma ordem que tem uma certa indefinição e que tem frequentes "lacunas legais".

Ao contrário dos direitos humanos, o direito privado é uma ordem jurídica essencialmente desumanizada. Os nossos códigos civis não surgiram à luz dos direitos das pessoas, mas principalmente à luz dos direitos de propriedade. É uma ordem jurídica que goza de um certo grau de abrangência, embora um pouco incompleta. A ideia do Iluminismo de que um código civil poderia regular todas as relações jurídicas possíveis na vida das pessoas foi abandonada, mas é verdade que o direito privado ainda é uma ordem jurídica exaustiva, o que de alguma forma nos dá respostas bastante precisas e concretas sobre como as relações jurídicas entre as pessoas devem ser desenvolvidas. Como corolário desta exaustividade, o direito privado proporciona uma certa segurança jurídica, dá-nos certeza suficiente sobre como estas relações humanas vão ser produzidas, de que forma, e quais vão ser as consequências.

Neste sentido, já mencionei em várias ocasiões que o direito civil clássico permaneceu à margem do discurso ético e jurídico sobre direitos humanos. E o que é curioso sobre este fenômeno é que o direito civil aborda ou regula questões fundamentais de direitos humanos, e isto não só no presente, onde os Códigos Civis do mundo começam a regular aspectos sociais que devido à evolução tecnológica exigem uma resposta jurídica (biodireito), mas historicamente desde a sua própria gênese.

Talvez a prova mais óbvia e fundamental do que é indicado no parágrafo anterior seja a consideração legal de "pessoa singular". Certamente não há campo mais transcendental e intrínseco do discurso ético e jurídico em torno dos direitos humanos do que a consideração legal da pessoa, ou seja, o que legalmente nos investe de tais direitos. E, no entanto, estas questões têm sido historicamente tratadas ou reguladas pelo direito civil, um ramo do direito que historicamente tem resistido ao reconhecimento de que estas questões fazem parte do domínio natural e indiscutível dos direitos humanos.

Provavelmente não há discussão mais importante e central do que a de "quem tem direitos" e "quem pode exercê-los". Embora a instituição da capacidade jurídica tenha sido tradicionalmente abordada da perspectiva do direito privado com base no contexto histórico do direito romano, hoje parece claro que o estabelecimento das condições legais para o seu exercício está diretamente condicionado por normas de direitos humanos e liberdades fundamentais de natureza universal.

É importante refletir sobre este ponto e entender que quando pensamos em regular as condições de gozo e exercício da capacidade jurídica (capacidade de exercício), estamos diante de uma questão principal de direito civil, mas também do próprio cerne do discurso dos direitos humanos e de suas condições de respeito e validade. A condição de pessoa é a porta da titularidade dos direitos e a capacidade legal é a porta do seu exercício. Sem o pleno reconhecimento da capacidade jurídica, não é possível ter acesso real ao exercício dos direitos humanos em geral.

Portanto, quando refletimos sobre "restrições de capacidade", o que está em questão não são apenas conceitos ou pontos de vista de direito civil ou comercial, mas estamos discutindo as condições legais mínimas sob as quais as pessoas (crianças, idosos, pessoas com deficiência) podem exercer seus direitos humanos mais básicos, como a vida, a liberdade ou a integridade pessoal. A conexão entre capacidade jurídica, entendida como a dimensão do acesso ao exercício dos direitos, e direitos humanos, permite colocar as condições de exercício estipuladas em normas universais acima de qualquer consideração nacional, cultural ou religiosa, e até mesmo questionar instituições jurídicas que estão em vigor há mais de um milênio, orientadas pelo princípio da *pro homine* como a mais alta aspiração de justiça.

Em suma, temos um dever moral e um dever legal de pensar e justificar do ponto de vista dos direitos humanos qualquer limitação ou restrição à capacidade de exercer direitos. Já tivemos este debate em relação às mulheres há décadas, e em relação às crianças e adolescentes (embora neste último caso ainda haja um longo caminho a percorrer). O desafio atual é tê-lo com respeito às pessoas com deficiência.

Mar del Plata, 6 de fevereiro de 2020.

Francisco J. Bariffi

Profesor e investigador – Universidad Nacional de Mar del Plata. PhD y LLM – Universidad Carlos III de Madrid. Subdirector del Centro de Investigación y Docencia en Derechos Humanos – UNMdP. Coordinador Académico de la RED-CDPD (www.redcdpd.net).

PREFÁCIO DA 1ª EDIÇÃO

A recente promulgação do Estatuto da Pessoa com Deficiência (Lei nº 13.146/2015), elaborado em consonância com a Convenção sobre os Direitos da Pessoa com Deficiência (CDPD), permitiu à civilística brasileira revisitar o modelo abstrato das incapacidades, exigindo a verificação, diante da singularidade de cada pessoa com deficiência, da medida de sua necessidade de especial amparo, de maneira a tutelar adequadamente sua condição de vulnerabilidade sem alijá-la do controle de sua vida. Esta transformação operada pelo Estatuto da Pessoa com Deficiência insere-se no contexto de repersonalização promovido pela Constituição da República, com o deslocamento da proteção do sujeito de direito abstrato e neutro para a pessoa concretamente considerada, em atenção aos princípios da solidariedade social e da isonomia substancial. Na sensível percepção do saudoso Prof. Stefano Rodotà, "il soggetto non si presenta più come compatto, unificante, risolto. È, più che problema, enigma. Si fa nomade. Esprime una realtà frantumata e mobile. Non è approdo, ma processo".

Nessa perspectiva, nota-se o desafio suscitado pelo EPD para a releitura do regime das incapacidades à luz dessa nova racionalidade comprometida com a emancipação da pessoa. Passados dois anos de vigência da Lei nº 13.146/2015, cabe à doutrina harmonizar, na unidade e complexidade do ordenamento jurídico, os novos modelos hermenêuticos e instrumentos jurídicos trazidos pelo EPD. Se, de modo geral, reconhece-se a importância do EPD como norma destinada a suprimir estigmas e a modular os efeitos da incapacidade na exata medida da carência do discernimento, não é menos relevante empreender exame técnico e analítico das diversas normas que integram, desde janeiro de 2016, o ordenamento jurídico brasileiro.

A obra que o leitor tem em mãos congrega, de modo eficiente, ambas as preocupações. Sem descurar da axiologia que inspira o novo diploma legal, a obra coordenada pelos professores Heloisa Helena Barboza e Vitor Almeida vem suprir a lacuna relativa à análise percuciente e individualizada dos artigos que compõem o EPD, propondo soluções para questões de alta complexidade que têm, cada vez mais, intrigado a comunidade jurídica.

O êxito na produção desta obra deve-se, ainda, à unidade metodológica que pauta a abordagem dos temas, permitindo o aprofundamento, com rara sofisticação intelectual, das questões suscitadas. Nesta direção, o leitor terá o privilégio de recorrer às lições dos sazonados professores Allan Rocha de Souza, Ana Carolina Brochado Teixeira, Carlos Nelson Konder, Célia Barbosa Abreu, Cíntia Muniz de Souza Konder, Daniel Bucar, Daniele Chaves Teixeira, Guilherme Magalhães Martins, Heloisa Helena Barboza, Joyceane Bezerra de Menezes, Luiz Cláudio Carvalho de Almeida, Paula Moura Francesconi de Lemos Pereira, Rafael Esteves, Renata Vilela Multedo, Tânia da Silva Pereira Thamis Dalsenter Viveiros de Castro, Vanessa Ribeiro Corrêa Sampaio Souza e Vitor Almeida.

Caracterizam a obra, além disso, o caráter verdadeiramente científico, que se deve à sua produção no âmbito do Projeto de Pesquisa, vinculado ao CNPQ, intitulado "Proteção da pessoa humana na era da biopolítica", bem como do Projeto interdisciplinar e interinstitucional (UFRJ, UFF, UERJ e FIOCRUZ) denominado "Uma perspectiva de justiça mais inclusiva: aplicação do enfoque dos funcionamentos à saúde, à educação, à tecnologia e aos direitos de pessoas com deficiências". Este aspecto é reforçado pela contribuição de notáveis alunos e ex-alunos do Programa de Pós-Graduação da UERJ, Bruna Lima de Mendonça, Camila Aguileira Coelho, Deborah Pereira Pinto dos Santos, Eduardo Freitas Horácio da Silva, Elisa Costa Cruz, Fernanda Cohen, Gabriel Schulman e Pedro González.

Com tais predicados, seja pela lancinante atualidade dos temas tratados, seja pela elevada qualidade de seus autores, a obra torna-se objeto de referência e consulta obrigatórias para os estudantes, advogados, magistrados, membros do Ministério Público e todos os que se depararem, seja na seara acadêmica, seja no campo profissional, com a interpretação e a aplicação do EPD. Trata-se de contribuição valiosa para a construção da norma viva, cujos parâmetros devem ser definidos a partir da experiência hermenêutica em curso e das numerosas indicações doutrinárias aqui reunidas.

Rio de Janeiro, dezembro de 2017.

Gustavo Tepedino
Professor Titular e ex-Diretor da Faculdade de Direito da
Universidade do Estado do Rio de Janeiro (UERJ).

APRESENTAÇÃO DA 2ª EDIÇÃO

A Lei nº 13.146/2015, conhecida como Estatuto da Pessoa com Deficiência (EPD) ou Lei Brasileira de Inclusão (LBI), nasceu com nobres e difíceis propósitos. Em primeiro lugar, de ordem técnica, aponta-se a dificuldade de se interpretar de forma sistemática e unitária uma lei que modifica mais de 20 (vinte) diplomas legais, em especial institutos seculares disciplinados no Código Civil, à luz dos dispositivos constitucionais, notadamente com as normas incorporadas com hierarquia de emenda constitucional presentes na Convenção sobre os Direitos da Pessoa com Deficiência (CDPD). Em segundo lugar, o cumprimento da missão nuclear da lei de inclusão social das pessoas com deficiência, no plano da eficácia normativa, apresenta-se como um de seus obstáculos mais sensíveis, uma vez que não se trata de mera inovação legislativa, mas de profunda transformação social a exigir uma mudança de postura de toda a sociedade em relação ao reconhecimento da pessoa com deficiência como merecedora de respeito e igual dignidade.

Decerto, a visibilidade e a emancipação da pessoa com deficiência e, por consequência, o reconhecimento de seus direitos fundamentais é um processo fruto de uma longa e árdua conquista de movimentos já há bastante tempo articulados na sociedade civil no âmbito internacional e interno, com o nítido intuito de tornar parcela da população historicamente estigmatizada e vulnerável como pessoas visíveis e com direitos assegurados. Mesmo com a promulgação da lei, as resistências à plena inclusão social das pessoas com deficiência são perceptíveis com as proposições de projetos de lei que visam modificar a atual redação do EPD, a manutenção de termos como "portador" e "inválidos" em diversas decisões judiciais e textos doutrinários, que são de todo incompatíveis com o espírito da CDPD e a lei brasileira em razão do teor discriminatório, bem como o desconhecimento ou mesmo a inobservância das disposições do EPD.

É bem verdade que o período de letargia da comunidade jurídica entre a internalização da CDPD e a promulgação do EPD parece ter finalmente sido superada. Com a entrada em vigor do EPD, o interesse da doutrina e das autoridades competentes (Poder Judiciário, Ministério Público e Defensoria Pública) pelo estudo aprofundado do alcance de suas normas à luz da CDPD tem ampliado substancialmente. A correta compreensão dos conceitos e da adequada interpretação dos dispositivos a partir da adoção do modelo social da deficiência tem sido fruto de intensos debates.

Cabe destacar que a adoção do modelo social inova substancialmente ao compreender o fenômeno da deficiência como a resultante da interação das barreiras socialmente impostas às pessoas com deficiência com os impedimentos de longa duração que apresentam, sendo essa uma das grandes conquistas promovidas pela Convenção e pelo EPD: a deficiência deixa de ser uma questão exclusivamente individual e passa a ter um componente social. Tal modelo exige, por um lado, a inclusão plena da pessoa com deficiência e, pelo outro, o dever do Poder Público e da sociedade de tornar o meio em que vivemos um lugar viável para a convivência entre todas as pessoas – com ou sem deficiência – e em condições de exercerem seus direitos, satisfazerem suas necessidades e desenvolverem suas potencialidades.

Com este escopo foi gestado os *Comentários ao Estatuto da Pessoa com Deficiência à Luz da Constituição da República*. O objetivo principal da obra foi oferecer ao leitor uma interpretação de cada dispositivo do EPD à luz dos valores constitucionais, sobretudo aos ditames das normas da Convenção, de indiscutível caráter constitucional. Com linguagem clara e direta, a obra se destina a operadores do Direito que diariamente atuam em temas ligados à defesa das pessoas com deficiência. A obra teve rápido acolhimento pelo público-leitor e, por isso, se encontra já em sua segunda edição, o que não é tão comum se considerarmos o atual mercado editorial jurídico e o tema abordado.

Após a promulgação do EPD, os tribunais superiores pátrios e estaduais já tiveram a oportunidade de se manifestar a respeito dos efeitos do modelo social da deficiência e o alcance de suas normas em efetivo esforço para dar sentido e concretude às suas disposições. O Supremo Tribunal Federal, na Ação Direta de Inconstitucionalidade nº 5.357, julgou constitucionais o parágrafo primeiro do artigo 28 e *caput* do artigo 30 do Estatuto da Pessoa com Deficiência, que estabelecem a obrigatoriedade de as escolas privadas promoverem a inclusão de pessoas com deficiência no ensino regular e prover as medidas de adaptação necessárias sem que ônus financeiro seja repassado às mensalidades, anuidades e matrículas. Por sua vez, o Superior Tribunal de Justiça, no julgamento do Recurso Especial nº 1.733.468-MG, no qual examinou em ação de compensação por dano moral a falta de acessibilidade a transporte público municipal à pessoa com deficiência usuária de cadeira de rodas motorizada, asseverou que a CDPD alçou a "acessibilidade a princípio geral a ser observado pelos Estados Partes, atribuindo-lhe, também, o caráter de direito humano fundamental".

Em instância estadual, alguns entendimentos já foram alcançados e permitem entrever uma significativa mudança progressista em nossos tribunais. O Tribunal de Justiça de São Paulo já se manifestou no sentido da impossibilidade de se declarar pessoa com deficiência mental absolutamente incapaz e que a definição de curatela ser limitada a atos de natureza patrimonial e negocial, sem interferência aos direitos de livre desenvolvimento da personalidade (Segredo de justiça, 3ª Câm. Direito Privado, Rel. Des. Donegá Morandini, julg. 16 dez. 2016). Em outro caso, entendeu pela ausência de incapacidade permanente ou transitória que afete a manifestação da vontade de curatelando cego, em decorrência de diabete mellitus, após laudo pericial que apontou pelo discernimento do periciando. Compreendeu, ainda, que o termo de curatela de beneficiário com deficiência que não mais pode ser exigido pelo INSS (art. 110-A, da Lei nº 8.213/91), uma vez que outros meios jurídicos, como o mandato ou tomada de decisão apoiada, se mostram mais adequados (TJSP, Ap. Cível n. 0056408-81.2012.8.26.0554, Rel. Des. Eduardo Sá Pinto Sandeville, julg. 2 jun. 2016). Por sua vez, o Tribunal de Justiça do Rio Grande do Sul, após manter a sentença de improcedência do pedido de curatela em razão de prova pericial que atestou a capacidade do curatelando, entendeu que a "legitimidade para requerer a tomada de decisão apoiada é exclusiva da pessoa a ser apoiada (inteligência do art. 1.783-A do CCB), não possui a apelante legitimidade ativa para requerê-lo, sopesado que o réu é pessoa capaz" (Ap. Cível n. 70072156904, 8ª Câmara Cível, Rel. Ricardo Moreira Lins Pastl, julg. em 9 mar. 2017).

Questões atinentes à fluência do prazo prescricional também já foram discutidos na Justiça Federal. O Tribunal Regional da 4ª Região entendeu que, "sob pena de inconstitucionalidade, o 'Estatuto da Pessoa com Deficiência' deve ser lido sistemicamente enquanto norma protetiva. As pessoas com deficiência que tem discernimento para a prática de atos da vida civil não devem mais ser tratados como incapazes, estando, inclusive, aptos para ingressar no mercado de trabalho, casar etc. Os portadores de enfermidade ou doença mental que não têm o necessário discernimento para a prática dos atos da vida civil persistem sendo considerados incapazes, sobretudo no que concerne à manutenção e indisponibilidade (imprescritibilidade) dos seus direitos" (Ap. nº 5017423-95.2013.404.7108, 5ª Turma, Rel. Des. Paulo Afonso Brum Vaz, julg. 28 mar. 2017). Tais decisões demonstram que os impactos provocados pelo EPD no ordenamento brasileiro geram sensíveis e acaloradas dúvidas sobre a adequada interpretação e efeitos.

Após a edição do 1º volume da presente obra, alguns decretos já foram editados para regulamentar dispositivos específicos do EPD. O Decreto nº 9.451, de 26 de julho de 2018 regulamentou o art. 58 para dispor sobre os preceitos de acessibilidade relativos ao projeto e à construção de edificação de uso privado multifamiliar. Por sua vez, o Decreto nº 9.405, de 11 de junho de 2018, dispõe sobre o tratamento diferenciado, simplificado e favorecido às microempresas e às empresas de pequeno porte, previsto no art. 122 da LBI. O Decreto nº 9.404, de 11 de junho de 2018, alterou o Decreto nº 5.296, de 2 dezembro de 2004, para dispor sobre a reserva de espaços e assentos em teatros, cinemas, auditórios, estádios, ginásios de esporte, locais de espetáculos e de conferências e similares para pessoas com deficiência, em conformidade com o art. 44 do EPD. O Decreto nº 9.296, de 1º de março de 2018, regulamentou o art. 45 do Estatuto para dispor sobre a concepção e a implementação dos projetos arquitetônicos de hotéis, pousadas e estruturas similares, que deverão atender aos princípios do desenho universal e ter como referências básicas as normas técnicas de acessibilidade da Associação Brasileira de Normas Técnicas – ABNT, a legislação específica, bem como as disposições do referido ato normativo.

O Decreto nº 10.645, de 11 de março de 2021, regulamenta o art. 75 do EPD para dispor sobre as diretrizes, os objetivos e os eixos do Plano Nacional de Tecnologia Assistiva. Por fim, o Decreto nº 10.654, de 22 de março de 2021, dispõe sobre a avaliação biopsicossocial da visão monocular para fins de reconhecimento da condição de pessoa com deficiência. A edição de tais decretos reforça a efetividade do EPD, que carecia de regulamentações para a plena eficácia de alguns de seus dispositivos.

Outro aspecto importante a ser ressaltado é que, com exceção do §6º do art. 44 que teve sua *vacatio legis* prorrogada para 60 meses por força da Medida Provisória nº 917/2019, todos os demais dispositivos do EPD já se encontram em plena vigência por ocasião da publicação da presente edição, eis que o art. 125 previu períodos de vacância diferenciados para alguns dispositivos em razão da complexidade para implementar as mudanças provocadas pelas determinações legais.

Nesta segunda edição, todos os comentários de cada um dos dispositivos foram revistos e atualizados pelos coautores, seja em razão da edição dos decretos regulamentadores, de julgados relevantes sobre o tema ou de posições doutrinárias posteriormente publicadas. Notas da coordenação também foram incluídas para manter a uniformidade e sistematicidade da obra, sem comprometer a integridade dos escritos de cada coautor.

A edição atual reflete um amadurecimento e aprofundamento das reflexões trazidas à baila por ocasião da primeira edição publicada em 2018 por meio de um trabalho meticuloso de interpretação de cada dispositivo legal à luz de todo o ordenamento jurídico nacional, sempre com base nos imperativos de inclusão social e do indeclinável respeito aos direitos fundamentais das pessoas com deficiência.

Heloisa Helena Barboza
Vitor Almeida
Verão de 2020

****

Após a finalização dos trabalhos de revisão e atualização da presente obra, foi editado o Decreto nº 10.502, de 30 de setembro de 2020, que institui a Política Nacional de Educação Especial: Equitativa, Inclusiva e com Aprendizado ao Longo da Vida. Nos termos do referido decreto, a União, em colaboração com os estados, o Distrito Federal e os municípios, implementará programas e ações para garantir os direitos à educação e ao atendimento educacional especializado aos educandos com deficiência, transtornos globais do desenvolvimento e altas habilidades ou superdotação. O decreto incentiva a criação de escolas e classes especializadas e escolas e classes bilíngues de surdos, o que destoa do imperativo de educação inclusiva preconizado pela CDPD e pelo EPD, e que colabora para o retorno da segregação das pessoas com deficiência.

Por tais motivos, foi proposta a Ação Direta de Inconstitucionalidade (ADI) nº 6.590 pelo Partido Socialista Brasileiro. O ministro Dias Toffoli suspendeu a eficácia do Decreto nº 10.502/2020 e, por maioria, o Plenário do Supremo Tribunal Federal referendou a liminar.

Tendo em vista que a referida ADI ainda se encontra pendente de julgamento e seus efeitos foram suspensos, como visto, optou-se por não abordar tal decreto nesta edição.

Heloisa Helena Barboza
Vitor Almeida
Verão de 2021

LEI Nº 13.146, DE 6 DE JULHO DE 2015

Institui a Lei Brasileira de Inclusão da pessoa com deficiência (Estatuto da pessoa com deficiência).

LIVRO I
PARTE GERAL
TÍTULO I
DISPOSIÇÕES PRELIMINARES

CAPÍTULO I
DISPOSIÇÕES GERAIS

Art. 1º É instituída a Lei Brasileira de Inclusão da Pessoa com Deficiência (Estatuto da Pessoa com Deficiência), destinada a assegurar e a promover, em condições de igualdade, o exercício dos direitos e das liberdades fundamentais por pessoa com deficiência, visando à sua inclusão social e cidadania.

Parágrafo único. Esta Lei tem como base a Convenção sobre os Direitos das Pessoas com Deficiência e seu Protocolo Facultativo, ratificados pelo Congresso Nacional por meio do Decreto Legislativo nº 186, de 9 de julho de 2008, em conformidade com o procedimento previsto no §3º do art. 5º da Constituição da República Federativa do Brasil, em vigor para o Brasil, no plano jurídico externo, desde 31 de agosto de 2008, e promulgados pelo Decreto nº 6.949, de 25 de agosto de 2009, data de início de sua vigência no plano interno.

HELOISA HELENA BARBOZA
VITOR ALMEIDA

Até a entrada em vigor da presente Lei, o legislador brasileiro pouca ou, na verdade, nenhuma atenção havia dado ao tema, que constou de forma discreta da Constituição da República de 1988. Contudo, de acordo com o Censo do IBGE de 2010, cerca de 46 milhões de pessoas no Brasil, o que corresponde a 25% da população brasileira, tem algum tipo de deficiência. Essas pessoas integram os 15% da população mundial, cerca de um bilhão de pessoas (Relatório mundial sobre a deficiência da Organização Mundial da Saúde, 2011), as quais até então se encontravam esquecidas pelo direito brasileiro.

De acordo com a Cartilha do Censo de 2010 – Pessoas com deficiência, esses dados descreveram a prevalência dos diferentes tipos de deficiência e as características das pessoas que compõem esse segmento da população. A deficiência foi classificada pelo grau de severidade de acordo com a percepção das próprias pessoas entrevistadas sobre suas funcionalidades. A avaliação foi feita com o uso de facilitadores como óculos e lentes de contato, aparelhos de audição, bengalas e próteses. As perguntas feitas aos entrevistados buscaram identificar as deficiências visual, auditiva e motora pelos seguintes graus de dificuldade: (*i*) tem alguma dificuldade em realizar; (*ii*) tem grande dificuldade e, (*iii*) não consegue realizar de modo algum; além da deficiência mental ou intelectual (CARTILHA, 2012, p. 5-6).

Considerando que os programas e as ações do Governo Federal e da Secretaria Nacional de Promoção dos Direitos da Pessoa com Deficiência, embora procurem atender a todos os brasileiros, tem como foco primário das políticas públicas o segmento das pessoas que apresentam deficiência severa, logo, a quantificação daqueles que se encontram em tal segmento é de suma importância. O cálculo desse contingente de pessoas, identificadas por possuir deficiência severa, foi feito pela soma das respostas positivas às perguntas "tem grande dificuldade" e "não consegue de modo algum". A proporção de pessoas com deficiências severas é bem menor do que a daquelas com pelo menos uma das deficiências (visual, auditiva e motora), que inclui as pessoas que responderam que enfrentam "alguma dificuldade" em ouvir, enxergar e em se locomover (CARTILHA, 2012, p. 6-7).

Nesse segmento, 8,3% da população brasileira apresentava, em 2010, pelo menos um tipo de deficiência severa, sendo: 3,46% com deficiência visual; 1,12% com deficiência auditiva; 2,33% com deficiência motora; 1,4% com deficiência mental ou intelectual (CARTILHA, 2012, p. 6).

A redução dos percentuais da população brasileira no que se refere à deficiência severa, em nada deve alterar a preocupação e a dedicação que o Direito deve ter em relação às pessoas que se encontram nesse grupo. Ao contrário, tais dados indicam o número de pessoas que se encontram vulneradas, gravemente atingidas por alguma deficiência e que aguardavam do legislador instrumentos mais aptos a efetivar seus direitos. Embora a presente Lei não seja a panaceia para todos os males, sem dúvida, significa um grande passo para que as pessoas com deficiência passem de abstratos sujeitos de direito a pessoas que podem exercer em condições de igualdade material seus direitos, vale dizer, apresenta, desde que aplicada de modo adequado, instrumentos para que as pessoas com deficiência possam ter uma vida digna.

A deficiência como questão de direitos humanos. Como expressa o parágrafo único do presente artigo, o EPD tem como base a Convenção sobre os Direitos das Pessoas com Deficiência e seu Protocolo Facultativo – CDPD. A vinculação à CDPD tem importantes efeitos.

O primeiro efeito é o reconhecimento da deficiência como uma questão de direitos humanos, como resta claro no Propósito da Convenção, expresso em seu artigo 1º: "O propósito da presente Convenção é promover, proteger e assegurar o exercício pleno e equitativo de todos os direitos humanos e liberdades fundamentais por todas as pessoas com deficiência e promover o respeito pela sua dignidade inerente". Trata-se de inegável conquista, resultado da evolução que ocorre no Direito desde a década de 1980 e que contou com participação ativa das pessoas incapacitadas (BARIFFI, 2009, p. 354-355).

Merece destaque o fato de diversas Convenções no âmbito da ONU assegurarem a não discriminação das pessoas em função de sua origem, raça, religião, sexo. Contudo, nenhuma menção expressa às pessoas com deficiência havia antes da CDPD, que tratou especificamente das garantias e dos direitos que igualmente lhes devem ser assegurados, notadamente no que respeita à não discriminação.

A elevação da questão da deficiência ao patamar dos direitos humanos fundamentais assegura, se não ratifica, o direito de a pessoa com deficiência desfrutar de todas as condições necessárias ao desenvolvimento de seus talentos e aspirações, sem ser submetido a qualquer tipo de discriminação. Além disso, confere à matéria novo foro de discussões e recursos, no âmbito internacional e nacional, o que resulta em significativa ampliação do campo de debates e efetivação de direitos.

Os direitos da pessoa com deficiência como questão de natureza constitucional. O segundo importante efeito que resulta da CDPD é o de atribuir sede constitucional aos direitos da pessoa com deficiência. Por estar em conformidade com o procedimento previsto no §3º do art. 5º da Constituição da República, como expressa o parágrafo primeiro do presente artigo, a Convenção é norma formalmente incorporada, com força, hierarquia e eficácia constitucionais, como já reiteradamente declarou o STF (RMS nº 32732 AgR/DF, Relator: Min. Celso de Mello, julg. 03 jun. 2014; RE nº 440028/SP, Relator: Min. Marco Aurélio, julg. 29 out. 2013; ADI nº 903/MG, Relator: Min. Dias Toffoli, julg. 22 maio 2013).

Duas consequências decorrem de imediato da qualificação da CDPD como norma constitucional: (i) encontram-se na CDPD as diretrizes primordiais e indispensáveis para interpretação do EPD; e (ii) as pessoas com deficiência em nenhum momento ficarão ao desamparo, na medida em que estão resguardadas diretamente pela Lei Maior, à qual poderão recorrer diretamente, em caso de afronta a seus direitos.

O legislador constituinte, atento às diferenças e vulnerabilidades contemplou desde logo alguns grupos com normas próprias. Nessa linha, vedou discriminação "no tocante a salário e a critérios de admissão do trabalhador portador de deficiência" (6º, XXXI). As pessoas com deficiência foram igualmente contempladas na Constituição de 1988, no que respeita: à reserva de percentual dos cargos e empregos públicos (art. 37, VIII); à adoção de requisitos e critérios diferenciados para a concessão de aposentadoria (art. 40, §4º-A, e 201, §1º, I); à preferência no pagamento dos débitos de natureza alimentícia devidos pelas Fazendas Públicas Federal, Estaduais, Distrital e Municipais (art. 100, §2º); à assistência social com o objetivo de habilitação, reabilitação e promoção de sua integração à vida comunitária (art. 203, IV); à garantia de um salário mínimo de benefício mensal, desde que comprovem não possuir meios de prover a própria manutenção ou de tê-la provida por sua família, conforme dispuser a lei (art. 203, V); à garantia de atendimento educacional especializado, preferencialmente na rede regular de ensino (art. 208, III); à garantia de acesso adequado a logradouros e edifícios de uso público e a veículos de transporte coletivo, a depender de disposições legais infraconstitucionais (arts. 227, §2º, e 244).

É necessário salientar que as mencionadas disposições constitucionais foram elaboradas sob perspectiva assistencial e se voltavam para a integração das pessoas com deficiência à vida comunitária. Igual orientação se encontra na Emenda Constitucional nº 65, de 13 de julho de 2010, que introduziu na Constituição da República, no capítulo dedicado à família, o dever do Estado de promover a criação de programas de prevenção e atendimento especializado para as pessoas portadoras de deficiência física, sensorial ou mental, bem como de integração social do adolescente e do jovem portador de deficiência, mediante o treinamento para o trabalho e a convivência, e a facilitação do acesso aos bens e serviços coletivos, com a eliminação de obstáculos arquitetônicos e de todas as formas de discriminação (art. 227, §1º, II).

A importância dessas disposições é inegável, porém, a segurança e o bem-estar das pessoas com deficiência careciam, assim como a efetividade de seus direitos sociais e individuais, de outras medidas mais eficazes para o seu pleno desenvolvimento individual.

Todavia, a integração só ocorre se as pessoas com deficiência forem incluídas na sociedade. Como esclarecem José Francisco Chicon e Jane Alves Soares, em meados do século XX (1950), houve um movimento que tendia a aceitar as pessoas, então denominadas "portadoras de deficiência", para integrá-las o "tanto quanto possível" à sociedade. Sob essa ótica, era necessário criar condições de vida para que a pessoa com deficiência se adequasse às condições normais da sociedade em que vive. Pensada inicialmente para as pessoas com deficiência intelectual ou mental, a ideia se expandiu para todas as pessoas com "necessidades especiais", consagrando-se assim o princípio da normalização, o qual tornaria "acessíveis às pessoas socialmente desvalorizadas, condições e modelos de vida análogos aos que são disponíveis, de um modo geral, ao conjunto de pessoas de um dado meio ou sociedade" (CHICON; SOARES, 2009, acesso em: 10 jan. 2017).

Através da integração buscava-se o fim da prática de exclusão social que atingiu durante séculos as pessoas com deficiência. A exclusão significava o banimento total dessas pessoas de qualquer atividade social, por serem consideradas inválidas, incapazes de trabalhar, portanto, sem utilidade para a sociedade. O processo de integração objetivava incorporar física e socialmente as pessoas com deficiência e oferecer-lhes os instrumentos existentes para o exercício da cidadania. Sem embargo desse objetivo, o qual tinha sem dúvida propósitos bem intencionados, verifica-se que a integração dependia da capacidade de adaptar-se ao meio, de superar as barreiras físicas, programáticas e atitudinais presentes na sociedade que permanecia inerte (CHICON; SOARES, 2009, acesso em: 10 jan. 2017).

Nesta perspectiva, as pessoas com deficiência seriam especiais e deveriam se "normalizar" o quanto possível, vale dizer, se adaptar à "normalidade". Essa noção transparece disposta no art. 203, IV, da Constituição da República, acima citado.

A partir de 1990, passou-se a entender na área da Educação que a inclusão e a participação são essenciais à dignidade humana e ao desfrute e exercício dos direitos humanos. Em 1990, aconteceu a Conferência Mundial sobre Educação para Todos e, em junho de 1994, na Espanha, ocorreu a Conferência Mundial sobre Necessidades Educativas Especiais: Acesso e Qualidade. Nessa conferência reuniram-se mais de 300 representantes de 92 governos e 25 organizações internacionais, sendo firmada a Declaração de Salamanca, sobre Princípios, Políticas e Práticas na Área das Necessidades Educativas Especiais, sendo assumida nova perspectiva, conforme item 4 da Declaração.

Altera-se, em consequência, a perspectiva que se volta para a *inclusão* em lugar da integração, assumindo-se que "as diferenças humanas são normais e que, em consonância com a aprendizagem de ser adaptada às necessidades da criança, ao invés de se adaptar a criança às assunções pré-concebidas a respeito do ritmo e da natureza do processo de aprendizagem" (SASSAKI, 1997, p. 41).

A inclusão, embora não seja incompatível com a integração, dela se distingue por chamar a sociedade à ação, isto é, por exigir que a sociedade se adapte para acolher as pessoas com deficiência. De acordo com Romeu Kazumi Sassaki (1997, p. 41), a inclusão é

> [...] o processo pelo qual a sociedade se adapta para poder incluir, em seus sistemas sociais gerais, pessoas com necessidades especiais e, simultaneamente, estas se preparam para assumir seus papéis na sociedade. A inclusão social constitui, então, um processo bilateral no qual as pessoas, ainda excluídas, e a sociedade buscam, em parceria, equacionar problemas, decidir sobre soluções e efetivar a equiparação de oportunidades para todos.

Segundo Romeu Kazumi Sassaki (1997, p. 41), "o pano de fundo do processo de inclusão é o Modelo Social da Deficiência", que requer que se entenda a questão da deficiência por outra ótica. De acordo com o autor, "para incluir todas as pessoas, a sociedade deve ser modificada a partir do entendimento de que ela é que precisa ser capaz de atender às necessidades de seus membros". Destaca o autor, em fins do século XX, que durante o período de transição entre a integração e a inclusão é inevitável a utilização de ambos os termos, ainda que com sentidos distintos, ou seja, para indicar as diferentes situações por eles designadas (SASSAKI, 1997, p. 43).

A CDPD estabelece como um de seus princípios gerais a plena e efetiva participação e inclusão na sociedade (3, c). Comprometeram-se os Estados Partes a tomar medidas efetivas e apropriadas para possibilitar às pessoas com deficiência o pleno gozo desse direito e sua plena inclusão e participação na comunidade (art. 19). As disposições sobre o direito à Educação, sem discriminação, têm como meta a inclusão plena (art. 24, 2, e). O mesmo ocorre com relação à habilitação e à reabilitação (art. 26). Nessa medida, a inclusão constitui objetivo primordial das disposições constitucionais, ainda que em sua literalidade se refiram à integração, que é dela decorrente. Como expressa sua epígrafe, a Lei nº 13.146/2015 institui a Lei Brasileira de Inclusão da Pessoa com Deficiência.

O modelo social. Emerge assim da CDPD o denominado modelo social da deficiência, novo paradigma na matéria, sobre o qual se encontra estruturado o EPD. Pelo menos três modelos foram adotados através dos séculos para o entendimento da deficiência. O primeiro, designado "modelo moral", vigente na antiguidade, foi cunhado sob o viés bíblico, designado por Agustina Palacios (2008, p. 37), de "modelo da prescindibilidade", o qual se caracteriza por uma justificação religiosa da deficiência e pela percepção de que a pessoa com deficiência nada tem a contribuir para a comunidade, é um indivíduo improdutivo, verdadeira carga a ser arrastada pela família ou pela sociedade. Nessa visão, as causas da deficiência são um castigo dos deuses por uma falha moral, um pecado cometido pelos pais da pessoa com deficiência ou uma advertência quanto à proximidade de uma catástrofe.

O segundo decorre dos padrões científicos da modernidade, designado "modelo médico", e encara a deficiência como uma condição patológica, de natureza individual. Desse modo, a pessoa deveria ser tratada através de intervenções médicas, ser "reparada", para tornar-se o quanto possível "normal". Esse modelo, denominado "modelo reabilitador", tem como características principais a substituição da divindade pela ciência e a admissão da possibilidade de algum aporte para a sociedade por parte da pessoa com deficiência, na medida em que sejam "reabilitadas" ou "normalizadas". A pessoa com deficiência poderia tornar-se "rentável" socialmente desde que conseguisse assemelhar-se às demais pessoas válidas e capazes, o máximo possível. As deficiências, à luz da ciência, decorrem de causas naturais e biológicas e são situações modificáveis, havendo possibilidade de melhoramento da qualidade de vida das pessoas afetadas. Nessa perspectiva, desenvolveram-se os meios de prevenção, tratamento e reabilitação, que acabaram vinculados à compreensão de integração (PALACIOS, 2008, p. 60-67).

O modelo social surge em fins da década de 1970, nos Estados Unidos e na Inglaterra, onde existia ampla tradição de campanhas políticas por direitos civis, como resultado do ativismo das próprias pessoas com deficiência, principalmente as que se encontravam em instituições residenciais, que não mais admitiam serem consideradas como "cidadãos de segunda classe". As atividades dessas pessoas impulsionaram mudanças políticas que reorientaram a atenção para o impacto das barreiras sociais e ambientais, como o transporte, a falta de acesso a prédios, as atitudes discriminatórias e os estereótipos culturais negativos que as tornavam inválidas.

O modelo social é bem traduzido no Preâmbulo da CDPD (e) ao reconhecerem os Estados Partes que "a deficiência é um conceito em evolução e que a deficiência resulta da interação entre pessoas com deficiência e as barreiras devidas às atitudes e ao ambiente que impedem a plena e efetiva participação dessas pessoas na sociedade em igualdade de oportunidades com as demais pessoas".

A deficiência é, assim, um problema social, que exige intervenções na sociedade; as causas da deficiência não são religiosas, nem somente médicas – são predominantemente sociais. As raízes dos problemas não são as restrições ou faltas (diferenças) individuais, mas as limitações ou impedimentos impostos pela sociedade que não tem os meios/serviços/instrumentos adequados para que essas pessoas sejam consideradas incluídas na sociedade. A adoção do modelo social consiste em promover a inversão da perspectiva na apreciação da deficiência, que deixa de ser uma questão unilateral, do indivíduo, para ser pensada, desenvolvida e trabalhada como relação bilateral, na qual a sociedade torna-se efetivamente protagonista, com deveres jurídicos a cumprir.

Art. 2º Considera-se pessoa com deficiência aquela que tem impedimento de longo prazo de natureza física, mental, intelectual ou sensorial, o qual, em interação com uma ou mais barreiras, pode obstruir sua participação plena e efetiva na sociedade em igualdade de condições com as demais pessoas.

§1º A avaliação da deficiência, quando necessária, será biopsicossocial, realizada por equipe multiprofissional e interdisciplinar e considerará:

I - os impedimentos nas funções e nas estruturas do corpo;

II - os fatores socioambientais, psicológicos e pessoais;

III - a limitação no desempenho de atividades; e

IV - a restrição de participação.

§2º O Poder Executivo criará instrumentos para avaliação da deficiência.

EDUARDO FREITAS HORÁCIO DA SILVA

A partir do início do século XX (PALACIOS, 2008, p. 68), identificou-se a deficiência apenas com o desvio de um padrão de normalidade, que limitava, dificultava ou impossibilitava a execução das atividades diárias e/ou a integração social pelas pessoas com deficiência.

Esse modelo médico resumiu a deficiência a um desvio da normalidade, passível de correção ou de cura, abreviando as demandas das pessoas com deficiência àquelas relacionadas a intervenções de saúde, de maneira a excluir o acesso a direitos sociais, ao "impor uma presunção de inferioridade biológica ou fisiológica às pessoas com deficiência, destacando a ausência de funcionalidades, contribuindo para um modelo de dependência" (PALACIOS, 2008, p. 174).

Esse conceito puramente biomédico encontrou seu lugar no ordenamento brasileiro no art. 3º do Decreto nº 3.298/89, que definiu deficiência como "toda perda ou anormalidade de uma estrutura ou função psicológica, fisiológica ou anatômica que gere incapacidade para o desempenho de atividade, dentro do padrão considerado normal para o ser humano", que veio regulamentar a Lei nº 7.853/89, ao dispor sobre o apoio e a integração social das pessoas portadoras de deficiência, dentre outros assuntos.

De uma compreensão baseada em prisma medicalizado, que avaliava a deficiência sob o aspecto de alguém doente, fragilizado, carente de assistência; o conceito de deficiência passou a ser fundado em aspectos sociais, ultrapassando uma mera subsunção a padrões biomédicos de um corpo considerado normal (DINIZ; BARBOSA; SANTOS, 2009, p. 65).

O pressuposto do modelo social é considerar a deficiência o resultado da interação entre as características corporais do indivíduo e as barreiras e impedimentos da sociedade em que ele vive, ou seja, da combinação das limitações impostas pelo corpo deficiente a uma organização social pouco sensível às experiências das pessoas com deficiência.

A recepção do modelo social de deficiência, a partir da Convenção sobre os Direitos das Pessoas com Deficiência (CDPD), levou a uma notável transformação, não só da nomenclatura utilizada para designar as pessoas com deficiência, mas do próprio conceito de deficiência, uma vez que são as barreiras construídas pela sociedade que provocam a exclusão e impedimentos das pessoas com deficiência.

A partir dessa mudança de paradigma, a Lei Brasileira de Inclusão (LBI) definiu o conceito de pessoa com deficiência, reproduzindo o sentido do texto do propósito da CDPD (artigo 1º), evitando uma descrição exaustiva dos tipos de deficiência. Demonstra, desse modo, a preocupação do legislador infraconstitucional em evitar o engessamento das situações, possibilitando o enquadramento de novas situações de impedimentos de natureza física, sensorial, intelectual e/ou mental, que obstruam a plena participação social, uma vez que "a deficiência é um conceito em evolução" (CONVENÇÃO, 2016, p. 11).

Ao conceituar a pessoa com deficiência, o legislador infraconstitucional fez uma opção pelo reconhecimento da realidade, evitando a utilização de termos que reforçam a segregação e a exclusão, tais como: "portadoras de deficiência" ou "portadoras de necessidades especiais", uma vez que não são as pessoas com deficiência as responsáveis pela sua própria situação de exclusão, mas as barreiras construídas pela sociedade, que podem impedir a participação plena e efetiva da pessoa com deficiência em igualdade de condições com as demais pessoas.

A LBI alinhada com o modelo social de deficiência, e com as normas da CDPD, estabeleceu que, se for necessária, a avaliação da deficiência deve ser biopsicossocial, ou seja, deve examinar o contexto em que está inserida a pessoa e a existência de barreiras que impedem o exercício de seus direitos, cabendo ao Poder Executivo implementar os instrumentos necessários para a avaliação.

Convém mencionar que, ao regulamentar a Lei nº 7.853/89, através do Decreto nº 3.298/99, o Executivo enumerou os critérios médicos para que uma pessoa fosse classificada como deficiente:

Art. 4º É considerada pessoa portadora de deficiência a que se enquadra nas seguintes categorias:

I - deficiência física - alteração completa ou parcial de um ou mais segmentos do corpo humano, acarretando o comprometimento da função física, apresentando-se sob a forma de paraplegia, paraparesia, monoplegia, monoparesia, tetraplegia, tetraparesia, triplegia, triparesia, hemiplegia, hemiparesia, ostomia, amputação ou ausência de membro, paralisia cerebral, nanismo, membros com deformidade congênita ou adquirida, exceto as deformidades estéticas e as que não produzam dificuldades para o desempenho de funções;

II - deficiência auditiva - perda bilateral, parcial ou total, de quarenta e um decibéis (dB) ou mais, aferida por audiograma nas frequências de 500HZ, 1.000HZ, 2.000Hz e 3.000Hz.

III - deficiência visual - cegueira, na qual a acuidade visual é igual ou menor que 0,05 no melhor olho, com a melhor correção óptica; a baixa visão, que significa acuidade visual entre 0,3 e 0,05 no melhor olho, com a melhor correção óptica; os casos nos quais a somatória da medida do campo visual em ambos os olhos for igual ou menor que 60º; ou a ocorrência simultânea de quaisquer das condições anteriores;

IV - deficiência mental – funcionamento intelectual significativamente inferior à média, com manifestação antes dos dezoito anos e limitações associadas a duas ou mais áreas de habilidades adaptativas, tais como:

a) comunicação;

b) cuidado pessoal;

c) habilidades sociais;

d) utilização dos recursos da comunidade;

e) saúde e segurança;

f) habilidades acadêmicas;

g) lazer; e

h) trabalho;

V - deficiência múltipla – associação de duas ou mais deficiências (BRASIL, 1999).

Ainda, a fim de regulamentar as Leis nºs 10.048/2000 e 10.098/2000, que tratam do atendimento prioritário e dos critérios básicos para a promoção da acessibilidade das pessoas com deficiência ou com mobilidade reduzida, respectivamente, através do Decreto nº 5.296/2004, foram transpostos os critérios médicos já dispostos no Decreto nº 3.298/99.

Apesar do teor medicalizado, os dispositivos continuam em vigor. Todavia, ressalta-se que o diagnóstico é somente um dos aspectos que deverão ser analisados, visto que o dispositivo em comento não determina a realização de uma perícia médico-psicológica, mas um exame interdisciplinar, cujo objetivo é identificar as barreiras com as quais as pessoas com deficiência se deparam, a fim de identificar os apoios necessários para a promoção de sua autonomia individual.

O Superior Tribunal de Justiça pacificou o entendimento no sentido de que a pessoa com surdez unilateral não se enquadra no conceito de pessoa com deficiência para a finalidade de disputa de vagas reservadas em concursos públicos. Nesse sentido: "ADMINISTRATIVO. PROCESSUAL CIVIL. AGRAVO EM RECURSO ESPECIAL. ENUNCIADO ADMINISTRATIVO 3/STJ. CONCURSO PÚBLICO. CONCORRÊNCIA ESPECIAL. PESSOA COM DEFICIÊNCIA. EXCLUSÃO. SURDEZ UNILATERAL. DECRETO FEDERAL 3.298/1999. SÚMULA 522/STJ. 1. A jurisprudência do Superior Tribunal de Justiça pacificou-se no sentido de que o portador de surdez unilateral não se qualifica como pessoa com deficiência para o fim de disputar as vagas reservadas em concursos públicos. Inteligência da Súmula 522/STJ. 2. Agravo conhecido para negar provimento ao recurso especial" (BRASIL. Superior Tribunal de Justiça. *Agravo em Recurso Especial nº 1467028/SP*, Rel. Ministro MAURO CAMPBELL MARQUES, SEGUNDA TURMA, julgado em 11.06.2019, *DJe* 18.06.2019); "PROCESSUAL CIVIL. AGRAVO INTERNO NOS EMBARGOS DE DECLARAÇÃO NO RECURSO ESPECIAL. CÓDIGO DE PROCESSO CIVIL DE 2015. APLICABILIDADE. SURDEZ UNILATERAL. NÃO CONSIDERADA DEFICIÊNCIA FÍSICA. ARGUMENTOS INSUFICIENTES PARA DESCONSTITUIR A DECISÃO ATACADA. APLICAÇÃO DE MULTA. ART. 1.021, §4º, DO CÓDIGO DE PROCESSO CIVIL DE 2015. DESCABIMENTO. (...) II - É pacífico o entendimento no Superior Tribunal de Justiça segundo o qual a surdez unilateral não garante a seu portador o direito de concorrer a vaga de concurso público reservada aos portadores de deficiência, tendo em vista a alteração promovida pelo Decreto n. 5.296/04, o qual conferiu nova redação ao art. 4º, II, do Decreto n. 3.298/99, passando a estabelecer, de forma objetiva, o grau a ser considerado para o reconhecimento de deficiência auditiva. III - Não apresentação de argumentos suficientes para desconstituir a decisão recorrida. (...). V - Agravo Interno improvido" (BRASIL. Superior Tribunal de Justiça. *Agravo Interno nos Embargos de Declaração no Recurso Especial nº 1730622/SP*, Rel. Ministra REGINA HELENA COSTA, PRIMEIRA TURMA, julgado em 17.12.2018, *DJe* 19.12.2018).

(NC) Dentro do amplíssimo e complexo quadro de deficiências, quando da interpretação e/ou aplicação das Leis e Decretos referidos no comentário ao presente artigo, considerando que não houve revogação expressa dos mesmos, deve ser observado o disposto no art. 2º, §1º da LINDB, especialmente para aferição da existência de incompatibilidade com o EPD e, principalmente, com a CDPD.

Cabe destacar o Decreto nº 10.415, de 6 de julho de 2020, que instituiu o Grupo de Trabalho Interinstitucional sobre o Modelo Único de Avaliação Biopsicossocial da Deficiência, a quem compete formular, conforme o art. 2º, as propostas sobre (i) o ato normativo para regulamentar o art. 2º da Lei nº 13.146, de 6 de julho de 2015, que conterá os instrumentos e o modelo único de avaliação biopsicossocial da deficiência; e (ii) a criação e a alteração de atos normativos necessários à implementação unificada da avaliação biopsicossocial da deficiência em âmbito federal. De acordo com o parágrafo único, o "Grupo de Trabalho Interinstitucional utilizará o Índice de Funcionalidade Brasileiro Modificado como instrumento-base para a elaboração do modelo único de avaliação biopsicossocial da deficiência".

Insta sublinhar a edição do Decreto nº 10.654, de 22 de março de 2021, que dispõe sobre a avaliação biopsicossocial da visão monocular para fins de reconhecimento da condição de pessoa com deficiência, classificada como deficiência de natureza sensorial, do tipo visual, pelo art. 1º da Lei nº 14.126, de 22 de março de 2021.

Art. 3º Para fins de aplicação desta Lei, consideram-se:

I - acessibilidade: possibilidade e condição de alcance para utilização, com segurança e autonomia, de espaços, mobiliários, equipamentos urbanos, edificações, transportes, informação e comunicação, inclusive seus sistemas e tecnologias, bem como de outros serviços e instalações abertos ao público, de uso público ou privados de uso coletivo, tanto na zona urbana como na rural, por pessoa com deficiência ou com mobilidade reduzida;

II - desenho universal: concepção de produtos, ambientes, programas e serviços a serem usados por todas as pessoas, sem necessidade de adaptação ou de projeto específico, incluindo os recursos de tecnologia assistiva;

III - tecnologia assistiva ou ajuda técnica: produtos, equipamentos, dispositivos, recursos, metodologias, estratégias, práticas e serviços que objetivem promover a funcionalidade, relacionada à atividade e à participação da pessoa com deficiência ou com mobilidade reduzida, visando à sua autonomia, independência, qualidade de vida e inclusão social;

IV - barreiras: qualquer entrave, obstáculo, atitude ou comportamento que limite ou impeça a participação social da pessoa, bem como o gozo, a fruição e o exercício de seus direitos à acessibilidade, à liberdade de movimento e de expressão, à comunicação, ao acesso à informação, à compreensão, à circulação com segurança, entre outros, classificadas em:

a) barreiras urbanísticas: as existentes nas vias e nos espaços públicos e privados abertos ao público ou de uso coletivo;

b) barreiras arquitetônicas: as existentes nos edifícios públicos e privados;

c) barreiras nos transportes: as existentes nos sistemas e meios de transportes;

d) barreiras nas comunicações e na informação: qualquer entrave, obstáculo, atitude ou comportamento que dificulte ou impossibilite a expressão ou o recebimento de mensagens e de informações por intermédio de sistemas de comunicação e de tecnologia da informação;

e) barreiras atitudinais: atitudes ou comportamentos que impeçam ou prejudiquem a participação social da pessoa com deficiência em igualdade de condições e oportunidades com as demais pessoas;

f) barreiras tecnológicas: as que dificultam ou impedem o acesso da pessoa com deficiência às tecnologias;

V - comunicação: forma de interação dos cidadãos que abrange, entre outras opções, as línguas, inclusive a Língua Brasileira de Sinais (Libras), a visualização de textos, o Braille, o sistema de sinalização ou de comunicação tátil, os caracteres ampliados, os dispositivos multimídia, assim como a linguagem simples, escrita e oral, os sistemas auditivos e os meios de voz digitalizados e os modos, meios e formatos aumentativos e alternativos de comunicação, incluindo as tecnologias da informação e das comunicações;

VI - adaptações razoáveis: adaptações, modificações e ajustes necessários e adequados que não acarretem ônus desproporcional e indevido, quando requeridos em cada caso, a fim de assegurar que a pessoa com deficiência possa gozar ou exercer, em igualdade de condições e oportunidades com as demais pessoas, todos os direitos e liberdades fundamentais;

VII - elemento de urbanização: quaisquer componentes de obras de urbanização, tais como os referentes à pavimentação, saneamento, encanamento para esgotos, distribuição de energia elétrica e de gás, iluminação pública, serviços de comunicação, abastecimento e distribuição de água, paisagismo e os que materializam as indicações do planejamento urbanístico;

VIII - mobiliário urbano: conjunto de objetos existentes nas vias e nos espaços públicos, superpostos ou adicionados aos elementos de urbanização ou de edificação, de forma que sua modificação ou seu traslado não provoque alterações substanciais nesses elementos, tais como semáforos, postes de sinalização e similares, terminais e pontos de acesso coletivo às telecomunicações, fontes de água, lixeiras, toldos, marquises, bancos, quiosques e quaisquer outros de natureza análoga;

IX - pessoa com mobilidade reduzida: aquela que tenha, por qualquer motivo, dificuldade de movimentação, permanente ou temporária, gerando redução efetiva da mobilidade, da flexibilidade, da coordenação motora ou da percepção, incluindo idoso, gestante, lactante, pessoa com criança de colo e obeso;

X - residências inclusivas: unidades de oferta do Serviço de Acolhimento do Sistema Único de Assistência Social (Suas) localizadas em áreas residenciais da comunidade, com estruturas adequadas, que possam contar com apoio psicossocial para o atendimento das necessidades da pessoa acolhida, destinadas a jovens e adultos com deficiência, em situação de dependência, que não dispõem de condições de autossustentabilidade e com vínculos familiares fragilizados ou rompidos;

XI - moradia para a vida independente da pessoa com deficiência: moradia com estruturas adequadas capazes de proporcionar serviços de apoio coletivos e individualizados que respeitem e ampliem o grau de autonomia de jovens e adultos com deficiência;

XII - atendente pessoal: pessoa, membro ou não da família, que, com ou sem remuneração, assiste ou presta cuidados básicos e essenciais à pessoa com deficiência no exercício de suas atividades diárias, excluídas as técnicas ou os procedimentos identificados com profissões legalmente estabelecidas;

XIII - profissional de apoio escolar: pessoa que exerce atividades de alimentação, higiene e locomoção do estudante com deficiência e atua em todas as atividades escolares nas quais se fizer necessária, em todos os níveis e modalidades de ensino, em instituições públicas e privadas, excluídas as técnicas ou os procedimentos identificados com profissões legalmente estabelecidas;

XIV - acompanhante: aquele que acompanha a pessoa com deficiência, podendo ou não desempenhar as funções de atendente pessoal.

EDUARDO FREITAS HORÁCIO DA SILVA

O presente dispositivo assume as definições de certos termos, tais como: acessibilidade, desenho universal, barreiras, comunicação, adaptações razoáveis e residência inclusiva, para evitar problemas na interpretação de conceitos-chave nas questões relativas à deficiência, aumentando o grau de certeza do intérprete na operacionalização das garantias fundamentais da pessoa com deficiência, especialmente do princípio da acessibilidade, por se tratar de uma ferramenta que "promove a inclusão, a equiparação de oportunidades e o exercício da cidadania para todas as pessoas" (RESENDE; VITAL, 2008, p. 46).

Ressalte-se ainda que o legislador infraconstitucional alinhou as normas presentes na Convenção sobre os Direitos das Pessoas com Deficiência (CDPD) para definir os termos presentes neste artigo.

O conceito de *acessibilidade* foi tratado conforme o artigo 9º da CDPD, "a fim de possibilitar às pessoas com deficiência viver de forma independente" (CONVENÇÃO, 2016, p. 19), tendo como base a redação do Decreto nº 5.296/2004, em seu artigo 8º, que continua vigente. Dessa forma, também foram atualizados os conceitos de *desenho universal* (art. 8º, IX), *barreiras* (art. 8º, II), *mobiliário urbano* (art. 8º, IV), *pessoa com mobilidade reduzida* (art. 5º, §1º, II).

A definição de *tecnologia assistiva ou ajuda técnica* já tinha sido igualmente modernizada a partir do Decreto nº 5.296/2004 (art. 8º, V). Entretanto, por meio do Decreto nº 3.298/99, com o propósito de regulamentar a Política Nacional para a Integração da Pessoa Portadora de Deficiência (Lei nº 7.853/89), o executivo enumerou um rol exemplificativo de *ajuda técnica*:

Art. 19. (...).
Parágrafo único. São ajudas técnicas:
I - próteses auditivas, visuais e físicas;
II - órteses que favoreçam a adequação funcional;
III - equipamentos e elementos necessários à terapia e reabilitação da pessoa portadora de deficiência;
IV - equipamentos, maquinarias e utensílios de trabalho especialmente desenhados ou adaptados para uso por pessoa portadora de deficiência;
V - elementos de mobilidade, cuidado e higiene pessoal necessários para facilitar a autonomia e a segurança da pessoa portadora de deficiência;
VI - elementos especiais para facilitar a comunicação, a informação e a sinalização para pessoa portadora de deficiência;

VII - equipamentos e material pedagógico especial para educação, capacitação e recreação da pessoa portadora de deficiência;

VIII - adaptações ambientais e outras que garantam o acesso, a melhoria funcional e a autonomia pessoal; e

IX - bolsas coletoras para os portadores de ostomia (BRASIL, 1999).

Convém, ainda, mencionar que ambas as normativas (Decreto nº 5.296/2004 e nº 3.298/99) continuam vigentes, a fim de orientar a atuação dos órgãos da administração pública direta, indireta e fundacional.

Na definição do termo *comunicação*, o legislador, atento ao modelo social de deficiência, estabeleceu critérios básicos para a supressão de barreiras e de obstáculos comunicacionais, a fim de evitar qualquer entrave à interação da pessoa com deficiência, para garantir o pleno acesso à comunicação e à informação, através de formatos acessíveis, a fim de "assegurar que as pessoas com deficiência possam exercer seu direito à liberdade de expressão e opinião [...] em igualdade de oportunidades com as demais pessoas" (CONVENÇÃO, 2016, p. 26).

Dentre tantas inovações, para promoção da igualdade de oportunidades e a inclusão das pessoas com deficiência, o legislador tratou do direito à moradia (residências inclusivas e moradia para a vida independente da pessoa com deficiência) e os serviços de assistência (atendente pessoal, profissional de apoio escolar e acompanhante) sob a influência do movimento de vida independente, para garantir uma vida autônoma às pessoas que se encontram numa situação de dependência (ASÍS; PALACIOS, 2007, p. 73), através de serviços que possibilitem que as pessoas com deficiência possam vier de forma independente em suas comunidades (PALACIOS, 2008, p. 113-114), uma vez que a CDPD, em seu artigo 19, reconhece "o igual direito de todas as pessoas com deficiência viver na comunidade, com a mesma liberdade de escolha que as demais pessoas", cabendo aos Estados-Partes assegurar que "as pessoas com deficiência tenham acesso a uma variedade de serviços de apoio, inclusive em domicílio ou em instituições residenciais [...], inclusive os serviços de atendentes pessoais que forem necessários como apoio" (CONVENÇÃO, 2016, p. 25).

Referências

ASÍS, Rafael de; PALACIOS, Agustina. *Derechos humanos y situaciones de dependencia*. Madrid: Dykinson, 2007.

BARIFFI, Francisco. Capacidad jurídica y capacidad de obrar de las personas con discapacidad a la luz de la Convención de la ONU. *In*: BUENO, Luiz Cayo Pérez (Dir.) *Hacia un derecho de la discapacidad*: estudios en homenaje al profesor Rafael de Lorenzo. Cizur Menor: Arandazi, 2009.

CARTILHA DO CENSO 2010 – *Pessoas com Deficiência*. Texto de Luiza Maria Borges Oliveira. Secretaria de Direitos Humanos da Presidência da República (SDH/PR). Secretaria Nacional de Promoção dos Direitos da Pessoa com Deficiência (SNPD). Coordenação-Geral do Sistema de Informações sobre a Pessoa com Deficiência. Brasília: SDH-PR/SNPD, 2012.

CHICON, José Francisco; SOARES, Jane Alves. *Compreendendo os conceitos de integração e inclusão*. Disponível em: http://www.todosnos.unicamp.br:8080/lab/links-uteis/acessibilidade-e-inclusao/textos/compreendendo-os-conceitos-de-integracao-e-inclusao/. Acesso em: 10 jan. 2017.

CONVENÇÃO SOBRE OS DIREITOS DAS PESSOAS COM DEFICIÊNCIA (2007). *Convenção sobre os Direitos das Pessoas com Deficiência*. 5. ed., reimp. Brasília: Câmara dos Deputados, Edições Câmara, 2016.

DECLARAÇÃO DE SALAMANCA sobre Princípios, Políticas e Práticas na Área das Necessidades Educativas Especiais, sendo assumida nova perspectiva, conforme item 4 da Declaração. Disponível em: http://portal. mec.gov.br/seesp/arquivos/pdf/salamanca.pdf. Acesso em: 10 jan. 2017.

DINIZ, Débora; BARBOSA, Lívia; SANTOS, Wederson Rufino dos. Deficiência, direitos humanos e justiça. *Sur – Revista Internacional de Direitos Humanos*, São Paulo, v. 5, p. 65- 77, 2009.

IBGE. Censo Demográfico 2010 – Características gerais da população, religião e pessoas com deficiência. Disponível em: https://biblioteca.ibge.gov.br/visualizacao/periodicos/94/cd_2010_religiao_deficiencia.pdf. Acesso em: 30 ago. 2014.

PALACIOS, Agustina. *El modelo social de discapacidad*: orígenes, caracterización y plasmación en la Convención Internacional sobre los Derechos de las Personas con Discapacidad. Cermi. Madrid: Cinca, 2008.

RELATÓRIO MUNDIAL SOBRE A DEFICIÊNCIA. World Health Organization, The World Bank; tradução Lexicus Serviços Linguísticos. São Paulo: SEDPcD, 2012. Disponível em: http://www.pessoacomdeficiencia. sp.gov.br/usr/share/documents/RELATORIO_MUNDIAL_COMPLETO.pdf. Acesso em: 23 ago. 2015.

RESENDE, Ana Paula Crosara de; VITAL, Flavia Maria de Paiva (Coord.). *A Convenção sobre direitos das pessoas com deficiência comentada*. Brasília: Secretaria Especial dos Direitos Humanos, 2008.

SASSAKI, Romeu Kazumi. *Inclusão*: construindo uma sociedade para todos. Rio de Janeiro: WVA, 1997.

CAPÍTULO II
DA IGUALDADE E DA NÃO DISCRIMINAÇÃO

Art. 4º Toda pessoa com deficiência tem direito à igualdade de oportunidades com as demais pessoas e não sofrerá nenhuma espécie de discriminação.

§1º Considera-se discriminação em razão da deficiência toda forma de distinção, restrição ou exclusão, por ação ou omissão, que tenha o propósito ou o efeito de prejudicar, impedir ou anular o reconhecimento ou o exercício dos direitos e das liberdades fundamentais de pessoa com deficiência, incluindo a recusa de adaptações razoáveis e de fornecimento de tecnologias assistivas.

§2º A pessoa com deficiência não está obrigada à fruição de benefícios decorrentes de ação afirmativa.

CÉLIA BARBOSA ABREU

Antes de iniciar o exame do dispositivo em tela, importa trazer em caráter preliminar algumas linhas, destacando o direito vigente e anterior ao Estatuto da Pessoa com Deficiência – EPD (especialmente, alguns artigos correlatos ao artigo em tela, presentes no texto original da Constituição da República Brasileira e outros da Convenção Internacional sobre os Direitos das Pessoas com Deficiência). A análise prévia desta normativa servirá para o leitor perceber a necessidade de uma interpretação do Estatuto da Pessoa com Deficiência em conformidade com a Constituição da República e com a referida convenção, realizando uma leitura sistemática e teleológica dos diversos artigos da também chamada Lei Brasileira de Inclusão da Pessoa com Deficiência, sem olvidar de articulações complementares e compatíveis com outros diplomas legislativos nacionais e internacionais, que tenham a mesma *ratio legis* de conferir uma maior proteção jurídica voltada para a existência digna das pessoas com deficiência. Contribui para tanto, entre outros motivos, a presença de um contexto que justifica esta postura metodológica, qual seja o da ocorrência do fenômeno complexo e duplo, constituído pela internacionalização do Direito Constitucional e pela constitucionalização do Direito Internacional. São duas tendências verificadas no campo institucional, fruto da forte e mútua influência entre o Direito Constitucional e o Direito Internacional. Assim, se por um lado nota-se a recepção de preceitos de Direito Internacional nas Constituições modernas, por outro se vê que as ordens constitucionais passam a representar fonte de inspiração para os internacionalistas (BONAVIDES, 2002, p. 32-33).

Direito vigente: O Poder Constituinte Originário, além do reconhecimento da igualdade formal para todos os cidadãos, tratou de assegurar a chamada igualdade substancial, material ou real. Correlacionadas a este princípio e à sua efetivação, são passíveis de citação o próprio Preâmbulo do texto constitucional e diversas normas nele previstas, desde 1988, em especial os seguintes: art. 1º, III; art. 3º, I, III e IV; art. 5º, *caput*, incisos I, XXXV, XLI, LXXI, parágrafos 1º, 2º e 3º; art. 34, VII, b. Além destes dispositivos, especificamente a respeito da pessoa com deficiência, a Constituição de 1988 já permitia afirmar a adoção de uma dilatação do princípio da isonomia, de forma contundente e inequívoca, o que se observava, de antemão, das seguintes normas constitucionais: art. 227, parágrafos 2º e 3º e 244 (relativas à adaptação de logradouros, edifícios e veículos de transporte coletivo; art. 37, VIII (referente à admissão em cargos e empregos públicos); art. 227, parágrafo 1º, II (acerca da promoção de programas de assistência pelo Estado, em caráter preventivo e de atendimento especializado para os então chamados portadores de deficiência); art. 208, III (sobre o atendimento educacional especializado); art. 203, V (em matéria de benefício mensal; assistência social); art. 203, IV (cuidando das questões de habilitação e reabilitação destes indivíduos); art. 7º, XXXI (voltado para a questão da igualdade de direitos no trabalho); art. 23, II (destinado à proteção da pessoa com deficiência, matéria de competência comum da União, dos Estados, do Distrito Federal e dos Municípios); art. 24, XIV (vindo proteger essa pessoa e garantir sua "integração social" por intermédio de legislação concorrente) (QUARESMA, 2001, p. 7).

O advento da Convenção sobre o Direito das Pessoas com Deficiência no cenário jurídico brasileiro guarda total consonância com o disposto no art. 4º, II do texto originário da CRFB, quando o constituinte estabeleceu que, dentre os princípios em que se rege a República Federativa do Brasil, em suas relações internacionais, está o da prevalência dos direitos humanos. Deste diploma internacional, que no cenário jurídico brasileiro galgou o *status* de Emenda Constitucional, é possível extrair uma série de normas que possuem sintonia com as anteriormente registradas e igualmente com o art. 4º do EPD acerca do qual se pretende comentar. Assim sendo, esta harmonia lógica se acentua, entre outras, nas seguintes normas da convenção: art. 1º (propósito de proteção do exercício pleno e equitativo de todos os direitos humanos e liberdades fundamentais para as pessoas com deficiência relativamente aos demais cidadãos); art. 2º (conceito de discriminação); art. 3º (princípios gerais); art. 4º (obrigações assumidas pelos Estados Partes); art. 5º (igualdade e não discriminação); art. 6º (mulheres e meninas com deficiência); art. 7º (crianças com deficiência); art. 8º (conscientização); art. 10 (direito à vida); art. 12 (reconhecimento igual perante a lei); art. 13 (acesso à justiça); art. 14 (liberdade da pessoa e segurança); art. 15 (prevenção contra a tortura, tratamentos ou penas cruéis, desumanas ou degradantes); art. 17 (proteção da integridade da pessoa); art. 18 (liberdade de movimentação e nacionalidade); art. 19 (vida independente e inclusão na comunidade); art. 20 (mobilidade pessoal); art. 21(liberdade de expressão e de opinião e acesso à informação); art. 22 (respeito à privacidade); art. 23 (respeito pelo lar e pela família); art. 24 (educação); art. 25 (saúde); art. 26 (habilitação e reabilitação); art. 27 (trabalho e emprego); art. 28 (padrão de vida e proteção social adequados); art. 29 (participação na vida política e pública); art. 30 (participação na vida cultural e em recreação, lazer e esporte).

No art. 4º, *caput* do EPD, se nota que o legislador assegura a igualdade substancial para as pessoas com deficiência, ao reconhecer-lhes o direito à igualdade de oportunidades em condições idênticas àquelas dos demais cidadãos. Em outras palavras, protege o livre e digno desenvolvimento da personalidade destes indivíduos, ficando muito claro neste passo, que a *ratio legis* presente é a de que a raça humana é uma só, de maneira que não comporta visões fraturadas e discriminatórias *in malam partem*, ou seja, que venham para prejudicar, importando em barreiras à construção da potencialidade e da vocação natural individual e/ou coletiva, especialmente a das pessoas com deficiência.

Para uma melhor compreensão do que significa o direito à igualdade de oportunidades, valiosos os escritos de Norberto Bobbio, aos quais doravante é altamente recomendável referenciar. Preliminarmente, salienta o autor que, se a igualdade formal, jurídica ou também chamada igualdade perante a lei pode ser vista como uma das bases do Estado Liberal, certo é que um dos pilares do Estado de Democracia Social está consubstanciado no princípio da igualdade de oportunidades ou chances, o qual para a sua mais adequada e robusta realização requer outrossim a isonomia dos próprios "pontos de partida", consoante a seguir se elucidará.

O respeito ao princípio da igualdade de oportunidades e a garantia de sua eficácia sobre as relações sociais/jurídicas exige considerações que ultrapassam as de ordem meramente abstrata, demandando outras que guardem conexões concretas com a realidade e sejam historicamente determinadas. Só assim, a partir de tais ponderações e tendo em vista que na sociedade as pessoas estão efetivamente em "situação de concorrência entre si", para a obtenção de bens escassos, se tem condições de viabilizar que todos os membros da sociedade estejam em condições senão idênticas, ao menos próximas, para competirem na vida, diante daquilo que é "vitalmente mais significativo" (BOBBIO, 1997, p. 30-31).

Nesse contexto, ainda com o propósito de melhor elucidar o *caput* do dispositivo, é válido aduzir que o referido escritor tece ilações sobre os indivíduos desiguais por nascimento e a necessidade de colocá-los – nas mesmas condições de partida. Propõe, então, a ideia de que a eles seja concedido um favorecimento, inserindo discriminações *in bonam partem*, ou seja, para beneficiá-los, distinções estas que, a princípio, não existiriam. Conclui, pontuando que se estaria a corrigir uma desigualdade anterior ou inicial e, como resultado, se poderia obter a equiparação das desigualdades (BOBBIO, 1997, p. 32).

O espírito do *caput* do art. 4º, portanto, quando dispõe que toda pessoa com deficiência tem direito à igualdade de oportunidades com as demais pessoas, o que, como visto, inclui idênticas condições de partida para aqueles que possuem uma desigualdade oriunda do nascimento e, portanto, necessitam de uma recolocação mais isonômica no seio social, guarda, por conseguinte, total afinidade com o disposto no art. 227, parágrafo primeiro, II, da Constituição da República. Nesta norma, a ser retomada mais adiante, o constituinte atribui ao Estado o dever de promover programas de assistência integral à saúde da "criança e do adolescente", admitida a participação de entidades não governamentais e obedecendo, dentre outros preceitos: o da "criação de programas de prevenção e atendimento especializado" para os então denominados "portadores de deficiência física, sensorial ou mental", bem como o de "integração social do adolescente portador de deficiência", através do "treinamento para o trabalho e a convivência, e a facilitação do acesso aos bens e serviços coletivos, com a eliminação de preconceitos e obstáculos arquitetônicos".

O parágrafo primeiro do art. 4º, a seu turno, traz uma norma que vem esclarecer o que o legislador do EPD entende constituir discriminação *in malam partem* em razão da deficiência, comportamento que, segundo o *caput* do dispositivo, é terminantemente proibido. Nesse sentido, veda toda a sorte de distinção que consigo venha a ensejar limites ou exclusão social relativamente às pessoas com deficiência. Desta vedação se extrai que são proibidas tanto as condutas voluntárias quanto as involuntárias, comissivas e omissivas, cujo produto final resulte no prejuízo, cerceamento ou nulificação do respeito ao legítimo exercício dos direitos e liberdades fundamentais da pessoa com deficiência, a exemplo do que se dá quando ocorre a negativa da concessão de adaptações razoáveis e de fornecimento de tecnologias assistivas a elas necessárias.

O EPD, então, no parágrafo primeiro do art. 4º cuida de trazer uma norma infraconstitucional antidiscriminatória relativamente às pessoas com deficiência, na mesma linha do que dispôs o constituinte em norma constitucional, no art. 5º, inciso XLI, ao estabelecer que a lei punirá qualquer discriminação atentatória aos direitos, garantias e liberdades fundamentais do ser humano. Segundo a doutrina, no entanto, a mera proibição da prática discriminatória é incapaz de produzir resultados satisfatórios para combatê-la. Dois fatores demonstram isto com muita clareza. Em primeiro lugar, o comum são as atitudes discriminatórias já terem adentrado no imaginário coletivo, de modo tal que existem aspectos culturais e psicológicos estabelecidos que as identificam como banais. Em segundo lugar, existem mesmo efeitos fruto de discriminações mais antigas e arraigadas, que acabam por servir para inferiorizar determinados segmentos da sociedade (GOMES, 2001, p. 20).

A discriminação voluntária ou intencional é tida como o mais trivial dos tratamentos discriminatórios. Nesta situação, a vítima é tratada de forma desigual, menos favorável, relativamente a outras pessoas em determinado contexto, única e exclusivamente em razão de um fator que a torna distinta de uma maioria supostamente dominante. Um dos maiores problemas deste tipo de discriminação reside na intencionalidade que lhe é inerente, o que acaba por impor o ônus da prova à pessoa da vítima da discriminação. No Brasil, inclusive, comumente a discriminação é velada, dissimulada e, no fim das contas, as poucas pessoas que acionam o aparelho estatal para que o Estado tome as medidas cabíveis acabam por denotar a existência de uma reação hostil às suas reivindicações, prevalecendo o argumento processual da ausência de prova, retirando o efeito possível das raras iniciativas individuais voltadas contra as práticas discriminatórias (GOMES, 2001, p. 20-21).

As formas de discriminação que o art. 4º do EPD vem vedar são aquelas que não podem ser chanceladas pelo Direito, dado que violam, exemplificativamente, os princípios constitucionais implícitos da razoabilidade e da proporcionalidade. Se são necessárias para o resgate da paridade entre as condições da pessoa com deficiência e daquela sem deficiência, *a priori*, são admitidas. Nesse sentido, são permitidas as chamadas "discriminações positivas" ("*reverse discrimination*" [discriminação revertida]) ou também denominadas "ações afirmativas". Na doutrina pátria, são definidas como consistindo "em dar tratamento preferencial a um grupo historicamente discriminado", como forma de inserir tais pessoas no "*mainstream*" [grupo principal], obstando que "o princípio da igualdade formal, expresso em leis neutras que não levam em consideração os fatores de natureza cultural e histórica, funcione na prática como mecanismo perpetuador da desigualdade" (GOMES, 2001, p. 22).

As ações afirmativas surgem, assim, como um mecanismo importante de resposta às condutas discriminatórias. Além destas, no exterior, vêm sendo observadas com grande sucesso, noções mais avançadas na luta contra a discriminação, "baseadas muito mais nos resultados que as práticas discriminatórias arraigadas produzem do que em atos concretos de discriminação". Com este novo olhar sobre a questão discriminatória, surgiu no direito norte-americano, o que se chamou de "Teoria do Impacto Desproporcional", que merece ser comentada (GOMES, 2001, p. 23).

A discriminação por impacto desproporcional ou adverso, *"Disparate Impact Doctrine"* veio como instrumento para a concretização do princípio da isonomia. Através desta teoria, é possível ir além da comum proibição ao tratamento discriminatório, sendo enfrentadas as formas de discriminação "indiretas", em outras palavras, aquelas que resultam em "uma desigualdade não oriunda de atos concretos ou de manifestação expressa de discriminação por parte de quem quer que seja, mas de práticas administrativas, empresariais ou de políticas públicas aparentemente neutras, porém dotadas de um potencial discriminatório" (GOMES, 2001, p. 23).

Dito de outra maneira, esta teoria norte-americana veio para melhor garantir o princípio da isonomia e, via de consequência, serve como estratégia contra as mais diversas formas de discriminação, dentre as quais aquela sofrida pela pessoa com deficiência e, ainda, poder-se-ia dizer para assegurar o princípio do melhor interesse da pessoa com deficiência. Em síntese, corresponde à obediência ao princípio constitucional da proporcionalidade, podendo ser resumida como a vedação a "toda e qualquer prática empresarial, política governamental ou semigovernamental, de cunho legislativo ou administrativo, ainda que não provida de intenção discriminatória no momento de sua concepção", que viole o princípio constitucional da igualdade material, sempre que "de sua aplicação resultarem efeitos nocivos de incidência especialmente desproporcional sobre certas categorias de pessoas". Enquanto a discriminação intencional se opera mediante atos concretos e atinge pessoas determinadas, a discriminação por impacto desproporcional não se volta especificamente contra uma pessoa ou um grupo (GOMES, 2001, p. 24).

Trata-se justamente daquele tipo de discriminação que, conforme está dito no parágrafo primeiro do art. 4º, é destituída do propósito de prejudicar, porém produz o efeito cruel de lesar, impedir ou anular o reconhecimento ou o exercício dos direitos e das liberdades fundamentais da pessoa com deficiência, incluindo a recusa de adaptações razoáveis e de fornecimento de tecnologias assistivas. Desse modo, é possível sustentar que esta norma acolheu a Teoria do Impacto Desproporcional, pelas razões acima expostas.

Outra forma de discriminação é a que se dá na aplicação do direito. Nela também não está presente a intenção de discriminar, ao menos à primeira vista. Isto ocorre, por exemplo, quando uma norma, num primeiro momento neutra, acaba tendo como fruto de sua aplicação o favorecimento desproporcional e desarrazoado de um grupo em detrimento de outro. Outras vezes, a norma aparentemente neutra foi, em realidade, construída com o propósito não declarado de prejudicar certo grupo social. Só a análise caso a caso permitirá a descoberta da ocorrência ou não de uma prática discriminatória. Afinal, não é tarefa fácil se saber de antemão qual a *mens legislatoris*, isto é, a intenção do legislador (GOMES, 2001, p. 26-29).

Um outra modalidade de prática discriminatória seria aquela denominada de discriminação de fato. Identificada como "indiferença" ou "desdém" das autoridades públicas para com o destino dos grupos marginalizados e a sua dignidade. Verifica-se mediante a análise da implementação das políticas públicas governamentais, quando se constata que as autoridades em geral permanecem fazendo uso da concepção do princípio da igualdade que desconsidera a heterogeneidade presente nos chamados grupos minoritários e, como resultado, o que se dá é a perpetuação da injustiça de que estas pessoas são vítimas (GOMES, 2001, p. 29-31).

A este respeito, a doutrina já registrou observações bastante negativas oriundas do Comitê sobre os Direitos das Pessoas com Deficiência relativamente ao relatório apresentado pelo Brasil, como um dos Estados Partes, signatário da Convenção Internacional das Pessoas com Deficiência. Em suma, a Relatora da Comissão sublinhou que, mesmo com as novas leis e políticas brasileiras relacionadas com a deficiência, este assunto continua sendo, em realidade, conduzido através de uma abordagem meramente médica destinada a supostamente resolver o problema. Muitas pessoas com deficiência persistem institucionalizadas ou vivendo com suas famílias, haja vista que não se tem serviços para viver de forma independente, nem programas de assistência pessoal. Estas pessoas não têm acessibilidade, inclusive nos presídios, onde permanecem em situação desumana e degradante. Não há atenção para a pessoa com deficiência nas comunidades indígenas, nas quais é comum a prática do infanticídio, se a criança nasce com deficiência. Ou seja, os direitos fundamentais da pessoa com deficiência, desde a vida, ao direito de ir e vir, à saúde, entre outros, subsistem em situação deplorável, contrariamente à almejada existência digna destes indivíduos, tão fortemente propagada pelo diploma internacional em foco e que, no direito pátrio, ganhou o *status* de emenda constitucional (ABREU, 2016, p. 554-555).

A doutrina consigna ainda a discriminação manifesta ou presumida, que corresponde a situações em que a prática discriminatória é tão visível, que é mesmo passível de presunção. É denominada nos EUA como *"Prima Facie Discrimination"*, sendo de se destacar que, neste caso, a vítima fica isenta do ônus da prova, nas hipóteses em que opte por recorrer ao Judiciário em busca de medidas de natureza injuntiva ou declaratória. Apenas se a vítima detiver pretensão indenizatória, haverá sim que arcar com o ônus *probandi*, pois o dano a fundamentar o pleito recai de forma diferenciada em cada sujeito, conforme as circunstâncias do caso. Doutrinadores afirmam que no campo das relações de emprego esta modalidade de discriminação é muito frequente, servindo as estatísticas como uma prova cabal daquilo que se alega (GOMES, 2001, p. 31-33).

Considerando não apenas uma leitura literal do parágrafo primeiro do art. 4º, mas, sobretudo, sistemática, teleológica e conforme a Constituição, é possível sustentar que a *mens legis*, ou seja, o significado da norma que dispõe sobre a discriminação em razão da deficiência, vedando – toda forma de distinção, restrição ou exclusão, por ação ou omissão, que tenha o propósito ou o efeito de prejudicar, impedir ou anular o reconhecimento ou o exercício dos direitos e das liberdades fundamentais de pessoa com deficiência, incluindo a recusa de adaptações razoáveis e de fornecimento de tecnologias assistivas – consagra hipóteses de responsabilidade civil subjetiva e objetiva relativamente a todo aquele que realize prática discriminatória relativamente à pessoa com deficiência, conforme a situação concreta, como forma de proteger juridicamente a vítima.

O parágrafo segundo do art. 4º, por sua vez, deixa inequívoco que, mesmo diante da garantia da igualdade formal e material para a pessoa com deficiência, a isonomia não pode ser confundida com homogeneidade, eis que a heterogeneidade é ínsita aos seres humanos. Neste patamar, em meio à proteção jurídica da igualdade, o legislador chama a atenção para a viabilidade de uso de ações afirmativas pela pessoa com deficiência, sem que, entretanto, este indivíduo possa vir a ser obrigado a se valer desta alternativa, para fins de fruição dos benefícios dela decorrentes. Ou seja, as pessoas com deficiência que necessitem e queiram aproveitar esta ferramenta jurídica para a tutela de sua igualdade e dignidade podem fazê-lo. Aquelas que, todavia, dela não necessitam, têm a prerrogativa de não usá-la. Não se pensa nas pessoas com deficiência como um segmento da população estanque e igual, mas, ao revés, uma porção desta, em meio a qual estão seres humanos inteiramente diferentes entre si. Assim, por exemplo, pode ocorrer de uma pessoa com deficiência que, por força da Lei nº 8.899/1994, faça jus ao passe livre no transporte coletivo, vir a optar por dispensar o favor legal e a pagar o bilhete (FARIAS; CUNHA; PINTO, 2016, p. 38).

A utilização das ações afirmativas pelas pessoas com deficiência adviria justamente para que estas pudessem invocar uma diferença, como condição *sine qua non* para assegurar a plena realização da igualdade em face de situações de injustiça social existentes *in concreto*. A pessoa com deficiência poderia afirmar uma diferença a ser reconhecida, a fim de restabelecer a condição de igualdade no seio social. Nesse sentido, o faria para obter um benefício junto ao Estado, à sociedade e à família.

Comentando a ação afirmativa como um mecanismo voltado para a compensação dos desequilíbrios decorrentes de desigualdades históricas, a doutrina traz outro exemplo didático. Desse modo, oportunamente, destaca que todos detêm o direito de estacionar seus veículos, num *shopping center*. Todavia, às pessoas com deficiência (como também aos idosos e às gestantes) "são destinados locais especiais, mais próximos das entradas, de forma que não lhes imponham um deslocamento excessivo, mais penoso, em face de sua menor capacidade física". Trata-se, dessa maneira, não de um privilégio atentatório ao princípio da isonomia, mas cuida-se de "desigualar" para "igualar" (FARIAS; CUNHA; PINTO, 2016, p. 35-36).

Ocorre que, a igualdade não é um valor que caminha isolado na sociedade. À pessoa com deficiência, a qual se pretende garantir a isonomia relativamente aos demais, deve também se assegurar outros valores constitucionalmente consagrados, como é o caso da liberdade/autonomia. O legislador do EPD reconhece a autonomia das pessoas com deficiência em diversas normas, o que se dá quando no parágrafo segundo deste dispositivo preceitua textualmente: "A pessoa com deficiência não está obrigada à fruição de benefícios decorrentes de ação afirmativa".

Logo, as pessoas com deficiência detêm a faculdade jurídica de fazerem uso ou não das ações afirmativas para receberem as benesses delas decorrentes. Nessa dimensão, a doutrina pátria assinala no sentido de que, dentre as modificações mais substanciais consagradas pela Lei Brasileira de Inclusão da Pessoa com Deficiência, está a de que a autonomia privada desta pessoa surge como condição para promover e assegurar, em situação de igualdade, o exercício dos direitos e das liberdades fundamentais deste indivíduo, visando a sua inclusão social e a cidadania. Diz-se mais, ou seja, que a dinâmica da autonomia privada da pessoa com deficiência foi efetivamente transformada tanto para a prática dos atos civis de natureza patrimonial, quanto para os de natureza existencial (BERLINI, 2016, p. 161).

A garantia da autonomia ou poder de autodeterminação, seja no aspecto da liberdade de exercer ou não os poderes ou faculdades que a pessoa é titular, seja do ponto de vista da possibilidade de fazer composições com terceiros ou atos unilaterais, destinados aos interesses individuais, traz inerente a ideia de necessária existência da igualdade ou paridade jurídica dos cidadãos. Sem a presença da autonomia não se pode conceber a realização plena da vida humana com outras pessoas. Trata-se de entender, portanto, que a "autonomia é condição básica da personalidade", bem como de "todas as manifestações de direta convivência ou vida comum das pessoas entre si" (MOTA PINTO, 1996, p. 42-43).

Correlacionando a igualdade e a liberdade, a doutrina italiana escreve que, sendo a isonomia um "valor supremo de uma convivência ordenada, feliz e civilizada", constitui, de um lado "aspiração perene dos homens vivendo em sociedade" e, de outro, surge como "tema constante das ideologias e das teorias políticas", comumente associadas à liberdade (BOBBIO, 1997, p. 11). Nada mais lógico, eis que inexiste liberdade propriamente dita para pessoas que, do ponto de vista prático, figuram como diferentes ou menos iguais que outras na sociedade.

O que se está a versar diz respeito às questões atinentes aos direitos humanos fundamentais, que não é de forma alguma um assunto novo. Contudo, é irrefutável que este tema persiste atualíssimo, na medida em que se trata da necessidade de salvar o ser humano e, simultaneamente, renovar a sociedade humana. Subjacente à sua proclamação, inclusive, está o acolhimento da percepção do primado da pessoa humana sobre as necessidades materiais e também sobre as coletivas voltadas para o seu desenvolvimento (CASTANHEIRA NEVES, 1995, p. 426).

Isto, no entanto, não significa negar a imprescindibilidade do patrimonial para a realização do existencial. Afinal, sem um patrimônio mínimo, não há como se tornar viável a existência digna de um indivíduo, que necessita, a toda evidência, de uma moradia, de alimentação, de privacidade, etc. Trata-se, de fato, daquilo que a doutrina pátria bem denominou de Estatuto Jurídico do Patrimônio Mínimo (FACHIN, 2001, *passim*). Na mesma linha, as pessoas com deficiência necessitam estar em condição de paridade com as demais na sociedade, com vistas a alcançarem os bens patrimoniais mínimos necessários à realização de sua subsistência digna.

Ainda com apoio na doutrina brasileira, imperioso reconhecer que a dignidade humana é o vetor principal da ordem jurídica pátria. Assim sendo, inafastável enfatizar que nenhum ser humano, seja ele uma pessoa com deficiência ou não, pode ser visto de forma fracionada, como detentor exclusivamente apenas de um valor e/ou de outro. Ou seja, a pessoa humana é um valor uno e, dentre os muitos outros valores, o principal de nosso sistema jurídico. A existência digna dos seres humanos só se realiza - quando e na medida em que - são reconhecidos e viabilizados os seus direitos, bem como as suas liberdades e garantias fundamentais. Sobre estes, convém destacar que nada impede sejam relativizados, usada para tanto a técnica da ponderação, em favor do princípio considerado absoluto, qual seja o da dignidade humana (MORAES, 2003, p. 85).

Concluindo, foi de demasiada relevância o legislador do EPD ter trazido a norma de ordem pública mediante a qual a pessoa com deficiência não está obrigada a se valer da ação afirmativa e à fruição de seus benefícios. Isto porque, o contrário disso importaria em incorrer no risco daquilo que a doutrina portuguesa denomina de heteronomia institucional. A heteronomia, cumpre recordar, é a prevalência da norma por si mesma, a despeito do íntimo querer do cidadão. E, no caso da denominada heteronomia institucional, o que se daria seria a admissibilidade de que o social, com suas estruturas coletivas e de coletivismo viessem a reduzir o pessoal, a partir do postulado de que – "todos os problemas humanos são problemas da sociedade" e –, a partir de uma ideia de irresponsabilidade individual – à sociedade competiria resolver tudo (CASTANHEIRA NEVES, 1995, p. 426-427).

Dito de outra forma, este raciocínio levaria à conclusão de que a sociedade é a responsável por todos os problemas sociais e deve deles dar cabo, incumbindo aos homens apenas e tão somente passar à condição daquilo que a doutrina portuguesa chama de "reivindicantes beneficiários". Em síntese, a figura humana regressaria àquela de um sujeito de direitos e, nisto, o resultado seria o esgotamento de sua integridade, que quedaria apagada.

Seria possível ir além, afirmando mesmo que a eventual pretensão de coibir uma pessoa com deficiência a fazer uso da ação afirmativa resultaria em autêntica prática de ilícito, conduta abusiva de direito, contrária à boa-fé objetiva, princípio norteador das relações jurídicas no Direito Brasileiro. Corrobora para esse entendimento a percepção da doutrina portuguesa quando esta pontua que o sentido atual da boa-fé objetiva exige que ela seja considerada subjacente a todos os passos jurídico-científicos.

Nesse sentido, o Direito é identificado como uma Ciência/Sistema voltada(o) para a resolução dos casos concretos. Como tal, deve ser compreendida(o) em "termos integrados", isto é, "núcleo de princípios e uma periferia atuante, ambos interligados por vias de sentido duplo - e com uma série de limitações originadas, entre outros aspectos, por lacunas e por quebras ou contradições no seu seio". Trata-se de um contexto, no âmbito do qual, há uma preocupação científico-cultural nas ordens jurídicas da contemporaneidade atenta para a descoberta de "um fio condutor que reúna os diversos institutos que a História colocou nos espaços jurídicos de nossos dias". Por esta via, justamente, é que se aponta o papel da boa-fé, que "traduz, até os confins da periferia jurídica, os valores fundamentais do sistema", além de conduzir, para "o núcleo do sistema, as necessidades e as soluções sentidas e encontradas naquela periferia" (MENEZES CORDEIRO, 1999, p. 179-180).

O que acima se examina e comenta dá azo a que inicialmente se concorde com a afirmação de que vem se dando uma evolução no entendimento do próprio princípio da igualdade. Nesta, se percebem, especialmente, três momentos. Num primeiro, se fez presente a igualdade de todos perante a lei (chamada igualdade formal ou jurídica), em que a predominância do direito legislado seria um consectário lógico. No segundo instante, teria se dado uma vedação às discriminações de qualquer natureza. Por fim, numa terceira e mais atual etapa, se falaria na "igualdade da própria lei", isto é, "uma igualdade 'na' lei". Sobre esta última, poder-se-ia aduzir que acarretaria a necessária observância dos limites e das metas impostos pelo Estatuto da Pessoa com Deficiência e pela Convenção Internacional de Nova York, como forma de resguardar a isonomia para as pessoas com deficiência, com reflexos nas mais diversas áreas do ordenamento jurídico pátrio (SALES; SARLET, 2016, p. 136-137).

Ao versar sobre a chamada "igualdade na lei", explica a doutrina que o legislador está consagrando um tratamento prioritário e, para tanto, se valendo dos objetivos dos fundamentos da República Federativa do Brasil (art. 1º e 3º da CRFB). Nesse viés, está acolhendo um "cuidado especial" para grupos sociais, tidos como minorias, como é o caso das pessoas com deficiência, que necessitam disto, a fim de galgar o respeito à cidadania e à dignidade que lhes é próprio de sua natureza humana (ARAÚJO, 2011, p. 87-89).

Dialogando com esta perspectiva, talvez se pudesse ousar e propor ir adiante dela, ultrapassar a etapa da "igualdade 'na' lei", com vistas a salvaguardar ainda mais os interesses da pessoa com deficiência. Nesse sentido, a sugestão seria a análise dos paradigmas do Direito Natural e do Direito Positivo e, *a posteriori*, se permitir "ir além da formalidade" legal rumo a um "modelo informal", como um "paradigma jurídico-político para os Direitos Humanos", qual seja o chamado "Direito Fraterno" ou, para quem prefira, o também denominado "Constitucionalismo Fraterno". Com isso, seria possível uma tutela jurídica mais ampla e fortalecida dos Direitos Humanos, em meio a qual são consideradas a realidade social (coletiva) e a realidade individual da pessoa humana, "como dois universos integrados". Seria uma forma de entender o Direito em "uma constante renovação pela e com a Justiça", o que se amoldaria ao que se pretende afirmar em torno da promoção e preservação dos direitos da personalidade das pessoas com deficiência (CUNHA, 2009, p. 78).

A título de uma contribuição final para a compreensão do dispositivo, convém trazer à tona alguns entendimentos jurisprudenciais que vêm ganhando terreno em nossos Tribunais, após o início da vigência do EPD. Num primeiro caso, por exemplo, nota-se que, nos autos de Ação Civil Pública com pedido de obrigação de fazer movida pelo Ministério Público Estadual em face do Estado do Maranhão, o Estado foi condenado à obrigação de se fazer consistente na adaptação da estrutura física e dos sanitários dos prédios públicos integrantes da Administração Direta em conformidade com os padrões previstos no ordenamento jurídico brasileiro no prazo de 180 dias, sob pena de arcar com multa diária. Compreende-se que, na medida em que não são tomadas tais providências pelos órgãos competentes, resta caracterizada discriminação em face das pessoas com deficiência, uma vez que há o impedimento do exercício dos direitos e das liberdades fundamentais, como se verifica no dispositivo da Lei nº 13146/2016 (Estatuto da Pessoa com Deficiência), *in litteris* no art. 4º, parágrafo 1º (TJMA, Remessa Necessária nº 0128222016 MA nº 0000077-46.2013.8.10.0051, Des. Rel. Raimundo José Barros de Sousa, julg. 30 maio 2016). Numa outra situação, num mandado de segurança, um aluno com deficiência discute o seu direito a ser matriculado em escola regular, haja vista a existência de vaga. A vaga, entretanto, lhe foi negada. Com acerto, se decidiu por conceder a segurança, visto que a conduta da autoridade coatora de restringir a matrícula do impetrante estava em desacordo com as normas constitucionais do art. 6º, 206, inciso I, da CRFB e do art. 4º, §1º, 27, parágrafo único, do Estatuto da Pessoa com Deficiência (TJPA, MS nº 00008451220168140000, Des. Rel.: Maria Filomena de Almeida Buarque, julg. 16 ago. 2016). Ocorreu também um caso em que uma pessoa com deficiência, ao participar de um evento num clube, teve que ser carregada e, mesmo para a acessibilidade ao sanitário não obteve informações necessárias a tanto. Ausência de acessibilidade à luz do Estatuto da Pessoa com Deficiência é, portanto, discriminação e violação ao princípio da isonomia, considerada também ofensa à honra subjetiva com a condenação em indenização por danos morais. (TJSP, Ap. Civ. nº 1004509-44.2015.8.26.0482, Rel. Des. Hamid Bdine, julg. 21 jul. 2016). Noutro acontecimento similar, uma pessoa com deficiência não conseguiu acesso à instituição financeira e o Tribunal de São Paulo seguiu a mesma perspectiva, com fulcro no art. 4º, parágrafo 1º do EPD, em seu *decisum* (TJSP, Ap. Civ. nº 0007570-83.2012.8.26.0562, Rel. Des. Fábio Quadros, julg. 12 maio 2016). De outra feita, se discutiu se o caso era de meia-entrada ou entrada gratuita em eventos socioculturais (cinema) para pessoa com deficiência e seu acompanhante. O Tribunal entendeu, com apoio no art. 4º do EPD e outros dispositivos legais, que a situação era de entrada gratuita (TJMT, AI: 01056639620168110000 105663/2016, Des. Rel. Sebastião Barbosa Farias, julg. em 29 nov. 2016). Em apelação cível em ação indenizatória, se entendeu pela condenação da concessionária de serviço de transporte coletivo ao pagamento de indenização por danos morais, quando demonstrada inadequação quanto ao procedimento adotado pela empresa, em cotejo com a sistemática do direito do consumidor, pois, ao disponibilizar o serviço de transporte, deveria observar a política para integração da pessoa com deficiência, que se aplica a todos os tipos de transportes públicos coletivos, consoante premissa invocada na Constituição da República. O descaso no tratamento do consumidor corrobora a necessidade de condenação do fornecedor ao pagamento de indenização por danos morais (TJRO, Ap. Civ. nº 00026369320138220001, Des. Rel. Isaias Fonseca Moraes, julg. 7 abr. 2016).

Art. 5º A pessoa com deficiência será protegida de toda forma de negligência, discriminação, exploração, violência, tortura, crueldade, opressão e tratamento desumano ou degradante.

Parágrafo único. Para os fins da proteção mencionada no caput deste artigo, são considerados especialmente vulneráveis a criança, o adolescente, a mulher e o idoso, com deficiência.

TÂNIA DA SILVA PEREIRA

A Lei nº 13.146/15, conhecida como Estatuto da Pessoa com Deficiência (EPD), veio, enfim, regulamentar a Convenção Internacional sobre os Direitos das Pessoas com Deficiência, internalizada pelo Brasil através do Decreto nº 6.949/09, que traz como princípios fundamentais a autonomia da pessoa com deficiência, a não discriminação, a sua plena e efetiva participação e inclusão na sociedade, o respeito pela diferença, a igualdade de oportunidades e a acessibilidade (art. 3º da Convenção).

Em seu art. 5º, o Estatuto traz a garantia de proteção da pessoa com deficiência contra toda forma de "negligência, discriminação, exploração, violência, tortura, crueldade, opressão e tratamento desumano ou degradante", reconhecendo a criança, o adolescente, a mulher e o idoso com deficiência como um grupo especialmente vulnerável.

Essa previsão encontra-se em consonância com o inciso III do art. 5º da Constituição Federal de 1988, que determina que ninguém será submetido a tortura nem a tratamento desumano ou degradante. Também a Convenção Internacional sobre os Direitos das Pessoas com Deficiência (Decreto nº 6.949/09) traz em seus artigos 15 e 16 a prevenção contra tortura, tratamentos ou penas cruéis, desumanos ou degradantes, contra a exploração, a violência e o abuso contra pessoas com deficiência.

Para efetivar essa proteção, a Convenção prevê que o Poder Público deve tomar medidas de natureza legislativa, administrativa, judicial, social e educacional, devendo haver um monitoramento constante das autoridades. Há uma preocupação especial em relação ao tratamento da violência doméstica, reconhecendo-se a necessidade de proteger as pessoas com deficiência, tanto dentro quanto fora do lar, principalmente em aspectos relacionados ao gênero e à idade. Busca-se, ainda, a promoção da recuperação física, cognitiva e psicológica, inclusive mediante a provisão de serviços de proteção, a reabilitação e a reinserção social de pessoas com deficiência que forem vítimas de qualquer forma de exploração, violência ou abuso.

Trata-se de previsão de grande importância, bastando se lembrar das situações de segregação e das políticas de eugenia as quais as pessoas com deficiência estiveram submetidas historicamente.

Recorde-se que na Grécia Antiga era comum a prática de infanticídio das pessoas com deficiência e, em Roma, os pais, através da figura do *pater familias*, tinham o direito de matar ou abandonar os filhos nascidos com alguma forma de deficiência. Na Idade Média, a deficiência era considerada uma forma de castigo divino, tendo a situação de marginalização se mantido nos séculos XVII, XVIII e em parte do século XIX, por meio da institucionalização.

Após as duas grandes Guerras Mundiais, a situação das pessoas feridas nos conflitos começou a despertar a importância de se tratar com mais atenção e cuidado as pessoas com deficiência (GUGEL, 2008). As torturas e os experimentos médicos realizados em pessoas com deficiência durante o regime Nazista na Alemanha também alertaram para a necessidade de se proteger essa parcela da população, sobretudo no âmbito médico.

No Brasil, o Código Civil de 1916 definiu as pessoas com deficiência como "loucos de todo o gênero", sendo estes considerados, pelo art. 5º, II, como absolutamente incapazes. O Código Civil de 2002, em sua redação original, também previa, em seu art. 3º, II, que seriam absolutamente incapazes aqueles que, por enfermidade ou deficiência mental, não tivessem o necessário discernimento para a prática dos atos da vida civil.

Nota-se que, apesar de o Código de 2002 ter rompido com a visão patrimonialista da capacidade, considerada a partir dos atos negociais que podem ou não ser exercidos pelo indivíduo, passando-se, com a Constituição de 1988, do enfoque civilístico *patrimônio-indivíduo/pessoa* para um enfoque na relação *indivíduo/pessoa-patrimônio*, com fundamento na dignidade da pessoa humana, a pessoa com deficiência ainda era considerada como um doente, que precisava ter sua vontade tutelada pelo Estado e por terceiros (BARBOSA-FOHRMANN; KIEFER, 2016, p. 84-85).

Foi justamente diante desse conflito entre o modelo médico ainda apresentado pelo Código Civil de 2002 e a tutela personalista da Constituição de 1988 e da Convenção, que se fez necessária a edição do Estatuto da Pessoa com Deficiência, que trouxe um modelo inclusivo e solidário de regulação da capacidade da pessoa com deficiência. Pela lei, a curatela para as pessoas com deficiência é tratada como medida protetiva extraordinária e excepcional, que deve ser proporcional às necessidades e às circunstâncias de cada caso, durando o menor tempo possível e afetando apenas os atos relacionados aos direitos de natureza patrimonial e negocial, de modo que o curatelado mantém o exercício de direitos de cunho existencial.

Esclarece Nelson Rosenvald (2016, p. 100) que, pelo modelo social de direitos humanos, o tratamento jurídico direcionado às pessoas com deficiência "não deve partir de um fundamento exclusivamente científico, porém preponderantemente social", na medida em que a "deficiência é um fenômeno complexo que não se limita a um atributo médico e individual da pessoa".

A passagem do modelo de interdição completa para a excepcionalidade da curatela consubstancia o novo paradigma de tratamento das pessoas com deficiência, que se reflete, sobretudo, nas relações estabelecidas no âmbito familiar.

Gustavo Tepedino destaca que o sistema jurídico busca tutelar de forma pendular dois valores: por um lado, a "necessidade de se assegurar a liberdade nas escolhas existenciais" que propiciem o desenvolvimento pleno da personalidade da pessoa, e, por outro, a tutela das vulnerabilidades, a fim de que "a comunhão plena de vida se estabeleça em ambiente de igualdade de direitos e deveres [...] com o efetivo respeito da liberdade individual". Dessa forma, a não ingerência do Estado na esfera da autonomia individual não pode significar um espaço de "não direito", na medida em que as relações familiares devem ser interpretadas sob a ótica da responsabilidade, não se restringindo à pura espontaneidade (TEPEDINO, 2016, p. 20).

Nesse sentido, a Constituição Federal de 1988 prevê, em seu art. 226, que a família, considerada a base da sociedade, tem especial proteção do Estado, que deverá assegurar assistência na pessoa de cada um dos que a integram, criando mecanismos para coibir a violência no âmbito de suas relações (§8º). Estabelece-se, ainda, pelo art. 229, um dever de assistência mútua, de modo que os "pais têm o dever de assistir, criar e educar os filhos menores, e os filhos maiores têm o dever de ajudar e amparar os pais na velhice, carência ou enfermidade".

A igualdade entre homens e mulheres, reconhecida pelo caput do art. 5º da Constituição Federal de 1988, impactou as relações conjugais e filiais, de modo que hoje o exercício das relações familiares deve ocorrer a partir dessa igualdade, o que não exclui a especial proteção da mulher, nos casos de violência doméstica, pela Lei nº 11.340/06 (Lei Maria da Penha).

Dentro desse contexto, ganha especial atenção a mulher que possui alguma deficiência, diante de sua vulnerabilidade duplamente caracterizada pela discriminação de gênero e pelo impedimento físico, mental, intelectual ou sensorial decorrente da deficiência. É nesse sentido que o §11 do art. 129 do Código Penal prevê uma reprimenda penal mais severa se o crime de lesão corporal em contexto de violência doméstica for cometido contra pessoa portadora de deficiência.

A proteção dos direitos fundamentais das crianças e adolescentes também foi prevista pelo constituinte como um dever da família, da sociedade e do Estado, que possuem a responsabilidade de colocá-los a salvo de toda forma de negligência, discriminação, exploração, violência, crueldade e opressão.

Para efetivar essa garantia, previu o parágrafo 1º, inciso II, do art. 227 da Constituição de 1988, que o Poder Público deve promover programas de assistência integral à saúde da criança, do adolescente e do jovem, mediante políticas específicas, com a criação de programas de prevenção e atendimento especializado para as pessoas portadoras de deficiência, bem como de integração social do adolescente e do jovem portador de deficiência, mediante o treinamento para o trabalho e a convivência, e a facilitação do acesso aos bens e serviços coletivos, com a eliminação de obstáculos arquitetônicos e de todas as formas de discriminação.

Na mesma linha, a Lei nº 8.069/90 – Estatuto da Criança e do Adolescente (ECA), ao estabelecer com prioridade absoluta a *proteção integral* de crianças e adolescentes, reconhecendo-os como sujeitos de direitos perante a ordem jurídica, prevê mecanismos para a efetivação de seus direitos fundamentais, mediante uma ampla rede de proteção. Conclamando a família, o Estado e a sociedade a atuarem para garantir os seus direitos fundamentais, o ECA afastou em definitivo a *Doutrina da Situação Irregular*, prevista pelo Código de Menores de 1979, consagrando a *Doutrina da Proteção Integral*.

O art. 3º do ECA prevê que a criança e o adolescente gozam de todos os direitos fundamentais inerentes à pessoa humana, devendo-se garantir formas de efetivação de seu desenvolvimento físico, mental, moral, espiritual e social, em condições de liberdade e de dignidade, sem qualquer tipo de discriminação. Nesse contexto, ganha relevância a proteção dos infantes que possuem algum tipo de deficiência, reconhecidos como especialmente vulneráveis.

No âmbito do acesso integral às linhas de cuidado voltadas à saúde da criança e do adolescente, por intermédio do Sistema Único de Saúde, a criança e o adolescente com deficiência devem ser atendidos, sem discriminação ou segregação, em suas necessidades gerais de saúde e específicas de habilitação e reabilitação (art. 11 do ECA).

Além disso, constitui uma das linhas de ação da política de atendimento do ECA a realização de campanhas de estímulo ao acolhimento, sob forma de guarda, e à adoção de crianças e adolescentes com deficiência afastados do convívio familiar (art. 87, VII, do ECA). Assim, foi garantida prioridade aos processos de adoção quando o adotando for criança ou adolescente com deficiência ou com doença crônica (§9º do art. 47 do ECA, incluído pela Lei nº 12.955/14).

O ECA protege, ainda, o adolescente com deficiência no trabalho (art. 66), reconhecendo a necessidade de sua inclusão e da eliminação de barreiras para sua integração no ambiente laboral.

No âmbito da educação familiar, os entes da Federação devem atuar de forma articulada na elaboração de políticas públicas e na execução de ações destinadas a coibir o uso de castigo físico ou de tratamento cruel ou degradante e difundir formas não violentas de educação de crianças e de adolescentes, tendo prioridade de atendimento as famílias com crianças e adolescentes com deficiência (art. 70-A do ECA).

Como forma de concretizar essa proteção, a lei dispõe sobre as medidas aplicáveis no caso de ameaça ou violação dos direitos dos infantes, seja pela ação ou omissão da sociedade ou do Estado, pela falta, omissão ou abuso dos pais ou responsáveis, ou em razão da própria conduta da criança ou do adolescente (art. 98 do ECA). Além disso, traz como atores principais para a garantia desses direitos o Conselho Tutelar, os Conselhos de Direitos, a equipe técnica do Tribunal, a Autoridade Judiciária, o Ministério Público, dentre outros, dispondo sobre suas atribuições e formas de atuação no âmbito dessa rede de proteção. Prevê, por fim, sanções e penalidades, estabelecendo os crimes e as infrações para aqueles que violarem as disposições do Estatuto.

Busca, assim, através de um diálogo entre o Estatuto da Pessoa com Deficiência e o Estatuto da Criança e do Adolescente, a *proteção integral do infante com deficiência*, reconhecidas as suas vulnerabilidades específicas em decorrência de sua condição peculiar de pessoa em desenvolvimento e também das limitações e necessidades originadas da situação de deficiência.

Questão que vem gerando polêmica diz respeito ao homicídio de crianças que nascem com algum tipo de deficiência, perpetrado por algumas tribos indígenas no Brasil. A prática também é observada no caso de gêmeos, filhos de mães solteiras ou concebidos em uma relação de adultério, e retrata um conflito entre a proteção ao direito à vida e a manifestação cultural indígena, protegida pelo art. 215 da Constituição Federal de 1988.

No *Manual de atenção à saúde da criança indígena brasileira*, a FUNASA (Fundação Nacional de Saúde), embora não enfrente diretamente a temática, reconhece a necessidade de "interferir na detecção precoce dos fatores de risco para alterações de déficit de desenvolvimento, pois uma vez instaladas, esta criança sofrerá o descaso, o abandono e as consequências próprias e as impostas pelos valores culturais de cada povo" (FUNASA, 2004, p. 55).

O homicídio de crianças com deficiência por indígenas não é criminalizado, por refletir uma tradição cultural dessas tribos, mas não passa incólume a críticas.

Há iniciativas que visam impedir tal prática, como o Projeto de Lei nº 1.057/2007, de autoria do Deputado Henrique Afonso – PT/AC, que determina que qualquer pessoa que tenha conhecimento de casos em que haja suspeita ou confirmação de gravidez considerada de risco ou de crianças correndo risco de morte deve comunicar obrigatoriamente à FUNASA, à FUNAI, ao Conselho Tutelar ou, na falta deste, à autoridade judiciária e policial, sob pena de responsabilização por crime de omissão de socorro. De acordo com a proposta, ainda, constatada a persistência da prática, as autoridades devem promover a retirada provisória da criança e/ou dos seus genitores do convívio do respectivo grupo, determinar a colocação dos infantes em instituições de acolhimento, e, sendo o caso, sua disponibilização para adoção.

O projeto também gera muita discordância, que perpassa pela questão do relativismo cultural da proteção dos direitos humanos e pelo respeito às manifestações culturais.

Outro ponto que vem ganhando relevância no debate público refere-se às crianças que nascem com microcefalia, decorrente da Síndrome Congênita do Zika, e a possibilidade de interrupção da gestação nesses casos. Em boletim divulgado em julho de 2016, o Ministério da Saúde, apontou a confirmação de 1.749 casos de microcefalia e outras alterações do sistema nervoso, sugestivos de infecção congênita, permanecendo em investigação 3.062 casos suspeitos em todo o país (BRASIL, Ministério da Saúde, 2016).

Em 2012, no julgamento da ADPF 54, o Supremo Tribunal Federal autorizou o aborto de fetos anencéfalos, como forma de antecipação terapêutica do parto, diante da inviabilidade da vida extrauterina nesses casos. No entanto, o debate relacionado à microcefalia possui uma direção diversa, na medida em que a doença pode gerar diferentes consequências para cada criança.

A microcefalia é uma malformação congênita que faz com que a criança nasça com perímetro cefálico menor que o normal, o que pode comprometer de diferentes formas o desenvolvimento do infante. O especialista do Instituto Nacional de Saúde da Mulher, da Criança e do Adolescente Fernandes Figueira (IFF/Fiocruz), Márcio Nehab, esclarece que é impossível dizer qual acometimento cerebral a criança vai ter, havendo possibilidade de retardo mental, paralisia cerebral, epilepsia, atraso no desenvolvimento global, ou até mesmo nenhum acometimento cerebral (BRASIL, IFF, 2016).

Nos casos em que reste constatada a inviabilidade do feto e a necessidade de preservar a saúde da gestante, tem-se autorizado o aborto, na mesma linha da decisão do STF (neste sentido: TJRJ, 4ª Câmara Criminal, Habeas Corpus nº 0059019-10.2015.8.19.0000, Rel. Des. Gizelda Leitão Teixeira, julg. em 17 nov. 2015). No entanto, na hipótese de malformação que não comprometa a vida extrauterina, a polêmica persiste, havendo uma forte corrente que afasta a possibilidade de aborto nesses casos, sob pena de se configurar, em última análise, uma prática eugênica.

Nota-se, ainda, e com frequência, que, portadores de limitações físicas, psicológicas e psiquiátricas, além dos idosos, também poderão compor o grupo dos vulneráveis tutelados pela Lei nº 13.146/15. Em levantamento feito pelo IBGE, em 2016, estima-se que a população brasileira acima dos 60 anos de idade seja hoje de aproximadamente 25 milhões de pessoas. Até 2030, a expectativa é de uma população idosa no Brasil de mais de 41 milhões de pessoas (IBGE, 2013).

Heloísa Helena Barboza questiona a classificação de uma pessoa como idosa, por meio de um único critério, a idade. Parece constante que o aumento da perspectiva de vida apresenta um ponto de contradição: por um lado se alcança uma meta desejada por diversas gerações antecedentes; por outro, os grupos que passam dos sessenta anos, hoje idosos por força da lei, encontram dificuldades em se adaptar às condições de vida atuais, pois, além das dificuldades físicas, psíquicas, sociais e culturais decorrentes do envelhecimento, sentem-se relegados a um plano secundário no mercado de trabalho, no seio da família e na sociedade em geral.

Conclui a autora que "o idoso se encontra no grupo dos que têm a vulnerabilidade potencializada, inscrevendo-se para fins de elaboração e aplicação das leis, na categoria dos vulnerados, ou seja, daqueles que se encontram, por força de contingências, em situação de desigualdade, devendo ser discriminado positivamente para resguardo de sua dignidade" (BARBOZA, 2008, p. 61).

A Constituição Federal traz, em seu art. 230, o dever da família, da sociedade e do Estado de amparar as pessoas idosas, assegurando sua participação na comunidade, defendendo sua dignidade e bem-estar e garantindo-lhes o direito à vida. O constituinte teve, ainda, o cuidado de dar preferência ao lar da pessoa idosa como local de execução de programas de amparo, visando fortalecer os laços familiares.

A preocupação com as pessoas idosas ganhou destaque dentro do nosso sistema jurídico com a aprovação da Lei nº 8.842/94, que estabeleceu as diretrizes para a *Política Nacional do Idoso*, as quais foram regulamentadas pelo Decreto nº 1.948/96. Dentre outras importantes orientações, o referido decreto definiu as várias modalidades de atendimento ao idoso, estimulando formas alternativas de atendimento não asilar, quando não for possível o seu acolhimento familiar. Tais iniciativas, no entanto, tinham caráter de recomendações, sem um regramento impositivo, o que surgiu, finalmente, com a aprovação e a promulgação da Lei nº 10.741, de 1º de outubro de 2003, conhecida como o "Estatuto do Idoso".

A referida lei estabelece a garantia da *proteção integral da população idosa* e determina o dever de todo cidadão de comunicar à autoridade competente qualquer forma de violação dos direitos do idoso que tenha testemunhado ou de que tenha conhecimento (art. 6º do Estatuto do Idoso). Prevê, também, que devem ser asseguradas todas as oportunidades e facilidades para preservação da saúde física e mental e do aperfeiçoamento moral, intelectual, espiritual e social do idoso, em condições de liberdade e dignidade (art. 2º do Estatuto do Idoso).

A pessoa idosa tem assegurada atenção integral à sua saúde, com especial cuidado em relação às doenças que afetam preferencialmente os mais velhos, por intermédio do Sistema Único de Saúde, tendo os idosos com deficiência ou com limitação incapacitante atendimento especializado (art. 15, §4º, do Estatuto do Idoso).

O art. 47 do Estatuto do Idoso traz as linhas de ação da política de atendimento, quais sejam: políticas sociais básicas; programas de assistência social, em caráter supletivo; serviços especiais de prevenção e atendimento às vítimas de negligência, maus-tratos, exploração, abuso, crueldade e opressão; serviço de identificação e localização de parentes ou responsáveis por idosos abandonados em hospitais e instituições de longa permanência; proteção jurídico-social dos direitos dos idosos; e mobilização da opinião pública no sentido da participação dos diversos segmentos da sociedade no atendimento do idoso.

A rede de proteção envolve a atuação de diversas entidades, como os Conselhos do Idoso e as Delegacias especializadas, e, no âmbito do Judiciário, destaca-se a atuação da Defensoria Pública e, sobretudo, do Ministério Público, que deve atuar obrigatoriamente na defesa dos direitos e interesses dos idosos, nos processos em que estes forem partes.

Ressalta-se que o envelhecimento constitui um direito social, de modo que "a proteção ao envelhecimento não é direito somente daquele que já envelheceu, mas também um elemento de segurança jurídica que atinge a sociedade como um todo". Pérola Melissa Vianna Braga (2011, p. 63) observa ainda que, ao considerar o direito ao envelhecimento como um direito personalíssimo, a Lei reconhece que envelhecer é inerente à condição humana.

Observa-se, também, que a proteção da pessoa com deficiência contra formas de tratamento desumano ou degradante perpassa, sobretudo, pela garantia de que sua vontade será respeitada no âmbito das escolhas referentes aos tratamentos e intervenções médicas aos quais será submetida. Nesse sentido, o artigo 15.1 da Convenção estabelece que nenhuma pessoa deverá ser sujeita a experimentos médicos ou científicos sem seu livre consentimento.

O EPD também resguarda a autonomia da pessoa com deficiência, que não poderá ser obrigada a se submeter a intervenção clínica ou cirúrgica, a tratamento ou a institucionalização forçada (art. 11 do EPD), sendo seu consentimento prévio, livre e esclarecido indispensável para a realização de qualquer tratamento, procedimento, hospitalização e pesquisa científica (art. 12 do EPD).

Nos casos de risco de morte e de emergência em saúde, esse consentimento poderá ser dispensado, resguardando-se, contudo, o superior interesse da pessoa com deficiência, e devendo ser adotadas as salvaguardas legais cabíveis (art. 13 do EPD). No caso da pessoa sujeita à curatela, o consentimento pode ser suprido excepcionalmente, mas deve ser assegurada sua participação, no maior grau possível, para a obtenção do consentimento.

Verifica-se, por fim, que, somente a partir de uma atuação articulada dos entes da Federação e dos órgãos de proteção previstos pelas leis especiais é que se pode prevenir e combater efetivamente as situações de violência contra a pessoa com deficiência no âmbito familiar. A conjugação dos preceitos dos diversos estatutos protetivos indica que o desafio é, hoje, a concretização da proteção conferida pela lei. O art. 5º do EPD é uma importante expressão da necessidade de diálogo entre os Estatutos (sobre o tema, ver: PEREIRA, Tânia da Silva. Diálogo entre "Estatutos": o cuidado e a tutela das vulnerabilidades. *In*: PEREIRA, Tânia da Silva; OLIVEIRA, Guilherme de; COLTRO, Antônio Carlos Mathias. *Cuidado e cidadania*: desafios e possibilidades. Rio de Janeiro: GZ, 2019).

Art. 6º A deficiência não afeta a plena capacidade civil da pessoa, inclusive para:

I - casar-se e constituir união estável;

II - exercer direitos sexuais e reprodutivos;

III - exercer o direito de decidir sobre o número de filhos e de ter acesso a informações adequadas sobre reprodução e planejamento familiar;

IV - conservar sua fertilidade, sendo vedada a esterilização compulsória;

V - exercer o direito à família e à convivência familiar e comunitária; e

VI - exercer o direito à guarda, à tutela, à curatela e à adoção, como adotante ou adotando, em igualdade de oportunidades com as demais pessoas.

HELOISA HELENA BARBOZA
VITOR ALMEIDA

O artigo em análise está contido nas Disposições Preliminares (Título I), da Parte Geral (Livro I) do EPD, no capítulo (II), que trata Da Igualdade e da Não Discriminação. Sua localização assume caráter estratégico ao reafirmar para o intérprete, de modo claro e objetivo, constituir a capacidade civil verdadeiro pressuposto para que seja possível assegurar a igualdade e a não discriminação às pessoas com deficiência.

Constata-se que o EPD utiliza as expressões "capacidade civil" (art. 6º) e "capacidade legal" (art. 83 e 84), expressões das quais se vale igualmente a CDPD (art. 12, 2, 3 e 4), mas não alterou o termo "capacidade" existente no CC. Considerando que o EPD interferiu profundamente no regime de (in)capacidades do CC, inclusive derrogando seus principais dispositivos (v. comentário ao art. 114), razoável entender como sinônimas as citadas expressões e correspondentes ao termo "capacidade", largamente empregado no Direito brasileiro.

A interpretação sistemática da Lei revela que o elenco de hipóteses ali contido não é exaustivo. Foram, porém, contempladas as situações nas quais mais fortemente se faziam presentes a desigualdade e a discriminação das pessoas com deficiência, inclusive nos textos legais. A presença de uma deficiência era pressuposto bastante para retirar das pessoas a capacidade jurídica para estabelecer relações existenciais, tomando-se sempre como argumento o caso das deficiências mais severas, as quais eram e ainda são generalizadas para impedir, de modo difuso, o exercício de direitos existenciais, notadamente os relacionados à vida familiar.

É o que se constata do CC de 1916, que considerava absolutamente incapazes de exercer pessoalmente os atos da vida civil (art. 5º): os loucos de todo o gênero (II) e os surdos-mudos, que não pudessem exprimir a sua vontade (III). O casamento era o único modo de se constituir uma família reconhecida pelo Direito então vigente. Como apenas as pessoas capazes podiam se casar, esse direito era negado aos absolutamente incapazes, na medida em que os atos jurídicos que viessem a praticar seriam nulos, conforme previsão do art. 145, I, c/c art. 5º, I, do CC/1916. As hipóteses de invalidade do casamento não cogitavam do casamento contraído por absolutamente incapazes, visto que haveria nulidade em caso de infração de impedimento absolutamente dirimente (CC/1916, art. 183, I a VIII, c/c art. 207) e de celebração por autoridade incompetente (CC/1916, art. 208). O casamento de pessoas por qualquer motivo coactas e incapazes de consentir, ou manifestar, de modo inequívoco, o consentimento eram anuláveis, por infração de impedimento impediente (CC/1916, art. 183, IX, c/c art. 210).

Observe-se que tais disposições permaneceram em vigor por cerca de oitenta e seis anos, e mesmo em período posterior à promulgação da CR de 1988, que reconheceu como entidades familiares, além do casamento, a união estável e as famílias monoparentais. Não houve até 3 de janeiro de 2003, data em que o CC entrou em vigor, alteração quanto à capacidade civil e, em consequência, para casar, ficando mantidas as disposições do CC/1916 quanto *às formalidades preliminares, celebração, validade, efeitos pessoais e patrimoniais do casamento. As leis que regulamentaram a união estável (Lei nº 8.971/1994 e Lei nº 9.278/1996) preocuparam-se precipuamente com situações patrimoniais, nada dispondo sobre capacidade para a constituição de união estável.*

O regime de capacidade do CC/1916 somente veio a ser alterado pelo CC/2002, o qual nos termos do art. 3º, em sua redação original (hoje revogada pelo EPD), considerava absolutamente incapazes de exercer pessoalmente os atos da vida civil as pessoas que, por *enfermidade ou deficiência mental*, não tivessem o necessário discernimento para a prática desses atos (II); e aquelas que, mesmo por causa transitória, não pudessem exprimir sua vontade (III). De acordo com o art. 4º, atualmente alterado pelo EPD, eram incapazes, relativamente a certos atos ou à maneira de exercê-los, as pessoas que, por *deficiência mental, tivessem o discernimento reduzido (II) e os excepcionais, sem desenvolvimento mental completo* (III).

O casamento contraído pelo *enfermo mental* sem o necessário discernimento para os atos da vida civil era nulo (art. 1.548, I, inciso revogado pelo EPD). Também era nulo o casamento que infringisse os impedimentos previstos no art. 1.521. A teor desse artigo, a incapacidade de consentir ou manifestar, de modo inequívoco, o consentimento exigido para o casamento não mais constitui impedimento, mas o casamento celebrado pelo incapaz de consentir é anulável, de acordo com o art. 1.550, IV, do CC/2002, mantido pelo EPD. É possível, portanto, a anulação do casamento de qualquer pessoa que não possa consentir, sem qualquer discriminação.

O CC/2002 substituiu os loucos de todo gênero – de modo discriminatório – por enfermos e deficientes mentais, e vinculou sua capacidade ao discernimento e ao grau de desenvolvimento mental. Como indicado, tais pessoas não poderiam se casar, sendo questionável sua possibilidade de constituir união estável ou mesmo família monoparental, diante de sua incapacidade absoluta ou relativa, prevista nos art. 3º e 4º do CC/2002, em sua redação inicial. Desse modo, até o momento em que entrou em vigor o EPD, revogando expressamente o inciso I do art. 1.548, as pessoas com deficiência mental ou intelectual não tinham o *direito de constituir família*, nos termos da codificação civil, que silenciou quanto à possibilidade de reconhecimento de união estável.

De todo necessário, porém, destacar que há mais de meio século se reconhece a todas as pessoas o *direito de constituir família*. A Declaração Universal dos Direitos Humanos (DUDH), adotada pela ONU em 1948, em seu artigo XVI, estabelece que a família é "o núcleo natural e fundamental da sociedade e tem direito à proteção da sociedade e do Estado" e que "os homens e mulheres de maior idade, sem qualquer restrição de raça, nacionalidade ou religião, têm o direito de contrair matrimônio e fundar uma família", mas "o casamento não será válido senão com o livre e pleno consentimento dos nubentes" (DUDH, artigo XVI, 1 a 3).

O Brasil incorporou outras normas internacionais relativas ao direito de constituir família. O Pacto Internacional sobre Direitos Econômicos, Sociais e Culturais de 1966, promulgado em 1992, reconhece a família como o elemento natural e fundamental da sociedade, a qual deve ser concedida as mais amplas proteção e assistência possíveis, especialmente para a sua constituição, e enquanto ele for responsável pela criação e educação dos filhos, ratificando a exigência do livre consentimento para o casamento, conforme item 10, 1 (Decreto nº 591, de 6 de julho de 1992). Em 1992, foi promulgado o Pacto Internacional sobre Direitos Civis e Políticos (Decreto nº 592, de 6 de julho de 1992), também de 1966, que reconhece igualmente a família como elemento natural e fundamental da sociedade, bem como o direito do homem e da mulher de, em idade núbil, contrair casamento e constituir família, exigindo o consentimento livre e pleno dos futuros esposos, nos termos do art. 23, §§1º a 3º.

A Convenção Americana sobre Direitos Humanos – Pacto de São José da Costa Rica de 1969, adotada no âmbito da Organização dos Estados Americanos, em São José da Costa Rica, em 22 de novembro de 1969, entrou em vigor internacional em 18 de julho de 1978 e foi promulgada no Brasil em 1992. Preceitua o citado Pacto ser a família o núcleo natural e fundamental da sociedade, a qual deve ser protegida pela sociedade e pelo Estado (art. 17). Reconhece também o direito do homem e da mulher contraírem casamento e de constituírem uma família, se tiverem a idade e as condições para isso exigidas pelas leis internas, na medida em que não afetem estas o princípio da não discriminação estabelecido naquela Convenção. O casamento não poderá ser celebrado sem o consentimento livre e pleno dos contraentes, conforme art. 17, 1 a 3 (Decreto nº 678, de 6 de novembro de 1992).

O Protocolo Adicional à Convenção Americana sobre Direitos Humanos em Matéria de Direitos Econômicos, Sociais e Culturais – "Protocolo de São Salvador", de 1988, promulgado em 1999, destaca o Direito à Constituição e à Proteção à Família (art. 15) e reafirma: a) ser a família o elemento natural e fundamental da sociedade, sendo dever do Estado protegê-la e velar pelo melhoramento de sua situação moral e material; b) ter toda pessoa o direito a constituir família, direito esse que deverá exercer de acordo com as disposições da legislação interna correspondente. Em seu artigo 18, trata da Proteção de Deficientes, estabelecendo que toda pessoa afetada pela diminuição de suas capacidades físicas e mentais tem direito a receber atenção especial, a fim de alcançar o máximo desenvolvimento de sua personalidade. Os Estados Partes comprometem-se a adotar as medidas necessárias para esse fim, dentre as ali especialmente indicadas (Decreto nº 3.321, de 30 de dezembro de 1999).

Em mais de uma oportunidade o Supremo Tribunal Federal reconheceu expressamente que

> toda pessoa tem o direito fundamental de constituir família, independentemente de sua orientação sexual ou de identidade de gênero. A família resultante da união homoafetiva não pode sofrer discriminação, cabendo-lhe os mesmos direitos, prerrogativas, benefícios e obrigações que se mostrem acessíveis a parceiros de sexo distinto que integrem uniões heteroafetiva (STF, RE nº 477554, Rel. Min. Celso de Mello, julg. 16 ago. 2011).

Invoca o STF, em diferentes julgados, os Princípios de Yogyakarta, fruto de conferência realizada na Indonésia, em novembro de 2006, sob a coordenação da Comissão Internacional de Juristas e do Serviço Internacional de Direitos Humanos, que traduzem recomendações dirigidas aos Estados nacionais sobre a aplicação da legislação internacional de direitos humanos em relação à orientação sexual e identidade de gênero. De acordo com a Carta de Princípios, então assinada inclusive pelo Brasil, os Estados deverão: a) tomar todas as medidas legislativas, administrativas e outras medidas necessárias para assegurar o direito de *constituir família*, inclusive pelo acesso à adoção ou à procriação assistida (incluindo as técnicas com participação de doador), sem discriminação por motivo de orientação sexual ou identidade de gênero; b) assegurar que leis e políticas reconheçam a *diversidade de formas de família,* incluindo aquelas não definidas por descendência ou casamento e tomar todas as medidas legislativas, administrativas e outras medidas necessárias para garantir que nenhuma família possa ser sujeita à discriminação com base na orientação sexual ou identidade de gênero de qualquer de seus membros, inclusive no que diz respeito à assistência social relacionada à família e outros benefícios públicos, emprego e imigração; f) tomar todas as medidas legislativas, administrativas e outras medidas necessárias para assegurar que qualquer obrigação, prerrogativa, privilégio ou benefício disponível para parceiros não casados de sexo diferente esteja igualmente disponível para parceiros não casados do mesmo sexo (Disponível em: http://www.yogyakartaprinciples.org/. Acesso em: 30 jun. 2017).

Embora direcionados à aplicação da legislação internacional de direitos humanos em relação à orientação sexual e identidade de gênero, os Princípios de Yogyakarta ajustam-se à matéria ora em exame, não apenas em razão do EPD assegurar às pessoas com deficiência a efetivação do direito à sexualidade (art. 8º) e o respeito à especificidade, à identidade de gênero e a sua orientação sexual (art. 18, §4º, VI), mas, *principalmente por se encontrarem tais princípios vinculados ao direito à busca da felicidade, bem como ao* "afeto como valor jurídico impregnado de natureza constitucional" (STF, RE nº 477554, Rel. Min. Celso de Mello, julg. 16 ago. 2011).

Merece destaque, por sua clareza, o entendimento do Relator, Ministro Celso de Mello, sobre o *direito à busca da felicidade* e sobre o *afeto como valor jurídico*. De acordo com o Ministro Relator, o direito à busca da felicidade constitui verdadeiro postulado constitucional implícito, verdadeira "expressão de uma ideia-força que deriva do princípio da essencial dignidade da pessoa humana", e "nesse contexto, o postulado constitucional da busca da felicidade, que decorre, por implicitude, do núcleo de que se irradia o princípio da dignidade da pessoa humana, assume papel de extremo relevo no processo de afirmação, gozo e expansão dos direitos fundamentais, qualificando-se, em função de sua própria teleologia, como fator de neutralização de práticas ou de omissões lesivas cuja ocorrência possa comprometer, afetar ou, até mesmo, esterilizar direitos e franquias individuais". Como ali consignado, o STF reconhece (ADI nº 3.300-MC/DF, Rel. Min. Celso de Mello, julg. 3 fev. 2006; STA 223-AgR/PE, Rel. p/ o acórdão Min. Celso de Mello, julg. 14 abr. 2008), "no princípio constitucional (implícito) da busca da felicidade, um "importante vetor hermenêutico relativo a temas de direitos fundamentais".

De acordo, ainda, com o Ministro Relator, a Suprema Corte dos Estados Unidos da América tem aplicado o "princípio da felicidade" e em diversas decisões apoiado seus *rullings* no conceito de busca da felicidade (*pursuit of happiness*), imprimindo-lhe

> significativa expansão, para, a partir da exegese da cláusula consubstanciadora desse direito inalienável, estendê-lo a situações envolvendo a proteção da intimidade e a garantia dos direitos de casar-se com pessoa de outra etnia, de ter a custódia dos filhos menores, de aprender línguas estrangeiras, de casar-se novamente, de exercer atividade empresarial e de utilizar anticoncepcionais.

A partir desses fundamentos e considerando o objetivo fundamental da República de promover o bem de todos, sem preconceitos de origem, raça, sexo, cor, idade e quaisquer outras formas de discriminação (CF, art. 3º, IV), pareceu ao Ministro Celso Mello que o

> reconhecimento do direito à busca da felicidade, enquanto ideia-força que emana diretamente do postulado constitucional da dignidade da pessoa humana, autoriza o rompimento dos obstáculos que impedem a pretendida qualificação da união civil homossexual como entidade familiar.

No que tange ao afeto, valorado como núcleo conformador do conceito de família, mereceu destaque a observação feita pela Procuradoria-Geral da República, no sentido de que se tornou indiscutível reconhecer "que o novo paradigma, no plano das relações familiares, após o advento da Constituição Federal de 1988, para efeito de estabelecimento de direitos/deveres decorrentes do vínculo familiar, consolidou-se na existência e no reconhecimento do afeto".

Embora a argumentação acima se encontre focada no reconhecimento das uniões estáveis entre pessoas do mesmo sexo, como antes assinalado, parece inquestionável – por sua magnitude – e especialmente pelos fundamentos de natureza constitucional, dentre as quais deve ser salientado o disposto no art. 3º, IV, da CR, – que as razões apresentadas sustentam igualmente a defesa do *direito à busca da felicidade e o direito de constituir família das pessoas com deficiência*, o qual deve encontrar limite e medida na proteção que lhes é constitucionalmente assegurada.

Desse modo, é indispensável reafirmar que a garantia de tais direitos não pode significar o abandono da pessoa com deficiência a sua própria sorte, uma vez que em muitos casos ela necessita de apoio, ou mesmo não se encontra em condições físicas, psíquicas ou intelectuais para o exercício de direitos como os mencionados no presente artigo. O reconhecimento da plena capacidade jurídica não significa ausência de proteção, que é necessária e devida às pessoas com deficiência, na medida das peculiaridades de cada caso, do mesmo modo que se protegem todas as pessoas vulneradas.

A determinação de proteção específica decorre de normas constitucionais voltadas para a proteção de pessoas vulneráveis, como as crianças, os adolescentes, os idosos, os consumidores e as próprias pessoas com deficiência, contempladas na CR/1988 ainda na perspectiva da integração (BARBOZA; ALMEIDA JÚNIOR, 2017, p. 1-24).

A primeira norma a ser citada encontra-se na cláusula geral de tutela abstrata da pessoa humana em sua vulnerabilidade inerente, em todas as suas relações existenciais e patrimoniais, de que é exemplo a proteção dos consumidores. Essa tutela se especializa e se concretiza através da proteção específica e concreta daqueles que se encontram em situações de desigualdade, em razão de terem sua vulnerabilidade potencializada, por circunstâncias de vida (como a situação de pobreza ou exclusão social) ou já estarem vulnerados por circunstancias pessoais (caso das crianças, idosos e pessoas com deficiência), não raro agravadas pelas circunstâncias sociais em que vivem. Atenção especial deve ser dada às situações em que se constata interseccionalidade, ou seja, a sobreposição de circunstâncias individuais, tais como identidades sociais, orientações de gênero, cor da pele, as quais isoladamente dão causa à opressão e discriminação e agravam a vulnerabilidade quando se entrecruzam.

Por ser de todo pertinente à questão de tutela dos vulneráveis, cabe lembrar o vínculo direto entre vulnerabilidade, conceito complexo que tem sido objeto de estudo de vários outros campos do saber (como a Filosofia, a Sociologia e a Psicologia) e o *dever jurídico de cuidado*, exigido de modo franco nas relações familiares, e que pode ser entendido como o conjunto de atos que devem ser praticados pelos integrantes da família para proteção daqueles que são suscetíveis de vulneração, em razão de suas circunstâncias individuais (REsp nº 1.159.242SP, Rel. Min. Nancy Andrighi, julg. em 24 abr. 2012). Em termos jurídicos, o cuidado é delineado e construído para o outro (criança, adolescente, idoso, pessoa com deficiência), em razão e para atender sua específica situação de vulneração. Fácil é a identificação da presença do cuidado na prática cotidiana: a vulnerabilidade de um bebê e suas consequentes demandas são bem diferentes daquelas de um adolescente ou de um idoso; e em qualquer desses casos, diverso deve ser o cuidado necessário se o bebe, o adolescente ou o idoso forem pessoas com deficiência. A situação de vulnerabilidade constitui, desse modo, um *critério* para aferição do cuidado exigível em cada caso (BARBOZA, 2017, p. 175-191).

Normas constitucionais específicas de tutela das pessoas com deficiência se encontram na CR de 1988, a partir da CDPD. No que concerne ao respeito pelo lar e pela família, devem os Estados Partes da Convenção tomar medidas efetivas e apropriadas para eliminar a discriminação contra pessoas com deficiência, em todos os aspectos relativos a casamento, família, paternidade e relacionamentos, em igualdade de condições com as demais pessoas (art. 23 *caput*). Nesse sentido, devem assegurar que: a) seja reconhecido o direito das pessoas com deficiência, em idade de contrair matrimônio, de casar-se e estabelecer família, *com base no livre e pleno consentimento dos pretendentes;* b) sejam reconhecidos os direitos das pessoas com deficiência de *decidir livre e responsavelmente sobre o número de filhos* e o espaçamento entre esses filhos e de ter acesso a informações adequadas à idade e a educação em matéria de reprodução e de planejamento familiar, bem como os meios necessários para exercer esses direitos; e c) as pessoas com deficiência, inclusive crianças, conservem sua fertilidade, em igualdade de condições com as demais pessoas (art. 23, a, b e c).

Na linha das normas internacionais anteriormente citadas está assegurado, como se vê, o direito das pessoas com deficiência constituírem família, com base no seu livre e pleno consentimento, bem como o direito ao planejamento familiar, expressamente previsto na CR no art. 226, §7º, e que tem fundamento nos princípios da dignidade da pessoa humana e da paternidade responsável.

Em igual medida, a CDPD assegura os direitos e as responsabilidades das pessoas com deficiência, relativos à guarda, custódia, curatela e adoção de crianças, nos termos da legislação nacional. Os Estados Partes devem prestar a devida e necessária assistência às pessoas com deficiência, para que essas pessoas possam exercer suas responsabilidades na criação dos filhos. Em qualquer dos casos, prevalecerá o superior interesse da criança (art. 23, 2).

Não obstante o natural estranhamento que o conteúdo do artigo em análise possa provocar, notadamente quando se trata de pessoas com deficiência mental ou intelectual, certo é que o exercício dos direitos aqui relacionados está condicionado ao atendimento dos requisitos constitucionais, no caso os previstos na CDPD, e legais, constantes do Código Civil e de legislação especial, como a Lei nº 8.069/1990, Estatuto da Criança e do Adolescente. Por conseguinte, é sob a luz dessas diretrizes que devem ser analisados os incisos do presente artigo.

Imperioso lembrar que tais limites e requisitos são os comuns, portanto, os que devem ser observados por qualquer pessoa e não apenas pelas pessoas com deficiência. O eventual questionamento da validade de atos praticados, por exemplo, por ausência de livre e pleno consentimento, exigirá a apuração caso a caso, em razão de circunstâncias individuais. A presença de deficiência, ainda que intelectual, por si só, não é motivo bastante para a invalidação. Em cada caso, insista-se, há de se verificar se a pessoa tinha condições de entender e de consentir livremente para que o ato venha (ou não) a ser invalidado.

A pessoa com deficiência, de qualquer natureza, tem capacidade para casar ou constituir união estável, inclusive homoafetiva (inciso I). Como indicado acima, para o casamento, a pessoa deverá ter condições de entender a natureza do ato e de consentir, manifestando de modo inequívoco o seu consentimento. De acordo com o art. 1.550, IV, do CC, o casamento do incapaz de consentir ou manifestar, de modo inequívoco, o consentimento será passível de anulação, tenha a pessoa deficiência ou não. Prevê o CC, contudo, que a pessoa com deficiência mental ou intelectual em idade núbil pode contrair matrimônio, expressando sua vontade diretamente ou por meio de seu responsável ou curador (art. 1.550, §2º, CC).

Atendidos devem ser, igualmente, os demais requisitos legais, como estar em idade núbil (art. 1.517, CC) e não ter impedimentos para o casamento (art. 1.521, CC). Necessário será também o cumprimento das formalidades concomitantes, atinentes à celebração do casamento. A nulidade do casamento só ocorrerá por infringência de impedimento (art. 1.548, CC).

A união estável é uma situação de fato, mas seu reconhecimento, para que produza efeitos existenciais e patrimoniais previstos em lei, dependerá da observância do art. 1.723 do CC. Embora não haja exigência de consentimento formal para a constituição da união estável, esta não deverá ser reconhecida caso um dos companheiros não tenha condições de entender a situação de convivência e com ela concordar.

O conteúdo dos incisos II, III e IV está compreendido no conceito de autonomia reprodutiva, assegurada no art. 226, §7º, da CR, segundo o qual, com fundamento nos princípios da dignidade da pessoa humana e da paternidade responsável, é livre a decisão do casal sobre o planejamento familiar, competindo ao Estado propiciar recursos educacionais e científicos para o exercício desse direito, vedada qualquer forma coercitiva por parte de instituições oficiais ou privadas. A autonomia reprodutiva corresponde ao direito de "decidir livremente e responsavelmente sobre o número de filhos e sobre o intervalo entre eles, e de acessar as informações, instruções e serviços sobre planejamento familiar". Em outras palavras, é "o direito à escolha reprodutiva", como direito à liberdade reprodutiva, relativa a "se" e "quando" reproduzir-se, ensejando incluir nessa escolha o "como" reproduzir-se, relacionado às técnicas de reprodução artificial, compreendidas, portanto, nos mesmos termos, como opção pessoal absolutamente fundamental (IAGULLI, 2001, p. 5).

O citado §7º foi regulamentado pela Lei nº 9.263, de 12 de janeiro de 1996, que expressamente declara ser o planejamento familiar direito de *todo cidadão* (art. 1º), entendendo como tal "o conjunto de ações de regulação da fecundidade que garanta direitos iguais de constituição, limitação ou aumento da prole pela mulher, pelo homem ou pelo casal", proibindo a utilização dessas ações para qualquer tipo de controle demográfico (artigo 2º e parágrafo único). De acordo com a referida lei, o planejamento familiar integra as ações de atendimento global e integral à saúde, obrigando-se o Sistema Único de Saúde, em todos os níveis, a garantir programa que inclua como atividades básicas, entre outras, "a assistência à concepção e à contracepção", devendo ser oferecidos para o exercício do planejamento familiar "todos os métodos e técnicas de concepção e contracepção cientificamente aceitas e que não coloquem em risco a vida e a saúde das pessoas, garantida a liberdade de opção" (artigos 3º, parágrafo único, I e 9º).

Flávia Piovesan (1998, p. 176) destaca ter se afirmado na Conferência de Beijing que "os direitos sexuais e reprodutivos constituem parte inalienável dos direitos humanos universais e indivisíveis". Segundo a mesma autora, o artigo 226, §7º, da Constituição Federal, elevou à categoria de norma constitucional muitos princípios correlacionados aos direitos reprodutivos veiculados pelos documentos internacionais de direitos humanos, notadamente o Plano de Ação da Conferência Internacional do Cairo sobre População e Desenvolvimento de 1994 e a Plataforma de Ação de Beijing de 1995.

O direito ao planejamento familiar pode ser inscrito no rol dos direitos que permitem a realização das potencialidades da pessoa humana, uma das mais importantes e que, por tal motivo, deve estar diretamente submetida à sua autonomia. Trata-se, portanto, de um direito fundamental, não só por sua estrutura e função, como também por ter, conforme Robert Alexy (1999, p. 61) um papel decisivo, visto compreender "interesses e carências" que devem ser protegidos e fomentados pelo direito, por serem "fundamentais", no sentido que "sua violação ou não satisfação significa a morte ou sofrimento grave, ou toca no núcleo essencial da autonomia".

O reconhecimento da plena capacidade da pessoa com deficiência para conservar sua fertilidade e a vedação da esterilização compulsória, conforme inciso IV do artigo em análise, são compatíveis com o disposto na Lei nº 9.263/1996. Segundo essa Lei, é condição para que se realize a esterilização, o registro de expressa manifestação da vontade em documento escrito e firmado, após a informação a respeito dos riscos da cirurgia, possíveis efeitos colaterais, dificuldades de sua reversão e opções de contracepção reversíveis existentes (art. 10, §1º).

Nesses termos, a pessoa com deficiência poderá se submeter à esterilização voluntária, como qualquer outra, desde que tenha aptidão para entender a natureza do procedimento e seus efeitos e de consentir com sua realização. Só por exceção e em casos de comprovada e imperiosa necessidade médica ou emergência – e sempre em benefício da pessoa com deficiência – será admissível a esterilização, à semelhança do que ocorre em relação a qualquer outra pessoa.

O exercício do direito à família e à convivência familiar, que se complementam, objeto do inciso V, assume duplo aspecto. O primeiro diz respeito ao direito de constituir família acima examinado. O segundo encontra uma de suas traduções no disposto no art. 31 do EPD, segundo o qual a pessoa com deficiência tem direito à moradia digna, no seio da família natural ou substituta, com seu cônjuge, companheiro ou desacompanhada, ou em moradia para a vida independente da pessoa com deficiência, ou, ainda, em residência inclusiva. O afastamento da pessoa com deficiência da convivência familiar deve ser admitido para atender seu interesse, como a sua própria vontade, desde que apta a expressá-la, ou por determinação médica, respeitada em ambos os casos, o quanto possível sua autonomia. Só diante de comprovadas e relevantes razões e para benefício da pessoa com deficiência pode ser restrita ou cessada sua convivência familiar.

O exercício da convivência comunitária, embora constitua em certo aspecto uma extensão da convivência familiar, é indispensável para a inclusão da pessoa com deficiência. Forte nesse tema a exigência da eliminação de barreiras sociais, em particular das atitudinais. Para tanto, se torna necessário o *reconhecimento* da pessoa com deficiência, nos termos concebidos por Nancy Fraser (2007, p. 101-103), ou seja, como uma questão de justiça. Para a autora, "é injusto que, a alguns indivíduos e grupos, seja negada a condição de parceiros integrais na interação social, simplesmente e em virtude de padrões institucionalizados de valoração cultural". O reconhecimento apoia-se numa visão de sociedade "amigável às diferenças", na qual a "assimilação às normas da maioria ou da cultura dominante não é mais o preço do respeito igualitário". A complementariedade entre igualdade social e reconhecimento da diferença impõe a construção de um conceito amplo de justiça. Para Fraser (2007, p. 114), o "não reconhecimento é uma questão de impedimentos, externamente manifestados e publicamente verificáveis, a que certos indivíduos sejam membros integrais da sociedade".

Assim sendo, o reconhecimento é um fator indispensável, se não determinante, a ser considerado no processo de inclusão social das pessoas com deficiência (BARBOZA; ALMEIDA JUNIOR, 2017, p. 28-32).

O exercício do direito à guarda, à tutela, à curatela e à adoção, como adotante ou adotando, em igualdade de oportunidades com as demais pessoas, constante do inciso VI do presente artigo, integra o direito à família e à convivência familiar. Embora a presença de deficiência não deva constituir entrave à constituição das relações familiares indicadas, o exercício de tais direitos deverá observar, em igualdade de condições com as demais pessoas, os requisitos legais para tanto. Em particular, quando houver envolvimento de menores de idade, de todo indispensável será a ponderação dos interesses em jogo, à luz do princípio do melhor interesse da criança e do adolescente.

Todos os atos mencionados no presente artigo são de natureza existencial. Assim sendo, não se cogita, em princípio, que possam ser alcançados pela curatela, em face dos expressos termos do art. 85 e seus parágrafos. A excepcional possibilidade de impedimento para o exercício dos direitos citados no presente dispositivo legal somente poderá ocorrer por força de previsão constitucional e decisão judicial, sempre proferida para proteção ou benefício e no interesse da pessoa com deficiência. O excepcional impedimento para algum ato poderá se dar também para proteção de terceiro, como no caso de criança, cujo superior interesse deverá prevalecer, conforme determina o art. 23, 2º, da CDPD. Essas possibilidades de natureza excepcional serão analisadas nos comentários aos art. 84 e 85.

Art. 7º É dever de todos comunicar à autoridade competente qualquer forma de ameaça ou de violação aos direitos da pessoa com deficiência.

Parágrafo único. Se, no exercício de suas funções, os juízes e os tribunais tiverem conhecimento de fatos que caracterizem as violações previstas nesta Lei, devem remeter peças ao Ministério Público para as providências cabíveis.

CÉLIA BARBOSA ABREU

O art. 7º do EPD, em seu *caput*, estabelece expressamente que é dever de todos comunicar à autoridade competente qualquer forma de ameaça ou de violação aos direitos da pessoa com deficiência. Em se tratando de um, reitere-se: dever de todos, reside nesta norma jurídica a instituição de um dever jurídico a ser assumido solidariamente por todo e qualquer ator social. Ou seja, subjaz nesta normativa uma inequívoca situação jurídica de responsabilidade solidária entre Estado, Sociedade e Família, no sentido de assegurar a plenitude dos direitos da pessoa com deficiência, que devem ficar salvaguardados de qualquer ameaça ou lesão. A inobservância do dever jurídico referido constitui ato ilícito.

Trata-se, como outrora escrito, de uma responsabilidade solidária e multifacetada, assumida por toda a sociedade, consideradas as mais diversas formas de interação que as pessoas com deficiência podem vir a ter no meio social. Inadmissível o contentamento com um ordenamento jurídico meramente retórico, que, em última instância, significa a recusa ao Direito do *status* de "ciência" do "dever-ser". A norma disposta no art. 7º, *caput* do EPD, tal qual a trazida no art. 8º deste pressupõe a atuação conjunta do Estado, da Família e da Sociedade, para fins de concreção dos enunciados normativos protetivos destes indivíduos (ABREU; BEMERGUY, 2017, p. 87-112).

Ademais, para conferir a correta interpretação deste dever de preservação dos interesses/direitos das pessoas com deficiência, urge conferir-lhe a adequada abrangência. Nesse sentido, cabe destacar que qualquer lesão ou ameaça de direito, patrimonial e/ou extrapatrimonial, pode ser levada ao Poder Judiciário. Considerada, entretanto, a tábua axiológica constitucional, da qual decorre a prevalência dos valores existenciais sobre os patrimoniais, é preciso se ter em vista sempre que "a tutela da personalidade é um desses interesses ou valores, relativamente aos quais o legislador deve excluir limites externos ao desenvolvimento humano". Indo além, "o interesse na tutela da personalidade é primário, ínsito ao Estado Social de Direito" (PERLINGIERI, 1972, p. 16-17).

Nessa toada, sobre a tutela dos interesses do indivíduo não se tem dúvida de que pode ser viabilizada através de cláusulas gerais, ou seja, via normas que não fornecem regulamentos específicos, mas princípios, com ampla abertura, sendo esta a técnica utilizada hodiernamente para garantir a liberdade e o desenvolvimento pleno da personalidade humana. Isto, entretanto, não significa que, por outro lado, no que respeita aos limites para outras situações específicas, outro tipo de técnica legislativa não possa ser mais eficiente do que a técnica das cláusulas gerais e, nestes casos, o melhor seja que a legislação venha detalhada, casuística mesmo.

No art. 7º do EPD, o legislador, ao determinar o dever de todos comunicarem à autoridade competente qualquer forma de ameaça ou de violação aos direitos da pessoa com deficiência, traz uma cláusula geral de cuidado relativamente às pessoas com deficiência. Não se tem um tipo legal que, se violado, o legislador preconiza, de partida, uma consequência jurídica correlata. Ao revés, o que se tem é o paradigma do cuidado como valor jurídico a ser respeitado e observado caso a caso e, evidentemente, cujo descumprimento acarretará a responsabilidade do infrator. Afinal, sua inobservância resulta num ato ilícito.

De crucial importância entender o significado do cuidado em meio às relações humanas e à proteção da vida, "seja sanando as chagas passadas, seja prevenindo as chagas futuras". Em outras palavras, em sua dimensão ontológica e antropológica, o cuidado comprova uma "vinculação de todos com todos pelo fato da reciprocidade geral e pela lógica mesma do cuidar e do ser cuidado assumida como realidade fontal e compromisso relacional". Contrariamente a isso, uma ética pautada exclusivamente na autonomia absoluta do sujeito, em outras palavras, "na solidão de sua liberdade" consiste uma "irrealidade" e "ilusão", autêntica "abstração". Assumida a complementariedade entre as éticas da justiça e do cuidado, é possível encontrar terreno para "uma convivência humana fecunda, dinâmica, sempre aberta a novas relações e carregada de sentimento de solidariedade, afetividade e, no termo, de amorosidade" (BOFF, 2008, p. 10).

A aludida cláusula geral do cuidado relativamente às pessoas com deficiência surge no cenário jurídico pátrio como um consectário lógico da cláusula geral de tutela e promoção da dignidade da pessoa humana, acolhida pela Constituição de 1988. A doutrina brasileira explica que esta última restou consagrada quando o constituinte elegeu a dignidade humana como fundamento da República Brasileira, correlacionado ao objetivo fundamental de erradicação da pobreza e da marginalização, e de redução das desigualdades sociais, conjuntamente com a estipulação do parágrafo 2º do art. 5º, pelo qual os direitos e as garantias expressos constitucionalmente não excluem outros decorrentes do regime e dos princípios constitucionais adotados, ou dos tratados internacionais de que a República Federativa do Brasil seja parte (TEPEDINO, 1999, p. 48).

A partir desta conexão entre as referidas cláusulas gerais, insta ultrapassar a leitura meramente literal do *caput* do art. 7º do EPD e compreender que o dever jurídico atribuído pela norma em caráter solidário ao Estado, à família e à sociedade não é só o de obstar lesões e ameaças aos direitos destes cidadãos. Mais do que isto, com apoio na cláusula geral de tutela da pessoa humana, todo indivíduo merece uma proteção jurídica mais ampla, que abrange a garantia da promoção do desenvolvimento digno de sua personalidade. Destarte, é assegurado à pessoa com deficiência, tal como a qualquer outro ser humano, o direito de vir a se realizar plenamente das mais diversas formas, seja na família, na escola, nos esportes, no trabalho, no sindicato, entre outras. Existe, desse modo, um dinamismo no ordenamento jurídico atual que confere um significado e uma função extremamente amplos ao dispositivo e, por conseguinte, ao dever jurídico dos sujeitos obrigados pelo preceito.

Dito de outra forma, na doutrina italiana, se escreve que uma "norma nunca está sozinha, mas existe e exerce a sua função unida ao ordenamento e o seu significado muda com o dinamismo do ordenamento ao qual pertence". Nesse sentido, defende-se uma interpretação "lógico-sistemática e teleológico-axiológica", isto é, "finalizada à atuação dos novos valores constitucionais". As cláusulas gerais "esperam ser preenchidas de um conteúdo específico, por uma hierarquia na qual as normas constitucionais exigem prevalência", ainda na "presença de norma específica ao caso, pela escolha feita pelo constituinte de conformar-se às normas de direito universalmente reconhecidas" (PERLINGIERI, 1997, p. 73).

A norma do art. 7º EPD não está isolada, mas sim, consagrada no âmbito de um ordenamento constitucional, cujo vetor axiológico máximo é a promoção da dignidade humana. Logo, a sua *exegese* meramente literal não pode ser aceita. É preciso ir além, sobretudo após o advento da Convenção Internacional sobre os Direitos da Pessoa com Deficiência, que veio revigorar a força da cláusula geral de tutela da pessoa humana relativamente às pessoas com deficiência, cuja vulnerabilidade exige efetivamente um maior cuidado. Portanto, certo é que as autoridades competentes deverão ser acionadas – por todos – não só nos casos de lesão ou ameaça, mas também sempre que se perceba que, em realidade, medidas destinadas à promoção da existência digna das pessoas com deficiência estejam deixando de ser tomadas. Assim, exemplificativamente, quando um política pública necessária à promoção desta dignidade não esteja sendo implementada.

Some-se que, ao atentar para os casos tanto de ameaça, quanto de lesão aos direitos da pessoa com deficiência, a *ratio legis* presente no cuidado é tal que vem viabilizar, uma vez acionadas as autoridades competentes, que estas tomem as medidas cautelares e façam uso de todas as alternativas judiciais e extrajudiciais cabíveis para melhor salvaguardar os interesses deste grupo social. Ademais, sempre útil recordar do disposto no art. 12 do Código Civil, no qual se tem norma análoga, da qual se extrai sem maiores dúvidas que, em se tratando de lesão a direitos patrimoniais, esta comporta compensação. Entretanto, as atinentes aos direitos extrapatrimoniais não comportam a ideia de recondução ao *status quo ante*. Logo, neste último caso, o que se tem é a reparação dos danos morais, por violação à dignidade humana. O alegado dano patrimonial necessita ser provado, enquanto o dano moral sabidamente é *in re ipsa*, decorrente do próprio fato, dispensada a sua comprovação (TEPEDINO; BARBOZA; MORAES, 2004, p. 34).

O parágrafo único do art. 7º, a seu turno, determina que se, no exercício de suas funções, os juízes e os tribunais tiverem conhecimento de fatos que caracterizem as violações de direitos coibidas pelo EPD, devem remeter peças ao Ministério Público para as providências cabíveis. O *Parquet*, a seu turno, como uma entidade autônoma e não vinculada a qualquer dos três Poderes, poderá agir tanto na esfera civil, quanto na criminal. Poderá se valer de diversas formas de atuação pública, dentre as quais está a do ajuizamento de ações civis públicas em face dos entes públicos federal, estadual e municipal ou seus órgãos e agentes, tendo em vista a responsabilidade do Estado, quer por ação ou omissão. Poderá propor diversas outras medidas garantidoras dos interesses das pessoas com deficiência, como as previstas pelo legislador na Lei nº 7.853/1989 e na Lei nº 13.146/2015 (MADRUGA, 2016, p. 217-220).

Nesse sentido, escreve a doutrina sobre o compromisso social do *Parquet*, que abrange não apenas um comprometimento institucional do membro do Ministério Público, como também pessoal deste. Exemplifica que, na eventualidade da ocorrência de um ato discriminatório contra uma pessoa com deficiência (como num caso de recusa de uma vaga em um estabelecimento de ensino ou posto de trabalho, pautada exclusivamente na questão da deficiência) este comportamento do infrator deve ser apreciado na órbita criminal e ainda através de uma ação civil pública, objetivando cessar, coletivamente, com a mencionada conduta discriminatória (MADRUGA, 2016, p. 220-248).

Oportuno, igualmente, recordar que nada impede que a Defensoria Pública seja comunicada, eis que, em meio às suas funções institucionais, está a de promover a ação civil pública e demais espécies de ações capazes de viabilizar a mais adequada tutela dos direitos difusos, coletivos e individuais homogêneos em prol do interesse de pessoas hipossuficientes, conforme disposto no art. 4º, VII, da Lei Complementar nº 80/1994. Da mesma forma, as associações constituídas há mais de um ano, vide disposto no art. 3º da Lei nº 7.853/1989, detém legitimidade para promover esses direitos e proteger tais pessoas, estando esta matéria dentre as suas finalidades institucionais (FARIAS; CUNHA; PINTO, 2016, p. 48-49).

Nessa ordem de ideias, convém registrar que o art. 98 do EPD alterou dispositivos da Lei nº 7.853/1989, que dispõe sobre o apoio às pessoas com deficiência, sua inclusão social, a Corde (Coordenadoria Nacional para Integração da Pessoa Portadora de Deficiência), estabelece a tutela jurisdicional de interesses coletivos ou difusos dessas pessoas, disciplinando a atuação do Ministério Público, definindo crimes, dando outras providências. Dentre as alterações, o art. 3º da referida lei dispõe hoje que as medidas judiciais voltadas à proteção de interesses coletivos, difusos, individuais homogêneos e individuais indisponíveis das pessoas com deficiência poderão ser propostas pelo Ministério Público, pela Defensoria Pública, por quaisquer dos entes federativos, por associações constituídas há mais de 1 (um) ano, nos termos da lei civil, por autarquias, por empresas públicas e por fundações ou sociedades de economia mista que incluam, entre suas finalidades institucionais, "a proteção dos interesses e a promoção de direitos da pessoa com deficiência".

Art. 8º É dever do Estado, da sociedade e da família assegurar à pessoa com deficiência, com prioridade, a efetivação dos direitos referentes à vida, à saúde, à sexualidade, à paternidade e à maternidade, à alimentação, à habitação, à educação, à profissionalização, ao trabalho, à previdência social, à habilitação e à reabilitação, ao transporte, à acessibilidade, à cultura, ao desporto, ao turismo, ao lazer, à informação, à comunicação, aos avanços científicos e tecnológicos, à dignidade, ao respeito, à liberdade, à convivência familiar e comunitária, entre outros decorrentes da Constituição Federal, da Convenção sobre os Direitos das Pessoas com Deficiência e seu Protocolo Facultativo e das leis e de outras normas que garantam seu bem-estar pessoal, social e econômico.

CÉLIA BARBOSA ABREU

Dando início à atenção ao art. 8º do EPD propriamente dito, tem-se que este estabelece ser dever do Estado, da sociedade e da família assegurar à pessoa com deficiência, com "prioridade", a efetivação de diversos direitos humanos fundamentais, não excluídos outros decorrentes da Constituição Federal, da Convenção sobre os Direitos das Pessoas com Deficiência e seu Protocolo Facultativo e das leis e de outras normas que garantam seu bem-estar pessoal, social e econômico. Ao fazê-lo, o dispositivo consagra o "princípio do melhor interesse da pessoa com deficiência", que, em realidade, vem igualmente tutelado noutros dispositivos da lei, tais como os artigos 5º; 9º; 10; 30, I; 32; 85, parágrafo 2º; 87; 111; 112; 113; 114; 116. Para fundamentar este argumento, doravante, serão feitas algumas considerações.

Inicialmente, cumpre pontuar que o artigo em foco assegura às pessoas com deficiência não somente o direito fundamental à saúde, mas também a efetivação de um rol *numerus apertus* de direitos, liberdades e garantias fundamentais, portanto, adotando uma perspectiva muito além da biomédica em relação aos indivíduos tutelados. Acolhe o modelo social da deficiência, segundo o qual não é mais cabível um olhar meramente estático sobre o corpo do ser humano com deficiência, mas, ao revés, a pessoa e sua deficiência devem ser consideradas mediante uma percepção dinâmica, visto o indivíduo incluído em meio ao seio social em que vive e a partir de uma avaliação biopsicossocial.

Com este viés, é trazida a norma do art. 8º do EPD que, nitidamente, vem considerar necessárias diversas ações públicas em favor da pessoa com deficiência, bem como a intervenção do Estado neste sentido. Nela, lesão e deficiência surgem como noções apartadas, o que evidencia a relevância das ações biomédicas direcionadas para o corpo, mas também do cuidado relativamente aos direitos, à justiça social e às políticas de bem-estar social para as pessoas com deficiência. Afinal, se as lesões podem estar presentes no corpo humano, a deficiência pode aparecer como resultado de um ordenamento político e econômico capitalista, que exige do indivíduo que este seja produtivo (DINIZ, 2007, p. 18-22).

Nesse contexto, ao lado do direito à saúde, o referido dispositivo resguarda um sem número de direitos fundamentais, que, por sua natureza, exigem políticas de bem-estar diferenciadas, sob pena de quedarem inobservados objetivos fundamentais da República Federativa do Brasil, entre outros, especialmente, o da construção de uma sociedade livre, justa e solidária (art. 3º, I, CRFB). Assim, exemplificativamente, protege os ideais de liberdade, autonomia e produtividade da ordem capitalista, através da tutela dos direitos à profissionalização e ao trabalho, mas sem descurar da atenção aos direitos ao respeito, à convivência familiar e comunitária e à dignidade.

Os ideários de liberdade, autonomia e da produtividade não podem mesmo ser pensados independentemente, mas, ao contrário, conjuntamente com outros desafios como os impostos pelas lesões mais graves e crônicas. Afinal, a proteção da igualdade, concomitantemente à da autonomia, dentre outros valores fundamentais do sistema jurídico pátrio, não pode estar voltada apenas para viabilizar exclusivamente a sobrevivência do indivíduo produtivo na sociedade de concorrência por bens de consumo.

A ordem jurídica deve tutelar não só a existência humana produtiva e ativa, mas também digna, nos termos da Ordem Econômica (art. 170, CRFB). Isso porque, de fato, existem situações em que a autonomia individual pode estar concretamente comprometida, em caráter definitivo, não podendo se exigir da pessoa que seja ativa e/ou produtiva. Será preciso, então, pensar de outra forma, isto é, buscar como assegurar a isonomia deste cidadão improdutivo na sociedade capitalista. A ótica pura da independência não servirá para salvaguardar a isonomia deste ser humano dependente e improdutivo, sendo imperioso olhá-lo sob a perspectiva da igualdade via interdependência. Nessa visão, ganhará relevância o valor jurídico do cuidado quanto ao *alter*.

Com efeito, existem pessoas que vivem numa situação de dependência e, por tal razão, precisam que lhes seja conferido um cuidado próprio a lhes permitir a possível condição de igualdade relativamente às demais da sociedade. Mais do que seres humanos vulneráveis, está se falando de pessoas cuja vulnerabilidade inata a toda a pessoa humana foi exacerbada ou, em outras palavras, está presente um indivíduo vulnerado. Urge, portanto, buscar uma alternativa para resguardar adequada e proporcionalmente os seus direitos e interesses fundamentais (BARBOZA, 2009, p. 106-118).

Diante disso, tendo por exemplo a situação da pessoa idosa, a doutrina propôs que se extraísse da cláusula geral de promoção e tutela da pessoa humana, toda a sorte de soluções capazes de conferir um tratamento diferencial e preferencial ao indivíduo na terceira idade. Com isso, se versou pela primeira vez sobre o princípio do melhor interesse do idoso, para que este fosse protegido em caráter de isonomia, a partir da *exegese* da legislação, o que encontrou acolhida entre os estudiosos e aplicação prática na jurisprudência pátria (BARBOZA, 2008, p. 66).

Some-se a este argumento, a afirmação na doutrina alienígena de que, realmente, em certas situações, as pessoas com deficiência estão sujeitas a uma maior vulnerabilidade ou risco. Diante disso, a Convenção Internacional sobre os Direitos das Pessoas com Deficiência contém uma série de dispositivos voltados para conferir uma proteção jurídica específica em tais casos (PALACIOS, 2008, p. 288). A lógica de tais disposições é correlata a esta do art. 8º em comento.

Nesta mesma ordem de ideias, em que se sustentou não apenas o princípio do melhor interesse do idoso, mas também se afirmaram o princípio do melhor interesse da criança e do adolescente, do locatário, do trabalhador, dentre outros, é possível defender aqui que o art. 8º, em idêntica *ratio* adotada inclusive em outros dispositivos do Estatuto da Pessoa com Deficiência, consagra o princípio do melhor interesse da pessoa com deficiência, correlacionando-se neste particular com o disposto na cláusula geral de promoção e tutela da pessoa humana, bem como com diversos outros dispositivos constitucionais e, ainda, com a normativa advinda da Convenção Internacional sobre os Direitos das Pessoas com Deficiência.

O reconhecimento do princípio do melhor interesse da pessoa com deficiência, de base constitucional, surge como um consectário natural da Ordem Constitucional Brasileira, objetivando uma proteção efetiva e integral para as pessoas com deficiência, sobretudo aquelas que se encontrem em situação de dependência e, por conseguinte, vulneradas. Este posicionamento tem por intuito instrumentalizar o Estado para o melhor atendimento das pessoas com deficiência, cuja situação de vulnerabilidade está concretamente acentuada, sendo certo que se trata também de um dever exigível da sociedade em geral e da família, nos termos do art. 8º do EPD.

A despeito das críticas possíveis ao texto da Constituição de 1988, é fato que, mesmo a doutrina internacional trata de salientar que, diversamente das constituições anteriores, esta se ocupa dos direitos fundamentais como prioridade relativamente aos demais temas (MIRANDA, 2003, p. 150). Nesse sentido, pensar no princípio do melhor interesse da pessoa com deficiência (com base constitucional) ou em qualquer outra norma principiológica, com esteio na Constituição, consubstancia uma opção hermenêutica que, a um só tempo, possibilita a atualização da norma e garante a eficácia do princípio da força normativa da constituição (CANOTILHO, 1999, p. 1151). Afinal, consoante é sabido, é preciso ir além do conteúdo do texto constitucional, sendo necessário otimizar seu desenvolvimento o que exige que a Constituição esteja rente à *práxis*. É imperiosa, pois, a vontade da Constituição frente às tantas restrições e limites opostos à sua força normativa (HESSE, 1991, p. 24). Nesse viés, reitere-se, certo é que o princípio cuja consagração se sublinha aparece como uma manifestação inequívoca da chamada vontade de Constituição.

Outra observação a ser feita em função da norma trazida no art. 8º do EPD é no sentido de que, indubitavelmente, ela guarda sintonia fina com o Preâmbulo da Constituição Brasileira, onde aparecem valores clássicos individualmente consagrados, porém diversos outros que os viabilizam e dão vida. Nitidamente, o dispositivo vai além da igualdade formal, estando pautado em direitos individuais e sociais, sem os quais não há como se pensar em bem-estar geral e desenvolvimento.

Em outras palavras, o artigo 8º do EPD consubstancia uma igualdade com direitos sociais, com bem-estar geral e com desenvolvimento, em prol de uma igualdade diferenciada, que ganha não só em sentido, como em determinação. Resumindo, está em conformidade com uma Constituição que surge mais cidadã e mais igual. Assim, por mais que seja certo vai se levar algum tempo para tornar possível o alcance da almejada sociedade fraterna, pluralista e sem preconceitos, fundada na harmonia social, é verdade também que normas como esta trazida no referido dispositivo vem robustecer decididamente o valor da igualdade (CUNHA, 2007, p. 163).

A ordem trazida pelo art. 8º do EPD possui caráter de prioridade, dentre os deveres assumidos pelo Estado, pela sociedade e pela família relativamente à pessoa com deficiência, com vistas à efetivação de uma relação *numerus apertus* de direitos daquela, incluídos os aludidos expressa ou implicitamente na Constituição, na Convenção Internacional das Pessoas com Deficiência e em seu Protocolo Facultativo e noutras leis e normas que garantam seu bem-estar pessoal, social e econômico. Em mesmo sentido, o legislador consagra também, exemplificativamente, a norma estabelecida no art. 9º do EPD. Esta, que será comentada a seguir, traz o direito de tais indivíduos receberem atendimento prioritário, em especial para determinadas finalidades, não excluídas outras, dado o princípio do melhor interesse da pessoa com deficiência, corolário da cláusula geral de promoção e tutela da pessoa humana, como anteriormente salientado.

Interessa aduzir, por oportuno, que o art. 98 do EPD conferiu, como dito em comentário ao art. 7º, nova redação a dispositivos da Lei nº 7.853/1989. Nesse sentido, o EPD alterou não apenas o disposto no art. 3º da citada lei (antes mencionado), mas igualmente o estabelecido no seu art. 8º, que passou a criminalizar e a punir determinadas condutas com reclusão de 2 (dois) a 5 (cinco) anos e multa. Dentre os crimes puníveis, estão presentes condutas resultantes justamente da violação dos deveres aludidos no art. 8º do EPD.

Concluindo, a atual redação do art. 8º da Lei nº 7.853/1989 institui como crime: - recusar, cobrar valores adicionais, suspender, procrastinar, cancelar ou fazer cessar inscrição de aluno em estabelecimento de ensino de qualquer curso ou grau, público ou privado, em razão de sua deficiência. O dever de assegurar a educação é um dentre os tutelados pelo art. 8º. Igualmente é crime: obstar inscrição em concurso público ou acesso de alguém a qualquer cargo ou emprego público, em razão de sua deficiência, bem como - negar ou obstar emprego, trabalho ou promoção à pessoa em razão de sua deficiência. O direito ao trabalho também está em meio aos salvaguardados no art. 8º. Configura crime: recusar, retardar ou dificultar internação ou deixar de prestar assistência médico-hospitalar e ambulatorial à pessoa com deficiência. Esta conduta importa em violação ao dever de proteger a saúde da pessoa com deficiência. Do mesmo modo, é crime: deixar de cumprir, retardar ou frustrar execução de ordem judicial expedida na ação civil a que alude esta Lei, eis que quedaria violado o direito de acesso à justiça. Assim também: recusar, retardar ou omitir dados técnicos indispensáveis à propositura da ação civil pública objeto desta Lei, quando requisitados, violação também ao direito de acesso à justiça.

À guisa de conclusão, convém trazer à baila alguns julgados pertinentes ao art. 8º do EPD. Em primeiro lugar, por exemplo, sobre a prioridade da criança com deficiência ao direito fundamental à educação, a jurisprudência vem reconhecendo que se trata de preceito fundamental positivado na Lei Brasileira de Inclusão de Pessoa com Deficiência, que no seu art. 8º ratificou o disposto no art. 54 do Estatuto da Criança e do Adolescente (TJRJ, Agravo de Instrumento nº 0027186-37.2016.8.19.0000, Rel. Des. Renata Machado Cotta, julg. 31 ago. 2016). Num segundo momento, veja-se, exemplificativamente, que tem sido concedida a gratuidade no transporte urbano para a pessoa com deficiência com limitação financeira (direito ao passe livre). Dita situação se insere no âmbito dos deveres do Estado para com as pessoas com deficiência, mais precisamente, com fulcro no art. 8º, Lei nº 13.146/2015, bem como do princípio da dignidade da pessoa humana (TJBA, Apelação Cível nº 01271763220098050001, Rel. Des. Carmem Lucia Santos Pinheiro, julg. 19 jul. 2016). Um terceiro caso a citar seria o do cabimento de transporte especial e adequado a menor que, na hipótese, tinha paralisia cerebral. Reconhecida a obrigação do Poder Público de fornecer o transporte, na medida das necessidades especiais da criança, a fim de viabilizar acesso à educação e tratamentos médicos indicados. Aplicação de variada legislação impondo tal obrigação ao Estado (Constituição Federal, Estatuto da Pessoa com Deficiência e ECA). Multa diária fixada para coibir o cumprimento do *decisum* (TJSP, Ap. Civ. nº 00265520420148260554, Rel. Des. Ana Lucia Romanhole Martucci, julg. 25 jul. 2016). Uma quarta situação merecedora de destaque seria, em certa medida, semelhante à ora aludida, qual seja, novamente ter em conta a questão do cabimento de transporte especial para pessoa com deficiência e seu acompanhante, diante da prevalência dos direitos fundamentais à saúde e à educação, matérias merecedoras da mais absoluta prioridade de atendimento, quando se entende inadmissível uma proteção incompleta e deficiente aos interesses das pessoas com deficiência. A concessão dos direitos referidos deve se dar de forma que efetivamente garanta seu pleno gozo pela pessoa com deficiência (TJSP, Ap. Civ. nº 10236511220158260554, Des. Rel. Heloísa Martins Mimessi, julg. 05 ago. 2016). Outras decisões neste sentido, tais como: TJSP, Ap. Civ. nº 0016908-57.2014.8.26.0224, Rel. Des. Paulo Barcellos Gatti, julg. 29 ago. 2016; TJSP, Ap. Civ. nº 1021093-87-2015.8.26.0224, Rel. Des. Claudio Augusto Pedrassi, julg. 16 fev. 2016. TJSP, Ap. Civ. nº 1015202-09.2014.8.26.0196, Rel. Des. Heloísa Mimessi, julg. 15 ago. 2016. Por fim, cumpre arrematar aduzindo que a jurisprudência tem enfrentado igualmente discussões em torno do cabimento da isenção tributária para a pessoa com deficiência, exemplificativamente, que é capaz de dirigir veículo não adaptado (hipótese não prevista pelo legislador para a concessão do benefício fiscal). Decisões unânimes, entretanto, vêm sendo proferidas, no sentido de que é preciso realizar uma interpretação teleológica da benesse, de modo a garantir a isenção das pessoas com deficiência, nos termos do art. 8º do EPD. Tem se compreendido que se trata de consagrar a efetivação do direito ao transporte, à dignidade, à liberdade, entre outros (TJSP, Ap. nº 1005763-962015.8.26.0047, Des. Rel. Ana Liarte, julg. 12 dez. 2016).

Seção Única
Do Atendimento Prioritário

Art. 9º A pessoa com deficiência tem direito a receber atendimento prioritário, sobretudo com a finalidade de:

I - proteção e socorro em quaisquer circunstâncias;

II - atendimento em todas as instituições e serviços de atendimento ao público;

III - disponibilização de recursos, tanto humanos quanto tecnológicos, que garantam atendimento em igualdade de condições com as demais pessoas;

IV - disponibilização de pontos de parada, estações e terminais acessíveis de transporte coletivo de passageiros e garantia de segurança no embarque e no desembarque;

V - acesso a informações e disponibilização de recursos de comunicação acessíveis;

VI - recebimento de restituição de imposto de renda;

VII - tramitação processual e procedimentos judiciais e administrativos em que for parte ou interessada, em todos os atos e diligências.

§1º Os direitos previstos neste artigo são extensivos ao acompanhante da pessoa com deficiência ou ao seu atendente pessoal, exceto quanto ao disposto nos incisos VI e VII deste artigo.

§2º Nos serviços de emergência públicos e privados, a prioridade conferida por esta Lei é condicionada aos protocolos de atendimento médico.

PAULA MOURA FRANCESCONI DE LEMOS PEREIRA

O dispositivo consagra mecanismos materiais e procedimentais mais eficazes e pontuais que possibilitam a inclusão social das pessoas com deficiência, amparados nos princípios da dignidade da pessoa humana, da isonomia substancial, da solidariedade social e da não discriminação, todos previstos na Constituição da República (artigos 1º, III, 3º, IV, e 5º) e na Convenção Internacional sobre os Direitos das Pessoas com Deficiência (art. 3º). As prioridades conferidas às pessoas com deficiência permitem o exercício de direitos fundamentais como a liberdade de ir e vir, a integridade psicofísica, a informação, a educação, o acesso à justiça, ao lazer, à liberdade de comunicação, entre outros, de forma a igualar suas condições às das demais pessoas. É objetivo da República Federativa "promover o bem de todos, sem preconceitos de origem, raça, sexo, cor, idade e quaisquer outras formas de discriminação" (art. 3º, IV) e, portanto, dever do Estado cumprir com essa finalidade não só se abstendo de certos atos, mas, principalmente, com condutas positivas para efetivar e proteger a pessoa com deficiência por meio, por exemplo, de instrumentos voltados para coordenação das ações concretas necessárias para atingir esse objetivo e a edição de leis e regulamentos dirigidos a esse fim (artigo 4 da Convenção Internacional sobre os Direitos das Pessoas com Deficiência).

O direto ao atendimento prioritário previsto no artigo 9º e incisos do Estatuto significa que as pessoas com deficiência gozam de preferência em relação às demais pessoas sem deficiência, em qualquer tipo de atendimento ou requerimento, tanto em órgãos públicos quanto privados, pois a estes também se aplicam os direitos fundamentais (eficácia horizontal). Esse tratamento diferenciado visa resguardar os direitos daqueles que se encontram em situação de especial vulnerabilidade em relação aos demais cidadãos. Muitos desses direitos, antes do advento da Convenção Internacional sobre os Direitos das Pessoas com Deficiência e do Estatuto já encontravam previsão expressa na Constituição da República (artigos 227, §1º, II, §2º, e 244) e em leis infraconstitucionais que disciplinam a prioridade conferida às pessoas com deficiência ou que apresentam mobilidade reduzida, como as Leis nº 7.853/1989, regulada pelo Decreto nº 3.298/1999, Lei nº 9.784/1999, Lei nº 10.048/2000, Lei nº 10.098/2000, essas duas últimas reguladas pelo Decreto nº 5.296/2004, a Lei nº 10.216/2001, entre outras. Algumas leis anteriores sofreram uma revogação tácita, ainda que em parte, em virtude do EPD passar a regular determinadas matérias, o que não afastaria sua aplicação naquilo que não foi previsto e no que for mais benéfico à pessoa com deficiência, a fim de evitar eventual retrocesso social.

O Estatuto da Pessoa com Deficiência aperfeiçoou a concepção de prioridade (art. 8º) e ampliou esses direitos a uma maior categoria de pessoas, tendo em vista o conceito de pessoa com deficiência previsto no artigo 2º do Estatuto.

Merece registro que diante do complexo ordenamento no qual esforços são voltados à proteção dos vulneráveis, observa-se que a outros grupos vulnerados também são asseguradas prioridades em determinadas situações, que, eventualmente, podem colidir ou aglutinar com as aqui previstas. Assim, por exemplo, às crianças e aos adolescentes também são assegurados esses direitos de atendimentos prioritários (artigo 4º do Estatuto da Criança e do Adolescente – Lei nº 8.069/90), bem como aos idosos (art. 3º, parágrafo 1º e 2º; art. 38; art. 42; art. 71 todos do Estatuto do Idoso – Lei nº 10.741/03). O critério da ponderação de eventual colisão reside no grau de vulnerabilidade apresentado no caso concreto. Em alguns casos, atenta-se, ainda, para a possibilidade de incidência de uma dupla prioridade, a exemplo de crianças, adolescentes ou idosos com deficiência.

O primeiro inciso do artigo 9º em comento reflete o previsto no artigo 11 da Convenção Internacional sobre os Direitos das Pessoas com Deficiência, que estabelece a proteção das pessoas com deficiência em situações de risco, inclusive situações de conflito armado, e emergências humanitárias e ocorrência de desastres naturais. O motivo desse tratamento prioritário em determinadas circunstâncias é que as pessoas com deficiência são desproporcionalmente afetadas e demandam uma atenção especial e certos preparos para garantir um adequado atendimento, além de, em muitos casos, serem mais suscetíveis de serem esquecidas ou abandonadas em situações de desastres e calamidades. Faltam, na maioria dos casos, acessibilidade nos procedimentos de evacuação, nos esforços de recuperação, preparo, planejamento por parte do Poder

Público e outros agentes envolvidos para lidar com as especificidades de alguns vulneráveis e instalações, serviços e sistemas de transportes necessários para garantir o suporte a essas pessoas. É preciso ter por parte do Estado um sistema eficaz de gestão de desastres, a fim de minimizar as perdas e danos e garantir maior proteção e socorro às pessoas com deficiência.

O parágrafo segundo deste artigo 9º faz uma ressalva que nos serviços de emergência públicos e privados, a prioridade conferida por este Estatuto é condicionada aos protocolos de atendimento médico. A avaliação da gravidade do estado de saúde da pessoa com deficiência que demanda um atendimento prioritário deve ser feita por uma avaliação médica, conforme dispõe o artigo 6º, §3º, do Decreto nº 5.296/04, observada a conclusão dos atendimentos que já estiverem em andamento (artigo 6º, §2º, Decreto nº 5.296/04).

O inciso segundo do artigo 9º do EPD prevê atendimento prioritário em todas as instituições, incluindo públicas e privadas, que prestam serviços ao público, como repartições públicas, lojas, instituições financeiras, shoppings e supermercados. A primeira lei que previu esse direito foi a Lei nº 7.853/1989, que dispõe sobre o apoio às pessoas portadoras de deficiência, sua integração social, sobre a Coordenadoria Nacional para Integração da Pessoa Portadora de Deficiência - Corde, que instituiu a tutela jurisdicional de interesses coletivos ou difusos dessas pessoas, disciplina a atuação do Ministério Público, define crimes e é regulamentada pelo Decreto nº 3.298/1999, revogado, em parte, no que diz respeito à acessibilidade na Administração Pública Federal pelo Decreto nº 5.296/2004. No tocante ao tratamento prioritário e adequado, a lei é expressa no artigo 2º, parágrafo único, que cabem aos órgãos e entidades da administração direta e indireta dispensá-lo no âmbito de sua competência e finalidade, além de outras medidas que promovam a acessibilidade, o exercício de certos direitos fundamentais na área da educação, saúde, formação profissional e trabalho, recursos humanos e edificações, e que ganharam maior amplitude com o EPD.

A Lei nº 10.048/2000 alterada expressamente pelo Estatuto da Pessoa com Deficiência no que diz respeito tão somente à denominação "pessoas portadoras de deficiência" para "pessoas com deficiência", também prevê prioridade de atendimento em repartições públicas, empresas concessionárias de serviços públicos e instituições financeiras por meio de serviços individualizados e tratamento diferenciado e imediato (artigo 2º).

O inciso III do artigo 9º do Estatuto guarda relação também com o inciso V do mesmo dispositivo legal ao se referir à disponibilização de recursos que garantam às pessoas com deficiência atendimento em igualdade de condições com as demais pessoas. Os recursos abrangem tanto os de natureza humana, quanto os de natureza tecnológica, e se dirigem às necessidades das pessoas com deficiência em vários setores: saúde, educação, informação, lazer, trabalho, comunicação, locomoção, entre outros. Cabe ao Estado, mas também aos particulares, o desenvolvimento de medidas efetivas para possibilitar o acesso à livre participação na vida social. A Constituição da República atribui ao Estado o papel de estimular, promover e incentivar o desenvolvimento científico, a pesquisa, a capacitação científica e tecnológica e a inovação (art. 218), em que se inclui a formação, o aperfeiçoamento, o ensino e a formação de pesquisadores, cientistas e técnicos, recursos humanos em tecnologia e ciência (CANOTILHO *et al.*, 2013,

p. 1997-2010). Essa matéria é regulada pela Lei nº 10.973/2004, referente aos incentivos à inovação e à pesquisa científica e tecnológica no ambiente produtivo, alterada pela Lei nº 13.243/2016, que dispõe sobre estímulos ao desenvolvimento científico, à pesquisa, à capacitação científica e tecnológica e à inovação, que deve ser interpretada à luz dos comandos contidos na CDPD e no EPD, eis que não versam especificamente sobre os incentivos à pesquisa científica e tecnológica para atender às necessidades da pessoa com deficiência, bem como incluí-las como agentes de produção de conhecimento.

A Convenção (art. 4, 1, "f" e "g") e o Estatuto da Pessoa com Deficiência (arts. 63, 74 e 77) direcionam a promoção da pesquisa, o desenvolvimento tecnológico para atender as necessidades dessas pessoas, e abrange tecnologias da informação e comunicação, ajudas técnicas para locomoção, dispositivos e tecnologias assistivas voltadas, inclusive, para tecnologias de custo acessível.

Antes do Estatuto, algumas leis já tratavam do desenvolvimento de recursos para atender às pessoas com deficiência, como a Lei nº 7.853/89, artigo 2º, IV, "a" a "c", e a Lei nº 10.098/00, artigo 21, sendo algumas normas reproduzidas e outras com conteúdo ampliado pelo EPD.

No tocante à acessibilidade em relação aos espaços públicos e privados (art. 3º, I, 16, II, 28, XVI, 32, III, 43, 44, 45, 46, 47, 48, 53, todos do EPD), o inciso IV do artigo 9º é expresso quanto à garantia às pessoas com deficiência de prioridade de atendimento, quanto aos pontos de parada, estações, terminais acessíveis de transporte coletivo, inclusive terminais de ônibus, portos, aeroportos e segurança no embarque e desembarque (TJPA Ap. Civ. nº 0028872-33.2001.8.14.0301, Rel. Des. Gleide Pereira Moura, julg. em 8 maio 2014). Esse acesso não exclui outras prioridades no que diz respeito à adaptação dos meios de transportes públicos para deficientes, vagas reservadas, entre outros. A Segunda Turma do Superior Tribunal de Justiça negou provimento aos recursos especiais interpostos e manteve a decisão do Tribunal de Justiça de São Paulo que assegurou atendimento prioritário aos idosos e portadores de deficiência, nos termos dos artigos 1º e 2º da Lei Federal nº 10.048/00, arts. 23, II, e 230 da Constituição Federal, em ação civil pública que versava sobre travessia litorânea de veículos por meio de balsas, em especial no sentido Guarujá-Santos e Santos-Guarujá, de serviço público de titularidade do Estado de São Paulo e a Dersa – Desenvolvimento de Rodovias S/A, concessionária do mencionado serviço, que tem obrigação legal de dispensar o tratamento prioritário aos idosos e portadores de deficiência (STJ, Resp. 1708294 / SP, Rel. Ministro Herman Benjamin, julg. 8 maio 2018, publ. 23 nov. 2018).A Constituição da República é expressa quanto à prioridade e à adequação no acesso aos logradouros e edifícios de uso público e também quanto à fabricação de veículos de transporte coletivo que atendam às pessoas com deficiência, o que deve ser regulado por lei, nos termos dos artigos 227, §2º, e 244. A Lei nº 10.098/2000 estabelece as normas gerais e os critérios para a promoção da acessibilidade das pessoas com deficiência, tendo sido, inclusive, alterada em alguns artigos pelo Estatuto. A citada lei trata justamente do planejamento e urbanização, localização do mobiliário urbano, acessibilidade nos edifícios públicos e de uso coletivo e privado, remetendo às normas técnicas a acessibilidade nos veículos de transporte coletivo, e acessibilidade nos sistemas de comunicação e sinalização, além de instituir o Programa Nacional de Acessibilidade.

Ainda sobre a questão da acessibilidade, a Lei nº 10.226/2001 determina a expedição de instruções sobre a escolha de locais para a votação de mais fácil acesso para o eleitor deficiente físico (art. 76 do EPD).

A Associação Brasileira de Normas Técnicas – ABNT estabelece, por meio da NBR 9050, regras de acessibilidade a edificações, mobiliário, espaços e equipamentos urbanos, cujo objetivo é estabelecer critérios e parâmetros técnicos a serem observados quanto ao projeto, construção, instalação e adaptação do meio urbano e rural, e de edificações às condições de acessibilidade.

As adaptações realizadas nas cidades, em ambientes públicos e privados, para atender às necessidades das pessoas com deficiência, permitem que elas possam gozar ou exercer, em igualdade de oportunidades, sem discriminação, todos os seus direitos humanos e liberdades fundamentais. As adaptações devem ser razoáveis, para que não acarretem ônus desnecessários e indevidos quando requeridos, e se sujeitam a avaliações casuísticas.

A Política de Desenvolvimento Urbano (arts. 24, I, 30, I, II, VIII, 182, CF e arts. 3º e 41 do Estatuto da Cidade – Lei nº 10.257/2001, Código de Obras, Código de Postura, Lei de Calçadas, etc.) deve prever a expansão e a adequação do sistema viário e de transporte público, tendo como pressuposto o deslocamento das pessoas, inclusive, as que precisam de certos recursos que viabilizem sua locomoção e exercício do direito de ir e vir. E as propriedades privadas também devem observar sua função social, o que impõe a obrigatoriedade de propiciar um ambiente acessível não só nas edificações e espaços públicos, mas também em espaços privados de uso coletivo, além dos de uso multifamiliar.

O artigo 25 do Estatuto assegura a prioridade no acesso às pessoas com deficiência quanto aos serviços de saúde, na esfera pública e privada, que abrange adaptações físicas, arquitetônicas e comunicacionais que observem as "especificidades das pessoas com deficiência física, sensorial, intelectual e mental".

A acessibilidade, nos termos do artigo 3º, I, do Estatuto, já encontra disposição semelhante no artigo 2º, I, da Lei nº 10.098/2000, que garante o respeito à utilização não só de espaços públicos e privados, edificações, transporte, mas também acesso à informação, comunicação, seus sistemas e tecnologias, o que também tem previsão no inciso terceiro deste artigo ao prever a disponibilização de recursos, tanto humanos quanto tecnológicos, que garantam atendimento em igualdade de condições com as demais pessoas.

A Lei nº 8.899/1994 concede o passe livre às pessoas com deficiência no sistema de transporte coletivo interestadual, e é regulada pelo Decreto nº 3.691/2000, que dispõe no artigo 1º:

> As empresas permissionárias e autorizatárias de transporte interestadual de passageiros reservarão dois assentos de cada veículo, destinado a serviço convencional, para ocupação das pessoas beneficiadas pelo art. 1º da Lei nº 8.899, de 29 de junho de 1994, observado o que dispõem as Leis nºs 7.853, de 24 de outubro de 1989, nº 8.742, de 7 de dezembro de 1993, nº 10.048, de 8 de novembro de 2000, e os Decretos nºs 1.744, de 8 de dezembro de 1995, e nº 3.298, de 20 de dezembro de 1999.

O artigo 3º da Lei nº 10.048/00 reserva assentos em transportes coletivos às pessoas com deficiência, o que garante não só o uso do meio de transporte, mas permite maior acessibilidade, efetivando a liberdade de locomoção. (TJRJ, Ap. Civ. nº 0316177-80.2008.8.19.0001, Rel. Des. Edson Vasconcelos, julg. em 12 mar. 2014).

O Decreto nº 5.296/04, a Portaria Inmetro nº 260/07 e a Resolução ANTT nº 3.871/12, formam um conjunto normativo que se mantém em vigor, mesmo após a vigência do Estatuto, e regulamentam o disposto nos arts. 227, §2º, e 244, da Constituição Federal.

A Resolução nº 3871, de 1º de agosto de 2012, da Agência Nacional de Transportes Terrestres – ANTT, estabelece procedimentos a serem observados pelas empresas transportadoras, para assegurar condições de acessibilidade às pessoas com deficiência ou com mobilidade reduzida na utilização dos serviços de transporte rodoviário interestadual e internacional de passageiros, e dá outras providências.

Mais à frente, serão examinados os artigos 46 a 52 do Estatuto, que tratam, especificamente, do direito ao transporte e à mobilidade.

O inciso quinto do artigo 9º estabelece acesso a informações e disponibilização de recursos de comunicação alcançáveis às pessoas com deficiência.

As informações a que faz menção o dispositivo não têm conteúdo restrito, abrangendo qualquer tipo. O direito à informação é assegurado a todas as pessoas e advém, primeiramente, da Constituição da República (artigos 1º, III, e 5º, XIV), que confere, inclusive, à pessoa o *habeas data*, remédio constitucional que permite o conhecimento de informações acerca do impetrante, o controle de dados, o direito de correção, de subtração ou anulação, e de agregação sobre os dados depositados em registros ou bancos de dados (artigo 5º, LXXII). A Convenção das Nações Unidas sobre os Direitos da Pessoa com Deficiência prevê e assegura, no artigo 21, o direito das pessoas com deficiência à liberdade de buscar, receber e compartilhar informações e ideias, em igualdade de oportunidades com as demais pessoas e por intermédio de todas as formas de comunicação de sua escolha, conforme o disposto no artigo 2º da Convenção, e destaca como medidas a serem adotadas pelos Estados Partes:

> a) Fornecer, prontamente e sem custo adicional, às pessoas com deficiência, todas as informações destinadas ao público em geral, em formatos acessíveis e tecnologias apropriadas aos diferentes tipos de deficiência; b) Aceitar e facilitar, em trâmites oficiais, o uso de línguas de sinais, braile, comunicação aumentativa e alternativa, e de todos os demais meios, modos e formatos acessíveis de comunicação, à escolha das pessoas com deficiência; c) Urgir as entidades privadas que oferecem serviços ao público em geral, inclusive por meio da Internet, a fornecer informações e serviços em formatos acessíveis, que possam ser usados por pessoas com deficiência; d) Incentivar a mídia, inclusive os provedores de informação pela Internet, a tornar seus serviços acessíveis a pessoas com deficiência; e) Reconhecer e promover o uso de línguas de sinais.

E atribui aos Estados Partes o dever de se comprometer a assegurar e a promover o pleno exercício de todos os direitos humanos e liberdades fundamentais por todas as pessoas com deficiência, sem qualquer tipo de discriminação por causa de sua deficiência, nos quais se incluem o previsto no artigo 4º, item 1, alínea "h": "h) Propiciar informação acessível para as pessoas com deficiência a respeito de ajudas técnicas para locomoção, dispositivos e tecnologias assistivas, incluindo novas tecnologias, bem como outras formas de assistência, serviços de apoio e instalações".

As pessoas que se encontram em situação de vulnerabilidade devem ter assegurado o acesso à informação, melhor apreensão e compreensão, observadas suas necessidades, como ocorre no caso das pessoas com deficiência. Em se tratando de pessoas com transtornos mentais, a Lei nº 10.216/2001, conhecida como Lei da Reforma Psiquiátrica, redireciona o modelo assistencial em saúde mental, assegura o direito ao acesso à saúde, em conformidade com suas necessidades, o sigilo de suas informações, o livre acesso aos meios de comunicação disponíveis, o recebimento do maior número de informações a respeito de sua doença e de seu tratamento, além de receber tratamento em serviços comunitários de saúde mental, entre outros (artigo 2º, parágrafo único, I, IV, VI, VII, IXe).

A definição de comunicação está prevista no artigo 2º da Convenção Internacional sobre os Direitos das Pessoas com Deficiência e no artigo 3º, inciso V, do EPD, que atribui como

> forma de interação dos cidadãos que abrange, entre outras opções, as línguas, inclusive a Língua Brasileira de Sinais (Libras), a visualização de textos, o Braille, o sistema de sinalização ou de comunicação tátil, os caracteres ampliados, os dispositivos multimídia, assim como a linguagem simples, escrita e oral, os sistemas auditivos e os meios de voz digitalizados e os modos, meios e formatos aumentativos e alternativos de comunicação, incluindo as tecnologias da informação e das comunicações.

É importante um tratamento de comunicação diferenciado, a fim de permitir uma melhor e maior interação entre as pessoas, possibilitando a plena inclusão social.

O artigo 63 do Estatuto também dispõe acerca do acesso à informação ao determinar a obrigatoriedade de ter garantido às pessoas com deficiência, entrada nos sítios da internet, mantidos por empresas com sede ou representação comercial no País ou por órgãos de governo, conforme as melhores práticas e diretrizes de acessibilidade adotadas internacionalmente, telecentros comunitários, *lan houses*, que devem possuir equipamentos e instalações acessíveis, computadores para pessoas com deficiência visual.

O vigente Código de Processo Civil no artigo 199 trata do acesso à comunicação no âmbito do processo civil ao dispor:

> As unidades do Poder Judiciário assegurarão às pessoas com deficiência acessibilidade aos seus sítios na rede mundial de computadores, ao meio eletrônico de prática de atos judiciais, à comunicação eletrônica dos atos processuais e à assinatura eletrônica.

Essa previsão legal assegura o direito constitucional ao devido processo legal (artigo 5º, LIV e LV, da CF), observadas as necessidades das pessoas com deficiência.

O acesso aos meios de comunicação (art. 3º, V, do EPD) também abrange o ensino (arts. 27 a 30, 63 a 73, todos do EPD, e Lei nº 10.845/2004, que institui programa de complementação ao atendimento educacional especializado às pessoas portadoras de deficiência) adequado às necessidades da pessoa com deficiência, como ocorre com a escrita da língua portuguesa para pessoas surdas (Lei nº 8.160/1991, que obriga a colocação do "símbolo internacional de surdez" em todos os locais que possibilitem acesso, circulação e utilização por pessoas portadoras de deficiência auditiva) e com deficiência visual (Decreto nº 5.626/2005, que regulamenta a Lei nº 10.436, de 24 de abril de 2002, que dispõe sobre a Língua Brasileira de Sinais – Libras, e o art. 18 da Lei nº 10.098, de 19 de dezembro de 2000), o acesso aos serviços de saúde (art. 24, EPD), e outras áreas que dependem de facilitação nos meios de comunicação, a fim de possibilitar a inclusão plena das pessoas com deficiência. Destaca-se que o Poder Judiciário tem assegurado ao portador de deficiência auditiva, aluno de escola estadual, intérprete em língua brasileira de sinais (LIBRAS) por ser inerente ao direto à educação, cabendo ao Estado proceder com a disponibilização (TJRJ, Ap. Civ. nº 0011097-22.2016.8.19.0037, Rel. Ricardo Couto de Castro, julg. em 26 set. 2018). Outro direito que tem sido assegurado à criança com deficiência, após devidamente comprovado por meio de laudo médico, é o direito ao apoiador escolar, haja vista a necessidade de atendimento educacional individualizado e especializado, cabendo ao Estado custear, havendo controvérsia do deferimento em fase de antecipação de tutela (TJRJ, Agravo Instrumento nº 0065454-29.2017.8.19.0000, Rel. Inês da Trindade Chaves de Melo, julg. 07 nov. 2018, TJRJ, Ap. Civ. nº 0007978-24.2017.8.19.0003, Rel. Fernando Fernandy Fernandes, julg. 1º abril 2019).

Outro direito assegurado à pessoa com deficiência é o recebimento prioritário de restituição de imposto de renda, o que também é tratado no artigo 108 do Estatuto, que alterou a Lei nº 9250, de 26 de dezembro de 1995, acrescentando o §5º ao artigo 35, com a seguinte redação:

> Sem prejuízo do disposto no inciso IX do parágrafo único do art. 3º da Lei nº 10.741, de 1º de outubro de 2003, a pessoa com deficiência, ou o contribuinte que tenha dependente nessa condição, tem preferência na restituição referida no inciso III do art. 4º e na alínea "c" do inciso II do art. 8º.

Essa preferência abrange o contribuinte responsável por pessoa com deficiência que igualmente terá direito à preferencia na apreciação da restituição. Na prática, isso significa que a restituição será paga no primeiro lote, sem prejuízo de posterior fiscalização por parte da Receita Federal. Outra prioridade de recebimento está prevista na Constituição Federal ao conferir pagamento preferencial em caso de precatório de natureza alimentar (artigo 100, §2º, 102) à pessoa com deficiência.

A Lei nº 11.052/20014 modifica a redação do artigo 6º, XVI, da Lei nº 7.713/1988, para isentar do imposto de renda de pessoa física – IRPF os proventos de aposentadoria ou reforma, desde que motivadas por acidente em serviço, e os percebidos pelos portadores de moléstia profissional, tuberculose ativa, alienação mental, esclerose múltipla, neoplasia maligna, cegueira, hanseníase, paralisia irreversível e incapacitante, cardiopatia grave, doença de Parkinson, espondiloartrose anquilosante, nefropatia grave, estados avançados da doença de Paget (osteíte deformante), contaminação por radiação, síndrome da imunodeficiência adquirida, com base na conclusão da medicina especializada. Isenta também do referido imposto os valores percebidos a título de pensão quando o beneficiário for portador das referidas moléstias, mesmo se a doença for contraída após a concessão da pensão (MANDALOZZO; WOLOCHN, 2015, v. 5, n. 46, p. 18).

A Instrução Normativa RFB nº 1500, de 29 de outubro de 2014, dispõe sobre normas gerais de tributação relativas ao Imposto sobre a Renda das Pessoas Físicas e nos artigos

6º, VI, e 7º, IX e X confere isenção ou não sujeição ao imposto de renda em relação a certas verbas como pensão especial e indenização por dano moral recebida em decorrência da deficiência física conhecida como "Síndrome da Talidomida", quando paga a seu portador (Lei nº 7.070/1982, que assegura, em seus termos, a pensão especial, mensal e vitalícia, às vítimas da Talidomida. Essa lei foi reajustada pela Lei nº 8.686/93, sendo aquela alterada pela Lei nº 12.190/2010, que acresceu a indenização por danos morais às pessoas com deficiência física decorrentes do uso da talidomida, e é regulamentada pelo Decreto nº 7.235/2010). A Lei nº 8.687/1993 isenta do pagamento do imposto sobre a renda os benefícios auferidos pelos deficientes mentais. Além disso, a Lei nº 9.250/95, regulada pelo Decreto nº 9.580, de 22 de novembro de 2018, prevê a dedução do imposto de renda, artigo 12, VIII, e art. 80, VIII, 91, §5º da referida Instrução Normativa.

A Lei nº 8.989/1995, cuja vigência foi restaurada pela Lei nº 10.182/2001, concede isenção do Imposto sobre Produtos Industrializados – IPI para os automóveis de passageiros com especificações determinadas pela lei para as pessoas portadoras de deficiência física, visual, mental, severa ou profunda, ou autistas, diretamente ou por intermédio de seu representante legal (artigo 1º, IV). E a Lei nº 8.383/1991 isenta do imposto sobre operações financeiras – IOF as operações de financiamento para a aquisição de automóveis de passageiros de fabricação nacional quando adquiridos por pessoas portadoras de deficiência física, entre outros (artigo 72, IV).

A Lei Complementar nº 53, de 19 de dezembro de 1986, concede isenção do Imposto sobre Circulação de Mercadorias – ICM para veículos destinados a uso exclusivo de paraplégicos ou de pessoas portadoras de defeitos físicos, o que lhe confere maior acesso e permite o exercício de sua liberdade de ir e vir (MANDALOZZO; WOLOCHN, 2015, v. 5, n. 46, p. 16). Da mesma forma, as pessoas com deficiência e que apresentam pouca mobilidade também têm direito à isenção do IPVA, conforme previsto em algumas legislações estaduais, como no Rio de Janeiro, por exemplo, o inciso V do artigo 5º da Lei nº 2.877, de 22 de dezembro de 1997, alterada pela Lei nº 7068/2015, que concede essa isenção. Discute-se se esse direito à isenção é exclusivo aos que dirigem e apresentam deficiência, ou se pode incidir para terceiro, representante legal, que utiliza o automóvel em favor da pessoa com deficiência. Algumas leis já contemplaram o representante legal e a jurisprudência se inclina nesse sentido, já que o uso será em favor da pessoa com deficiência (STJ, Resp. nº 567873/MG, Rel. Min. Luiz Fux, julg. em 10 fev. 2004; STJ, Ag. Rg. no RMS. nº 46778/GO, Rel. Min. Diva Malerbi, julg. em 01 dez. 2015; TJRS, Ap. Civ. nº 70056306483, Rel. Des. Luiz Felipe Silveira Difini, julg. em 30 out. 2013).

O último inciso do artigo 9º prevê prioridade na tramitação processual e procedimentos judiciais e administrativos em que for parte ou pessoa interessada, em todos os atos e diligências. Esse direito foi assegurado no vigente Código de Processo Civil, em seu artigo 1.048, inciso I, muito embora o Estatuto da Pessoa com Deficiência seja mais abrangente, já que não se limita, como a Lei Processual Civil, a apenas alguns tipos de doenças (art. 6º, inciso XIV, da Lei nº 7.713, de 22 de dezembro de 1988). Dispõe o referido artigo:

> Art. 1.048. Terão prioridade de tramitação, em qualquer juízo ou tribunal, os procedimentos judiciais: I - em que figure como parte ou interessado pessoa com idade igual ou superior

a 60 (sessenta) anos ou portadora de doença grave, assim compreendida qualquer das enumeradas no art. 6º, inciso XIV, da Lei nº 7.713, de 22 de dezembro de 1988.

A Resolução nº 230, de 22 de junho de 2016, do Conselho Nacional de Justiça – CNJ, orienta a adequação das atividades dos órgãos do Poder Judiciário e de seus serviços auxiliares às determinações exaradas pela Convenção Internacional sobre os Direitos das Pessoas com Deficiência e seu Protocolo Facultativo e pela Lei Brasileira de Inclusão da Pessoa com Deficiência por meio – entre outras medidas – da convolação em resolução da Recomendação nº 27, de 16 de dezembro de 2009, do CNJ, bem como da instituição de Comissões Permanentes de Acessibilidade e Inclusão.

A Lei nº 9.784/1999 que regula o processo administrativo no âmbito da Administração Federal prevê a prioridade na tramitação dos processos administrativos para as pessoas "portadoras" de deficiência, física ou mental, idosos, e portadoras de algumas doenças (artigo 69-A).

A inobservância das prioridades das pessoas com deficiência pode dar ensejo à propositura de ações de obrigação, inclusive, por meio de ações civis públicas, o que não afasta a responsabilidade civil e penal pelo descumprimento.

As prioridades previstas nos incisos I a V do artigo se estendem ao acompanhante da pessoa com deficiência ou a seu atendente pessoal (art. 3º, XIV, e art. 9º, parágrafo 1º, EPD), salvo quanto ao recebimento de restituição de imposto de renda e quanto à tramitação processual, direitos previstos nos incisos VI e VII do artigo 9º, conforme dispõe o parágrafo primeiro.

O parágrafo segundo do artigo 9º prevê a possibilidade de afastar a prioridade e se aplica à hipótese prevista no inciso primeiro do artigo 9º.

Referências

ABREU, Célia Barbosa. A curatela sob medida: notas interdisciplinares sobre o estatuto da pessoa com deficiência e o novo CPC. *In*: MENEZES, Joyceane Bezerra de (Org.). *Direito das pessoas com deficiência psíquica e intelectual nas relações privadas* – Convenção sobre os direitos da pessoa com deficiência e Lei Brasileira de Inclusão. Rio de Janeiro: Processo, 2016.

ABREU, Célia Barbosa; BEMERGUY, Isaac Marsico do Couto. A responsabilidade solidária em face da pessoa com deficiência no ordenamento jurídico brasileiro. *In*: ABREU, Célia Barbosa; LEITE, Fábio Carvalho; RANGEL, Tauã Lima Verdan. *Escritos menores sobre Direitos Fundamentais*. Niterói: Ed. PPGSD/UFF, 2016. v. 9. Disponível em: https://drive.google.com/file/d/0B8Sm1NUcs2tGdHY0YVE3RlJ4eEk/view. Acesso em: 22 dez. 2016.

ABREU, Célia Barbosa. *Primeiras linhas sobre a interdição após o Novo Código de Processo Civil*. Curitiba: CRV, 2015.

ALEXY, Robert. Direitos fundamentais no Estado Constitucional Democrático. *Revista de Direito Administrativo*, n. 217, jul./set. 1999.

ARAUJO, Luiz Alberto David. *A Proteção Constitucional das pessoas com deficiência*. 4. ed. Brasília: CORDE, 2011. Disponível em: http://www.pessoacomdeficiencia.gov.br/app/sites/default/files/publicacoes/a-protecao-constitucional-das-pessoas-com-deficiencia_0.pdf. Acesso em: 2 jan. 2017.

BARBOSA-FOHRMANN, Ana Paula; KIEFER, Sandra Filomena Wagner. Modelo social de abordagem dos direitos humanos da pessoa com deficiência. *In*: MENEZES, Joyceane Bezerra de (Org.). *Direito das pessoas com deficiência psíquica e intelectual nas relações privadas* – Convenção sobre os direitos da pessoa com deficiência e Lei Brasileira de Inclusão. Rio de Janeiro: Processo, 2016.

BARBOZA, Heloisa Helena. Perfil jurídico do cuidado e da afetividade nas relações familiares. *In:* PEREIRA, Tânia da Silva; OLIVEIRA, Guilherme de; COLTRO, Antônio Carlos Mathias (Org.). *Cuidado e afetividade.* Projeto Brasil/Portugal – 2016-2017. São Paulo: Atlas, 2017.

BARBOZA, Heloisa Helena. O princípio do melhor interesse do idoso. *In:* PEREIRA, Tânia da Silva; OLIVEIRA, Guilherme de (Coord.). *O cuidado como valor jurídico.* Rio de Janeiro: Forense, 2008.

BERLINI, Luciana Fernandes. Lei Brasileira de Inclusão da pessoa com deficiência: modificações substanciais. *In:* MENEZES, Joyceane Bezerra de. *Direito das pessoas com deficiência psíquica e intelectual nas relações privadas –* Convenção sobre os direitos da pessoa com deficiência e Lei Brasileira de Inclusão. Rio de Janeiro: Processo, 2016.

BOBBIO, Norberto. *Igualdade e liberdade.* Tradução de Carlos Nelson Coutinho. 2. ed. Rio de Janeiro: Ediouro, 1997.

BOFF, Leonardo. Justiça e cuidado: Opostos ou complementares? *In:* PEREIRA, Tânia da Silva; OLIVEIRA, Guilherme de (Org.). *O cuidado como valor jurídico.* Rio de Janeiro: Forense, 2008.

BRAGA, Pérola Melissa Vianna. *Curso de Direito do idoso.* São Paulo: Atlas, 2011.

BRASIL. IFF – Instituto Nacional de Saúde da Mulher, da Criança e do Adolescente Fernandes Figueira. *Vírus zika e microcefalia.* Disponível em: http://www.iff.fiocruz.br/index.php/8-noticias/207-viruszika2. Acesso em: 5 dez. 2016.

BRASIL. Ministério da Saúde. Boletim. *Microcefalia:* 1.749 casos confirmados no Brasil. Disponível em: http://portalsaude.saude.gov.br/index.php/cidadao/principal/agencia-saude/24769-microcefalia-1-749-casos-confirmados-no-brasil. Acesso em: 4 dez. 2016.

CANOTILHO, J. J. Gomes *et al. Comentários à Constituição do Brasil.* São Paulo: Saraiva, 2013.

CANOTILHO, J.J. Gomes. *Direito Constitucional e Teoria da Constituição.* 3. ed. Coimbra: Almedina, 1999.

CASTANHEIRA NEVES, A. *Digesta.* Escritos acerca do Direito, do pensamento Jurídico, da metodologia e outros. Coimbra: Coimbra Editora, 1995. vol. II.

CUNHA, Paulo Ferreira da. *Direito Constitucional geral:* uma perspectiva luso-brasileira. São Paulo: Método, 2007.

CUNHA, Paulo Ferreira da. Do Direito natural ao Direito fraterno. *Revista de Estudos Constitucionais, Hermenêutica e Teoria do Direito,* Rio Grande do Sul, v. 1, n. 1, p. 78-86, 2009. Disponível em: http://revistas.unisinos.br/index.php/RECHTD/article/view/5138#.WE_YhENQk7M.facebook. Acesso em: 13 dez. 2016.

DINIZ, Debora. *O que é deficiência.* São Paulo: Brasiliense, 2007.

FACHIN, Luiz Edson. *Estatuto Jurídico do patrimônio mínimo.* Rio de Janeiro: Renovar, 2001.

FARIAS, Cristiano Chaves de; CUNHA, Rogério Sanches; PINTO, Ronaldo Batista. *Estatuto da pessoa com deficiência comentado artigo por artigo.* 2. ed. Salvador: Juspodivm, 2016.

FRASER, Nancy. Reconhecimento sem ética? *Lua Nova,* São Paulo, n. 70, 2007.

FUNASA. YAMAMOTO, Renato Minoru (Org.). *Manual de atenção à saúde da criança indígena brasileira.* Brasília: Fundação Nacional de Saúde, 2004.

GOMES, Joaquim B. Barbosa. *Ação afirmativa & princípio constitucional da igualdade.* O Direito como instrumento de transformação social. A experiência dos EUA. Rio de Janeiro: Renovar, 2001.

GUGEL, Maria Aparecida. *A pessoa com deficiência e sua relação com a história da humanidade.* Associação Nacional dos membros do Ministério Público de Defesa dos Direitos dos idosos e pessoas com deficiência (AMPID). 2008. Disponível em: http://www.ampid.org.br/ampid/Artigos/PD_Historia.php. Acesso em: 3 dez. 2016.

HESSE, Konrad. *A força normativa da Constituição.* Trad. Gilmar Ferreira Mendes. Porto Alegre: Sérgio Antônio Fabris Editor, 1991.

IAGULLI, Paolo. *"Diritti Riproduttivi" e Riproduzione artificiale.* Torino: G. Giappichelli Editore. 2001.

IBGE. *Projeção da população do Brasil por sexo e idade.* 2013. Disponível em: http://www.ibge.gov.br/home/estatistica/populacao/projecao_da_populacao/2013/default_tab.shtm. Acesso em: 4 dez. 2016.

MADRUGA, Sidney. *Pessoas com deficiência e direitos humanos* – ótica da diferença e ações afirmativas. 2. ed. São Paulo: Saraiva, 2016.

MANDALOZZO, Silvana Souza Neto; WOLOCHN, Regina Fátima. Estatuto da inclusão: caminho para a dignidade. *Revista eletrônica do Tribunal Regional do Trabalho da 9ª Região*, Curitiba: [s.l.], v. 5, n. 46, 2015. p. 9-23. Disponível em: https://juslaboris.tst.jus.br/handle/1939/87593. Acesso em: 21 abr. 2017.

MENEZES CORDEIRO, António. *Tratado de Direito Civil Português*. Coimbra: Almedina, 1999. v. 1, tomo I.

MIRANDA, Jorge. *Teoria do Estado e da Constituição*. Rio de Janeiro: Forense, 2003.

MORAES, Maria Celina Bodin de. *Danos à pessoa humana*. Uma leitura civil-constitucional dos danos morais. Rio de Janeiro: Renovar, 2003.

MOTA PINTO, Carlos Alberto da. *Teoria geral do Direito Civil*. 3. ed. Coimbra: Coimbra Editora, 1996.

PALACIOS, Agustina. *El modelo social de discapacidad*: orígenes, caracterización y plasmación en la Convención Internacional sobre los derechos de las personas con discapacidad. Madrid: Ediciones CINCA, 2008.

PERLINGIERI, Pietro. *La personalità umana nell'ordinamento giuridico*. Napoli: ESI, 1972.

PERLINGIERI, Pietro. *O direito civil na legalidade constitucional*. Trad. Maria Cristina De Cicco. Rio de Janeiro: Renovar, 2008.

PERLINGIERI, Pietro. *Perfis do Direito Civil*. Introdução ao Direito Civil Constitucional. Trad. Maria Cristina De Cicco. 3. ed. Rio de Janeiro: Renovar, 1997.

PIOVESAN, Flávia. *Temas de Direitos Humanos*. São Paulo: Max Limonad, 1998.

QUARESMA, Regina. Comentários à Legislação Constitucional aplicável às pessoas portadoras de deficiência. *In:* TEPERINO, Maria Paula; ROMITA, Arion Sayão *et al.* (Org.). *Comentários à Legislação Constitucional aplicável às pessoas portadoras de deficiência*. Rio de Janeiro: Forense, 2001.

ROSENVALD, Nelson. O modelo social de direitos humanos e a Convenção sobre os Direitos da pessoa com deficiência – o fundamento primordial da Lei nº 13.146/2015. *In:* MENEZES, Joyceane Bezerra de (Org.). *Direito das pessoas com deficiência psíquica e intelectual nas relações privadas* – Convenção sobre os direitos da pessoa com deficiência e Lei Brasileira de Inclusão. Rio de Janeiro: Processo, 2016.

SALES, Gabrielle Bezerra; SARLET, Ingo Wolfgang. O princípio da igualdade na Constituição Federal de 1988 e sua aplicação à luz da Convenção Internacional e do Estatuto da pessoa com deficiência. *In:* MENEZES, Joyceane Bezerra de (Org.). *Direito das pessoas com deficiência psíquica e intelectual nas relações privadas* – Convenção sobre os direitos da pessoa com deficiência e Lei Brasileira de Inclusão. Rio de Janeiro: Processo, 2016.

TEPEDINO, Gustavo. A tutela da personalidade no ordenamento Civil-Constitucional Brasileiro. *In:* TEPEDINO, Gustavo. *Temas de Direito Civil*. Rio de Janeiro: Renovar, 1999.

TEPEDINO, Gustavo. O conceito de família entre autonomia existencial e tutela de vulnerabilidades. *Tribuna do Advogado*, ano LXV, n. 555, fev. 2016.

TÍTULO II
DOS DIREITOS FUNDAMENTAIS
CAPÍTULO I
DO DIREITO À VIDA

Art. 10. Compete ao poder público garantir a dignidade da pessoa com deficiência ao longo de toda a vida.

Parágrafo único. Em situações de risco, emergência ou estado de calamidade pública, a pessoa com deficiência será considerada vulnerável, devendo o poder público adotar medidas para sua proteção e segurança.

PAULA MOURA LEMOS FRANCESCONI PEREIRA

O princípio da dignidade da pessoa humana modela o tecido normativo infraconstitucional com a tábua axiológica eleita pelo constituinte e no que diz respeito às pessoas com deficiência e as disposições expressas no Estatuto da Pessoa com Deficiência impõe ao Estado o dever de respeitar, proteger e concretizar determinados direitos fundamentais extraídos desse princípio, dentre eles os que tutelam a vida e a integridade psicofísica. Esses direitos devem ser assegurados durante toda a vida da pessoa com deficiência, desde o nascimento, com subsídios concedidos pelo Estado para atender todas as suas necessidades nas diversas fases.

A vulnerabilidade da pessoa com deficiência é a ela inerente, advém de suas condições pessoais, o que atrai a aplicação do princípio da igualdade substancial, e a aplicação de medidas diferenciadas. A vulnerabilidade não se verifica apenas em determinadas situações que exponham a perigo a pessoa com deficiência como indicaria uma primeira leitura feita de forma assistemática do dispositivo legal em comento que afirma: "Em situações de risco, emergência ou estado de calamidade pública, a pessoa com deficiência será considerada vulnerável". A vulnerabilidade pode, contudo, se potencializar em alguns momentos e durante alguns eventos. Quando ocorrem fatos que expõem ainda mais as pessoas com deficiência em risco, por se encontrarem em condições especiais, precisam de atuações mais direcionadas às suas necessidades. Em situações de riscos, emergência ou estado de calamidade pública essa vulnerabilidade se intensifica, pois demanda cuidados especiais, diferenciados e muitas vezes prioritários, o que impõe a adoção pelo poder público de medidas diferenciadas e efetivas de socorro, proteção, como já previsto no artigo 9º, I, deste Estatuto e artigo 11 da Convenção Internacional sobre os Direitos das Pessoas com Deficiência.

Art. 11. A pessoa com deficiência não poderá ser obrigada a se submeter à intervenção clínica ou cirúrgica, a tratamento ou a institucionalização forçada.

Parágrafo único. O consentimento da pessoa com deficiência em situação de curatela poderá ser suprido, na forma da lei.

PAULA MOURA LEMOS FRANCESCONI PEREIRA

O dispositivo legal está alicerçado no princípio da autonomia existencial, inserido no princípio da dignidade da pessoa humana (artigo 1º, III, 5º, ambos CF), que orienta as decisões da pessoa com deficiência acerca da disposição de seu próprio corpo. A Convenção no artigo 12, itens 2, 3 e 4, assevera a capacidade legal das pessoas com deficiência em igualdade de condições com as demais pessoas em todos os aspectos da vida, além disso, lhes devem ser asseguradas medidas para seu exercício, sem qualquer interferência ou abuso, influências de outros interesses sobre sua vontade, além de garantir, no artigo 10, o direito à vida e, no artigo 21, o seu direito à liberdade de expressão e opinião.

Da mesma forma, o Estatuto também confere à pessoa capacidade, inclusive para atos existenciais (artigo 6º). As decisões acerca dos cuidados com a saúde, que engloba tratamentos médicos, intervenções cirúrgicas, institucionalização e hospitalização, devem ser exercidas de forma livre, sem qualquer coação, a fim de resguardar a integridade psicofísica da pessoa, inclusive, das que apresentam alguma deficiência, que também gozam do direito de autodeterminação e do livre exercício de sua autonomia. A deficiência não impede o livre exercício da personalidade, nem é sinônimo de incapacidade decisória. No entanto, é necessário analisar o discernimento da pessoa com deficiência, suas habilidades cognitivas para aferir sua condição de expressar sua vontade. Qualquer intervenção médica (art. 15 do CC) ou de pesquisa, como dispõe, expressamente, o art. 12 do Estatuto, só pode ocorrer por meio de consentimento livre e esclarecido da pessoa com deficiência, o que se dá após obtenção de informações, esclarecimentos por parte dos profissionais de saúde, médicos (artigos 22, 24, 31 e 34 do Código de Ética Médica), psicólogos, pesquisadores, entre outros, acerca do seu estado de saúde, de suas condições físicas e psíquicas, diagnóstico, prognóstico, opções de tratamento e sua extensão, benefícios e riscos da intervenção.

Da mesma forma, a internação das pessoas que apresentam transtorno mental, como dispõe a Lei nº 10.216/2001, que trata da assistência à saúde dessas pessoas, estabelece a necessidade de consentimento para internação (artigos 6º, parágrafo único, I, 7º, *caput*), salvo casos extremos de internação involuntária e compulsória (artigos 6º, II e III, 8º e 9º), medidas que devem ser objeto de rigoroso controle, inclusive judicial, e emissão de laudo médico circunstanciado que a justifique, já que levada a efeito sem a manifestação de vontade por parte da pessoa que apresenta um quadro de transtorno mental. Como a internação compulsória envolve direitos fundamentais não só como de liberdade (autonomia - artigo 5º, LIV, da Constituição da República), mas também a saúde e segurança do paciente e da sociedade (SARLET; MONTEIRO, 2015, p. 1393) deve ter aplicação restrita.

A inobservância dos requisitos legais para internação sem consentimento pode dar ensejo à responsabilidade civil além de ser possível utilizar o *habeas corpus* (artigo 5º, LXVIII, da Constituição da República) (STJ, HC nº 35301/RJ, Rel. Min. Nancy Andrighi, julg. em 3 ago. 2004) para assegurar o pleno exercício do direito de ir e vir da pessoa portadora de transtorno mental (PINHEIRO, 2013, p. 135).

A natureza jurídica do termo de consentimento livre e esclarecido é controvertida, para parte da doutrina seria um contrato e para outra uma autorização, negócio jurídico unilateral, concedida por parte da pessoa com deficiência para intervenção pelo autorizado em sua esfera corporal, posição que mais se coaduna com o caráter existencial do ato jurídico. O consentimento é composto de alguns elementos essenciais para conferir validade jurídica: (*i*) voluntariedade; (*ii*) informação, e (*iii*) capacidade para consentir. A falta do consentimento equivale a um tratamento arbitrário, antijurídico, que retira a legitimidade do ato, da intervenção médica, o que pode acarretar a responsabilidade no âmbito civil, disciplinar e penal.

O parágrafo único do artigo 11 e os parágrafos primeiro e segundo do artigo 12 tratam do consentimento livre e esclarecido das pessoas com deficiência que se encontram sujeitas à curatela (artigo 84, §1º, do Estatuto). A curatela (artigos 1.767 a 1.783 do Código Civil) diz respeito tão somente aos atos patrimoniais, não abrange os atos existenciais para os quais as pessoas com deficiência têm plena capacidade civil (artigo 6º do Estatuto), entre os quais estão aqueles relacionados à saúde, à vida, à integridade psicofísica da pessoa com deficiência (artigo 85, *caput* e §1º, do Estatuto). No entanto, em alguns casos, dependendo do tipo de doença a que é acometido, a pessoa com deficiência pode não apresentar condições plenas para o exercício de sua autonomia, capacidade para consentir, apresentando uma autonomia diminuída, em que precisa de um terceiro para decidir acerca da disposição de seu próprio corpo. Caberá ao juiz estabelecer os limites da curatela no caso concreto (artigo 755 do CPC).

A falta de instrumentos presentes no ordenamento jurídico pátrio para atos existenciais acabou por acarretar o uso dos institutos de origem patrimonial para resolver as situações não patrimoniais, imputando, na prática, aos representantes legais, no caso quando há sujeição à curatela, ao curador, ou na falta dele, aos familiares, o poder de decidir sobre os cuidados de saúde, cabendo uma importante participação da equipe médica na avaliação da capacidade de discernimento, na avaliação do grau de manifestação volitiva da pessoa com deficiência, da presença ou não de certas habilidades necessárias para a tomada de decisão e o diálogo com a família.

O Estatuto da Pessoa com Deficiência, apesar de cunhar a curatela para atos afetos ao patrimônio da pessoa, dá margem ao seu uso para fins existenciais ao prever a possibilidade de suprir o consentimento na forma da lei, no artigo 11, parágrafo único, e nos parágrafos primeiro e segundo do artigo 12, mas isso deve ocorrer em situações restritas, já que essa não é a *ratio* do instituto, e para procedimentos de cunho reversível e que não coloquem em risco excessivo a pessoa com deficiência. Além disso, a possibilidade da pessoa com deficiência, se tiver condições de fazê-lo, indicar seu próprio curador, legitima ainda mais eventual apoio à manifestação de sua vontade pelo instituto da curatela

O Estatuto do Idoso prevê em seu artigo 17, caso o idoso não tenha condições de decidir acerca de tratamentos de saúde, que a opção seja feita, na seguinte ordem: (i) pelo curador, quando o idoso for interditado; (ii) pelos familiares, quando não for interditado ou este estiver ausente; e, por último, (iii) pelo médico, em caso de risco iminente de vida e não tiver curador ou familiares, ou em outras situações, mas neste caso o Ministério Público deve ser comunicado.

Entretanto, nem sempre essa decisão deve ser atribuída ao curador da pessoa com deficiência, ao seu familiar, ou ao médico, pois é possível que ela tenha designado algum procurador para cuidados de sua saúde, na ocasião em que gozava de sua plena autonomia, espécie de diretiva antecipada de vontade regulada, atualmente, tão somente pela Resolução nº 1.995/2012, do Conselho Federal de Medicina – CFM, que tem força normativa por decorrer do poder disciplinar outorgado ao conselho profissional pela Constituição da República (artigo 5º, XIII, e Lei nº 3.268/1957, que dispõe sobre os Conselhos de Medicina), desde que observada a legalidade constitucional.

A Convenção sobre Direitos Humanos e Biomedicina em seu artigo 9º prevê a diretiva antecipada como outra ferramenta funcional para a reconstrução de uma vontade dispositiva do paciente, submetidos a possíveis tratamentos médicos, expressa pelo mesmo em estado de capacidade.

Além disso, o Estatuto prevê um novo instrumento que é facultado à pessoa com deficiência utilizar, e que garante o livre exercício de sua autonomia e a inclusão: a tomada de decisão apoiada (artigo 12, 84, §2º, do Estatuto e artigo 1.783-A do Código Civil). O sistema de apoio nas decisões, dirigido ao exercício da capacidade jurídica, se difere da representação legal (MENEZES, 2016, p. 610-611) e visa promover e proteger a autonomia da pessoa com deficiência (preâmbulo alínea "j", artigo 3º, alíneas "a", "b", "c", e "h", da Convenção sobre os Direitos das Pessoas com Deficiência), lhe conferindo a possibilidade de realizar e desenvolver suas próprias escolhas de acordo com seu projeto de vida, promovendo sua autonomia e facilitando sua comunicação, compreensão da manifestação de sua vontade no exercício de seus direitos. A tomada de decisão apoiada não está restrita a atos patrimoniais pelo que se depreende de sua interpretação.

Admitir-se-ia, portanto, em caso de pessoa com deficiência interditada, a decisão do curador para atos referentes à saúde do curatelado, suprindo, portanto, o consentimento, apenas se observados os seguintes pressupostos: (i) impossibilidade da obtenção do consentimento livre e esclarecido diretamente por parte da pessoa com deficiência em razão da falta de discernimento, atestada por laudo ou declaração médica; (ii) estado de risco e emergencial em que se encontra o curatelado; (iii) o ato for benéfico para o curatelado, sendo os riscos da intervenção médica inferior aos benefícios (princípio da beneficência); e, (iv) não haver diretiva antecipada de vontade feita pelo curatelado, nem tomada de decisão apoiada indicando a pessoa que o curatelado nomeou para suprir seu consentimento. Em se tratando de intervenções de saúde fora do estado de emergência e urgência e a decisão judicial que estabeleceu os limites da curatela não tiver previsto esse ato para ser praticado pelo curador (artigo 85, §2º, do Estatuto, artigo 755, I e II, CPC), e não tiver pessoa indicada pelo próprio curatelado, o ato médico só poderá ser realizado mediante autorização judicial.

Art. 12. O consentimento prévio, livre e esclarecido da pessoa com deficiência é indispensável para a realização de tratamento, procedimento, hospitalização e pesquisa científica.

§1º Em caso de pessoa com deficiência em situação de curatela, deve ser assegurada sua participação, no maior grau possível, para a obtenção de consentimento.

§2º A pesquisa científica envolvendo pessoa com deficiência em situação de tutela ou de curatela deve ser realizada, em caráter excepcional, apenas quando houver indícios de benefício direto para sua saúde ou para a saúde de outras pessoas com deficiência e desde que não haja outra opção de pesquisa de eficácia comparável com participantes não tutelados ou curatelados.

PAULA MOURA LEMOS FRANCESCONI PEREIRA

O artigo 12 do Estatuto, assim como o artigo 11 acima comentado, também trata de consentimento livre e esclarecido para intervenção médica e acrescenta a participação em pesquisa científica, a qual ora se analisa remetendo ao comentário anterior as questões atinentes à autorização da pessoa com deficiência para cuidados de saúde, inclusive para as que estão sujeitas à curatela.

A CDPD em seu artigo 15, item 1, parte final, é expressa quanto à proibição de submissão a experimentos médicos ou científicos sem livre consentimento da pessoa, o que abrange qualquer tipo de pesquisa. Antes da Convenção, o Pacto Internacional sobre Direitos Civis e Políticos, da ONU, que entrou em vigor no Brasil em abril de 1992, com a aprovação pelo Congresso Brasileiro do Decreto-Legislativo nº 226/1991, depositando a Carta de Adesão na Secretaria Geral da Organização das Nações Unidas, em 24 de janeiro de 1992, e promulgado pelo Decreto nº 592/1992, se refere à pesquisa em seres humanos no artigo 7º, em que ressalva o direito de não sujeição à experimentação médica ou científica sem o consentimento para qualquer pessoa.

A pesquisa científica envolvendo seres humanos pode se dar em vários ramos do saber como: ciências sociais (Resolução nº 510/2016 do CNS dirigida às ciências humanas e sociais); nutrição (Resolução nº 599/2018 do CFN, artigos 78 a 83); odontologia (Resolução nº 118/2012 do CFO, artigos 35, I, VII, e 50); enfermagem (Resolução nº 564/2017 do COFEN, artigos 16, 17, 18, 56, 57, 58, 95, 97, 98); farmácia (Resolução nº 596/2014 do CFF, nos artigos 12, inciso XVI, 14, incisos I e XXVII, anexo III, artigo 7º, inciso IX, 9º, inciso II); fisioterapia (Resolução nº 424/2013 do COFFITO, artigos 30, inciso I, IX, 41 a 45); psicologia (Resolução nº 10/2005 do CFP, artigo 16, *caput* e alínea "d"), medicina (Resolução nº 2.217/2018, preâmbulo inciso I, capítulo I, inciso XXIV, artigos 99 a 110), entre outros. Atualmente, a pesquisa em seres humanos é regida pela Resolução nº 466/2012 do Conselho Nacional de Saúde – CNS, norma de cunho ético que traça os parâmetros gerais que regulam a atividade de pesquisa, com disposições específicas para a área biomédica (item III. 3, V.1, b), não havendo lei regulando a matéria, apesar de tramitar o Projeto de Lei nº 7.082/2017 na Câmara dos Deputados e já aprovado no Senado (Projeto de Lei nº 200/2015), que visa regular pesquisas em seres humanos. Além dessa norma, dão limites éticos aos ensaios clínicos, a Resolução nº 251/97 do CNS, específica para a regulação das pesquisas que envolvem seres humanos com novos fármacos, medicamentos, vacinas e diagnósticos, que se somam às normas deontológicas estabelecidas pelos conselhos federais de cada atividade profissional em seus Códigos de Ética. A definição de ensaios clínicos pode ser extraída do artigo 6º, XXII, da Resolução RDC nº 9/2015 da ANVISA, e consiste em pesquisas conduzidas para

> confirmar os efeitos clínicos e/ou farmacológicos e/ou qualquer outro efeito farmacodinâmico do medicamento experimental e/ou identificar qualquer reação adversa ao medicamento experimental e/ou estudar a absorção, distribuição, metabolismo e excreção do medicamento experimental para verificar sua segurança e/ou eficácia.

No tocante à participação das pessoas com deficiência em pesquisa científica, ganha especial tratamento em virtude de seu estado de vulnerabilidade potencializado. Todos os participantes de pesquisas já se encontram em uma posição de vulnerabilidade em virtude da relação de pesquisa ser cercada de peculiaridades e vicissitudes, mas essa fragilidade se acentua, principalmente, nos casos em que os participantes têm o exercício de sua autonomia comprometido em razão de suas condições pessoais, em que há restrição de liberdade ou de esclarecimento.

A pesquisa científica envolvendo pessoas com deficiência traz inúmeras controvérsias, como: (*i*) a pessoa com deficiência pode se submeter à pesquisa científica? (*ii*) há alguma restrição em razão do tipo de pesquisa? O Estatuto da Pessoa com Deficiência é expresso quanto à possibilidade de participação da pessoa com deficiência em pesquisa científica e, quando é possível sua manifestação direta de vontade, de forma expressa, não há maiores indagações, pois é livre sua disposição corporal, sendo suficiente o consentimento livre e esclarecido para legitimar o ato. O problema é quando a pessoa com deficiência não tem condições de decidir, cabendo averiguar se seria possível mesmo assim sua participação; se sua vontade poderia ser suprida por um terceiro; quem seria esse terceiro (curador, apoiador, procurador para cuidados de saúde, etc.); se qualquer tipo de pesquisa (social, ou que envolve ou afete a saúde física ou psíquica, ensaios clínicos terapêuticos, com benefício direto para o participante ou não terapêutico, sem benefício direto para o participante); os riscos envolvidos (mínimos, altos, baixos) e os possíveis benefícios.

A Resolução nº 466/2012 do CNS dispõe no item IV.6, alínea "a", que as pesquisas que tenham como participantes crianças, adolescentes, pessoas com transtorno ou doença mental ou em situação de substancial diminuição em sua capacidade de decisão, deverão ter justificativa clara quanto à necessidade de participação dessas pessoas, aprovação não só pelo Comitê de Ética local, mas também pelo CONEP, quando pertinente, e observados o direito de informação e obtenção do consentimento livre e esclarecido pelo representante legal.

Logo, é possível a participação da pessoa com deficiência em pesquisa científica, inclusive, com consentimento por "substituição" também chamado de consentimento por "representação" (SÁNCHEZ; ABELLÁN, 2007, p. 511). Em se tratando de pessoas com diagnóstico de morte cerebral, a referida Resolução nº 466/2012 do CNS prevê a possibilidade de pesquisa desde que observados alguns critérios, entre eles, o de haver consentimento explícito, diretiva antecipada da vontade da pessoa, ou consentimento dos familiares e/ou do representante legal (item IV.6, "c", 2).

Em se tratando de ensaios clínicos, pesquisa biomédica, a citada Resolução nº 251/1997 do CNS prevê no item IV.1, alínea "r", que o protocolo de pesquisa deve conter o termo de consentimento livre e esclarecido, obtido pelo representante legal, mas deve ser levada em conta a manifestação do próprio participante, mesmo que apresente capacidade reduzida. Quando o participante for paciente psiquiátrico, a resolução é expressa quanto ao consentimento dever ser obtido diretamente deste, sempre que possível, devendo observar o seu grau de capacidade de expressar o consentimento livre e esclarecido, o que é feito por meio de avaliação por profissional psiquiatra e que não seja pesquisador envolvido no projeto. Todavia, a resolução não esclarece o tipo de ensaio clínico, se terapêutico ou não terapêutico. No primeiro, o participante se submete à pesquisa para chegar a um tratamento capaz de curar ou, ao menos, de melhorar suas condições de vida, busca benefício direto; e no ensaio clínico não terapêutico ou puro, não há fins terapêuticos imediatos para o voluntário, e, geralmente, é realizado em pessoas saudáveis ou doentes que não tenham a doença alvo de combate com a pesquisa.

A Resolução nº 2.057/2013 do Conselho Federal de Medicina, que consolida as diversas resoluções da área da Psiquiatria e reitera os princípios universais de proteção ao ser humano, à defesa do ato médico privativo de psiquiatras e aos critérios mínimos de segurança para os estabelecimentos hospitalares ou de assistência psiquiátrica de quaisquer naturezas, definindo também o modelo de anamnese e o roteiro pericial em psiquiatria, é expressa no artigo 28:

> Pesquisas, ensaios clínicos e tratamentos experimentais não poderão ser realizados em qualquer paciente com doença mental sem o seu consentimento esclarecido, de acordo com o Código de Ética Médica e resoluções do Conselho Nacional de Saúde sobre pesquisas com sujeitos humanos.

O artigo 11 da Lei nº 10.216/2001, que dispõe sobre os direitos das pessoas portadoras de transtornos mentais, estabelece que as pesquisas científicas para fins de diagnósticos não poderão ser realizadas sem o consentimento expresso do paciente, ou de seu representante legal, e sem comunicação prévia aos conselhos profissionais competentes e relacionados ao profissional que realiza a pesquisa, bem como ao Conselho Nacional de Saúde, órgão vinculado ao Ministério da Saúde e que regula a pesquisa envolvendo seres humanos no Brasil.

Para Maria do Carmo Jardim Pereira do Vale (s.d., p. 11) antes de iniciar qualquer investigação em doentes que padeçam de perturbações mentais ou de conduta, impossibilitando-os de prestar consentimento informado, o investigador deve assegurar-se de que: (*i*) a investigação não possa ser igualmente bem realizada em pessoas com capacidade de compreender a informação e dar o consentimento informado de forma adequada; (*ii*) o objetivo da investigação seja a obtenção de conhecimento relevante para as necessidades específicas de saúde das pessoas a recrutar; (*iii*) tenha sido obtido o consentimento de cada indivíduo, de acordo com as suas capacidades e se tenha respeitado a vontade do potencial paciente no sentido da sua não inclusão, sempre que se tenha manifestado previamente nesse sentido, ressalvando circunstâncias de exceção em que não haja alternativa médica razoável e a legislação permita invalidar a objeção; e (*iv*) nos casos em que os potenciais sujeitos careçam da capacidade de consentir é necessário a autorização de membro da família responsável ou representante legal, de acordo com a legislação aplicável.

A Convenção sobre os Direitos do Homem e Biomedicina, chamada Convenção de Oviedo, trata do tema nos artigos 6º, nº 3, 7º, 16º, 17º, e prevê a possibilidade de participação de criança e pessoas com deficiência mental em pesquisa científica, desde que para benefício direto e que haja seu consentimento expresso, ou de seu representante legal. Todavia, ressalva a possibilidade de participação mesmo que não haja benefício direto para sua saúde, mas observadas algumas condições como que a investigação beneficie pessoas do mesmo grupo; não exista outro método alternativo à investigação; os riscos em que a pessoa pode incorrer não sejam desproporcionados em relação aos potenciais benefícios da investigação, e aprovação da pesquisa pelos órgãos competentes.

A Declaração Universal sobre o Genoma e os Direitos Humanos, da qual o Brasil é signatário, em seu art. 5º expressa quanto à necessidade de obtenção prévia de consentimento livre e esclarecido para pesquisa que afete o genoma humano, remetendo à legislação de cada país os casos em que a pessoa não estiver em condições de fornecer autorização, mas atrelando a necessidade de benefício direto à saúde e

> apenas poderá ser efetuada em caráter excepcional, com máxima restrição, expondo-se o indivíduo a risco e incômodo mínimos e quando essa pesquisa vise contribuir para o benefício à saúde de outros indivíduos na mesma faixa de idade ou com a mesma condição genética, sujeita às determinações da legislação e desde que tal pesquisa seja compatível com a proteção dos direitos humanos do indivíduo.

Da mesma forma, a Declaração Internacional de Dados Genéticos Humanos, em seus arts. 5º, 6º, 7º e 8º.

A Declaração de Helsinque, adotada no Brasil, também trata da participação de pessoas "incapazes" em pesquisa, com destaque para os itens 28, 29 e 30, dispondo este último:

> A investigação envolvendo sujeitos que são incapazes física ou mentalmente de dar consentimento, por exemplo, doentes inconscientes, apenas pode ser feita se a condição física ou mental que os impede de dar o consentimento informado for uma caraterística necessária da população investigada. Em tais circunstâncias, o médico deve procurar o consentimento informado do representante legal. Se tal representante não está disponível e se a investigação não pode ser adiada, o estudo pode prosseguir sem consentimento informado desde que as razões específicas para incluir sujeitos com uma condição que os impede de dar consentimento estejam expressas no protocolo de investigação e o estudo tenha sido aprovado por uma comissão de ética para a investigação. O consentimento

para permanecer na investigação deve ser obtido logo que possível do sujeito ou do seu representante legal.

As Diretrizes Éticas Internacionais para Pesquisas Biomédicas Envolvendo Seres Humanos, do Conselho de Organizações Internacionais de Ciências Médicas (CIOMS/OMS), atualizada em dezembro de 2016, define na Diretriz 16 a participação dos adultos incapazes de conceder consentimento livre e esclarecido.

Pelo que se depreende de todas as normas citadas, inclusive, internacionais, para que a pessoa com deficiência participe de pesquisa científica deve haver seu consentimento livre e esclarecido de forma expressa, desde que tenha discernimento para conceder essa autorização. No entanto, caso não seja possível expressar seu consentimento, a fim de evitar até mesmo uma discriminação e exclusão dessas pessoas da pesquisa, que pode trazer resultados benéficos e necessários não só diretamente, mas para essa população vulnerável, as pessoas com deficiência poderão participar da pesquisa por meio de decisão de seu representante legal, caso tenha, ou por pessoa por ele indicada (procurador para cuidado de saúde ou tomada de decisão apoiada), mas observados alguns pressupostos: (*i*) necessidade da pesquisa para a pessoa com deficiência ou população representada (ensaio terapêutico ou não terapêutico); (*ii*) não haver outra opção de pesquisa de eficácia comparável com outros participantes; (*iii*) risco mínimo e máximo de benefício (Enunciado nº 38 do CJF); (*iv*) informar de forma adequada sobre a pesquisa ao nível da capacidade de compreensão da pessoa com deficiência; e, (*v*) possibilidade de retirada do participante em qualquer momento.

Art. 13. A pessoa com deficiência somente será atendida sem seu consentimento prévio, livre e esclarecido, em casos de risco de morte e de emergência em saúde, resguardado seu superior interesse e adotadas as salvaguardas legais cabíveis.

PAULA MOURA LEMOS FRANCESCONI PEREIRA

Nos artigos antecedentes (artigos 11 e 12) expressou-se a necessidade de obtenção do consentimento livre e esclarecido por parte da pessoa com deficiência, o que constitui requisito essencial de validade do ato de intervenção médica ou de submissão em pesquisa científica. No entanto, admite-se hipótese de exceção quando se tratar de situações em que seja impossível a obtenção de autorização como ocorre nos casos de risco de morte e emergência em saúde. A definição do que consiste estado de urgência e emergência se extrai da Lei nº 9.656/98:

> Art. 35-C. É obrigatória a cobertura do atendimento nos casos: I - de emergência, como tal definidos os que implicarem risco imediato de vida ou de lesões irreparáveis para o paciente, caracterizado em declaração do médico assistente; II - de urgência, assim entendidos os resultantes de acidentes pessoais ou de complicações no processo gestacional.

Nessas hipóteses prevalece o direito à vida, à saúde da pessoa, o que não significa que os profissionais de saúde e pesquisadores não tenham que obter a autorização direta do paciente ou do participante da pesquisa, tão logo seja possível.

Na VI Jornada de Direito Civil do Conselho da Justiça Federal, realizada em 2013, a questão foi contemplada no Enunciado nº 533, apesar de não se tratar de pessoa com deficiência:

> O paciente plenamente capaz poderá deliberar sobre todos os aspectos concernentes a tratamento médico que possa lhe causar risco de vida, seja imediato ou mediato, salvo as situações de emergência ou no curso de procedimentos médicos cirúrgicos que não possam ser interrompidos.

E no Enunciado nº 44 da I Jornada de Direito de Saúde do CNJ: "O paciente absolutamente incapaz pode ser submetido a tratamento médico que o beneficie, mesmo contra a vontade de seu representante legal, quando identificada situação em que este não defende o melhor interesse daquele (Redação dada pela III Jornada de Direito da Saúde – 18.03.2019)".

O artigo não se refere à participação das pessoas com deficiência em pesquisa clínica em caso de emergência, mas da mesma forma, não se admite, via de regra, o consentimento presumido para as pesquisas em seres humanos. Controverte-se, contudo, acerca da possibilidade de participação em ensaios clínicos de pessoas em situação de urgência, emergência, pessoas inconscientes, incapazes de manifestar sua vontade, haja vista a impossibilidade tanto de obtenção do consentimento antes do ato, quanto de informar o sujeito, além dos riscos envolvidos na experimentação. Embora existam benefícios na investigação de emergência, já que possibilita potencial melhora na sobrevivência e na qualidade de vida dos doentes com enfermidades ou traumatismos graves, deve-se lembrar que são pessoas em estado de vulnerabilidade potencializado. No Brasil, são admitidos ensaios clínicos terapêuticos em situação de emergência, desde que necessária e de interesse do participante, mas, assim que possível, deve-se obter o seu consentimento. É o que se depreende da Resolução nº 251/1997 do CNS (Conselho Nacional de Saúde) do item

> V. 3 - Em pesquisas que abrangem pacientes submetidos a situações de emergência ou de urgência, caberá ao CEP aprovar previamente as condições ou limites em que se dará o consentimento livre e esclarecido, devendo o pesquisador comunicar oportunamente ao sujeito da pesquisa sua participação no projeto.

Referências

BRITO, Emanuele Seicenti de; VENTURA, Carla Aparecida Arena. Evolução dos direitos das pessoas portadoras de transtornos mentais: uma análise da legislação brasileira. *Revista de Direito Sanitário*, São Paulo, v. 13, n. 2, p. 41-63, 2012. Disponível em: http://www.revistas.usp.br/rdisan/article/view/56228. Acesso em: 22 abr. 2017.

COSTA, Aline Maria Gomes Massoni da; BRANDÃO, Eric Scapim Cunha. *As alterações promovidas pela Lei nº 13.146/2015 (Estatuto da pessoa com deficiência) na teoria das incapacidades e seus consectários*. p. 20. Disponível em: http://www.tjrj.jus.br/documents/10136/3543964/artigo-interdicao.pdf. Acesso em: 22 abr. 2017.

DINIZ, Debora; BARBOSA, Lívia; SANTOS, Wederson Rufino dos. Deficiência, direitos humanos e justiça. *SU, Revista Internacional de Direitos Humanos*, São Paulo, v. 6, n. 11, p. 64-77. Disponível em: http://www.scielo.br/scielo.php?script=sci_arttext&pid=S1806-64452009000200004&lng=en&nrm=iso. Acesso em: 22 abr. 2017.

EHRHARDT JR., Marcos (Coord.). *Impactos do novo CPC e do EDP no Direito Civil Brasileiro*. Belo Horizonte: Fórum, 2016.

GÓMEZ SÁNCHEZ, Yolanda. La libertad de creación y producción científica en la ley de investigación biomédica: objeto, ámbito de aplicación y principios generales de la ley. *In*: SÁNCHEZ CARO, Javier; ABELLÁN, Fernando (Coord.). *Investigación biomédica en España*: aspectos bioéticos, jurídicos y científicos. Granada: Comares, 2007.

KONDER, Carlos Nelson. O consentimento no Biodireito: Os casos dos transexuais e dos wannabes. *Revista Trimestral de Direito Civil – RTDC*, Rio de Janeiro, v. 4, n. 15, p. 41-71, 2003.

MANDALOZZO, Silvana Souza Neto; WOLOCHN, Regina Fátima. Estatuto da inclusão: caminho para a dignidade. *Revista eletrônica do Tribunal Regional do Trabalho da 9ª Região*, Curitiba, v. 5, n. 46, p. 9-23, 2015. Disponível em: https://juslaboris.tst.jus.br/handle/1939/87593. Acesso em: 21 abr. 2017.

MARTINS, José Carlos Amado; SIMÕES, José Augusto Rodrigues. Os médicos de família e os direitos dos doentes a informação e ao consentimento. *Revista Portuguesa de Bioética*: Cadernos de Bioética, Porto, n. 3, p. 315-330, 2007. Disponível em: https://www.researchgate.net/publication/275892804_Os_medicos_de_familia_e_os_direitos_dos_doentes_a_informacao_e_ao_consentimento. Acesso em: 20 abr. 2017.

MENEZES, Joyceane Bezerra de (Org). *Direito da pessoa com deficiência psíquica e intelectual nas relações privadas*. Convenção sobre os direitos da pessoa com deficiência e Lei Brasileira de Inclusão. 1. ed. Rio de Janeiro: Processo, 2016.

MENEZES, Joyceane Bezerra de. O novo instituto da tomada de decisão apoiada: instrumento de apoio ao exercício da capacidade civil da pessoa com deficiência instituído pelo Estatuto da Pessoa com Deficiência – Lei Brasileira de Inclusão (Lei nº 13.146/2015). *In*: MENEZES, Joyceane Bezerra de (Org). *Direito da pessoa com deficiência psíquica e intelectual nas relações privadas*. Convenção sobre os direitos da pessoa com deficiência e Lei Brasileira de Inclusão. Rio de Janeiro: Processo, 2016.

MENEZES, Joyceane Bezerra de. Tomada de decisão apoiada: instrumento de apoio ao exercício da capacidade civil da pessoa com deficiência instituído pela Lei Brasileira de Inclusão (Lei nº 13.146/2015). *Revista Brasileira de Direito Civil – IBDCivil*, Rio de Janeiro, v. 9, p. 31-57, 2016. Disponível em: https://www.ibdcivil.org.br/image/data/revista/volume9/rbdcivil_vol_9_03_tomada-de-decisueo-apoiada.pdf. Acesso em: 22 abr. 2017.

PEREIRA, Paula Moura Francesconi de Lemos. *Responsabilidade civil nos ensaios clínicos*. Indaiatuba: Foco, 2019.

PEREIRA, Paula Moura Francesconi de Lemos; GOULART, Úrsula. Os Ensaios Clínicos e o Seguro de Responsabilidade Civil. *Revista Brasileira de Direito Contratual*, v. 1, p. 66, 2019.

PEREIRA, Paula Moura Francesconi de Lemos. *Relação médico-paciente*: o respeito à autonomia do paciente e a responsabilidade civil do médico pelo dever de informar. 1. ed. Rio de Janeiro: Lumen Juris, 2011.

PINHEIRO, Gustavo Henrique de Aguiar. O devido processo legal de internação psiquiátrica involuntária na ordem jurídica constitucional brasileira. *Revista de Direito Sanitário*, São Paulo, v. 12, n. 3, p. 125-138, 2013. Disponível em: http://www.revistas.usp.br/rdisan/article/view/692. Acesso em: 22 abr. 2017.

SARLET, Ingo Wolfgang; MONTEIRO, Fábio de Holanda. Notas acerca da legitimidade jurídico constitucional da internação psiquiátrica obrigatória. *Revista Eletrônica Direito e Política*, Itajaí, v. 10, n. 2, p. 1.393-1.436, 2015. Disponível em: http://siaiap32.univali.br/seer/index.php/rdp/article/view/7875/4462. Acesso em: 20 abr. 2017.

VALE, Maria do Carmo Jardim Pereira do. *Ensaios clínicos em populações vulneráveis*. Disponível em: http://www.ihmt.unl.pt/docs/Ensaios-Clinicos-em-Populacoes-Vulneraveis.pdf. Acesso em: 20 abr. 2017.

CAPÍTULO II
DO DIREITO À HABILITAÇÃO E À REABILITAÇÃO

Art. 14. O processo de habilitação e de reabilitação é um direito da pessoa com deficiência.

Parágrafo único. O processo de habilitação e de reabilitação tem por objetivo o desenvolvimento de potencialidades, talentos, habilidades e aptidões físicas, cognitivas, sensoriais, psicossociais, atitudinais, profissionais e artísticas que contribuam para a conquista da autonomia da pessoa com deficiência e de sua participação social em igualdade de condições e oportunidades com as demais pessoas.

VANESSA RIBEIRO CORRÊA SAMPAIO SOUZA

As atividades de habilitar e reabilitar uma pessoa com deficiência consistem em medidas ou técnicas indicadas por uma equipe multidisciplinar, com ou sem o auxílio de equipamentos ou materiais específicos (ex.: órteses, próteses), para o fim de evitar ou desacelerar o ritmo de perda da funcionalidade comprometida, restaurá-la ou compensar sua ausência. Seu campo de abrangência é bastante extenso, incluindo aspectos físicos, sensoriais, psíquicos, intelectuais e ocupacionais, com vistas à prática de atividades cotidianas e ao desenvolvimento e realização de aptidões.

O sentido atribuído às práticas de reabilitação sofreu variações, tendo acompanhado as modificações oriundas do entendimento teórico acerca da própria deficiência, ora com viés estritamente médico, ora social e político. Assim, verifica-se que durante a vigência do paradigma biomédico, as referidas práticas buscavam a correção, a reversão ou a atenuação dos sinais da deficiência, sendo impostas aos corpos para readequá-los ao padrão de "normalidade" (DINIZ; BARBOSA; SANTOS, 2009, v. 6, n. 11). Contemporaneamente, a realização pessoal e a inclusão social afirmam-se indiscutivelmente como objetivos.

Consideradas como verdadeiro direito, a habilitação e reabilitação permitem à pessoa com deficiência a utilização de recursos que potencializam a sua participação comunitária e resgatam sua dignidade e autoestima; além disso, oportunizam maior manifestação de vontade, liberdade para locomoção e acessibilidade. Na prática, abre-se caminho para a realização de escolhas, sejam profissionais, educacionais, culturais, esportivas, de lazer e outras. Essas possibilidades contribuem para o reconhecimento igualitário perante o outro, assim como para a alteração de sentido da própria deficiência, vez que se faz necessário abandonar o raciocínio que enaltece as dificuldades para a adoção de atitudes voltadas para o desenvolvimento das possibilidades e propensões, conforme determina a axiologia constitucional de promoção do ser. Impõe-se, nesse processo, o respeito, sempre que possível, às decisões da pessoa interessada na reabilitação, sendo privilegiadas a sua participação e opinião, e considerados aspectos relativos ao seu histórico pessoal, afetivo, social, sexual e como cidadão (ROCHA, 2006).

É importante enfatizar que, em termos genéricos, os fins da habilitação e reabilitação somente podem ser concretizados se contarem com o apoio da coletividade, estabelecido inegável vínculo entre o interesse pessoal e a estrutura ambiental. Já foi dito que a conquista da autonomia se apresenta como instrumento para garantir à pessoa com deficiência maior qualidade de vida e participação na vida relacional. Assim, pouco adiantaria uma intervenção pessoal que não contasse com uma mudança de mentalidade e das estruturas coletivas para o fim de incluir a pessoa anteriormente reabilitada. Para tanto, o legislador não se furtou à determinação de políticas públicas para inclusão social (art. 15, III) como imprescindível diretriz a informar o cumprimento do direito ora tratado.

Feitas essas considerações, importa afirmar, contudo, que o termo "reabilitação", em que pese seu genérico significado – afinal, a mudança da sociedade para a maior participação possível das pessoas com deficiência também seria sua reabilitação, em sentido leigo –, deve ser empregado tecnicamente como o conjunto de medidas sobre a pessoa ou seu ambiente particular. Essa foi a postura adotada pelo Relatório Mundial sobre Deficiência, em 2011 (WHO, 2011), e parece bastante adequada para a interpretação do Estatuto nacional, considerada a inserção social como meta ou diretriz informadora do amplo programa de proteção.

A Constituição Federal, em seu art. 203, IV, faz referência expressa à habilitação e reabilitação das pessoas com deficiência e à promoção de sua integração à vida comunitária como objetivos da Assistência Social, mas é inegável que aquele direito encontra-se também disposto implicitamente no contexto de proteção à saúde (art. 196), sobretudo no sentido amplo que lhe empresta a Organização Mundial, ao conceituá-la como o estado de completo bem-estar físico, mental e social, não se confundindo simplesmente com a ausência de doença (WHO, 1948). Ademais, a Lei nº 8.080/90, em duas oportunidades, ratifica essa postura abrangente: em seu art. 3º, parágrafo único, (ao endossar o conceito amplo de saúde, conforme já mencionado), e no art. 7º, II (na enunciação da integralidade como princípio informador do Sistema Único de Saúde). Feita a correlação, apontada também na Convenção sobre os direitos das pessoas com deficiência (art. 25 e 26, Decreto nº 6.949/09) e neste Estatuto, no capítulo dedicado à saúde (art. 18, §4º, II), foi essencial a regulação específica do direito a partir do art. 14, considerado especialmente o histórico de descaso e de desatenção com as práticas de reabilitação no Brasil.

Antes da criação do SUS, o oferecimento desses serviços ficava a cargo da iniciativa privada e de entidades filantrópicas – algumas vezes financiadas com valores públicos ou beneficiadas com auxílios fiscais – mas não havia, em regra, atuação direta do Estado. Exceção era encontrada tão somente nos centros de reabilitação profissional do então existente Instituto Nacional da Previdência Social (INPS), mas o objetivo era bem específico e tecnicista (no Estatuto, a reabilitação profissional foi tratada no art. 36). Dessa maneira, em nosso país, a fragmentação, a inexistência de um programa político e a aleatoriedade na prestação foram características marcantes da habilitação e reabilitação até a década de 80 (RIBEIRO, 2010, n. 1, v. 28, p. 43-48).

Com propósitos conceituais, o termo habilitação costuma ser empregado nos casos de deficiência congênita ou que vem a ocorrer nos primeiros anos de vida, o que torna necessária a aprendizagem sobre as funcionalidades corporais. Já a reabilitação consiste em reaprender as referidas funcionalidades, haja vista a sua perda ou redução como efeito da deficiência. Andar, comer, falar são atividades que comumente se estabelecem como objetivos daqueles serviços.

Alguns entendimentos defendem a utilização de marcos objetivos para a diferenciação entre habilitar e reabilitar. Há posicionamento que elege a idade de três anos (SIMÕES; PINTO, 2011), enquanto outros escolhem a primeira infância, opção essa feita pela Secretaria dos Direitos da Pessoa com Deficiência de São Paulo, ao traduzir o Relatório da Organização Mundial de Saúde, de 2011, (apesar deste documento ter utilizado tão somente o termo *early in life*) (WHO, 2011, p. 96). Assim, diante do desacordo entre as escolhas, conclui-se que não há critérios firmes para o estabelecimento dessa diferença, fato que se reforça pela diversidade conceitual dos termos utilizados, tal como ocorre com a "primeira infância", fixada juridicamente, pela Lei nº 13.257/16, até os seis anos, e pela psicologia, até aproximadamente os dois anos de idade (VANDENBOS, 2010). Diante da disparidade de entendimentos, melhor atribuir a decisão à equipe profissional envolvida no caso como parte do diagnóstico e da seleção das técnicas a serem empregadas.

Mundialmente, os serviços de reabilitação foram praticados em primeiro lugar, haja vista a necessidade de "devolver" os mutilados da guerra à força útil, assim como, no Brasil, conforme já referido, os postos de assistência social buscavam a reabilitação profissional (RIBEIRO, 2010). Contemporaneamente, desde a Lei nº 7.853/89, todas as normas referem-se à habilitação e à reabilitação de maneira conjugada e com igual importância.

Art. 15. O processo mencionado no art. 14 desta Lei baseia-se em avaliação multidisciplinar das necessidades, habilidades e potencialidades de cada pessoa, observadas as seguintes diretrizes:

I - diagnóstico e intervenção precoces;

II - adoção de medidas para compensar perda ou limitação funcional, buscando o desenvolvimento de aptidões;

III - atuação permanente, integrada e articulada de políticas públicas que possibilitem a plena participação social da pessoa com deficiência;

IV - oferta de rede de serviços articulados, com atuação intersetorial, nos diferentes níveis de complexidade, para atender às necessidades específicas da pessoa com deficiência;

V - prestação de serviços próximo ao domicílio da pessoa com deficiência, inclusive na zona rural, respeitadas a organização das Redes de Atenção à Saúde (RAS) nos territórios locais e as normas do Sistema Único de Saúde (SUS).

VANESSA RIBEIRO CORRÊA SAMPAIO SOUZA

Incisos I e II. O legislador dedicou especial atenção à organização de bases para a concretização do direito à habilitação e à reabilitação da pessoa com deficiência. Historicamente, essa postura supera outras manifestações normativas, eis que a Lei nº 7.853/89 limitou-se à determinação de criação de rede especializada de serviços, e o Decreto nº 7.612/11 somente apresentou como uma de suas diretrizes a necessidade de ampliação e qualificação dos serviços de habilitação e reabilitação. Costumeiramente, no cenário político-administrativo nacional, as portarias ministeriais se encarregavam – e ainda se encarregam – pelo detalhamento na prestação dessas atividades. Assim, numa iniciativa inovadora para o legislador infraconstitucional, o Estatuto endossa, para a efetivação de seus fins, as bases para o incremento de uma política social de atenção e cuidados, bem como as diretrizes para a execução de ações e serviços voltados para a minimização das dificuldades oriundas da deficiência.

A assistência especializada que se impõe para o atendimento da pessoa com deficiência deve partir de uma análise individualizada que reconheça as singularidades de cada caso – afinal, cada deficiência possui diferentes graus de acometimento e intensidade (SIMÕES; PINTO, 2011) – e, a partir daí, torne possível estabelecer o procedimento mais adequado, seja no que diz respeito ao tempo necessário, técnicas a serem experimentadas (exercícios físicos, estratégias de compensação, modificações no ambiente familiar, disponibilização de tecnologia assistiva) e possíveis resultados. Da mesma forma, afigura-se importante o estabelecimento de uma estrutura voltada para o diagnóstico e a intervenção precoces, haja vista a importância dessa atuação para evitar o agravo da condição e possibilitar, pela atuação antecipada, a maior compensação ou recuperação possível da funcionalidade reduzida ou extinta. Sobre o assunto, a portaria GM/MS nº 2829/12 estabelece a IV fase no Programa Nacional de Triagem Neonatal, com ênfase na pesquisa biológica (teste do pezinho), ocular e auditiva em recém-nascidos, para o fim de reduzir a mortalidade e evitar/minimizar interferências sobre o seu desenvolvimento físico e intelectual (MINISTÉRIO DA SAÚDE, Portaria nº 2.829/12).

O tratamento individualizado, o diagnóstico e a intervenção devem ser efetuados a partir de uma avaliação multidisciplinar e de serviços interligados para que assim se alcance maior direcionamento, eficácia e otimização dos recursos financeiros e humanos empregados. Necessária, portanto, a união de médicos – fisiatras e de outras especialidades (a depender da deficiência tratada e da pessoa a ser atendida, por exemplo, se criança, idoso) –, fisioterapeutas, psicólogos, assistentes sociais, terapeutas ocupacionais e fonoaudiólogos. A anamnese conjunta e o acompanhamento dos procedimentos tornam-se indispensáveis, eis que a pessoa com funcionalidade íntegra apresenta capacidade motora, sensorial, de linguagem, cognitiva, emocional, psicossocial, ocupacional e, se crianças, o desenvolvimento neuropsicomotor preservado. A deficiência retira a harmonia desses diversos sistemas e torna necessária uma avaliação detalhada e integral que conduza a um diagnóstico e tratamento satisfatórios (SIMÕES; PINTO, 2011). Somente a devida articulação entre os saberes – e não somente uma justaposição entre estes – pode alcançar tal intento. Importante, ainda, para que a atuação não reste fragmentada, que cada um dos profissionais seja respeitado em suas manifestações sobre assuntos de sua expertise, não se estabelecendo *a priori* que a declaração de um seja preponderante frente a dos demais, como poderia ocorrer, por exemplo, com as decisões adotadas pelo médico, em detrimento dos pareceres de outros profissionais (SIMÕES; PINTO, 2011).

Incisos III e IV. Antes de se referir à articulação de serviços de saúde descrita no inciso IV, o legislador insere a temática num plano global (inciso III), a exigir ampla integração das políticas públicas com vistas ao resultado final de inclusão da pessoa com deficiência. Essa postura se justifica na medida em que se faz necessária a análise de noções de desenvolvimento social e econômico para o oferecimento de um panorama mais completo a partir do qual as medidas de cuidado tornam-se viáveis e – espera-se – efetivas. Assim, fatores como as condições de vida e de trabalho, o acesso à renda, à educação, ao lazer, à alimentação saudável, à moradia e ao transporte contribuem para a formação de um saber articulado sobre as políticas públicas, numa ação conjunta que em muito auxilia a tomada de decisões na esfera administrativa (GIOVANELLA; MENDONÇA, 2012). Outra iniciativa que pode ser bastante positiva diz respeito à participação de organizações sociais e iniciativas comunitárias, pois poderão contribuir para o enfretamento dos problemas identificados, facilitando o acesso a um serviço individualizado, assim como a concretização do objetivo mais amplo, qual seja a posterior inclusão da pessoa com deficiência.

O Estatuto adota, para os atendimentos vinculados especificamente à habilitação/reabilitação, a estrutura já desenvolvida na organização do Sistema Único de Saúde

(SUS). Essa iniciativa é bastante interessante, pois contribui para a desfragmentação dos atendimentos nessa área, inserindo-o de vez na pauta e nas agendas de decisões pertinentes à estrutura e regulação do Sistema. Para tanto, foi feita referência expressa, nos incisos IV e V, às Redes de Atenção à Saúde (RAS), tal como implementadas no sistema público de saúde nacional (art. 2º, VI, Decreto nº 7508/11). Segundo a doutrina, a rede de atenção à saúde deve ser compreendida como "[...] o conjunto de estabelecimentos, de diferentes funções e perfis de atendimento, que operam de modo ordenado e articulado no território, de modo a atender às necessidades de saúde de uma população" (NORONHA; LIMA; MACHADO, 2012, p. 369).

Mais detalhadamente, conforme a previsão da Portaria MS/GM nº 4279/10, os objetivos das Redes estariam na integração sistêmica das ações e serviços de saúde, provisão de atenção contínua, integral, responsável e humanizada, e no incremento do desempenho do sistema em termos de acesso, integralidade, eficácia e eficiência econômica (MINISTERIO DA SAÚDE, Portaria nº 4.279/10). A adoção de um modelo pulverizado torna mais fácil o acolhimento das necessidades da população, haja vista seu maior detalhamento e especialização, voltadas as escolhas ora para tratamento de determinadas doenças (cardiovasculares, por exemplo), ora para o atendimento a grupos específicos (saúde da mulher, idosos, pessoas com deficiência). A rede especial e articulada de atenção à saúde das pessoas com deficiência, que inclui a regulação das ações e serviços de habilitação e reabilitação, encontra fundamento no Decreto nº 7.612/11, que estabelece o Plano Nacional dos Direitos da Pessoa com Deficiência, e nas portarias MS/GM nº 793/12 e nº 835/12. Estes últimos documentos organizam de maneira detalhada a prestação dos serviços, identificando na Rede os órgãos responsáveis pela atenção primária e especializada de atendimento, a depender da complexidade e das características da deficiência.

Em termos estruturais, segundo o modelo organizacional estabelecido pelo SUS e adotado pelo Estatuto, o atendimento se inicia por uma de suas "portas de entrada", encarregadas pela atenção primária à saúde daqueles que a elas recorrem (Decreto nº 7.508/11). Essa equipe, responsável pelo primeiro contato (e denominada tecnicamente como serviço de referência), assume a responsabilidade pela continuidade da relação equipe-paciente ao longo de sua vida (garantindo a integralidade de assistência à saúde) e se encarrega de coordenar e encaminhar o paciente para outras ações e serviços em decorrência de necessidades mais graves ou complexas (GIOVANELLA; MENDONÇA, 2012). Em paralelo à atuação dessa equipe, encontra-se o chamado Núcleo de Apoio à Saúde da Família (MINISTERIO DA SAÚDE, Portaria nº 793/12, art. 12, I), composto por profissionais de diferentes áreas do conhecimento, com o escopo de uma atuação articulada, compartilhamento de práticas e discussões, intervenções conjuntas, troca de orientações e diálogos sobre avaliações ou alteração de procedimentos. Esse Núcleo de atenção primária possui oito atuações estratégicas, dentre elas: atividades físicas, práticas, corporais, práticas integrativas complementares e reabilitação.

Isto posto, a atenção básica pode ser entendida como a reunião de ações que envolve a promoção, a prevenção, a recuperação e a reabilitação da saúde, tanto no nível individual quanto coletivo, realizada por meio de trabalho em equipe e direcionadas a populações de territórios delimitados (GIOVANELLA; MENDONÇA, 2012). Caso seja necessário ir além do atendimento básico, conta-se com atenção especializada em reabilitação auditiva, física, psíquica, intelectual, visual, ostomia e em múltiplas deficiências, oferecidas por meio de estabelecimentos de saúde credenciados em apenas um serviço de reabilitação e centros especializados em reabilitação (CER), todos regidos pela Portaria MS/GM nº 793/2012.

Inciso V. As RAS se materializam no território nacional por meio de estruturas denominadas Regiões de Saúde, que buscam definir os limites geográficos de atuação e a população que se beneficiará com a implementação das respectivas ações e serviços (MINISTÉRIO DA SAÚDE, Portaria GM/MS nº 4279/2010). Seus detalhamentos são veiculados por normas organizacionais fundamentadas nas atribuições conferidas aos órgãos gestores responsáveis, em função dos princípios da descentralização e regionalização.

A descentralização da política de saúde se orienta pela organização federativa, baseando-se na distribuição de poder decisório, em responsabilidades administrativas e recursos financeiros entre a União, os Estados e os Municípios. Já a regionalização compreende um processo político mais amplo, que inclui três estratégias: desenvolvimento de instrumentos para o planejamento, coordenação, regulação e financiamento de uma rede de ações e serviços num dado território regional (que não necessariamente corresponde ao geográfico); incorporação de elementos de diferenciação e diversidade socioespacial na formulação e implementação de políticas de saúde; integração de diversos campos de atenção à saúde, bem como articulação de políticas econômicas e sociais voltadas para o desenvolvimento e a redução das desigualdades territoriais (LIMA *et al.*, 2012).

Em termos gerais, para as ações do SUS, costuma haver maior concentração de serviços especializados e de alta complexidade no eixo Sul-Sudeste e nas capitais das demais regiões (LIMA *et al.*, 2012), fato esse que, certamente, inclui a demanda das pessoas com deficiência.

É essa realidade que deve ser modificada a partir da criação de iniciativas nas áreas mais afastadas, sobretudo em países como o Brasil. A maior distância entre a residência e o serviço de atendimento gera desconforto, gastos financeiros e demora na realização do tratamento. Necessário ressaltar que o desinteresse pela oferta distante surge ainda em função da impossibilidade de afastamentos rotineiros ao trabalho, seja da pessoa com deficiência que exerça atividade profissional, ou de seu acompanhante. Considerando que a deficiência gera despesas e, em consequência, a necessidade de maior aporte financeiro, instalado encontra-se um deletério círculo vicioso. Nesse sentido, os Centros Especializados de Reabilitação (CER) (SECRETARIA DE DIREITOS HUMANOS, 2016) devem ser abastecidos com veículos adaptados para a locomoção de pacientes, o que facilita, de certa forma, o acesso. Em adendo, cabe mencionar a Portaria MS/SAS nº 055/99, que regula a concessão de ajudas de custo (passagens, alimentação e pernoite) para a realização de tratamento fora de domicílio (TFD), condicionada à disponibilidade orçamentária, sempre que o município não disponha do procedimento terapêutico necessário ao bem-estar e saúde do paciente.

Art. 16. Nos programas e serviços de habilitação e de reabilitação para a pessoa com deficiência, são garantidos:

I - organização, serviços, métodos, técnicas e recursos para atender às características de cada pessoa com deficiência;

II - acessibilidade em todos os ambientes e serviços;

III - tecnologia assistiva, tecnologia de reabilitação, materiais e equipamentos adequados e apoio técnico profissional, de acordo com as especificidades de cada pessoa com deficiência;

IV - capacitação continuada de todos os profissionais que participem dos programas e serviços.

VANESSA RIBEIRO CORRÊA SAMPAIO SOUZA

O dispositivo objetiva a identificação e remoção dos empecilhos mais comuns à efetiva prestação de ações de habilitação e reabilitação no plano de atuação dos responsáveis pelo oferecimento dos mencionados serviços. A enunciação de garantias básicas busca pôr fim a um passado de assistência precária e de poucos resultados. À época (aproximadamente até o fim da década de 80) os problemas mais comuns eram a exiguidade de recursos, baixa cobertura e inexistência de descentralização (OTHERO; DALMASO, n. 28, v. 13, p. 177-188, 2009). Atualmente, muitas dessas dificuldades, ainda que não completamente superadas, encontram-se na pauta de discussões legislativas e administrativas, sendo a elas somadas, nesta oportunidade, outras necessidades fundamentais, a exemplo das descritas no dispositivo ora em comento.

Mais uma vez o legislador manifestou preocupação com um tratamento individualizado, na esteira do afirmado no *caput* do art. 15. Em termos gerais, o sistema de atenção (quanto ao conteúdo e à estrutura), na linha adotada pelo SUS e ratificada pelo Estatuto, deve ser efetivado de acordo com a heterogeneidade das situações de saúde encontradas nas diferentes regiões e municípios do país (PAIM, 2012). Acompanhando essa perspectiva, a atenção às pessoas com deficiência não poderia se furtar à especialização, haja vista sobretudo a miríade de efeitos decorrentes daquela condição, por si só também marcada pela pluralidade. A título de exemplo, a idêntica perda de um membro pode gerar repercussões diferentes em função da multiplicidade de circunstâncias em que ocorrida (se causada por acidente ou por doença preexistente), ou se acometer criança, adulto ou idoso. Nesse ponto, a consideração da deficiência como patologia, alicerce do paradigma biomédico, trouxe muitos benefícios, na medida em que possibilitou maior conhecimento sobre os seus diversos tipos, causas e efeitos, a permitir a escolha de práticas de reabilitação mais adequadas, aptas a gerar maior bem-estar e menor desconforto (ROCHA, 2006). Esse aspecto inclui, de forma direta, a escolha dos exercícios, dos produtos e dos materiais, enfim, da tecnologia assistiva (ou tecnologia de reabilitação) mais acertada para cada caso.

Por tecnologia assistiva deve-se entender qualquer dispositivo ou material utilizado para o fim de manter, restaurar ou melhorar a capacidade funcional comprometida pela deficiência, podendo ser empregada de maneira externa ou interna ao corpo, ou no ambiente, com vistas ao aumento de participação e independência da pessoa com deficiência. Para que seja realmente útil e não provoque desestímulo ao seu uso, exige-se que seja adequada ao local onde vive e que a pessoa se adapte à utilização do mecanismo. Isso pressupõe o fornecimento de informações sobre o seu manuseio e manutenção, de preferência emitidas por técnicos responsáveis. São exemplos de tecnologia assistiva: próteses, órteses, cadeiras de rodas, triciclos, implantes cocleares, bengalas, lupas e até softwares voltados à facilitação da leitura e comunicação. O Estatuto apresenta conceito do termo no art. 3º, III.

Sobre o oferecimento desses dispositivos aos cidadãos, costumeiro que as pessoas enfrentem certa resistência à concessão de produtos com características específicas à deficiência que possuem, normalmente sob a alegação de que não há previsão daquele instrumento no rol de tratamento padrão instituído pelo SUS ou, o próprio Poder Público costuma argumentar que a entrega do tipo padrão será mais célere, atendendo, dessa forma, o interesse imediato do autor do pedido (no caso de haver processo judicial). Em manifestações contrárias a esses entendimentos, ratificando a necessidade de que a prescrição médica personalizada deve ser atendida, encontram-se decisões do Tribunal de Justiça do Estado do Rio de Janeiro. Assim:

> O autor não terá observada a sua dignidade humana se não obtiver a prótese que necessita, visto que a sua atual lhe causa feridas e é inapropriada para a manutenção da sua saúde e de seu bem-estar, como afirmado no laudo pericial presente neste processo. (TJRJ, AC nº 0000120-96.2012.8.19.0073, julg. 4 maio 2016);
>
> Feitas essas considerações, se afigura desinfluente para o deslinde da questão o fato de que a marca do insumo prescrito não conste das políticas nacional, estadual e municipal previamente estabelecidos pelo SUS, ou por ele padronizado para o tratamento da doença que acomete o autor, ora apelado, pois cabe ao médico que assiste o enfermo prescrever a órtese adequada ao seu tratamento. (TJRJ, AC nº 0008658-15.2013.8.19.0014, julg. 30 ago. 2016);
>
> Agravo de Instrumento interposto em face de decisão que deferiu antecipação de tutela para compelir o réu a autorizar e custear os tratamentos de que o autor necessita nos moldes prescritos pelos médicos assistentes. Terapia ocupacional e órtese suropodálica cascade com articulação tamarak, colete flexcorp com faixas, extensores para membros inferiores, andador e cadeira de rodas; ziclagem, parapodium e sling. O agravante alega que os procedimentos estão fora dos termos contratado e do rol da ANS e que os tratamentos não estão compreendidos no plano de saúde contratado. Pretende afastar a obrigatoriedade do fornecimento da órtese. Relatório médico que demonstra a necessidade do tratamento do menor. Os procedimentos terapêuticos especiais requeridos pelo médico assistente constituem o tratamento adequado ao menor, não cabendo ao plano de saúde e sim o médico assistente prescrever o tratamento adequado. Aplicação da Súmula 211 deste Tribunal. Decisão em consonância com entendimento Jurisprudencial. Multa fixada em valor que não merece redução, entretanto devendo ser fixado teto, conforme pretensão

recursal. Recurso parcialmente provido. (TJRJ, AI 0015017-13.2019.8.19.0000, julg. 9 maio 2019).

A maior certeza possível sobre o diagnóstico e a adequação das técnicas requer, por óbvio, que os profissionais responsáveis sejam bem qualificados, treinados e com conhecimentos especializados acerca da matéria tratada. A depender da deficiência e de seu grau, a má execução de um serviço pode acarretar agravos ao quadro geral de saúde do paciente, prolongamento no tempo de seu tratamento, retrocesso nos avanços já alcançados, o que, por certo, implica piora na qualidade de vida. O resultado termina por se verificar no desestímulo à continuidade do tratamento e no comprometimento da inclusão. Nesse aspecto, dada a importância da atuação profissional, torna-se necessário o incentivo ou o oferecimento de programas de capacitação pelos gestores dos serviços e, em contrapartida à especialização, impõe-se minimamente a garantia de boas condições de trabalho (estrutura, salários e segurança), para que o profissional persista em seus quadros (GIOVANELLA; MENDONÇA, 2012), fato que, infelizmente, está na alçada das escolhas político-administrativas dos órgãos e entes competentes.

Por fim, nenhum desses direitos mereceria atenção caso a pessoa com deficiência não tivesse acesso físico aos próprios serviços, sendo obrigatória nestes a utilização de rampas, elevadores, ambiente de circulação amplo que permita a utilização de cadeiras e andadores e outras medidas de acessibilidade (art. 53). O não cumprimento desse direito deve ser corrigido por atuação dos órgãos da Defensoria Pública e do Ministério Público (art. 79, §3º), bem como do Poder Executivo, ao condicionar a expedição de alvará de funcionamento à observância das regras estatutárias pertinentes à matéria (art. 60, §1º).

Art. 17. Os serviços do SUS e do SUAS deverão promover ações articuladas para garantir à pessoa com deficiência e sua família a aquisição de informações, orientações e formas de acesso às políticas públicas disponíveis, com a finalidade de propiciar sua plena participação social.

Parágrafo único. Os serviços de que trata o caput deste artigo podem fornecer informações e orientações nas áreas de saúde, de educação, de cultura, de esporte, de lazer, de transporte, de previdência social, de assistência social, de habitação, de trabalho, de empreendedorismo, de acesso ao crédito, de promoção, de proteção e de defesa de direitos e nas demais áreas que possibilitem à pessoa com deficiência exercer sua cidadania.

VANESSA RIBEIRO CORRÊA SAMPAIO SOUZA

A assistência social, tal como disposta pela Constituição, faz parte, juntamente com a saúde, do capítulo da Seguridade Social, a compor um conjunto integrado de ações instituídas como dever do Estado e direito do cidadão.

O dispositivo ora em comento vem suprir lacuna existente na Lei Orgânica da Assistência Social, Lei nº 8.742/93, que dentre outras normas, estabelece o SUAS - Sistema Único de Assistência Social.

O art. 2º, *d*, da referida legislação, indica a habilitação e a reabilitação das pessoas com deficiência e sua integração à vida comunitária como objetivos de sua organização, mas não vai além de tal previsão, ao contrário da opção manifestada neste dispositivo, que objetivou expressar (mas não exaurir) uma série de outros interesses que se incluem na finalidade constitucional do art. 203, IV. Para tanto, impõe articulação com o Sistema Único de Saúde, pois só a promoção conjunta do bem-estar físico e social pode cumprir integralmente a determinação constitucional de valorização da pessoa humana.

A assistência social no Brasil sempre foi vista como uma atividade assistemática e voltada para ações emergenciais, mas essa concepção é incoerente com seus reais objetivos, quais sejam: melhorar as condições de vida e cidadania; oferecer benefícios e serviços como direitos de todos; incluir segmentos sociais no contexto de oferecimento de bens, serviços e direitos; estimular o acesso a um nível mais elevado de vida, com base numa política pública de ações integradas (GUILHON, 2015).

Assim, com base nesse escopo amplo e diversificado, o Estatuto elege a assistência social como meio para que as pessoas com deficiência e seus familiares sejam informados acerca de suas possibilidades e de seus direitos fundamentais, alguns destes exemplificados no parágrafo único do presente dispositivo e detalhados em capítulos específicos, a partir do art. 10 até o art. 52.

Percebe-se que o conteúdo do art. 17 vai muito além do especial direito à habilitação e reabilitação (afinal, aqueles que ainda não foram reabilitados, também precisam ser informados acerca dessa possibilidade!), tendo destacado o exercício da cidadania pelas pessoas com deficiência. Nesse intento, muito acertadamente, entende Virgínia Guilhon (2015, p. 709) que seria compromisso ético da assistência social:

> [...] atender às necessidades sociais, ao mesmo tempo que busca garantir ou prover as condições básicas para que seus beneficiários possam exercitar suas capacidades. Por isso, não se restringe à provisão de bens materiais, mas procura também garantir o acesso à informação, à convivência familiar e comunitária, às oportunidades de desenvolvimento intelectual e político, em síntese, visa à autonomia dos seus destinatários.

Em termos práticos, segundo Eucenir Fredini Rocha (2006), a importância da informação está em esclarecer às pessoas com deficiência que seus direitos não podem ser confundidos com simples favores, já que por muito tempo a filantropia se encarregou da execução dos serviços direcionados àquele grupo no país. Nesse sentido, a autora apresenta exemplo bastante elucidativo sobre a concessão de tecnologia assistiva: há verba pública para a aquisição desses equipamentos e o SUS possui listas com esses mesmos dispositivos para fins de distribuição àqueles que deles necessitem, porém, para muitos, por falta dessas informações, ainda está vigente certo costume de associar essas atitudes ao assistencialismo e a ganhos políticos, como exemplo, a corriqueira doação de cadeiras de rodas durante campanhas.

Em termos existenciais, principalmente nos casos de deficiências adquiridas, o esclarecimento acerca dos direitos permitirá que a pessoa aceite mais facilmente sua nova condição e perceba que é plenamente possível a realização de seus interesses, sendo importante nesse processo que a família, também informada, não venha a adotar uma postura de desânimo diante das dificuldades e da infantilização da pessoa com deficiência.

Socialmente, a divulgação dos direitos fará com que algumas posturas, tais como: modificações arquitetônicas e das estruturas em geral, inclusive de lazer e de esportes; a adaptação de transportes; a inclusão escolar; a criação de pontos de trabalho para pessoas com deficiência e todos os avanços já verificados na área da saúde integral, sejam incorporadas à rotina da comunidade, a bem da solidariedade, da inclusão e do bem-estar de todos.

Outros aspectos mais específicos sobre a assistência social receberam tratamento no art. 39 da presente lei.

Referências

CONSELHO NACIONAL DE SECRETÁRIOS DE SAÚDE. *A atenção primária e as redes de atenção à saúde.* Brasília: CONASS, 2015.

DINIZ, Débora; BARBOSA, Lívia; SANTOS, Wederson Rufino dos. Deficiência, direitos humanos e justiça. *Revista Internacional de Direitos Humanos*, n. 11, v. 6, dez. 2009.

GIOVANELLA, Lígia; MENDONÇA, Maria Helena Magalhães de. Atenção primária à saúde. *In*: GIOVANELLA, Lígia; ESCOREL, Sarah *et al.* (Org.). *Políticas e sistema de saúde no Brasil.* 2. ed. Rio de Janeiro: Editora FIOCRUZ, 2012.

GUILHON, Virgínia. Política assistencial. *In*: DI GIOVANNI, Geraldo; NOGUEIRA, Marco Aurélio (org.). *Dicionário de políticas públicas*. 2. ed. São Paulo: UNESP/FUNDAP, 2015.

LIMA, Luciana dias de *et al*. Regionalização da Saúde no Brasil. *In*: GIOVANELLA, Lígia; ESCOREL, Sarah *et al*. (Org.). *Políticas e sistema de saúde no Brasil*. 2. ed. Rio de Janeiro: Editora FIOCRUZ, 2012.

NORONHA, José Carvalho de; LIMA, Luciana Dias de; MACHADO, Cristiani Vieira. O Sistema Único de Saúde – SUS. *In*: GIOVANELLA, Lígia; ESCOREL, Sarah *et al*. (Org.). *Políticas e sistema de saúde no Brasil*. 2. ed. Rio de Janeiro: Editora FIOCRUZ, 2012.

OTHERO, Marilia Bense; DALMASO, Ana Sílvia Withaker. Pessoas com deficiência na atenção primária: discurso e prática de profissionais em um centro de saúde-escola. *Interface:* comunicação, saúde, educação, n. 28, v. 13, p. 177-188, jan./mar. 2009.

PAIM, Jairnilson Silva. Modelos de atenção à saúde no Brasil. *In*: GIOVANELLA, Lígia; ESCOREL, Sarah *et al*. (Org.). *Políticas e sistema de saúde no Brasil*. 2. ed. Rio de Janeiro: Editora FIOCRUZ, 2012.

ROCHA, Eucenir Fredini. Deficiência e reabilitação: questões históricas e epistemológicas. *In*: ROCHA, Eucenir Fredini. *Reabilitação de pessoas com deficiência:* a intervenção em discussão. São Paulo: Roca, 2006.

RIBEIRO, Carla Trevisan Martins *et al*. O sistema público de saúde e as ações de reabilitação no Brasil. *Revista Panamericana de Salud Publica*, n. 1, v. 28, p. 43-48, 2010.

SECRETARIA DE DIREITOS HUMANOS. *Avanços das políticas públicas para as pessoas com deficiência:* uma análise a partir das conferências nacionais. Brasília: Secretaria de Direitos Humanos, 2012.

SIMÕES, Cristiana Almeida; PINTO, Isabela Cardoso de Matos. Conceitos e definições de deficiência e reabilitação. *In*: LIMA, Isabel Maria Sampaio Oliveira; PINTO, Isabela Cardoso de Matos; PEREIRA, Silvia de Oliveira (Org.). *Políticas públicas e pessoa com deficiência*: direitos humanos, família e saúde (on-line). Salvador: EDUFBA, 2011.

VANDENBOS, Gary R. *Dicionário de psicologia da APA – Associação Americana de Psicologia*. Tradução de Daniel Bueno; Maria Adriana Veríssimo Veronese; Maria Cristina Monteiro. Porto Alegre: Artmed, 2010.

WORLD HEALTH ORGANIZATION. *World report on disability*. Malta: WHO Library Cataloguing-in-publication data, 2011.

WORLD HEALTH ORGANIZATION. *Constitution of the World Health Organization*. (1948). Disponível em: http://www.who.int/governance/eb/who_constitution_en.pdf. Acesso em: 3 nov. 2016.

CAPÍTULO III
DO DIREITO À SAÚDE

Art. 18. É assegurada atenção integral à saúde da pessoa com deficiência em todos os níveis de complexidade, por intermédio do SUS, garantido acesso universal e igualitário.

§1º É assegurada a participação da pessoa com deficiência na elaboração das políticas de saúde a ela destinadas.

§2º É assegurado atendimento segundo normas éticas e técnicas, que regulamentarão a atuação dos profissionais de saúde e contemplarão aspectos relacionados aos direitos e às especificidades da pessoa com deficiência, incluindo temas como sua dignidade e autonomia.

§3º Aos profissionais que prestam assistência à pessoa com deficiência, especialmente em serviços de habilitação e de reabilitação, deve ser garantida capacitação inicial e continuada.

§4º As ações e os serviços de saúde pública destinados à pessoa com deficiência devem assegurar:

I – diagnóstico e intervenção precoces, realizados por equipe multidisciplinar;

II – serviços de habilitação e de reabilitação sempre que necessários, para qualquer tipo de deficiência, inclusive para a manutenção da melhor condição de saúde e qualidade de vida;

III – atendimento domiciliar multidisciplinar, tratamento ambulatorial e internação;

IV – campanhas de vacinação;

V – atendimento psicológico, inclusive para seus familiares e atendentes pessoais;

VI – respeito à especificidade, à identidade de gênero e à orientação sexual da pessoa com deficiência;

VII – atenção sexual e reprodutiva, incluindo o direito à fertilização assistida;

VIII – informação adequada e acessível à pessoa com deficiência e a seus familiares sobre sua condição de saúde;

IX – serviços projetados para prevenir a ocorrência e o desenvolvimento de deficiências e agravos adicionais;

X – promoção de estratégias de capacitação permanente das equipes que atuam no SUS, em todos os níveis de atenção, no atendimento à pessoa com deficiência, bem como orientação a seus atendentes pessoais;

XI – oferta de órteses, próteses, meios auxiliares de locomoção, medicamentos, insumos e fórmulas nutricionais, conforme as normas vigentes do Ministério da Saúde.

§5º As diretrizes deste artigo aplicam-se também às instituições privadas que participem de forma complementar do SUS ou que recebam recursos públicos para sua manutenção.

GABRIEL SCHULMAN

O dispositivo consagra a diretriz de promoção da saúde estabelecida no art. 16, item 4, da CDPD. Igualmente, constitui projeção do art. 25 da CDPD que assegura uma perspectiva de integração da pessoa com deficiência, com a remoção não apenas das barreiras físicas, mas igualmente das barreiras sociais, inclusive nos próprios serviços de saúde (e por parte dos profissionais da saúde).

A Constituição da República assegura o acesso à saúde, conforme art. 196. A Lei Orgânica da Saúde, também chamada de Lei do SUS (Lei nº 8.080/90) instituiu os princípios que organizam o sistema (NORONHA; PEREIRA, 2013, v. 3), determinando "acesso universal e igualitário às ações e aos serviços para a sua promoção, proteção e recuperação" (art. 2º, §1º). A universalidade (direito de todos) costuma ser mais lembrada que o acesso (direito de cada um), mas é a combinação de tais óticas – vale dizer – com base no acesso universal, que se forja o sistema de saúde. Como reforço às múltiplas disposições de proteção à pessoa com deficiência (BRASIL, 2013; SCHULMAN, 2012, v. 1, p. 88-107), o Estatuto da inclusão assegura o direito de participação da pessoa com deficiência, mas igualmente busca sua efetiva inserção.

Para tanto, determina a capacitação dos profissionais de saúde, a participação das pessoas com deficiência na concepção das políticas públicas, em atenção à previsão da CDPD, art. 25, que prevê a conscientização dos profissionais de saúde, sendo imperativa a realização de "atividades de formação e definição de regras éticas para os setores de saúde público e privado". O que se observa é uma legislação que supera o histórico caráter assistencialista (BRASIL, 2014), sob o enfoque da igualdade material e da inclusão.

As projeções do *status* de igualdade incluem a construção e a proteção da identidade, inclusive da identidade de gênero (BARBOZA, 2010; JESUS, 2012), tutelada na CDPD, art. 25, item a. Com efeito, em seu art. 18, §4º, o EPD reforça que na saúde pública deve haver respeito à identidade de gênero e à orientação sexual também da pessoa com deficiência. Trata-se de perspectiva em sintonia com a liberdade de ser, de buscar a felicidade, do respeito à coexistência e à solidariedade constitucional. A atenção à liberdade sexual e reprodutiva dialoga com a proteção à liberdade reprodutiva (EPD, art. 6º) e a proteção da própria sexualidade (EPD, art. 8º).

Em atenção à eficácia interprivada dos direitos humanos e fundamentais (UBILLOS, 2006, p. 301-340), o texto legal, no art. 18, §5º, reforça que as diretrizes do Estatuto se aplicam às instituições particulares que prestam serviço ao SUS ou recebam recursos públicos. Em realidade, o legislador disse menos do que desejava. A melhor interpretação do dispositivo é no sentido de que é requisito para prestação de serviços ao SUS ou recebimento de recursos públicos o cumprimento das disposições do estatuto da inclusão, cuja eficácia atinge a todos os prestadores de saúde, públicos, particulares e também no âmbito do terceiro setor.

A determinação da tutela da reabilitação e habilitação igualmente encontra fundamento na previsão do art. 203, inc. IV, da Constituição, que determina como objetivo da assistência social "a habilitação e a reabilitação das pessoas portadoras de deficiência e a promoção de sua integração à vida". Por conseguinte, a consagração da igualdade e pluralidade no texto constitucional (preâmbulo e art. 5º) torna imperativa a adoção de ações destinadas à promoção e à redução de desigualdades. Nos moldes do §1º, do art. 5º da Constituição Federal, que estabelece: "As normas definidoras de direitos e garantias fundamentais têm aplicação imediata", o que alcança, inclusive, a CDPD, por força do §3º, do referido art. 5º.

Art. 19. Compete ao SUS desenvolver ações destinadas à prevenção de deficiências por causas evitáveis, inclusive por meio de:

I - acompanhamento da gravidez, do parto e do puerpério, com garantia de parto humanizado e seguro;

II - promoção de práticas alimentares adequadas e saudáveis, vigilância alimentar e nutricional, prevenção e cuidado integral dos agravos relacionados à alimentação e à nutrição da mulher e da criança;

III - aprimoramento e expansão dos programas de imunização e de triagem neonatal;

IV - identificação e controle da gestante de alto risco.

THAMIS DALSENTER VIVEIROS DE CASTRO

Ao tratar da competência do SUS para desenvolver ações e programas com o objetivo de prevenir deficiências evitáveis, o artigo 19 do Estatuto da Pessoa com Deficiência confere maior efetividade ao Direito à Saúde, consagrado no art. 6º da Constituição Federal como Direito Fundamental Social, e consequência direta da proteção à pessoa humana positivada como fundamento da República no mesmo texto constitucional, em seu art. 1º, III, da qual também se extrai a tutela da integridade física e psíquica.

Como um dos subprincípios ou corolário da dignidade da pessoa humana, a integridade psicofísica postula uma concepção ampliada da integridade, agregando o conceito de saúde, tanto em seu viés negativo quanto em seu viés promocional (BODIN DE MORAES, 2003, p. 94). Isso significa que a integridade como saúde não é apenas ausência de doença, mas também garantia de bem-estar psicofísico e social, o que pressupõe, por seu turno, liberdade para escolher os rumos da própria vida, a fim de construir, autonomamente, a própria noção de estar bem, pessoalmente e nas trocas sociais comunitárias (RODOTÀ, 2006, p. 85).

Dessa prescrição constitucional que vincula a saúde como elemento da dignidade da pessoa humana decorre a premissa de que a vida saudável está definitivamente associada à garantia da autonomia corporal e de liberdade sobre o próprio corpo. Ou ainda, em outros termos, o direito à saúde só é garantido em um ambiente democrático que assegure às pessoas o direito à autodeterminação corporal, ou seja, que garanta espaços de liberdade (BODIN DE MORAES, 2010, p. 434) para dispor sobre o próprio corpo conforme a sua vontade (BODIN DE MORAES; VIVEIROS DE CASTRO, 2015).

Essa perspectiva tem como consequência a ruptura da lógica paternalista (VIVEIROS DE CASTRO, 2017, p. 83) que tradicionalmente guiava os cuidados de saúde, verticalizando as relações médicas e esvaziando de sentido e força vinculante as manifestações de vontade dos pacientes. Como decorrência necessária desse raciocínio, é possível afirmar que, contemporaneamente, a efetiva garantia do direito à saúde só é alcançada diante de mecanismos que possibilitem às pessoas o exercício da autodeterminação sobre os cuidados terapêuticos e as intervenções médicas as quais deseja se submeter. Em síntese, não há direito à saúde na ausência de liberdade para decidir sobre qual é a noção de vida saudável que se deseja (TEIXEIRA, 2012, *passim*).

Com o Estatuto da Pessoa com Deficiência, essa perspectiva emancipatória sobre o direito à saúde e os espaços de autodeterminação corporal finalmente alcançaram a tutela das pessoas com deficiência (BARBOZA; ALMEIDA, 2016, p. 252) que antes era pouco humanizada e excessivamente patrimonializada, como se verificava no criticado regime das incapacidades disciplinado pelo Código Civil de 2002. Com o advento do EPD, reforçou-se a autonomia existencial das pessoas com deficiência, o que implica consequências positivas no campo dos cuidados e da atenção integral à saúde, reequilibrando o antigo jogo de forças que quase sempre resultava em negação da autonomia existencial diante de situações dramáticas não regulamentadas de forma clara e suficiente pelo diploma civilista, como a situação de conflito envolvendo a vontade de pacientes dependentes de cuidados (DADALTO; CARVALHO, 2017, p. 332-337).

Buscando dar maior concretude a esse esquema de proteção da saúde de acordo com uma perspectiva não paternalista, o artigo 19 do Estatuto consagra a prevenção de deficiências evitáveis como importante pilar da atenção integral à saúde, razão pela qual assenta, em seu *caput*, o princípio da integralidade da saúde, que orienta as ações do Sistema Único de Saúde, como expressamente anunciado no art. 198, inciso II, da Constituição Federal de 1988. Decorre daí que o presente artigo não se dirige apenas ao SUS na fixação de obrigações e competências, mas também se refere diretamente à necessidade de que o SUS confira efetividade ao compromisso de humanizar o atendimento integral à saúde, tanto com o objetivo de tratar de deficiências já existentes, quanto de prevenir as deficiências que podem ser afastadas através da adoção das medidas cabíveis.

Noção de grande importância colocada no *caput* do artigo é a ideia de deficiência por causas evitáveis. De acordo com a Política Nacional de Saúde da Pessoa com Deficiência (2009), do Ministério da Saúde, as principais causas de deficiências são: (*i*) as causas hereditárias ou congênitas – que aparecem por questões genéticas fetais. As causas que se enquadram nesta categoria podem ser evitadas em grande parte com exames pré-natais específicos, como é o caso do cariótipo e para outros erros inatos do metabolismo como fenilcetonúria, hemoglobina, hipertireoidismo congênito. Em tais casos, as políticas de prevenção devem incluir também o aconselhamento genético para os casais; (*ii*) as causas provenientes da falta de assistência ou da assistência insuficiente ou inadequada às gestantes, o que poderia ser sanado com o melhoramento da qualidade do cuidado pré-natal, durante o parto e no pós-parto, em especial com a realização de exames e consultas específicos; (*iii*) as causas derivadas da desnutrição atingem especialmente as famílias de baixa renda e causam problemas especialmente em crianças a partir do primeiro ano de idade, mas também representam risco fetal quando a alimentação da gestante é carente de nutrientes necessários ao desenvolvimento gestacional; (*iv*) as causas que são consequências diretas de doenças transmissíveis, como a rubéola, o sarampo, a paralisia infantil, as doenças sexualmente transmissíveis (como a sífilis na gestante). Segundo as diretrizes do Plano, essas causas são evitáveis por ações de proteção e promoção à saúde, como informação, vacinação e exames pré-natais; (*v*) também são causas evitáveis aquelas causadas por doenças e eventos crônicos, como a hipertensão arterial, o diabetes, o infarto, o acidente vásculo-cerebral (AVC), a doença de Alzheimer, o câncer e a osteoporose – que podem ser evitadas em grande parte pela adoção de hábitos saudáveis, além de exames que possibilitem o diagnóstico precoce e o devido tratamento da patologia. No caso das gestantes, algumas dessas causas podem representar perigo real de morte materna e fetal; (*vi*) questões de ordem psiquiátricas também podem levar a causas de deficiência ao colocarem as pessoas em situação de risco pessoal, e podem ser evitadas em parte através do diagnóstico precoce, da assistência multiprofissional e do uso de medicamentos adequados; (*v*) as perturbações psiquiátricas, que podem levar a pessoa a viver situações de risco pessoal, são em parte evitáveis por meio da proteção à infância, e do diagnóstico precoce, da assistência multiprofissional e do uso de medicamentos apropriados. (*vi*) algumas deficiências estão associadas a traumas e lesões ocasionadas pelo uso abusivo de álcool e drogas, causas que poderiam ser evitadas, em parte, pela adoção de políticas públicas integradas para a redução da utilização dessas substâncias através da mudança de hábitos e de melhoria das condições gerais de vida e acompanhamento multiprofissional.

Dentre as causas de deficiências evitáveis, o Estatuto da Pessoa com Deficiência se ocupou, no presente artigo, daquelas que podem ser prevenidas por meio de uma assistência integral e humanizada à gestante, razão pela qual seus incisos se dedicam a prescrições direcionadas a diferentes necessidades de saúde próprias do período gestacional.

Por força do Plano Nacional de Humanização de Atenção e Gestão do SUS (PNH), o modelo humanizado tem no seu cerne a noção de cuidado como acolhimento amplo (BARBOZA, 2017, p. 177), como lugar de amparo para as necessidades psicofísicas do paciente através da experiência da alteridade, o que pressupõe medidas preventivas, sem prejuízo das medidas assistenciais necessárias. Sobre os cuidados preventivos pertinentes à gestação com objetivo de afastar deficiências evitáveis, é preciso destacar que o termo humanização adquire importância ainda maior, como se verá a seguir.

Como determina o inciso I do presente artigo, a prevenção de deficiências por causas evitáveis deve ter início no período pré-natal, estendendo-se até o puerpério. Com redação pioneira sobre o tema, o EPD estabelece que o parto humanizado e seguro é a premissa fundamental para uma política eficaz de prevenção de causas evitáveis de deficiência, o que coloca o Estatuto em lugar de destaque no quadro legislativo nacional, ao lado da Portaria nº 569, de 1º de junho de 2000, do Ministério da Saúde, que instituiu o Programa de Humanização no Pré-natal e Nascimento, no âmbito do SUS, e constitui um marco no direito das gestantes.

O termo parto humanizado é polissêmico e, não raro, sofre a contradição de definições absolutamente opostas e, por vezes, excludentes (DINIZ, 2005, p. 635). À semelhança do que ocorre com o princípio da dignidade da pessoa humana, a dificuldade em definir positivamente o conceito de parto humanizado pode ser amenizada diante da tentativa, um pouco menos dramática, de defini-lo por um viés negativo, determinando aquilo que não pode ser considerado um parto humanizado e seguro. Talvez o maior mérito dessa tentativa seja apontar parâmetros para que o parto não se torne um evento de institucionalização da violência médica.

Apesar de todas as controvérsias que permeiam o tema, parece lícito afirmar que a violência obstétrica é a antítese de um parto humanizado. Além das condutas que evidentemente configuram violência psicofísica à gestante, como é o caso das agressões físicas e verbais, há uma série de outras práticas que exercem o mesmo papel, apesar de estarem camufladas por argumentos médicos não baseados em evidências médicas, como a episiotomia, manobra de Kristeller, o jejum forçado, a restrição na movimentação e a imposição da posição ginecológica como posição de parto, o uso de fórceps, a aplicação de hormônios aceleradores do trabalho de parto (LEAL, 2014, p. 22-24).

Não são poucas as práticas que representam uma violação ao direito ao parto humanizado. Todavia, ainda que não seja possível apontar taxativamente quais são as hipóteses que contradizem as diretrizes de humanização, é possível afirmar que qualquer conduta que prive de direitos fundamentais e viole a autonomia da gestante configurará violência obstétrica e comprometerá a garantia de um parto humanizado e seguro. É certo afirmar, ainda, que essas violações não estão restritas ao momento do parto, podendo ocorrer antes, durante ou após a gestação, mas sempre decorrem do evento gestacional.

Os dados relativos à ocorrência da violência obstétrica anunciam a gravidade do problema. De acordo com a pesquisa *Mulheres Brasileiras e Gênero nos Espaços Público e Privado*, divulgada em 2010 pela Fundação Perseu Abramo, uma em cada quatro mulheres sofre algum tipo de violência durante o parto no Brasil. Esses dados não podem traduzir fielmente a situação obstétrica do país, tendo em vista o problema das cifras ocultas, aqui configuradas diante do caso das gestantes que não possuem conhecimento de que o episódio violento pelo qual passaram pode ser qualificado como violência obstétrica.

A violência obstétrica é uma espécie de violência de gênero aplicada às relações médicas. Assim como ocorre com qualquer prática violenta contra a mulher, a desigualdade social também constitui um importante dado para a compreensão da violência obstétrica no Brasil, além de configurar um agravante na condição especial de vulnerabilidade na qual já se encontram as mulheres gestantes. Não sem razão, a pesquisa *Nascer no Brasil* constatou que a violência obstétrica se altera em forma e intensidade diante de fatores como renda, escolaridade, raça, orientação sexual e religiosa (D'ORSI, 2014, p. 161).

Ainda sobre esse aspecto é pertinente apontar que o Estatuto se coaduna com a importante atuação da ONU para o combate e a prevenção da violência praticada contra a mulher, especialmente com a Declaração da ONU sobre a Eliminação da Violência contra Mulheres, de 1993. Ao privilegiar a prevenção e o tratamento humanizado do parto e da gestação, o EPD reconhece a necessidade de políticas diferenciadas de atenção e cuidado à mulher, de acordo com uma perspectiva de atenção integral à saúde que se compromete com a agenda da questão de gênero e, por consequência, com todas as transformações normativas que dela derivam.

Garantir o nascimento com respeito à autonomia e à integridade psicofísica da mulher e de seu bebê é uma tarefa ainda mais desafiadora diante da especial situação das pessoas com deficiência. Além das possibilidades comuns a todas as mulheres gestantes, é preciso destacar cuidados específicos no atendimento à gestante com deficiência, sobretudo em virtude do grau de vulnerabilidade que alcança essas mulheres. Isso significa, em termos ainda mais claros, que os cuidados voltados para as gestantes com deficiência devem ser instrumentalizados diante desse grupo especial de mulheres que "têm potencializada sua inerente vulnerabilidade, ou que já se encontram vulnerados" (BARBOZA, 2017, p. 179).

Em artigo intitulado *Precisamos falar sobre violência contra mulheres com deficiência*, Débora Prates, advogada e ativista da causa das pessoas com deficiência, menciona um caso de violência envolvendo gestante com deficiência que se tornou emblemático e ampliou a compreensão sobre a complexidade da atenção integral à gestante:

> Uma parturiente surda que deu à luz a um bebê e não sabia que estava grávida de gêmeos. Após o nascimento da primeira criança, por ignorância da equipe médica, que não conseguiu comunicar-se com a mulher surda em Libras, a segunda criança terminou morrendo. Inenarrável violência! (Disponível em: http://justificando.cartacapital.com.br. Acesso em: 25 abr. 2017).

Trata-se, com efeito, de hipótese de flagrante violência obstétrica e negação de direitos decorrentes da integridade psicofísica, que demonstra que a situação de vulnerabilidade enfrentada pela gestante é ainda mais dramática e acentuada diante de gestantes com deficiência.

Não sem razão, afirma-se que é necessário que o acompanhamento do pré-natal seja feito considerando a deficiência da gestante, de modo que a paciente seja atendida por médico e enfermeiros especialmente preparados para atender à demanda de cuidados extras necessários para o correto acolhimento, como seria o caso do médico que saiba se comunicar através das Libras. A efetividade da diretriz apresentada pelo artigo requer a ampliação da capacitação para o atendimento à gestante com deficiência, de modo que toda unidade de atendimento do SUS possa ofertar ao menos um médico ginecologista obstetra e um profissional de enfermagem qualificado para prestar esse serviço com respeito à dignidade da paciente.

Ainda no campo das necessidades específicas para atendimento à gestante, é preciso ressaltar que os laudos de exames obstétricos devem ser emitidos em Braille no caso de deficiências visuais. Para as gestantes com deficiência física que dificulte a utilização da aparelhagem de exame tradicional ou as instalações hospitalares convencionais, é necessário que a unidade do SUS disponha de alternativa confortável e viável para a realização dos exames ginecológicos e do próprio parto. Quando as gestantes fizerem uso de cadeira de rodas, o atendimento à saúde na gestação deve propiciar o cuidado integral, o acompanhamento de profissionais que complementem o pré-natal com atendimento especializado, como é o caso de fisioterapeutas e terapeutas ocupacionais.

Durante o parto, devem ser asseguradas à gestante todas as condições necessárias para que o nascimento seja um evento respeitoso, como já se ressaltou anteriormente. Para isso, as gestantes podem fazer uso do plano de parto, instrumento que estabelece os procedimentos que são aceitos e aqueles que não são autorizados, que deve ser elaborado durante o pré-natal. O plano de parto deve ampliar consideravelmente a proteção contra práticas médicas violentas, e seu uso serviria para afastar, por exemplo, qualquer tentativa de esterilização forçada, prática violenta que ainda assombra algumas mulheres com deficiência.

Dentro da mesma linha estabelecida pelo art. 8º do Estatuto da Criança e do Adolescente, a Lei nº 11.108, de 2005, garante à gestante o direito a ser acompanhada, durante todo o trabalho de parto e após ele, por um acompanhante de sua livre escolha. A esse respeito é importante ressaltar que esse acompanhante não é necessariamente o genitor. Nesses casos, a gestante poderá ser acompanhada pelo acompanhante indicado por ela, sem prejuízo da presença do pai, que acompanha o parto não por indicação materna, mas sim, pelo exercício do poder familiar.

O inciso II do presente artigo se refere à necessidade de atenção aos cuidados alimentares a fim de evitar causas de deficiências relacionadas a fatores nutricionais. Trata-se de dispositivo legal que reflete, no Estatuto da Pessoa com Deficiência, a recente alteração constitucional que consagrou, em 2010, o direito humano à alimentação como direito social assegurado pela Constituição Federal de 1988 em seu artigo 6º.

Considerando as já referidas causas evitáveis de deficiências, a adoção de hábitos alimentares saudáveis é medida que amplia sensivelmente o alcance dos instrumentos de prevenção buscados pelo artigo 19 do EPD. Para além de recomendações genéricas de boas práticas alimentares, o artigo se ocupa de diretriz concreta, cuja competência do SUS deve ser efetivada diante da adoção de programas de acompanhamento nutricional de gestantes, neonatos e lactantes. Isso significa que o SUS deverá fornecer a suplementação de vitaminas e minerais necessários à complementação nutricional das gestantes, assim como deve garantir que a amamentação exclusiva seja promovida como alimentação de bebês até seis meses de idade.

Diante do reconhecimento de que os benefícios da amamentação – tanto para as mães quanto para os bebês – não se restringem ao período de seis meses, mesmo após a introdução alimentar, as genitoras devem continuar recebendo o suporte psicológico e nutricional para que prossigam na amamentação até, pelo menos, os dois anos completos de seus filhos. A amamentação é, comprovadamente, a medida mais eficaz para proteger as crianças de inúmeras patologias, que eventualmente também poderiam evoluir para deficiências. Considerando, ainda, a autonomia corporal e a liberdade de escolhas existenciais que deve ser respeitada, as mulheres que desejarem prosseguir na amamentação após o período de dois anos – quando a prática recebe o nome de amamentação tardia – também devem receber o suporte nutricional para continuar amamentando.

O inciso III do dispositivo em análise reproduz, no Estatuto, a preocupação com o diagnóstico precoce que levou o Ministério da Saúde a lançar o Programa de Triagem Neonatal, o PNTN, que tem como missão

> promover, implantar e implementar a política de triagem neonatal para doenças genéticas, metabólicas e congênitas no âmbito do SUS, visando o acesso universal, integral e equânime, com foco na prevenção, na intervenção precoce e no acompanhamento permanente das pessoas com as doenças incluídas no Programa Nacional de Triagem Neonatal.

A triagem neonatal é um dos mecanismos de maior potencialidade para prever e afastar a ocorrência de causas evitáveis de deficiência. A sua utilização tornou-se um dos primeiros passos para que as famílias pudessem receber outros cuidados necessários para a promoção do direito à saúde, como a atenção nutricional mencionada pelo inciso anterior, pertinente, por exemplo, nas doenças metabólicas rastreadas geneticamente de acordo com as diretrizes do PNTN.

Ao lado da triagem neonatal, o inciso III traz a determinação de aprimoramento dos programas de imunização como um dos pilares da prevenção almejada pelo dispositivo. Criado em 18 de setembro de 1973, o PNI, Programa Nacional de Imunizações, atua há mais de quarenta anos colocando em prática um dos mais clássicos instrumentos da saúde pública, que é a vacinação. Destacado como referência mundial em imunização, o PNI tem como maior êxito a prestação de saúde sem exclusão, tendo em vista que a vacinação se realiza tanto em postos fixos, quanto em locais mais distantes e de difícil acesso, o que é feito através de equipes itinerantes de vacinação.

Por meio das campanhas de vacinação, o Brasil alcançou êxito no combate a doenças que, outrora, dizimavam grande parte da população brasileira Algumas dessas doenças entraram, inclusive, na rota da erradicação (TAVARES, 2015, p. 9). A poliomielite é um emblemático caso de eficácia do programa de vacinação. Em 1975, foram notificados quase 3.600 casos de poliomielite e, em 1980, a notificação foi de 1.290 casos, quando se iniciaram as campanhas nacionais de vacinação. Atualmente, a projeção é de que a vacinação para a poliomielite seja suspensa em 2024, quando efetivamente não haverá mais risco de adquirir a doença causada pelo poliovírus em solo brasileiro (TAVARES, 2015, p. 10).

O inciso IV do artigo 19 do EPD indica que a identificação e o controle da gestante de alto risco são medidas necessárias para afastar causas evitáveis de deficiência. Mas não só. O mapeamento da gestação de alto risco é uma medida fundamental para afastar a mortalidade materna, que na 10ª revisão da Classificação Internacional de Doenças (CID-10) no ano de 1994, foi definida pela OMS como

> a morte de mulheres durante a gestação ou dentro de um período de 42 dias após o término da gravidez, devida a qualquer causa relacionada com ou agravada pela gravidez ou por medidas tomadas em relação a ela, porém não devida a causas acidentais ou incidentais.

Após a Conferência Internacional de População e Desenvolvimento realizada no Cairo, Egito, em 1994, os indicadores relativos à mortalidade materna assumiram lugar de destaque nas políticas públicas voltadas para a igualdade de gênero e de promoção da saúde para a população. No Brasil, essa tendência de atenção materno-fetal se traduziu na adoção de protocolos específicos de atenção às gestantes, a fim de tornar o pré-natal mais eficaz em tais casos, o que é capaz não só de diminuir a taxa de mortalidade materna, como também de salvaguardar a saúde fetal afastando a ocorrência de causas evitáveis de deficiência. Assim, por exemplo, uma gestante que apresente quadro de pré-eclâmpsia deve receber cuidados pré-natais intensificados durante o ciclo gravídico, o que diminuirá complicações que podem levar a complicações gestacionais como a restrição de crescimento intrauterino, o descolamento de placenta, a dificuldade de oxigenação fetal, e outras circunstâncias que podem ocasionar deficiências e até mesmo levar ao óbito da gestante e do nascituro.

Não raro, a gestante com deficiência carrega mais de um fator que se enquadra na categoria de risco para a gestação, razão pela qual o cuidado gestacional nesses casos deve ser ainda mais acolhedor e individualizado por força da vulnerabilidade reforçada que se apresenta nessas situações.

Art. 20. As operadoras de planos e seguros privados de saúde são obrigadas a garantir à pessoa com deficiência, no mínimo, todos os serviços e produtos ofertados aos demais clientes.

GABRIEL SCHULMAN

Direito a contratar. Na esfera dos planos de saúde (saúde suplementar), a legislação brasileira assegura o direito à contratação de plano de saúde, vale realçar, veda a recusa à contratação fundada em critérios de idade, saúde ou qualquer outro. Nesse sentido, os princípios constitucionais da solidariedade e da igualdade material, consentâneos à sistemática de mutualismo pela qual todos compartilham os riscos no plano de saúde, justificam a obrigatoriedade de aceitação de qualquer pessoa pelos planos de saúde.

O enunciado normativo do art. 20 do EPD se harmoniza à CDPD, que determina que os países signatários "proibirão a discriminação contra pessoas com deficiência na provisão de *seguro de saúde* e seguro de vida, caso tais seguros sejam permitidos pela legislação nacional, os quais deverão ser providos de maneira razoável e justa".

Desse modo, garante-se à pessoa com deficiência o direito a todas as modalidades de planos e seguros de saúde disponíveis, o que corresponder à imposição às operadoras de planos de saúde do dever de ofertar e do dever de contratar, sem restrições.

A disposição do EPD corrobora a legislação vigente, com redação mais refinada. Nessa linha, dispõe a Lei dos Planos de Saúde (Lei nº 9.656/98), em seu art. 14: "Em razão da idade do consumidor, ou da condição de *pessoa portadora de deficiência,* ninguém pode ser impedido de participar de planos privados de assistência à saúde". Ademais, de modo específico, a pouco conhecida Lei nº 12.764/2012 dispõe em seu art. 5º que: "A pessoa com transtorno do espectro autista não será impedida de participar de planos privados de assistência à saúde em razão de sua condição de pessoa com deficiência, conforme dispõe o art. 14 da Lei nº 9.656, de 3 de junho de 1998".

O EPD, no art. 98, tratado nesta obra, inclusive tipifica a conduta de "quem impede ou dificulta o ingresso de pessoa com deficiência em planos privados de assistência à saúde, inclusive com cobrança de valores diferenciados".

Cobertura. A cobertura de tratamentos e procedimentos em saúde assegurada nos contratos de planos de saúde deve ser acrescida às garantias da Lei dos Planos de Saúde (Lei nº 9.656/98), que estabelece coberturas básicas e assegura o direito à pessoa com deficiência contratar.

Em complemento, a ANS (Agência Nacional de Saúde Suplementar) fixa o rol mínimo obrigatório, de caráter exemplificativo, que se soma às disposições contratuais. É importante recordar que a Lei dos Planos de Saúde em seu art. 10, inc. VII, exclui da cobertura dos planos de saúde o "fornecimento de próteses, órteses e seus acessórios não ligados ao ato cirúrgico". Com base em interpretação em sentido contrário (*a contrario sensu)*, conclui-se que se essa cobertura é obrigatória nas situações nas quais próteses e/ou órteses estejam ligadas a cirurgias e outros procedimentos cobertos pelo plano de saúde. É nesse sentido a jurisprudência dominante do STJ, como ilustram os seguintes recursos julgados em 2019: AgInt nos EDcl no REsp 1760229/PR e AgInt no AREsp 1.398.455/PA.

Gradativamente novas técnicas de tratamento são desenvolvidas e reconhecidas a alterar o conteúdo da relação contratual. Ilustrativamente, a Lei nº 13.830/2019 regulamentou a prática de equoterapia, técnica que, conforme a definição legal, "utiliza o cavalo em abordagem interdisciplinar nas áreas de saúde, educação e equitação voltada ao desenvolvimento biopsicossocial da pessoa com deficiência".

Art. 21. Quando esgotados os meios de atenção à saúde da pessoa com deficiência no local de residência, será prestado atendimento fora de domicílio, para fins de diagnóstico e de tratamento, garantidos o transporte e a acomodação da pessoa com deficiência e de seu acompanhante.

GABRIEL SCHULMAN

O dispositivo legal aponta para a preferência do atendimento domiciliar, em sintonia com a desospitalização (SADIGURSKY; TAVARES, 1998, v. 6, n. 2) que marca a reforma psiquiátrica (AMARANTE, 1995). A eleição do melhor projeto terapêutico individualizado (TPI), também designado de projeto terapêutico singular (PTS), deve ser realizada em atenção às caraterísticas pessoais e à luz das circunstâncias concretas, levando-se em conta, inclusive, condições de saúde, psicológica, social, apoio familiar e condições dos serviços de saúde.

É importante salientar que no tocante à saúde mental, o teor da Lei nº 10.216/2001, em seu art. 2º, fixa que:

> Nos atendimentos em saúde mental, de qualquer natureza, a pessoa e seus familiares ou responsáveis serão formalmente cientificados dos direitos enumerados no parágrafo único deste artigo. [...] VIII - ser tratada em ambiente terapêutico pelos *meios menos invasivos possíveis.*

Na mesma linha, dispõe a Lei nº 11.343/2006, na redação definida pela Lei nº 13.840/2019. Trata-se de decorrência da incidência da regra da proporcionalidade (SCHULMAN, 2018). É óbvio que a garantia de atendimento domiciliar não limita pleno direito ao tratamento em serviços de saúde como clínicas e hospitais, constituindo outra forma de tratamento (e jamais a exclusão das demais). Extrai-se também da interpretação do texto normativo do EPD (art. 21), a fundamentação para que, nos casos em que haja efetiva recomendação médica, seja assegurado o tratamento domiciliar ou *home care.*

Conforme parecer do Conselho Regional de Medicina do Ceará (2004):

> Define-se atendimento domiciliar como sendo qualquer forma de tratar pacientes em seu próprio domicílio. Não deve ser entendido como a simples transferência do aparato tecnológico hospitalar para o ambiente doméstico, pois seria operacionalmente impraticável e economicamente inviável. Tampouco, pode significar a supressão de recursos materiais e de pessoal ofertados pelo hospital, essenciais à existência, à dignidade humana e à manutenção do estado de saúde anteriormente garantido com regime de internamento hospitalar. Conseguir um meio-termo entre essas duas posições talvez seja o maior desafio a ser enfrentado.

Do ponto de vista não apenas médico, mas da inclusão, a previsão legislativa é de extrema relevância, na medida em que

> a assistência domiciliar em reabilitação configurará medida essencial no atendimento desse segmento populacional, compreendendo desde os serviços de apoio à vida cotidiana, até o oferecimento de suporte clínico especializado em situação de internamento no domicílio. Nessa assistência deverão ser previstos os recursos necessários à complementação diagnóstica e as intervenções de caráter preventivo como, por exemplo, fornecimento de oxigênio (BRASIL, 2006).

Por outro lado, entre as medidas destinadas à consagração do direito constitucional à saúde (CR, arts. 5º, 7º e 196) está a garantia de tratamento fora do domicílio, instituída pelo Ministério da Saúde e Secretaria de Atenção à Saúde por meio da Portaria SAS/MS nº 055/1999, ainda vigente. O benefício (garantido a todo cidadão) consiste na ajuda de custo para deslocamento destinado a diagnósticos e tratamentos de pacientes do SUS (Sistema Único de Saúde), abarcando alimentação e pernoite do paciente e de acompanhante. Sua concessão é restrita às situações em que se mostra indispensável o tratamento fora do município de residência (em local distante ao menos 50 km). O acompanhante da pessoa com deficiência é assegurado também pelo Rol da ANS, atualmente RN nº 428/2017, art. 22, inc. IV, alínea 'c'.

Art. 22. À pessoa com deficiência internada ou em observação é assegurado o direito a acompanhante ou a atendente pessoal, devendo o órgão ou a instituição de saúde proporcionar condições adequadas para sua permanência em tempo integral.

§1º Na impossibilidade de permanência do acompanhante ou do atendente pessoal junto à pessoa com deficiência, cabe ao profissional de saúde responsável pelo tratamento comunicá-la por escrito.

§2º Na ocorrência da impossibilidade prevista no §1º deste artigo, o órgão ou a instituição de saúde deve adotar as providências cabíveis para suprir a ausência do acompanhante ou do atendente pessoal.

GABRIEL SCHULMAN

A humanização do atendimento alinha-se com o direito à presença de um acompanhante durante o período integral de internação, bem como a ampla, clara e eficaz informação. Nessa linha, também se assegura o direito ao acompanhante nas internações de crianças e adolescentes (Estatuto da Criança e do Adolescente, art. 12), ao parto e pós-parto (consoante a Lei nº 8.080/90, na redação conferida pela Lei nº 11.108/2005 e o Estatuto da Criança e do Adolescente, art. 8º), bem como as relativas ao idoso (Estatuto do Idoso, art. 16). Segundo o grau e a modalidade de deficiência, a presença do acompanhante deve ser assegurada para além das situações de internação e observação, como forma de prevenção de abusos e meio para contribuir para a formação do processo de decisão.

Art. 23. São vedadas todas as formas de discriminação contra a pessoa com deficiência, inclusive por meio de cobrança de valores diferenciados por planos e seguros privados de saúde, em razão de sua condição.

GABRIEL SCHULMAN

Garantia do direito de contratar plano de saúde. Esse dispositivo reforça o art. 23 do EPD, assegurando a contratação dos planos de saúde. Embora apresentem pontos de aproximação (e por vezes sejam confundidos), os planos de saúde possuem natureza jurídica e regime diferenciado, como denota a própria determinação legal que afasta o segmento de saúde das atividades securitárias típicas, inclusive, é vedada a atuação da operadora de plano de saúde em conjunto com "outras" modalidades de seguros (Lei nº 10.185/2001).

Na seleção de riscos o tratamento aplicável aos planos de saúde também é peculiar. Diferentemente, por exemplo do que ocorre no seguro de vida, a legislação proíbe a discriminação em razão da idade, doença ou deficiência (Lei dos Planos de Saúde, art. 14; Estatuto do Idoso, art. 15, §3º).

A legislação incorpora, dessa maneira, uma perspectiva de acesso, rejeitando a discriminação que impossibilite, ou mesmo dificulte, o ingresso de pessoas idosas, com doenças, bem como de pessoas com deficiência. O Código de Defesa do Consumidor rejeita as práticas discriminatórias em relação à condição de saúde (art. 39), inclusive a recusa à "prestação de serviços, diretamente a quem se disponha a adquiri-los mediante pronto pagamento" (art. 39, inc. IX). Reforçando tal compreensão, a Diretoria Colegiada da ANS editou duas Súmulas Normativas corroborando a vedação de discriminação. A Súmula Normativa nº 19, de 28 de julho de 2011, consagra que:

> A comercialização de planos privados de assistência à saúde por parte das operadoras, tanto na venda direta, quanto na mediada por terceiros, não pode desestimular, impedir ou dificultar o acesso ou o ingresso de beneficiários em razão da idade, condição de saúde ou por portar deficiência, inclusive com a adoção de práticas ou políticas de comercialização restritivas direcionadas a esses consumidores.

Em harmonia, a Súmula Normativa nº 27, de 10 de junho de 2015, estabelece:

> [...] Considerando que o art. 14 da Lei nº 9.656, de 3 de junho de 1998, veda que as operadoras de planos privados de assistência à saúde impeçam o ingresso de beneficiários em razão da idade ou por serem portadores de deficiência [...] É vedada a prática de seleção

de riscos pelas operadoras de plano de saúde na contratação de qualquer modalidade de plano privado de assistência à saúde.

Direito de contratar e vedação à exclusão discriminatória. Ressalvadas as regras específicas dos planos de saúde coletivos, somente se admite a exclusão do beneficiário por fraude ou inadimplemento do devedor devidamente notificado, respeitados ainda os prazos e procedimentos legais (Lei dos Planos de Saúde, art. 13). Portanto, a garantia do direito de contratar alcança o direito de permanecer no contrato, protegendo a pessoa deficiente da exclusão irregular.

Da integral liberdade de contratar, consistente na capacidade de celebrar ou não determinado contrato, passou-se a obrigatoriedade de contratar nos casos em que o negócio adquire relevante dimensão social, econômica ou individual. Todo contrato deve cumprir sua função social, como forma de realizar princípios constitucionais da maior abrangência, como a dignidade da pessoa humana (art. 1º, III, da Constituição Federal), a solidariedade (art. 3º, I, da Constituição Federal) e a justiça social (art. 170, *caput*, da Constituição Federal). Tal visão ganha ainda mais relevo nos contratos de assistência à saúde, normalmente convencionados por meio de contratos de adesão, tutelados pelo Código Civil, arts. 422, 423, 424, e Código de Defesa do Consumidor. Ademais, para arbitrar os danos morais, atenta ao caso concreto, a julgadora consignou "que o titular do plano possui deficiência mental", o que viola o direito à saúde, a dignidade da pessoa humana e a Convenção sobre os direitos da pessoa com deficiência (TJRJ, Ap. Civ. nº 0005745-59.2013.8.19.0079, Rel. Des. Lucia Mothé Glioche, julg. em 17 jun. 2016).

Doenças preexistentes e a Proteção da Pessoa com deficiência na esfera dos planos de saúde. A legislação da saúde suplementar faculta às operadoras de planos de saúde instituírem fatores moderadores, a carência, a preexistência e o agravo. A carência fixa um período inicial sem cobertura de determinados procedimentos (com períodos limite de 24 horas para urgências e emergência, 300 dias para parto e 180 dias para demais procedimentos). A preexistência também designada de cobertura parcial temporária (CPT) limita por até 2 anos a cobertura de doenças e lesões preexistentes (DLP). O agravo substitui a limitação temporal pela cobrança de valores diferenciados.

Como se afirmou anteriormente,

> é possível concluir que a Lei Brasileira de inclusão tornou ilegal a possibilidade de cobrança de agravo (valor diferenciado) e, por extensão, parece ser possível compreender também a vedação da cobertura parcial temporária (CPT). A legislação acertadamente cuidou de diferenciar a hipótese de pessoa com deficiência e com doença, tornando ilegal que se penalize a deficiência (SCHULMAN, 2016, v. 1, p. 763-794).

Art. 24. É assegurado à pessoa com deficiência o acesso aos serviços de saúde, tanto públicos como privados, e às informações prestadas e recebidas, por meio de recursos de tecnologia assistiva e de todas as formas de comunicação previstas no inciso V do art. 3º desta Lei.

GABRIEL SCHULMAN

A valorização da autodeterminação no âmbito da saúde, com a superação do modelo paternalista (PESSINI; FELÍCIO, 2009, v. 17, n. 2), impulsiona a informação como elemento chave na relação médico-paciente. Há um notável descompasso entre o ritmo dos avanços científicos em relação aos métodos empregados para informar os pacientes, inclusive do paciente com limitação para leitura, para compreensão e mesmo para aptidão de decidir (CONSELHO DA EUROPA, 2012).

Nessa toada, constitui princípio geral da CDPD: "O respeito pela dignidade inerente, a autonomia individual, inclusive a liberdade de fazer as próprias escolhas, e a independência das pessoas". O reconhecimento da vulnerabilidade, em suas múltiplas formas (ALMEIDA, 2006, v. 2, n. 2) não pode implicar de plano, o afastamento do direito de decidir, muito menos o direito à informação. O que se busca é o empoderamento (SCHRAMM, 2005, v. 1, n. 1, p. 18-27), que não se confunde com a sistemática tradicional das incapacidades para atos negociais (ABREU, 2009), como denota a exigência de consentimento de crianças e adolescentes para pesquisas com seres humanos (Resolução nº 466/2012 do Conselho Nacional de Saúde), sem prejuízo da manifestação dos representantes legais.

Conforme recomendação do Conselho Federal de Medicina "crianças, adolescentes e pessoas que, mesmo com deficiência de ordem física ou mental, estão aptas a compreender e a manifestar sua vontade por intermédio do assentimento, de forma livre e autônoma, não devem ser afastadas do processo de informação e compreensão do procedimento médico que lhes é recomendado" (Recomendação nº 01/2016). Em harmonia preconizam os objetivos do desenvolvimento sustentável, que valorizam o empoderamento como norte para atingir a Agenda 2030. Como preconizam as Nações Unidas, "As pessoas que estão vulneráveis devem ser empoderadas. Aqueles cujas necessidades são refletidas na Agenda incluem todas as crianças, jovens, pessoas com deficiência (das quais mais de 80% vivem na pobreza)" (ONU, 2019).

A vulnerabilidade antes tomada como justificativa para um sistema de exclusão, inclusive por meio da chamada "interdição civil", é vista como fundamento para uma proteção mais reforçada, tanto da informação quanto da tomada de decisão, inclusive da pessoa com deficiência (SCHULMAN, 2017). Entre os mecanismos relevantes, está a adoção de tecnologias aptas a favorecer o acesso. A "Tecnologia Assistiva diz respeito à pesquisa, à fabricação, ao uso de equipamentos, recursos ou estratégias utilizadas para potencializar as habilidades funcionais das pessoas com deficiência" (BRASIL, 2009) e configura um relevante instrumento de inclusão. No EPD, definiu-se a "tecnologia assistiva ou ajuda técnica" como

> produtos, equipamentos, dispositivos, recursos, metodologias, estratégias, práticas e serviços que objetivem promover a funcionalidade, relacionada à atividade e à participação da pessoa com deficiência ou com mobilidade reduzida, visando à sua autonomia, independência, qualidade de vida e inclusão social.

Como se observa, o que se busca é a autonomia e independência. Dessa maneira, o EPD exige mecanismos aptos a conferir "autonomia e o respeito pela dignidade inerente, independência da pessoa, inclusive a liberdade de fazer as próprias escolhas, e autonomia individual, a não discriminação, a plena e efetiva participação e inclusão na sociedade" (BRASIL, 2008, p. 30) como preconiza a Convenção sobre Direitos das Pessoas com Deficiência.

Art. 25. Os espaços dos serviços de saúde, tanto públicos quanto privados, devem assegurar o acesso da pessoa com deficiência, em conformidade com a legislação em vigor, mediante a remoção de barreiras, por meio de projetos arquitetônicos, de ambientação de interior e de comunicação que atendam às especificidades das pessoas com deficiência física, sensorial, intelectual e mental.

GABRIEL SCHULMAN

A garantia de acessibilidade constitui desdobramento do direito à liberdade e ao acesso, consagrados no texto constitucional (CR, arts. 1º, inc. III, 3º, 227 e 244). A remoção de barreiras físicas também constitui parte relevante do processo de inclusão e integração, em complemento à farta legislação sobre o tema, entre outros, vale referir a Lei nº 7.853/1989, a Lei nº 10.048/2000 e o Decreto nº 5.296/2004. É indiferente o fato de a barreira estar na esfera pública ou privada. "Na medida em que as violações de direitos fundamentais e humanos desconhecem as barreiras entre o público e o privado, torna-se inviável admitir-se que a eficácia dos direitos fundamentais e humanos pudesse ser represada por uma barreira invisível" (SCHULMAN, 2014, v. 1, p. 332-344). A disposição do art. 25 do EPD encontra respaldo na CPDP, art. 9º, item 1, o qual estabelece como finalidade "possibilitar às pessoas com deficiência viver de forma independente e participar plenamente de todos os aspectos da vida", o que abarca "inclusive, os sistemas e tecnologias da informação e comunicação".

A redação do art. 25 apresenta uma inovação legislativa interessante na associação entre barreiras física e de comunicação. A determinação legal encontra fundamento na CDPD, que reconhece que "a deficiência resulta da interação entre pessoas com deficiência e as barreiras devidas às atitudes e ao ambiente que impedem a plena e efetiva participação". A inclusão se promove por meio de inclusivos na arquitetura dos edifícios, mas também dos sites e das relações, inclusive no espaço da informação. É o caso da formatação de páginas para que sejam acessíveis a *software* de leitura de tela.

Na sociedade da informação, sua veiculação de modo acessível constitui aspecto indispensável do processo de inclusão. Deve-se utilizar a linguagem adequada (ex.: libras ou desenhos), a estrutura mais amistosa, a forma mais fácil (como, por exemplo, por meio de registro sonoro), acolhendo a diversidade, sem prejudicar o fornecimento da adequada informação e o indispensável processo de consentimento livre e esclarecido (EPD, art. 12).

Art. 26. Os casos de suspeita ou de confirmação de violência praticada contra a pessoa com deficiência serão objeto de notificação compulsória pelos serviços de saúde públicos e privados à autoridade policial e ao Ministério Público, além dos Conselhos dos Direitos da Pessoa com Deficiência.

Parágrafo único. Para os efeitos desta Lei, considera-se violência contra a pessoa com deficiência qualquer ação ou omissão, praticada em local público ou privado, que lhe cause morte, dano, sofrimento físico ou psicológico.

GABRIEL SCHULMAN

A prevenção contra a exploração, a violência e o abuso constitui uma das diretrizes centrais da CDPD. O texto legal do art. 16 do EPD alinha-se com a Convenção, a qual prevê que "os Estados Partes assegurarão que todos os programas e instalações destinados a atender pessoas com deficiência sejam efetivamente monitorados por autoridades independentes" (art. 16, item 3). A articulação de serviços (*e.g.* de saúde, segurança e Ministério Público), tal como preconizado na Lei Maria da Penha (Lei nº 11.340/2006), facilita a proteção e sintoniza-se com um ordenamento complexo, porém unitário, como preconiza Pietro Perlingieri (2006, *passim*). A notificação compulsória é mecanismo adotado não apenas para as doenças que exigem isolamento ou quarentena (Lei nº 6.259/1975), mas também dos atos de violência praticados contra o idoso (Lei nº 10.741/2003 – Estatuto do Idoso), e contra a mulher (Lei nº 10.778/2003). Tais diplomas normativos podem ser instrumentos úteis na compreensão em relação às formas e sentidos de dano e violência. É que o EPD, de modo proposital, adotou uma disposição com características de cláusula geral, ao invés da tentativa de enumerar as formas de violência como foi a opção frequente na legislação que o antecede.

Associa-se a deficiência com outras camadas de vulnerabilidade para identificar situações de maior propensão de atos de violência. "A múltipla vulnerabilidade da mulher com deficiência diante de situações de abuso e violência doméstica agrava a violência psicológica, moral, patrimonial, física e sexual que incide sobre a mulher em geral" (BRASIL, 2017). Trata-se de perspectiva consentânea a Agenda 2030 das Nações Unidas, voltada ao desenvolvimento sustentável, que estabelece como meta, "Até 2030, empoderar e promover a inclusão social, econômica e política de todos, independentemente da idade, gênero, deficiência, raça, etnia, origem, religião, condição econômica ou outra" (ONU, 2019).

É importante registrar também que a comunicação é imperativa aos profissionais da saúde, mas pode ser realizada por qualquer cidadão, como estabelece, inclusive, a Portaria nº 204/2016, do Ministério da Saúde que trata da notificação compulsória.

Referências

ABREU, Célia Barbosa. *Curatela e Interdição Civil*. Rio de Janeiro: Lumen Iuris, 2009.

ALMEIDA, Filipe Nuno Alves dos Santos. Vulnerabilidade na prática clínica da saúde da criança. *Revista Brasileira de Bioética*, v. 2, n. 2, 2006.

AMARANTE, Paulo. Novos sujeitos, novos direitos: O debate sobre a Reforma Psiquiátrica no Brasil. *Cad. Saúde Pública*, Rio de Janeiro, 11 (3), p. 491-494, jul./set. 1995.

BARBOZA, Heloísa Helena Gomes. *Procedimentos para redesignação sexual:* um processo bioeticamente inadequado. Tese (Doutorado em Saúde Pública) – Escola Nacional de Saúde Pública Sergio Arouca, ENSP, Rio de Janeiro, 2010.

BARBOZA, Heloísa Helena Gomes; ALMEIDA, Vitor. A capacidade à luz do Estatuto da Pessoa com Deficiência. *In*: MENEZES, Joyceane Bezerra de (Org.). *Direitos das pessoas com deficiência psíquica e intelectual nas relações privadas*. Convenção sobre os direitos da pessoa com deficiência e Lei Brasileira de Inclusão. Rio de Janeiro: Processo, 2016.

BARBOZA, Heloisa Helena. Perfil jurídico do cuidado e da afetividade nas relações familiares. *In*: PEREIRA, Tania da Silva; COLTRO, Antônio Carlos Mathias; OLIVEIRA, Guilherme. *Cuidado e afetividade*: projeto Brasil/Portugal – 2016-2017. São Paulo: Atlas, 2017.

BODIN DE MORAES, Maria Celina; VIVEIROS DE CASTRO, Thamis Dalsenter. Autonomia existencial nos atos de disposição do próprio corpo. *Pensar*, Fortaleza, v. 19, n. 3, p. 779-818, set./dez. 2014.

BRASIL. Câmara dos Deputados. *Legislação brasileira sobre pessoas com deficiência*. 7. ed. Brasília: Câmara dos Deputados, Edições Câmara, 2013. Disponível em: http://bd.camara.leg.br/bd/handle/bdcamara/2521. Acesso em: 12 ago. 2016.

BRASIL. Ministério da Saúde. Secretaria de Atenção à Saúde. Departamento de Ações Programáticas Estratégicas. *Manual de legislação em saúde da pessoa com deficiência*. 2. ed. rev. atual. Brasília: Ministério da Saúde, 2006.

BRASIL. Senado Federal. *Mulheres com deficiência são mais vulneráveis à violência doméstica*. Brasília: Senado Federal, 2017.

BRASIL. Secretaria de Direitos Humanos da Presidência da República. *Novos Comentários à Convenção sobre os Direitos das Pessoas com Deficiência*. Brasília: Secretaria de Direitos Humanos da Presidência da República (SDH/PR); Secretaria Nacional de Promoção dos Direitos da Pessoa com Deficiência (SNPD), 2014.

BRASIL. Secretaria Especial dos Direitos Humanos. *A Convenção sobre Direitos das Pessoas com Deficiência Comentada*. (Ana Paula Crosara Resende e Flavia Maria de Paiva Vital Coord.). Brasília: Coordenadoria Nacional para Integração da Pessoa Portadora de Deficiência, 2008.

BRASIL. Subsecretaria Nacional de Promoção dos Direitos da Pessoa e Secretaria Especial dos Direitos Humanos com Deficiência (SDHD). *Tecnologia Assistiva*. Brasília: CORDE-SDHD, 2009.

CONSELHO DA EUROPA; Comissariado para Direitos Humanos. *Who gets to decide?* Right to legal capacity for persons with intellectual and psychosocial disabilities. França: Abril, 2012.

CREMEC (Conselho Regional de Medicina do Ceará). *Parecer nº 25/2004 Processo-consulta protocolo Cremec nº 0348/04*. Ceará: CREMEC, 2004.

DADALTO, Luciana; CARVALHO, Carla Vasconcelos. Cuidado, afeto e autonomia do paciente incapaz. *In*: PEREIRA, Tania da Silva; COLTRO, Antônio Carlos Mathias; OLIVEIRA, Guilherme. *Cuidado e afetividade*: projeto Brasil/Portugal – 2016-2017. São Paulo: Atlas, 2017.

DINIZ, Simone *et al*. Implementação da presença de acompanhantes durante a internação para o parto: dados da pesquisa nacional Nascer no Brasil. *Cad. Saúde Pública* [online], v. 30, suppl. 1, 2014. Disponível em: http://www.scielo.br/scielo.php?script=sci_arttext&pid=S0102-311X20140 1300020&lng=pt&nrm=isso. Acesso em: 12 fev. 2017.

D'ORSI, Eleonora *et al*. Desigualdades sociais e satisfação das mulheres com o atendimento ao parto no Brasil: estudo nacional de base hospitalar. *Cad. Saúde Pública*, Rio de Janeiro, v. 30, supl. 1, p. S154-S168, 2014.

Disponível em: http://www.scielo.br/scielo.php?script=sci_arttext &pid=S0102-311X2014001300021&lng=pt &nrm=isso. Acesso em: 5 jan. 2017.

GHERSI, Carlos Alberto. *Contratos*: problemática moderna. Buenos Aires (Argentina): Ediciones Jurídicas Cuyo, 1996.

JESUS, Jaqueline Gomes de. *Orientações sobre identidade de gênero*: conceitos e termos. Guia técnico sobre pessoas transexuais, travestis e demais transgêneros, para formadores de opinião. Brasília, 2012. Disponível em: https://www.sertao.ufg.br/up/16/o/ORIENTA%C3%87%C3%95ES_SOBRE_IDENTIDADE_DE_G%C3%8ANERO__CONCEITOS_E_TERMOS_-_2%C2%AA_Edi%C3%A7%C3%A3o.pdf?1355331649. Acesso em: 12 dez. 2016.

LEAL, Maria do Carmo *et al.* Intervenções obstétricas durante o trabalho de parto e parto em mulheres brasileiras de risco habitual. *Cad. Saúde Pública*, Rio de Janeiro, v. 30, supl. 1, p. S17-S32, 2014. Disponível em: http://www.scielo.br/scielo.php?script=sci_arttext&pid=S0102-311X20140 01300005&lng=pt&nrm=isso. Acesso em: 5 jan. 2017.

MARQUES, Claudia Lima. Solidariedade na doença e na morte: Sobre a necessidade de 'ações afirmativas' em contratos de planos de saúde e de planos funerários frente ao consumidor idoso. *In*: SARLET, Ingo Wolfgang (Org.). *Constituição, Direitos Fundamentais e Direito Privado*. 2. ed. Porto Alegre: Livraria do Advogado, 2006.

MENEZES, Joyceane Bezerra de. O direito protetivo no Brasil após a convenção sobre a proteção da pessoa com deficiência: impactos do novo CPC e do estatuto da pessoa com deficiência. *Civilistica.com*, Rio de Janeiro, ano 4, n. 1, jan./ jun. 2015.

NORONHA, José Carvalho de; PEREIRA, Telma Ruth. Princípios do sistema de saúde brasileiro. *In*: FUNDAÇÃO OSWALDO CRUZ. *A saúde no Brasil em 2030 - prospecção estratégica do sistema de saúde brasileiro*: organização e gestão do sistema de saúde. Rio de Janeiro: Fiocruz/Ipea/Ministério da Saúde/Secretaria de Assuntos Estratégicos da Presidência da República, 2013, v. 3.

OLIVEIRA, Guilherme de. O fim da "arte silenciosa" (o dever de informação dos médicos). *In*: OLIVEIRA, Guilherme de. *Temas de Direito da Medicina*. 2. ed. Coimbra: Coimbra Editora, 2005.

Organização das Nações Unidas. Transformando Nosso Mundo: *A Agenda 2030 para o Desenvolvimento Sustentável*. Disponível em: https://nacoesunidas.org/pos2015/agenda2030/. Acesso em 25 ago. 2019.

PERLINGIERI, Pietro. *La dottrina del diritto civile nella legalità costituzionale*. Conferência Magna proferida por ocasião do Congresso de Direito Civil Constitucional da Cidade do Rio de Janeiro, 2006.

PESSINI, Leo; FELÍCIO, Jônia Lacerda. Bioética da Proteção: vulnerabilidade e autonomia dos pacientes com transtornos mentais. CFM, *Revista Bioética*, v. 17, n. 2, 2009.

PRATES, Débora. *Precisamos falar sobre violência contra mulheres com deficiência*. Disponível em: http://justificando. cartacapital.com.br/2016/11/21/precisamos-falar-sobre-violencia-contra-mulheres-com-deficiencia/. Acesso em: 20 fev. 2017.

RODOTÀ, Stefano. *La vita e le regole*: tra diritto e non diritto. Milano: Feltrinelli, 2006.

SADIGURSKY, Dora; TAVARES, José Lucimar. Algumas considerações sobre o processo de desinstitucionalização. *Revista Latino-Americana de Enfermagem*, v. 6, n. 2, 1998. Disponível em: http://www.scielo.br/scielo.php?script=sci_arttext&pid=S0104-11691998000200005&lng=pt&nrm=iso. Acesso em: 25 jan. 2017.

SCHRAMM, Fermin Roland. Información y manipulación: como proteger los seres vivos vulnerados? La propuesta de la Bioética de la Protección. *Revista Brasileira de Bioética*, v. 1, n. 1, p. 18-27, 2005.

SCHULMAN, Gabriel. Consentimento para atos na saúde à luz da convenção de direitos da pessoa com deficiência: da discriminação ao empoderamento. *In*: BARBOZA, Heloisa Helena; MENDONÇA. Bruna Lima; ALMEIDA JR., Vitor Azevedo (Org.). *O Código Civil e o Estatuto da Pessoa com deficiência*. Rio de Janeiro: Processo, 2017, p. 271-297.

SCHULMAN, Gabriel. Direitos da pessoa com deficiência física: fundamentos para a acessibilidade (aos seus direitos) à luz da interlocução entre Saúde e Direito. *Revista Brasileira de Direito da Saúde*, v. 1, p. 88-107, 2012.

SCHULMAN, Gabriel. Eficácia interprivada: horizontes da aplicação dos direitos fundamentais. *In*: CLÉVE, Clèmerson Merlin; PEREIRA, Ana Lucia Pretto. (Org.). *Direito constitucional brasileiro*. Teoria da Constituição e Direitos Fundamentais. São Paulo: Revista dos Tribunais, 2014, v. 1.

SCHULMAN, Gabriel. Impactos do Estatuto da Inclusão da Pessoa com deficiência na Saúde: "acessibilidade" aos planos de saúde e autodeterminação sobre tratamentos. *In*: MENEZES, Joyceane Bezerra de (Org.). *Direito das pessoas com deficiência psíquica e intelectual nas relações privadas após a Convenção de Nova York e a Lei Brasileira de Inclusão.* Rio de Janeiro: Processo, 2016, v. 1.

SCHULMAN, Gabriel. *Internação forçada de adultos que fazem uso abusivo de drogas.* Tese (Doutorado em Direito). Faculdade de Direito, Universidade do Estado do Rio de Janeiro, Rio de Janeiro, 2019.

TAVARES, Fernando Neto. O início do fim da poliomielite: 60 anos do desenvolvimento da vacina. *Rev Pan-Amaz Saude*, 2015, p. 9-11. Disponível em: http://scielo.iec.pa.gov.br/pdf/rpas/v6n3/v6n3a01.pdf. Acesso em: 25 jan. 2017.

TEIXEIRA, Ana Carolina Brochado. *Saúde, corpo e autonomia privada.* Rio de Janeiro: Renovar, 2012.

TRETTEL, Daniela Batalha. *Manual de planos de saúde.* Brasília: Secretaria Nacional do Consumidor, 2014.

UBILLOS, Juan María Bilbao. ¿En qué medida vinculan a los particulares los derechos fundamentales? *In*: SARLET, Ingo (Org.). *Constituição, Direitos fundamentais e Direito privado.* 2. ed. rev. e ampl. Porto Alegre: Livraria do Advogado, 2006.

VIVEIROS DE CASTRO, Thamis Dalsenter. *Bons costumes no Direito Civil brasileiro.* São Paulo: Almedina, 2017.

CAPÍTULO IV
DO DIREITO À EDUCAÇÃO

Art. 27. A educação constitui direito da pessoa com deficiência, assegurados sistema educacional inclusivo em todos os níveis e aprendizado ao longo de toda a vida, de forma a alcançar o máximo desenvolvimento possível de seus talentos e habilidades físicas, sensoriais, intelectuais e sociais, segundo suas características, interesses e necessidades de aprendizagem.

Parágrafo único. É dever do Estado, da família, da comunidade escolar e da sociedade assegurar educação de qualidade à pessoa com deficiência, colocando-a a salvo de toda forma de violência, negligência e discriminação.

CARLOS NELSON KONDER

Educação inclusiva. Considerada um ponto central em qualquer tentativa de transformação social que se pretende duradoura e profunda, a educação assume papel de protagonista na sistemática do Estatuto da Pessoa com Deficiência (EPD) por meio do conceito de "educação inclusiva". Na definição elaborada pelo grupo de trabalho designado pela Secretaria de Educação Especial do MEC, no âmbito da Política Nacional de Educação Especial na Perspectiva da Educação Inclusiva,

> a educação inclusiva constitui um paradigma educacional fundamentado na concepção de direitos humanos, que conjuga igualdade e diferença como valores indissociáveis, e que avança em relação à ideia de equidade formal ao contextualizar as circunstâncias históricas da produção da exclusão dentro e fora da escola (BRASIL, 2007, p. 1).

Inserido no processo mais amplo de democratização da escola, voltado para a universalização do acesso ao ensino, o sistema educacional inclusivo contrapõe-se a persistentes mecanismos de exclusão de indivíduos e grupos considerados fora dos padrões homogeneizadores da escola.

De maneira ampla, as políticas inclusivas, inspiradas no direito à diferença, são indicadas como meios para empoderar indivíduos e grupos socialmente vulneráveis, em decorrência de questões de gênero, etnia, religião, deficiência, em respeito ao seu direito à diferença (PEREIRA, 2016, v. 16, n. s1, p. 390). Funcionam, portanto, como estratégias voltadas para a universalização de direitos civis, políticos e sociais, não por meio dos insuficientes mecanismos generalizantes, mas por estratégias de focalização de direitos para determinados grupos marcados por uma diferença específica (CURY,

2005, v. 35, n. 124, p. 14-15). Se todos os estudantes são suscetíveis de serem feridos, atingidos em seu complexo psicofísico,

> nem todos serão atingidos do mesmo modo, ainda que se encontrem em situações idênticas, em razão de circunstâncias pessoais, que agravam o estado de suscetibilidade que lhe é inerente. Embora em princípio iguais, os humanos se revelam diferentes no que respeita à vulnerabilidade (BARBOZA, 2009, p. 107).

Passa-se, assim, no âmbito da educação, do paradigma tradicional de fixação de modelos ideais, normalização de perfis específicos de alunos e seleção dos eleitos para frequentar as escolas, para um modelo que preceitua "as identidades como transitórias e inacabadas, sendo que os alunos não devem ser reunidos e fixados em categorias que se definem por características arbitrariamente escolhidas" (SANTOS, 2012, v. 4, n. 2, p. 137). O modelo inclusivo parte do pressuposto que as diferenças humanas são normais e que é o sistema de aprendizagem que deve se adaptar a elas, e não o aluno que deve moldar-se ao ritmo pré-concebido do sistema, de maneira que, em benefício de cada um e da sociedade,

> todas as crianças devem aprender juntas, independente de qualquer diferença, sendo que as escolas devem reconhecer e responder às necessidades diversas de seus alunos, respeitando os diferentes ritmos de aprendizagem, garantindo uma educação de qualidade para todos (SANTOS, 2012, v. 4, n. 2, p. 151).

Nessa linha, a ideia chave da educação inclusiva consiste em permitir o acesso, a participação e a aprendizagem dos alunos com deficiência, bem como daqueles com transtornos globais do desenvolvimento e altas habilidades ou superdotação, nas próprias escolas regulares, com a orientação desses sistemas de ensino para promover respostas às necessidades educacionais especiais (BRASIL, 2007, p. 8). Ou seja, no âmbito específico do EPD, isso se traduz na superação do entendimento de que somente a educação especial, organizada de forma paralela à educação comum, seria a forma mais apropriada para o atendimento de alunos que apresentavam deficiência, passando para a compreensão de que a educação especial integre a proposta pedagógica da escola regular (BRASIL, 2007, p. 8-9). O atendimento educacional especializado, com a organização de recursos pedagógicos e de acessibilidade que eliminem as barreiras para a plena participação dos alunos, considerando suas necessidades específicas, deixa de ser substitutivo daquele realizado na sala de aula comum, assumindo um papel complementar da formação dos alunos, com vistas à autonomia e à independência na escola e fora dela (BRASIL, 2007, p. 10). Em termos práticos, pode demandar, de forma articulada com a proposta pedagógica do ensino comum, a disponibilização de programas de enriquecimento curricular, o ensino de linguagens e códigos específicos de comunicação e sinalização e tecnologia assistiva, como minuciado no artigo 28 do EPD, a cujo comentário se remete.

É necessário, contudo, sensibilidade na interpretação dos dispositivos trazidos sob esse paradigma da educação inclusiva, levando sempre em conta a necessidade de ponderação à luz das circunstâncias do caso concreto e o atendimento ao melhor interesse dos vulneráveis envolvidos. A proposta de inclusão sem as devidas adaptações poderia tornar-se opressiva ou mesmo um meio de maior segregação, se mantido o sistema competitivo entre os alunos, "em franca oposição à ideia de inclusão que é a de trazer benefícios para todos: para os deficientes e para os não deficientes" (SOUZA, 2004, p. 56). Na mesma linha, alerta-se em doutrina que

> matricular um aluno com deficiência em classe regular e deixar somente por conta do professor a administração de seu processo educativo é manter as condições de segregação do aluno com necessidades especiais e do fracasso do ensino, mascarados pelo índice quantitativo da matrícula (ARANHA, 2004, p. 22).

A inserção dos alunos com deficiência nas escolas regulares deve ser feita de forma cuidadosa, "para movimentar a transformação da cultura e práticas vigentes" (ARANHA, 2004, p. 23).

Diante disso, não há como interpretar que o EPD aboliu as escolas especiais e que

> qualquer outra forma de inserção da pessoa com deficiência na rede de ensino que não seja na escola regular inclusiva é incompatível não apenas com o texto constitucional, mas com o conjunto de declarações e convenções internacionais sobre direitos humanos (XAVIER, 2016, p. 846).

A própria jurisprudência incipiente sobre o tema indica a persistência das escolas especiais, quando reputada mais adequada ao melhor interesse do aluno (v. comentários ao art. 28). Nesse sentido, afirma-se que

> não parece correta a oposição que se tenta estabelecer entre a educação especial e a educação inclusiva, como se fossem situações mutuamente excludentes. São, acredita-se, situações complementares, onde a educação inclusiva deve ser vista como um estágio mais avançado e aplicável apenas para uma parcela da população composta pelos portadores de deficiências, pois existem os casos limites em que só a educação especial é indicada (SOUZA, 2004, p. 46).

Assim, parece que a interpretação mais compatível com o espírito do EPD é no sentido de promover o movimento de inclusão dos alunos com deficiência no sistema educacional regular, feitas as devidas adaptações do seu modelo para que o acolhimento desses alunos não se configure em nova forma de segregação, mas ressalvou a possibilidade da educação especial, quando pertinente. Assim, a partir da nova legislação, a regra é a inclusão da pessoa com deficiência na escola regular, a escola especial é exceção (XAVIER, 2016, p. 846-847).

Contextualização. O sistema educacional inclusivo determinado pelo EPD insere-se em um movimento mais amplo de valorização do direito à educação e, mais especificamente, de promoção e efetivação desse direito em favor dos estudantes com deficiência. De modo geral, a Constituição da República de 1988 (CR) assegurou em diversos pontos o direito à educação, e o Supremo Tribunal Federal por diversas vezes reconheceu a fundamentalidade desse direito, ao menos do ponto de vista teórico, como analisado em doutrina (BARCELLOS, 2011, p. 9). Manifestou, nessa linha, o "senso comum ou consenso geral a respeito da importância do direito à educação para consolidação da dignidade e desenvolvimento do ser humano" (HERMANY; DIAS, 2013, n. 57, p. 174). Da mesma forma, no plano internacional, esse consenso sobre a importância do direito à educação se traduziu em diversos instrumentos internacionais de proteção aos direitos humanos, dos quais o Brasil é signatário, entre os quais se costuma destacar a Declaração Universal dos Direitos Humanos de 1948, a Declaração Americana dos Direitos e Deveres do Homem, de 1948, a Carta Internacional Americana de Garantias Sociais de 1948, a Declaração dos Direitos da Criança de 1959, a Convenção contra a Discriminação no Campo do Ensino de 1960, o Pacto Internacional de Direitos Econômicos Sociais e Culturais de 1966, o Protocolo de San Salvador de 1988, a Declaração Mundial de Educação para Todos de 1994 e a Declaração de Salamanca de 1994 (OLIVEIRA, 2014, v. 11, n. 1, p. 234).

Entretanto, cumpre destacar que, neste ponto específico, novamente a "Constituição cidadã" foi pioneira, pois pela primeira vez fez expressa menção (art. 208, III) ao direito à educação de pessoas com deficiência: "atendimento educacional especializado aos portadores de deficiência, preferencialmente na rede regular de ensino" (GÓES, 2009, p. 13). Além da referência expressa à educação das pessoas com deficiência, o texto constitucional traz ainda a preferência da inclusão nas escolas regulares, apresentando a linha mestra do sistema educacional inclusivo que veio a ser incorporado pelo EPD. Ao referir ao atendimento educacional especializado (AEE), em lugar das escolas e classes especiais, o constituinte indicou a prioridade da escolarização na escola comum, em que pese reconhecer-se que, definir "como viria a ser o AEE era uma resposta ainda a ser construída" (TANNÚS-VALADÃO; MENDES, 2016, v. 16, n. s1, p. 860). Antes disso, somente a legislação inferior, como a Lei de Diretrizes e Bases da Educação (nº 4024/61) recomendava que a educação das pessoas com deficiência deveria "quando possível, enquadrar-se no sistema geral de educação" (GÓES, 2009, p. 14). O Estatuto da Criança e do Adolescente (Lei nº 8.069/90), da mesma forma, prevê o dever do Estado de assegurar "atendimento educacional especializado aos portadores de deficiência, preferencialmente na rede regular de ensino" (art. 54, III).

Após a Constituição, a Declaração de Salamanca, de 1994, é considerada um marco no sentido de assegurar a educação para todos (NASCIMENTO; GIROTO, 2016, v. 16, n. s1, p. 608). De fato, o termo "educação inclusiva" foi associado à Declaração de Salamanca, que, sob uma perspectiva que preconiza uma escola que garanta a aprendizagem de todos com base na diversidade como condição humana, refere-se

> não só às pessoas com necessidades educativas especiais, mas também às minorias étnicas e linguísticas, às culturas nômades, enfim, a todos os que estão fora da escola, já que faz referência a alunos oriundos de grupos ou zonas desfavorecidos ou marginalizados (GÓES, 2009, p. 35).

Entre nós, contudo, somente em 2008 houve movimento da Administração Pública no sentido de reorganizar o sistema educacional brasileiro da forma que viria a ser consolidada pelo EPD, isto é, em que a educação especial assumiu caráter complementar ao ensino regular, e o AEE tornou-se obrigatório e transversal a todas as modalidades de ensino (NASCIMENTO; GIROTO, 2016, v. 16, n. s1, p. 608; GÓES, 2009, p. 28). Trata-se da Política Nacional da Educação Especial na Perspectiva da Educação Inclusiva – PNEEPEI, viabilizada pela Secretaria de Educação Especial do MEC.

A contraposição é clara frente aos paradigmas anteriores. Em primeiro lugar, ao vetusto modelo da institucionalização, no qual se pretendia "a normalização das pessoas deficientes, ou seja, torná-las o mais próximas possível do padrão de vida das pessoas normais" (SOUZA, 2004, p. 43), e no qual as escolas especiais se justificam porque "a separação das crianças é considerada ação necessária e de caráter humanitário, proposto por uma pedagogia científica e racional", guiado pelas "ideias de modernização e racionalização características do movimento industrial das sociedades capitalistas presentes nas propostas de organização educacional" (SANTOS, 2012, v. 4, n. 2, p. 143). Contudo, contrapõe-se mesmo ao modelo de integração, que, embora parta do pressuposto da igualdade de direitos, "tencionava mudanças no indivíduo com o objetivo declarado de torná-lo uma pessoa normal" (SOUZA, 2004, p. 45).

Essa posição restou definitivamente consolidada com a internalização da Convenção Internacional sobre os Direitos das Pessoas com Deficiência, pelo Decreto nº 6.949/09, que serviu de principal inspiração para o EPD, como se observa, no que tange à educação, pelo teor do seu artigo 24:

1. Os Estados Partes reconhecem o direito das pessoas com deficiência à educação. Para efetivar esse direito sem discriminação e com base na igualdade de oportunidades, os Estados Partes assegurarão sistema educacional inclusivo em todos os níveis, bem como o aprendizado ao longo de toda a vida, com os seguintes objetivos: a) O pleno desenvolvimento do potencial humano e do senso de dignidade e autoestima, além do fortalecimento do respeito pelos direitos humanos, pelas liberdades fundamentais e pela diversidade humana; b) O máximo desenvolvimento possível da personalidade e dos talentos e da criatividade das pessoas com deficiência, assim como de suas habilidades físicas e intelectuais; c) A participação efetiva das pessoas com deficiência em uma sociedade livre. 2. Para a realização desse direito, os Estados Partes assegurarão que: a) As pessoas com deficiência não sejam excluídas do sistema educacional geral sob alegação de deficiência e que as crianças com deficiência não sejam excluídas do ensino primário gratuito e compulsório ou do ensino secundário, sob alegação de deficiência; b) As pessoas com deficiência possam ter acesso ao ensino primário inclusivo, de qualidade e gratuito, e ao ensino secundário, em igualdade de condições com as demais pessoas na comunidade em que vivem; c) Adaptações razoáveis de acordo com as necessidades individuais sejam providenciadas; d) As pessoas com deficiência recebam o apoio necessário, no âmbito do sistema educacional geral, com vistas a facilitar sua efetiva educação; e) Medidas de apoio individualizadas e efetivas sejam adotadas em ambientes que maximizem o desenvolvimento acadêmico e social, de acordo com a meta de inclusão plena. 3. Os Estados Partes assegurarão às pessoas com deficiência a possibilidade de adquirir as competências práticas e sociais necessárias de modo a facilitar às pessoas com deficiência sua plena e igual participação no sistema de ensino e na vida em comunidade. Para tanto, os Estados Partes tomarão medidas apropriadas, incluindo: a) Facilitação do aprendizado do braille, escrita alternativa, modos, meios e formatos de comunicação aumentativa e alternativa, e habilidades de orientação e mobilidade, além de facilitação do apoio e aconselhamento de pares; b) Facilitação do aprendizado da língua de sinais e promoção da identidade linguística da comunidade surda; c) Garantia de que a educação de pessoas, em particular crianças cegas, surdocegas e surdas, seja ministrada nas línguas e nos modos e meios de comunicação mais adequados ao indivíduo e em ambientes que favoreçam ao máximo seu desenvolvimento acadêmico e social. 4. A fim de contribuir para o exercício desse direito, os Estados Partes tomarão medidas apropriadas para empregar professores, inclusive professores com deficiência, habilitados para o ensino da língua de sinais e/ou do braille, e para capacitar profissionais e equipes atuantes em todos os níveis de ensino.

Essa capacitação incorporará a conscientização da deficiência e a utilização de modos, meios e formatos apropriados de comunicação aumentativa e alternativa, e técnicas e materiais pedagógicos, como apoios para pessoas com deficiência. 5. Os Estados Partes assegurarão que as pessoas com deficiência possam ter acesso ao ensino superior em geral, treinamento profissional de acordo com sua vocação, educação para adultos e formação continuada, sem discriminação e em igualdade de condições. Para tanto, os Estados Partes assegurarão a provisão de adaptações razoáveis para pessoas com deficiência.

Abrangência. A redação do dispositivo destaca, em diversos pontos, a amplitude do seu alcance. Ao determinar que a educação inclusiva deve ser oferecida "em todos os níveis", o dispositivo aponta que ela não está restrita ao ensino fundamental, alçando seus efeitos até o ensino superior, como, aliás, demonstra também o teor dos artigos 28 e 30. De outro lado, ao indicar que deve haver oferta de aprendizado inclusivo "ao longo de toda a vida", o EPD revela que a modificação do sistema educacional não está restrita ao ensino infantil, abarcando também as modalidades de ensino voltadas para o público adulto. Trata-se de um corolário do reconhecimento do direito à educação como parte do chamado "mínimo existencial",

> já que influi diretamente na formação moral, científica e social das pessoas, deixando estas preparadas para além de se tornarem profissionais, trabalhadores, se tornarem cidadãos, que respeitem as normas básicas de conduta impostas no convívio comum, bem como demonstrarem-se preocupados com o bem estar de todos (OLIVEIRA, 2014, v. 11, n. 1, p. 236).

Assim, no que tange especificamente aos alunos com deficiência, o mínimo existencial referente à educação manifesta-se, necessariamente, pela garantia de um sistema educacional inclusivo, já que o próprio constituinte indicou a inclusão como meio necessário e adequado para esse fim. Em conclusão:

> a educação inclusiva para pessoas com deficiência é o meio de garantir a efetividade do direito à educação para esses indivíduos, para que possam atingir o pleno desenvolvimento de sua personalidade, afirmar sua autonomia e viabilizar sua participação na sociedade (XAVIER, 2016, p. 846).

A caracterização da educação inclusiva como componente do mínimo existencial devido às pessoas com deficiência leva à constatação de que o direito à educação, nesses casos, abrange também todos os insumos materiais necessários à sua efetivação, tais como "programas suplementares de oferta de material escolar, transporte, saúde e alimentação", já que

> uma pessoa que não possua livros não poderá acompanhar as lições que lhe são ministradas; não possuindo recursos para custear o transporte, simplesmente não poderá comparecer à escola; estando doente, não poderá estudar e entrar em contato com outros estudantes; e, ainda, sem alimentação não haverá como assimilar as mais comezinhas lições (GARCIA, 2006, v. 383, p. 109).

Alguns desses insumos são expressamente previstos no artigo 28, a cujo comentário se remete.

O dispositivo abarca ainda uma orientação para o intérprete, consentânea com a tábua axiológica constitucional: a educação inclusiva dirige-se a permitir ao aluno com deficiência "alcançar o máximo desenvolvimento possível de seus talentos e habilidades físicas, sensoriais, intelectuais e sociais, segundo suas características, interesses e necessidades de aprendizagem". Afasta-se, com isso, qualquer possibilidade hermenêutica de restringir a educação das pessoas com deficiência a uma visão utilitarista, de viés instrumentalizador e patrimonialista, segundo a qual o ensino se voltaria exclusivamente a capacitar a pessoa para sua inserção no mercado de trabalho. A educação inclusiva destina-se a permitir o livre desenvolvimento da personalidade, em consonância com o princípio maior da dignidade da pessoa humana (BARBOSA, 2016, p. 819). Trata-se de uma clara opção por privilegiar uma orientação protetiva e humanista no sentido de reconhecer a vulnerabilidade dos sujeitos envolvidos e buscar sua tutela como um fim em si mesmo, e não um meio para atingir outros fins econômicos ou sociais. De fato, a educação desempenha um papel determinante na tutela de tais vulnerabilidades e a falta de um sistema de ensino adequado acentua essa suscetibilidade. Por exemplo, estudos indicam que pessoas com deficiência visual correm o risco de se infectarem com o vírus HIV em proporção duas vezes maior do que o restante da população, em razão especialmente da falta de políticas públicas de prevenção adaptadas às suas necessidades, o que "denota pouco respeito aos princípios éticos e epidemiológicos de saúde pública" (FRANÇA, 2014, v. 22, n. 1, p. 130). A escolha do legislador, portanto, foi no sentido de arcar com os custos, ainda que maiores, de uma educação inclusiva de ampla abrangência, voltada para permitir o livre desenvolvimento da personalidade, distribuindo-os pelo restante da sociedade (BARBOSA, 2016, p. 830).

A distribuição e a coletivização dos esforços para implementar um sistema educacional inclusivo também foi determinada de forma ampla, de maneira a não restringir a responsabilidade pela sua efetivação ao Estado. Forte no princípio constitucional da solidariedade, que determina que "nos ajudemos, mutuamente, a conservar a nossa humanidade porque a construção de uma sociedade livre, justa e solidária cabe a todos nós" (MORAES, 2010, p. 251), o dispositivo reconhece que é dever do Estado, da família, da comunidade escolar e da sociedade, criando uma responsabilidade coletiva pela implementação de um sistema educacional inclusivo. A abrangência subjetiva dessa responsabilidade atinge também as instituições de ensino particulares, como será objeto de análise nos comentários ao artigo 28.

Enfim, o dispositivo abarca ainda reflexos do direito à educação como um instrumento de defesa contra agressões e interferências, ao vedar qualquer forma de violência, negligência e discriminação. A violência no âmbito do sistema educacional seria a forma mais incisiva de agressão ao processo de inclusão, que pode dar-se de forma física ou verbal. Como é cediço, no ambiente educacional é infelizmente comum a propagação de formas de violência, como é exemplo a prática do "bullying", combatida por meio da promulgação da Lei nº 13.185/2015. Sua incidência é corroborada pelo EPD, mas os mecanismos de coibição de tais formas de violência não estão a ela restritos, visto que deve ser feita uma interpretação ampliativa protetiva das normas cabíveis, em razão da vulnerabilidade dos envolvidos. Pela mesma razão, como já destacado, o processo de inclusão deve ser feito com sensibilidade e cuidado, de maneira a não agravar em lugar de combater os processos de exclusão e segregação existentes. A negligência, por sua vez, se caracterizará quando a exclusão for decorrente de omissão nas providências necessárias ao ensino inclusivo. De fato, já foi identificado que, no âmbito educacional, os números relativos ao analfabetismo funcional têm como causa principal "a omissão ou a ineficiência da ação estatal na prestação dos serviços que os direitos garantidos pela Constituição demandam" e, especialmente no que tange ao atendimento educacional especializado, "parece muito pouco provável que os pais ou responsáveis de uma criança ou adolescente portador de deficiência, dispondo de um serviço educacional adequado gratuito, deixem de utilizá-los" (BARCELLOS, 2011, p. 25-26). Enfim, a discriminação é mecanismo recorrente de exclusão e segregação, razão pela qual deve ser combatido pelo sistema educacional inclusivo em suas diversas manifestações, que, como identifica a própria Convenção,

> significa qualquer diferenciação, exclusão ou restrição baseada em deficiência, com o propósito ou o efeito de impedir ou impossibilitar o reconhecimento, o desfrute ou o exercício, em igualdade de oportunidades com as demais pessoas, de todos os direitos humanos e liberdades fundamentais nos âmbitos político, econômico, social, cultural, civil ou qualquer outro.

Assim, abarca também a chamada discriminação por impacto adverso, que

> ocorre quando medidas públicas ou privadas que não são discriminatórias em sua origem nem estão imbuídas de intuito discriminatório, acabam por ensejar manifesto prejuízo, normalmente em sua aplicação, a alguns grupos minoritários, cujas características físicas, psíquicas ou modos de vida escapam ao da generalidade das pessoas a quem as políticas se destinam (MARTEL, 2011, v. 8, n. 14, p. 91-92).

Art. 28. Incumbe ao poder público assegurar, criar, desenvolver, implementar, incentivar, acompanhar e avaliar:

I - sistema educacional inclusivo em todos os níveis e modalidades, bem como o aprendizado ao longo de toda a vida;

II - aprimoramento dos sistemas educacionais, visando garantir condições de acesso, permanência, participação e aprendizagem, por meio da oferta de serviços e de recursos de acessibilidade que eliminem as barreiras e promovam a inclusão plena;

III - projeto pedagógico que institucionalize o atendimento educacional especializado, assim como os demais serviços e adaptações razoáveis, para atender às características dos estudantes com deficiência e garantir o seu pleno acesso ao currículo em condições de igualdade, promovendo a conquista e o exercício de sua autonomia;

IV - oferta de educação bilíngue, em Libras como primeira língua e na modalidade escrita da língua portuguesa como segunda língua, em escolas e classes bilíngues e em escolas inclusivas;

V - adoção de medidas individualizadas e coletivas em ambientes que maximizem o desenvolvimento acadêmico e social dos estudantes com deficiência, favorecendo o acesso, a permanência, a participação e a aprendizagem em instituições de ensino;

VI - pesquisas voltadas para o desenvolvimento de novos métodos e técnicas pedagógicas, de materiais didáticos, de equipamentos e de recursos de tecnologia assistiva;

VII - planejamento de estudo de caso, de elaboração de plano de atendimento educacional especializado, de organização de recursos e serviços de acessibilidade e de disponibilização e usabilidade pedagógica de recursos de tecnologia assistiva;

VIII - participação dos estudantes com deficiência e de suas famílias nas diversas instâncias de atuação da comunidade escolar;

IX - adoção de medidas de apoio que favoreçam o desenvolvimento dos aspectos linguísticos, culturais, vocacionais e profissionais, levando-se em conta o talento, a criatividade, as habilidades e os interesses do estudante com deficiência;

X - adoção de práticas pedagógicas inclusivas pelos programas de formação inicial e continuada de professores e oferta de formação continuada para o atendimento educacional especializado;

XI - formação e disponibilização de professores para o atendimento educacional especializado, de tradutores e intérpretes da Libras, de guias intérpretes e de profissionais de apoio;

XII - oferta de ensino da Libras, do Sistema Braille e de uso de recursos de tecnologia assistiva, de forma a ampliar habilidades funcionais dos estudantes, promovendo sua autonomia e participação;

XIII - acesso à educação superior e à educação profissional e tecnológica em igualdade de oportunidades e condições com as demais pessoas;

XIV - inclusão em conteúdos curriculares, em cursos de nível superior e de educação profissional técnica e tecnológica, de temas relacionados à pessoa com deficiência nos respectivos campos de conhecimento;

XV - acesso da pessoa com deficiência, em igualdade de condições, a jogos e a atividades recreativas, esportivas e de lazer, no sistema escolar;

XVI - acessibilidade para todos os estudantes, trabalhadores da educação e demais integrantes da comunidade escolar às edificações, aos ambientes e às atividades concernentes a todas as modalidades, etapas e níveis de ensino;

XVII - oferta de profissionais de apoio escolar;

XVIII - articulação intersetorial na implementação de políticas públicas.

§1º Às instituições privadas, de qualquer nível e modalidade de ensino, aplica-se obrigatoriamente o disposto nos incisos I, II, III, V, VII, VIII, IX, X, XI, XII, XIII, XIV, XV, XVI, XVII e XVIII do caput deste artigo, sendo vedada a cobrança de valores adicionais de qualquer natureza em suas mensalidades, anuidades e matrículas no cumprimento dessas determinações.

§2º Na disponibilização de tradutores e intérpretes da Libras a que se refere o inciso XI do caput deste artigo, deve-se observar o seguinte:

I - os tradutores e intérpretes da Libras atuantes na educação básica devem, no mínimo, possuir ensino médio completo e certificado de proficiência na Libras;

II - os tradutores e intérpretes da Libras, quando direcionados à tarefa de interpretar nas salas de aula dos cursos de graduação e pós-graduação, devem possuir nível superior, com habilitação, prioritariamente, em Tradução e Interpretação em Libras.

CARLOS NELSON KONDER

Medidas de inclusão. O dispositivo especifica diversas medidas necessárias à implementação da educação inclusiva preconizada pelo artigo anterior. A enumeração deve ser lida como um rol meramente exemplificativo e sua interpretação deve ser guiada pelo reconhecimento da sua instrumentalidade à realização do processo de inclusão preconizado pelo artigo 27 e pelo espírito do EPD em geral. São apenas meios de propiciar a educação inclusiva, condizentes com a proteção à vulnerabilidade desses estudantes e visando o livre desenvolvimento de sua personalidade. Assim, por exemplo, também pode ser reputada medida cabível para a implementação de um sistema educacional inclusivo, a prioridade do estudante com deficiência no que tange à matrícula em instituição de ensino próxima à sua residência, como já vem sendo reconhecido em sede jurisprudencial (TJRJ, 3ª C.C., Remessa necessária nº 0013613-21.2015.8.19.0014, Rel. Des. Renata Machado Cotta, julg. 13.07.2016).

As medidas podem ser agrupadas em seis grupos. Primeiro, medidas de caráter geral, como todas aquelas voltadas à maximização do desenvolvimento dos estudantes com deficiência nos diversos aspectos (inciso V) e a articulação intersetorial nas políticas públicas voltadas para o tema (inciso XVIII). Nesse grupo também podem ser alocadas a própria implantação de um sistema educacional inclusivo, abrangendo todos os níveis de ensino e todas as idades, indicada no inciso I, mas objeto do artigo 27, conforme analisado nos respectivos comentários, bem como o acesso, em igualdade de condições, ao ensino superior, profissional e técnico, indicado no inciso XIII, mas objeto específico do artigo 30, a cujos comentários se remete.

Segundo, as adaptações do sistema de ensino propriamente dito, como a implantação de serviços e recursos que eliminem barreiras à inclusão (inciso II), o apoio para os aspectos linguísticos, culturais, vocacionais e profissionais (inciso IX), a implementação de projeto pedagógico e planejamento que incorpore o atendimento educacional especializado (AEE) e as adaptações razoáveis (incisos III e VII). Como observado nos comentários ao dispositivo anterior, a orientação da educação inclusiva é que a educação especial deixe de ser substitutiva ao ensino regular e passe a funcionar como complementação, de forma transversal, bem como o uso de tecnologias assistivas que possam superar barreiras referentes às deficiências. É importante, contudo, perceber que esses mecanismos são instrumentos à inclusão do aluno com deficiência, e não fins em si mesmos, razão pela qual não exaurem as medidas de cuidado e atenção à vulnerabilidade do estudante, como tem sido relatado na priorização da "sala de recurso multifuncional", como uma espécie de "serviço tamanho único" (TANNÚS-VALADÃO; MENDES, 2016, v. 16, s.l., p. 864).

Terceiro, a formação de um corpo de profissionais habilitado para viabilizar esse processo de inclusão. Isso envolve a formação de professores (inciso X) e de outros profissionais, como tradutores e de apoio (inciso XI), além da efetiva oferta desses profissionais de apoio para viabilizar a inclusão (inciso XVII). De fato, como bem indicado em doutrina, "pensar o aluno com deficiência e seu processo de escolarização pressupõe pensar a formação docente e as ações que sustentam a prática" (MESSERSCHMIDT; CASTRO, 2016, v. 16, s.l., p. 394).

Quarto, as modificações do conteúdo programático dos cursos, como mecanismo de inclusão coletiva e social entre os diversos alunos. Assim, o dispositivo prevê o ensino de libras, braile etc. para os estudantes (inciso XII), bem como a inclusão da deficiência como conteúdo programático dos cursos superiores (inciso XIV), como forma de conscientização e problematização.

Quinto, medidas referentes à vida comunitária no ambiente educacional, tais como a participação do estudante com deficiência, e de seus familiares, na comunidade escolar, de modo geral (inciso VIII), o seu acesso especificamente às atividades recreativas (inciso XV) e a adaptação do próprio ambiente escolar para garantir aos estudantes, e também aos profissionais e familiares com deficiência, condições de acessibilidade (inciso XVI).

Por último, identifica-se um sexto grupo de medidas que, por uma leitura *a contrario sensu* do parágrafo primeiro, são medidas a serem tomadas exclusivamente pelo Poder Público, que são a oferta de educação bilíngue com libras, nas escolas e classes próprias (inciso IV) e o estímulo à realização de pesquisas sobre o tema, especialmente para o desenvolvimento de tecnologia assistiva (inciso VI).

Deveres das instituições de ensino particulares. Como observado, as medidas incluídas nos cinco primeiros grupos abordados, ou seja, todas com exceção dos incisos IV e VI, devem ser tomadas também pelas instituições de ensino particulares. O legislador entendeu, nesse ponto, com inspiração no princípio constitucional da solidariedade e na eficácia dos direitos fundamentais entre particulares, que cumpria também às instituições de ensino privadas a satisfação do ônus de inclusão das pessoas com deficiência, internalizando o custo desse processo e distribuindo-o entre os demais estudantes. Essa decisão, contudo, foi bastante controversa, ensejando o principal litígio judicial sobre o EPD até o momento, no qual se discutiu a constitucionalidade do §1º do artigo 28 e do artigo 30, *caput*, da Lei nº 13.146, de 06 de julho 2015, especialmente pela presença neles do adjetivo "privadas", ou seja, pela imposição do ônus de tais medidas a particulares. Trata-se da ADI nº 5357-MC, julgada pelo Pleno do Supremo Tribunal Federal (STF), tendo por relator o Ministro Luiz Edson Fachin e que foi julgada, após a denegação da medida cautelar monocraticamente pelo relator, em 09.06.2016, com a seguinte ementa:

AÇÃO DIRETA DE INCONSTITUCIONALIDADE. MEDIDA CAUTELAR. LEI Nº 13.146/2015. ESTATUTO DA PESSOA COM DEFICIÊNCIA. ENSINO INCLUSIVO. CONVENÇÃO INTERNACIONAL SOBRE OS DIREITOS DA PESSOA COM DEFICIÊNCIA. INDEFERIMENTO DA MEDIDA CAUTELAR. CONSTITUCIONALIDADE DA LEI Nº 13.146/2015 (arts. 28, §1º e 30, caput, da Lei nº 13.146/2015). 1. A Convenção Internacional sobre os Direitos da Pessoa com Deficiência concretiza o princípio da igualdade como fundamento de uma sociedade democrática que respeita a dignidade humana. 2. À luz da Convenção e, por consequência, da própria Constituição da República, o ensino inclusivo em todos os níveis de educação não é realidade estranha ao ordenamento jurídico pátrio, mas sim, imperativo que se põe mediante regra explícita. 3. Nessa toada, a Constituição da República prevê em diversos dispositivos a proteção da pessoa com deficiência, conforme se verifica nos artigos 7º, XXXI, 23, II, 24, XIV, 37, VIII, 40, §4º, I, 201, §1º, 203, IV e V, 208, III, 227, §1º, II, e §2º, e 244. 4. Pluralidade e igualdade são duas faces da mesma moeda. O respeito à pluralidade não prescinde do respeito ao princípio da igualdade. E na atual quadra histórica, uma leitura focada tão somente em seu aspecto formal não satisfaz a completude que exige o princípio. Assim, a igualdade não se esgota com a previsão normativa de acesso igualitário a bens jurídicos, mas engloba também a previsão normativa de medidas que efetivamente possibilitem tal acesso e sua efetivação concreta. 5. O enclausuramento em face do diferente furta o colorido da vivência cotidiana, privando-nos da estupefação diante do que se coloca como novo, como diferente. 6. É somente com o convívio com a diferença e com o seu necessário acolhimento que pode haver a construção de uma sociedade livre, justa e solidária, em que o bem de todos seja promovido sem preconceitos de origem, raça, sexo, cor, idade e quaisquer outras formas de discriminação (Art. 3º, I e IV, CRFB). 7. A Lei nº 13.146/2015 indica assumir o compromisso ético de acolhimento e pluralidade democrática adotados pela Constituição ao exigir que não apenas as escolas públicas, mas também as particulares deverão pautar sua atuação educacional a partir de todas as facetas e potencialidades que o direito fundamental à educação possui e que são densificadas em seu Capítulo IV. 8. Medida cautelar indeferida. 9. Conversão do julgamento do referendo do indeferimento da cautelar, por unanimidade, em julgamento definitivo de mérito, julgando, por maioria e nos termos do Voto do Min. Relator Edson Fachin, improcedente a presente ação direta de inconstitucionalidade.

No caso, a parte autora (Confederação Nacional dos Estabelecimentos de Ensino – CONFENEN) alegava, em síntese, que a opção do legislador afrontava o respeito à propriedade privada e sua função social, a restrição do dever de educar e de atender o portador de necessidade especial ao Estado e à família, a liberdade de aprender e de ensinar, o pluralismo de ideias e de concepções pedagógicas, a coexistência de instituições públicas e privadas e a liberdade de ensino à livre iniciativa, todos reputados normas constitucionais. Aduzia que o EPD não constitui norma geral da Educação Nacional e que a escola particular não funciona sob o regime de concessão ou delegação, razão pela qual não poderia o Estado desvencilhar-se da obrigação constitucional que lhe é exclusiva, já que a propriedade privada das instituições de ensino já satisfazia sua função social e seria injusto e oneroso a todos os integrantes da coletividade repartir os custos específicos e diferenciados com as previsões ao atendimento de toda e qualquer deficiência. Sustentou que as medidas teriam um impacto desastroso nas atividades de ensino particular, pois não poderiam prever o custo de sua efetivação, já que não tinham como estimar quantos alunos com deficiência e quais as naturezas e graus das necessidades a serem atendidas para propiciar sua inclusão, tornando impossível o planejamento pedagógico e financeiro à livre iniciativa.

O parecer do Ministério Público Federal e da maioria dos ministros foi, contudo, em sentido contrário. Admitiram a compatibilidade da orientação do EPD, neste ponto, com a Constituição da República, com base no que o Ministro Lewandowski relatou ser a "convicção, não só nos pretórios do País, mas também nos meios acadêmicos, de que os direitos fundamentais e a sua eficácia, espraiam-se, cada vez mais, para o âmbito das relações privadas". Um dos argumentos mais determinantes, que se depreende do parecer ministerial e dos votos dos julgadores foi de que a inclusão dos alunos com deficiência no ambiente do ensino regular é fator da mais alta importância para a educação dos alunos sem deficiência, de modo a propiciar a oportunidade de conhecer a realidade e a riqueza da experiência com pessoas distintas. O relator observou que "essa atuação não apenas diz respeito à inclusão das pessoas com deficiência, mas também, em perspectiva inversa, refere-se ao direito de todos os demais cidadãos ao acesso a uma arena democrática plural". A Ministra Rosa Weber destacou que muitas das mazelas contemporâneas decorrentes de "intolerância, de ódio, de competição, de desrespeito, de sentimento de superioridade em relação ao outro" talvez tivessem sido evitadas se presente a oportunidade de maior convivência com a diferença em um modelo educacional inclusivo. Na linha de uma educação não voltada exclusivamente para a preparação para o mercado de trabalho, mas para o livre desenvolvimento da personalidade, abordada nos comentários ao artigo anterior, destacou o Ministro Teori Zavascki que

> uma escola que se preocupa em ir mais além da questão econômica, em preparar seus alunos para a vida, deve, na verdade, encarar a presença de crianças com deficiência como uma especial oportunidade de apresentar a todas as crianças, principalmente às que não têm deficiências, uma lição fundamental de humanidade, um modo de convivência sem exclusões, sem discriminações, num ambiente de solidariedade e fraternidade.

Foram rechaçados, igualmente, os argumentos relativos à função social da propriedade, que se reputou corroborar e não vulnerar a opção do legislador, e os efeitos econômicos das medidas. O relator afirmou não ser possível "sucumbir a argumentos fatalistas que permitam uma captura da Constituição e do mundo jurídico por supostos argumentos econômicos que, em realidade, se circunscrevem ao campo retórico", já que apresentados sem "sério e prévio levantamento". A ministra Rosa Weber, igualmente, afirmou que:

> a vida em coletividade pressupõe a diluição dos gastos necessários à concretização do bem comum, notadamente em se tratando de despesas imprescindíveis à realização de um direito fundamental como é o direito à educação. Assim, os custos efetuados com bens e serviços necessários à implementação de ambiente acessível e de qualidade para todas as pessoas devem ser incorporados aos custos totais das escolas.

Entretanto, o entendimento não foi unânime. O Ministro Gilmar Mendes, embora não tenha divergido do relator para afirmar que a lei seria inconstitucional, fez questão de contar, *obiter dictum*, que deveria o legislador ter programado uma transição entre o modelo antigo e o desejado, sob pena de se tornar uma legislação simbólica, porque não cuida da modelagem da execução, "ao fim e ao cabo, não se realiza, não se efetiva". O Ministro Marco Aurélio foi além, no sentido de acolher parcialmente o pedido,

> para estabelecer-se que é constitucional a interpretação dos artigos atacados no que encerram planejamento quanto à iniciativa privada, sendo inconstitucional – daí a interpretação conforme a Carta da República sem redução do texto – a que leve a ter-se como obrigatórias as múltiplas providências, numa reviravolta incrível.

Seu fundamento foi entender que são muitas as providências a serem tomadas pelos particulares, afirmando que

> não se faz milagre no campo econômico-financeiro, e não pode o Estado cumprimentar com o chapéu alheio; não pode o Estado, se é que vivemos sob a proteção de uma Constituição democrática, compelir a iniciativa privada a fazer o que ele não faz, porque, quanto à educação, a obrigação principal é dele.

Realmente, cumpre reconhecer que, a despeito da longa *vacatio legis*, o EPD impôs diversas medidas de grande custo econômico e operacional aos particulares em termos de adaptação. Em que pese a decisão do STF pacificar a constitucionalidade do dispositivo legal, ainda deve haver controvérsia sobre a interpretação dos seus termos e como dar-lhes eficácia adequada, em um processo que deve desenrolar-se ao longo dos próximos anos. Nesse sentido, a manifestação do Ministério Público Federal no processo é especialmente esclarecedora:

> O processo de inclusão de todos os alunos não é simples nem indolor. Sabe-se que nem todos os professores estão tecnicamente capacitados a enfrentar todas as complexas situações que essa realidade pode gerar. É próprio da experiência humana, contudo, antepor aos indivíduos situações nas quais precisem usar sua sensibilidade e inteligência. No caso de educadores – essa atividade humana tão relevante e sublime –, sua vocação e

seus recursos humanísticos os auxiliarão no desafio, ainda que com ocasionais dificuldades. Nem toda a comunidade escolar saberá lidar com o respeito, a solidariedade e a empatia desejáveis, mas o processo educacional inclusivo tem em vista não só os alunos com deficiência, senão os demais e todos os envolvidos nesse processo. A maioria deles, com ou sem deficiência, enriquecer-se-á muito com esse convívio, em benefício da coletividade e da realização dos objetivos constitucionais.

Contribui significativamente para trazer ponderação e sensibilidade a esse processo, com o vagar necessário para não transformar a inclusão em uma nova forma de segregação, mas com a firmeza exigida para não redundar a lei em letra morta, o conceito de "adaptação razoável", de que faz uso o EPD e que é definido pela Convenção como

> as modificações e os ajustes necessários e adequados que não acarretem ônus desproporcional ou indevido, quando requeridos em cada caso, a fim de assegurar que as pessoas com deficiência possam gozar ou exercer, em igualdade de oportunidades com as demais pessoas, todos os direitos humanos e liberdades fundamentais.

Como se explica em doutrina, é um conceito que normalmente destina-se a

> excepcionar um ato normativo geral, ou regras gerais de entes particulares, acomodando-os às necessidades de uma pessoa, na singularidade dos obstáculos que um corpo ou uma mente enfrentam. Portanto, é um espaço no qual o órgão judicante poderá ser chamado a atuar sem problemas marcantes, seja pela ausência de previsões na seara legislativa ou na administrativa, seja exatamente para excepcionar os enunciados gerais oriundos destas funções estatais (MARTEL, 2011, v. 8, n. 14, p. 104).

Prossegue a autora, esclarecendo quando a adaptação demandada deixará de ser razoável, constituindo exigência de um ônus indevido:

> a defesa à adaptação razoável é o ônus indevido. Em essência, o ônus será indevido quando: (g.1) adotar uma adaptação obliterar exageradamente o objetivo da medida geral, ensejando riscos à segurança, à saúde, ao bem-estar etc.; (g.2) no balanceamento de custos e benefícios, a adaptação mostrar-se demasiadamente custosa. Frisa-se que a análise de custos e benefícios não se restringe aos elementos econômicos, nem se esgota nos sujeitos ativo e passivo especificamente implicados (MARTEL, 2011, v. 8, n. 14, p. 108).

Assim, sempre que houver controvérsia sobre a extensão e o alcance das medidas a serem tomadas, deve ser estabelecido um cuidadoso juízo de ponderação para avaliar a razoabilidade da adaptação e o cabimento do ônus que ela impõe.

Art. 29. (VETADO).

Texto do artigo vetado:

Art. 29. As instituições de educação profissional e tecnológica, as de educação, ciência e tecnologia e as de educação superior, públicas federais e privadas, são obrigadas a reservar, em cada processo seletivo para ingresso nos respectivos cursos de formação inicial e continuada ou de qualificação profissional, de educação profissional técnica de nível médio, de educação profissional tecnológica e de graduação e pós-graduação, no mínimo, 10% (dez por cento) de suas vagas, por curso e turno, para estudantes com deficiência. §1º No caso de não preenchimento das vagas segundo os critérios estabelecidos no caput deste artigo, as remanescentes devem ser disponibilizadas aos demais estudantes. §2º Os cursos mencionados neste artigo não poderão excluir o acesso da pessoa com deficiência, sob quaisquer justificativas baseadas na deficiência. §3º Quando não houver exigência de processo seletivo, é assegurado à pessoa com deficiência atendimento preferencial na ocupação de vagas nos cursos mencionados no caput deste artigo.

Razões do veto:

Apesar do mérito da proposta, ela não trouxe os contornos necessários para sua implementação, sobretudo a consideração de critérios de proporcionalidade relativos às características populacionais específicas de cada unidade da Federação onde será aplicada, aos moldes do previsto pela Lei nº 12.711, de 29 de agosto de 2012. Além disso, no âmbito do Programa Universidade para Todos – PROUNI, o governo federal concede bolsas integrais e parciais a pessoas com deficiência, de acordo com a respectiva renda familiar.

Art. 30. Nos processos seletivos para ingresso e permanência nos cursos oferecidos pelas instituições de ensino superior e de educação profissional e tecnológica, públicas e privadas, devem ser adotadas as seguintes medidas:

I - atendimento preferencial à pessoa com deficiência nas dependências das Instituições de Ensino Superior (IES) e nos serviços;

II - disponibilização de formulário de inscrição de exames com campos específicos para que o candidato com deficiência informe os recursos de acessibilidade e de tecnologia assistiva necessários para sua participação;

III - disponibilização de provas em formatos acessíveis para atendimento às necessidades específicas do candidato com deficiência;

IV - disponibilização de recursos de acessibilidade e de tecnologia assistiva adequados, previamente solicitados e escolhidos pelo candidato com deficiência;

V - dilação de tempo, conforme demanda apresentada pelo candidato com deficiência, tanto na realização de exame para seleção quanto nas atividades acadêmicas, mediante prévia solicitação e comprovação da necessidade;

VI - adoção de critérios de avaliação das provas escritas, discursivas ou de redação que considerem a singularidade linguística da pessoa com deficiência, no domínio da modalidade escrita da língua portuguesa;

VII - tradução completa do edital e de suas retificações em Libras.

CARLOS NELSON KONDER

O dispositivo em questão identifica medidas para a implementação de um sistema educacional inclusivo no que tange, especificamente, aos processos seletivos no âmbito do ensino superior, técnico e profissional. Observe-se que ele abrange não apenas as avaliações para ingresso nas instituições, mas também aquelas avaliações regulares do curso, como indicado ao referir-se a processos seletivos para permanência nas instituições de ensino. Abarca tanto as instituições de ensino públicas quanto as particulares, razão pela qual sua constitucionalidade também foi objeto de questionamento pela ADI nº 5.357-MC, abordada nos comentários ao artigo 28.

Entre as medidas, indicadas em rol que deve ser reputado exemplificativo, ante sua instrumentalidade para o fim de inclusão de vulneráveis a que se destina, são elencadas a prioridade de atendimento, a disponibilização de recursos de tecnologia assistiva, bem como a possibilidade de sua requisição no próprio formulário de inscrição, a oferta de provas adaptadas às necessidades especiais e extensão de tempo, assim como a tradução em libras e critérios de avaliação diferenciados em caso de deficiências que gerem obstáculos à expressão escrita. Em doutrina, exemplifica-se esta última hipótese com a situação dos alunos com dislexia e com deficiência auditiva (problema da expressão escrita) (BARBOSA, 2016, p. 824).

Referências

ARANHA, Maria Salete Fábio. Educação Inclusiva: transformação social ou retórica. *In*: OMOTE, Sadao (Org.). *Inclusão*: intenção e realidade. Marília (SP): FUNDEPE, 2004.

BARBOSA, Fernanda Nunes. Democracia e participação: o direito da pessoa com deficiência à educação e sua inclusão nas instituições de ensino superior. *In*: MENEZES, Joyceane Bezerra de (Org.). *Direito das pessoas com deficiência psíquica e intelectual nas relações privadas*. Rio de Janeiro: Processo, 2016.

BARBOZA, Heloísa Helena. Vulnerabilidade e cuidado: aspectos jurídicos. *In*: PEREIRA, T. S.; OLIVEIRA, G. (Coord.). *Cuidado e vulnerabilidade*. São Paulo: Atlas, 2009.

BARCELLOS, Ana Paula de. O direito à educação e o STF. *In*: SARMENTO, Daniel; SARLET, Ingo Wolfgang (Coord.). *Direitos fundamentais no Supremo Tribunal Federal*: balanço e crítica. Rio de Janeiro: Lumen Juris, 2011. Disponível em: https://goo.gl/LqVbrO. Acesso em: 9 jan. 2017.

BRASIL, MEC/SEESP - Política Nacional de Educação Especial na Perspectiva da Educação Inclusiva – Documento elaborado pelo Grupo de Trabalho nomeado pela Portaria Ministerial nº 555, de 5 de junho de 2007, prorrogada pela Portaria nº 948, de 9 de outubro de 2007. Disponível em: https://goo.gl/WSWP8S. Acesso em: 9 jan. 2017.

CURY, Carlos Roberto Jamil. Políticas inclusivas e compensatórias na educação básica. *Cadernos de Pesquisa*, v. 35, n. 124, p. 11-32, jan./abr. 2005.

FRANÇA, Dalva Nazaré Ornelas. Direitos sexuais, políticas públicas e educação sexual no discurso de pessoas com cegueira. *Revista bioética*, v. 22, n. 1, p. 126-133, 2014.

GARCIA, Emerson. O direito à educação e suas perspectivas de efetividade. *Revista Forense*, v. 383, Rio de Janeiro, p. 83-112, 2006.

GÓES, Ricardo Schers de. *O direito à educação*: um estudo sobre as políticas de educação especial no Brasil (1974/2008). Dissertação. São Paulo: PUC-SP, 2009.

HERMANY, Ricardo; DIAS, Felipe da Veiga. O direito social à educação para crianças e adolescentes no plano municipal: desafios constitucionais para concretização dos direitos fundamentais por meio das políticas públicas. *Revista da Faculdade de Direito UFPR*, Curitiba, n. 57, p. 165-179, 2013.

MARTEL, Letícia de Campos Velho. Adaptação razoável: o novo conceito sob as lentes de uma gramática constitucional inclusiva. *SUR*, v. 8, n. 14, p. 89-113, jun. 2011.

MESSERSCHMIDT, Danieli Wayss; CASTRO, Sabrina Fernandes de. Docência com alunos com deficiência na universidade. *JORSEN – Journal of Research in Special Educational Needs*, v. 16, s.l., p. 394-398, 2016.

MORAES, Maria Celina Bodin de. O princípio da solidariedade. *Na medida da pessoa humana*: estudos de direito civil-constitucional. Rio de Janeiro: Renovar, 2010.

NASCIMENTO, Beatriz Aparecida Barboza do; GIROTO, Claudia Regina Mosca. Inclusão e educação infantil no Brasil. *JORSEN – Journal of Research in Special Educational Needs*, v. 16, s.l., p. 608-613, 2016.

OLIVEIRA, Edmundo Alves. Políticas públicas sociais: ações afirmativas como instrumento jurídico para concretização da igualdade e o acesso à educação. *Nucleus*, v. 11, n. 1, p. 221-243, abr. 2014.

PEREIRA, Michelle Melina Gleica Del Pino Nicolau. Direito a educação: meninas com deficiência. *JORSEN – Journal of Research in Special Educational Needs*, v. 16, s.l., p. 389-393, 2016.

SANTOS, Sonia Regina dos. Políticas educacionais, educação inclusiva e direitos humanos. *Lex humana*, Petrópolis, v. 4, n. 2, p. 135-156, 2012.

SOUZA, José Carlos Cardoso. *Um dilema da formação jurídica*: o papel das escolas de Direito frente às questões da inclusão. Dissertação. Marília: UNESP, 2004.

TANNÚS-VALADÃO, Gabriela; MENDES, Enicéia Gonsalves. *JORSEN – Journal of Research in Special Educational Needs*, v. 16, s.1., p. 860-864, 2016.

XAVIER, Beatriz Rego. Direito da pessoa autista à educação inclusiva. A incidência do princípio da solidariedade no ordenamento jurídico brasileiro. *In*: MENEZES, Joyceane Bezerra de (Org.). *Direito das pessoas com deficiência psíquica e intelectual nas relações privadas*. Rio de Janeiro: Processo, 2016.

CAPÍTULO V
DO DIREITO À MORADIA

Art. 31. A pessoa com deficiência tem direito à moradia digna, no seio da família natural ou substituta, com seu cônjuge ou companheiro ou desacompanhada, ou em moradia para a vida independente da pessoa com deficiência, ou, ainda, em residência inclusiva.

§1º O poder público adotará programas e ações estratégicas para apoiar a criação e a manutenção de moradia para a vida independente da pessoa com deficiência.

§2º A proteção integral na modalidade de residência inclusiva será prestada no âmbito do SUAS à pessoa com deficiência em situação de dependência que não disponha de condições de autossustentabilidade, com vínculos familiares fragilizados ou rompidos.

RENATA VILELA MULTEDO

O direito fundamental à moradia foi incluído no rol dos direitos constitucionais como direito social fundamental em 14 de fevereiro de 2000, por meio da Emenda Constitucional nº 26, que modificou a redação do art. 6º, passando esse então a expressar que são direitos sociais "a educação, a saúde, o trabalho, a moradia, o lazer, a segurança, a previdência social, a proteção à maternidade e à infância, a assistência aos desamparados, na forma desta Constituição". Hoje, o direito à moradia é visto como um direito autônomo fundamental, de forte conteúdo existencial, vinculado à dignidade da pessoa humana (MENDES *et al.*, 2013, p. 547-548). Possui dupla dimensão, uma de aspecto negativo (direito de defesa) e outra de aspecto positivo (que envolve um conjunto essencial de direitos prestacionais).

Destaca-se em doutrina que sem um lugar adequado para proteger a si próprio e a sua família, para gozar de sua intimidade e privacidade, para viver com um mínimo de saúde e bem estar, não terá a pessoa assegurada a sua dignidade, de modo que não terá, muitas vezes, sequer assegurado o direito à própria existência física, e, portanto, o seu direito à vida (SARLET, 2010, p. 1.025).

Sob esse prisma, percebe-se que é uma garantia essencial ao ser humano, na medida em que sem uma moradia digna outros direitos fundamentais não poderão ser também garantidos e exercidos de forma plena. Esta é a razão pela qual sua vinculação é íntima e indissociável ao princípio da dignidade da pessoa humana, pelo menos no âmbito daquilo que se tem designado como um direito às condições materiais mínimas para uma existência digna (MENDES *et al.*, 2013, p. 547-548).

Nesse contexto de garantia das condições existenciais mínimas que a moradia é considerada como parte importante do que se tem denominado de *patrimônio mínimo*, o qual é conceituado por Luiz Edson Fachin (2006, *passim*) como sendo a titularidade geral sobre bens ou coisas, não necessariamente fundada na apropriação formal ou registral, como tradicionalmente prevista nas codificações civis, mas sim, para a realização de necessidades fundamentais do indivíduo. No caso do direito à moradia, como ressaltado, a íntima e indissociável vinculação com a dignidade da pessoa humana resulta inequívoca, uma vez que é requisito inerente à proteção e ao desenvolvimento da personalidade humana (SCHREIBER, 2002, p. 84).

Ademais, o direito à moradia apresenta projeções no mundo exterior físico, moral, psíquico e social, já que afeta grande parte da sociedade, tornando-se, sob tal enfoque, um interesse social e público, principalmente quando se envolve como dever da atividade estatal (SOUZA, 2008, p. 154).

O Estatuto da Pessoa com Deficiência (Lei nº 13.146/15) ao dispor que "a pessoa com deficiência tem direito à moradia digna, no seio da família natural ou substituta, com seu cônjuge ou companheiro ou desacompanhada (...)", repisou no artigo em comento o comando constitucional, objetivando garantir à pessoa com deficiência a superação de barreiras sociais para uma vida independente, administrando suas diferenças com maior autonomia e consonância com suas escolhas existenciais.

Essa já era a *ratio* disposta na Convenção sobre os Direitos das Pessoas com Deficiência, que estabelece em seu artigo 1º o objetivo de "promover, proteger e assegurar o exercício pleno e equitativo de todos os direitos humanos e liberdades fundamentais por todas as pessoas com deficiência e promover o respeito pela sua dignidade inerente". Esse novo paradigma da deficiência baseado nos direitos humanos, também disposto no Estatuto e especialmente no referido artigo, parte da visão de que o ambiente tem influência direta na liberdade da pessoa com limitação funcional, razão pela qual se torna primordial assegurar estratégias políticas, jurídicas e sociais que excluam esses obstáculos, permitindo que as pessoas com deficiência usufruam de autonomia e independência para uma real inclusão social.

Assim, a previsão do exercício de seu direito de "moradia para a vida independente da pessoa com deficiência, ou, ainda, em residência inclusiva", objetivou a superação das barreiras externas e sociais, de modo a reabilitar a sociedade para que esta possa acolher todas as pessoas com suas diversidades (MENEZES, 2015, a. 4, n. 1, p. 4) com o propósito de promover a dignidade da pessoa com deficiência e garantir seu direito fundamental social à moradia em seu aspecto existencial e promocional.

Tal comando, embora constasse na Convenção sobre os Direitos das Pessoas com Deficiência, que serviu de base para a criação do Plano Nacional dos Direitos da Pessoa com Deficiência – Viver sem Limite (Decreto nº 7.612/2011), mesmo antes da promulgação do Estatuto, ganhou maior efetividade após a promulgação da Lei nº 13.146/15 (LIMA, 2016, n. 7). O referido programa, por meio de ações intersetoriais no âmbito do SUAS (Sistema Único de Assistência Social), criou o Serviço de Acolhimento Institucional para Jovens e Adultos com Deficiência em situação de dependência, em residências inclusivas.

A residência inclusiva é uma residência com capacidade para, no máximo, dez jovens e adultos com deficiência, entre 18 e 59 anos, localizada em bairros residenciais e que funcionam 24 horas. A gestão da Residência Inclusiva nos municípios, estados e Distrito Federal é de responsabilidade do órgão gestor da política de Assistência Social, que deverá dispor de equipe de referência da Alta Complexidade para supervisão e apoio aos serviços de acolhimento do SUAS. É importante a articulação com a rede pública de saúde (SUS), por meio de apoio matricial (Portaria Interministerial nº 3/2012–MDS e MS) considerando as medidas preventivas, o fomento do autocuidado e a promoção da autonomia dos usuários e das famílias na garantia do atendimento especializado e integrado à pessoa com deficiência. Até abril de 2016 foram implantadas 108 Residências Inclusivas nas diferentes unidades federadas (LIMA, 2016, n. 7).

Desse modo, a residência inclusiva é um serviço público que pode ser ofertado pelo ente estatal ou em parceria com entidades não governamentais, destinado a pessoas com deficiência, em situação de dependência de cuidados, que não têm condições de se autossustentar e estão afastadas de suas famílias. O serviço tem como objetivo integrar essas pessoas à vida em comunidade, criando oportunidades para acesso à vida independente, com autonomia e liberdade, garantindo, também, àqueles que possuem limitações severas, o cuidado por uma equipe de profissionais habilitados e capacitados (LIMA, 2016, n. 7).

A partir da entrada em vigor do Estatuto, a tutela e a concretização do direito à moradia da pessoa com deficiência tornaram-se mais efetivas. Com esse objetivo determinou o Estatuto no §1º do dispositivo em comento que caberá ao poder público adotar programas e ações estratégicas para apoiar a criação e a manutenção de moradia para a vida independente da pessoa com deficiência.

Em recente julgado, o Tribunal de Justiça do Rio de Janeiro garantiu, em sede de tutela de urgência, o cumprimento da Lei nº 13.146/15 para que um deficiente mental tivesse acolhimento institucional em residência inclusiva, acompanhamento social por equipe multidisciplinar, avaliação médica e inscrição em unidade de ensino que ofereça alfabetização para jovens. Na decisão, restou consignado que:

> A Lei nº 13.146/15, Estatuto da Pessoa com Deficiência, se destina a assegurar o exercício dos direitos e das liberdades fundamentais por pessoas com deficiência, visando sua inserção social e cidadania. Para tanto, prevê, entre outras medidas, a implantação de residências inclusivas, bem como o acesso à educação de qualidade, nos termos do artigo 3º, X, artigos 31 e 27, todos da Lei nº 13.146/15. Ademais, a alegação de elevados gastos com a implantação da residência inclusiva não deve se sobrepor a um direito constitucionalmente garantido. Postura equilibrada do juízo que deferiu o pedido, tendo em vista que os pressupostos legais se encontram preenchidos. Restou evidenciado, em cognição sumária, a necessidade de deferimento da tutela antecipada, diante da finalidade de proteção total da pessoa com deficiência, bem como sua inserção no seio da sociedade. (TJRJ, Agravo de Instrumento nº 0046574-23.2016.8.19.0000, Des. Rel. Cleber Ghelfenstein. 14ª C.C., julg. 14 dez. 2016).

Também com fundamento expresso no artigo 31, §2º do Estatuto e na Constituição Federal, o Tribunal de Justiça de São Paulo garantiu vaga em residência inclusiva para pessoa com deficiência em situação de vulnerabilidade e risco evidenciada nos autos, que assim restou ementado:

> Apelações – Pessoa com deficiência em situação de vulnerabilidade – Pedido de obtenção de vaga em residência inclusiva – Procedência – Pretensão de inversão do julgamento – Impossibilidade – Situação de risco evidenciada nos autos – Legitimidade do Ministério

Público – Interesse individual indisponível – Respeito ao direito à moradia digna em residência inclusiva – Aplicação dos artigos 23, II, da Constituição Federal e 31, §2º da Lei nº 13.146/15 – Precedentes – Cabimento da aplicação de multa diária em caso de descumprimento – Não provimento dos recursos. (TJSP. APL nº 1008589-52.2015.8.26.0320, Des. Rel. Maria Olívia Alves, 6ª Câmara de Direito Público, julg. 08 ago. 2016).

Ainda o Tribunal de São Paulo, em outro julgado determinou, com fulcro no referido dispositivo, o socorro por moradia digna/residência inclusiva em favor de cadeirante em quadro de extrema vulnerabilidade social e fragilidade familiar, sem abrigo e vivendo nas ruas com seu companheiro e um menor impúbere. Sob o fundamento do princípio da proteção integral, no âmbito do SUAS e ausência de regulamentação do benefício do aluguel-social na norma local, sustentou a decisão a aplicação do Estatuto, nos seguintes termos:

Município de Jundiaí - Aluguel-social em favor de deficiência física (cadeirante), em quadro de extrema vulnerabilidade social e fragilidade familiar, sem abrigo e vivendo nas ruas (com seu companheiro e um menor impúbere), pelas tristes contingências da vida - Legitimidade passiva da municipalidade reconhecida, *in casu*, ante os normativos locais e federais, em linha etiológica e principiológica como os valores constitucionais de singular proteção à dignidade da pessoa humana, à família e aos cidadãos em extrema necessidade de assistência social - Responsabilidade compartilhada dos entes públicos – Sistema Único de Assistência Social (SUAS) - Provas que atestam ser a autora deficiente física, incapaz para o sustento próprio e de seu filho menor impúbere, ambos em situação de rua - Vinculação expressa da legislação local (Lei Municipal nº 8.265/2014) à Lei Orgânica da Assistência Social-LOAS (Lei Federal nº 8.742/93)- Município que, inclusive, recebe repasse de verbas do Governo Central, de vinculação legal e cogente à assistência aos necessitados, conforme, ainda, a vinculação à Política Nacional de Assistência Social-PNAS/2004 - Aplicação, ademais, do Estatuto da Pessoa com Deficiência Física (Lei Federal nº 13.146/2015, art. 31, *caput* e §2º), que impõe o socorro por moradia digna/residência inclusiva, ante o princípio da proteção integral, no âmbito do SUAS - Ausência de regulamentação do benefício do aluguel-social na norma local que não impede a sua concessão, clamando para a atuação do Poder Judiciário na tutela do direito ofendido - Interpretação extensiva sistemática e teleológica, bem como aplicação analógica do benefício do aluguel-social (auxílio-moradia) previsto na Lei Municipal nº 8.122/2013 (para desabrigados resultantes de catástrofes), nela colhendo os critérios econômicos e temporais do benefício - Sentença reformada - Extinção do feito sem julgamento do mérito afastada - Decreto de procedência da demanda, com realinhamento dos efeitos da sucumbência - RECURSO PROVIDO. (TJSP. APL nº 0002017-67.2014.8.26.0309, Des. Rel. Vicente de Abreu Amadei, 1ª Câmara de Direito Público, julg. 15 dez. 2015).

Art. 32. Nos programas habitacionais, públicos ou subsidiados com recursos públicos, a pessoa com deficiência ou o seu responsável goza de prioridade na aquisição de imóvel para moradia própria, observado o seguinte:

I - reserva de, no mínimo, 3% (três por cento) das unidades habitacionais para pessoa com deficiência;

II – (VETADO).

III - em caso de edificação multifamiliar, garantia de acessibilidade nas áreas de uso comum e nas unidades habitacionais no piso térreo e de acessibilidade ou de adaptação razoável nos demais pisos;

IV - disponibilização de equipamentos urbanos comunitários acessíveis;

V - elaboração de especificações técnicas no projeto que permitam a instalação de elevadores.

§1º O direito à prioridade, previsto no caput deste artigo, será reconhecido à pessoa com deficiência beneficiária apenas uma vez.

§2º Nos programas habitacionais públicos, os critérios de financiamento devem ser compatíveis com os rendimentos da pessoa com deficiência ou de sua família.

§3º Caso não haja pessoa com deficiência interessada nas unidades habitacionais reservadas por força do disposto no inciso I do caput deste artigo, as unidades não utilizadas serão disponibilizadas às demais pessoas.

RENATA VILELA MULTEDO

O tratamento prioritário por meio da previsão de reserva de unidades habitacionais é uma das medidas previstas no Estatuto com a finalidade de garantir a inclusão social das pessoas com deficiência no exercício de seus direitos fundamentais.

Além de 3% de unidades habitacionais em programas públicos de habitação, há outras normas com previsão de reserva de 2% das vagas em estacionamentos, 5% dos carros de autoescolas e locadoras adaptados para motoristas com deficiência e 10% das frotas de táxi adaptados para acesso de deficientes (respectivamente, art. 32, I; art. 47, §1º; art. 52 e art. 51 do EPD).

O reconhecimento da necessidade de um tratamento diferenciado, nos aspectos em que diferenciam cada pessoa, e em especial a pessoa com deficiência (BERLINI, 2016), só reforça a perspectiva há tempos difundida de que a moradia será mais adequada quanto mais respeitar a diversidade cultural e os padrões habitacionais próprios dos usos e costumes das comunidades e grupos sociais, pois não pode ser dissociada dos seus aspectos econômico, social, cultural e ambiental.

O interessante inciso II, que foi vetado, previa a "definição de projetos e adoção de tipologias construtivas que considerem os princípios do desenho universal". O termo técnico *desenho universal* se refere à necessidade de observar determinadas exigências na construção das moradias para que elas sejam totalmente acessíveis a pessoas com qualquer tipo de deficiência. É uma tradução da expressão original *universal design*, usada pela primeira vez nos Estados Unidos, em 1985, pelo arquiteto Ron Mace, que influenciou a mudança de paradigma no desenvolvimento de projetos urbanos, de arquitetura e design, e inclusive de produtos. O conceito de desenho universal surgiu em decorrência de reivindicações de dois segmentos sociais; o primeiro composto por pessoas com deficiência que não sentiam suas necessidades contempladas nos espaços projetados e construídos, e o segundo formado por arquitetos, engenheiros, urbanistas e designers que desejavam maior democratização do uso dos espaços e tinham uma visão mais abrangente da atividade "projetual". A concepção desse grupo de profissionais baseava-se na preocupação com a oferta de ambientes que pudessem ser utilizados por todos, na sua máxima extensão possível, sem depender, por exemplo, da necessidade de adaptação ou elaboração de projeto especializado para pessoas com deficiência, favorecendo, assim, a biodiversidade humana e proporcionando uma melhor ergonomia para todos.

Art. 33. Ao poder público compete:

I - adotar as providências necessárias para o cumprimento do disposto nos arts. 31 e 32 desta Lei; e

II - divulgar, para os agentes interessados e beneficiários, a política habitacional prevista nas legislações federal, estaduais, distrital e municipais, com ênfase nos dispositivos sobre acessibilidade.

RENATA VILELA MULTEDO

Trata-se de previsão expressa imputando ao Poder Público a responsabilidade não só na efetivação do direito à moradia digna com observância dos parâmetros elencados no Estatuto, bem como a responsabilidade estatal pela divulgação dessa política habitacional direcionada à pessoa com deficiência. Vale mencionar que mesmo antes da entrada em vigor do Estatuto já existiam Programas que visavam benefícios às pessoas com deficiência, como o "Minha Casa Minha Vida".

A ampla disseminação é essencial para a efetivação e o cumprimento das garantias normativas, na medida em que estimula o debate público sobre o tema e fomenta a fiscalização da sociedade e dos grupos interessados quanto à observância da lei. Dessa forma, permite-se que sugestões de melhorias e denúncias de mau funcionamento dos programas habitacionais cheguem até os realizadores, numa constante conferência social que é essencial para o avanço da tutela das pessoas com deficiência. É imprescindível que a política habitacional não seja analisada e discutida somente do ponto de vista do legislador, dos políticos e dos juristas, mas também dos seus destinatários diretos e indiretos. Essa atribuição legal de competências do Poder Público nessa seara certamente permite não só a sua exigência em juízo em caso de omissão, como a responsabilização do Estado pelos danos individuais e coletivos oriundos do seu descumprimento.

Sob essa perspectiva, a contribuição de uma compreensão crítica dos direitos humanos, ao instrumentalizar tais processos de acesso real a bens materiais e imateriais torna-se essencial para rejeitar, terminantemente, a abstração e o formalismo como respostas aos problemas efetivos (MATOS; OLIVEIRA, 2016, p. 117). É preciso que se admita, propriamente, a fraqueza de estruturas sociais e como destacam Ana Carla Harmatiuk Matos e Lígia Ziggiotti de Oliveira (2016, p. 123), "que se reconheçam as limitações das famílias brasileiras, ainda majoritariamente comprometidas pela pobreza que impossibilita o atendimento adequado das pessoas com deficiência em seu mais íntimo núcleo".

Referências

BERLINI, Luciana Fernandes. Lei Brasileira de inclusão da pessoa com deficiência: modificações substanciais. *In*: MENEZES, Joyceane Bezerra de (Org.). *Direito das pessoas com deficiência psíquica e intelectual nas relações privadas*. Rio de Janeiro: Processo, 2016.

FACHIN, Luiz Edson. *Estatuto do patrimônio mínimo à luz do novo Código Civil brasileiro e da Constituição Federal*. 2. ed. Rio de Janeiro: Renovar, 2006.

LIMA, Niusarete. Plano viver sem limite: pessoas com deficiência no Sistema Único de Assistência Social (SUAS). *Boletim Informativo do Conselho Nacional dos Direitos da Pessoa com Deficiência*, Conade Informa, n. 7, abril, 2016. Disponível em: http://www.pessoacomdeficiencia.gov.br/app/sites/default/files/arquivos/.pdf_0. Acesso em: 5 jan. 2017.

MATOS, Ana Carla Harmatiuk; OLIVEIRA, Lígia Ziggiotti de. Além do Estatuto da pessoa com deficiência: reflexões a partir de uma compreensão dos Direitos Humanos. *In*: MENEZES, Joyceane Bezerra de (Org.). *Direito das pessoas com deficiência psíquica e intelectual nas relações privadas Convenção sobre os direitos da pessoa com deficiência e Lei Brasileira de Inclusão*. Rio de Janeiro: Processo, 2016.

MENEZES, Joyceane Bezerra de. O direito protetivo no Brasil após a convenção sobre a proteção da pessoa com deficiência: impactos do novo CPC e do estatuto da pessoa com deficiência. *Civilistica.com*, Rio de Janeiro, ano 4, n. 1, jan./jun. 2015. Disponível em: http://civilistica.com/o-direito-protetivo-no-brasil/. Acesso em: 17. jan. 2017.

MENDES, Gilmar Ferreira *et al*. *Comentários à Constituição do Brasil*. São Paulo: Saraiva, 2013.

SARLET, Ingo Wolfgang. A eficácia e efetividade do direito à moradia na sua dimensão negativa (defensiva): análise crítica à luz de alguns exemplos. *In*: SOUZA NETO, Cláudio Pereira de; SARMENTO, Daniel (Coord.). *Direitos Sociais* – fundamentos, judicialização e direitos sociais e espécie. Rio de Janeiro: Lumen Juris, 2010.

SCHREIBER, Anderson. Direito à moradia como fundamento para impenhorabilidade do imóvel residencial do devedor solteiro. *In*: RAMOS, Carmem Lúcia Silveira *et al* (Org.). *Diálogos sobre Direito Civil*. Rio de Janeiro: Renovar, 2002.

SOUZA, Sérgio Iglesias Nunes de. *Direito à moradia e de habitação*: análise comparativa e suas implicações teóricas e práticas com os direitos da personalidade. 2. ed. São Paulo: Revista dos Tribunais, 2008.

CAPÍTULO VI
DO DIREITO AO TRABALHO

Seção I
Disposições Gerais

Art. 34. A pessoa com deficiência tem direito ao trabalho de sua livre escolha e aceitação, em ambiente acessível e inclusivo, em igualdade de oportunidades com as demais pessoas.

CÍNTIA MUNIZ DE SOUZA KONDER

A função do direito ao trabalho. Reconhecer o trabalho como uma das atividades mais importantes na vida de uma pessoa significa não apenas identificar que ele contribui para a manutenção do indivíduo, da sua família e do seu lar, pois provê serviços e bens para a comunidade e a sociedade como um todo, mas, acima de tudo, constatar que o trabalho fornece oportunidades de participação social, comunitária e econômica (OMS, 2010, p. 236), o que possibilita o livre desenvolvimento da personalidade da pessoa e uma vida digna.

Segundo a Organização Internacional do Trabalho (OIT), existe mais de um bilhão de pessoas com deficiência, o equivalente a quinze por cento da população mundial. Cerca de oitenta por cento estão em idade produtiva (OIT, 2017, *passim*), mas o direito ao que a Organização Internacional do Trabalho (OIT) chama de "trabalho decente" – aquele que é produtivo, fornece renda justa e segurança no local de trabalho, proteção social para as famílias, melhores perspectivas de desenvolvimento pessoal e integração social" (OMS, 2010, p. 236) – normalmente lhes é negado. No Brasil, o panorama não é diferente. O CENSO de 2010 revelou que cerca de vinte e quatro por cento da população brasileira tem algum tipo de deficiência. Em 2010, havia 44.073.377 pessoas com pelo menos uma deficiência em idade ativa, mas 23,7 milhões não estavam ocupadas.

Para lidar com esse contexto, existe uma gama de legislações, dentre as quais as seguintes são as principais. Primeiro, a Constituição da República Federativa do Brasil, cujos arts. 7º, XXXI, e 37, XXXI, tratam da proteção contra qualquer discriminação no que diz respeito a salário e a critérios de admissão das pessoas portadoras de deficiência, e o artigo 37 determina, no inciso VIII, que a lei reservará percentual dos cargos e empregos públicos para as pessoas portadoras de deficiência e definirá os critérios de sua admissão. Segundo a Declaração Universal dos Direitos do Homem, que em seu art. 23 trata do direito ao trabalho e à livre escolha de emprego, com condições e remuneração justas e proteção contra o desemprego e à discriminação, devendo o trabalho assegurar uma existência compatível com a dignidade humana, ao qual devem ser acrescentadas outras formas de proteção social, se necessário, para tal. Destacam-se, ainda, a Lei nº 8.213, de 1991, cujo art. 93 determina que as pessoas jurídicas com fins lucrativos que possuam cem ou mais empregados devem preencher de dois a cinco por cento dos seus cargos com beneficiários reabilitados ou pessoas portadoras de deficiência, habilitadas, na proporção prevista na lei; a Lei nº 8.112, de 1990, cujo art. 5º, §2º, determina a reserva de vinte por cento das vagas para pessoas cm deficiência em concursos públicos, desde que as suas atribuições sejam compatíveis com a deficiência; a Lei nº 7.853, de 1989, que dispõe sobre o apoio às pessoas portadoras de deficiência, sua integração social e sobre a Coordenadoria Nacional para Integração da Pessoa Portadora de Deficiência – CORDE institui a tutela jurisdicional de interesses coletivos ou difusos dessas pessoas, disciplina a atuação do Ministério Público e define crimes; a Lei nº 8.899, de 1994, que concede passe livre às pessoas portadoras de deficiência no sistema de transporte coletivo interestadual; a Lei nº 8.989, de 1995, que dispõe sobre a Isenção do Imposto sobre Produtos Industrializados – IPI, na aquisição de automóveis por pessoas com deficiência; a Lei nº 13.409, de 2016, que estabelece cotas para pessoas com deficiência nas instituições federais. O maior destaque, todavia, deve ser dado à Convenção Internacional sobre os Direitos das Pessoas com Deficiência e seu Protocolo Facultativo, assinados em Nova York, em 30 de março de 2007, internalizada pelo Decreto nº 6.949, de 25 de agosto de 2009, e principal inspiração para a Lei nº 13.146, de 2015, conhecida como Estatuto da Pessoa com Deficiência, objeto desse livro.

As prerrogativas oferecidas pelo artigo em comento, bem como aquelas decorrentes das legislações que a precederam, representam uma faculdade, uma escolha da pessoa com deficiência. O Estatuto da Pessoa com Deficiência, em seu art. 4º, parágrafo segundo, elucida que a pessoa com deficiência não está obrigada a fruir dos benefícios decorrentes das ações afirmativas.

Ambiente acessível e inclusivo. O mesmo fundamento que garante o direito ao trabalho justifica a obrigatoriedade de um ambiente de trabalho inclusivo e acessível, sob pena de não promover um dos principais objetivos da Lei brasileira de inclusão, que é promover a autonomia: "o intuito do Estatuto foi nitidamente de atribuir autonomia a um grupo historicamente vulnerável e marginalizado, que, não raras vezes, era tolhido de livre exercício de suas escolhas, em perceptível movimento personalista" (BARBOZA; ALMEIDA, 2016, p. 219). Ambiente acessível e inclusivo perpassa por transformações e ajustes no ambiente de trabalho em geral e no local específico no qual a pessoa com deficiência trabalhará, como mesa, cadeira e equipamentos. São exigíveis todas as adaptações reputadas razoáveis, definidas pela Convenção Internacional sobre os Direitos das Pessoas com Deficiência como

> as modificações e os ajustes necessários e adequados que não acarretem ônus desproporcional ou indevido, quando requeridos em cada caso, a fim de assegurar que as pessoas com deficiência possam gozar ou exercer, em igualdade de oportunidades com as demais pessoas, todos os direitos humanos e liberdades fundamentais. (art. 2º).

Em alguns casos, talvez apenas pequenos ajustes sejam necessários, como um espaço maior no corredor e porta para que um cadeirante possa passar ou prateleiras mais baixas para que o material esteja acessível, bem como a instalação de rampas e banheiros adaptados. Outras vezes as adaptações irão requerer mudanças maiores, como a aquisição de softwares de leitura para pessoas cegas, ou estenotipia – recurso para pessoas com deficiência auditiva que não compreendem a Língua Brasileira de Sinais.

É importante lembrar que muitas vezes os trabalhadores com deficiência não precisam de nenhuma adaptação. Contudo, sendo necessárias, devem ser realizadas. Outro não é o entendimento do Supremo Tribunal Federal, ao analisar a Convenção sobre os direitos da pessoa com deficiência, *in verbis*:

> [...] Destacou-se a promulgação, por meio do Decreto nº 6.949/2009, da Convenção Internacional sobre os Direitos das Pessoas com Deficiência e seu Protocolo Facultativo, incorporado ao cenário normativo brasileiro segundo o procedimento previsto no §3º do art. 5º da Constituição. Ressalvou-se o disposto no artigo 9º do mencionado decreto. 1. A fim de possibilitar às pessoas com deficiência viver de forma independente e participar plenamente de todos os aspectos da vida, os Estados Partes tomarão as medidas apropriadas para assegurar às pessoas com deficiência o acesso, em igualdade de oportunidades com as demais pessoas, ao meio físico, ao transporte, à informação e comunicação, inclusive aos sistemas e tecnologias da informação e comunicação, bem como a outros serviços e instalações abertos ao público ou de uso público, tanto na zona urbana como na rural. Essas medidas, que incluirão a identificação e a eliminação de obstáculos e barreiras à acessibilidade, serão aplicadas, entre outros, a: a) Edifícios, rodovias, meios de transporte e outras instalações internas e externas, inclusive escolas, residências, instalações médicas e local de trabalho. (STF, RE nº 440028/SP, rel. Min. Marco Aurélio, jul. 29.10.2013)

Igualdade de oportunidades. Adaptação razoável. Princípio da não discriminação. Discriminação direta. Discriminação por impacto adverso ou desproporcional. Os mesmos fundamentos que justificam a adaptação razoável – princípio da igualdade substancial e princípio da não discriminação – fundamentam a igualdade de oportunidades no trabalho. As normas do Direito brasileiro, notadamente o direito fundamental à igualdade, tratam da igualdade substancial ou material. Nesse caso, é necessário tratar as pessoas diferentemente na medida das suas desigualdades para que possam, no caso do trabalho da pessoa com deficiência, ter igualdade de oportunidades com as demais pessoas. Daí a adaptação razoável e uma série de medidas que devem ser tomadas para que ocorra a igualdade de chances.

Outro princípio do ordenamento jurídico brasileiro é a não discriminação, que se ocorrer, fará todo o trabalho da adaptação razoável ruir. A discriminação pode acontecer de forma direta, e ocorre "quando alguém é tratado de modo distinto, a partir dos critérios arrolados pela Convenção" (GOMES, 2016, p. 912). A discriminação, contudo, abrange mais um conceito, que é a discriminação por impacto adverso ou desproporcional:

> A discriminação por impacto adverso ocorre quando medidas públicas ou privadas que não são discriminatórias em sua origem nem estão imbuídas de intuito discriminatório, acabam por ensejar manifesto prejuízo, normalmente em sua aplicação, a alguns grupos minoritários, cujas características físicas, psíquicas ou modos de vida escapam ao da generalidade das pessoas a quem as políticas se destinam. Este modelo de discriminação difere daquela direta, na qual o enunciado normativo ou prática administrativa são intencionalmente e em si discriminatórios (MARTEL, 2011, v. 8, n. 14, p. 91-92).

Art. 35. É finalidade primordial das políticas públicas de trabalho e emprego promover e garantir condições de acesso e de permanência da pessoa com deficiência no campo de trabalho.

Parágrafo único. Os programas de estímulo ao empreendedorismo e ao trabalho autônomo, incluídos o cooperativismo e o associativismo, devem prever a participação da pessoa com deficiência e a disponibilização de linhas de crédito, quando necessárias.

CÍNTIA MUNIZ DE SOUZA KONDER

Programas e políticas estatais. Ações afirmativas. O escopo do artigo é demonstrar que os órgãos do governo responsáveis por trabalho e emprego devem ter o fito de promover atos, medidas e ações – as chamadas ações afirmativas – para garantir que as pessoas com deficiência possam ter acesso e permanência no trabalho. Três exemplos que estão em vigor podem ser dados: a Constituição da República, que determina que a lei reserve um percentual dos cargos e empregos públicos para as pessoas portadoras de deficiência e defina os critérios da sua admissão, o que foi regulamentado pela Lei nº 8.112, de 11 de dezembro de 1990, no art. 5º, §2º, que determina a reserva de vinte por cento das vagas para pessoas com deficiência em concursos públicos, desde que as suas atribuições sejam compatíveis com a deficiência. O segundo exemplo vem com a Lei nº 8.213, de 24 de julho de 1991, no art. 93, que determina que as pessoas jurídicas com fins lucrativos que possuam cem ou mais empregados devem preencher de dois a cinco por cento dos seus cargos com beneficiários reabilitados ou pessoas portadoras de deficiência, habilitadas, na proporção prevista na lei – a chamada Lei de Cotas. O terceiro exemplo é a lei de cotas para vagas em instituições federais, tanto de nível médio, quanto de ensino superior. Neste sentido:

> Inicialmente, ressaltou-se o objetivo da legislação brasileira em estabelecer a integração social das pessoas portadoras de deficiência (CF, art. 37, VIII; Lei nº 7.853/89, art. 1º; Lei nº 8.112/90, art. 5º, §2º), bem como a conclusão da perícia, aceita pelas partes, no sentido de que o recorrente apresenta visão monocular. Daí entendeu-se que, em tal quadro fático, ficaria difícil admitir, nos termos do referido decreto, que ele teria um olho melhor do que o outro, consoante afirmado pela autoridade coatora e acolhido pela decisão recorrida. No ponto, afirmou-se que o impetrante padeceria de grave insuficiência visual, cujo campo de acuidade corresponderia, na melhor das hipóteses, à metade do de uma pessoa que enxerga com os dois olhos. Ademais, asseverou-se que reparar ou compensar os fatores de desigualdade factual com medidas de superioridade jurídica configuraria política de ação afirmativa que se inscreve nos quadros de uma sociedade fraterna que a Constituição idealiza a partir das disposições de seu preâmbulo e acrescentou-se a esses fundamentos o valor social do trabalho. (STF, RMS nº 26071, Rel. Min. Ayres Britto, jul. 13.11.2007).

As ações e medidas não são apenas legislativas. Atualmente, existe a Secretaria Nacional de Promoção dos Direitos da Pessoa com Deficiência, responsável por implementar programas e conduzir políticas públicas relativas às pessoas com deficiência, como o Observatório do viver sem limite. É essa Secretaria que também está responsável por preparar o Relatório Geral da República Federativa do Brasil sobre o cumprimento das disposições da Convenção sobre os Direitos das Pessoas com Deficiência, existindo também a Secretaria Especial de Direitos Humanos e o Programa das Nações Unidas para o Desenvolvimento (PNUD).

Estímulo ao empreendedorismo. A capacidade de idealizar e realizar iniciativas, projetos, negócios, ou até mesmo trabalhar de maneira autônoma, fora da rede de proteção estatal, é uma alternativa para qualquer pessoa, e não poderia ser diferente para as pessoas com deficiência. Para que isso aconteça, contudo, os programas voltados para esses mecanismos alternativos de trabalho – que não o emprego formal ou o concurso público – além de prever a participação das pessoas com deficiência, devem disponibilizar linhas de crédito.

O empreendedor brasileiro Carlos Pereira, por exemplo, criou, para ajudar a filha Clara, que tem paralisia cerebral, a Livox, uma plataforma que permite que pessoas com deficiências motoras, auditivas e visuais expressem as suas emoções por meio de *tablets* com sistema operacional Android. Até 2016, já contava com vinte mil usuários. A plataforma de Carlos Pereira ganhou o prêmio de um dos melhores "apps" do mundo em inclusão social, concedido pela Organização das Nações Unidas (BOUZA, 2016, *passim*).

Seção II
Da Habilitação Profissional e Reabilitação Profissional

Art. 36. O poder público deve implementar serviços e programas completos de habilitação profissional e de reabilitação profissional para que a pessoa com deficiência possa ingressar, continuar ou retornar ao campo do trabalho, respeitados sua livre escolha, sua vocação e seu interesse.

§1º Equipe multidisciplinar indicará, com base em critérios previstos no §1º do art. 2º desta Lei, programa de habilitação ou de reabilitação que possibilite à pessoa com deficiência restaurar sua capacidade e habilidade profissional ou adquirir novas capacidades e habilidades de trabalho.

§2º A habilitação profissional corresponde ao processo destinado a propiciar à pessoa com deficiência aquisição de conhecimentos, habilidades e aptidões para exercício de profissão ou de ocupação, permitindo nível suficiente de desenvolvimento profissional para ingresso no campo de trabalho.

§3º Os serviços de habilitação profissional, de reabilitação profissional e de educação profissional devem ser dotados de recursos necessários para atender a toda pessoa com deficiência, independentemente de sua característica específica, a fim de que ela possa ser capacitada para trabalho que lhe seja adequado e ter perspectivas de obtê-lo, de conservá-lo e de nele progredir.

§4º Os serviços de habilitação profissional, de reabilitação profissional e de educação profissional deverão ser oferecidos em ambientes acessíveis e inclusivos.

§5º A habilitação profissional e a reabilitação profissional devem ocorrer articuladas com as redes públicas e privadas, especialmente de saúde, de ensino e de assistência social, em todos os níveis e modalidades, em entidades de formação profissional ou diretamente com o empregador.

§6º A habilitação profissional pode ocorrer em empresas por meio de prévia formalização do contrato de emprego da pessoa com deficiência, que será considerada para o cumprimento da reserva de vagas prevista em lei, desde que por tempo determinado e concomitante com a inclusão profissional na empresa, observado o disposto em regulamento.

§7º A habilitação profissional e a reabilitação profissional atenderão à pessoa com deficiência.

CÍNTIA MUNIZ DE SOUZA KONDER

Escopo da norma em face do ordenamento jurídico nacional. A finalidade do dispositivo é a capacitação, seja para o ingresso, seja para o reingresso da pessoa com deficiência no mercado de trabalho, tendo fundamento no princípio geral da ordem econômica de valorização do trabalho humano para possibilitar uma existência digna. É um caminho para a vida produtiva, e uma passagem da tradicional assistência para "participação, igualdade e autonomia", sendo esta a *ratio* da Convenção sobre os Direitos da Pessoa com Deficiência (MENEZES, 2015, a. 4, n. 1, p. 1), e também a da Lei Brasileira de Inclusão, conforme artigos 1º e 84.

Habilitação profissional

é o processo voltado para o ensino de competências e habilidades técnicas demandadas por ocupações específicas do mercado de trabalho. Em sua forma ampliada, inclui a preparação para o mundo do trabalho de modo mais abrangente, associando à aprendizagem de habilidades específicas o desenvolvimento de conceitos, atitudes e comportamentos (MENEZES; SANTOS, 2001, *passim*).

A reabilitação profissional

atua nos casos em que a incapacidade e a consequente restrição laboral seja avaliada como estabilizada e de longa duração. Consiste na reinserção do trabalhador, seja na mesma empresa ou em outra, quando este estiver sem vínculo empregatício, e sua concepção abrange aspectos sanitários, previdenciários, sociais e legais (MAENO; TAKAHASHI; LIMA, 2009, p. 2).

Nesse sentido, deve-se esclarecer que

A CIF – Classificação Internacional de Funcionalidade, Incapacidade e Saúde é um novo sistema de classificação inserido na Família de Classificações Internacionais da Organização Mundial de Saúde (OMS) (*World Health Organization Family of International Classifications - WHO-FIC*), constituindo o quadro de referência universal adaptado pela OMS para descrever, avaliar e medir a saúde e a incapacidade, quer ao nível individual, quer ao nível da população (INR, 2010, *passim*).

Marcos legais. Os marcos legais sobre habilitação e reabilitação profissional da pessoa com deficiência são a Constituição da República, no inciso IV do art. 203 e a Lei Orgânica de Assistência Social, a Lei nº 8.742, de 1993, na alínea "d" do inciso I do art. 2º e a Lei nº 8.213, de 1991, nos artigos 89 a 93.

Seção III
Da Inclusão da Pessoa com Deficiência no Trabalho

Art. 37. Constitui modo de inclusão da pessoa com deficiência no trabalho a colocação competitiva, em igualdade de oportunidades com as demais pessoas, nos termos da legislação trabalhista e previdenciária, na qual devem ser atendidas as regras de acessibilidade, o fornecimento de recursos de tecnologia assistiva e a adaptação razoável no ambiente de trabalho.

Parágrafo único. A colocação competitiva da pessoa com deficiência pode ocorrer por meio de trabalho com apoio, observadas as seguintes diretrizes:

I - prioridade no atendimento à pessoa com deficiência com maior dificuldade de inserção no campo de trabalho;

II - provisão de suportes individualizados que atendam a necessidades específicas da pessoa com deficiência, inclusive a disponibilização de recursos de tecnologia assistiva, de agente facilitador e de apoio no ambiente de trabalho;

III - respeito ao perfil vocacional e ao interesse da pessoa com deficiência apoiada;

IV - oferta de aconselhamento e de apoio aos empregadores, com vistas à definição de estratégias de inclusão e de superação de barreiras, inclusive atitudinais;

V - realização de avaliações periódicas;

VI - articulação intersetorial das políticas públicas;

VII - possibilidade de participação de organizações da sociedade civil

---

CÍNTIA MUNIZ DE SOUZA KONDER

Colocação competitiva. O dispositivo traz vários meios de inclusão da pessoa com deficiência no mercado de trabalho. Sobre adaptação razoável, remete-se ao item 3 dos comentários do art. 34. Na colocação competitiva,

> o contrato de trabalho é regulado pelas normas trabalhistas e previdenciárias, concorrendo o portador de deficiência em condições de igualdade com os demais trabalhadores, inclusive quanto à eficiência exigida para a prestação do serviço. Nesta modalidade, a colocação no emprego independe da adoção de procedimentos especiais para a sua concretização, embora não exclua a possibilidade de utilização de apoios especiais.

É diferente da colocação seletiva, na qual "a contratação de portadores de deficiência dependerá, para se viabilizar, da utilização de procedimentos e apoios especiais, não obstante também devam ser observadas as exigências da legislação trabalhista e previdenciária" (GUGEL *et al.*, 2013, *passim*).

Tecnologia assistiva. O termo "tecnologia assistiva" foi cunhado pelo *American with Disabilities Act – ADA*, especificamente pela *Public Law* 100-407. A expressão *Assistive technology*, traduzida no Brasil como tecnologia assistiva, é utilizada para identificar uma gama de recursos e serviços que colaboram para permitir ou aumentar capacidades, habilidades e aptidões profissionais de pessoas com deficiência e, assim, permitir uma vida mais independente e inclusiva (BERSCHE; TONOLLI, 2006, *passim*).

Art. 38. A entidade contratada para a realização de processo seletivo público ou privado para cargo, função ou emprego está obrigada à observância do disposto nesta Lei e em outras normas de acessibilidade vigentes.

CÍNTIA MUNIZ DE SOUZA KONDER

Aplica-se a este artigo o princípio da igualdade substancial de oportunidades de cargo, função ou emprego. O que se busca é que entidades públicas e privadas observem, por ocasião da seleção, o princípio da inclusão como princípio regulador. Neste sentido, em jurisprudência se destaca:

> Não preenchimento da cota legal. Art. 93 da Lei nº 8.213/91. Descumprimento do art. 93 da Lei nº 8.213/91. Validade do ato de infração. O art. 93 da Lei nº 8.213/91 dispõe que a empresa com 100 ou mais empregados está obrigada a preencher de 2% a 5% dos seus cargos com beneficiários reabilitados ou pessoas portadoras de deficiência, habilitadas. Nesse contexto, eventual exclusão da obrigação de preenchimento de cargos com beneficiários reabilitados ou pessoas com deficiência só se justificaria ante a impossibilidade total em contratar empregados que se enquadrem como reabilitados ou portadores de deficiência, ônus que incumbe à empresa. [...] Ressalte-se, por fim, que o fato de o Estatuto da Pessoa com Deficiência não prever a observância a 'cotas' não enseja à conclusão de revogação da norma disposta no art. 93 da Lei nº 8.213/91. Nesse sentido, prevê o art. 121 da Lei nº 13.146/2015, *verbis*: Art. 121. Os direitos, os prazos e as obrigações previstas nesta Lei não excluem os já estabelecidos em outras legislações, inclusive em pactos, tratados, convenções e declarações internacionais aprovados e promulgados pelo Congresso Nacional, e devem ser aplicados em conformidade com as demais normas internas e acordos internacionais vinculantes sobre a matéria. Parágrafo único. Prevalecerá a norma mais benéfica à pessoa com deficiência. (TRT 1ª Reg., Recurso Ordinário nº 00100216520155010031, 9ª Turma, Rel. Des. Claudia de Souza Gomes Freire, decisão unânime, publ. 12 maio 2016).

No mesmo sentido:

> Concurso Público – Pessoa portadora de deficiência – Reserva percentual de cargos e empregos públicos (CF, art. 37, VIII) – Ocorrência, na espécie, dos requisitos necessários ao reconhecimento do direito vindicado pela pessoa portadora de deficiência – Atendimento, no caso, da exigência de compatibilidade entre o estado de deficiência e o conteúdo ocupacional ou funcional do cargo público disputado, independentemente de a deficiência produzir dificuldade para o exercício da atividade funcional – Inadmissibilidade da exigência adicional de a situação de deficiência também produzir 'dificuldades para o desempenho das funções do cargo' – Parecer favorável da Procuradoria-Geral da República – Recurso de agravo improvido. Proteção jurídico-constitucional e internacional às pessoas vulneráveis. Legitimidade dos mecanismos compensatórios que, inspirados pelo princípio

fundamental da dignidade pessoal (CF, art. 1º, III), recompõem, pelo respeito à alteridade, à diversidade humana e à igualdade de oportunidades, o próprio sentido de isonomia inerente às instituições republicanas. [...] Essa Convenção das Nações Unidas, que atribui maior densidade normativa à cláusula fundada no inciso VIII do art. 37 da Constituição da República, legitima a instituição e a implementação, pelo Poder Público, de mecanismos compensatórios destinados a corrigir as profundas desvantagens sociais que afetam as pessoas vulneráveis, em ordem a propiciar-lhes maior grau de inclusão e a viabilizar a sua efetiva participação, em condições equânimes e mais justas, na vida econômica, social e cultural do País [...]. (STF, Agravo Regimental no Mandado de Segurança nº 31.695-DF, Min. Rel. Celso de Mello, 2ª Turma, *DJe* de 10 maio 2015).

Referências

BARBOZA, Heloisa Helena; ALMEIDA, Vitor. A (in) capacidade da pessoa com deficiência mental ou intelectual e o regime das invalidades; Reflexões. *In:* EHRHARDT JR, Marcos. *Impactos do novo CPC no Direito Civil brasileiro.* Belo Horizonte: Fórum, 2016.

BERSCHE, Rita; TONOLLI, José Carlos. *Introdução ao conceito de tecnologia assistiva e modelos de abordagem da deficiência.* 2006. Disponível em: https://goo.gl/42KCdM. Acesso em: 8 jan. 2017.

BOUZA, Teresa. *Empreendedor brasileiro busca vida digna para pessoas com deficiência.* 2016. Disponível em: goo. gl/mT0tyK. Acesso em: 11 jan. 2017.

GOMES, Ana Virgínia Moreira. A inclusão de pessoas com deficiência no mundo do trabalho. *In:* MENEZES, Joyceane Bezerra de (Org.). *Direito das pessoas com deficiência psíquica e intelectual nas relações privadas – Convenção sobre os direitos das pessoas com deficiência e Lei brasileira de inclusão.* Rio de Janeiro: Processo, 2016.

GUGEL, Maria Aparecida *et al. O trabalho do portador de deficiência.* 2013. Disponível em: https://goo.gl/jKfzQ2. Acesso em: 9 jan. 2017.

ILO – International Labour Organization. *Disability and work.* Disponível em: http://www.ilo.org/global/topics/disability-and-work/lang--en/index.htm. Acesso em: 9 jan. 2017.

INR – Instituto Nacional para Reabilitação. *O que é a CIF?* 2010. Disponível em: https://goo.gl/MjfsLA. Acesso em: 13 jan. 2017.

MAENO, Maria; TAKAHASHI, Maria Alice Conti; LIMA, Mônica Angelim Gomes de Lima. Reabilitação profissional como política de inclusão social. *Acta Fisia,* 16(2, p. 53-58), 2009. Disponível em: https://goo.gl/ffT8Ly. Acesso em: 13 jan. 2017.

MARTEL, Letícia de Campos Velho. Adaptação razoável: o novo conceito sob as lentes de uma gramática constitucional inclusiva. *In: SUR,* v. 8, n. 14, p. 89-113, jun. 2011.

MENEZES, Ebenezer Takuno de; SANTOS, Thais Helena dos. Verbete habilitação profissional. *Dicionário Interativo da Educação Brasileira – Educabrasil.* São Paulo: Midiamix, 2001. Disponível em: https://goo.gl/Qc7ggZ. Acesso em: 12 jan. 2017.

MENEZES, Joyceane Bezerra de. O direito protetivo no Brasil após a convenção sobre a proteção da pessoa com deficiência: impactos do novo CPC e do Estatuto da pessoa com deficiência. *Civilística,* ano 4, n. 1, p. 1-34, 2015.

OMS – Organização Mundial de Saúde. *Reabilitação baseada na comunidade:* diretrizes RBC. OMS, 2010.

SILVA, Priscilla Menezes da. A invisibilidade da diferença: a questão da exclusão dos deficientes do mercado de trabalho. *AREL FAAR,* Ariquemes, RO, v. 2, n. 3, p. 22-41, set. 2014.

TURCHIELLO, Priscila; MACHADO, Fernanda de Camargo. Inclusão de deficientes no mundo do trabalho. *Revista Educacional Especial,* v. 28, n. 53, p. 583-594, set./dez. 2015.

CAPÍTULO VII
DO DIREITO À ASSISTÊNCIA SOCIAL

Art. 39. Os serviços, os programas, os projetos e os benefícios no âmbito da política pública de assistência social à pessoa com deficiência e sua família têm como objetivo a garantia da segurança de renda, da acolhida, da habilitação e da reabilitação, do desenvolvimento da autonomia e da convivência familiar e comunitária, para a promoção do acesso a direitos e da plena participação social.

§1º A assistência social à pessoa com deficiência, nos termos do caput deste artigo, deve envolver conjunto articulado de serviços do âmbito da Proteção Social Básica e da Proteção Social Especial, ofertados pelo SUAS, para a garantia de seguranças fundamentais no enfrentamento de situações de vulnerabilidade e de risco, por fragilização de vínculos e ameaça ou violação de direitos.

§2º Os serviços socioassistenciais destinados à pessoa com deficiência em situação de dependência deverão contar com cuidadores sociais para prestar-lhe cuidados básicos e instrumentais.

ELISA COSTA CRUZ

A seguridade social. Os capítulos VII e VIII da Lei nº 13.146/2015 tratam dos direitos à assistência social e à previdência social das pessoas com deficiência.

Tanto a assistência quanto a previdência constituem parte do sistema da seguridade social, composto também pelo direito à saúde, e que é definido como

> o conjunto de princípios, de regras e de instituições destinado a estabelecer um sistema de proteção social aos indivíduos contra contingências que os impeçam de prover as suas necessidades pessoais básicas e de suas famílias, integrado por ações de iniciativa dos Poderes Públicos e da sociedade (MARTINS, 2005, p. 44).

São direitos sociais (art. 6º da CRFB) e de natureza fundamental, financiados direta ou indiretamente pela sociedade, e que devem observar a universalidade da cobertura e do atendimento, uniformidade e equivalência dos benefícios e serviços às populações urbanas e rurais, seletividade e distributividade na prestação dos benefícios e serviços, irredutibilidade do valor dos benefícios, equidade na forma de participação no custeio, diversidade na base de financiamento e caráter democrático e descentralizado da administração, mediante gestão quadripartite, com participação dos trabalhadores, dos empregadores, dos aposentados e do Governo nos órgãos colegiados (art. 195 da CRFB).

Esse sistema de seguridade social tão abrangente e destinado à proteção de vulnerabilidades constitui uma inovação da Constituição da República de 1988. Até essa data, a seguridade social no Brasil era essencialmente equivalente à proteção de alguns direitos do trabalhador, com caráter residual e caritativo da assistência (MARTINS, 2011, v. 1, n. 1, p. 141). Basta analisar a história da seguridade social no país a partir das disposições constitucionais sobre o tema de modo a perceber a mudança de paradigma a partir de 1988, quando houve a ampliação qualitativa e quantitativa da proteção social: a Constituição de 1824 tratava da seguridade no art. 179, XXXI, ao prever a garantia dos socorros públicos; a Constituição de 1891 dispôs no art. 75 que "a aposentadoria só poderá ser dada aos funcionários públicos em caso de invalidez no serviço da nação"; a Constituição de 1934 ampliou os direitos da seguridade, definindo no art. 121, alínea "h", o direito à "assistência médica e sanitária ao trabalhador e à gestante, assegurando a esta descanso antes e depois do parto, sem prejuízo do salário e do emprego, e instituição de previdência, mediante contribuição igual da União, do empregador e do empregado, a favor da velhice, da invalidez, da maternidade e nos casos de acidente de trabalho ou de morte, enquanto o art. 148 assegurava assistência ao trabalhador intelectual e o art. 177, §3º, determinava a aplicação de 4% das receitas tributárias de Estados e Municípios em favor das respectivas populações sujeitas à seca; a Constituição de 1946 assegurou ao trabalhador, no art. 157, X, XVI, XV e XVI, direito à assistência sanitária, inclusive hospitalar e médica preventiva, ao trabalhador e à gestante, assistência aos desempregados e previdência, no art. 164 a assistência à maternidade, à infância e à adolescência, os quais foram repetidos no art. 158, XI, XV, XVI e XX e art.167, §4º, da Constituição de 1967 e art. 165, XI, XV, XVI e XIX, e art. 175, §4º da Emenda Constitucional nº 01/1969. Além dessas regras gerais, a partir da Constituição de 1934 passou os textos constitucionais a contar com a previsão de aposentadoria aos servidores públicos.

Sobre pessoas com deficiência, contudo, apenas a Constituição da República de 1988 faz referência expressa, a teor dos arts. 40, §4º, I, e 201, §1º, 203, IV e V e o art. 227, §1º, II.

Partindo da elevação da dignidade da pessoa humana como princípio, fundamento e objetivo a ser perseguido pelo Estado brasileiro, a Constituição da República de 1988 provocou uma profunda transformação no regime da seguridade social.

Como destaca Valter Martins (2001, p. 147), a Constituição rearticulou três sistemas que aparentemente se regiam por lógicas diferentes: a saúde, por meio da necessidade; a previdência, pela condição de trabalho; e a assistência, pela vulnerabilidade. Em todos os casos, a Constituição determinou a universalização, a solidarização do sistema e a ampliação da cobertura, tudo orientado por critérios de justiça social.

O resultado, segundo o mesmo autor, foi o de um "novo padrão constitucional da política pública social", caracterizada pela universalidade da cobertura, reconhecimento dos direitos sociais, afirmação do dever do Estado, subordinação das práticas privadas à regulação em função da relevância pública das ações e serviços nessas áreas, perspectiva publicista de cogestão governo/sociedade e arranjo organizacional descentralizado, que previa a participação da sociedade nas esferas de decisões acerca das políticas que compõem a Seguridade Social (MARTINS, 2011, v. 1, n. 1, p. 147).

De forma a alinhar coerentemente lógicas que poderiam parecer conflitantes, a Constituição definiu a assistência social como uma série de programas, projetos, benefícios e serviços que se destinam a assegurar condições dignas de vida à população a que se destina, independentemente de contribuição, e a previdência como um seguro destinado a cobrir os riscos sociais eleitos pelo legislador, portanto, de natureza contributiva (TAVARES, 2010, p. 26).

Assim, a cobertura pela assistência ou pela previdência é aferida por um sistema de exclusão: se o risco social está coberto pela Previdência e a pessoa cumpriu os seus requisitos, aplica-lhes esse regime jurídico; do contrário, há que se buscar o sistema assistencial para a proteção de um mínimo de sobrevivência.

Passamos à análise de cada um desses direitos, isoladamente.

A assistência social. A assistência social constitui um conjunto de normas, tendo os artigos 203 e 204 da Constituição da República de 1988 como matriz, que dispõe sobre prestações devidas pelo Estado às pessoas em vulnerabilidade ou risco (TAVARES, 2010, p. 16-17).

Como antes afirmado, é um sistema de caráter não contributivo que visa a assegurar a garantia da dignidade, da vida, a redução de danos, a prevenção da incidência de riscos, visando também atender à família, à infância, à adolescência, à juventude, à velhice, à promoção da integração ao mercado de trabalho, a habilitação e a reabilitação das pessoas portadoras de deficiência e a promoção de sua integração à vida comunitária, além da garantia de um salário mínimo de benefício mensal à pessoa portadora de deficiência e ao idoso que comprovem não possuir meios de prover à própria manutenção ou de tê-la provida por sua família, conforme dispuser a lei.

O sistema de assistência social (SUAS – Sistema Único de Assistência Social) inaugurado pela Constituição é regulamentado pela Lei nº 8.742, de 7 de dezembro de 1993, que define as prestações assistenciais e as responsabilidades de cada ente federativo, uma vez que se trata de competência administrativa comum.

As prestações assistenciais serão aquelas definidas pelo ente federativo competente, salvo quanto ao benefício de prestação continuada (BPC), que é da competência e gestão da União Federal e consiste na "garantia de um salário-mínimo mensal à pessoa com deficiência e ao idoso com 65 (sessenta e cinco) anos ou mais que comprovem não possuir meios de prover a própria manutenção nem de tê-la provida por sua família" (art. 20).

As demais prestações e benefícios referidos nos artigos 22 a 25 da Lei nº 8.742/1993 e no art. 39 da Lei nº 13.146/2015 podem ser instituídas por quaisquer dos entes federativos – União, Estados, Municípios e Distrito Federal –, desde que observadas as regras de competência e fontes de custeio definidas na Constituição e em lei.

O tipo e intensidade da prestação deverá ser aferido de acordo com o grau de vulnerabilidade da pessoa com deficiência, que, em lei, vem classificada como proteção social básica e especial. A proteção especial básica visa a prevenir situações de vulnerabilidade e risco social por meio do desenvolvimento de potencialidades e aquisições e do fortalecimento de vínculos familiares e comunitários; a proteção especial tem por objetivo contribuir para a reconstrução de vínculos familiares e comunitários, a defesa de direito, o fortalecimento das potencialidades e aquisições e a proteção de famílias e indivíduos para o enfrentamento das situações de violação de direitos (art. 6º-A da Lei nº 8.742/1993).

Não há impedimento legal a que uma mesma pessoa seja destinatária de mais de uma prestação socioassistencial, conforme deixa claro o art. 39, §1º, da Lei nº 13.146/2015.

As pessoas com deficiência podem ser beneficiárias de toda e qualquer prestação socioassistencial prevista em lei, mas três delas fazem expressa referência a esse grupo de pessoas: o benefício de prestação continuada, a habilitação e a reabilitação e o cuidador social.

O cuidador social. O art. 39, §2º, da Lei nº 13.146/2015 determina a existência de cuidadores sociais nos serviços socioassistenciais para proverem cuidados básicos à pessoa com deficiência em situação de dependência.

Enquanto os serviços são aqueles especificados na Resolução nº 109, de 11 de novembro de 2009, do Conselho Nacional de Assistência Social (CNAS), os recursos humanos envolvidos na assistência encontram-se na Norma Operacional Básica de Recursos Humanos do SUAS (NOB-RH-SUAS), aprovada pela Resolução nº 269, de 13 de dezembro de 2006, do CNAS.

A ocupação de cuidador social é tratada na Resolução nº 09, de 15 de abril de 2014, do CNAS, a qual lhe prescreve as seguintes funções: desenvolver atividades de cuidados básicos essenciais para a vida diária e instrumentais de autonomia e participação social dos usuários, a partir de diferentes formas e metodologias, contemplando as dimensões individuais e coletivas; desenvolver atividades para o acolhimento, a proteção integral e a promoção da autonomia e autoestima dos usuários; atuar na recepção dos usuários possibilitando uma ambiência acolhedora; identificar as necessidades e demandas dos usuários; apoiar os usuários no planejamento e na organização de sua rotina diária; apoiar e monitorar os cuidados com a moradia, como organização e limpeza do ambiente e preparação dos alimentos; apoiar e monitorar os usuários nas atividades de higiene, organização, alimentação e lazer; apoiar e acompanhar os usuários em atividades externas; desenvolver atividades recreativas e lúdicas; potencializar a convivência familiar e comunitária; estabelecer e, ou, potencializar vínculos entre os usuários, profissionais e familiares; apoiar na orientação, informação, encaminhamentos e acesso a serviços, programas, projetos, benefícios, transferência de renda, ao mundo do trabalho por meio de articulação com políticas afetas ao trabalho e ao emprego, dentre outras políticas públicas, contribuindo para o usufruto de direitos sociais; contribuir para a melhoria da atenção prestada aos membros das famílias em situação de dependência; apoiar no fortalecimento da proteção mútua entre os membros das famílias; contribuir para o reconhecimento de direitos e o desenvolvimento integral do grupo familiar; apoiar famílias que possuam, dentre os seus membros, indivíduos que necessitam de cuidados, por meio da promoção de espaços coletivos de escuta e troca de vivência familiar; e participar das reuniões de equipe para o planejamento das atividades, avaliação de processos, fluxos de trabalho e resultado.

A habilitação e a reabilitação. Sobre o tema, remetemos o leitor aos comentários feitos nos artigos 14 a 17.

Art. 40. É assegurado à pessoa com deficiência que não possua meios para prover sua subsistência nem de tê-la provida por sua família o benefício mensal de 1 (um) salário-mínimo, nos termos da Lei nº 8.742, de 7 de dezembro de 1993.

ELISA COSTA CRUZ

O benefício de prestação continuada (BPC) está previsto no art. 203, V, da Constituição da República, art. 40 da Lei nº 13.146/2015 e art. 20 da Lei nº 8.742/1993 que o define como "garantia de um salário-mínimo mensal à pessoa com deficiência e ao idoso com 65 (sessenta e cinco) anos ou mais que comprovem não possuir meios de prover a própria manutenção nem de tê-la provida por sua família".

A incapacidade de prover a subsistência existe quando a renda familiar seja inferior a ¼ (um quarto) do salário-mínimo. O critério da renda familiar, contudo, pode ser modulado, permitindo-se a concessão do benefício mesmo quando a renda seja superior ao limite legal, ante a declaração de inconstitucionalidade do art. 20, §3º, da Lei nº 8.742/1993 no julgamento da Reclamação nº 4.374 pelo Supremo Tribunal Federal, desde que verificada a vulnerabilidade social das famílias.

Essa orientação já vinha sendo aplicada pelo Superior Tribunal de Justiça desde o julgamento do RESp nº 1.112.557, em 28 de outubro de 2009, em regime de recurso repetitivo.

A concessão do benefício segue o procedimento regulamentado pelo Decreto nº 6.214, de 26 de setembro de 2007, do qual se destaca a análise funcional do fenômeno da deficiência, distanciando-se claramente do modelo médico que se impôs por tantos anos na sociedade. Não basta, assim, a comprovação da deficiência, mas que esta obstrua a participação plena e efetiva da pessoa na sociedade em igualdade de condições com as demais pessoas (arts. 9º, I, e 16 do Decreto nº 6.214/2007).

Outros aspectos importantes a serem destacados sobre o BPC são: a impossibilidade de acumulação do benefício com outro no âmbito da seguridade social ou de outro regime, salvo assistência médica e pensão decorrente de responsabilidade civil (art. 20, §4º, da Lei nº 8.742/1993); a inexistência de prejuízo ao recebimento do benefício em caso de institucionalização (art. 20, §5º, da Lei nº 8.742/1993); desnecessidade de sujeição da pessoa à curatela ou outra medida de proteção (art. 18 do Decreto nº 6.214/2007).[1]

---

[1] Até a data de atualização do texto, em outubro de 2019, estava pendente de análise no Senador Federal a Proposta de Emenda à Constituição nº 06/2019, com texto já aprovado pela Câmara dos Deputados. Consta no texto da proposta a inclusão de parágrafo único no art. 203 com o seguinte teor: "para os fins do disposto no inciso V do caput, considera-se incapaz de prover a manutenção da pessoa com deficiência ou idosa a família cuja renda mensal per capita seja inferior a um quarto do salário-mínimo, admitida a adoção de critérios de

Referências

FERRAZ, Carolina Valença *et al*. *Manual dos direitos da pessoa com deficiência*. São Paulo: Saraiva, 2012.

IBRAHIM, Fábio Zambitte. *Curso de direito previdenciário*. Rio de Janeiro: Impetus, 2012.

LEITÃO, André Studart; DIAS, Eduardo Rocha. Os direitos à previdência e à assistência social da pessoa com deficiência intelectual e psíquica. *In*: MENEZES, Joyceane Bezerra de. *Direito das pessoas com deficiência psíquica e intelectual nas relações privadas*. Rio de Janeiro: Processo, 2016.

MADRUGA, Sidney. *Pessoas com deficiência e direitos humanos*: ótica da diferença e ações afirmativas. São Paulo: Saraiva, 2013.

MARTINS, Sergio Pinto. *Direito da seguridade social*. 22. ed. São Paulo: Atlas, 2005.

MARTINS, Valter. O modelo de proteção social brasileiro: notas para a compreensão do desenvolvimento da seguridade social. *Revista Brasileira de Políticas Públicas*, Brasília, v. 1, n. 1, p. 137-158, jan./jun. 2011.

TAVARES, Marcelo Leonardo. *Direito previdenciário*. 12. ed. Niterói: Impetus, 2010.

---

vulnerabilidade social, nos termos da lei". Caso esse texto seja aprovado, fica confirmada a jurisprudência do Supremo Tribunal Federal quanto à possibilidade de pagamento do BPC em caso de renda superior a ¼ do salário-mínimo per capita, desde que verificada a vulnerabilidade social.

CAPÍTULO VIII
DO DIREITO À PREVIDÊNCIA SOCIAL

Art. 41. A pessoa com deficiência segurada do Regime Geral de Previdência Social (RGPS) tem direito à aposentadoria nos termos da Lei Complementar nº 142, de 8 de maio de 2013.

ELISA COSTA CRUZ

A previdência social. A Previdência Social tem sua regra matriz no art. 201 da Constituição da República, salvo quanto aos servidores públicos vinculados a regime próprio, cuja regulamentação encontra-se no art. 40 da Constituição da República.[2] A despeito da duplicidade de regimes, percebe-se que ambos têm por objetivo a cobertura dos eventos de doença, invalidez, morte e idade avançada, sendo que o regime geral de previdência ainda destaca a proteção à maternidade, especialmente à gestante, a proteção ao trabalhador em situação de desemprego, e salário-família e auxílio-reclusão para os dependentes dos segurados de baixa renda.

Em razão da multiplicidade de regimes próprios existentes no país, analisaremos apenas as regras previdenciárias do Regime Geral de Previdência Social (RGPS), que tem sede no art. 201 da Constituição e é regulamentado pelas Leis nº 8.212 (organização da previdência e plano de custeio) e nº 8.213 (planos de benefícios da previdência social), ambas de 24 de julho de 1991, e pelo Decreto nº 3.048, de 6 de maio de 1999.

Por oportuno, esclarece-se que questões sobre contribuições previdenciárias também não serão objeto de análise por escaparem ao objetivo deste trabalho, tampouco a previdência complementar, que tem natureza contratual.

Assim, o ponto central é a posição da pessoa com deficiência como destinatária de prestação previdenciária e a principal norma será a Lei nº 8.213/1991.

Sob esta perspectiva de posição de vantagem, a pessoa com deficiência pode se qualificar tanto como beneficiário, assim considerados os segurados obrigatório e facultativo da previdência e descritos nos artigos 11, 12 e 13 da Lei nº 8.213/1991; quanto como dependente, cujo rol está no art. 16 da Lei nº 8.213/1991.

A condição de segurado é mantida enquanto o pagamento da contribuição previdenciária estiver sendo feito ou, independentemente de contribuição, nas hipóteses

---

[2] Até a data de atualização do texto, em outubro de 2019, estava pendente de análise no Senador Federal a Proposta de Emenda à Constituição nº 06/2019, com texto já aprovado pela Câmara dos Deputados, que pode importar em alterações no sistema previdenciário. O texto manteve a análise do tema a partir dos textos constitucionais e legais vigentes na data de sua revisão.

do art. 15 da Lei nº 8.213/1991. Por sua vez, a condição de dependente deve ser verificada de acordo com a lei vigente na data de óbito do segurado, como decidido na decisão do Recurso Especial nº 990.549 da relatoria do Ministro Ricardo Villas boas Cuevas.

Os segurados da previdência fazem jus aos benefícios previstos no art. 18, I, da Lei nº 8.213/1991: aposentadoria por invalidez, aposentadoria por idade, aposentadoria por tempo de contribuição, aposentadoria especial, auxílio-doença, salário-família, salário-maternidade e auxílio-acidente.

A pessoa com deficiência pode ser beneficiária de três dessas prestações em razão de sua condição, sem exclusão das demais: aposentadoria por invalidez e especial e auxílio-acidente. Exclui-se o auxílio-doença, porque ele é devido em razão de incapacidade temporária, conceito que conflita com o de longo impedimento de deficiência.

Quando ostentar a condição de dependente, a pessoa com deficiência faz jus ao recebimento de pensão por morte, nos termos do art. 18, II, da Lei nº 8.213/1991.

A aposentadoria por invalidez. Aposentadoria por invalidez é a prestação previdenciária devida ao segurado considerado incapaz e insuscetível de reabilitação para o exercício de atividade que lhe garanta a subsistência, precedida ou não de auxílio-doença, ou, ainda, quando a doença ou a lesão preexistente ao ingresso no RGPS vier, por progressão ou agravamento, a lhe incapacitar (art. 42 da Lei nº 8.213/1991).

A concessão dessa aposentadoria depende da condição legal de segurado, do cumprimento do prazo de carência, que são de 12 (doze) contribuições, na forma do art. 25, I, salvas as hipóteses do art. 26 da Lei nº 8.213/1991, e da apuração em perícia médica da incapacidade total e definitiva para o trabalho sem possibilidade de reabilitação.

Uma importante questão é a obrigatoriedade da submissão do segurado à reabilitação como condição procedimental para a fruição da aposentadoria.

Muito embora esteja prevista na Lei nº 8.213/1991, a correção médica da deficiência compõe o modelo médico de deficiência, abandonado desde a internalização pelo Brasil da Convenção sobre os Direitos da Pessoa com Deficiência. Desde este marco normativo, a reabilitação é um direito que pode ou não ser exercido pela pessoa, a qual não é obrigada a ele aderir como condição para fruição de direito legalmente previsto, conforme atualmente previsto no art. 14 da Lei nº 13.146/2015.

O tema é controvertido na jurisprudência, sendo possível encontrar acórdãos no Tribunal Federal da 3ª Região (Apelação nº 0042847-46.2015.4.03.9999, 7ª Turma, Desembargador Federal Fausto de Sanctis, *DJe* 14.12.2016; Apelação nº 00341-27.2014.4.03.9999, 9ª Turma, Juiz Federal convocado Silva Neto, *DJe* 29.08.2016; Apelação 0045827-63.2015.4.03.9999, 9ª Turma, Desembargadora Federal Ana Pezarini, *DJe* 01.06.2016) que acolhem a tese da obrigatoriedade e acórdãos no Tribunal Federal da 4ª Região (Apelação nº 0020516-48.2012.4.04.9999, 5ª Turma, Desembargador Luiz Antonio Bonat, *DJe* 24.08.2015) e da Turma Nacional de Uniformização (Pedido de uniformização nº 0033780-42.2009.4.01.3300, Juíza Federal Marisa Cláudia Gonçlves Cucio) contrários à obrigatoriedade.

O valor da aposentadoria corresponde a 100% da média aritmética simples dos maiores salários de contribuição correspondentes a 80% de todo o período contributivo, mas nunca inferior a 01 (um) salário mínimo ou superior ao limite máximo do salário de contribuição definido na data de início do benefício (arts. 29, II, §2º, e 44 da Lei nº 8.213/1991).

Caso ocorra a recuperação da capacidade de trabalho, devem ser observadas as normas de transição do art. 47 da Lei nº 8.213/1991.

A aposentadoria especial. Como forma de inclusão social e de modo a conferir tratamento igualitário (dentro da perspectiva da diferença das pessoas) às pessoas com deficiência, o art. 201, §1º, da Constituição autorizou a instituição de Lei Complementar que preveja requisitos específicos para a aposentadoria das pessoas com deficiência.

Essa previsão foi incluída pela Emenda Constitucional nº 47/2005 e regulamentada através da Lei Complementar nº 142, de 8 de maio de 2013.

São condições para usufruir a aposentadoria especial: ser considerada pessoa com deficiência segundo critérios médicos e funcionais (art. 4º da Lei Complementar nº 142/2013); cumprir o prazo de carência; possuir 25 (vinte e cinco) anos de tempo de contribuição, se homem, e 20 (vinte) anos, se mulher, no caso de segurado com deficiência grave; ou 29 (vinte e nove) anos de tempo de contribuição, se homem, e 24 (vinte e quatro) anos, se mulher, no caso de segurado com deficiência moderada; ou 33 (trinta e três) anos de tempo de contribuição, se homem, e 28 (vinte e oito) anos, se mulher, no caso de segurado com deficiência leve; ou 60 (sessenta) anos de idade, se homem, e 55 (cinquenta e cinco) anos de idade, se mulher, independentemente do grau de deficiência, desde que cumprido tempo mínimo de contribuição de 15 (quinze) anos e comprovada a existência de deficiência durante igual período (art. 3º da Lei Complementar nº 142/2013).

A classificação da deficiência como leve, média ou grave é feita seguindo critérios da Portaria Interministerial SDH/MPS/MF/MOG/AGU nº 01, de 27 de janeiro de 2014. Os demais procedimentos estão no Decreto nº 3.048/1999.

A aposentadoria especial será preterida em favor de outra espécie de aposentadoria prevista em lei quando esta última revelar-se mais vantajosa para a pessoa (art. 9º, V, da Lei Complementar nº 142/2013).

O auxílio-acidente. O auxílio-acidente constitui benefício previdenciário devido aos segurados arrolados no art. 11, I, II, VI e VII, da Lei nº 8.213/1991 que, independentemente de carência (art. 26 da Lei nº 8.213/1991), após consolidação das lesões decorrentes de acidente de qualquer natureza, resultarem sequelas que impliquem redução da capacidade para o trabalho que habitualmente exercia (art. 86 da Lei nº 8.213/1991).

O valor do auxílio corresponde a 50% da média aritmética simples dos maiores salários de contribuição correspondentes a 80% de todo o período contributivo (arts. 29, II, e 86, §1º, da Lei nº 8.213/1991) e tem início da data de cessação do auxílio-doença, vedada sua acumulação com aposentadoria (art. 86, §2º, da Lei nº 8.213/1991).

Pensão por morte. A pensão por morte é benefício previdenciário devido aos dependentes do segurado, que, conforme o art. 16 da Lei nº 8.213/1991 podem ser: o cônjuge, a companheira ou o companheiro e o filho, enteado ou criança e adolescente sob tutela de até 21 (vinte e um) anos ou inválido ou com deficiência intelectual ou mental grave (inciso I); os pais (inciso II); o irmão não emancipado de até 21 (vinte e um) anos ou inválido ou com deficiência intelectual ou mental ou grave (inciso III).

Percebe-se que a redação do artigo não está adequada ao conhecimento existente sobre a deficiência, mesmo sendo o resultado de alteração legislativa pela Lei nº 13.146/2015. Melhor seria se tivesse se reportado à situação incapacitante e à deficiência nos incisos que tratam da dependência de filhos, enteados e crianças sob tutela e irmãos.

Ainda assim é possível apreender o sentido e o conteúdo da norma.

Deve ser assinalado que filhos, enteados, irmãos ou crianças e adolescentes sob a tutela do segurado não possuem direito irrestrito à pensão por morte. Até os 21 (vinte e um) anos, há a presunção de dependência econômica e o benefício é devido. Após essa idade, apenas se comprovada invalidez, deficiência intelectual ou mental ou deficiência grave. Estão excluídas deficiências físicas, leves e médias porque se pressupõe que nesses casos existe alguma capacidade laborativa residual.

Podemos, contudo, imaginar, situação em que a despeito de deficiências físicas, leves e médias esteja excluída a capacidade laborativa e de autossustento. Por isso, melhor seria que a lei tivesse usado o mesmo critério para a concessão de aposentadoria e definido o direito ao pensionamento a partir de completa e total incapacidade aferida em perícia médica e funcional. Apenas assim se cumpriria o postulado da justiça social que orienta a seguridade.

A peculiaridade é que a condição de segurado para fins de reconhecimento do direito à da pensão é aferido na data do óbito. Isso significa dizer que a deficiência ou a condição incapacitante do dependente deve coexistir à data de falecimento do segurado. Se à época do óbito a deficiência ou a doença não existia ou, se existente, não impedia o desenvolvimento de atividades habituais, não será devido o benefício.

O valor mensal da pensão por morte será de cem por cento do valor da aposentadoria que o segurado recebia ou daquela a que teria direito se estivesse aposentado por invalidez na data de seu falecimento (art. 75 da Lei nº 8.213/1991) e será concedido em ordem de prioridade às pessoas de cada classe e repartido se houver mais de uma pessoa por classe.

CAPÍTULO IX
DO DIREITO À CULTURA, AO ESPORTE, AO TURISMO E AO LAZER

Art. 42. A pessoa com deficiência tem direito à cultura, ao esporte, ao turismo e ao lazer em igualdade de oportunidades com as demais pessoas, sendo-lhe garantido o acesso:

I - a bens culturais em formato acessível;

II - a programas de televisão, cinema, teatro e outras atividades culturais e desportivas em formato acessível; e

III - a monumentos e locais de importância cultural e a espaços que ofereçam serviços ou eventos culturais e esportivos.

§1º É vedada a recusa de oferta de obra intelectual em formato acessível à pessoa com deficiência, sob qualquer argumento, inclusive sob a alegação de proteção dos direitos de propriedade intelectual.

§2º O poder público deve adotar soluções destinadas à eliminação, à redução ou à superação de barreiras para a promoção do acesso a todo patrimônio cultural, observadas as normas de acessibilidade, ambientais e de proteção do patrimônio histórico e artístico nacional.

ALLAN ROCHA DE SOUZA

O capítulo nono do EPD tenta abarcar sob o mesmo título atividades de diferentes dimensões. A análise deste conjunto faz transparecer a sobreposição do lazer às demandas culturais vinculadas à construção crítica das identidades e o resistente papel da acessibilidade física como agente das mudanças.

O risco comum desta reunião é obscurecer os processos culturais e esportivos enquanto agentes de formação e integração, relegando-os como acessórios frente ao lazer e ao turismo. E, no processo de inclusão da pessoa com deficiência, sem darmos a devida relevância e proeminência à cultura e ao esporte, para além dos limites das questões materiais, a saúde integral desses cidadãos – por envolver os elementos físico, psicológico e social – fica prejudicada e, com isso, os objetivos e princípios maiores do EPD ficam, neste aspecto, falseados.

Isso não significa, contudo, dizer que a acessibilidade física seja menos necessária e urgente. Sua importância é incontestável. Sem a acessibilidade física e material, os efeitos dos elementos imateriais, cuja mais genuína expressão se dá quando da vontade pessoal e motivação interna para participar de atividades culturais e esportivas, serão, na melhor das hipóteses, extremamente restritos, quando não conducentes à frustração, consequente baixa autoestima e posterior inação por autoimposição.

Deste modo, para fins destes comentários, cumpre distinguir entre o que denominamos de condições materiais da acessibilidade, que pode ser sintetizado na adequação dos espaços e materiais instrumentais às restrições físicas das pessoas com deficiência; e o que chamamos de condições imateriais, que são os mecanismos e processos psicossociais e culturais que resultam numa vontade pessoal e ambiente social incentivador da prática cultural e esportiva.

O objetivo principal deste capítulo do EPD deveria ser o de aprofundar a acessibilidade às condições imateriais que farão das práticas praxes. Contudo, mostra-se tímido nesta promoção, tutelando aspectos mais gerais sem avançar e indicar o conjunto mais amplo de ações necessárias à plena integração da pessoa com deficiência.

Mas, em que pese a reduzida regulação e escassos elementos para a sua efetivação, esses direitos são, ainda assim, conquistas que merecem ter seu mérito reconhecido. E diante da inafastável necessidade de sua realização, caberá aos intérpretes e aplicadores da norma tornar este cenário realidade e aos cidadãos exigir dos órgãos competentes sua eficácia.

No seu bojo, o artigo 42 é o mais centralmente dirigido à inclusão cultural e atua diretamente na disponibilização de bens culturais em formato acessível e também no acesso aos símbolos físicos, como os monumentos, eivados de significados culturais. Enfrenta a questão da acessibilidade instrumental, que escapa do aspecto meramente espacial e de garantia de locomoção para alcançar os aspectos técnicos relacionados aos formatos nos quais são disponibilizadas as expressões culturais e, com isso, favorecer a adequação plena do ambiente entendido em sentido amplo.

Tenta-se, com isso, promover e realizar o conjunto de direitos culturais para as pessoas com deficiência. Com razão, a experiência cultural é um dos pilares formadores da pessoa e *conditio sine qua non* para o desenvolvimento integral de sua personalidade, pois, a partir destas, são elaboradas e reelaboradas as visões e construídos os universos simbólicos com os quais o mundo é apreendido. O caráter constitutivo das experiências culturais remete ao princípio da dignidade da pessoa humana e sentimento de pertencimento a uma comunidade, consequência das experiências culturais comuns, e de valoração positiva deste vínculo são pressupostos reconhecidos para a plena cidadania (SOUZA, 2012, *passim*).

Os direitos culturais promovem o desenvolvimento pessoal para uma existência digna, a construção das identidades, a inclusão e o exercício da cidadania cultural, a capacitação para o diálogo intercultural e o crescimento socialmente sustentável. Todas essas circunstâncias interagem na justificação e informam o conteúdo dos direitos culturais (FRANCIONI; SCHEININ, 2008).

A amplitude dos efeitos pessoais e sociais dos direitos culturais indica que não há como cumprir os objetivos fundamentais da República de edificação de uma sociedade livre, justa e solidária, de assegurar o desenvolvimento inclusivo e a promoção do bem geral sem a sua máxima concreção. A igualdade cultural é condição para o diálogo e a convivência harmoniosa e o diálogo efetivamente livre é essencial em uma sociedade plural. Este é o desígnio constitucional, ao qual tanto o Estado quanto os cidadãos e a sociedade estão vinculados.

Os direitos culturais formam um conjunto de direitos interdependentes, vinculados ao objetivo maior de assegurar a livre participação na vida cultural e garantir o seu pleno exercício. Seus sentidos se complementam e suas aplicações se entrelaçam, reproduzem em sua normatização a dinâmica particular de seu objeto, projetam-se por todo o ordenamento e refletem todas as dimensões dos direitos fundamentais, mas enraízam-se nuclearmente no direito de igualdade (SILVA, 2007, *passim;* TAMATOPOULOU, 2008, *passim).*

O ponto de partida para o exercício dos direitos culturais é o direito de acesso à cultura. Mas, para garantir o livre acesso, é necessária a preservação de espaços e condições existentes, além da constituição de novos, que permitam a livre e plena manifestação, criação e circulação dos bens culturais. Estes são de natureza material (equipamentos e financiamento) e imaterial (conhecimento), e necessariamente implicam na preservação e ampliação do espaço jurídico necessário para que, de fato, seja assegurada a livre participação cultural, condição para o pleno exercício dos direitos culturais. Impõe-se, portanto, a democratização das condições econômicas, jurídicas e sociais para a livre prática cultural.

A ampla acessibilidade aos bens culturais corrobora, ainda, para permitir a livre construção das identidades, elemento de constituição da existência social da pessoa, caracterizando-se os direitos culturais como um verdadeiro direito existencial social. Deste modo, o direito à identidade integral corporifica-se como justificativa principal das garantias de livre participação e pleno exercício destes direitos. O direito à identidade cultural é um importante elemento da dignidade humana.

O direito a um patrimônio cultural rico, valorizado e protegido corrobora a noção de participação cultural e justifica os investimentos públicos na sua conservação, promoção e os incentivos à produção de bens que venham a lhes integrar. Esse direito é complementar ao direito de acesso e seu contínuo robustecimento consubstancia a livre participação cultural e, consequentemente, o pleno exercício desses direitos.

A construção deste patrimônio coletivo deve obedecer à pluralidade e à diversidade, tendo por referência os vários grupos participantes da nação, e respeitar as várias formas brasileiras de ser e se expressar. O acesso livre serve também para garantir a liberdade de participação nas diversas manifestações culturais e o pleno desenvolvimento das potencialidades humanas.

A pluralidade é um elemento determinante dos direitos culturais. A convivência social e o diálogo, em vista ao progressivo entendimento e mesmo integração, viabilizam e reforçam a diversidade de formas de ser e de se manifestar. Neste cenário, não há espaços para a exclusão. A discriminação afeta diretamente o direito à pluralidade e à diversidade, ofende frontalmente os direitos culturais e atinge, também, o direito à identidade, na medida da rejeição à forma particular de ser e viver. O direito à igualdade prepondera na rejeição e criminalização da discriminação, mas é reforçado pelos direitos culturais ao pluralismo e à identidade.

São, neste sentido e dentro deste contexto, que devem ser entendidos os incisos I, II e III do artigo 42 do EPD, que exigem a disponibilização dos bens culturais em formato acessível às pessoas com deficiência. E neste sentido cabe aos titulares, originais ou derivados, distribuidores e exibidores e equivalentes à obrigação de disponibilizar estes bens no formato necessário a garantir a acessibilidade substancial, real, aos bens culturais.

O §1º destaca e eleva a importância da acessibilidade cultural e do objetivo de promoção da igualdade e dignidade de todos, ao estabelecer a proeminência do direito de acesso à cultura aos bens protegidos por direitos autorais e outros tipos de propriedade intelectual por pessoas com deficiência frente à exclusividade patrimonial atribuída aos titulares desses direitos.

No tocante à relação entre direitos autorais (ASCENÇÃO, 2002) e culturais, deve-se ter em mente que as influências dos direitos culturais sobre os direitos autorais são múltiplas, justificando, em confluência com outras disposições, tanto a proteção patrimonial, quanto a proteção pessoal no que se refere às limitações à exclusividade. Os direitos autorais são embebidos nos direitos culturais.

Os direitos patrimoniais do autor e, em alguns casos, os direitos morais são restritivos ao acesso e à liberdade de criação e manifestação. Na perspectiva dos direitos culturais, a exclusividade de usos, essência dos direitos autorais, é uma exceção ao direito de acesso à cultura. Essa restrição, contudo, é justificada pelo suposto incentivo econômico à criação e funcionalizada para o engrandecimento cultural da sociedade, com consequências positivas para a formação do patrimônio cultural brasileiro.

Isso não implica dizer que esta exclusividade de uso seja ilimitada ou absoluta, pois os direitos autorais e suas limitações são ancorados nos direitos fundamentais. A restrição jurídica ao amplo direito de acesso e à liberdade de criação e manifestação não pode ultrapassar os limites da razoabilidade e deve, por ser excepcional, ser interpretada restritivamente. É espúria a restrição injustificada ou excessiva ao acesso na medida em que ofende os princípios e os objetivos da República, pois permitiria o autoritarismo cultural dos titulares dos bens de acesso restrito. O aparente conflito entre a liberdade de acesso e sua restrição deve ser resolvido em favor da liberdade.

E, na medida em que os bens culturais participam, enquanto mediadores, de comunicações e interações sociais de conteúdo existencial, a normatividade jurídica deve assegurar a disponibilidade desses bens, não sendo mais possível impedir o acesso aos mesmos, justamente em razão dos direitos fundamentais culturais.

O art. 42, §1º, nos remete também ao Tratado de Marraqueche, primeiro Tratado de Direitos Autorais na Organização Mundial de Propriedade Intelectual a instituir limitações imperativas aos direitos autorais, referindo-se, em sua justificativa, expressamente à Convenção de Nova York sobre os Direitos das Pessoas com Deficiência como fonte legitimadora, e difere-se desta por focar nas pessoas com deficiência visual e também por regular a disponibilização transfronteiriça e as entidades legitimadas a atuar no intercâmbio de materiais. Não menos importante é o fato de ter sido o Tratado de Marraqueche igualmente ratificado como Emenda Constitucional, assim como a Convenção de Nova York.

A ratificação desses Tratados como Emenda Constitucional consolida as proposições de que o acesso à cultura é um direito fundamental albergado na Constituição Federal como Cláusula Pétrea, não estando sujeita à redução pelo legislador ordinário. E o diálogo entre os Tratados conduz à inevitável conclusão de que a acessibilidade imposta é com relação a todas as obras por parte das pessoas com qualquer tipo de deficiência. Com isso, o direito de acesso à cultura adquire um novo e renovado fôlego, demandando que as ações e políticas públicas e legislativas se adequem e correspondam ao status qualificado deste Direito.

Os interesses coletivos a que nos remetem os Tratados em foco e preenchem os significados da função social da propriedade e dos contratos são justamente os que conduzem à inclusão cultural, e que são sustentados principalmente no direito de acesso à cultura, que atua no plano de promoção da igualdade, cultural no caso específico.

Os efeitos imediatos sobre os direitos autorais são principalmente de duas ordens. Em primeiro lugar substancia a noção de que as limitações e exceções são não só necessárias, mas obrigatórias, em razão do seu papel de equilibrar e harmonizar dentro do sistema de direitos autorais os interesses proprietários dos titulares e não proprietários da coletividade. Além disso, consolida a interpretação extensiva das limitações expressas, já adotada pelo STJ, uma vez que estas são representações dos direitos fundamentais que devem ser compatibilizados com os direitos autorais. É expressão da função social dos direitos autorais. A ratificação dos Tratados implica na consolidação da interpretação extensiva das limitações.

Por fim, as normas dos Tratados impactam diretamente os negócios jurídicos de direitos autorais, cujos termos não podem conflitar com os interesses coletivos relevantes e constitucionalmente estabelecidos. A necessidade dos contratantes atentarem na elaboração do programa contratual para os interesses de terceiros e da coletividade encontra fulcro na função social dos contratos.

Neste sentido caminha o artigo 42 do Estatuto das Pessoas com Deficiência, quando proíbe a não disponibilização das obras em formato acessível. Os efeitos imediatos destes Tratados sobre os negócios jurídicos de direitos autorais são, portanto, dois: (*i*) tornam nulas as cláusulas contratuais proibitivas de disponibilização das obras em formato acessível às pessoas com deficiência; (*ii*) quando ausentes, são consideradas implícitas as permissões contratuais de disponibilização das obras em formato acessível às pessoas com deficiência.

O art. 42, §2º, por sua vez, impõe aos poderes públicos que tomem efetivas ações no sentido de realizar esses comandos, já impostos pela própria configuração constitucional de direitos fundamentais dos Tratados. Este comando não se esgota no plano dos poderes executivos e seus deveres de realização das políticas públicas determinadas, mas também alcança o legislativo no dever de efetuar as mudanças legislativas com recurso ao estabelecimento de sanções, sejam positivas ou negativas. Não menos importante é a função do judiciário, que também está submetido aos ditames e programas constitucionais, na sua função de julgar e também, por via do Ministério Público e da Defensoria, fiscalizar e exigir.

Exemplo da consecução e efetivação dessas políticas públicas foi capitaneada pela ANCINE, que recentemente editou a Instrução Normativa (IN) nº 128/16, com o fim de regulamentar o provimento de recursos de acessibilidade visual e auditiva aplicada ao setor audiovisual. De outros setores e instituições deve ser exigida a mesma atitude.

Art. 43. O poder público deve promover a participação da pessoa com deficiência em atividades artísticas, intelectuais, culturais, esportivas e recreativas, com vistas ao seu protagonismo, devendo:

I - incentivar a provisão de instrução, de treinamento e de recursos adequados, em igualdade de oportunidades com as demais pessoas;

II - assegurar acessibilidade nos locais de eventos e nos serviços prestados por pessoa ou entidade envolvida na organização das atividades de que trata este artigo; e

III - assegurar a participação da pessoa com deficiência em jogos e atividades recreativas, esportivas, de lazer, culturais e artísticas, inclusive no sistema escolar, em igualdade de condições com as demais pessoas.

ALLAN ROCHA DE SOUZA

O artigo 43 tem por objetivo geral promover a formação dos cidadãos com deficiência para o exercício das atividades culturais, esportivas e intelectuais, em suas múltiplas dimensões. As finalidades do artigo 43 seguem e complementam a regulamentação da inclusão cultural no plano mais amplo, pois se almeja aqui garantir sua participação ativa nessas atividades e, para tal, busca-se criar condições imateriais para sua realização, como o oferecimento de instrução especial e incentivo ao real exercício da atividade. Tem um objetivo educacional e instrucional.

Nesta linha, busca-se, no inciso I, primordialmente, o desenvolvimento da experiência instruída do 'como fazer', por meio de treinamentos, que devem ser adequados às necessidades de cada qual. Já no inciso II assegura-se o acesso físico não só aos locais de apresentação, competição, mas também aos serviços de organização dessas atividades. Com isso, almeja-se alcançar um nível de acessibilidade que assegure a efetiva e ativa participação, não apenas como espectador, mas como executor da atividade. Por fim, o inciso, III, aprofunda a dimensão da inclusão pretendida de forma a garantir a participação igualitária e o protagonismo.

Art. 44. Nos teatros, cinemas, auditórios, estádios, ginásios de esporte, locais de espetáculos e de conferências e similares, serão reservados espaços livres e assentos para a pessoa com deficiência, de acordo com a capacidade de lotação da edificação, observado o disposto em regulamento.

§1º Os espaços e assentos a que se refere este artigo devem ser distribuídos pelo recinto em locais diversos, de boa visibilidade, em todos os setores, próximos aos corredores, devidamente sinalizados, evitando-se áreas segregadas de público e obstrução das saídas, em conformidade com as normas de acessibilidade.

§2º No caso de não haver comprovada procura pelos assentos reservados, esses podem, excepcionalmente, ser ocupados por pessoas sem deficiência ou que não tenham mobilidade reduzida, observado o disposto em regulamento.

§3º Os espaços e assentos a que se refere este artigo devem situar-se em locais que garantam a acomodação de, no mínimo, 1 (um) acompanhante da pessoa com deficiência ou com mobilidade reduzida, resguardado o direito de se acomodar proximamente a grupo familiar e comunitário.

§4º Nos locais referidos no caput deste artigo, deve haver, obrigatoriamente, rotas de fuga e saídas de emergência acessíveis, conforme padrões das normas de acessibilidade, a fim de permitir a saída segura da pessoa com deficiência ou com mobilidade reduzida, em caso de emergência.

§5º Todos os espaços das edificações previstas no caput deste artigo devem atender às normas de acessibilidade em vigor.

§6º As salas de cinema devem oferecer, em todas as sessões, recursos de acessibilidade para a pessoa com deficiência.

§7º O valor do ingresso da pessoa com deficiência não poderá ser superior ao valor cobrado das demais pessoas.

ALLAN ROCHA DE SOUZA

O foco central desse dispositivo é a destinação de espaços nos ambientes culturais, intelectuais e esportivos, de modo a viabilizar a plena participação das pessoas com deficiência em todas as atividades. Busca-se aqui não só assegurar que os espaços estejam reservados, mas que estejam adequados à sua utilização. Os beneficiados por esta norma são, principalmente, aquelas pessoas cuja deficiência resulta em uma mobilidade reduzida, embora a norma alargue seu alcance incluindo a acessibilidade cultural em sentido estrito, independente da questão física, como expresso no parágrafo 6º.

Notadamente, este artigo concentra-se na acessibilidade física e destinação de espaços reservados nos ambientes de espetáculo, sejam culturais, esportivos, intelectuais, recreativos ou profissionais. Não devemos, contudo, reduzir sua importância, pois o encaminhamento da questão do espaço físico é uma das condições materiais necessárias, ainda que não suficientes, para a efetiva participação cultural, em seu sentido mais lato possível; participação esta que, por sua vez, é essencial ao exercício dos direitos culturais.

O *caput* determina que sejam destinados espaços às pessoas com deficiência, que serão relativos à sua capacidade de lotação. Contudo, esta norma exige uma regulamentação posterior para estabelecer as condições mínimas de oferta desses lugares reservados.

Duas questões devem ser observadas com relação a este artigo. Em primeiro lugar deve-se observar que, independentemente de regulamentação específica, o parágrafo 5º já prevê a adequação desses espaços às normas de acessibilidade em vigor, o que inclui, certamente, as que vierem a ser estabelecidas. Ao mesmo tempo, cumpre-se ressalvar que os órgãos competentes para regulamentar o artigo tem o dever de elaborá-los com a máxima presteza, uma vez que obedecem a comandos constitucionais diretos e inescusáveis, podendo ser demandadas pelos órgãos de fiscalização e associações interessadas.

Os espaços e assentos destinados a pessoas com deficiência devem estar situados em locais diversos, compreendendo todos os setores e dotados de boa visibilidade, de forma a não implicar em qualquer forma de segregação física ou espacial. Para que seu uso esteja plenamente ajustado, estes devem ser sinalizados, desobstruídos e próximos aos corredores, de forma a viabilizar a ampla circulação destas pessoas nos ambientes, como informa o parágrafo 1º.

Ao mesmo tempo, como informa o parágrafo 4º, deve estar assegurado o cumprimento de todas as normas de segurança, que inclui rotas de fuga e saídas de emergência igualmente acessíveis. Ou seja, é necessário assegurar não só que a pessoa com deficiência possa entrar e se acomodar no ambiente, a fim de aproveitar e participar da atividade em igualdade de condições, mas também sair dele de maneira segura.

O processo de inclusão das pessoas com deficiência passa também pela viabilização de sua participação cultural em companhia de seu grupo familiar e comunitário, de forma a garantir que a destinação de espaços acessíveis não venha a se tornar mais uma forma de exclusão e, neste sentido, o parágrafo 3º assegura que estes locais devem permitir a acomodação de, no mínimo, um acompanhante, assegurando ainda a proximidade com os demais familiares e grupo social.

Todas as adaptações necessárias à acessibilidade não podem resultar em maior onerosidade às pessoas com deficiência, daí o estabelecido no parágrafo 7º de acordo com o qual o valor dos ingressos não pode ser superior aos cobrados às demais pessoas, inclusive no que tange aos descontos aplicáveis em razão do vínculo estudantil ou idade.

Os assentos destinados às pessoas com deficiência lhes são reservados, não prioritariamente destinados. Isso quer dizer que apenas excepcionalmente, nos casos em que, comprovadamente, não há procura por estes lugares por parte das pessoas a quem se destinam. O regulamento há de estabelecer as regras para esta disponibilização dos lugares reservados a pessoas de mobilidade reduzida a terceiros que não tenham tais restrições.

O parágrafo 6º é mais específico com relação ao alcance e conteúdo dos direitos de participação cultural das pessoas com deficiência, na medida em que ultrapassa os limites da acessibilidade física e contempla o conteúdo cultural representado nos filmes como objeto do acesso.

Neste sentido, a Agência Nacional de Cinema, por meio da Instrução Normativa (IN) nº 128, de 13 de setembro de 2016, "regulamenta o provimento de recursos de acessibilidade visual e auditiva nos segmentos de distribuição e exibição cinematográfica".

Elemento central da regulação, o artigo 3º dispõe que: "As salas de exibição comercial deverão dispor de tecnologia assistiva voltada à fruição dos recursos de legendagem, legendagem descritiva, audiodescrição e LIBRAS – Língua Brasileira de Sinais". O parágrafo 1º estabelece a modalidade de disponibilização dos equipamentos, que será fechada individual, e o 2º refere-se ao número mínimo de equipamentos que devem estar disponíveis, remetendo ao anexo à IN.

As obrigações do exibidor estão condicionadas à existência e disponibilização ao exibidor desses recursos, com relação à obra audiovisual em particular, aos quantitativos mínimos estabelecidos no anexo à IN, e aos prazos determinados no Capítulo III da mesma regulamentação.

Os prazos para implantação das diretrizes pelos exibidores (art. 6º) variam de acordo com o parque exibidor, sendo que em até 24 meses todos devem estar plenamente adequados às determinações. Já o número de equipamentos a serem disponibilizados varia de 03 para uma sala de exibição a 15 em um complexo com 13 ou mais salas.

É dever do distribuidor (art. 5º) disponibilizar ao exibidor cópia de todas as obras audiovisuais por ele distribuídas com recursos de acessibilidade de legendagem, legendagem descritiva, audiodescrição e LIBRAS, sendo de 06 meses para os recursos de legendagem, legendagem descritiva e audiodescrição e 12 meses para o recurso de LIBRAS.

(NC) O Decreto nº 9.404, de 11 de junho de 2018, alterou o Decreto nº 5.296, de 2 dezembro de 2004, para dispor sobre a reserva de espaços e assentos em teatros, cinemas, auditórios, estádios, ginásios de esporte, locais de espetáculos e de conferências e similares para pessoas com deficiência, em conformidade com o art. 44 do EPD.

Neste sentido, o art. 23 do Decreto nº 5.296/2004 passa a vigorar com a seguinte alteração:

> Art. 23. Nos teatros, cinemas, auditórios, estádios, ginásios de esporte, locais de espetáculos e de conferências e similares, serão reservados espaços livres para pessoas em cadeira de rodas e assentos para pessoas com deficiência ou com mobilidade reduzida, de acordo com a capacidade de lotação da edificação, conforme o disposto no art. 44 §1º, da Lei 13.446, de 2015.
>
> §1º Os espaços e os assentos a que se refere o caput, a serem instalados e sinalizados conforme os requisitos estabelecidos nas normas técnicas de acessibilidade da Associação Brasileira de Normas Técnicas - ABNT, devem:
>
> I - ser disponibilizados, no caso de edificações com capacidade de lotação de até mil lugares, na proporção de:
>
> a) dois por cento de espaços para pessoas em cadeira de rodas, com a garantia de, no mínimo, um espaço; e

b) dois por cento de assentos para pessoas com deficiência ou com mobilidade reduzida, com a garantia de, no mínimo, um assento; ou

II - ser disponibilizados, no caso de edificações com capacidade de lotação acima de mil lugares, na proporção de:

a) vinte espaços para pessoas em cadeira de rodas mais um por cento do que exceder mil lugares; e

b) vinte assentos para pessoas com deficiência ou com mobilidade reduzida mais um por cento do que exceder mil lugares.

O referido artigo 23, em sua nova redação, se preocupa em seu §3º com a reserva de espaços e assentos em locais "que garantam a acomodação de um acompanhante ao lado da pessoa com deficiência ou com mobilidade reduzida, resguardado o direito de se acomodar proximamente a grupo familiar e comunitário", bem como com a existência de "rotas de fuga e saídas de emergência acessíveis, conforme padrões das normas técnicas de acessibilidade da ABNT, a fim de permitir a saída segura de pessoas com deficiência ou com mobilidade reduzida, em caso de emergência" (art. 23, §4º).

As áreas de acesso aos artistas também devem ser acessíveis a pessoas com deficiência ou com mobilidade reduzida, conforme determina o §5º do art. 23.

O art. 23-A foi incluído no Decreto nº 5.296/2004 para dispor que na "hipótese de não haver procura comprovada pelos espaços livres para pessoas em cadeira de rodas e assentos reservados para pessoas com deficiência ou com mobilidade reduzida, esses podem, excepcionalmente, ser ocupados por pessoas sem deficiência ou que não tenham mobilidade reduzida". E, por fim, o art. 23-B estabelece que os "espaços livres para pessoas em cadeira de rodas e assentos reservados para pessoas com deficiência ou com mobilidade reduzida serão identificados no mapa de assentos localizados nos pontos de venda de ingresso e de divulgação do evento, sejam eles físicos ou virtuais".

Art. 45. Os hotéis, pousadas e similares devem ser construídos observando-se os princípios do desenho universal, além de adotar todos os meios de acessibilidade, conforme legislação em vigor.

§1º Os estabelecimentos já existentes deverão disponibilizar, pelo menos, 10% (dez por cento) de seus dormitórios acessíveis, garantida, no mínimo, 1 (uma) unidade acessível.

§2º Os dormitórios mencionados no §1º deste artigo deverão ser localizados em rotas acessíveis.

ALLAN ROCHA DE SOUZA

O art. 45 concentra-se especificamente na destinação de espaços físicos e adequações necessárias que deverão ser feitas por hospedarias em geral, sejam já existentes ou que vierem a ser construídas, para receberem hóspedes com deficiência em igualdade de condições. O foco deste artigo é a acessibilidade física das hospedarias em geral, que incluem hotéis, pousadas, apart-hotéis, motéis, albergues, pensões, *bed and breakfas*t (café e cama) e outros locais que hospedam pessoas temporariamente.

O *caput* remete às que vierem a ser construídas, que deverão estar adequadas, enquanto os comandos dos parágrafos primeiro e segundo aplicam-se diretamente às estalagens já existentes, que deverão ser adaptadas às normas mínimas de acessibilidade estabelecidas.

Definitivamente alcançadas pela norma estão as sociedades empresárias que exercem as atividades de hospedagem voltadas para o público em geral. O objetivo normativo de assegurar hospedagem acessível, como instrumento de viabilização da acessibilidade imaterial, apresentada nos comentários ao artigo 42 deste Estatuto, não exclui também aquelas atividades de hospedagem direcionadas a coletividades específicas, como as ocasionalmente exercidas por associações esportivas e culturais tais como o SESC, YMCA e clubes particulares. Também por certo, estão excluídas desta obrigatoriedade as casas particulares que recebem convidados.

Contudo, resta a indagação sobre se se aplicam aos dispostos neste artigo a hospedagem habitual e onerosa em casas e apartamentos particulares – como os aluguéis por temporada, mesmo quando mediados por plataformas digitais – como o *Airbnb*. A habitualidade e a onerosidade são elementos de uma situação que atraem deveres que independem da atuação ser principal e profissional – embora estes possam complementá-lo, pois, para a emergência dos deveres de atendimento aos comandos de igualdade de condições estabelecidos no EPD, basta que a oferta ocorra com relativa frequência e esteja presente a economicidade. Neste sentido, presentes estes elementos, é obrigatório o cumprimento dessas determinações e outras regulamentações da acessibilidade.

Esses critérios se fazem presentes no Código de Defesa do Consumidor (CDC), o que qualifica tais obrigações impostas por este Estatuto como igualmente consumeristas, o que, por força do art. 7º do CDC:

> Os direitos previstos neste código não excluem outros decorrentes de tratados ou convenções internacionais de que o Brasil seja signatário, da legislação interna ordinária, de regulamentos expedidos pelas autoridades administrativas competentes, bem como dos que derivem dos princípios gerais do direito, analogia, costumes e equidade, sejam também um direito das pessoas com deficiência enquanto consumidores.

Nota-se, ainda no *caput*, que as novas edificações destinadas a todo tipo de hospedagem deverão ser obrigatoriamente projetadas e construídas tanto adotando todos os meios de acessibilidade, quanto observando os princípios do desenho universal.

Este comando destina-se aos particulares no desenvolvimento de suas atividades, mas também, talvez principalmente, aos gestores e servidores públicos, contratados do serviço público, associações profissionais – como o CONFOA (Conselho Federal de Engenharia e Agronomia), o CREA/UF (Conselho Regional de Engenharia e Agronomia das Unidades da Federação), o CAU/BR (Conselho Nacional de Arquitetura e Urbanismo), o CAU/UF (Conselho Nacional de Arquitetura e Urbanismo das Unidades da Federação) e, não menos importantes, os órgãos competentes pela fiscalização, notadamente o Ministério Público e a Defensoria Pública, bem como as entidades privadas de defesa e promoção dos direitos das pessoas com deficiência. Deve ser observado que, por força da relação igualmente ser também de consumo, as associações de defesa dos direitos dos consumidores estão também legitimadas a agir.

As normas de acessibilidade estão dispostas numa pluralidade de regras e princípios organizados em níveis hierárquicos distintos, muitas estabelecidas neste próprio Estatuto, que não tem, nem poderia ter, a intenção de exauri-las.

O "desenho universal" é definido na Convenção das Nações Unidas sobre os Direitos das Pessoas com Deficiência no artigo 2º:

> 'Desenho universal' significa a concepção de produtos, ambientes, programas e serviços a serem usados, na maior medida possível, por todas as pessoas, sem necessidade de adaptação ou projeto específico. O 'desenho universal' não excluirá as ajudas técnicas para grupos específicos de pessoas com deficiência, quando necessárias.

E, no artigo 3º, inciso II deste Estatuto ("II - desenho universal: concepção de produtos, ambientes, programas e serviços a serem usados por todas as pessoas, sem necessidade de adaptação ou de projeto específico, incluindo os recursos de tecnologia assistiva").

Os princípios do desenho universal são: (1) uso equitativo; (2) flexibilidade no uso; (3) uso simples e intuitivo; (4) informação perceptível; (5) tolerância ao erro; (6) baixo esforço físico; (7) tamanho e espaço para apreciação e uso. Estes princípios foram desenvolvidos em colaboração por arquitetos, designers, engenheiros e outros especialistas, reunidos na Universidade Estadual da Carolina do Norte (*North Caroline*

State University) com o objetivo de, com relação a produtos e ambientes, avaliar os existentes, guiar a elaboração de novos e educar, tanto os profissionais, quanto os consumidores sobre as características de produtos e ambientes mais úteis e utilizáveis.

O parágrafo primeiro e segundo expõe os patamares mínimos de adequação dos ambientes já existentes. Sem alcançar estes valores mínimos, o ambiente estará em desconformidade com a legislação e a atividade carreada de ilicitude. A preocupação legislativa alcança, além da disponibilidade de um número mínimo de espaços adequados para receber a pessoa com deficiência, os caminhos para se chegar a estes ambientes adequados. Ainda que não houvesse determinação expressa, impossível negar a sua presunção, sob pena de esvaziamento do comando normativo. Assim, o número de dormitórios acessíveis e adequados deve ser equivalente ao mínimo de 10% do total de dormitórios, não podendo jamais ser inferior a 1, para as hospedarias já existentes, enquanto as novas devem se adequar plenamente aos princípios indicados anteriormente.

(NC) O Decreto nº 9.296, de 1º de março de 2018, regulamentou o art. 45 do Estatuto para dispor sobre a concepção e a implementação dos projetos arquitetônicos de hotéis, pousadas e estruturas similares, que deverão atender aos princípios do desenho universal e ter como referências básicas as normas técnicas de acessibilidade da Associação Brasileira de Normas Técnicas – ABNT, a legislação específica e as disposições do mencionado decreto.

De acordo com o § 1º do art. 1º do decreto em vigor, o "atendimento aos princípios do desenho universal nos projetos arquitetônicos de hotéis, pousadas e estruturas similares pressupõe que o estabelecimento, como um todo, possa receber, na maior medida possível, o maior número de hóspedes, independentemente de sua condição física, sensorial, intelectual ou mental, e garantir que essas pessoas possam desfrutar de todas as comodidades oferecidas". Além disso, assegura em seu §2º que as "áreas comuns do estabelecimento, ou seja, todas as áreas de livre acesso aos hóspedes, incluídos, entre outros, garagem, estacionamento, calçadas, recepção, área de acesso a computadores, escadas, rampas, elevadores, áreas de circulação, restaurantes, áreas de lazer, salas de ginástica, salas de convenções, spa, piscinas, saunas, salões de cabelereiro, lojas e demais espaços destinados à locação localizados no complexo hoteleiro, deverão observar as normas aplicáveis às edificações de uso coletivo previstas no Decreto nº 5.296, de 2 de dezembro de 2004, e as normas técnicas de acessibilidade da ABNT".

O disposto no *caput* do art. 1º do decreto aplica-se aos projetos arquitetônicos protocolados a partir de 3 de janeiro de 2018 nos órgãos competentes, para aprovação, observado o prazo estabelecido no art. 125, *caput*, inciso III, da Lei nº 13.146, de 6 de julho de 2015, ou seja, o período de vacância de 24 meses.

O art. 2º determina que os estabelecimentos deverão disponibilizar, no mínimo, (I) cinco por cento dos dormitórios, respeitado o mínimo de um, com as características construtivas e os recursos de acessibilidade estabelecidos no Anexo I; (II) as ajudas técnicas e os recursos de acessibilidade constantes do Anexo II para noventa e cinco por cento dos demais dormitórios; e, (III) quando solicitados pelo hóspede nos termos estabelecidos no §4º do art. 1º, as ajudas técnicas e os recursos de acessibilidade constantes do Anexo III.

Interessante disposição consta do parágrafo único do art. 2º, que reza que os dormitórios a que se refere o inciso I do *caput* não poderão estar isolados dos demais e deverão estar distribuídos por todos os níveis de serviços e localizados em rota acessível. Tal disposição reafirma a plena inclusão social das pessoas com deficiência em sintonia com o espírito da CDPD e do EPD.

O art. 3º estabelece as proporções de características construtivas, recursos de acessibilidade e ajudas técnicas dos estabelecimentos já existentes, construídos, ampliados, reformados ou com projeto arquitetônico protocolado nos órgãos competentes entre 30 de junho de 2004 e 2 de janeiro de 2018, no percentual mínimo de dez por cento de dormitórios acessíveis. E, por fim, o art. 4º fixa as proporções de características construtivas, recursos de acessibilidade e ajudas técnicas de estabelecimentos já existentes, construídos até 29 de junho de 2004, que atenderão, no prazo máximo de quatro anos, o percentual mínimo de dez por cento de dormitórios acessíveis.

Referências

ASCENSÃO, José de Oliveira. *Direito da internet e da sociedade da informação*. Rio de Janeiro: Forense, 2002.

FRANCIONI, Francesco; SCHEININ, Martin (Ed.). *Cultural Human Rights*. Boston: Martinus Nijhoff Publishers, 2008.

SOUZA, Allan Rocha. *Direitos culturais no Brasil*. Rio de Janeiro: Azougue, 2012.

SILVA, Vasco Pereira. *A cultura a que tenho direito*. Coimbra: Almedina, 2007.

TAMATOPOULOU, Elsa. *Cultural rights in international law*. Boston: Martinus Nijhoff Publishers, 2008.

CAPÍTULO X
DO DIREITO AO TRANSPORTE E À MOBILIDADE

Art. 46. O direito ao transporte e à mobilidade da pessoa com deficiência ou com mobilidade reduzida será assegurado em igualdade de oportunidades com as demais pessoas, por meio de identificação e de eliminação de todos os obstáculos e barreiras ao seu acesso.

§1º Para fins de acessibilidade aos serviços de transporte coletivo terrestre, aquaviário e aéreo, em todas as jurisdições, consideram-se como integrantes desses serviços os veículos, os terminais, as estações, os pontos de parada, o sistema viário e a prestação do serviço.

§2º São sujeitas ao cumprimento das disposições desta Lei, sempre que houver interação com a matéria nela regulada, a outorga, a concessão, a permissão, a autorização, a renovação ou a habilitação de linhas e de serviços de transporte coletivo.

§3º Para colocação do símbolo internacional de acesso nos veículos, as empresas de transporte coletivo de passageiros dependem da certificação de acessibilidade emitida pelo gestor público responsável pela prestação do serviço.

BRUNA LIMA DE MENDONÇA

O Capítulo X da LBI trata do direito ao transporte e à mobilidade da pessoa com deficiência, assegurado também pela Constituição da República (arts. 5º, XV, 6º e 227, §2º) e pela Convenção Internacional das Nações Unidas sobre os Direitos das Pessoas com Deficiência (CDPD) e seu Protocolo Facultativo (arts. 3º, alínea "f", 9º e 20), que alçaram o *status* de norma constitucional no ordenamento jurídico brasileiro.

Já no final do século XX, no âmbito urbanístico, houve uma mudança da concepção de transporte para a de mobilidade, que tem reflexos, especialmente, no foco da ação: os transportes, enquanto instrumentos para o rápido deslocamento, deixam de ser o alvo central da agenda e as pessoas e os seus motivos para o deslocamento assumem maior importância (MUNHOZ; RITA DE PAULA; CAVALHEIRO, 2014, p. 138-139). Essa mudança de perspectiva assume relevo ao se tratar da pessoa com deficiência, que deve ter as suas limitações consideradas concretamente, para que seja garantido o seu direito à mobilidade.

As noções de mobilidade e de acessibilidade, apesar de se serem tratadas em títulos diversos na LBI, são interdependentes (MUNHOZ; RITA DE PAULA; CAVALHEIRO, 2014, p. 138-139). Afirma-se que a mobilidade envolve a movimentação do corpo e o deslocamento necessários para que se alcance a acessibilidade (MUNHOZ; RITA DE PAULA; CAVALHEIRO, 2014, p. 139). A acessibilidade, portanto, é o que se procura maximizar quando se estuda, planeja e implementa a mobilidade (ALVES, 2009).

Tanto a acessibilidade quanto a mobilidade constituem um direito em si, mas também se revelam um instrumento para que a pessoa com deficiência exerça outros direitos fundamentais (ARAÚJO, 2014, p. 43). É o que se verifica em casos extraídos da jurisprudência pátria, nos quais muitas pessoas com deficiência pretendem ver assegurado o seu direito à mobilidade, como meio para o exercício de outros direitos fundamentais, como a educação e a saúde (TJRS, Ag. Instr. nº 70069881886, Rel. Des Ivan Leomar Bruxel, julg. em 15 set. 2016; TJSP, Ap. Civ. nº 0026552-04.2014.8.26.0554, Relª. Desª. Ana Lucia Romanhole Martucci, julg. em 27 jul. 2016; TJSC, Ap. Civ. nº 20150367535, Rel. Des. Lauro Müller, julg. em 15 mar. 2016).

Com efeito, sem a eliminação das diversas barreiras urbanísticas, arquitetônicas, nos transportes, nas informações e atitudinais, a pessoa com deficiência não consegue chegar à escola, ao trabalho, aos hospitais ou aos centros de lazer, por exemplo.

Além das previsões constitucionais, a matéria já era tratada por vasta legislação infraconstitucional, dentre as quais destacam-se a Lei nº 8.899/94, que concede passe livre às pessoas com deficiência no sistema de transporte coletivo interestadual, regulamentada pelo Decreto nº 3.691/00; a Lei nº 10.098/2000, que estabelece normas gerais e critérios básicos para a promoção da acessibilidade das pessoas com deficiência ou com mobilidade reduzida, regulamentada pelo Decreto nº 5.296/2004; e a Lei nº 12.587/2012, que institui a Política Nacional de Mobilidade Urbana, cujo objetivo é contribuir para o acesso universal à cidade.

O art. 46 da LBI, por sua vez, reafirma o direito das pessoas com deficiência à mobilidade e ao acesso a serviços de transporte coletivo terrestre, aquaviário ou aéreo – sem qualquer distinção. Nesse sentido, o dispositivo já foi invocado para fundamentar decisão que consagrou o direito da passageira com deficiência física ao "passe livre" no transporte aéreo, sendo vedada qualquer discriminação quanto ao meio de transporte em que se pleiteia o acesso (TJPB, Ap. Civ. nº 0003997-76.2014.815.0011, Rel. Des. Leandro dos Santos, julg. em 5 abr. 2016).

Como destacado no §1º, as barreiras não se limitam à falta de adaptação do transporte, mas englobam também a falta de acessibilidade – seja em razão da arquitetura, seja em razão da dificuldade de acesso às informações – nos terminais, nas estações, nos pontos de parada, no sistema viário e, inclusive, na prestação do serviço pelos condutores que, não raro, revela-se uma barreira atitudinal ao exercício do direito pela pessoa com deficiência (TJCE, Ap. Civ. nº 0516499-74.2011.8.06.0001, Rel. Des. Antônio Abelardo Benevides Moraes, julg. em 22 fev. 2016).

O transporte coletivo constitui um serviço público, isto é, uma "atividade prestada pelo Estado ou por seus delegados, basicamente sob regime de direito público, com vistas à satisfação de necessidades essenciais e secundárias da coletividade" (CARVALHO FILHO, 2013, p. 325), cuja execução pode se dar de forma direta ou indireta, através de autorização, concessão ou permissão, sendo que, nestas duas últimas hipóteses, a delegação deverá ser sempre precedida de licitação (CF, art. 175). O §2º do art. 46 determina expressamente que todas as modalidades de outorga ou delegação (incluídas, também, a habilitação e a renovação) do serviço público de transporte coletivo estão sujeitas às determinações da LBI.

A garantia do direito à mobilidade da pessoa com deficiência depende, portanto, do comprometimento do prestador do serviço público de transporte (na maioria das vezes, particulares após a delegação do serviço pelo poder público) e do próprio ente concedente, na medida em que as calçadas, os acessos para estações e as paradas de ônibus – que, como se afirmou, também devem ser acessíveis – permanecem, em geral, sob a responsabilidade direta do poder público.

O "símbolo internacional de acesso" mencionado no §3º deste artigo é tratado especificamente pela Lei nº 7.405/1985, que torna obrigatória a sua instalação em "todos os veículos de transporte coletivo que possibilitem o acesso e que ofereçam vagas adequadas ao deficiente" e nos "veículos que sejam conduzidos pelo deficiente". A finalidade do símbolo é identificar, assinalar ou indicar o local/serviço habilitado ao uso de pessoas com deficiência.

Não se pode olvidar, por fim, que algumas barreiras ao exercício do direito à mobilidade pela pessoa com deficiência são encontradas na própria legislação infraconstitucional. Apesar de a Constituição da República estabelecer a competência da União para instituir as diretrizes do transporte urbano (art. 21, XX), a organização e a regulação da mobilidade urbana têm um foco maior no âmbito municipal (art. 30, I e V).

Não raro, leis municipais, ao invés de promover, acabam criando obstáculos à mobilidade das pessoas com deficiência no meio urbano. Por isso, é importante a compreensão de que, antes das inúmeras leis que tratam da matéria, as pessoas com deficiência têm o direito à mobilidade, garantido em nível constitucional.

Art. 47. Em todas as áreas de estacionamento aberto ao público, de uso público ou privado de uso coletivo e em vias públicas, devem ser reservadas vagas próximas aos acessos de circulação de pedestres, devidamente sinalizadas, para veículos que transportem pessoa com deficiência com comprometimento de mobilidade, desde que devidamente identificados.

§1º As vagas a que se refere o caput deste artigo devem equivaler a 2% (dois por cento) do total, garantida, no mínimo, 1 (uma) vaga devidamente sinalizada e com as especificações de desenho e traçado de acordo com as normas técnicas vigentes de acessibilidade.

§2º Os veículos estacionados nas vagas reservadas devem exibir, em local de ampla visibilidade, a credencial de beneficiário, a ser confeccionada e fornecida pelos órgãos de trânsito, que disciplinarão suas características e condições de uso.

§3º A utilização indevida das vagas de que trata este artigo sujeita os infratores às sanções previstas no inciso XX do art. 181 da Lei nº 9.503, de 23 de setembro de 1997 (Código de Trânsito Brasileiro). *(Redação dada pela Lei nº 13.281, de 2016).*

§4º A credencial a que se refere o §2º deste artigo é vinculada à pessoa com deficiência que possui comprometimento de mobilidade e é válida em todo o território nacional.

BRUNA LIMA DE MENDONÇA

O dispositivo trata da destinação de vaga de garagem para uso exclusivo das pessoas com deficiência, em todas as áreas de estacionamento aberto ao público, de uso público ou privado de uso coletivo e em vias públicas. A matéria já era tratada pela Lei nº 10.098/2000, que estabelece normas gerais e critérios básicos para a promoção da acessibilidade das pessoas com deficiência ou com mobilidade reduzida, regulamentada pelo Decreto nº 5.296/2004.

As vagas devem ser próximas aos acessos de circulação de pedestres e devidamente sinalizadas, para facilitar a mobilidade da pessoa com deficiência. O §1º do dispositivo determina que as vagas destinadas às pessoas com deficiência devem corresponder ao percentual mínimo de 2% (dois por cento) do total, garantida, no mínimo, 1 (uma) vaga devidamente sinalizada e com as especificações de desenho e traçado de acordo com as normas técnicas vigentes de acessibilidade. A previsão foi abordada em decisão, que considerou adequada a destinação às pessoas com deficiência de 1 (uma) vaga de garagem em condomínio residencial (TJSP, Ag. Instr. nº 2208079-28.2015.8.26.0000, Rel. Des. Donegá Morandini, julg. em 9 nov. 2015).

O §2º prevê que os veículos estacionados nas vagas reservadas devem exibir, em local de ampla visibilidade, a credencial de beneficiário, a ser confeccionada e fornecida pelos órgãos de trânsito, que disciplinarão suas características e condições de uso. A disposição assume relevância para o controle da prática de infrações por terceiros que utilizam indevidamente as vagas destinadas às pessoas com deficiência.

Conforme se infere do art. 181, inciso XX, da Lei nº 9.503/97 (Código de Trânsito Brasileiro), que teve a redação alterada pela Lei nº 13.281/2016, estacionar o veículo nas vagas reservadas às pessoas com deficiência ou idosos, sem credencial que comprove tal condição, constitui infração gravíssima, sujeita à multa e à remoção do veículo.

O Conselho Nacional de Trânsito (CONTRAN), por sua vez, editou a Resolução nº 304/2008, que dispõe sobre as vagas de estacionamento destinadas exclusivamente a veículos que transportem pessoas com deficiência e com dificuldade de locomoção. A resolução trata também da credencial que deve ser exibida pela pessoa com deficiência para que lhe seja garantido o acesso às vagas (§2º). A credencial é vinculada à pessoa com deficiência que possui comprometimento de mobilidade e é válida em todo o território nacional (§4º).

Art. 48. Os veículos de transporte coletivo terrestre, aquaviário e aéreo, as instalações, as estações, os portos e os terminais em operação no País devem ser acessíveis, de forma a garantir o seu uso por todas as pessoas.

§1º Os veículos e as estruturas de que trata o caput deste artigo devem dispor de sistema de comunicação acessível que disponibilize informações sobre todos os pontos do itinerário.

§2º São asseguradas à pessoa com deficiência prioridade e segurança nos procedimentos de embarque e de desembarque nos veículos de transporte coletivo, de acordo com as normas técnicas.

§3º Para colocação do símbolo internacional de acesso nos veículos, as empresas de transporte coletivo de passageiros dependem da certificação de acessibilidade emitida pelo gestor público responsável pela prestação do serviço.

BRUNA LIMA DE MENDONÇA

O artigo traz, em sua maior parte, a repetição das disposições do art. 46 da LBI (v. comentários *supra*). A novidade encontra-se no §2º, ao determinar que são asseguradas à pessoa com deficiência prioridade e segurança nos procedimentos de embarque e de desembarque nos veículos de transporte coletivo, de acordo com as normas técnicas.

A garantia do atendimento prioritário (também assegurado no art. 9º da LBI) e da segurança nos procedimentos de embarque e de desembarque leva em consideração a vulnerabilidade concreta da pessoa com deficiência. A despeito de a espera em filas longas ser um incômodo para todas as pessoas em geral, quando se trata da pessoa com deficiência, pode significar também um grande sacrifício físico. Da mesma forma, o procedimento de embarque e desembarque implica riscos à segurança das pessoas que possuem alguma limitação, tendo em vista os vãos e degraus que, em geral, existem entre os meios de transporte e as calçadas.

Diversas normas da Associação Brasileira de Normas Técnicas (ABNT) tratam da acessibilidade da pessoa com deficiência aos meios de transporte. A título de exemplo, menciona-se a Norma nº 15.646:2011, que cuida da plataforma elevatória e da rampa de acesso a serem instaladas em veículos de transporte coletivo de passageiros, e a Norma nº 15.2008:2011, que trata do veículo "autopropelido", que permite o acesso das pessoas com deficiência a aeronaves.

Art. 49. As empresas de transporte de fretamento e de turismo, na renovação de suas frotas, são obrigadas ao cumprimento do disposto nos arts. 46 e 48 desta Lei.

BRUNA LIMA DE MENDONÇA

O transporte de fretamento e de turismo é uma atividade econômica, realizada no âmbito privado, mas regulada e fiscalizada pelo poder público. Na prática, esse tipo de serviço é prestado mediante autorização concedida pela Administração Pública (GUIMARÃES, 2012, p. 32).

Ainda que o transporte de fretamento e de turismo não esteja sujeito, com o mesmo rigor, às exigências pertinentes ao transporte público, o art. 49 da LBI determina expressamente que as empresas, na renovação de suas frotas, são obrigadas ao cumprimento do disposto nos arts. 46 e 48 (v. comentários *supra*), o que demonstra a necessidade de cooperação de toda a sociedade na eliminação das barreiras à mobilidade da pessoa com deficiência.

Art. 50. O poder público incentivará a fabricação de veículos acessíveis e a sua utilização como táxis e vans, de forma a garantir o seu uso por todas as pessoas.

VITOR ALMEIDA

Como forma de estimular o aumento da frota de táxis e vans acessíveis, o art. 50 do EPD prevê incentivo do Poder Público para a fabricação de veículos acessíveis e a sua utilização como táxis e vans de forma a garantir o seu uso por todas as pessoas, permitindo, desse modo, o acesso ao transporte e à mobilidade. Dificilmente os veículos são fabricados de forma já adaptada, sendo transformados posteriormente à sua fabricação. O presente dispositivo tenciona que as montadoras fabriquem veículos já adaptados com diferentes tipos de adaptações de modo a contemplar as necessidades de diversas deficiências.

Apesar do enunciado legal não especificar a forma de incentivo, é preciso destacar que as medidas de mobilidade são fundamentais para a efetividade do direito ao transporte e à acessibilidade, o que implica a consideração de que é dever do Poder Público o incentivo à fabricação de veículos acessíveis para utilização como táxis e vans, sobretudo por meio de isenções tributárias, como prevê o art. 51, §2º, de modo a permitir que a frota mínima de táxis adaptados exigida no art. 51 seja viabilizada, conforme comentário a seguir.

Nesse sentido, a Lei nº 8.989, de 24 de fevereiro de 1995, estabeleceu isenção do Imposto sobre Produtos Industrializados – IPI, na aquisição de automóveis para utilização no transporte autônomo de passageiros, bem como por pessoas "portadoras" de deficiência física. A referida lei sofreu várias alterações (Leis: nº 9.317/1996, nº 10.690/2003, nº 10.754/2003, nº 11.196/2005, nº 11.307/2006, nº 12.113/2009 e nº 12.767/2012) e teve sua vigência expressamente prorrogada pelo art. 126 do EPD, até 31 de dezembro de 2021.

As disposições da Lei nº 8.989/1995 que forem incompatíveis com o EPD estão tacitamente derrogadas nos termos do art. 2º, §1º, da LINDB.

O benefício fiscal se aplica à aquisição de automóveis de passageiros de fabricação nacional por pessoas com deficiência física, visual, mental, severa ou profunda, ou autistas, diretamente ou por intermédio de seu representante legal, conforme o disposto no art. 1º, IV, da Lei nº 8.989/1995, na redação da Lei nº 10.690/2003. O mencionado art. 1º contém os requisitos para concessão da isenção fiscal concedida, a saber:

§1º Para a concessão do benefício previsto no art. 1º é considerada também pessoa portadora de deficiência física aquela que apresenta alteração completa ou parcial de um ou mais segmentos do corpo humano, acarretando o comprometimento da função física, apresentando-se sob a forma de paraplegia, paraparesia, monoplegia, monoparesia, tetraplegia, tetraparesia, triplegia, triparesia, hemiplegia, hemiparesia, amputação ou ausência de membro, paralisia cerebral, membros com deformidade congênita ou adquirida, exceto as deformidades estéticas e as que não produzam dificuldades para o desempenho de funções.

§2º Para a concessão do benefício previsto no art. 1º é considerada pessoa portadora de deficiência visual aquela que apresenta acuidade visual igual ou menor que 20/200 (tabela de Snellen) no melhor olho, após a melhor correção, ou campo visual inferior a 20º, ou ocorrência simultânea de ambas as situações.

§3º Na hipótese do inciso IV, os automóveis de passageiros a que se refere o caput serão adquiridos diretamente pelas pessoas que tenham plena capacidade jurídica e, no caso dos interditos, pelos curadores.

§4º A Secretaria Especial dos Diretos Humanos da Presidência da República, nos termos da legislação em vigor e o Ministério da Saúde definirão em ato conjunto os conceitos de pessoas portadoras de deficiência mental severa ou profunda, ou autistas, e estabelecerão as normas e requisitos para emissão dos laudos de avaliação delas.

§5º Os curadores respondem solidariamente quanto ao imposto que deixar de ser pago, em razão da isenção de que trata este artigo.

§6º A exigência para aquisição de automóveis equipados com motor de cilindrada não superior a dois mil centímetros cúbicos, de no mínimo quatro portas, inclusive a de acesso ao bagageiro, movidos a combustíveis de origem renovável ou sistema reversível de combustão não se aplica aos portadores de deficiência de que trata o inciso IV do caput deste artigo.

No tocante ao §3º, deve-se observar que, de acordo com a CDPD e o EPD, todas as pessoas com deficiência têm plena capacidade legal e, por conseguinte, podem adquirir automóveis de passageiros de fabricação nacional diretamente. Assim sendo, a referência feita no §3º a interditos e curadores é admissível nos limites do contido nos arts. 84 e 85 do EPD (v. comentário).

O Projeto de Lei nº 2.348/2015, originário do Senado (PLS nº 257/2013), em tramitação na Câmara dos Deputados, pretende conceder isenção do Imposto sobre Produtos Industrializados (IPI), da Contribuição para o Financiamento da Seguridade Social (Cofins) e da contribuição para o Programa de Integração Social (PIS) e para o Programa de Formação do Patrimônio do Servidor Público (Pasep) incidentes nas operações com acessórios e adaptações especiais para serem instalados em veículo automotor destinado ao uso por pessoa com deficiência. De acordo com o art. 4º, do mencionado projeto de lei, o benefício ali concedido será também aplicado para a adaptação de táxis, devidamente registrados nos órgãos competentes, para o transporte de pessoas com deficiência (Disponível em: http://www.camara.gov.br/proposicoesWeb/fichadetramitacao?idProposicao=1579138. Acesso em: 20 nov. 2017). Atualmente, o projeto de lei aguarda parecer do relator na Comissão de Finanças e Tributação (CFT).

Cabe destacar que as diretrizes para a transformação e a modificação de veículos automotores a fim de compor frotas de táxi e de locadoras de veículos acessíveis a pessoas com deficiência foram dispostas no Decreto nº 9.762, de 11 de abril de 2019, que regulamentou os arts. 51 e 52 do EPD.

Art. 51. As frotas de empresas de táxi devem reservar 10% (dez por cento) de seus veículos acessíveis à pessoa com deficiência.

§1º É proibida a cobrança diferenciada de tarifas ou de valores adicionais pelo serviço de táxi prestado à pessoa com deficiência.

§2º O poder público é autorizado a instituir incentivos fiscais com vistas a possibilitar a acessibilidade dos veículos a que se refere o caput deste artigo.

BRUNA LIMA DE MENDONÇA

A LBI também determina acessibilidade em táxis, sendo que 10% (dez por cento) da frota devem ser adaptados para atender às pessoas com deficiência. Em 11.04.2019, foi publicado o Decreto nº 9.762/2019, que regulamenta os arts. 51 e 52 da LBI para "estabelecer as diretrizes para a transformação e a modificação de veículos automotores a fim de comporem frotas de táxi e de locadoras de veículos acessíveis a pessoas com deficiência".

De acordo com o Decreto nº 9.762/2019, as empresas de táxi garantirão que, no mínimo, 10% (dez por cento) de sua frota sejam acessíveis ao transporte de pessoa que utiliza cadeira de rodas, sem prejuízo de outras adaptações necessárias ao transporte de pessoas com outros impedimentos. Foi estabelecido, ainda, que "os veículos automotores acessíveis terão as medidas internas e os equipamentos de segurança e de acessibilidade adequados ao transporte de pessoas com deficiência, observadas as resoluções do Conselho Nacional de Trânsito – CONTRAN, as normas técnicas nacionais e internacionais de segurança no transporte de pessoas em cadeira de rodas em veículos automotores e a legislação específica destinada a veículos automotores".

O §1º do art. 51 proíbe expressamente a cobrança diferenciada de tarifas ou de valores adicionais pelo serviço de táxi prestado à pessoa com deficiência. Trata-se de importante previsão que impede a transmissão do custo da eliminação das barreiras encontradas na sociedade à pessoa com deficiência.

Determinação semelhante se deu no âmbito da educação, uma vez que a LBI, em seu art. 28, §1º, prevê uma série de obrigações às instituições particulares de ensino regular no atendimento às pessoas com deficiência, mas veda a cobrança de valores adicionais de qualquer natureza em suas mensalidades, anuidades e matrículas no cumprimento dessas determinações. A questão deu origem à Ação Direta de Inconstitucionalidade nº 5.357, ajuizada pela Confederação Nacional dos Estabelecimentos de Ensino (CONFENEN) no Supremo Tribunal Federal (STF), sob o fundamento de que a LBI violava o princípio da razoabilidade e o art. 208, III, da Constituição da República, que prevê ser dever do Estado o atendimento educacional às pessoas com deficiência.

O pedido da ação foi julgado improcedente, sob a relatoria do Ministro Edson Fachin, que destacou o compromisso ético assumido pela LBI de não exigir apenas do poder público, mas também dos particulares, uma atuação que garanta a concretização dos direitos fundamentais das pessoas com deficiência (STF, ADI nº 5.357, Rel. Min. Edson Fachin, julg. em 9 jun. 2016).

De toda forma, o §2º do art. 51, a exemplo do disposto no art. 50 da LBI, traz um exemplo de norma promocional (BOBBIO, 2007, p. 20-21), ao afirmar que o poder público pode oferecer incentivos fiscais para fomentar a aquisição de táxis acessíveis. A título de exemplo, vale mencionar a Lei nº 8.989/1995, que dispõe em seu art. 1º, IV (cuja vigência foi prorrogada até 31.12.2021 pelo art. 126 da LBI), que os veículos adquiridos por pessoas com deficiência estão isentos do Imposto Sobre Produtos Industrializados – IPI, bem como a Lei nº 8.383/1991, que em seu art. 72, IV, isenta do IOF as operações de financiamento para a aquisição de automóveis pelas pessoas com deficiência. A própria LBI prevê em seu art. 13, III, que é isenta do IPVA a propriedade "de um único veículo adequado para ser conduzido por pessoa com deficiência física".

Mesmo que o veículo seja conduzido por terceiro, devem ser garantidas as isenções fiscais nas aquisições do veículo pela pessoa com deficiência, como já decidido pela jurisprudência (STJ, REsp nº 523971, Rel. Min. Franciulli Netto, julg. em 26.10.2004; TJSP, Ap. Civ. nº 1014135-58.2014.8.26.0309, Rel. Des. Leonel Costa, julg. em 17.02.2016; TJSC, Reex. Nec. nº 1018282-93.2015.8.26.0309, Relª. Desª. Cristina Cotrofe, julg. em 8 ago. 2016).

Art. 52. As locadoras de veículos são obrigadas a oferecer 1 (um) veículo adaptado para uso de pessoa com deficiência, a cada conjunto de 20 (vinte) veículos de sua frota.

Parágrafo único. O veículo adaptado deverá ter, no mínimo, câmbio automático, direção hidráulica, vidros elétricos e comandos manuais de freio e de embreagem.

BRUNA LIMA DE MENDONÇA

O artigo em exame trata de mais uma hipótese em que fica evidenciada a necessidade de cooperação, não só do poder público, mas também dos particulares na eliminação das barreiras à mobilidade da pessoa com deficiência.

Ainda que sejam empresas privadas, as locadoras de veículos são obrigadas a oferecer 1 (um) veículo adaptado para uso de pessoa com deficiência, a cada conjunto de 20 (vinte) veículos de sua frota. A adaptação dos veículos é custosa, mas necessária para eliminação das barreiras e inclusão da pessoa com deficiência. O art. 4º, §1º, do Decreto nº 9.762/2019 dispõe que, sem prejuízo das adaptações para o transporte de pessoas com outras deficiências, os veículos automotores serão adaptados na seguinte proporção: "I - quarenta por cento para condutores com deficiência; e II - sessenta por cento para o transporte de uma pessoa em cadeira de rodas". Diante do disposto no parágrafo único, a Confederação Nacional do Transporte (CNT) ajuizou perante o Supremo Tribunal Federal a Ação Direta de Inconstitucionalidade nº 5.452, que ainda pende de julgamento, sob o fundamento de que "é tecnicamente impossível que um mesmo veículo contenha câmbio automático e controle manual de embreagem". Segundo a CNT, a imposição de obrigação impossível às locadoras de veículos implicaria a inconstitucionalidade material do dispositivo, por violação à livre iniciativa (CF, arts. 1º, IV, e 170, *caput*).

O eventual equívoco de redação, contudo, não tem o condão de afastar o comando da norma que é a obrigação de as locadoras de veículos disponibilizarem veículos adaptados para o uso das pessoas com deficiência.

Referências

ALVES, Mário J. Mobilidade e acessibilidade: conceitos e novas práticas. *Revista Indústria e Ambiente*, mar./ abr. 2009.

ARAÚJO, Luiz Alberto David. Artigo 3º: princípios. *In*: DIAS, Joelson *et al.* (Org.). *Novos comentários à convenção sobre os direitos das pessoas com deficiência*. 3. ed. rev. atual. Brasília: Secretaria de Direitos Humanos da Presidência da República (SDH/PR), Secretaria Nacional de Promoção dos Direitos da Pessoa com Deficiência (SNPD), 2014.

BOBBIO, Norberto. *Da estrutura à função*: novos estudos da teoria do direito. Rio de Janeiro, Manole, 2007.

CARVALHO FILHO, José dos Santos. *Manual de direito administrativo*. São Paulo: Atlas, 2013.

GUIMARÃES, Geraldo Spagno. *Comentários à Lei de mobilidade urbana*. Belo Horizonte: Fórum, 2012.

MUNHOZ, Antônio Carlos "Tuca"; RITA DE PAULA, Ana; CAVALHEIRO, Andrea de Moraes. Art. 20: mobilidade pessoal. *In*: DIAS, Joelson *et al*. (Org.). *Novos comentários à convenção sobre os direitos das pessoas com deficiência*. 3. ed. rev. atual. Brasília: Secretaria de Direitos Humanos da Presidência da República (SDH/PR), Secretaria Nacional de Promoção dos Direitos da Pessoa com Deficiência (SNPD), 2014.

TÍTULO III
DA ACESSIBILIDADE

CAPÍTULO I
DISPOSIÇÕES GERAIS

Art. 53. A acessibilidade é direito que garante à pessoa com deficiência ou com mobilidade reduzida viver de forma independente e exercer seus direitos de cidadania e de participação social.

DANIEL BUCAR

O Título III do Estatuto da Pessoa com Deficiência trata do tema da acessibilidade, ponto relevante na concretização material da inclusão objetivada pela normativa. Cuida-se, em realidade, de regulamentar a forma como o ambiente social deve ser adaptado (ou readaptado) para propiciar um espaço de convívio igualitário, desprovido de barreiras físicas e, portanto, sociais.

A inclusão ambiental, importante observar, não é destinada apenas à pessoa com deficiência, como se a questão diversificante fosse apenas um ônus de sua diferença. A adequação de um espaço físico inclusivo se consubstancia como um objetivo da sociedade, reconhecedora de sua pluralidade, que lhe impõe o ônus de se adaptar para incluir, no arranjo social, a pessoa com deficiência (RIBEIRO, 2004, p. 164-165). Deste modo, um ambiente inclusivo permite o exercício pleno e independente da cidadania da pessoa com deficiência, compreendendo, portanto, sua participação na sociedade.

A acessibilidade encontra-se definida no artigo 3º do Estatuto da Pessoa com Deficiência. Trata-se da

> possibilidade e condição de alcance para utilização, com segurança e autonomia, de espaços, mobiliários, equipamentos urbanos, edificações, transportes, informação e comunicação, inclusive seus sistemas e tecnologias, bem como de outros serviços e instalações abertos ao público, de uso público ou privados de uso coletivo, tanto na zona urbana como na rural, por pessoa com deficiência ou com mobilidade reduzida.

A independência e a autonomia que permeiam o conceito de acessibilidade possuem respaldo no princípio da igualdade material (artigo 5º, *caput* e §1º, Constituição da República), que decorre do valor dignitário da pessoa humana (artigo 1º, III), e demandam a concretização de ações que afastem as barreiras físicas e impeditivas do exercício igualitário da cidadania.

Os obstáculos que deverão ser transpostos são, fundamentalmente, de quatro ordens: a) arquitetônico, que toca, sobretudo, às edificações, b) urbanísticos, compreendidos pelos entraves que se colocam à frente da pessoa com deficiência no ambiente da cidade, c) informacional, que impede a cognição de dados necessários para o exercício da cidadania e d) a inadequação do transporte coletivo (tratado no capítulo precedente).

A Convenção dos Direitos da Pessoa com Deficiência não apenas elevou a acessibilidade ao patamar de um princípio (artigo 3º, alínea "f"), mas também uma obrigação do Estado signatário, na forma prevista pelos artigos 4º (alíneas "f" a "i"), 9º e 20. Apesar da internalização da Convenção ter ocorrido em 2009, o tema é bastante difuso no ordenamento brasileiro, ainda que careça de efetivação no território físico.

Neste sentido, a Constituição da República já impunha, desde 1988, o dever ao legislador ordinário de dispor "sobre normas de construção dos logradouros e dos edifícios de uso público e de fabricação de veículos de transporte coletivo, a fim de garantir acesso adequado às pessoas portadoras de deficiência" (artigo 227, §2º). Da mesma forma, ao lado das normas de construção, a Constituição também previu, em seu artigo 244, a necessidade de se legislar a respeito de normas de adaptação do espaço público já construído e adequação dos veículos de transporte coletivo existentes para garantia do acesso às pessoas com deficiência.

Para a concretização da acessibilidade, a Constituição distribuiu a competência legislativa e administrativa entre os entes que compõem a Federação (ARAÚJO, 1997, p. 94). No artigo 24, inciso XIV, atribui-se à União, aos Estados e ao Distrito Federal a competência para legislar sobre a proteção e a integração (leia-se: inclusão) das pessoas portadoras de deficiência. Já no âmbito da competência administrativa, o artigo 23, inciso III, atribuiu a todos os entes da Federação o dever de proteção e garantida das pessoas com deficiência. No âmbito da União, duas normativas despontam, por sua relevância quanto ao tema da acessibilidade.

A Lei nº 7.853/89, que dispôs sobre o apoio às pessoas portadoras de deficiência, determinou em seu artigo 2º, parágrafo único, inciso V, alínea "a", que o Poder Público deve tomar medidas necessárias para evitar ou remover óbices às pessoas portadoras de deficiência, de modo a lhes permitir acessar edifícios, logradouros e meios de transporte. Com fundamento nesta normativa, o Superior Tribunal de Justiça (REsp nº 1.293.149/SP, Rel. Ministro Herman Benjamin, julg. em 1º ago. 2012) confirmou acórdão do Tribunal de Justiça paulista, que determinou ao Estado de São Paulo a realização de adaptação física em escola pública no Município de Ribeirão Preto, objetivando permitir o acesso a pessoas com deficiência (ainda que não as houvesse no momento do ajuizamento da ação civil pública em tela).

A Lei nº 10.098/00 estabeleceu normas gerais e critérios básicos para a acessibilidade de pessoas com deficiência ou mobilidade reduzida, dispondo, em amplo sentido, de medidas voltadas à superação de barreiras nos quatro eixos de relevância para a concretização da acessibilidade: arquitetônico, urbanístico, informacional e transporte (artigo 2º, inciso II, cuja redação foi atualizada pelo Estatuto da Pessoa com Deficiência). O Decreto nº 5.296/04 regulamentou e detalhou, na medida do possível, os requisitos necessários para transposição dos referidos entraves, fazendo expressa alusão inclusive a critérios fixados pela Associação Brasileira de Normas Técnicas – ABNT para concretização do acesso desejado.

Assim, ao invés do uso voluntário dos critérios técnicos, torna-se, por força de norma jurídica, cogente a sua utilização. Neste particular e a título exemplificativo, sobressai a importância da NBR nº 9050/15, que cuida justamente da acessibilidade a edificações, mobiliário, espaços e equipamentos urbanos. Outras normas de igual relevância podem ser consultadas no sítio www.pessoacomdeficiencia.gov.br, que mantém organizado o rol de orientações técnicas voltadas para a concretização da acessibilidade.

Além da normativa no âmbito da União, é possível encontrar na esfera estadual e municipal inúmeras leis que objetivam concretizar a acessibilidade. Trata-se, sem dúvida, de reflexo da conscientização social de inclusão das pessoas com deficiência no âmbito da sociedade, mas cujo objetivo não deve estar circunscrito às boas intenções legislativas, carecendo, ainda, de adoção de medidas concretas e físicas para a superação de barreiras ainda existentes.

Art. 54. São sujeitas ao cumprimento das disposições desta Lei e de outras normas relativas à acessibilidade, sempre que houver interação com a matéria nela regulada:

I – a aprovação de projeto arquitetônico e urbanístico ou de comunicação e informação, a fabricação de veículos de transporte coletivo, a prestação do respectivo serviço e a execução de qualquer tipo de obra, quando tenham destinação pública ou coletiva;

II – a outorga ou a renovação de concessão, permissão, autorização ou habilitação de qualquer natureza;

III – a aprovação de financiamento de projeto com utilização de recursos públicos, por meio de renúncia ou de incentivo fiscal, contrato, convênio ou instrumento congênere; e

IV – a concessão de aval da União para obtenção de empréstimo e de financiamento internacionais por entes públicos ou privados.

DANIEL BUCAR

O artigo 54 do Estatuto da Pessoa com Deficiência eleva para o plano da lei ordinária, com pequenas alterações textuais, as disposições contidas no artigo 2º do Decreto nº 5.296/04, regulamentador da Lei nº 10.098/00, que dispõe sobre normas gerais de acessibilidade. O texto do dispositivo condiciona, sempre que tocar tópicos de acessibilidade, a aplicação de determinados institutos de direito administrativo, urbanístico, tributário e financeiro.

Reconhece-se, em doutrina, a forte influência que a questão da acessibilidade passou a exercer no direito urbanístico após a Constituição de 1988 (FEIJÓ, 2013, p. 25-26). Este reflexo ganha intensidade na medida em que a aprovação de projeto arquitetônico e urbanístico, bem como a comunicação e a informação correlata são condicionadas, desde a Lei nº 10.098/00, à observação de critérios de acessibilidade, definidos pela Associação Brasileira de Normas Técnicas – ABNT. Neste exato contexto, os artigos 5º, 6º e 12 da Lei nº 10.098/00 tratam dos instrumentos de acessibilidade para os projetos de urbanização e de construção de edifício públicos e coletivos.

No campo do direito administrativo, a outorga ou a renovação de concessão, permissão, autorização ou habilitação de qualquer natureza, também deverão observar as normas referentes à acessibilidade, quando o objeto destes atos administrativos tocarem, de algum modo, pessoas com deficiência. Embora o inciso II do artigo 55 do Estatuto da Pessoa com Deficiência imponha a observação das normas relativas à acessibilidade quando da outorga ou renovação de concessão, permissão, autorização ou habilitação, o Superior Tribunal de Justiça entendeu que a adaptação deveria ocorrer de imediato.

Com efeito, no julgamento do Recurso Especial nº 1.595.018, o STJ manteve acórdão proferido pelo Tribunal de Justiça do Estado do Rio de Janeiro que, em sede de ação civil pública, condenou concessionária de serviço de transporte urbano a realizar adaptação na frota com a reserva de assentos especiais antes da roleta (Resp nº 1.595.018/RJ, Rel. Ministro Humberto Martins, Segunda Turma, julgado em 18 ago. 2016).

Em direito financeiro e tributário, a aprovação de financiamentos de projeto com a utilização de recursos públicos, seja qual for o instrumento utilizado, estará condicionada, da mesma forma, à observância dos critérios de acessibilidade. Igual tratamento deve ser conferido, na hipótese de concessão de aval da União para obtenção de empréstimos e de financiamentos internacionais, quando solicitados por entes públicos ou privados.

Art. 55. A concepção e a implantação de projetos que tratem do meio físico, de transporte, de informação e comunicação, inclusive de sistemas e tecnologias da informação e comunicação, e de outros serviços, equipamentos e instalações abertos ao público, de uso público ou privado de uso coletivo, tanto na zona urbana como na rural, devem atender aos princípios do desenho universal, tendo como referência as normas de acessibilidade.

§1º O desenho universal será sempre tomado como regra de caráter geral.

§2º Nas hipóteses em que comprovadamente o desenho universal não possa ser empreendido, deve ser adotada adaptação razoável.

§3º Caberá ao poder público promover a inclusão de conteúdos temáticos referentes ao desenho universal nas diretrizes curriculares da educação profissional e tecnológica e do ensino superior e na formação das carreiras de Estado.

§4º Os programas, os projetos e as linhas de pesquisa a serem desenvolvidos com o apoio de organismos públicos de auxílio à pesquisa e de agências de fomento deverão incluir temas voltados para o desenho universal.

§5º Desde a etapa de concepção, as políticas públicas deverão considerar a adoção do desenho universal.

DANIEL BUCAR

O artigo 55 do Estatuto da Pessoa com Deficiência insere o padrão do desenho universal como medida necessária para suplantar os obstáculos de natureza arquitetônica, urbanística, informacional e de circulação "em equipamentos e instalações abertos ao público, de uso público ou privado de uso coletivo, tanto na zona urbana quanto na rural, devem atender aos princípios do desenho universal".

Em 2004, concomitantemente à edição do Decreto nº 5.296, de 2 de dezembro do referido ano (regulamentador da Lei nº 10.098/00), realizou-se, na cidade do Rio de Janeiro, a Conferência Internacional sobre o Desenho Universal, cujos trabalhos resultaram na Carta do Rio. O documento detalha a concepção de desenho universal em suas variadas projeções, cuja ideia foi desenvolvida, de forma precursora, pelo arquiteto norte-americano Ron Mace (LEITE, 2016, p. 255).

Entende-se por universal o desenho que permita a fruição de ambientes, serviços, programa e tecnologia acessíveis, que possa ser utilizado pelo maior número de pessoas em condições materiais de igualdade. Significa dizer que, independentemente das características psicomotoras de qualquer pessoa, a utilização do espaço e do serviço será realizada de forma igualitária pelos usuários, sem que haja necessidade de (re) adaptação específica (art. 2º da Convenção sobre os Direitos das Pessoas com Deficiência).

São sete os princípios que regem a aplicação do desenho universal: (*i*) o *uso equiparável* para pessoas com habilidades diversas; (*ii*) *uso flexível* para atender ao maior espectro de capacidade e preferência pessoais; (*iii*) *simples e intuitivo*, a permitir facilidade no uso, (*iv*) *informação perceptível*, de modo a comunicar de forma eficaz a informação necessária; (*v*) *tolerância ao erro*, para que os riscos do manuseio sejam reduzidos; (*vi*) *pouca exigência de esforço físico*, de modo que possa ser acessado e utilizado pelo maior número de pessoas; e (*vii*) *tamanho e espaço para o acesso e o uso* adequado a qualquer tipo de usuário.

A NBR ABNT nº 9.050 cuida, dentre outros aspectos da acessibilidade, de padrões técnicos para o melhor alcance da adoção do desenho universal, cuja observância, segundo o §1º do Estatuto da Pessoa com Deficiência, é uma regra de caráter geral. Quando não for possível, comprovadamente, adotar plenamente o desenho universal, sua aplicação deverá ser empreendida por uma adaptação razoável (§2º). Vale notar que esta adaptação razoável não reflete um salvo conduto para a não aplicação do desenho universal. A referida adaptação, segundo o art. 3º do EPD, deve scr compreendida como um ajuste necessário e adequado que não acarrete um ônus desproporcional e indevido à pessoa com deficiência, de modo que ela possa exercer, "em igualdade de condições e oportunidades com as demais pessoais, todos os direitos e liberdades fundamentais".

Os parágrafos 3º e 4º do artigo 55 trazem importante norma para a implementação eficaz do desenho universal. Além da inclusão do estudo do desenho universal nas diretrizes curriculares de cursos técnicos, profissionalizantes de graduação e na formação de carreiras de Estado, o apoio à pesquisa deverá incluir o estudo do tema. Trata-se, portanto, de medida para capacitar profissionais hábeis à concretização do programa de adoção geral do desenho universal, que deverá ser considerado, inclusive, na concepção de políticas públicas (§5º do artigo 55).

Importante notar que a formação de pessoas hábeis para o estudo e a pesquisa do desenho universal decorre, também, de obrigação assumida pela República brasileira para a consecução deste mister, por força do disposto no artigo 4º, alínea "f", da Convenção sobre os Direitos das Pessoas com Deficiência ("realizar ou promover a pesquisa e o desenvolvimento de produtos, serviços, equipamentos e instalações com desenho universal").

Art. 56. A construção, a reforma, a ampliação ou a mudança de uso de edificações abertas ao público, de uso público ou privadas de uso coletivo deverão ser executadas de modo a serem acessíveis.

§1º As entidades de fiscalização profissional das atividades de Engenharia, de Arquitetura e correlatas, ao anotarem a responsabilidade técnica de projetos, devem exigir a responsabilidade profissional declarada de atendimento às regras de acessibilidade previstas em legislação e em normas técnicas pertinentes.

§2º Para a aprovação, o licenciamento ou a emissão de certificado de projeto executivo arquitetônico, urbanístico e de instalações e equipamentos temporários ou permanentes e para o licenciamento ou a emissão de certificado de conclusão de obra ou de serviço, deve ser atestado o atendimento às regras de acessibilidade.

§3º O poder público, após certificar a acessibilidade de edificação ou de serviço, determinará a colocação, em espaços ou em locais de ampla visibilidade, do símbolo internacional de acesso, na forma prevista em legislação e em normas técnicas correlatas.

DANIEL BUCAR

O artigo 56 determina que, desde a entrada em vigor do Estatuto, toda construção, reforma, ampliação de edificações abertas ao público, de uso público ou privadas de uso coletivo observarão as regras de acessibilidade. Para tanto, determina o §1º que as anotações técnicas dos projetos devem ser precedidas de declaração do profissional responsável pelo atendimento às regras técnicas de acessibilidade. Ainda sob o espírito de concretização da norma, prevê o §2º do artigo em comento que o licenciamento de obra ou serviço, assim como a certificação de sua conclusão, devem ser condicionados e, portanto, apenas emitidos se observadas as regras de acessibilidade. Uma vez atendidas as regras de edificação acessível, o poder público competente para o licenciamento e certificação da conclusão da obra determinará a colocação do símbolo internacional de acesso §3º.

Art. 57. As edificações públicas e privadas de uso coletivo já existentes devem garantir acessibilidade à pessoa com deficiência em todas as suas dependências e serviços, tendo como referência as normas de acessibilidade vigentes.

DEBORAH PEREIRA PINTO DOS SANTOS

Como antes mencionado, a Constituição da República, no parágrafo segundo do art. 227, expressamente previu o direito ao meio ambiente urbano acessível e inclusivo, como concretização do direito à igualdade material (art. 5º, *caput*) e da proteção à dignidade da pessoa humana (art. 1º, III). No art. 244, determinou a Carta de 88 que mesmo os logradouros, prédios de uso público e veículos de transporte coletivo que tenham sido construídos anteriormente ao momento de início de vigência da nova ordem constitucional deveriam ser adaptados de forma a garantir o acesso adequado às pessoas portadoras de deficiência, conforme as normas de acessibilidade trazidas pela legislação infraconstitucional.

O conceito de acessibilidade baseia-se na responsabilidade dos poderes públicos e da própria sociedade pela implementação de soluções voltadas a integrar as pessoas com deficiência e a suprir a falha histórica de negativa de acesso. Objetiva-se, com efeito, a eliminar as desvantagens sociais enfrentadas pelas pessoas com deficiência, sendo a acessibilidade pré-condição ao exercício de outros direitos por parte dessas pessoas (BARCELLOS; CAMPANTE, 2012, p. 176-177).

Portanto, a normativa constitucional trouxe a acessibilidade como direito instrumental à efetivação de todos os demais direitos destinados às pessoas com deficiência, possibilitando o convívio social digno dessas pessoas com idênticas oportunidades concedidas às demais. Assim, é por intermédio de um meio ambiente urbano acessível que as pessoas com deficiência poderão efetivamente gozar dos direitos fundamentais à saúde, à educação, ao trabalho e ao lazer, entre outros garantidos constitucionalmente (ARAÚJO; MAIA, 2015, v. 79, p. 431 e ss.).

Nesse mesmo sentido, a Convenção Internacional sobre os Direitos das Pessoas com Deficiência, internalizada pelo Decreto Presidencial nº 6.949/2009 com status de norma constitucional (art. 5º, §3º, CR/88), prevê em seu art. 9º que a acessibilidade deve assegurar às pessoas com deficiência, em igualdade de oportunidades com as demais pessoas, o acesso ao meio físico, ao transporte, à informação e à comunicação, bem como a outros serviços e instalações abertos ao público ou de uso público, tanto na zona urbana quanto na rural.

Para assegurar o cumprimento do direito fundamental à acessibilidade por todos os entes federativos, foi estabelecida a competência legislativa concorrente no inciso

XIV do art. 24 da Constituição, cabendo à União editar normas gerais (art. 24, §1º) e aos estados-membros o exercício de competência suplementar (art. 24, §2º). Ressalte-se que o Supremo Tribunal Federal tem reconhecido a constitucionalidade de normas inclusivas editadas pelos estados, dando maior densidade ao direito à acessibilidade (ADI nº 903/MG, Tribunal Pleno, Rel. Min, Dias Toffoli, julg. 22 maio 2013, *DJe* 6 maio 2014).

Ademais, aos municípios foi atribuída competência para suplementar a legislação federal e estadual, sendo o ente municipal competente para criar normas legais nos assuntos de predominância local (art. 30, I e II, CR/88), o que inclui matéria urbanística de concretização e efetivação da acessibilidade de pessoas com deficiência (TJSP, ADI nº 2210524-19.2015.8.26.0000, Órgão Especial, Rel. Des. Péricles Piza, julg. 8 jun. 2016, DJe. 9 jun. 2016). A importância da criação de cidades verdadeiramente inclusivas, sem segregação ou barreiras arquitetônicas para todos os munícipes, justifica a competência legislativa municipal, tendo em vista que é no espaço concreto do município que são implementadas as medidas de acessibilidade, democratizando-se o uso do espaço urbano (FEIJÓ, ano 14, n. 50, p. 17-21, 2013).

No campo da legislação editada pela União, as Leis nº 7.853/89 (art. 2º, parágrafo único, V, "a") e nº 10.098/2000 (art. 2º, I) estabeleceram alguns parâmetros de acessibilidade a serem observados pelo Poder Público nos logradouros e pelos particulares nos prédios de uso coletivo, visando a tornar o meio ambiente urbano mais inclusivo, por meio da adaptação das estruturas já existentes. O Decreto nº 5.296/2004, que regulamenta a Lei nº 10.098/2000, trouxe diversas regras de acessibilidade aplicáveis aos edifícios públicos e privados de uso coletivo. Exemplificativamente, o art. 11 previu a obrigatoriedade de qualquer construção, reforma ou ampliação nas edificações de uso público ou coletivo, ou a mudança de destinação para tais fins, ser executada de modo que os prédios permaneçam ou se tornem acessíveis às pessoas portadoras de deficiência.

Nesse contexto, o Estatuto da Pessoa com Deficiência, em seu art. 57, tornou a enfatizar o dever de garantir acessibilidade e de adaptar as edificações públicas e privadas de uso coletivo, mesmo quando não sejam construções novas, de modo a permitir o livre acesso das pessoas com deficiência em todas as suas dependências e serviços. Ressalte-se que as edificações abrangidas pelo comando legal não se resumem aos espaços estatais. A partir de análise funcionalista, muito mais que a natureza pública ou privada do bem de acordo com o critério subjetivo do direito privado, interessa a função que ele desempenha no meio ambiente urbano. Assim, a despeito do titular, o direito à acessibilidade garantido à pessoa portadora de deficiência é voltado aos bens de uso coletivo ou comum, nos quais se enquadram tanto os prédios públicos, quanto aqueles prédios privados que estejam sujeitos a uso coletivo (a exemplo de *shopping centers* e instituições de ensino privadas) (MARRARA, ano 10, n. 39, p. 167, 2012).

Ainda à luz das normas vigentes anteriormente ao Estatuto da Pessoa com Deficiência, a Primeira Turma do STF reformou decisão oriunda do estado de São Paulo, manifestando-se pelo direito subjetivo público do portador de necessidades especiais ao acesso de prédios públicos, no caso escola estadual, por meio da sua adaptação, cabendo à Administração Pública adotar as providências que o viabilizasse (RE nº 440.028, Rel. Min. Marco Aurélio, Primeira Turma, julg. 29 out. 2013, *DJe* 25 nov. 2013).

Em relação a prédios privados de uso coletivo, também caminha a jurisprudência nacional no sentido de implementação de políticas públicas que efetivem o acesso e a locomoção de pessoas portadoras de deficiência ou mobilidade reduzida. Em caso julgado pelo Tribunal de Justiça de São Paulo, foi decidido que um clube privado fundado há mais de 100 anos tinha a obrigação de providenciar a construção de banheiros adaptados para ambos os sexos, a instalação de placas indicativas e de elevador ou rampa de acesso ao salão (TJSP, Ap. nº 0009949-33.2009.8.26.0099, 5ª CDPUB, Rel. Des. Heloísa Martins, julg. 4 abr. 2016, *DJe* 5 abr. 2016).

Em outro caso, julgado pelo Tribunal de Justiça do Rio Grande do Sul, atribuiu-se dever de indenizar a estabelecimento comercial pela ausência de rampas para cadeirantes que permitissem o acesso a salas de cinema, de modo a possibilitar a inclusão efetiva do cidadão na vivência cultural da sociedade (TJRS, Ap. nº 71002886075, Terceira Turma Recursal Cível, Rel. Des. Carlos Eduardo Richinitti, julg. 30 jun. 2011, *DJ* 30 jul. 2011). Em sentido aproximado, encontram-se decisões pela liberação do ingresso em agências bancárias pelas portas giratórias de segurança por pessoas com necessidades especiais, como cadeirantes e portadores de marca-passo, aos quais devem ser disponibilizadas formas diferenciadas de acesso (TJRJ, Ap. nº 0009856-36.2012.8.19.0204, 27ª CC., Rel. Des. Antônio Carlos dos Santos Bitencourt, julg. 3 dez. 2014, *DJe* 11 dez. 2014).

Sem dúvida, existem dificuldades referentes aos custos da acessibilidade, principalmente no que tange à implementação de soluções posteriores às estruturas já existentes. Por tal razão, foram previstos prazos para a adaptação das edificações públicas e privadas de uso coletivo de forma a torná-las acessíveis, porém, todos já foram estourados (Decreto nº 5.296/2004). Durante centenas de anos, os prédios públicos e privados de uso coletivo foram concebidos e executados no país sem qualquer preocupação acerca do acesso por pessoas com deficiência. O direito de acessibilidade previsto na Constituição de 88 e enfatizado por diversas normas posteriores, como o art. 57 do EPD, pressupõe o dever de acomodação, no sentido de adaptação das estruturas antigas, a fim de eliminar, ou ao menor, contornar as barreiras que impedem o livre acesso de determinadas pessoas, em igualdade de condições com as demais, a tais estruturas (BARCELLOS; CAMPANTE, 2012, p. 184-185).

Art. 58. O projeto e a construção de edificação de uso privado multifamiliar devem atender aos preceitos de acessibilidade, na forma regulamentar.

§1º As construtoras e incorporadoras responsáveis pelo projeto e pela construção das edificações a que se refere o caput deste artigo devem assegurar percentual mínimo de suas unidades internamente acessíveis, na forma regulamentar.

§2º É vedada a cobrança de valores adicionais para a aquisição de unidades internamente acessíveis a que se refere o §1º deste artigo.

DEBORAH PEREIRA PINTO DOS SANTOS

O Estatuto da Pessoa com Deficiência estabelece o direito à acessibilidade da pessoa com deficiência em prédios particulares, ainda que não sejam de uso coletivo. Nesse sentido, o art. 58 do EPD prevê que o projeto e a edificação de uso privado multifamiliar deverá atender às medidas de acessibilidade previstas na lei e em regulamentos. Trata-se de norma que objetiva resguardar o direito fundamental à moradia, previsto no art. 6º da Constituição da República, que, no caso das pessoas com deficiência, depende de acessibilidade instrumental para ser concretizado. Reconhece-se ainda que há a interdependência dos elementos públicos e privados para a formação de meio ambiente urbano verdadeiramente inclusivo, visando-se à conformação de uma sociedade globalmente acessível (MARRARA, 2012, ano 10, n. 39, p. 169).

Antes do EPD, a Lei nº 10.098/2000 já trouxe dispositivos que tratam da acessibilidade nos prédios de uso privado. Conforme o art. 13, os novos edifícios de uso privado, em que seja obrigatória a instalação de elevadores, deverão apresentar elevadores com porta de entrada acessível para pessoas portadoras de deficiência ou com mobilidade reduzida, bem como percurso acessível que una as unidades habitacionais com o exterior, com as dependências e os serviços de uso comum, à via pública e aos edifícios vizinhos. Por sua vez, consoante o art. 14, os edifícios que não estejam obrigados à instalação de elevador, com mais de um pavimento, excluídas as habitações unifamiliares, deverão apresentar projeto e especificações técnicas que facilitem a instalação de elevador adaptado para pessoas com deficiência, atendendo ainda aos demais requisitos de acessibilidade em seus elementos de uso comum.

O Decreto nº 5.296/2004, que regulamenta a Lei nº 10.098/2000, possui diversas regras de acessibilidade aplicáveis aos prédios de uso privado. Por exemplo, o art. 18 traz a obrigatoriedade para a construção de edificações de uso privado multifamiliar em atender aos preceitos de acessibilidade na interligação das partes de uso comum ou abertas ao público, atendidas as normas técnicas de acessibilidade da ABNT. O seu parágrafo único explicita que também se sujeitam ao dever de acessibilidade todas as áreas acessórias de uso comum, como piscina, salão de festa e portaria, além do estacionamento e da garagem.

No âmbito da cidade do Rio de Janeiro, há a Lei Municipal nº 3.311/2001, que instituiu a obrigatoriedade de os condomínios residenciais multifamiliares promoverem adaptações de natureza ambiental ou arquitetônica, às suas expensas, para dar adequada acessibilidade às pessoas portadoras de deficiência de locomoção (art. 1º). Trata-se de norma voltada não somente aos condomínios novos, mas àqueles em prédios antigos, que também deverão ser reformados para se tornarem acessíveis. De acordo com o art. 3º, o proprietário de imóvel residencial multifamiliar que seja portador de deficiência, quando impossibilitado de, por seus próprios meios, usufruir de seu imóvel, poderá requerer ao condomínio que apresente projeto ao órgão competente do Município para a implementação das adaptações ambientais ou arquitetônicas que possibilitem acessibilidade a seu imóvel.

Com base na legislação em vigor, o Tribunal de Justiça do Estado do Rio de Janeiro determinou que um condomínio arcasse com os custos de reforma para a instalação de rampas de acesso à via pública para a entrada e saída de pessoa idosa e portadora de deficiência física. Assim, conforme o julgado, morador deficiente ou seu representante poderiam solicitar ao condomínio a realização de modificações arquitetônicas necessárias ao atendimento de suas necessidades (TJRJ, Ap. nº 0028142-26.2011.8.19.0001, 19ª CC., Rel. Des. Guaraci de Campos Vianna, julg. 3 maio 2012, *DJe* 20 maio 2012). Em outro caso, foi decidido que o condomínio deveria realizar a demarcação de vaga para uso exclusivo de condômino portador de deficiência e de seu acompanhante que tivesse localização próxima ao bloco em que residem, de modo a assegurar a agilidade e a mobilidade que a situação peculiar da pessoa em questão carecia (TJRJ, Ap. nº 0037014-63.2012.8.19.0205, 4ª CC., Rel. Des. Myriam Medeiros da Fonseca Costa, julg. 10 jul. 2013, *DJe* 12 jul. 2013).

Por sua vez, o parágrafo primeiro do art. 58 do EPD traz norma dirigida às construtoras e incorporadoras, pela qual há o dever, nas construções de edificações de uso privado, de assegurar percentual mínimo de unidades que sejam internamente acessíveis, na forma regulamentar. O dispositivo não chega a ser propriamente uma novidade, pois o art. 15 da Lei nº 10.098/2000 já previa a necessidade de criação de unidades habitacionais adaptadas para o atendimento da demanda de pessoas portadoras de deficiência. O Decreto nº 5.296/2004, apesar de não trazer qualquer percentual, nos incisos II e III do art. 28, reforça a obrigatoriedade, nos prédios particulares multifamiliares, de execução de unidades acessíveis no piso térreo, e acessíveis ou adaptáveis nos demais pisos, bem como a execução de partes comuns, seguindo as normas de acessibilidade da ABNT.

O parágrafo segundo traz interessante norma em prol da igualdade material e da não discriminação da pessoa com deficiência. Pelo dispositivo, é vedada a cobrança de valores adicionais para aquisição de unidades internamente acessíveis. O direito à acessibilidade visa à promoção da autonomia da pessoa com deficiência, o que inclui o seu direito à moradia digna e adaptada à sua particular condição. A proteção especial concedida à pessoa com deficiência não pode significar privilégio ou situação de vantagem infundada, mas sim, medida em prol da igualdade material em sua perspectiva positiva, voltada a superar as dificuldades concretas enfrentadas pela pessoa com deficiência (SARLET, 2012, p. 79).

(NC) Cabe sublinhar que o dispositivo em comento foi regulamentado pelo Decreto nº 9.451, de 26 de julho de 2018, para dispor sobre os preceitos de acessibilidade relativos ao projeto e à construção de edificação de uso privado multifamiliar (art. 1º). Inicialmente, o art. 2º dispõe, para fins de aplicação do decreto, das delimitações terminológicas dos seguintes termos: (i) edificação de uso privado multifamiliar; (ii) unidade internamente acessível; (iii) unidade adaptável; (iv) unidade com adaptação razoável; e (v) data do início da obra.

O art. 3º do decreto estabelece que os "empreendimentos de edificação de uso privado multifamiliar serão projetados com unidades adaptáveis, nos termos do disposto neste Decreto, com condições de adaptação dos ambientes para as características de unidade internamente acessível, observadas as especificações estabelecidas nos Anexos I e II". Em seu parágrafo único, assegura que, nas "unidades autônomas com mais de um pavimento, será previsto espaço para instalação de equipamento de transposição vertical para acesso a todos os pavimentos da mesma unidade autônoma".

O decreto, ainda, assegura que as unidades autônomas das edificações de uso privado multifamiliar deverão ser adaptáveis (art. 4º) e obriga que estas "deverão ser convertidas em unidades internamente acessíveis quando solicitado pelo adquirente, por escrito, até a data do início da obra" (art. 5º). Importante destacar que é vedada a cobrança de valores adicionais para a conversão das unidades autônomas adaptáveis em acessíveis (art. 5º, §1º). Ademais, prevê que na "hipótese de desistência ou de resolução contratual por inadimplemento do comprador da unidade internamente acessível, o incorporador poderá reter os custos adicionais incorridos devido à adaptação solicitada, desde que previsto expressamente em cláusula contratual" (art. 5º, §2º).

O art. 7º do decreto determina que as "áreas de uso comum das edificações de uso privado multifamiliar deverão ser acessíveis e atender aos requisitos estabelecidos nas normas técnicas de acessibilidade vigentes". Por isso, estabelece que dois por cento das vagas de garagem ou estacionamento, vinculadas ao empreendimento, para uso comum, devem ser reservados para veículos que transportem pessoa com deficiência com comprometimento de mobilidade, sem prejuízo do disposto no art. 47 da Lei nº 13.146, de 2015 (art. 8º).

Nos casos em que os empreendimentos adotarem sistema construtivo que não permita alterações posteriores, tais como a "alvenaria estrutural, paredes de concreto, impressão 3D ou outros equivalentes", o decreto permite a inobservância das obrigações previstas nos art. 3º, 4º e 5º desde que garantam o percentual mínimo de três por cento de unidades internamente acessíveis, não restritas ao pavimento térreo (art. 6º). Em tais situações, é igualmente "vedada a cobrança de valores adicionais para a aquisição de unidades internamente acessíveis ou a adaptação razoável da unidade autônoma, observado o percentual previsto no *caput* (art. 6º, §4º).

De forma expressa, o decreto excluiu do seu campo de aplicação os empreendimentos a que se refere o art. 32 da Lei nº 13.146, de 2015. Por fim, prescreve o art. 11 um período de vacância de dezoito meses após a data da sua publicação, ou seja, o decreto somente entrou em vigor em 27 de janeiro de 2020.

Art. 59. Em qualquer intervenção nas vias e nos espaços públicos, o poder público e as empresas concessionárias responsáveis pela execução das obras e dos serviços devem garantir, de forma segura, a fluidez do trânsito e a livre circulação e acessibilidade das pessoas, durante e após sua execução.

DEBORAH PEREIRA PINTO DOS SANTOS

De acordo com o art. 59 do Estatuto da Pessoa com Deficiência, nas intervenções que sejam realizadas nas vias e nos espaços públicos, têm o Poder Público e as concessionárias, quando responsáveis pela execução da obra ou do serviço, o dever de garantir a fluidez do trânsito, a segurança das pessoas, a livre circulação e o direito à acessibilidade às pessoas com deficiência, durante todo o tempo de duração da intervenção e até mesmo após o seu término. A norma, apesar de conter preceito bastante relevante, não traz grande novidade, tendo em vista que configura simples repetição quase literal do conteúdo do art. 12 do Decreto nº 5.296/2004, como regulamento à Lei nº 10.098/2000.

A título ilustrativo, no município do Rio de Janeiro há projeto de lei que visa a dar maior concretude ao preceito do art. 59 do EPD. Trata-se do Projeto de Lei Complementar nº 31/2013, que institui o novo Código de Obras e Edificações da Cidade do Rio de Janeiro. Conforme o seu art. 234, todas as obras realizadas por concessionárias em calçadas, a menos de 10 (dez) metros de semáforos ou esquinas, deverão prever a construção de rampas de acessibilidade ou a sua recuperação quando já existentes, conforme padrões urbanísticos em vigor.

Em diversas oportunidades, os tribunais já se manifestaram acerca da necessidade de construção de estruturas como rampas e elevadores que liguem as vias públicas aos serviços prestados à população, como o serviço de transporte nas estações de metrô e ônibus, especialmente em relação ao acesso às suas plataformas de embarque e desembarque. Visa-se, desse modo, a permitir a acessibilidade e a assegurar o direito de ir e vir de usuários e passantes portadores de alguma deficiência física ou mobilidade reduzida (TJSP, Ap. nº 0128132-23.2010.8.26.0100, 21ª CDPriv., Rel. Des. Itamar Gaino, julg. 19 maio 2014, *DJe*, 22 maio 2014).

O ponto diferencial do art. 59 é que a norma também é voltada para momento anterior, em que são realizadas as intervenções em vias públicas por meio de obras para aprimoramento ou oferta de novos serviços públicos aos cidadãos. O direito à acessibilidade da pessoa com deficiência deve ser preservado durante tais obras e mesmo após a sua execução, de modo a garantir a livre locomoção, circulação e passagem. Com efeito, trata-se de mais uma medida que objetiva a eliminação de barreiras ambientais e arquitetônicas de forma a integrar socialmente as pessoas portadoras de deficiência.

Art. 60. Orientam-se, no que couber, pelas regras de acessibilidade previstas em legislação e em normas técnicas, observado o disposto na Lei nº 10.098, de 19 de dezembro de 2000, nº 10.257, de 10 de julho de 2001, e nº 12.587, de 3 de janeiro de 2012:

I - os planos diretores municipais, os planos diretores de transporte e trânsito, os planos de mobilidade urbana e os planos de preservação de sítios históricos elaborados ou atualizados a partir da publicação desta Lei;

II - os códigos de obras, os códigos de postura, as leis de uso e ocupação do solo e as leis do sistema viário;

III - os estudos prévios de impacto de vizinhança;

IV - as atividades de fiscalização e a imposição de sanções; e

V - a legislação referente à prevenção contra incêndio e pânico.

§1º A concessão e a renovação de alvará de funcionamento para qualquer atividade são condicionadas à observação e à certificação das regras de acessibilidade.

§2º A emissão de carta de habite-se ou de habilitação equivalente e sua renovação, quando esta tiver sido emitida anteriormente às exigências de acessibilidade, é condicionada à observação e à certificação das regras de acessibilidade.

DEBORAH PEREIRA PINTO DOS SANTOS

O Estatuto da Pessoa com Deficiência, no art. 60, traz norma que visa a ressaltar a proteção e a concretização do direito à acessibilidade da pessoa com deficiência, que não começa e nem é limitado ao disposto no EPD, mas deve ser extraído da análise orgânica de todo o complexo ordenamento jurídico brasileiro, desde a Constituição da República (arts. 227 §2º e 244) até as inúmeras normas regulamentares locais. Mais uma vez, deve ser destacado que a matéria é competência legislativa (arts. 24, XIV, §§1º e 2º, e 30, I e II, CR/88) e administrativa (arts. 23, III, CR/88) de todos os entes da federação.

Além do Estatuto em comento, as Leis editadas pela União nº 10.098/2000, nº 10.257/2001 e nº 12.587/2012 devem ser observadas como parâmetros mínimos de garantia de acessibilidade e mobilidade urbana. Dessa forma, os entes federados estaduais e municipais estão constitucionalmente autorizados a legislar de modo a aprimorar os mecanismos de acessibilidade com apoio, respectivamente, em suas competências complementares e para a regência de assuntos de predominante interesse local. O direito à acessibilidade pode e deve ser incrementado por meio de políticas públicas estaduais e locais que estimulem a mais ampla adaptação do espaço urbano em favor do acesso igualitário, seguro e autônomo de todos os cidadãos a serviços e a livre locomoção em áreas essenciais ao exercício de direitos fundamentais (MARRARA, 2012, ano 10, n. 39, p. 170).

Especificamente quanto ao Estatuto da Cidade, Lei nº 10.257/2001, há diversas normas relevantes em matéria de direito à acessibilidade da pessoa com deficiência, como os arts. 2º, I e V, e 41, §3º. A norma do inciso I do art. 2º traz a ideia de "cidades sustentáveis", que se vincula à meta de concretização de direitos sob o ponto de vista interdisciplinar e transgeracional. Dessa feita, ao prever a sustentabilidade como garantia de direitos fundamentais, como também do direito a serviços públicos e suas respectivas infraestruturas, reconhece-se, ainda que implicitamente, a acessibilidade como direito a políticas públicas acessíveis. De igual modo, pelo inciso V do art. 2º, resguarda-se o acesso amplo a infraestruturas e serviços que sejam adequados aos interesses e às necessidades da população e às características locais, com a formação de sociedade mais igualitária e, consequentemente, acessível a todos os cidadãos, o que inclui, por evidência, aqueles portadores de deficiência (MARRARA, 2012, ano 10, n. 39, p. 171-172).

Por sua vez, o parágrafo terceiro do art. 41 do Estatuto da Cidade, que foi incluído pela Lei nº 13.145/2015, ressalta que, nas cidades em que o plano diretor é obrigatório, deverá ser elaborado plano de rotas acessíveis, que disponha sobre os novos passeios públicos ou antigos que venham a ser reformados, com vistas a garantir a acessibilidade da pessoa com deficiência ou com mobilidade reduzida a todas as rotas e vias existentes. Em especial, o plano de rotas deverá ser voltado para regiões que tenham focos geradores de maior circulação de pedestres, como os órgãos públicos, locais de prestação de serviços públicos e privados de saúde, educação, assistência social, esporte, cultura, correio e telégrafos, bancos, entre outros, sendo sempre que possível integrado com os sistemas de transporte coletivo.

Em consonância com tais normas, os incisos do art. 60 do EPD estabelecem que os planos diretores municipais, os planos diretores de transporte e trânsito, os planos de mobilidade urbana e os planos de preservação de sítios históricos, bem como os códigos de obras, os códigos de postura, as leis de uso e ocupação do solo e as leis do sistema viário, além dos estudos prévios de impacto de vizinhança, das atividades de fiscalização e imposição de sanções e da legislação referente à prevenção contra incêndio e pânico, devem todos ser regidos pelas regras de acessibilidade previstas nas leis e regulamentos editados pelos entes da federação.

Por exemplo, apesar de anterior ao Estatuto da Pessoa com Deficiência, o Plano Diretor da Cidade do Rio de Janeiro, instituído pela Lei Complementar Municipal nº 111/2011, trouxe inúmeras normas voltadas à proteção do direito à acessibilidade da pessoa portadora de deficiência. Nesse sentido, podem-se mencionar o art. 2º, VII, que traz a universalização da acessibilidade para pessoas com deficiência de qualquer natureza como princípio da política urbana municipal; o art. 3º, XXXIII, que estabelece a universalização da acessibilidade aos espaços públicos e prédios públicos e privados e aos equipamentos urbanos e aos meios de transportes, priorizando-se as medidas voltadas às pessoas com deficiência ou mobilidade reduzida, como diretriz da política urbana do município; o parágrafo único do art. 19, que diz que o uso dos espaços públicos deverá respeitar a garantia de acessibilidade e mobilidade de todas as pessoas, especialmente daquelas com deficiência e dificuldade de locomoção; e o art. 213, I, que prevê a constituição de uma rede hierarquizada e equilibrada de acessibilidade e mobilidade para a cidade, com prioridade para o transporte público e para os deslocamentos não motorizados, como objetivo da política integrada de transporte municipal, entre outras diversas normas de igual relevância.

Em concretização das normas previstas no Plano Diretor Carioca, foram criadas diversas intervenções urbanas com o objetivo de tornar a cidade mais inclusiva e acessível. Exemplificativamente, há o Projeto Porto Maravilha, de revitalização da região portuária do Rio de Janeiro, no qual foram criadas vias com calçadas mais largas e confortáveis para a passagem de cadeirantes, assim como travessias com elevação diferenciada e piso tátil para facilitar o acesso de pessoas portadoras de deficiência visual. Outra medida de mobilidade urbana relevante é o sistema do VLT (Veículo Leve sobre Trilhos), que possui livre acesso para cadeirantes e piso próprio para deficientes visuais em toda a sua extensão.

Por fim, as regras dos parágrafos do art. 60 do EPD são voltadas ao atendimento do direito à acessibilidade por parte de particulares, mas também ressaltam o dever de fiscalização do Poder Público. Assim, pelo parágrafo primeiro, a concessão e a renovação de alvará de funcionamento para qualquer atividade comercial serão condicionadas à observação e à certificação das regras de acessibilidade, cujo atendimento deverá ser verificado pelo poder concedente. Já o parágrafo segundo estatui que a emissão da carta de habite-se ou de qualquer habilitação equivalente para prédios particulares, assim como a sua renovação, dependerá igualmente do atendimento das regras de acessibilidade.

Art. 61. A formulação, a implementação e a manutenção das ações de acessibilidade atenderão às seguintes premissas básicas:

I - eleição de prioridades, elaboração de cronograma e reserva de recursos para implementação das ações; e

II - planejamento contínuo e articulado entre os setores envolvidos.

DEBORAH PEREIRA PINTO DOS SANTOS

O art. 61 do Estatuto da Pessoa com Deficiência traz algumas diretivas básicas a serem seguidas para a formulação, a implementação e a manutenção das ações de acessibilidade, quais sejam: (*i*) a eleição de prioridades, a elaboração de cronograma e a reserva de recursos para a concretização dessas ações; e (*ii*) o planejamento contínuo e articulado entre os setores envolvidos.

No âmbito federal, há a Secretaria Nacional de Promoção dos Direitos da Pessoa com Deficiência, que possui diversos programas e ações voltados à garantia de acessibilidade em âmbito nacional. Por exemplo, há programa para a capacitação e especialização de técnicos, agentes sociais em acessibilidade e demais recursos humanos para a defesa dos direitos das pessoas com deficiência. Existe também programa de apoio a estudos e pesquisas relativos à pessoa com deficiência. Demais programas, de igual relevância, podem ser consultados no sítio www.pessoacomdeficiencia.gov.br, que mantém rol organizado de ações da Secretaria voltadas à concretização do direito fundamental à acessibilidade da pessoa com deficiência.

Por sua vez, no Município do Rio de Janeiro existiu, até recentemente, a Secretaria Municipal da Pessoa com Deficiência, criada pela Lei nº 4.595/2007, cuja atuação era voltada à inserção social da pessoa portadora de deficiência, por meio de diversos programas. Exemplificativamente, menciona-se o projeto da Central Carioca de Intérpretes de Libras (Língua Brasileira dos Sinais), que tem como objetivo tornar acessível os serviços públicos municipais para as pessoas portadoras de deficiência auditiva. Registre-se, contudo, que a SMPD teve suas competências incorporadas ao Gabinete do Prefeito a partir de janeiro de 2017, sendo suas atividades continuadas por meio de órgão interno (mais informações podem ser obtidas no sítio www.rio.rj.gov. br/web/smpd).

Outro projeto relevante em nível municipal é a Central de Atendimento do Passe Livre Municipal, que concede gratuidade nas linhas municipais de ônibus e micro-ônibus da cidade do Rio de Janeiro para pessoas com deficiência, maiores de 65 anos e alunos uniformizados do ensino fundamental e médio da rede pública de ensino, originalmente fundada na Lei Municipal nº 3.167/2000. O Tribunal de Justiça do Rio de Janeiro, em representação de inconstitucionalidade movida pela Fetranspor (Federação das Empresas de Transporte do Estado do Rio de Janeiro), declarou a referida lei inconstitucional ante a ausência de indicação da necessária fonte de custeio, consoante determina o §2º do art. 112 da Constituição do Estado do Rio de Janeiro (TJRJ, RI nº 0020922-53.2006.8.19.000, Órgão Especial, Rel. Des. Roberto Wider, julg. 2 maio 2007). Contudo, a gratuidade continua a ser concedida por acordo da Fetranspor firmado com o Município do Rio de Janeiro.

Portanto, como expressamente previsto no art. 61 do EPD, para criação e realização de ações de acessibilidade, é imprescindível a indicação de específica fonte de custeio pelo ente federado e a reserva de recursos que possibilitem a concretização de tais ações. A norma ainda encontra esteira no §5º do art. 195 da Constituição da República, segundo o qual é vedada a criação, a extensão ou a majoração de benefício ou serviço da seguridade social sem que haja a correspondente fonte de custeio total. Tal preceito visa a resguardar o equilíbrio das contas públicas e o regular cumprimento dos contratos administrativos firmados pelo Poder Público com particulares que sejam responsáveis pela execução de serviços destinados a toda a população.

Art. 62. É assegurado à pessoa com deficiência, mediante solicitação, o recebimento de contas, boletos, recibos, extratos e cobranças de tributos em formato acessível.

DEBORAH PEREIRA PINTO DOS SANTOS

O direito à acessibilidade, assegurado às pessoas com deficiência, não traduz somente a superação de barreiras ao acesso que constituam obstáculos físicos, isto é, impedimentos à livre locomoção, à circulação e à passagem da pessoa portadora de alguma deficiência. Ao contrário, a acessibilidade, como materialização do direito à igualdade, traz nova concepção do que seja viver socialmente sem qualquer tipo de segregação e não simples direito à construção de rampas.

O Estatuto da Pessoa com Deficiência, no inciso IV do art. 3º, reflete tal preocupação ao prever definição ampla de barreira a ser superada pela acessibilidade: trata-se de qualquer entrave, obstáculo, atitude ou comportamento que limite ou impeça a participação social da pessoa, assim como prejudique a sua liberdade de movimento e de expressão, de comunicação, ao acesso à informação e à compreensão e à circulação com segurança. O EPD ainda define especificamente a barreira informacional como qualquer impedimento ou dificuldade excessiva à livre expressão ou ao recebimento de mensagens ou informações por intermédio de qualquer sistema de comunicação ou de tecnologia da informação.

Decerto, a garantia de acessibilidade à pessoa com deficiência, como direito fundamental fundado na igualdade material (art. 5º, *caput*, CR/88) e na dignidade da pessoa humana (art. 1º, III, CR/88), depende da oferta de informações pelos meios adequados que inclua todos os dados necessários à compreensão e que permita o livre e pleno exercício da cidadania pela pessoa com deficiência. A preocupação com a acessibilidade na perspectiva de um direito informacional não é nova e nem restrita ao âmbito infraconstitucional. Cuida-se também da concretização do direito fundamental à livre manifestação de pensamento e da liberdade de expressão (art. 5º, IV, CR/88).

A Convenção Internacional sobre os Direitos das Pessoas com Deficiência (Decreto nº 6.949/2009 com status de norma constitucional pelo §3º do art. 5º da Constituição de 88) possui diversas normas diretamente voltadas à tutela do direito à acessibilidade informacional. Em especial, o art. 21 afirma o direito à liberdade de expressão e opinião, incluindo a liberdade de buscar, receber e compartilhar informações e ideias, em igualdade de oportunidades com as demais pessoas e por intermédio de todas as formas de comunicação de sua escolha. Para tanto, há o dever de o Estado fornecer e assegurar o recebimento, por intermédio de particulares, sem cobrança de qualquer custo adicional, às pessoas com deficiência, de todas as informações destinadas ao público em geral, em formatos acessíveis e nas tecnologias apropriadas aos diferentes tipos de deficiência.

A Lei nº 10.098/2000, na redação dada pela Lei nº 13.145/2015, trouxe normas específicas voltadas ao direito à acessibilidade na perspectiva informacional. O art. 2º, inciso IX prevê o direito à comunicação da pessoa com deficiência que permita a interação entre os cidadãos e que abrange as línguas, inclusive a Língua Brasileira de Sinais (Libras), a visualização de textos, o método Braille, o sistema de sinalização ou de comunicação tátil, o uso de caracteres ampliados, de sistema auditivo e de meios de voz digitalizados, incluindo assim todas as tecnologias de informação existentes. Mais do que isso, há a previsão de dever atribuído ao Estado de implementação da formação de profissionais que sejam habilitados como intérpretes da escrita em braile, da linguagem de sinais e de guias-intérpretes, de modo a facilitar a comunicação direta à pessoa com deficiência (art. 73).

Dentro desse contexto, o art. 62 do Estatuto da Pessoa com Deficiência afirma o direito assegurado à pessoa com deficiência, mediante a sua solicitação, a receber suas contas, boletos, recibos, extratos e cobranças de tributos de forma acessível e em formato adequado à sua específica condição. Ressalte-se que a norma do art. 62 do EPD é tanto voltada ao Poder Público, quanto aos particulares que prestam serviços ao público, como as concessionárias e permissionárias de serviços públicos. Nesse sentido, o Tribunal de Justiça do Estado do Rio de Janeiro reconheceu o dever de uma concessionária prestadora do serviço de saneamento básico de oferecer as contas, faturas e relatórios de consumo em braile, conforme requerido por consumidor-usuário portador de deficiência visual (TJRJ, Ap. nº 0343964-79.2011.8.19.0001, 25ª CC., Rel. Des. Maria Isabel Gonçalves, julg. 16 dez. 2015, *DJe* 18 dez. 2015).

Especificamente no que tange às relações consumeristas, o próprio Código de Defesa e Proteção do Consumidor, no inciso III do art. 6º, garante o direito à informação do consumidor acerca de produtos e serviços ofertados no mercado de consumo, com todas as especificações necessárias à sua plena compreensão, incluindo dados acerca de eventuais riscos. Por evidência, sob pena de ofensa à igualdade material, a aplicação da norma não poderá excluir de seu âmbito de incidência as pessoas com deficiência, para as quais o acesso à informação clara, precisa e adequada pressupõe a sua oferta por meio adaptado à sua específica condição. Por exemplo, no caso de consumidor com deficiência auditiva, nos contratos de prestação de serviços educacionais, o atendimento ao direito à acessibilidade será alcançado por intermédio da linguagem de sinais (Libras), de modo a permitir a consecução da finalidade almejada com a contratação do serviço (TJRJ, Ap. nº 1017134-32.2011.8.19.0002, 23ª CC., Rel. Des. Sônia de Fátima Dias, julg. 10 jun. 2015, *DJe* 12 jun. 2015).

Nessa mesma linha, o Superior Tribunal de Justiça tem se mostrado sensível à necessidade de garantir plenamente o direito à acessibilidade informacional das pessoas com deficiência. Mesmo antes da vigência do EPD, a Terceira Turma do STJ, em ação civil pública ajuizada por associação voltada à proteção dos direitos dos cegos, se manifestou no sentido de reconhecer a obrigatoriedade de instituição financeira em adotar o método braille nos contratos bancários de adesão celebrados com pessoas portadoras de deficiência visual. Na fundamentação, foi expressamente afirmado a necessidade de tutela diferenciada do direito à intimidade do consumidor deficiente visual que, para simples conferência dos serviços contratados, não poderia ser forçado a se dirigir a uma agência bancária e franquear acesso a terceiros do conteúdo de sua movimentação financeira (REsp. nº 1.315.822/RJ, Rel. Min. Marco Aurélio Bellizze, Terceira Turma, julg. 24 mar. 2015, *DJe* 16 maio 2015).

Portanto, as normas que estabelecem o direito à acessibilidade na perspectiva informacional também visam a proteger a intimidade e a garantir a autonomia das pessoas com deficiência, de forma a evitar situações vexatórias, como a exposição desnecessária de dados privados a terceiros. Sempre na medida de sua particular condição, deve ser protegido o protagonismo e a liberdade da pessoa com deficiência, de modo a combater a sua histórica marginalização social.

Referências

ARAÚJO, Luiz Alberto David. *A proteção constitucional das pessoas portadoras de deficiência*. 2. ed. Brasília: CORDE, 1997.

ARAÚJO, Luiz Alberto David; MAIA, Maurício. Meio ambiente urbano constitucional e o cumprimento das regras de acessibilidade. *Revista de Direito Ambiental*, v. 79, p. 431-448, jul./set. 2015.

ARAÚJO, Luiz Alberto David; MAIA, Maurício. O conceito de pessoas com deficiência e algumas de suas implicações no direito brasileiro. *Revista de Direito Constitucional e Internacional*, São Paulo, v. 22, n. 86, p. 165-181, jan./mar. 2014.

BARCELLOS, Ana Paula de; CAMPANTE, Renata Ramos. A acessibilidade como instrumento de promoção de direitos fundamentais. *In: Manual dos direitos da pessoa com deficiência*. São Paulo: Saraiva, 2012.

FEIJÓ, Alessandro Rahbani Aragão. A acessibilidade como instrumento da sustentabilidade nas cidades inclusivas. *Revista Brasileira de Direito Municipal*, Belo Horizonte, ano 14, n. 50, p. 13-27, out./dez. 2013.

FIGUEIREDO, Guilherme José Purvin de. Direito de locomoção da pessoa portadora de deficiência no meio ambiente urbano. *Revista de Direito Ambiental*, São Paulo, v. 6, n. 23, p. 67-90.

LEITE, Flávia Piva Almeida. O direito das pessoas portadoras de deficiência a terem um ambiente acessível. *Revista de Direitos Difusos*, São Paulo, v. 17, p. 2319-2339, 2003.

LEITE, Flávia Piva de Almeida; RIBEIRO, Lauro Luiz Gomes; COSTA FILHO, Waldir Macieira. *Comentários ao estatuto da pessoa com deficiência*. São Paulo: Saraiva. 2016.

MARRARA, Thiago. Acessibilidade da infraestrutura urbana – Conceito e análise evolutiva da legislação brasileira a partir da década de 1990. *Revista de Direito Público da Economia*, Belo Horizonte, ano 10, n. 39, p. 159-180, jul./set. 2012.

MINHOTO, Antonio Celso Baeta. O federalismo brasileiro e a questão das competências constitucionais relativas à acessibilidade e inclusão social do portador de deficiência. *Revista do Instituto dos Advogados de São Paulo*, São Paulo, v. 11, n. 21, p. 21-35, jan./jun. 2008.

OLIVEIRA, Rafael Rezende Carvalho. Licitações inclusivas: os impactos do Estatuto da Pessoa com Deficiência (Lei nº 13.146/2015) nas contratações públicas. *Revista Síntese licitações, contratos e convênios*, São Paulo, v. 5, n. 29, p. 19-27, out./nov. 2015.

RIBEIRO, Lauro Luiz Gomes. As normas constitucionais de tutela das pessoas portadoras de deficiência. *Revista de Direito Constitucional e Internacional*, São Paulo, v. 47, p. 145-198, 2004.

RIBEIRO, Lauro Luiz Gomes. Direitos Humanos e a Dignidade da Pessoa com Deficiência. *Revista de Direito Social*, Porto Alegre, v. 21, p. 89-97, 2006.

SARLET, Ingo Wolfgang. Igualdade como direito fundamental na Constituição Federal de 1988: aspectos gerais e algumas aproximações ao caso das pessoas com deficiência. In: *Manual dos direitos da pessoa com deficiência*. São Paulo: Saraiva, 2012.

SCHULMAN, Gabriel. Direitos da pessoa com deficiência física: fundamentos para a acessibilidade (aos seus direitos) à luz da interlocução entre Saúde e Direito. *Revista Brasileira de Direito da Saúde*, Curitiba, v. 1, p. 88-107, 2012.

CAPÍTULO II
DO ACESSO À INFORMAÇÃO E À COMUNICAÇÃO

Art. 63. É obrigatória a acessibilidade nos sítios da internet mantidos por empresas com sede ou representação comercial no País ou por órgãos de governo, para uso da pessoa com deficiência, garantindo-lhe acesso às informações disponíveis, conforme as melhores práticas e diretrizes de acessibilidade adotadas internacionalmente.

§1º Os sítios devem conter símbolo de acessibilidade em destaque.

§2º Telecentros comunitários que receberem recursos públicos federais para seu custeio ou sua instalação e lan houses devem possuir equipamentos e instalações acessíveis.

§3º Os telecentros e as lan houses de que trata o §2º deste artigo devem garantir, no mínimo, 10% (dez por cento) de seus computadores com recursos de acessibilidade para pessoa com deficiência visual, sendo assegurado pelo menos 1 (um) equipamento, quando o resultado percentual for inferior a 1 (um).

FERNANDA COHEN

O acesso à informação é direito fundamental tripartido, que envolve (*i*) o direito de se informar; (*ii*) o direito de informar, extensão da liberdade de manifestação do pensamento e da liberdade de comunicação; e (*iii*) o direito de ser informado. Esses direitos possuem forte conexão material entre si e "se coimplicam e se complementam" (STEINMETZ, 2013, p. 301).

Normalmente, quando se trata do acesso à informação, previsto nos arts. 5º, IV, XXXIII e XXXIV, da Constituição Federal, tendência natural é remeter-se à possibilidade de a pessoa buscar as informações que lhe interessarem. Porém, o direito seria tutelado de forma incompleta caso fosse negada a seu titular a possibilidade de informar e a possibilidade de ser informado em igual medida.

Note-se que o direito à informação não é total e irrestrito, podendo colidir com outros comandos de igual *status*, a depender de análise do caso concreto para identificar qual deve prevalecer em cada hipótese. "É que, em rigor, a estrutura normativa e o modo de aplicação dos direitos fundamentais se equiparam aos princípios. Assim, os direitos que convivem em harmonia no seu relato abstrato podem produzir antinomias no seu exercício concreto" (BARROSO, 2015, p. 369).

Perceba-se que, se a Constituição Federal, diploma de maior hierarquia no ordenamento jurídico, já garante o acesso à informação para todas as pessoas, poderia parecer desnecessário que o legislador infraconstitucional garantisse esse direito a um grupo específico. No entanto, tendo em vista que, na prática, tal direito nem sempre é assegurado às pessoas com deficiência, foi necessário repetir e especificar as adaptações que devem ser realizadas para dar efetividade ao acesso à informação.

Já a comunicação social recebeu capítulo próprio na Constituição Federal, que no seu art. 220 assegura a "manifestação do pensamento, a criação, a expressão e a informação, sob qualquer forma, processo ou veículo não sofrerão qualquer restrição", observado o disposto na lei maior. No entanto, o legislador estatutário não se limitou a garantir acesso apenas a este tipo de comunicação.

Seria omisso elaborar quaisquer comentários sobre este assunto sem mencionar o emblemático Relatório MacBride, elaborado pelo vencedor do Prêmio Nobel da Paz, Sean MacBride. Em seu relatório, também conhecido como *One world, many voices*" encomendado pela Unesco, ressalta-se que a comunicação, amplamente considerada, é mais que a simples troca de notícias e mensagens, sendo uma atividade que abarca todo tipo de transmissão de ideias, fatos e dados. Os principais objetivos da comunicação seriam, deste modo, a informação, a socialização, a motivação, o debate, as discussões, a educação, a promoção cultural, o entretenimento e a integração entre as pessoas (MACBRIDE, 1980, p. 14). Esta é a concepção que melhor realiza o objetivo do EPD.

Deste modo, os termos chave para a interpretação deste capítulo são "acesso", "informação" e "comunicação", sendo que dois destes são definidos pela própria Lei. De acordo com o art. 3º, I, do EPD, acessibilidade (ou acesso) é a

> possibilidade e condição de alcance para utilização, com segurança e autonomia, de espaços, mobiliários, equipamentos urbanos, edificações, transportes, informação e comunicação, inclusive seus sistemas e tecnologias, bem como de outros serviços e instalações abertos ao público, de uso público ou privados de uso coletivo, tanto na zona urbana como na rural, por pessoa com deficiência ou com mobilidade reduzida.

A comunicação é definida no art. 3º, V, do EPD, nos moldes do que dispõe o art. 2 da Convenção Internacional sobre os Direitos das Pessoas com Deficiência (CDPD), como

> forma de interação dos cidadãos que abrange, entre outras opções, as línguas, inclusive a Língua Brasileira de Sinais (Libras), a visualização de textos, o Braille, o sistema de sinalização ou de comunicação tátil, os caracteres ampliados, os dispositivos multimídia, assim como a linguagem simples, escrita e oral, os sistemas auditivos e os meios de voz digitalizados e os modos, meios e formatos aumentativos e alternativos de comunicação, incluindo as tecnologias da informação e das comunicações.

Já o conceito de informação não é especificado nem pela Constituição, nem pelo CDPD, nem pelo EPD. No entanto, tal conceito é oferecido pela Lei de Acesso à Informação (Lei nº 12.527/2011), também conhecida como LAI. Segundo seu artigo 4º, a informação é definida como "dados, processados ou não, que podem ser utilizados para produção e transmissão de conhecimento, contidos em qualquer meio, suporte ou formato".

Porém, como o objetivo das medidas previstas é a proteção de pessoas vulneráveis e a eliminação do maior número de barreiras impeditivas, acredita-se aplicável uma interpretação tão extensiva do termo quanto possível, superando até mesmo os limites estabelecidos na LAI. Assim, para o atendimento desses fins, "entende-se por informação, qualquer juízo de fato ou de valor sobre pessoas, coisas, fatos, relações, ideias, conceitos, representações, opiniões, crenças etc." (STEINMETZ, 2013, p. 301).

Importante notar, ainda, que a diferença entre a informação e a comunicação reside na ideia de que a informação trata da transmissão de dados, ou seja, alguém emite uma mensagem que chega ao receptor. Este, por sua vez, não se comunica com o emissor. Contrariamente, para haver comunicação, é obrigatória a noção de troca de informações entre os envolvidos (ALCURI *et al.*, 2012, p. 148).

Assim, acesso à informação e acesso à comunicação são direitos distintos, mas complementares. Por esse motivo, faz sentido a opção do legislador em incluí-los no mesmo título.

A relevância do direito fundamental de acesso à informação contribui de forma essencial ao desenvolvimento livre, consciente e responsável da personalidade, possibilitando a formação de ideias, opiniões, avaliações, convicções e crenças pessoais sobre diversos assuntos (STEINMETZ, 2013, p. 301). Seria absolutamente contrário à dignidade da pessoa humana, enquanto alicerce da ordem jurídica brasileira (BODIN DE MORAES, 2006, p. 14) a negativa deste direito.

Já o acesso à comunicação permite que a pessoa estabeleça laços com aqueles ao seu redor. Tal faculdade é fundamental para a espécie humana, que optou por organizar-se e viver em sociedade. As pessoas precisam, nesse sentido, ser reconhecidas por seus iguais, e precisam sentir que têm algo a contribuir em determinado contexto. É por isso que, com a informação, o homem se realiza em si mesmo, mas com a comunicação, ele se realiza, também, no próximo.

Note-se que o EPD, e mesmo a CDPD não foram os primeiros diplomas a tratar do acesso à informação e à comunicação para pessoas com deficiência. Há título homônimo a este no Decreto nº 5.296, de 2004, com disposições bastante similares, mas que não chegou a produzir o efeito quanto se esperaria. É por isso que a força do CDPD, enquanto norma hierarquicamente equiparada às emendas constitucionais, servirá para auxiliar na eficácia das garantias aqui previstas.

O *caput* do art. 63 do EPD, visando efetivar os direitos explicitados, torna obrigatória a adaptação das páginas da internet mantidas por empresas com sede ou representação local no Brasil ou por órgãos do governo para que as pessoas com deficiência tenham acesso às informações lá contidas. Isto deve ser feito segundo as "melhores práticas e diretrizes de acessibilidade adotadas internacionalmente".

O objetivo é, portanto, que as pessoas com deficiência tenham mais independência e acesso igualitário às informações e comunicações, com a eliminação dos entraves que lhes colocam em posição de desvantagem no acesso ao conteúdo se comparadas com as pessoas sem deficiências.

Para tanto, qualquer sociedade empresária que estiver instalada no Brasil deverá adaptar seu *site* na internet para facilitar o acesso por pessoas com deficiência. A página deve ser tão adaptada quanto possível, de modo compatível com a sua natureza.

Importante notar que se exige, nos termos do art. 2º do CDPC, "adaptações razoáveis", ou seja, modificações e ajustes necessários e adequados que não acarretam ônus desproporcional quando requeridos em cada caso, a fim de assegurar que as pessoas com deficiência possam gozar ou exercer, em igualdade de oportunidade com as demais pessoas, todos os direitos humanos e liberdades fundamentais.

Assim, grandes sociedades empresariais, especialmente de notícias e comunicação devem ser totalmente adaptadas. As empresas que forem também aptas a suportar esse ônus econômico devem fazê-lo independentemente da natureza das informações lá contidas. Já os microempresários, ou sociedades pequenas devem adaptar seus *sites* o máximo possível, sem sacrificarem a viabilidade de seu negócio, evidentemente.

Já as páginas de órgãos governamentais devem ser completamente adaptadas. A interpretação desta parte do dispositivo deve ser ampliativa, incluindo-se no conceito todo tipo de *site* que seja conectado e, em especial, financiado pelo governo.

Note-se que o art. 103 do EPD alterou o art. 11 da Lei nº 8.429/1992. A partir de então, o não cumprimento dos requisitos de acessibilidade por agentes públicos tornou-se ato de improbidade administrativa contra os princípios da Administração Pública, tamanha a seriedade e a relevância da questão (MINISTÉRIO DO PLANEJAMENTO, DESENVOLVIMENTO E GESTÃO, 2016, p. 11).

Este comando coaduna-se absolutamente com o art. 9, 2, "g", da CDPD, que objetiva "promover o acesso de pessoas com deficiência a novos sistemas e tecnologias da informação e comunicação, inclusive à Internet". Não basta, desta maneira, que as pessoas com deficiência possam acessar a rede por meio de computadores. É preciso que o próprio conteúdo lá disponível lhes seja o mais acessível possível. Note-se que, na maioria dos casos, as adaptações necessárias tendem a ser absolutamente simples.

Para compreender quais delas seriam razoáveis, deve-se, em primeiro lugar, identificar como as pessoas com certos tipos de deficiência utilizam o computador. Tome-se, como exemplo, a modalidade de deficiência visual. Como se sabe, a maioria da leitura pelos cegos é feita por meio do Braille, um sistema de escrita em relevo adotado no mundo todo (CERQUEIRA *et al.*, 2006, p. 17).

No entanto, a tela do computador ainda não permite a criação de elevações, essenciais para a leitura por tato. Por isso, os cegos utilizam os chamados leitores de tela, ou seja, programas que leem em voz alta aquilo que está escrito no monitor. Exemplo é o conceituado e gratuito *software* DOSvox, elaborado pelo Núcleo de Computação da Universidade Federal do Rio de Janeiro (SÁ *et al.*, 2007, p. 33).

Também não podem utilizar o *mouse*, já que não conseguem saber a localização da seta na tela do monitor. Portanto, utilizam-se basicamente do teclado. Existem diversos modelos especialmente adaptados para atender melhor às necessidades das pessoas com deficiência visual, mas mesmo os teclados convencionais possuem pequenas marcas em relevo nas letras F e J e no número 5 do teclado lateral de números. Com isso, os cegos podem orientar-se melhor.

Outra das grandes dificuldades que se encontrava originalmente era relativa às imagens, que não poderiam ser lidas pelos programas. A pessoa com deficiência saberia da existência da imagem, mas não conseguiria identificar seu conteúdo. Para resolver essa situação, desenvolveu-se a ideia de incluir uma descrição por extenso das fotografias para que os leitores conseguissem identificá-las por meio de atributo "alt text" (no Brasil, muito se encontra a #PraCegoVer). É, portanto, uma adaptação trivial, porém apta a melhorar incrivelmente a navegação das pessoas com deficiência visual.

Essa medida é, portanto, exigível em todos os sites de entidades descritas pelo art. 63 do EPD. Como essa adequação, existem muitas outras formas simples de garantir a acessibilidade. A organização sem fins lucrativos WebAIM (Web Accessibility In Mind) oferece em sua página um manual contendo diversas informações sobre como um sítio na internet pode tornar-se mais acessível de acordo com as melhores práticas existentes.

Segundo a organização, há quatro tipos de deficiências que dificultam o acesso à internet, sendo essas a visual, a auditiva, a motora e a cognitiva. Cada tipo requer uma série de medidas dos planejadores das páginas. Há, ainda, alguns cuidados os quais a maioria das pessoas sequer consideraria, como evitar o uso de cores que possam dificultar o acesso de daltônicos, ou de imagens e animações com efeitos estroboscópicos e luzes tremulantes, que podem desencadear convulsões em pessoas que sofrem de epilepsia fotossensitiva. Sempre que este último recurso for essencial, é imperioso que exista, ao menos, um aviso de precaução.

Em suma, há 11 princípios para o projeto de *sites* acessíveis: (*i*) deve haver alternativa textual às fotos (para auxiliar os programas leitores de tela); (*ii*) a página deve conter estrutura linear e apropriada que não confunda o programa leitor de tela; (*iii*) devem constar cabeçalhos para eventuais tabelas; (*iv*) os *links* e formulários devem ser completáveis por pessoas com deficiência; (*v*) o título dos links deve fazer sentido fora do contexto (e.g. é uma prática ruim incluir simplesmente o termo "clique aqui"); (*vi*) vídeos e mídias devem conter legendas ou transcrições; (*vii*) todo o material do site que não seja em formato html (*Hyper Text Markup*), como documentos em PDF, *Microsoft Word* ou *PowerPoint*, devem ser acessíveis, na medida do possível; (*viii*) deve ser possível que o usuário "pule" (*skip*) elementos repetitivos na página; (*ix*) não se deve utilizar apenas cores para passar informações (e.g. verde para positivo, vermelho para negativo etc.); (x) o conteúdo deve ser escrito de forma clara e de fácil leitura e; (*xi*) a página não pode depender do *JavaScrip*t (linguagem de programação específica) para funcionar (WEBAIM, 2016).

No entanto, segundo o parágrafo primeiro do artigo em comento, é necessário que os *sites*, além de efetivarem as adaptações razoáveis, ostentem ainda símbolo de acessibilidade em local proeminente.

Não obstante, importante salientar que, embora a acessibilidade do conteúdo dos *sites* seja essencial, de nada adiantará se as pessoas com deficiência não tiverem o acesso físico aos computadores. É por este motivo que o EPD trouxe os parágrafos segundo e terceiro do artigo 63.

Os telecentros públicos são locais patrocinados pelo governo nos quais as pessoas têm acesso a computadores conectados à internet e a cursos e oficinas, a fim de capacitar a população e combater a exclusão digital. A existência de locais que permitam acesso gratuito àqueles que não querem ou não podem adquirir computadores coaduna-se, inclusive, com a Constituição Federal, que, em seu art. 218, determina que o Estado deverá promover e incentivar, dentre outras coisas, a capacitação científica e tecnológica.

Note-se, ainda, que esses locais se assemelham às *lan houses*, sendo que estas últimas são privadas e cobram determinado valor pela utilização de suas dependências.

Tanto os telecentros quanto as *lan houses* devem oferecer acesso físico às pessoas com mobilidade reduzida, além de terem, no mínimo, 10% de seus computadores adaptados para pessoas com deficiência. Mesmo se existirem menos de dez computadores, ainda assim um deles deverá ser adaptado. A única adaptação exigida, no entanto, refere-se às pessoas com deficiência visual, conforme o §3º, não sendo considerada, portanto, excessivamente gravosa, já que basta o acesso a leitores de tela, que podem ser obtidos por meio de *download* gratuito na internet, e a reprodutores de áudio.

Art. 64. A acessibilidade nos sítios da internet de que trata o art. 63 desta Lei deve ser observada para obtenção do financiamento de que trata o inciso III do art. 54 desta Lei.

FERNANDA COHEN

Segundo este artigo, apenas poderão obter financiamento de projeto, com utilização de recursos públicos por meio de renúncia ou incentivo fiscal, contrato, convênio ou instrumento congênere, pessoas jurídicas cujo *site* seja acessível para as pessoas com deficiência.

Note-se, neste caso, que não há qualquer limitação apenas às sociedades empresárias. Correta a interpretação de que associações, fundações, organizações religiosas, partidos políticos e, certamente, as sociedades empresárias, devem respeitar a regra. Isso porque o artigo faz referência à acessibilidade nos sítios da internet mencionada no art. 63, mas não às pessoas.

Apenas para que se recorde, "os incentivos fiscais são instrumentos hábeis para servirem à indução econômica nas hipóteses de benefícios que passam a ser outorgados para incentivar comportamentos específicos" (ELALI, 2007, p. 11). É a utilização da ideia de sanções positivas para promover comportamentos desejáveis, tornando-os vantajosos e fáceis, no lugar de sanções negativas para reprimir aqueles indesejáveis, tornando-os difíceis ou desvantajosos (BOBBIO, 2007, p. 15).

Nesse sentido, para poder candidatar-se ao aproveitamento do produto de incentivos fiscais e afins, o candidato deve, inevitavelmente, cumprir com diversos requisitos determinados pela legislação. O EPD trouxe apenas mais um requisito para esse rol. Esse mecanismo pode produzir um efeito psicológico e prático muito positivo, já que mais pessoas jurídicas desejarão adaptar seus sites para que possam se beneficiar dos financiamentos. É o caso dos proponentes de projetos, que se utilizam de recursos obtidos pela Lei Rouanet, de fomento à cultura, ou pela Lei de Incentivo ao Esporte, por exemplo.

Art. 65. As empresas prestadoras de serviços de telecomunicações deverão garantir pleno acesso à pessoa com deficiência, conforme regulamentação específica.

FERNANDA COHEN

No dinâmico mundo atual, há uma infinidade de informações sendo geradas em locais distintos dos quais serão utilizadas. É, portanto, inquestionável a relevância dos sistemas modernos de telecomunicação "para a economia, a cultura, a ciência, entre outras atividades" (NASCIMENTO, 1992, p. XXIII).

Até 1995, o Estado possuía monopólio na área das telecomunicações e o exercia por meio da empresa pública Telebrás. No entanto, em agosto daquele ano, entrou em vigor a Emenda Constitucional nº 8, a fim de dar espaço a privatizações de parte do setor.

O objetivo da Emenda era gerar mais dinamismo no mercado, já que o modelo estatal dava sinais de esgotamento. "O setor de telecomunicações já estava em mudança acelerada em termos tecnológicos e exigia agilidade das operadoras para atender à crescente demanda por serviços cada vez mais especializados e sofisticados" (NOVAES, 2000, p. 150).

Por volta de dois anos depois, entrou em vigor a Lei Geral de Telecomunicações (LGT), Lei nº 9.472/1997, que substituiu o antigo Código de Telecomunicações de 1962. Uma das disposições da Lei foi a criação de um órgão regulador técnico, a fim de lidar com as questões de forma mais especializada, a Agência Nacional de Telecomunicações – ANATEL.

Segundo a página da internet da agência (www.anatel.gov.br/), inclusive, define-se as telecomunicações como a "transmissão, emissão ou recepção, por fio, radioeletricidade, meios ópticos ou qualquer outro processo eletromagnético, de símbolos, caracteres, sinais, escritos, imagens, sons ou informações de qualquer natureza". Note-se que são atribuições da ANATEL a telefonia fixa, a banda larga da internet, os serviços por satélite, serviços de telefonia móvel e de radiofrequência.

De fato, o ramo das telecomunicações é cada vez mais amplo e, além da acessibilidade às pessoas com deficiência por força deste artigo, por óbvio as empresas que atuam no setor devem seguir o regulamento que lhe é especificado por meio da LGT e dos atos normativos emanados pelo órgão regulador.

Destaca-se que a ANATEL tem se mostrado sensível aos direitos das pessoas com deficiência. Em 30 de maio de 2016, em atenção ao EPD, a Agência aprovou a Resolução nº 667 e, por meio dela, o chamado RGA, ou Regulamento Geral de Acessibilidade. O objetivo do RGA é, segundo seu próprio art. 1º, estabelecer regras para propiciar às pessoas com deficiência a fruição de serviços de telecomunicações e a utilização de equipamentos de telecomunicações em igualdade de oportunidades com as demais pessoas, por meio da supressão das barreiras à comunicação e à informação.

O RGA trata desde o acesso a telefones públicos à questão da privacidade da pessoa com deficiência, sendo um ato normativo bem recebido no sentido da eliminação das barreiras no escopo das telecomunicações.

Art. 66. Cabe ao poder público incentivar a oferta de aparelhos de telefonia fixa e móvel celular com acessibilidade que, entre outras tecnologias assistivas, possuam possibilidade de indicação e de ampliação sonoras de todas as operações e funções disponíveis.

FERNANDA COHEN

A CDPD, em seu artigo 2º, traz a definição de "desenho universal", que

significa a concepção de produtos, ambientes, programas e serviços a serem usados, na maior medida possível, por todas as pessoas, sem necessidade de adaptação ou projeto específico. O 'desenho universal' não excluirá as ajudas técnicas para grupos específicos de pessoas com deficiência, quando necessárias.

Nesse sentido, o artigo 66 do EPD deve ser interpretado como a necessidade de incentivo para que todos os aparelhos telefônicos, fixos ou móveis, contenham funcionalidades que permitam o acesso às pessoas com deficiência. Apenas quando isso não for possível ou for excessivamente oneroso é que se deve recorrer aos aparelhos adaptados especialmente para cada tipo de deficiência.

Ainda segundo a CDPD, o artigo 9, 1, "b", determina que os Estados Partes devem garantir, em igualdade de oportunidades, que as pessoas com deficiência tenham acesso à informação e à comunicação "inclusive aos sistemas e tecnologias da informação e comunicação".

Essencial o disposto neste artigo, deste modo, uma vez que o poder público deve, por força constitucional, propiciar o acesso mais irrestrito possível a esse tipo de tecnologia. É preciso que o Estado lance mão de todo seu arcabouço de incentivos possíveis, de modo a realizar o mandamento contido neste artigo, desde incentivos fiscais, até incentivos a pesquisas tecnológicas, a concessão de financiamentos, a criação de novas leis com a finalidade de romper as barreiras encontradas pelas pessoas com deficiência.

Em outros termos, é importante que passe a ser vantajoso para pesquisadores e empresas do ramo, o foco no mercado de projetos adaptados ou adaptáveis. Este é um dos desafios do poder público e da sociedade como um todo.

Art. 67. Os serviços de radiodifusão de sons e imagens devem permitir o uso dos seguintes recursos, entre outros:

I - subtitulação por meio de legenda oculta;

II - janela com intérprete da Libras;

III - audiodescrição.

FERNANDA COHEN

Os serviços de radiodifusão no Brasil são regulamentados pelo antiquíssimo Decreto nº 52.795, de 1963. Apesar de ter sido atualizado em vários pontos, não é surpresa que o Regulamento seja relativamente insensível com relação a direitos das minorias, como as pessoas com deficiência.

Por este motivo, muito bem-vindos a CDPD e o EPD de modo a oxigenar esse tipo de serviço que atinge tantas pessoas e é, até hoje, uma das formas de acesso à informação mais amplamente disponível à população. Não à toa, o CDPD, em seu artigo 30, 1, "b," garante ainda o acesso a "programas de televisão, cinema, teatro e outras atividades culturais, em formatos acessíveis".

Serviços de radiofusão, segundo o art. 1º do referido decreto, compreendem a transmissão de sons (radiodifusão sonora) e a transmissão de imagens (televisão) "a serem direta e livremente recebidas pelo público em geral". Basicamente, se está tratando neste artigo de televisão e rádio.

Ainda segundo o art. 3º do decreto, a função dos serviços dessa natureza é educativa e cultural, "mesmo em seus aspectos informativo e recreativo" e são considerados de "interesse nacional". Devido à relevância dada pelo legislador, nota-se que a acessibilidade desses serviços às pessoas com deficiência é imperiosa.

Em rol meramente exemplificativo, o legislador determina que, entre outros recursos, sejam disponibilizadas (*i*) a subtitulação por meio de legenda oculta; (*ii*) janela com intérprete da Libras e (*iii*) audiodescrição. Perceba-se que a Lei nº 10.098/2000 já determinava que o Poder Público eliminasse barreiras que impedissem o acesso de pessoas com deficiência a informações dessa natureza.

Não por outro motivo, em seu art. 18, já determina a formação de intérpretes de escrita em Braille e Libras, além de guias intérpretes nos termos do Decreto nº 5.626/2005. Determina, também, em seu art. 19 que

> os serviços de radiodifusão sonora e de sons e imagens adotarão plano de medidas técnicas com o objetivo de permitir o uso da linguagem de sinais ou outra subtitulação, para

garantir o direito de acesso à informação às pessoas portadoras de deficiência auditiva, na forma e no prazo previstos em regulamento.

Ademais, o Decreto nº 5.296/2004, por sua vez, já previa exatamente estas mesmas medidas como forma de garantir acessibilidade às pessoas com deficiência, sem obter, no entanto, a efetividade esperada.

Aponta-se que um dos programas televisivos mais inclusivos, do ponto de vista do acesso a pessoas com deficiência, é o horário de propaganda eleitoral gratuita, que conta com justamente essas três medidas, mas por força da Resolução nº 23.475/2015 do TSE.

Importante mencionar que em 2006 a Agência Nacional de Tecnologia – ANATEL baixou a Portaria nº 310, que aprovou a Norma Complementar nº 01/2006. A Norma aprovava diversos prazos para que empresas de comunicação adaptassem seu conteúdo a pessoas com deficiência, além de quantidades mínimas de horas contendo cada uma dessas tecnologias por emissora. Essa Norma foi o centro de uma polêmica quando, em 2008, o Ministério das Comunicações baixou a Portaria 310, suspendendo algumas das disposições benéficas às pessoas com deficiência por tempo indeterminado.

A partir de então, no curso de 2008 e 2009, o Ministério das Comunicações editou diversas portarias postergando a obrigatoriedade dos recursos assistivos nas emissoras de televisão. Foi então que o Conselho Nacional dos Centros de Vida Independente e a Federação Brasileira das Associações de Síndrome de Down ajuizaram Arguição de Descumprimento de Preceito Fundamental (ADPF nº 160) contra a União. Segundo consulta ao site do STF, a ADPF encontra-se conclusa desde 2013, com o Ministro Marco Aurélio.

Atualmente, a meta é que até 2024 "todas as emissoras geradoras e retransmissoras de radiodifusão em sinal digital do Brasil exibam, no mínimo vinte horas semanais de programas audiodescritos" entre as 18 e 2 horas (PENA; SILVA, 2014, ano 4, n. 15, p. 6-8).

Quanto às técnicas mencionadas nos incisos, aponta-se primeiro para a subtitulação por meio de legenda oculta, também conhecida como *closed caption*. "O *closed caption* é um sistema de legendagem fechado, no qual as legendas são visíveis quando acionadas por meio do controle remoto de televisores que disponibilizam esse sistema" (NASCIMENTO, 2015, v. 26, p. 378).

A principal diferença entre a ferramenta da subtitulação por legenda oculta e as legendas comuns, normalmente presentes em filmes estrangeiros, é que naquela há também referências textuais aos elementos sonoros. Ao passo que as legendas apenas traduzem ou narram o que é dito pelas pessoas, as legendas ocultas incluem, por escrito, os barulhos de fundo, as músicas e demais elementos não literais que escapariam às pessoas com deficiência auditiva.

O *closed caption* é complementar à tela com um intérprete de Libras, uma vez que atende a pessoas com perda auditiva por acidentes, doenças e pelo avançar da idade, que acabaram não alfabetizadas em Libras (os chamados ensurdecidos). Por outro lado, muitos surdos não são alfabetizados em português.

O *closed caption*, portanto, é uma tradução "intralinguística" produzida por meio de "estenotipistas, assim chamados, porque operam um teclado, o estenótipo, ligado a um estenógrafo computadorizado" (ARAÚJO *et al.*, 2013, v. 22, p. 287-286).

Já a janela com intérprete de Libras nada mais é que um destaque na tela em que um intérprete especializado gesticula a Linguagem Brasileira de Sinais – Libras, simultaneamente ao que está sendo dito no programa. Sobre Libras, é interessante ressaltar que, como qualquer outra língua, é composta por componentes como "gramática, semântica, pragmática, sintaxe e outros", preenchendo os requisitos científicos de um instrumento linguístico "de poder e força" (SILVA *et al.*, 2007, p. 9).

Ao passo que as duas primeiras técnicas servem aos surdos, a audiodescrição atende aos cegos.

Art. 68. O poder público deve adotar mecanismos de incentivo à produção, à edição, à difusão, à distribuição e à comercialização de livros em formatos acessíveis, inclusive em publicações da administração pública ou financiadas com recursos públicos, com vistas a garantir à pessoa com deficiência o direito de acesso à leitura, à informação e à comunicação.

§1º Nos editais de compras de livros, inclusive para o abastecimento ou a atualização de acervos de bibliotecas em todos os níveis e modalidades de educação e de bibliotecas públicas, o poder público deverá adotar cláusulas de impedimento à participação de editoras que não ofertem sua produção também em formatos acessíveis.

§2º Consideram-se formatos acessíveis os arquivos digitais que possam ser reconhecidos e acessados por softwares leitores de telas ou outras tecnologias assistivas que vierem a substituí-los, permitindo leitura com voz sintetizada, ampliação de caracteres, diferentes contrastes e impressão em Braille.

§3º O poder público deve estimular e apoiar a adaptação e a produção de artigos científicos em formato acessível, inclusive em Libras.

FERNANDA COHEN

Adotando função promocional de incentivo de atitudes desejáveis, o Poder Público deve fomentar a produção de livros em formatos acessíveis. Note-se que a redação do artigo afirma que deve fazê-lo "inclusive em publicações da administração pública ou financiadas com recursos públicos".

Ocorre que, sempre que se estiver falando em recursos públicos, torna-se ainda mais essencial que as mídias sejam adaptadas às pessoas com deficiência, pois cabe ao Poder Público servir de exemplo para a iniciativa privada e estimulá-la a adotar tecnologias e técnicas acessíveis. Deste modo, deve incentivar a produção e a circulação de livros adaptados, *especialmente* em se tratando de publicações da administração pública ou financiadas com recursos públicos.

Note-se que, segundo o parágrafo primeiro do art. 68 do EPD, as editoras que não oferecerem sua produção em formatos acessíveis não poderão participar de editais de compras de livros promovidas pelo governo.

Isso significa que editoras que não tenham medidas de acessibilidade em seu acervo não podem vender livros para escolas, universidades, bibliotecas, cursos públicos e afins. Este parágrafo é bem-intencionado, porém seu mandamento pode degenerar-se em atitude impossível de cumprir ou deter efeitos prejudiciais para a sociedade.

A composição de uma biblioteca não depende, em geral, de editoras, mas de obras e de autores. Assim, a biblioteca pública pode necessitar de livros essenciais de determinada editora que não possua material acessível. Isso impossibilitaria o atendimento do comando legal, já que a biblioteca seria forçada a adquirir a obra, sob pena de agir em detrimento de todos os usuários daquela biblioteca.

Trata-se de um delicado equilíbrio, porque é comum que editoras adquiram direitos de exclusividade sobre determinada obra. Caso os pesquisadores realmente precisem do material e a editora não cumpra o dever de disponibilizar seu acervo de modo acessível, das duas uma. Ou será o pesquisador obrigado a adquirir a obra, já que não está disponível nas bibliotecas – o que só beneficia a editora, que receberá pela venda do livro – ou será obrigado a desistir de consultá-la – o que não beneficia a ninguém e fere a produção científica, acadêmica e cultural do país.

Este ponto deve ser, portanto, repensado. Há outras medidas de desencorajamento que podem tornar desvantajosa a não adaptação aos formatos acessíveis sem prejudicar, por vias transversas, aqueles que precisam daquele conteúdo.

Atualmente, graças à modernização das mídias, a produção de livros adaptados para pessoas com deficiência ou, melhor, que possuam "desenho universal", conforme prioriza o art. 2º da CDPD, e possam ser utilizados igualmente por pessoas com e sem deficiência é facilitada.

Fato é que os livros eletrônicos podem ser mais prontamente acessados por meio de mecanismos de leitores de tela, *softwares* que, como o próprio nome indica, leem aquilo que está escrito para pessoas com deficiência visual por meio de voz sintética.

Para que um arquivo digital possa ser considerado em formato acessível, determina o legislador, no parágrafo 2º deste artigo, em primeiro lugar, que possam ser reconhecidos e acessados por esses *softwares* leitores de telas ou por outras tecnologias assistivas que vierem a substituí-los, permitindo a leitura pelos programas.

Outra vantagem do livro eletrônico é que as pessoas com perda parcial de visão, hipermetropia ou vista cansada podem aumentar o tamanho da fonte de leitura. É por isso que, em segundo lugar, um arquivo digital só pode ser considerado acessível se permitir a ampliação de caracteres.

Note-se que os daltônicos e demais pessoas com deficiências que dificultam a visualização de determinadas cores e combinações também são contemplados pelo legislador, que determina que acessível é o arquivo digital que permita a alteração do contraste entre as letras e o fundo.

Por fim, deve ser possível a impressão do arquivo em Braille. O sistema de escrita criado por Louis Braille em 1825, na França, é o meio universal de leitura utilizado por pessoas cegas. Trata-se de 63 combinações de pontos em relevo que representam letras e símbolos básicos (SÁ *et al.*, 2007, p. 22).

Para permitir que um arquivo seja convertido em braile e impresso, é preciso que seja um arquivo DOC ou DOCX de Word (ou similares), ou RTF (formato padrão de texto editável), ou PDF pesquisável (o PDF salvo como imagem não é acessível para leitura e impressão em Braille) ou em TXT, formato rudimentar em texto editável (UNESP, 2011).

Por fim, o parágrafo 3º determina que o Poder Público estimule a adaptação e a produção de artigos científicos em formato acessível, inclusive em Libras. Fica claro que o objetivo do legislador é, não só que as pessoas com deficiência tenham acesso à cultura e ao entretenimento, mas também a toda produção técnica e científica, em igualdade de condições com as demais pessoas.

Art. 69. O poder público deve assegurar a disponibilidade de informações corretas e claras sobre os diferentes produtos e serviços ofertados, por quaisquer meios de comunicação empregados, inclusive em ambiente virtual, contendo a especificação correta de quantidade, qualidade, características, composição e preço, bem como sobre os eventuais riscos à saúde e à segurança do consumidor com deficiência, em caso de sua utilização, aplicando-se, no que couber, os arts. 30 a 41 da Lei nº 8.078, de 11 de setembro de 1990.

§1º Os canais de comercialização virtual e os anúncios publicitários veiculados na imprensa escrita, na internet, no rádio, na televisão e nos demais veículos de comunicação abertos ou por assinatura devem disponibilizar, conforme a compatibilidade do meio, os recursos de acessibilidade de que trata o art. 67 desta Lei, a expensas do fornecedor do produto ou do serviço, sem prejuízo da observância do disposto nos arts. 36 a 38 da Lei nº 8.078, de 11 de setembro de 1990.

§2º Os fornecedores devem disponibilizar, mediante solicitação, exemplares de bulas, prospectos, textos ou qualquer outro tipo de material de divulgação em formato acessível.

FERNANDA COHEN

O *caput* do artigo faz referência aos artigos 30 a 41 do Código de Defesa do Consumidor (CDC), que dispõem sobre práticas comerciais. Nesses artigos, o Código consumerista trata de questões protetivas ao consumidor, como regras sobre oferta de produtos, sobre publicidade e sobre vedação à publicidade enganosa.

Nesse sentido, o art. 69 do EPD visa incrementar a proteção das pessoas com deficiência enquanto consumidores hipossuficientes. Note-se que o consumidor encontra-se em situação de fragilidade ou, como comumente refere-se, vulnerabilidade, perante o fabricante ou o fornecedor. E isso, "não apenas – ressalte-se – em relação a interesses patrimoniais, mas também, e com maior intensidade, em seus existenciais (decorrentes de sua dignidade humana)" (BESSA, 2007, p. 30).

A pessoa com deficiência consumidora é ainda mais vulnerável que o consumidor sem deficiência. Isso porque possui de saída uma vulnerabilidade qualificada, "potencializada" por circunstâncias concretas que agravam a sua situação, lhes tornando especialmente suscetíveis a agressões externas (BARBOZA, 2009, p. 110).

Um dos direitos básicos do consumidor é o direito à informação. O inciso III do art. 6º do CDC assegura esse direito com o objetivo de positivar uma nova transparência no momento pré-contratual, que deverá reger o contrato. Portanto, a informação clara e adequada deixa de ser encarada como mero elemento formal e passa a integrar o conteúdo obrigacional contratual (BENJAMIN; MARQUES; BESSA, 2014, p. 77).

Igualmente, o EPD garante o direito à informação da pessoa com deficiência, logo, é natural que inclua artigo acerca das informações sobre produtos ofertados no mercado. Portanto, no que couber, aplica-se o CDC ao consumidor, porém, com relação à necessidade de eliminação de barreiras específicas às pessoas com algum tipo de deficiência, aplica-se o artigo 69 do EPD, a fim de garantir tutela mais ampla.

O *caput* refere-se em especial ao poder público, no entanto, interpreta-se que tal obrigação é também no sentido de instar os particulares a tomarem tais medidas quando na qualidade de fornecedores ou fabricantes. Portanto, é dever do Poder Público garantir, mediante fiscalização e incentivos, que os consumidores com deficiências possam ter acesso às informações claras e corretas sobre os produtos que desejarem adquirir e os serviços que desejarem contratar.

O parágrafo primeiro faz referência à publicidade dos produtos comercializados em quaisquer meios, inclusive o virtual. Os fornecedores de produtos ou serviços, sem prejuízo do disposto sobre publicidade no CDC devem assumir o custo de tornar suas peças publicitárias acessíveis, conforme a compatibilidade do meio. Tal obrigação inclui a necessidade de disponibilizar a subtitulação por meio de legenda oculta (*closed caption*), a janela com intérprete de Libras e a audiodescrição, onde cada uma delas couber.

Também devem os fornecedores, tal qual o parágrafo segundo determina, disponibilizar exemplares de bulas, prospectos, textos ou qualquer outro tipo de material de divulgação em formato acessível, mediante solicitação por parte do consumidor com deficiência.

Enquanto o parágrafo primeiro determina a necessidade de adequar toda e qualquer peça publicitária e afins às exigências de acessibilidade do art. 67 do EPD, o parágrafo segundo determina o fornecimento de certos materiais acessíveis, porém, a depender de requerimento.

Note-se que a interpretação mais consentânea com os objetivos do EPD é a de que os materiais descritos no parágrafo segundo devem ser fornecidos mesmo que em fase pré-contratual. Ou seja, por serem itens informativos, necessários ao convencimento livre e esclarecido do consumidor para a celebração de eventual contratação, devem ser fornecidos independentemente desta.

Art. 70. As instituições promotoras de congressos, seminários, oficinas e demais eventos de natureza científico-cultural devem oferecer à pessoa com deficiência, no mínimo, os recursos de tecnologia assistiva previstos no art. 67 desta Lei.

I - subtitulação por meio de legenda oculta;

II - janela com intérprete da Libras;

III - audiodescrição.

FERNANDA COHEN

A exemplo do art. 67 do EPD, que determina a necessidade de que os serviços de radiofusão de sons e imagens permitam a utilização de recursos acessíveis para pessoas com deficiência, o art. 70 garante, ao menos, os mesmos recursos em congressos, seminários, oficinas e demais eventos de natureza científico-cultural.

Tais medidas, no entanto, podem mostrar-se excessivamente custosas para os organizadores de tais eventos, que já estes, via de regra, não recebem grandes incentivos para realizá-los. Portanto, para que não haja um dispêndio excessivo do já escasso dinheiro destinado à educação, não seria inadmissível a exigência de que pessoas informem com certa antecedência razoável (e.g. no prazo de inscrição) se necessitarão de tecnologias assistivas.

Caso não haja pessoas com determinada deficiência, reputa-se admissível que não se obrigue as instituições a contratarem serviço ocioso para suas palestras e congressos. No entanto, por força deste artigo, sempre que houver requisição para tais tecnologias, estas devem ser disponibilizadas.

É por este motivo que é importante que o Poder Público incentive a produção e o barateamento das ainda dispendiosas tecnologias de acessibilidade, a fim de que tais ressalvas não precisem existir no futuro.

Art. 71. Os congressos, os seminários, as oficinas e os demais eventos de natureza científico-cultural, promovidos ou financiados pelo poder público, devem garantir as condições de acessibilidade e os recursos de tecnologia assistiva.

FERNANDA COHEN

O art. 71 e o art. 70 do EPD são complementares. O art. 71 especializa o disposto em seu antecedente. Sempre que eventos de natureza científico-cultural sejam promovidos ou financiados com dinheiro público, estes devem ser dotados das condições dignas de acessibilidade física e dos recursos de tecnologia assistiva (subtitulação por meio de legenda oculta, janela com intérprete da Libras e audiodescrição).

A ressalva relacionada à possibilidade de imposição de prazo razoável para requisição de tais tecnologias também parece acertada, a fim de não onerar injustificadamente os eventos científico-culturais, sem trazer benefícios a qualquer pessoa com deficiência.

Art. 72. Os programas, as linhas de pesquisa e os projetos a serem desenvolvidos com o apoio de agências de financiamento e de órgãos e entidades integrantes da administração pública que atuem no auxílio à pesquisa devem contemplar temas voltados à tecnologia assistiva.

FERNANDA COHEN

Uma das melhores formas de garantir o acesso às tecnologias assistivas é, de fato, incentivar pesquisas sobre o assunto. O desenvolvimento de novas técnicas e ferramentas que facilitem a eliminação de barreiras para as pessoas com algum tipo de deficiência é excelente diretriz imposta pelo legislador.

Por força do art. 72 do EPD, portanto, linhas de pesquisa e projetos a serem desenvolvidos por meio de financiamentos com dinheiro público deverão passar a contemplar temas voltados à tecnologia assistiva. Tal medida inclui a melhoria e o incremento das técnicas já existentes, além do desenvolvimento de novas possibilidades.

Os altos custos de algumas das tecnologias de acessibilidade devem ser combatidos com o fomento de ideias e alternativas voltadas a esse problema. O caminho a percorrer ainda é longo, e a disparidade é alarmante. Em 2011, reportagem especial da Câmara dos Deputados apontou para a discrepância de valores entre uma "impressora jato de tinta de modelo mais básico", que custava por volta de duzentos reais, e "uma impressora Braille, também de modelo básico", cujo preço médio era de dez mil reais (JUNIOR, 2011).

Note-se ainda que o art. 72 não está adstrito às áreas científicas e tecnológicas, como pode parecer em primeira leitura. As disciplinas humanas e médicas, como o estudo de línguas, direito, psicologia, medicina e pedagogia, apenas, por exemplo, devem adequar-se a essas exigências oferecendo contribuições na medida em que sejam pertinentes.

Art. 73. Caberá ao poder público, diretamente ou em parceria com organizações da sociedade civil, promover a capacitação de tradutores e intérpretes da Libras, de guias intérpretes e de profissionais habilitados em Braille, audiodescrição, estenotipia e legendagem.

FERNANDA COHEN

Com as exigências dos artigos do EPD, espera-se que o acesso à informação e à comunicação seja pauta importante com relação à acessibilidade das pessoas com deficiência. A determinação pela presença de tradutores, intérpretes, profissionais habilitados em Braille, audiodescrição e legendagem, bem como profissionais do gênero em eventos científicos, cinemas, televisões, rádio, tende a ampliar a demanda desse tipo de profissional.

Por esta razão, o mercado de tecnologias assistivas deve ser fomentado e promovido já que, consequentemente, trará novas oportunidades profissionais para o mercado. Cabe ao Poder Público garantir a oferta de profissionais qualificados para atender essas demandas por meio do fomento à capacitação específica.

Referências

ALCURI, Gabriel *et al*. *O relatório MacBride*: história, importância e desafios. Brasília: SINUS, 2012.

ARAÚJO, Vera Lúcia Santiago *et al*. Legendagem para surdos e ensurdecidos (LSE): um estudo de recepção com surdos da região Sudeste. *TradTerm*, São Paulo, v. 22, p. 283-302, dez. 2013.

BARBOZA, Heloisa Helena. Vulnerabilidade e cuidado: aspectos jurídicos. *In*: PEREIRA, Tania da Silva; OLIVEIRA, Guilherme de (Coord.). *Cuidado e vulnerabilidade*. São Paulo: Atlas, 2009.

BARROSO, Luís Roberto. *Curso de direito constitucional contemporâneo*: os conceitos fundamentais e a construção do novo mundo. 5. ed. São Paulo: Saraiva, 2015.

BENJAMIN, Antonio Herman V; MARQUES, Claudia Lima; BESSA, Leonardo Roscoe. *Manual de direito do consumidor*. 6. ed. rev., atual. e ampl. São Paulo: Revista dos Tribunais, 2014.

BESSA, Leonardo Roscoe. *Aplicação do código de defesa do consumidor*: análise crítica da relação de consumo. Brasília: Brasília Jurídica, 2007.

BOBBIO, Norberto. *Da estrutura à função*: novos estudos de teoria do direito. São Paulo: Manole, 2007.

BODIN DE MORAES, Maria Celina. O princípio da dignidade humana. *In*: BODIN DE MORAES, Maria Celina (Coord.). *Princípios do direito civil contemporâneo*. Rio de Janeiro: Renovar, 2006.

CERQUEIRA, Jonir Bechara *et al*. *Grafia Braille para a língua portuguesa*. Brasília: SEESP, 2006.

ELALI, André. Incentivos fiscais, neutralidade da tributação e desenvolvimento econômico: a questão da redução das desigualdades regionais e sociais. *In*: MARTINS, Ives Gandra Silva Martins *et al.* (Coord.). *Incentivos Fiscais*: questões pontuais nas esferas estadual e municipal. São Paulo: MP Editora, 2007.

JUNIOR, Edson. *Tecnologias assistivas*: O papel do poder público no acesso aos equipamentos. Reportagem Especial da Câmara dos Deputados, Brasília, 2011. Disponível em: http://www2.camara.leg.br/camaranoticias/radio/materias/REPORTAGEM-ESPECIAL/399606-TECNOLOGIAS-ASSISTIVAS--O-PAPEL-DO-PODER-P%C3%9ABLICO-NO-ACESSO-AOS-EQUIPAMENTOS-(09'08'').html. Acesso em: 14 dez. 2016.

MACBRIDE, Sean. *One World, Many Voices*: towards a new more just and more efficient world information communication order. Paris: Unesco, 1980.

MINISTÉRIO DO PLANEJAMENTO, DESENVOLVIMENTO E GESTÃO. *Boas práticas para acessibilidade digital na contratação de desenvolvimento WEB*. Brasília: Departamento de Governo Digital, 2016.

NASCIMENTO, Ana Katarinna Pessoa do. Análise das legendas de efeitos sonoros do filme Nosso Lar. *TradTerm*, São Paulo, v. 26, p. 377-396, dez. 2015.

NASCIMENTO, Juarez do. *Telecomunicações*. São Paulo: Makron Books, 1992.

NOVAES, Ana. Privatização do setor de telecomunicações no Brasil. *In*: PINHEIRO, Armando Castelar; FUHASAKU, Kiichiro (Ed.). *A privatização no Brasil*: o caso dos serviços de utilidade pública. Brasília: BNDES/OCDE, 2000.

PENA, Mônica dos Anjos Lacerda; FERREIRA, Fábio Félix. O direito dos deficientes visuais à audiodescrição. *Caderno de Ciências Sociais aplicadas do NEPAAD-UESB*, ano 8, n. 11, p. 51-70, jan./jun. 2012.

PENA, Mônica dos Anjos Lacerda; SILVA, Luciana dos Santos. Audiodescrição à luz da legislação brasileira. Educação, Gestão e Sociedade. *Revista da FACEQ*, ano 4, n. 15, ago., 2014. Disponível em: http://www.faceq.edu.br/regs/downloads/numero15/audiodescricao.pdf. Acesso em: 20 dez. 2016.

SÁ, Elizabeth Dias de *et al. Atendimento educacional especializado*: deficiência visual. Brasília: SEESP, 2007.

SILVA, Fávio Irineu *et al. Aprendendo língua brasileira de sinais como segunda língua*. Santa Catarina: CEFET/NEPES, 2007.

SILVA, Manoela Cristina Correia Carvalho. *Com os olhos do coração*: estudo acerca da audiodescrição de desenhos animados para o público infantil. 2009. Dissertação (Mestrado em Letras e Linguística) – Universidade Federal da Bahia, Salvador, 2009.

STEINMETZ, Wilson. Comentários ao art. 5º, XIV. *In*: CANOTILHO, J. J. Gomes *et al. Comentários à Constituição do Brasil*. São Paulo: Saraiva/Almedina, 2013.

UNESP, *Informação sobre infraestrutura de apoio a alunos com deficiência visual*: o Laboratório de Acessibilidade da FCL. Araraquara: Laboratório de Acessibilidade e Desenvolvimento, 2011. Disponível em: http://www.fclar.unesp.br/Home/Biblioteca/instrucoes-braille.pdf. Acesso em: 15 dez. 2016.

WEBAIM. *Introduction to web accessibility*. 2016. Disponível em: http://webaim.org/intro/. Acesso em: 15 dez. 2016.

CAPÍTULO III
DA TECNOLOGIA ASSISTIVA

Art. 74. É garantido à pessoa com deficiência acesso a produtos, recursos, estratégias, práticas, processos, métodos e serviços de tecnologia assistiva que maximizem sua autonomia, mobilidade pessoal e qualidade de vida.

EDUARDO FREITAS HORÁCIO DA SILVA

O termo Tecnologia Assistiva (TA) foi cunhado nos Estados Unidos, por meio da Public Law nº 100-47, ao estabelecer um programa de subsídios aos Estados para a promoção e a prestação de assistência tecnológica às pessoas com deficiência (EUA, 1988).

Embora existam inúmeros termos utilizados em outros países, tais como "Ajuda Técnica" ou "Tecnologia de Apoio" (KAPITANGO-A-SAMBA, 2016, p. 860), todos podem ser definidos como dispositivos ou ferramentas que permitem as pessoas com deficiência realizar atividades que sem esse apoio não poderiam ser realizadas, ou que exigiria um grande esforço para a sua realização (LALOMA, 2005, p. 34).

No Brasil, a Lei Brasileira de Inclusão refere-se à tecnologia assistiva como

> produtos, equipamentos, dispositivos, recursos, metodologias, estratégias, práticas e serviços que objetivem promover a funcionalidade, relacionada à atividade e à participação da pessoa com deficiência ou com mobilidade reduzida, visando à sua autonomia, independência, qualidade de vida e inclusão social. (art. 3º, III), espelhando a essência do conceito trabalhado pelo Comitê de Ajudas Técnicas (CAT), que conceituou a TA como uma área de conhecimento interdisciplinar que visa promover a autonomia, a independência, a qualidade de vida e a inclusão social [da pessoa com deficiência] (CAT, 2007).

A norma em questão decorre das obrigações previstas no artigo 26 da Convenção sobre os Direitos das Pessoas com Deficiência (CDPD), concernentes à habilitação e à reabilitação das pessoas com deficiência, para que "conquistem e conservem o máximo de autonomia e plena capacidade física, mental, social e profissional, bem como a plena inclusão e a participação da pessoa em todos os aspectos da vida" (CONVENÇÃO, 2016, p. 31). Assim, a TA deve servir como um apoio à pessoa com deficiência, de modo a reduzir as desvantagens sociais na realização de suas atividades cotidianas.

Logo, o grau de deficiência, o ambiente social do indivíduo e, em alguns casos, a habilidade, capacidade de aprendizagem e de formação serão fundamentais na determinação do dispositivo ou ferramenta de TA adequada para cada usuário, uma vez que a demanda para o uso da tecnologia assistiva surge a partir das necessidades diárias da pessoa com deficiência, para a execução das atividades.

Em razão da constante evolução dos dispositivos e ferramentas disponibilizados no mercado, o legislador evitou fornecer um rol de TA. Desta forma, destacam-se alguns recursos de TA, que promovem uma maior independência, qualidade de vida e inclusão social da pessoa com deficiência: auxílios para a vida diária; recursos que permitam a comunicação expressiva e receptiva das pessoas com deficiência sensorial; recursos de acessibilidade que permitem as pessoas com deficiência a usarem o computador; sistemas de controle de ambiente que permitem as pessoas com limitações locomotoras controlar remotamente aparelhos eletrônicos, localizados em sua casa ou escritório; adaptações estruturais e reformas na casa e/ou ambiente de trabalho, facilitando a locomoção da pessoa com deficiência; órteses e próteses; auxílios de mobilidade, tais como: cadeiras de rodas, andadores, ou qualquer outro veículo utilizado na melhoria da mobilidade pessoal; auxílios para cegos ou com visão subnormal; auxílios para surdos ou com déficit auditivo; e adaptações em veículos usados no transporte pessoal (BERSCH, 2013, p. 5-11).

O Tribunal de Justiça do Estado de São Paulo (TJSP) entendeu, em sede de ação direta de inconstitucionalidade de lei municipal, que é competência do ente local a edição de leis que concretizem o princípio da acessibilidade. No caso, a referida lei institui a obrigatoriedade de estabelecimentos municipais disponibilizarem instrumentos de tecnologia assistiva, como lupa eletrônica e ampliador de vídeo. Destacou-se ainda a sua compatibilidade com as disposições legais estaduais e federais, bem como com a CDPD. Nestes termos, o TJSP se pronunciou: "Lei que dispõe sobre proteção e inclusão da pessoa com deficiência visual, instituindo a obrigatoriedade de que determinados estabelecimentos da municipalidade disponibilizem aos usuários de seus serviços instrumentos de tecnologia assistiva, no caso, lupa eletrônica ou ampliador de vídeo. Concretização do princípio da acessibilidade. Presença de interesse local a justificar a edição do diploma. Alinhamento às diretrizes estabelecidas pela Convenção Internacional sobre os Direitos da Pessoa com Deficiência. Compatibilidade com as previsões normativas, federais e estaduais, que abordam a matéria" (BRASIL. *Tribunal de Justiça do Estado de São Paulo*. Ação Direta de Inconstitucionalidade nº 2191671-54.2018.8.26.0000, Órgão Especial, Rel. Des. Márcio Bartoli, Julg. 20 fev. 2019, pub. 7 mar. 2019).

Art. 75. O poder público desenvolverá plano específico de medidas, a ser renovado em cada período de 4 (quatro) anos, com a finalidade de:

I - facilitar o acesso a crédito especializado, inclusive com oferta de linhas de crédito subsidiadas, específicas para aquisição de tecnologia assistiva;

II - agilizar, simplificar e priorizar procedimentos de importação de tecnologia assistiva, especialmente as questões atinentes a procedimentos alfandegários e sanitários;

III - criar mecanismos de fomento à pesquisa e à produção nacional de tecnologia assistiva, inclusive por meio de concessão de linhas de crédito subsidiado e de parcerias com institutos de pesquisa oficiais;

IV - eliminar ou reduzir a tributação da cadeia produtiva e de importação de tecnologia assistiva;

V - facilitar e agilizar o processo de inclusão de novos recursos de tecnologia assistiva no rol de produtos distribuídos no âmbito do SUS e por outros órgãos governamentais.

Parágrafo único. Para fazer cumprir o disposto neste artigo, os procedimentos constantes do plano específico de medidas deverão ser avaliados, pelo menos, a cada 2 (dois) anos.

EDUARDO FREITAS HORÁCIO DA SILVA

O referido dispositivo impõe ao Poder Público de forma específica o desenvolvimento de um planejamento estratégico, para garantir o direito à Tecnologia Assistiva (TA) das pessoas com deficiência, a fim de eliminar as barreiras que impedem o exercício de sua autonomia. Embora pela natureza da Lei a expressão 'Poder Público' utilizada no EPD refira-se precipuamente à União, é de se admitir a sua ampla interpretação, compreendendo Estados e mesmo Municípios, à evidência nos limites de suas respectivas competências, em face do disposto no art. 8º acima comentado.

De acordo como o disposto no art. 4º, §1º, do EPD, considera-se discriminação em razão da deficiência, a recusa de adaptações razoáveis e de fornecimento de tecnologias assistivas, que impeça ou anule o reconhecimento ou o exercício dos direitos e das liberdades fundamentais de pessoa com deficiência. Os recursos de tecnologia assistiva constituem instrumentos indispensáveis à inclusão e à qualidade de vida da pessoa com deficiência, conforme expressa o EPD no art. 3º, III.

A garantia à TA é matéria complexa que envolve vários aspectos e exige tratamento coletivo, em nível governamental, para que se assegure, o quanto possível, a igualdade de acesso, o que justifica sua atribuição precipuamente ao Poder Público.

Considerando o constante avanço da tecnologia, preocupou-se o legislador com a atualização de produtos, equipamentos, dispositivos, recursos, metodologias, estratégias, práticas e serviços, que constituem essa ajuda técnica às pessoas com deficiência, e estabeleceu um prazo para sua renovação.

Atento ao complexo de necessidades a serem atendidas para que haja efetivo acesso à TA, o EPD procurou de imediato contemplar algumas que orientam as medidas a serem tomadas de pronto pelo Poder Público.

Nesse sentido, o inciso I trata do fornecimento de recursos financeiros, sem os quais não há que se pensar em acesso à TA e qualquer plano específico ficaria inviabilizado. Para tanto, por meio dos bancos oficiais, o Poder Público deve oferecer financiamento subsidiado, a juros baixos, para facilitar o acesso, sob qualquer modalidade, como compra, locação ou mesmo contratação de serviços que constituam modalidade de TA pelas pessoas com deficiência.

Pelos mesmos motivos, o inciso II determina a adoção de medidas de natureza principalmente administrativa, as quais podem se tornar verdadeiras barreiras burocráticas, por vezes instransponíveis, em particular as de natureza sanitária e alfandegária, quando se trata de importação de tecnologia.

Para tanto, deverá ser criado um regime especial de importação dos produtos, equipamentos e demais dispositivos de TA, que no mínimo priorize o andamento dos procedimentos de desembaraço alfandegário e sanitário, nos quais figurem como importadores pessoas com deficiência, a fim de agilizar a liberação da mercadoria.

Nessa linha, o inciso III estabelece que o Poder Público deve fomentar a nacionalização de TA, por meio de pesquisa ou de transferência de tecnologia, de modo a possibilitar que o Brasil passe da situação de importador para desenvolvedor de TA. Para tanto, deverão ser destinados recursos para projetos de pesquisa e desenvolvimento de tecnologias que atendam a demanda das pessoas com deficiência, uma vez que nas universidades brasileiras há uma predominância de estudos descritivos do uso das tecnologias disponíveis, ao invés de estudos sobre o desenvolvimento de TA (BRACCIALLI, 2016, v. 16, p. 1016). Novamente, preocupou-se o legislador com a destinação de recursos financeiros subsidiados especificamente para a pesquisa, sem os quais os projetos se inviabilizam.

O inciso IV, por sua vez, determina importante medida, que completa as anteriores de natureza financeira. É indispensável que haja um tratamento diferenciado, em razão da natureza de tais bens, uma vez que a tributação encarece o valor final dos produtos, quer na produção, quer na importação. Somente o Poder Público pode atuar de forma a desonerar as alíquotas dos tributos e contribuições que incidem sobre os recursos de TA, para torná-los acessíveis às pessoas com deficiência.

No inciso V, o legislador atende a diretriz constitucional (art. 198, II) de atendimento integral que orienta o Sistema Único de Saúde (SUS), e o princípio da universalidade de acesso aos serviços de saúde em todos os níveis de assistência, expressamente previsto na Lei nº 8.080/1990, que rege o SUS.

Por outro lado, confirma o EPD nesse inciso, o contido na CDPD, que reconhece "o fato de que a maioria das pessoas com deficiência vive em condições de pobreza" (CONVENÇÃO, 2016, p. 13). Os números de atendimentos no SUS demonstram que a maioria das pessoas com deficiência utiliza a rede pública para atendimento em saúde (IBGE, 2015, p. 34).

Atento à importância da ajuda técnica às pessoas com deficiência e à dinâmica inerente, não apenas à tecnologia assistiva, mas ao próprio conceito de deficiência reconhecida pela CDPD (Preâmbulo, *e*) como um conceito em evolução, na medida em que resulta da interação entre pessoas com deficiência e as barreiras existentes na sociedade, prevê o legislador, no parágrafo único, a reavaliação bienal dos planos específicos, como medida que pode assegurar o cumprimento do presente artigo. A expressão "pelo menos" utilizado no texto do parágrafo indica claramente serem os dois anos o prazo máximo para a reavaliação, que pode ser feita antes desse tempo, se assim o exigirem a dinâmica própria da deficiência e/ou os avanços da tecnologia.

(NC) Em 11 de março de 2021, o Decreto nº 10.645 regulamentou o art. 75 do EPD para dispor sobre as diretrizes, os objetivos e os eixos do Plano Nacional de Tecnologia Assistiva. As diretrizes foram estabelecidas no art. 3º e os objetivos constam no art. 4º. Por fim, os eixos são os seguintes: (i) pesquisa, desenvolvimento, inovação e empreendedorismo em tecnologia assistiva; (ii) capacitação em tecnologia assistiva; (iii) promoção da cadeia produtiva em tecnologia assistiva; (iv) regulamentação, certificação e registro da tecnologia assistiva; e, (v) promoção do acesso à tecnologia assistiva.

Referências

BERSCH, Rita. *Introdução à tecnologia assistiva*. Porto Alegre: [s.n], 2013. Disponível em: http://www.assistiva. com.br/Introducao_Tecnologia_Assistiva.pdf. Acesso em: 11 abr. 2017.

BRACCIALLI, Lígia Maria Presumido. Tecnologia assistiva e produção do conhecimento no Brasil. *Journal of Research In Special Educational Needs*, [s.l.], v. 16, p. 1014-1017, ago. 2016.

BRASIL. *Ministério da Saúde*. Portaria nº 793, de 24 de abril de 2012. Institui a Rede de Cuidados à Pessoa com Deficiência no âmbito do Sistema Único de Saúde. Diário Oficial da República Federativa do Brasil. Brasília, 25 de abril de 2012.

CARLO, M. M.; LUZO M. C. M. *Terapia ocupacional*: reabilitação física e contextos hospitalares. São Paulo: Roca, 2004.

CAT – COMITÊ DE AJUDAS TÉCNICAS. *Ata da Reunião VII*, de dezembro de 2007 do Comitê de Ajudas Técnicas. Secretaria Especial dos Direitos Humanos da Presidência da República (CORDE/SEDH/PR), 2007. Disponível em: http://www.infoesp.net/CAT_Reuniao_VII.pdf. Acesso em: 11 abr. 2017.

CONVENÇÃO SOBRE OS DIREITOS DAS PESSOAS COM DEFICIÊNCIA (2007). *Convenção Sobre os Direitos das Pessoas Com Deficiência*. 5. ed., reimp. Brasília: Câmara dos Deputados, Edições Câmara, 2016.

EUA. *Public Law 100-407*. Technology-related assistance for individuals with disabilities. Act of 1988. Disponível em: https://www.gpo.gov/fdsys/pkg/STATUTE-102/pdf/STATUTE-102-Pg1044.pdf. Acesso em: 11 abr. 2017.

IBGE – FUNDAÇÃO INSTITUTO BRASILEIRO DE GEOGRAFIA E PESQUISA. *Pesquisa nacional de saúde 2013 (PNS 2013)*: acesso e utilização dos serviços de saúde, acidentes e violências: Brasil, grandes regiões e unidades da federação. IBGE, Coordenação de Trabalho e Rendimento. Rio de Janeiro: IBGE, 2015.

KAPITANGO-A-SAMBA, Kilwangy Kya. Tecnologia assistiva na Convenção da ONU e no Estatuto da Pessoa com Deficiência. *In*: MENEZES, Joyceane Bezerra de. *Direito das pessoas com deficiência psíquica e intelectual nas relações privadas*: convenção sobre os direitos da pessoa com deficiência e Lei Brasileira de Inclusão. Rio de Janeiro: Processo, 2016.

LALOMA, Miguel. *Ayudas* técnicas y *discapacidad*. Madrid: Comité Español de Representantes de Personas con Discapacidad – CERMI, 2005. Disponível em: http://www.imsersomayores.csic.es/documentos/documentos/ cermi - ayudas -01.pdf. Acesso em: 11 abr. 2017.

CAPÍTULO IV
DO DIREITO À PARTICIPAÇÃO NA VIDA PÚBLICA E POLÍTICA

Art. 76. O poder público deve garantir à pessoa com deficiência todos os direitos políticos e a oportunidade de exercê-los em igualdade de condições com as demais pessoas.

§1º À pessoa com deficiência será assegurado o direito de votar e de ser votada, inclusive por meio das seguintes ações:

I - garantia de que os procedimentos, as instalações, os materiais e os equipamentos para votação sejam apropriados, acessíveis a todas as pessoas e de fácil compreensão e uso, sendo vedada a instalação de seções eleitorais exclusivas para a pessoa com deficiência;

II - incentivo à pessoa com deficiência a candidatar-se e a desempenhar quaisquer funções públicas em todos os níveis de governo, inclusive por meio do uso de novas tecnologias assistivas, quando apropriado;

III - garantia de que os pronunciamentos oficiais, a propaganda eleitoral obrigatória e os debates transmitidos pelas emissoras de televisão possuam, pelo menos, os recursos elencados no art. 67 desta Lei;

IV - garantia do livre exercício do direito ao voto e, para tanto, sempre que necessário e a seu pedido, permissão para que a pessoa com deficiência seja auxiliada na votação por pessoa de sua escolha.

§2º O poder público promoverá a participação da pessoa com deficiência, inclusive quando institucionalizada, na condução das questões públicas, sem discriminação e em igualdade de oportunidades, observado o seguinte:

I - participação em organizações não governamentais relacionadas à vida pública e à política do País e em atividades e na administração de partidos políticos;

II - formação de organizações para representar a pessoa com deficiência em todos os níveis;

III - participação da pessoa com deficiência em organizações que a representem.

CAMILA AGUILEIRA COELHO

A Constituição Federal de 1988 consagrou entre os princípios fundamentais da República, a dignidade da pessoa humana (art. 1º, inc. III), associando-a ao objetivo fundamental de erradicação da pobreza e da marginalização, e da redução das desigualdades sociais (art. 3º, inc. I), configurando-se verdadeira cláusula geral de tutela e promoção da pessoa humana, tomada como valor máximo do ordenamento (TEPEDINO, 2004, p. 50).

Como destaca Daniel Sarmento, o princípio da dignidade da pessoa humana compõe-se, dentre outros elementos, do reconhecimento, que se conecta com o respeito à identidade individual e coletiva das pessoas nas instituições, práticas sociais e relações intersubjetivas (SARMENTO, 2016, p. 92). Assim é que o reconhecimento impõe que sejam adotadas pelo Estado medidas que permitam o acesso por grupos vulneráveis a direitos atribuídos aos demais membros da sociedade (SARMENTO, 2016, p. 269), o que inclui a obrigação de que sejam providenciados ajustes de políticas públicas, ambientes e práticas sociais às necessidades e demandas de determinados grupos que sofrem impacto adverso desproporcional em decorrência delas (SARMENTO, 2016, p. 273).

É nesse panorama que se inserem as disposições contidas no artigo em exame, que institui prerrogativas às pessoas com deficiência com vistas a assegurar o seu acesso à participação na vida política e pública, buscando concretizar as disposições contidas no artigo 29 da CDPD. Orienta-se, desse modo, pela determinação de que sejam adotadas medidas efetivas que permitam e incentivem as pessoas com deficiência a votar e a serem votadas, além do acesso aos pronunciamentos oficiais e às propagandas eleitorais. Busca, ainda, criar meios que permitam a participação da pessoa com deficiência em organizações não governamentais, partidos políticos e outras entidades, além de orientar a criação de organismos que as representem em todos os níveis.

Em atenção às determinações da CDPD, e antes mesmo do advento do EPD, o Tribunal Superior Eleitoral editou, em 19 de junho de 2012, a Resolução nº 23.381, de 19 de junho de 2012, que instituiu o Programa de Acessibilidade da Justiça Eleitoral. Conforme enuncia a Resolução, o Programa destina-se à implementação gradual de medidas para a remoção de barreiras físicas, arquitetônicas, de comunicação e de atitudes, com vistas a promover o acesso amplo e irrestrito, com segurança e autonomia, de pessoas portadoras de deficiência, ou com mobilidade reduzida, no processo eleitoral. As medidas objeto do Programa incluem, dentre outras, (i) a eliminação de obstáculos existentes dentro das seções eleitorais que impeçam ou dificultem o exercício do voto pelos eleitores com deficiência ou mobilidade reduzida; (ii) a habilitação de sistema de áudio em urnas eletrônicas para acompanhamento da votação nas eleições, nos referendos ou nos plebiscitos; e (iii) a realização de campanhas informativas de conscientização do eleitor com deficiência ou mobilidade reduzida da importância do voto.

Não obstante a facilitação da participação política das pessoas com deficiência advinda da instituição do Programa de Acessibilidade da Justiça Eleitoral, é oportuno salientar que o EPD produziu reflexos diretos no exercício da capacidade política ativa (direito de votar) e passiva (direito de ser votado) da pessoa com deficiência.

Segundo dispõe o art. 15, inc. II da Constituição Federal, a incapacidade civil absoluta implica na suspensão dos direitos políticos. Assim, os absolutamente incapazes são impedidos pelo texto constitucional de exercer a capacidade política, enquanto perdurarem os efeitos da incapacidade civil (BARREIROS NETO, 2016). Ou seja, não poderão votar ou candidatar-se a cargos políticos.

O EPD revogou os incisos I, II e III do art. 3º do Código Civil, determinando que são absolutamente incapazes de exercer pessoalmente os atos da vida civil apenas os menores de 16 anos. Excluiu, assim, do rol dos absolutamente incapazes, os portadores de enfermidade ou deficiência mental. Desse modo, as pessoas com deficiência que se enquadravam nessa hipótese, e estavam, por conseguinte, com seus direitos políticos suspensos, passaram a estar aptos, a princípio, ao exercício de tais direitos, podendo, inclusive, disputar eleições, caso atendam aos requisitos de elegibilidade (art. 14, §3º da Constituição Federal) e não incorram nas hipóteses de inelegibilidade (art. 14, §4º, 6º e 7º da Constituição Federal e Lei Complementar nº 64/1990) (BARREIROS NETO, 2016).

Outro importante reflexo do EPD na participação política das pessoas com deficiência decorre da previsão contida no inc. IV do §1º do dispositivo em referência, que determina que seja permitido o auxílio de um terceiro na votação. A disposição parece contrariar o disposto no art. 60, inc. IV, da Constituição Federal, que estabelece como cláusula pétrea, o voto secreto (BARREIROS NETO, 2016). Há que se ter em mente, porém, que em alguns casos a ausência do auxílio à pessoa com deficiência pode representar a impossibilidade do exercício do voto. Por esse motivo, deverá ser avaliada no caso concreto a necessidade real do auxílio. E, na hipótese de esta ser imprescindível ao exercício do voto, este deverá ser concedido. É nesse sentido a disposição prevista no artigo 115 da Resolução nº 23.554/2017, do Tribunal Superior Eleitoral. A resolução, que dispunha sobre os atos preparatórios para as eleições 2018, é datada de 18 de dezembro de 2015, e determinou expressamente, no dispositivo mencionado, que o presidente da Mesa Receptora de Votos, verificando ser imprescindível que o eleitor com deficiência ou mobilidade reduzida seja auxiliado por pessoa de sua confiança para votar, deveria autorizar o ingresso dessa segunda pessoa com o eleitor, na cabina, podendo digitar os números na urna.

No tocante à participação da pessoa com deficiência na vida pública, convém destacar a existência do Conselho Nacional dos Direitos da Pessoa com Deficiência (Conade), órgão vinculado ao Ministério dos Direitos Humanos, criado em 1º de junho de 1999, e que tem por competência acompanhar e avaliar o desenvolvimento da política nacional para inclusão da pessoa com deficiência. A atuação do Conade destina-se a assegurar que as pessoas com deficiência possam tomar parte no processo de definição, planejamento e avaliação das políticas a elas destinadas, por meio da articulação e diálogo com as demais instâncias de controle social e os gestores da administração pública direta e indireta.

Referências

BARREIROS NETO, Jaime. *O pleno exercício dos direitos políticos, o sigilo do voto e a Lei nº 13.146/2015 (Estatuto da pessoa com deficiência)*: breves considerações. 2016. Disponível em: http://www.direitodoestado.com.br/colunistas/jaime-barreiros-neto/o-pleno-exercicio-dos-direitos-politicos-o-sigilo-do-voto-e-a-lei-n-13-146-2015-estatuto-da-pessoa-com-deficiencia-breves-consideracoes-. Acesso em: 6 dez. 2016.

GOMES, Diego Godoy. *Participação política e direito ao voto:* o portador de necessidades especiais e os direitos políticos. Disponível em: https://jus.com.br/artigos/17734/participacao-politica-e-direito-ao-voto. Acesso em: 6 dez. 2016.

GOMES, José Jairo. *Direito eleitoral.* 12. ed. São Paulo: Gen/Atlas, 2016.

MADRUGA, Sidney. *A Lei Brasileira de inclusão e a capacidade eleitoral das pessoas com deficiência mental grave.* Disponível em: http://jota.info/artigos/lei-brasileira-de-inclusao-e-capacidade-eleitoral-das-pessoas-com-deficiencia-mental-grave-22072016. Acesso em: 6 dez. 2016.

MORAES, Alexandre de. *Direito constitucional.* 32. ed. São Paulo: Atlas, 2016.

SARMENTO, Daniel. *Dignidade da pessoa humana*: conteúdo, trajetórias e metodologia. Belo Horizonte: Fórum, 2016.

TEPEDINO, Gustavo. A tutela da personalidade no ordenamento Civil-Constitucional Brasileiro. *In*: TEPEDINO, Gustavo. *Temas de Direito Civil.* 3. ed. Rio de Janeiro: Renovar, 2004.

TÍTULO IV
DA CIÊNCIA E TECNOLOGIA

Art. 77. O poder público deve fomentar o desenvolvimento científico, a pesquisa e a inovação e a capacitação tecnológica, voltados à melhoria da qualidade de vida e ao trabalho da pessoa com deficiência e sua inclusão social.

§1º O fomento pelo poder público deve priorizar a geração de conhecimentos e técnicas que visem à prevenção, ao tratamento de deficiências e ao desenvolvimento de tecnologias assistiva e social.

§2º A acessibilidade e as tecnologias assistiva e social devem ser fomentadas mediante a criação de cursos de pós-graduação, a formação de recursos humanos e a inclusão do tema nas diretrizes de áreas do conhecimento.

§3º Deve ser fomentada a capacitação tecnológica de instituições públicas e privadas para o desenvolvimento de tecnologias assistiva e social, que sejam voltadas para a melhoria da funcionalidade e da participação social da pessoa com deficiência.

§4º As medidas previstas neste artigo devem ser reavaliadas periodicamente pelo poder público, com vistas ao seu aperfeiçoamento.

CAMILA AGUILEIRA COELHO

A CDPD inspira-se no modelo social de abordagem da deficiência, que se ampara no pressuposto de que as causas que originam a incapacidade não são as limitações individuais, mas as limitações da própria sociedade para prestar serviços apropriados e assegurar adequadamente que as necessidades das pessoas com deficiência sejam consideradas na organização social (PALACIOS, 2008, p. 103-104).

O modelo social distingue a deficiência da incapacidade. A deficiência seria a diversidade funcional representada por um órgão, uma função ou um mecanismo do corpo ou da mente do indivíduo que não funciona, ou que não funciona da mesma maneira do que o da maioria das pessoas. Por outro lado, a incapacidade seria uma decorrência de fatores sociais que restringem, limitam ou impedem sua inclusão social (PALACIOS, 2008, p. 123-124).

Nessa perspectiva, com vistas a incentivar a criação de mecanismos que possam proporcionar maior inclusão social às pessoas com deficiência, é que o artigo em referência determina que cabe ao poder público fomentar o desenvolvimento científico, a pesquisa, a inovação e a capacitação tecnológica, com vistas à alcançar a melhoria da qualidade de vida e ao trabalho da pessoa com deficiência e sua inclusão social.

O dispositivo está diretamente relacionado (*i*) ao art. 20, alínea "b", da CDPD, que determina aos Estados Partes a adoção de medidas efetivas para facilitar o acesso das pessoas com deficiência a tecnologias assistivas e dispositivos, com vistas a garantir-lhes a máxima independência possível, e (*ii*) com o art. 218 da Constituição Federal, que impõe ao Estado forte e clara diretriz constitucional da função promocional do direito, no sentido de que a ele cabe promover e incentivar o desenvolvimento científico, a pesquisa, a capacitação científica e tecnológica e a inovação (CANOTILHO *et al.*, 2013, p. 1.342).

Em novembro de 2011 foi promulgado o Decreto nº 7.612/2011, por meio do qual foi instituído o Plano Nacional dos Direitos da Pessoa com Deficiência – Plano Viver sem Limite, que tem por finalidade promover, através da integração e articulação de políticas, programas e ações, o exercício pleno e equitativo dos direitos das pessoas com deficiência, nos termos da CDPD.

Com vistas a implementar os objetivos estabelecidos no âmbito do Plano Viver sem Limite, em 23 de fevereiro de 2012, o Ministério da Ciência, Tecnologia e Inovação (atual Ministério da Ciência, Tecnologia, Inovações e Comunicações) editou a Portaria MCTI nº 139/2012, instituindo o Centro Nacional de Referência em Tecnologia Assistiva – CNRTA, na forma de uma rede cooperativa de pesquisa, desenvolvimento e inovação, vinculada ao Centro de Tecnologia da Informação Renato Archer – CTI, como mecanismo de implementação do Plano Nacional dos Direitos da Pessoa com Deficiência – Plano Viver sem Limite. Conforme enuncia a Resolução, um dos principais objetivos do CNRTA é contribuir para a melhoria da qualidade de vida, autonomia pessoal e participação social das pessoas com deficiência, pessoas idosas e com mobilidade reduzida, promovendo seus direitos e dignidade.

Art. 78. Devem ser estimulados a pesquisa, o desenvolvimento, a inovação e a difusão de tecnologias voltadas para ampliar o acesso da pessoa com deficiência às tecnologias da informação e comunicação e às tecnologias sociais.

Parágrafo único. Serão estimulados, em especial:

I - o emprego de tecnologias da informação e comunicação como instrumento de superação de limitações funcionais e de barreiras à comunicação, à informação, à educação e ao entretenimento da pessoa com deficiência;

II - a adoção de soluções e a difusão de normas que visem a ampliar a acessibilidade da pessoa com deficiência à computação e aos sítios da internet, em especial aos serviços de governo eletrônico.

CAMILA AGUILEIRA COELHO

O dispositivo em referência determina sejam adotadas medidas de estímulo à pesquisa, desenvolvimento e difusão que permitam o acesso das pessoas com deficiência a tecnologias de informação e comunicação que contribuam para a melhoria na sua qualidade de vida, rompendo barreiras que prejudicam sua comunicação, informação, educação e entretenimento.

A norma orienta-se a atender a obrigação geral estabelecida pela CPDP no artigo 4º, item 1, alínea "g", que determina aos Estados Partes que seja assegurado e promovido o pleno exercício dos direitos humanos e liberdades fundamentais pelas pessoas com deficiência, por meio, dentre outras ações, da adoção de medidas orientadas à realização e à promoção da pesquisa e do desenvolvimento, assim como a disponibilidade e o emprego de novas tecnologias, que incluem as tecnologias da informação e comunicação, ajudas técnicas para locomoção, dispositivos e tecnologias assistivas.

O comando do artigo busca proporcionar, através do acesso à tecnologia e da garantia de acessibilidade das pessoas com deficiência, o estímulo a soluções eficazes que atuem no sentido de contribuir para a ampliação de sua esfera de autonomia, em atenção ao princípio da dignidade da pessoa humana.

Além dos objetivos citados, o artigo em referência suscita ainda o estímulo à adoção de soluções e à difusão de normas que ampliem o acesso das pessoas com deficiência a serviços do governo eletrônico. Nesse ponto é conveniente destacar que o Decreto nº 5.296, de 2 de dezembro de 2004, anterior, portanto, à CDPD, já previa a obrigatoriedade da adoção de medidas que garantissem a acessibilidade nos portais e sítios eletrônicos da administração pública na rede mundial de computadores para o uso das pessoas portadoras de deficiência visual, garantindo-lhes pleno acesso às informações disponíveis.

Referências

CANOTILHO, J. J. Gomes *et al. Comentários à Constituição do Brasil.* São Paulo: Saraiva/Almedina, 2013.

MORAES, Alexandre de. *Direito Constitucional.* 32. ed. São Paulo: Atlas, 2016.

PALACIOS, Agustina. *El modelo social de discapacidad:* orígenes, caracterización y plasmación en la Convención internacional sobre los derechos de las personas con discapacidad. Madrid: Ediciones Cinca, 2008.

LIVRO II
PARTE ESPECIAL
TÍTULO I
DO ACESSO À JUSTIÇA

CAPÍTULO I
DISPOSIÇÕES GERAIS

Art. 79. O poder público deve assegurar o acesso da pessoa com deficiência à justiça, em igualdade de oportunidades com as demais pessoas, garantindo, sempre que requeridos, adaptações e recursos de tecnologia assistiva.

§1º A fim de garantir a atuação da pessoa com deficiência em todo o processo judicial, o poder público deve capacitar os membros e os servidores que atuam no Poder Judiciário, no Ministério Público, na Defensoria Pública, nos órgãos de segurança pública e no sistema penitenciário quanto aos direitos da pessoa com deficiência.

§2º Devem ser assegurados à pessoa com deficiência submetida à medida restritiva de liberdade todos os direitos e garantias a que fazem jus os apenados sem deficiência, garantida a acessibilidade.

§3º A Defensoria Pública e o Ministério Público tomarão as medidas necessárias à garantia dos direitos previstos nesta Lei.

PEDRO GONZÁLEZ

A sociedade democrática contemporânea é caracterizada pelo pluralismo, haja vista a multiplicidade de valores culturais, religiosos, morais e concepções sobre vida boa (CITTADINO, 2013, p. 78). A Convenção sobre os Direitos das Pessoas com Deficiência (CDPD) e o Estatuto da Pessoa com Deficiência (EPD) são reflexo desse pluralismo. Isso porque resultam do processo de especificação dos direitos destacado por Norberto Bobbio (1992, p. 62-63), que se manifesta pela concentração da tutela jurídica, partindo do abstrato sujeito "homem" para sujeitos cada vez mais diferenciados, como a mulher, a criança, o idoso e, evidentemente, a pessoa com deficiência.

A emergência de estatutos específicos, como o EPD, reforça a necessidade de buscar-se a unidade do ordenamento jurídico na Constituição da República, procedendo-se a intepretação jurídica sempre a partir da tábua axiológica constitucional (TEPEDINO, 2008, p. 13-14). O ordenamento jurídico, por mais que se diversifiquem as suas fontes, se multipliquem as suas normas e especializem os seus setores, permanece unitário, centrado sobre os valores constitucionais. Não se trata, pois, tão somente de reconhecer a Constituição como centro formal do qual irradiam todas as leis e estatutos específicos, mas sim de atribuir aos valores constitucionais uma primazia substancial na interpretação e aplicação desses, que não devem ser vistos como sistemas autônomos (SCHREIBER, 2013, p. 13-14).

Com o acesso à justiça da pessoa com deficiência não é diferente, afinal esse é um dos valores mais fundamentais da ordem constitucional brasileira (SOUSA, 2008, p. 191), sendo considerado ao mesmo tempo direito e princípio fundamental, ambos extraídos do artigo 5º, XXXV, da Constituição da República, que trata da inafastabilidade do controle jurisdicional. Portanto, a intepretação do artigo 79, EPD, deve ser feita a partir do aludido comando constitucional.

Como destaca Norberto Bobbio (1992, p. 24), "o problema fundamental em relação aos direitos do homem, hoje, não é tanto o de *justificá-los,* mas o de *protegê-los".* Por isso o direito de acesso à justiça tem nas últimas décadas assumido uma importância capital, vez que de nada adianta o reconhecimento formal de direitos se não há meios para reivindicar-se o seu cumprimento. Por isso diz-se que esse pode "ser encarado como o requisito fundamental – o mais básico dos direitos humanos – de um sistema jurídico moderno e igualitário que pretenda garantir, e não apenas proclamar os direitos de todos" (CAPPELLETTI; GARTH, 1998, p. 11-12).

Devido a esse caráter instrumental do acesso à justiça, Ana Paula de Barcellos (2011, p. 247 e ss.) considera o direito de acesso à justiça como integrante do chamado mínimo existencial, isto é, o conjunto de direitos sociais indispensáveis para se garantir condições materiais mínimas para uma existência digna. Tais direitos comporiam o núcleo da dignidade da pessoa humana (artigo 1º, III, CRFB/88) – vetor axiológico de todo o ordenamento jurídico brasileiro –, sendo o acesso à justiça o elemento instrumental que asseguraria os demais elementos.

Cleber Francisco Alves (2006, p. 38) vai além, defendendo ser o acesso à justiça – incluída especialmente a assistência judiciária gratuita para os necessitados – um direito primordialmente civil e não social. Integraria, pois, a primeira geração (ou dimensão) de direitos fundamentais por ser indispensável ao exercício pleno da liberdade e do respeito à igualdade. Isso porque, uma vez que o Estado assumiu o monopólio da jurisdição, passaria a ter a obrigação de assegurar as condições para a efetiva defesa dos direitos, com a garantia de paridade de armas, sob pena de favorecer a violação impune dos direitos dos vulneráveis.

O artigo 79, *caput,* do Estatuto da Pessoa com Deficiência, vem reforçar a disposição constitucional prevista no artigo 5º, XXXV, e parece encampar essa última ideia. Isso porque, a redação do dispositivo ora em comento opta por definir o acesso à justiça não sob o viés de um direito ou uma garantia da pessoa com deficiência, mas sim qualificando-o como verdadeiro dever do poder público. Destarte, seguindo a diretriz traçada pelo artigo 13 da CDPD, o Estatuto expressa o dever estatal de assegurar o acesso da pessoa com deficiência à justiça, em igualdade de oportunidades com as demais pessoas.

Em rigor, não basta assegurar o acesso formal à prestação jurisdicional eliminando-se as barreiras impostas à apresentação de uma demanda em juízo. Esse acesso deve ser material, efetivo, de qualidade. Por conseguinte, é indispensável, outrossim, assegurar a igualdade entre as partes na relação processual, o que pressupõe a equivalência de forças entre elas (CAPPELLETTI; GARTH, 1998, p. 15; MANCUSO, 2011, p. 250; PATERSON, 2012, p. 70). Sem esse pressuposto não há como se falar em efetiva tutela dos direitos.

Por certo, o equilíbrio entre as partes é rompido quando uma delas encontra-se em situação de vulnerabilidade (BARBOZA, 2013, p. 116; MANCUSO, 2011, p. 250), como é o caso das pessoas com deficiência. Isso porque recaem sobre as mesmas especiais dificuldades para exercitar com plenitude os direitos reconhecidos pelo ordenamento jurídico perante o sistema de justiça, sendo necessário que o Direito lhes forneça os instrumentos para tanto, como determina o texto constitucional (BARBOZA, 2013, p. 105).

Como aponta Heloisa Helena Barboza (2013, p. 114),

> por definição, todos os seres humanos são vulneráveis, mas não basta afirmar a vulnerabilidade que lhes é intrínseca para que recebam a tutela adequada. Para tanto, é indispensável verificar as peculiaridades das diferentes situações de cada indivíduo e/ou grupo, e considerar além das espécies de vulnerabilidade as diferentes faces que apresentam.

Destarte, por força dos princípios da dignidade da pessoa humana (artigo 1º, III, CRFB), da solidariedade social (artigo 3º, I, CRFB) e da igualdade material ou isonomia (artigo 5º, *caput*, CRFB), impõe-se o tratamento diferenciado da pessoa com deficiência com vistas à facilitação da tutela jurisdicional dos seus direitos, sejam os previstos na legislação específica a elas aplicável, sejam os demais direitos previstos no ordenamento.

Por esse motivo o Estatuto da Pessoa com Deficiência defere às pessoas com deficiência a prioridade na tramitação dos processos judiciais e administrativos (artigo 9º, VII, EPD) e prevê o dever estatal de realizar adaptações e empregar recursos de tecnologia assistiva necessários para assegurar o seu acesso à justiça (artigo 79, *caput*, parte final e artigo 80, EPD). Ademais, determina que a Defensoria Pública e o Ministério Público tomem as medidas necessárias à garantia dos direitos previstos no mesmo (artigo 79, §3º, EPD).

Questão relevante para o acesso à justiça da pessoa com deficiência é a sua representação processual quando submetida à curatela.

Diante das alterações promovidas no Código Civil pelo artigo 114 do EPD, bem como as previsões contidas nos artigos 6º e 84 a 87 do Estatuto, ocorreu o desatrelamento dos conceitos de deficiência e incapacidade civil, aquela por si só não é bastante para caracterizar essa. Assim, a eventual incapacidade civil da pessoa com deficiência será sempre relativa e decorrerá não da deficiência, mas sim de uma impossibilidade de manifestação da vontade, nos termos do artigo 4º, III, do Código Civil (ESTEVES; CRUZ; SILVA, 2016, v. 258, a. 41, p. 307; FARIAS; CUNHA; PINTO, 2016, p. 240 e 310; MENEZES, 2015, a. 4, n. 1).

Por força do artigo 71 do CPC/15, para que possam estar em juízo, seja no polo ativo, seja no polo passivo da relação processual, os incapazes deverão estar devidamente representados ou assistidos por seus pais, tutores ou curadores. Na hipótese de ausência desse representante ou assistente, bem como se houver conflito de interesses entre aquele e o incapaz, a sua capacidade processual será suprida pela atuação do curador especial (artigo 72, I, CPC/15).

A curadoria especial é instituto de direito processual de caráter eminentemente protetivo. Não deve ser confundida com a curatela prevista no artigo 1.767 e seguintes do Código Civil, que tem natureza material. A curadoria especial é eminentemente temporária e restrita ao processo judicial.

Essa se destina a garantir a tutela dos interesses de pessoas cuja situação de vulnerabilidade possa impedi-las de ter plena ciência acerca da existência e do teor do processo ou de exercer adequadamente a defesa de seus direitos em juízo (ESTEVES; SILVA, 2014, p. 425; LIMA, 2011, p. 194), concretizando, assim, a garantia do contraditório (artigo 5º, LV, CRFB e artigo 7º, CPC/15). Tem amplos poderes processuais, podendo recorrer, opor embargos e contestar por negativa geral (artigo 341, parágrafo único, CPC/15).

Nos termos do parágrafo único do artigo 72 do CPC/15, combinado com o artigo 4º, XVI da Lei Complementar nº 80/94, a curadoria especial é função institucional de defesa privativa da Defensoria Pública decorrente diretamente da lei e independente de nomeação judicial (CASAS MAIA; GONZÁLEZ, 2015, p. 93-98). Portanto, sendo identificada a ocorrência de situação que reclame a presença da curadoria especial, deverá o juiz determinar a abertura de vista para a Defensoria Pública a fim de que tome ciência da ocorrência de hipótese legal de atuação institucional (ESTEVES; SILVA, 2014, p. 426-427; LIMA, 2011, p. 199-200). Por ser função institucional que decorre diretamente da lei, a "nomeação judicial" da Defensoria Pública como curador especial revela-se tecnicamente inadequada.

A atuação do curador especial é obrigatória nas hipóteses previstas legalmente. Sua ausência gera a nulidade do processo (FARIAS; CUNHA; PINTO, 2016, p. 218-219; WAMBIER et al., 2015, p. 142). Destarte, nas comarcas e seções judiciárias em que não houver Defensoria Pública instalada, o juiz deverá designar advogado dativo para tal finalidade, sendo essa a única hipótese de "nomeação judicial" do curador especial. Pelo regime atual essa atribuição não pode ser exercida pelo Ministério Público (FARIAS; CUNHA; PINTO, 2016, p. 219; NERY JÚNIOR; NERY, 2010, p. 206).

Frise-se que apesar de o artigo 72, I, do CPC/2015, referir-se apenas à ausência ou ao conflito de interesses com o representante legal do incapaz, o regramento em questão aplica-se igualmente à hipótese de assistência. Isso porque ao referir-se ao incapaz, a norma processual não faz distinção entre os relativamente e os absolutamente incapazes (DIDIER JR., 2010, v. 1, p. 253; ESTEVES; CRUZ; SILVA, 2016, v. 258, a. 41, p. 307; NERY JÚNIOR; NERY, 2010, p. 203). Assim, o curador especial deve atuar para suprir a capacidade processual tanto nas hipóteses de incapacidade absoluta quanto relativa, que será o caso das pessoas com deficiência quando enquadradas na hipótese do artigo 4º, III, do Código Civil.

Considerando que a deficiência pode gerar tão somente eventual incapacidade relativa na forma do artigo 4º, III, do Código Civil, percebe-se que a atuação da curadoria especial ocorrerá na qualidade de assistente e não de representante da pessoa com deficiência nos casos do artigo 72, I, CPC/15. "Na prática, isso significa que a intervenção da curadoria deverá necessariamente respeitar a autonomia e o exercício da capacidade pelas pessoas com deficiência, evitando o tratamento segregador que era conferido pela legislação revogada" (ESTEVES; CRUZ; SILVA, 2016, p. 307-308).

O §1º do artigo 79 do EPD determina que o poder público deve capacitar os membros e os servidores que atuam no Poder Judiciário, no Ministério Público, na Defensoria Pública, nos órgãos de segurança pública e no sistema penitenciário quanto aos direitos da pessoa com deficiência, a fim de garantir a atuação dessas instituições em todo o processo judicial. Tal dispositivo praticamente repete o parágrafo 2 do artigo 13 da Convenção sobre os Direitos das Pessoas com Deficiência (CDPD), que estabelece:

> A fim de assegurar às pessoas com deficiência o efetivo acesso à justiça, os Estados Partes promoverão a capacitação apropriada daqueles que trabalham na área de administração da justiça, inclusive a polícia e os funcionários do sistema penitenciário.

Os dois dispositivos destacam a importância da difusão do conhecimento acerca dos direitos da pessoa com deficiência com o escopo de assegurar o seu acesso efetivo à justiça. De fato, a efetivação do acesso à justiça enfrenta diversos obstáculos, cuja superação em grande medida depende de conscientização e de educação para o pleno exercício da cidadania (ALVES, 2011, p. 201).

O Estatuto teve o mérito de reunir em um único diploma, diversos direitos que eram previstos em leis esparsas, o que inegavelmente facilita o estudo e a divulgação dos mesmos. Aliado a isso confere o dever de capacitação de agentes e servidores públicos quanto aos direitos da pessoa com deficiência, tudo visando à superação de entraves impostos ao acesso à justiça.

O §2º do artigo 79 do EPD afirma que devem ser assegurados à pessoa com deficiência submetida à medida restritiva de liberdade todos os direitos e garantias a que fazem jus os apenados sem deficiência, garantida a acessibilidade. Esse dispositivo deve ser lido em conjunto com o artigo 81 do EPD que trata dos direitos da pessoa com deficiência por ocasião da aplicação de sanções penais. A fim de evitar repetições desnecessárias, remetemos o leitor aos comentários desse último dispositivo.

Por sua vez, o §3º do art. 79 do EPD assevera que a Defensoria Pública e o Ministério Público tomarão as medidas necessárias à garantia dos direitos previstos no Estatuto. Determina, assim, que as duas instituições atuem como guardiões dos direitos desse importante grupo social vulnerável, sem prejuízo da participação de outros agentes e instituições, como associações civis, a Ordem dos Advogados do Brasil e sindicatos (RIBEIRO, 2016, p. 346).

A menção expressa à Defensoria Pública e ao Ministério Público decorre da vocação constitucional de ambos para a defesa da democracia e dos direitos fundamentais (RIBEIRO, 2016, p. 346). Faz transparecer, outrossim, a importância de atuação conjunta das mesmas, como funções essenciais à Justiça. O uso da expressão vaga "medidas necessárias" revela a amplitude e a relevância do papel conferido a ambas.

Nos termos do artigo 134 da CRFB,

> a Defensoria Pública é instituição permanente, essencial à função jurisdicional do Estado, incumbindo-lhe, como expressão e instrumento do regime democrático, fundamentalmente, a orientação jurídica, a promoção dos direitos humanos e a defesa, em todos os graus, judicial e extrajudicial, dos direitos individuais e coletivos, de forma integral e gratuita, aos *necessitados*, na forma do inciso LXXIV do artigo 5º desta Constituição Federal.

Por sua vez, o artigo 5º, LXXIV, da CRFB aduz que "o Estado prestará assistência jurídica integral e gratuita aos que comprovarem *insuficiência de recursos*".

Da leitura da Constituição de 1988 percebe-se que o seu texto foi bastante sucinto em relação à Defensoria Pública. Seu desenho institucional é dado tão somente pelos dois dispositivos já transcritos, que estão ligados umbilicalmente (SOUSA, 2012, v. 25, p. 178).

Frise-se que a Constituição Federal em momento algum restringe os conceitos citados ao viés econômico. Em rigor, como destaca Frederico Rodrigues Viana de Lima (2011, p. 164. Em sentido semelhante: CASAS MAIA, 2015, v. 101, a. 24, p. 361-363; ROCHA, 2013, p. 81-83; SOUSA, 2008, p. 230-234. Em sentido contrário: DINAMARCO; LOPES, 2016, p. 102-103,

> a junção das duas expressões *insuficiência de recursos* (art. 5º, LXXIV, CF) e *necessitado* (art. 134, CF) não resulta obrigatoriamente na fórmula *insuficiência de recursos econômicos*. O sistema jurídico e a realidade social contemporânea apresentam outros tipos de *necessidade* e outras espécies de *insuficiência de recursos* que também reclamam especial proteção do Estado. [...] Sob este enfoque, a *insuficiência de recursos* e a *necessidade* expressam um universo muito mais abrangente que a mera incapacidade financeira, englobando outras situações também carecedoras de auxílio.

Em verdade, a utilização de cláusulas generosamente abertas – compostas por termos de grande amplitude semântica – como "essencial", "necessitados", assistência jurídica "integral" e "insuficiência de recursos", fez com que o constituinte deixasse uma larga margem de manobra, não só ao legislador, mas também ao intérprete, para a construção do perfil institucional mais adequado à sociedade e à ordem jurídica por ele inaugurada (MAGNO, 2015, p. 44; SOUSA, 2012, v. 25, p. 178).

Como enfatiza Rodolfo de Camargo Mancuso (2011, p. 252),

> o conceito de 'necessitado' não pode, em pleno século XXI, prender-se à mesma leitura reducionista das priscas eras (Lei nº 1.060/50, velha de sessenta anos!), texto reportado a uma época, a uma sociedade e a um Brasil muito distantes da realidade contemporânea.

Em uma sociedade plural e extremamente complexa, como a atual, os reducionismos devem ser evitados, em especial em matéria de direitos fundamentais, como o acesso à justiça e a assistência jurídica. As necessidades contemporâneas são as mais díspares, não se podendo eleger um único modelo para fins de proteção, em detrimento das demais espécies. Com efeito, hodiernamente se verifica uma "pluralização do fenômeno da carência" (SOUSA, 2012, v. 25, p. 195).

Nesse contexto, o "necessitado" não pode mais ser compreendido unicamente como o economicamente vulnerável. Essa visão míope e obsoleta é baseada na ordem constitucional anterior e no modelo praticado pela advocacia, absolutamente impróprio para a Defensoria Pública (CARVALHO, 2008, v. 33, n. 156, p. 205; MANCUSO, 2011, p. 252). Não se justifica, portanto, a limitação da atuação defensorial tão somente para o enfrentamento das barreiras ao acesso à Justiça, postas às pessoas vulneráveis por razões econômico-financeiras. O fenômeno da carência é muito mais amplo, as necessidades e as vulnerabilidades são diversas.

Assim, o "necessitado" deve ser compreendido como aquele que por sua condição de vulnerabilidade não tem acesso aos recursos necessários para a defesa dos seus direitos (ROCHA, 2013, p. 83–84). Nesse sentido, a situação de vulnerabilidade pode ter como causa razões de ordem econômica, mas também outras de origem social, cultural, étnica, de gênero, idade, estado físico e mental, privação de liberdade, etc. Ademais, comumente as causas de vulnerabilidade se somarão, ampliando ainda mais as barreiras de acesso à justiça e aos direitos (BARBOZA, 2013, p. 116; FENSTERSEIFER, 2015, p. 63; MAGNO, 2015, p. 55).

Por sua vez, a "insuficiência de recursos" pode se referir não só aos de natureza financeira, mas também a recursos jurídicos – como é o caso do réu sem advogado em âmbito criminal e a curadoria especial em âmbito cível – ou organizacionais – a exemplo de diversos grupos que pretendam a defesa de direitos coletivos, a exemplo das pessoas com deficiência.

As conclusões acima encontram respaldo na jurisprudência, em documentos internacionais e na ampla reforma da Lei Orgânica Nacional da Defensoria Pública operada pela Lei Complementar nº 132/09.

Quanto à jurisprudência, o destaque deve ser dado ao julgamento da ADI nº 3.943 pelo Supremo Tribunal Federal (STF, ADI nº 3.943, Rel. Min. Cármen Lúcia, julg. em 7 de maio de 2015), que versava sobre a constitucionalidade da Lei nº 11.448/2007, que incluiu a Defensoria Pública entre os legitimados para o ajuizamento de ações coletivas. Em tal sede restou reconhecida a amplitude semântica das expressões "insuficiência de recursos" e "necessitado" para fins de legitimidade da atuação defensorial.

Já no plano internacional, a multiplicidade de causas aptas a impor especial dificuldade a certas pessoas ou grupos para acessar o sistema de justiça restou reconhecida nas denominadas 100 Regras de Brasília, sobre o Acesso à Justiça de Pessoas em Condição de Vulnerabilidade, documento aprovado na XIV Conferência Judicial Ibero-americana, realizada em março de 2008. De acordo com as suas regras 3 e 4:

> (3) Consideram-se em condição de vulnerabilidade aquelas pessoas que, por razão da sua idade, gênero, estado físico ou mental, ou por circunstâncias sociais, económicas, étnicas e/ou culturais, encontram especiais dificuldades em exercitar com plenitude perante o sistema de justiça os direitos reconhecidos pelo ordenamento jurídico. (4) Poderão constituir causas de vulnerabilidade, entre outras, as seguintes: a idade, a incapacidade, a pertença a comunidades indígenas ou a minorias, a vitimização, a migração e o deslocamento interno, a pobreza, o gênero e a privação de liberdade.

A deficiência enquadra-se no que as 100 Regras de Brasília chamam de "incapacidade". Nesse sentido é o teor das regras 7 e 8:

> (7) Entende-se por *incapacidade* a deficiência física, mental ou sensorial, quer seja de natureza permanente ou temporal, que limite a capacidade de exercer uma ou mais atividades essenciais da vida diária, que possa ser causada ou agravada pelo ambiente econômico e social. (8) Procurar-se-á estabelecer as condições necessárias para garantir a acessibilidade ao sistema de justiça das pessoas com incapacidade, incluindo aquelas medidas conducentes a utilizar todos os serviços judiciais exigidos e dispor de todos os recursos que garantam a sua segurança, mobilidade, comodidade, compreensão, privacidade e comunicação.

Veja-se que em razão da destacada abertura do conceito de "necessitados" esse não difere substancialmente do conceito de "pessoas em condição de vulnerabilidade" trazido pelas 100 Regras de Brasília (FENSTERSEIFER, 2015, p. 64). Com efeito, pode-se dizer que dentro do termo constitucional "necessitados" (art. 134) estão abrangidos todos aqueles que se encontram em situação de vulnerabilidade (ALVES, 2011, p. 199). Por esse motivo afirma-se que a Defensoria Pública é o *custös vulnerabilis*", a "guardiã (dos direitos) dos vulneráveis" (CASAS MAIA, 2015, v. 101, a. 24, p. 371-374).

Seguindo essa linha, o artigo 79, §3º, do EPD, ao mencionar a atuação da Defensoria Pública em favor das pessoas com deficiência não faz qualquer ressalva à condição de necessitado. Afinal, o Estatuto da Pessoa com Deficiência já presume tal condição, reconhecendo sua vulnerabilidade (RIBEIRO, J., 2016, p. 340). Destaque-se que o ordenamento jurídico brasileiro – à luz da Constituição da República e das 100 Regras de Brasília – considera as pessoas com deficiência um grupo social vulnerável que merece proteção especial do Estado, vez que se encontra em posição desvantajosa frente aos demais atores sociais (BARBOZA, 2013, p. 114-117; CASAS MAIA, 2015, v. 101, a. 24, p. 365-366; ESTEVES; CRUZ; SILVA, 2016, v. 258, a. 41, p. 310–311; KONDER, 2015, v. 99, p. 108; MARQUES; MIRAGEM, 2014, p. 174-178).

O artigo 79, §3º, do EPD, vem pois ao encontro das previsões contidas nos incisos X e XI do artigo 4º da Lei Complementar nº 80/94, a Lei Orgânica Nacional da Defensoria Pública (LONDP), que preveem:

> Art. 4º São funções institucionais da Defensoria Pública, dentre outras: (...) X – promover a mais ampla defesa dos direitos fundamentais dos necessitados, abrangendo seus direitos individuais, coletivos, sociais, econômicos, culturais e ambientais, sendo admissíveis todas as espécies de ações capazes de propiciar sua adequada e efetiva tutela; XI – exercer a defesa dos interesses individuais e coletivos da criança e do adolescente, do idoso, da pessoa portadora de necessidades especiais, da mulher vítima de violência doméstica e familiar e de outros grupos sociais vulneráveis que mereçam proteção especial do Estado.

De fato, deve-se garantir que a parte vulnerável – como a pessoa com deficiência – receba assistência de profissional devidamente qualificado para prestar os serviços que supram de forma integral as suas necessidades jurídicas (MANCUSO, 2011, p. 250). Por força do comando contido no artigo 5º, LXXIV, CRFB/88, o Estado brasileiro assumiu esse dever, conferindo à Defensoria Pública (artigo 134, CRFB/88) a incumbência de prestar esse serviço de forma integral e gratuita, seja em âmbito judicial ou extrajudicial, por meio de todos os instrumentos jurídicos aptos a essa tutela. Trata-se, em verdade, de corolário lógico do monopólio estatal da jurisdição.

O Ministério Público, por sua vez, segundo o artigo 127 da CRFB, tem a finalidade de defesa da ordem jurídica, dos interesses sociais e dos interesses individuais indisponíveis (MAZZILLI, 2003, p. 160).

Por força do artigo 178, II, do CPC/15, o Ministério Público atuará como órgão interveniente, isto é, fiscal da ordem jurídica, sempre que a demanda envolver interesse de incapaz. O membro do Ministério Público que funcionar no caso deverá ao mesmo tempo velar pelos interesses do capaz e fiscalizar a ordem jurídica (PINHO, 2015, p. 125). A eventual presença do curador especial não afasta a necessidade de intervenção ministerial (NERY JÚNIOR; NERY, 2010, p. 206).

A intervenção do *Parquet* é obrigatória na hipótese do artigo 178, II, do CPC/15, sob pena de nulidade do processo (artigo 279, CPC/15). O CPC/15, todavia, abranda esse comando e, prestigiando o Ministério Público, o §2º do mesmo dispositivo determina que o órgão deverá ser intimado a fim de que se manifeste sobre eventual prejuízo advindo de sua não intervenção no processo (PINHO, 2015, p. 134).

Destaque-se, por outro lado, que a presença de pessoa com deficiência plenamente capaz em demanda individual por si só não justifica a atuação do órgão ministerial, vez que a hipótese não se enquadra na moldura do artigo 127 da CRFB (FARIAS; CUNHA; PINTO, 2016, p. 228). Todavia, se a deficiência for fundamento do pedido ou da causa de pedir a intervenção é obrigatória, nos termos do artigo 5º da Lei nº 7.853/89 (RIBEIRO, L., 2016, p. 356).

A fim de dar subsídios ao Ministério Público para o cumprimento do dever insculpido no §3º do artigo 79 do EPD, o parágrafo único do artigo 7º do Estatuto enuncia que os juízes e os tribunais que no exercício de suas funções tiverem conhecimento de fatos que caracterizem as violações previstas nesta lei devem remeter-lhe peças para as providências cabíveis. Às demais autoridades aplica-se o dever genérico previsto no *caput* do próprio artigo 7º.

Na mesma linha segue o artigo 26:

> Os casos de suspeita ou de confirmação de violência praticada contra a pessoa com deficiência serão objeto de notificação compulsória pelos serviços de saúde públicos e privados à autoridade policial e ao Ministério Público, além dos Conselhos dos Direitos da Pessoa com Deficiência, e o artigo 120 do Estatuto cabe aos órgãos competentes, em cada esfera de governo, a elaboração de relatórios circunstanciados sobre o cumprimento dos prazos estabelecidos por força das Leis nº10.048, de 8 de novembro de 2000, e nº 10.098, de 19 de dezembro de 2000, bem como o seu encaminhamento ao Ministério Público e aos órgãos de regulação para adoção das providências cabíveis.

Por outro lado, poderá o *Parquet* atuar como órgão agente em favor de pessoa com deficiência para a defesa de direito individual indisponível, em razão da alteração promovida pelo art. 98 do EPD no artigo 3º da Lei nº 7.853/89.

Dentre as "medidas necessárias à garantia dos direitos previstos nesta lei" referidas pelo artigo 79, §3º, do EPD, destaca-se a tutela coletiva, que tem na Defensoria Pública e no Ministério Público seus expoentes mais ativos. Essa consubstancia a chamada segunda onda de acesso à justiça cunhada por Mauro Cappelletti e Braynt Garth (1998, p. 31).

A tutela coletiva é manejada por meio das denominadas ações coletivas, da qual a ação civil pública, regulada em conjunto pela Lei nº 7.347/85 e a Lei nº 8.078/90, é a principal expoente. Tais demandas permitem que um grande número de indivíduos seja beneficiado pela sentença de provimento, independentemente de ingressarem individualmente em juízo. Por meio da substituição processual, colegitimados extraordinários como a Defensoria Pública, o Ministério Público, associações civis, entes políticos e seus órgãos descentralizados ingressam em juízo em nome das pessoas lesadas e garantem a efetividade dos seus direitos.

A possibilidade de propositura de medidas judiciais destinadas à proteção de interesses coletivos, difusos, individuais homogêneos e individuais indisponíveis das pessoas com deficiência já estava prevista no artigo 3º da Lei nº 7.853/89. Tal dispositivo foi alterado pelo artigo 98 do EPD para incluir a Defensoria Pública entre os colegitimados ativos, em consonância com o artigo 5º da Lei nº 7.347/85, que regula a ação civil pública, e para permitir a defesa de direitos individuais indisponíveis pelo Ministério Público referida na linha do artigo 127 da CRFB.

A legitimidade ativa para a propositura de ações coletivas para a tutela de direitos das pessoas com deficiência pela Defensoria Pública e pelo Ministério Público deve ser a mais ampla possível.

Como acima destacado, as pessoas com deficiência enquadram-se com perfeição no conceito constitucional de "necessitados", haja vista sua condição de vulnerabilidade social. Assim, nos termos dos artigos 134, da CRFB, 5º, II, da Lei nº 7.347/85, 3º, Lei nº 7.853/89 e 4º, VII, X e XI, da Lei Complementar nº 80/94, a Defensoria Pública tem legitimidade para propor qualquer ação coletiva, seja para a tutela de direitos difusos, coletivos ou individuais homogêneos, quando o resultado da demanda puder beneficiar pessoas com deficiência (RIBEIRO, J., 2016, p. 342-343). À luz do regramento aplicável, a pertinência temática é presumida.

O mesmo se diga em relação ao Ministério Público. Ao *Parquet* igualmente não deve haver qualquer restrição à modalidade de ação ou ao tipo de direito coletivo *lato sensu* tutelado quando o resultado da demanda puder beneficiar pessoas com deficiência (FARIAS; CUNHA; PINTO, 2016, p. 226-227), nos termos dos artigos 129, III, da CRFB, 5º, I, da Lei nº 7.347/85; 3º, da Lei nº 7.853/89 e 25, IV, alínea *a*, da Lei nº 8.625/93.

A presença de relevância social do direito individual homogêneo objeto da ação coletiva comumente exigida pela jurisprudência para conferir legitimidade ativa ao órgão ministerial (DIDIER JR.; ZANETI JR., 2016, v. 4, p. 372–376; PINHO, 2004, v. 7, n. 26, p. 264) estará plenamente atendida quando a demanda se dirigir à defesa de interesses de pessoas com deficiência. Afinal, por meio dos artigos 79, §3º, do EPD e 3º da Lei nº 7.853/89, o legislador já realizou essa ponderação.

Saliente-se que estão à disposição da Defensoria Pública e do Ministério Público todos os instrumentos legais aptos à tutela coletiva de direitos das pessoas com deficiência. Assim, podem lançar mão ainda da expedição de Recomendação, ou da celebração de Termos de Ajustamento de Conduta (artigo 5º, §6º, da Lei nº 7.347/85) quando a solução da questão se revelar possível pela via extrajudicial. Admite-se, ainda, a convocação de Audiências Públicas (artigo 4º, XXII, da Lei Complementar nº 80/94 e artigo 27, parágrafo único, IV, da Lei nº 8.625/93) visando à coleta de informações e à oitiva dos interessados e membros da sociedade civil. Ademais, com fito de colher elementos para subsidiar suas ações podem instaurar, respectivamente, procedimento de instrução e inquérito civil público (artigo 8º, §1º, da Lei nº 7.347/85).

Cumpre destacar ainda que a eventual presença de interesse difuso ou coletivo não afasta o reconhecimento da existência de interesse individual e a legitimidade para o manejo da respectiva demanda. Como lembra Luiz Alberto David Araujo (2011, p. 128-129), tal circunstância é especialmente comum quando diante de direitos de pessoas com deficiência:

> Indubitavelmente, certos interesses das pessoas com deficiência se enquadram, perfeitamente, dentro da nova tutela coletiva ou difusa. Imaginemos o direito ao transporte coletivo e adaptado para os portadores de deficiência. Tal questão interessa a todo o grupo

que, independentemente de uma titularidade específica, tem direito de se locomover para se integrar socialmente. O mesmo se diga do acesso a edifício e logradouros públicos. Sem retirar o possível caráter individual da demanda (um funcionário que pretenda exercer sua função e que não tenha o edifício onde trabalha adaptado), a discussão pode transpor o limite da individualidade e se alocar no interesse de todo o grupo de pessoas. O direito à inclusão na escola: o foco pode ser individual, a partir de determinada situação concreta, mas os reflexos se estendem a todo o grupo.

Tal conclusão é consequência direta do princípio constitucional do acesso à justiça, na vertente da inafastabilidade do controle jurisdicional (artigo 5º, XXV, CRFB), agora reforçado pelo artigo 79, EPD, especificamente para as pessoas com deficiência. Afinal, ainda que a pretensão deduzida em juízo possa alcançar pessoas indeterminadas, a busca individual pode basear-se em direito subjetivo da pessoa com deficiência.

A jurisprudência pátria vem seguindo esse entendimento, afirmando que o fato de haver interesses difusos ou coletivos em jogo não afasta o reconhecimento da existência de um interesse individual do demandante em obter providência que melhore suas condições pessoais de vida (STJ, AgRg no AREsp nº 297.351/RJ, Rel. Ministro Humberto Martins, julg. em 2 maio 2013; TJRJ, Apel. nº 0017667-64.2014.8.19.0014, Rel. Des. Carlos Eduardo Moreira Silva, julg. em 2 fev. 2016; TJRJ, Apel. nº 0067832-19.2009.8.19.0038, Rel. Des. Regina Lucia Passos, julg. em 24 ago. 2016).

Art. 80. Devem ser oferecidos todos os recursos de tecnologia assistiva disponíveis para que a pessoa com deficiência tenha garantido o acesso à justiça, sempre que figure em um dos polos da ação ou atue como testemunha, partícipe da lide posta em juízo, advogado, defensor público, magistrado ou membro do Ministério Público.

Parágrafo único. A pessoa com deficiência tem garantido o acesso ao conteúdo de todos os atos processuais de seu interesse, inclusive no exercício da advocacia.

PEDRO GONZÁLEZ

O dever dos órgãos e instituições integrantes do sistema de justiça – Poder Judiciário, Ministério Público, OAB, Defensoria Pública – promoverem as adaptações e de uso de tecnologia assistiva necessários para garantir o acesso à justiça das pessoas com deficiência já estava previsto no artigo 13, parágrafo 1º, da CDPD. Segundo a norma internacional:

> 1. Os Estados Partes assegurarão o efetivo acesso das pessoas com deficiência à justiça, em igualdade de condições com as demais pessoas, inclusive mediante a provisão de adaptações processuais adequadas à idade, a fim de facilitar o efetivo papel das pessoas com deficiência como participantes diretos ou indiretos, inclusive como testemunhas, em todos os procedimentos jurídicos, tais como investigações e outras etapas preliminares.

Destaca-se, assim, a necessidade de aperfeiçoar a Justiça para um acesso mais digno de toda pessoa com deficiência. Nessa linha, o Conselho Nacional de Justiça (CNJ) aprovou a Recomendação nº 27, de 16 de dezembro de 2009, para que os tribunais do país adotem medidas para a remoção de barreiras físicas, arquitetônicas, de comunicação e atitudinais de modo a promover o amplo e irrestrito acesso de pessoas com deficiência às suas dependências, aos serviços que prestam e às respectivas carreiras, para a conscientização de servidores e jurisdicionados sobre a importância da acessibilidade enquanto garantia ao pleno exercício de direitos, bem como para que instituam comissões de acessibilidade visando ao planejamento, à elaboração e ao acompanhamento de projetos e metas direcionados à promoção da acessibilidade às pessoas com deficiência (COSTA FILHO, 2014, p. 93).

Dentre as adaptações e os recursos de tecnologia assistiva visando à plena participação da pessoa com deficiência no processo judicial merece destaque a previsão do artigo 162, III, do CPC/15, que expressamente assegura o direito de a pessoa com deficiência auditiva ter um intérprete da LIBRAS disponibilizado pelo Judiciário para acompanhamento dos atos processuais. Essa nomeação é obrigatória quando presente a hipótese legal, sob pena de nulidade do ato, vez que se trata de medida essencial à garantia do acesso à justiça das pessoas surdas.

Nesse sentido é a jurisprudência da Corte Interamericana de Direitos Humanos e as previsões constantes dos arts. 8.1 e 25 da Convenção Americana de Direitos Humanos – Pacto de San José da Costa Rica (FÔNSECA, 2018, p. 60-62), bem como das regras nº 8, nº 32 e nº 47 das Regras de Brasília sobre Acesso à Justiça das Pessoas em Condição de Vulnerabilidade – ou simplesmente 100 Regras de Brasília –, aprovadas na XIV Cúpula Judicial Ibero-americana, em março de 2008.

Destaque-se, ainda, que, nos termos da Recomendação CNJ nº 27/09 (posteriormente convolada em Resolução) e da Resolução CNJ nº 230/16, cabe ao Poder Judiciário não só o fornecimento mas também o custeio do serviço de intérpretes da LIBRAS sempre que figurar no processo pessoa com deficiência auditiva.

Já o artigo 194 do CPC/15 determina que os sistemas de acesso, consulta e tramitação de processos judiciais eletrônicos sejam acessíveis, ao passo que o artigo 199 do mesmo diploma prevê que

> as unidades do Poder Judiciário assegurarão às pessoas com deficiência acessibilidade aos seus sítios na rede mundial de computadores, ao meio eletrônico de prática de atos judiciais, à comunicação eletrônica dos atos processuais e à assinatura eletrônica.

Ademais, o artigo 18, §1º, da Resolução CNJ nº 185/03, que institui o Sistema Processo Judicial Eletrônico (PJe), prevê que os órgãos do Poder Judiciário que utilizarem tal sistema devem manter instalados equipamentos à disposição das partes, advogados e interessados para consulta ao conteúdo dos autos digitais, digitalização e envio de peças processuais e documentos em meio eletrônico, bem como providenciar auxílio técnico presencial às pessoas com deficiência ou que comprovem idade igual ou superior a 60 (sessenta) anos.

Quanto à participação da pessoa com deficiência como testemunha, o artigo 228, II e III, do Código Civil de 2002, vedava que fossem admitidos como testemunhas "aqueles que, por enfermidade ou retardamento mental, não tiverem discernimento para a prática dos atos da vida civil", assim como "os cegos e surdos, quando a ciência do fato que se quer provar dependa dos sentidos que lhes faltam".

Disposição semelhante do Código Civil de 1916 já era criticada por Pontes de Miranda (p. 576 *apud* TEPEDINO; BARBOZA; MORAES, 2007, v. 1, p. 477), que questionava:

> Todos os interditados e loucos interditáveis são destituídos de utilidade e veracidade testemunhal? E se não houver outras testemunhas? [...] Quanto aos surdos e cegos, se lhes falta o sentido com que têm de assistir ao fato, claro que não são 'incapazes': não assistiram. Ainda assim, é difícil que outros sentidos não compensem, em parte, a perda de um.

Seguindo essa trilha, o artigo 114, do EPD, revogou os incisos II e III do artigo 228 do Código Civil de 2002. Ademais, acrescentou o §2º ao mesmo, que dialoga com o artigo 80, do EPD, ora em comento, prevendo que "a pessoa com deficiência poderá testemunhar em igualdade de condições com as demais pessoas, sendo-lhe assegurados todos os recursos de tecnologia assistiva".

Ocorre que, o Código de Processo Civil de 2015, que fora sancionado antes, porém entrou em vigor depois do Estatuto da Pessoa com Deficiência, procedeu em sentido oposto. Isso porque o seu artigo 447, §1º, I, II e IV, não admite o depoimento de incapazes, assim considerados o interdito por enfermidade ou deficiência mental, os que, acometidos por enfermidade ou retardamento mental, ao tempo em que ocorreram os fatos, não podiam discerni-los, ou, ao tempo em que deve depor, não estão habilitados a transmitir as percepções, bem como o cego e o surdo, quando a ciência do fato depender dos sentidos que lhes faltam.

Essa previsão não passou imune a críticas da doutrina processual, que tem afirmado que melhor teria sido se o CPC/15 considerasse todas as pessoas capazes para testemunhar, cabendo ao juiz no caso concreto atribuir aos depoimentos o valor que reputar merecido (WAMBIER *et al.*, 2015, p. 730). Não obstante, segundo o melhor entendimento, os incisos I, II e IV do artigo 447, §1º, do CPC/15 não se encontram em vigor. Vejamos.

De fato, à semelhança dos demais dispositivos do CPC/15, contrários ao EPD, os aludidos incisos foram revogados durante a sua *vacatio legis* pelo Estatuto, ainda que tacitamente, visto que o marco para se definir qual lei é posterior no conflito de leis no tempo deve ser a data da sanção e não a da vigência (ESTEVES; CRUZ; SILVA, 2016, v. 258, a. 41, p. 302). Isso porque é com a sanção que nasce a lei (MENDES; BRANCO, 2015, p. 908-910; SILVA, 1999, p. 527).

Ressalte-se que esse entendimento já fora adotado pelo Supremo Tribunal Federal em situação semelhante envolvendo a Lei de Crimes Hediondos e o Estatuto da Criança e do Adolescente (STF, HC nº 72435, rel. Min. Celso de Mello, julg. em 12 set. 1995).

Mesmo que assim não fosse, é certo que o artigo 447, §1º, I, II e IV, CPC/15 é inconstitucional por violar o artigo 13 da Convenção sobre os Direitos das Pessoas com Deficiência, que assegura o efetivo acesso das pessoas com deficiência à justiça, inclusive como testemunhas (Em sentido semelhante: ESTEVES; CRUZ; SILVA, ano 41, v. 258, p. 301-302, 2016). Afinal, a CDPD tem status de emenda constitucional, vez que aprovada na forma do §3º do artigo 5º da CRFB.

Destarte, deve prevalecer o papel inclusivo da EPD e da CDPD de modo a permitir a participação efetiva da pessoa com deficiência no processo judicial, inclusive na condição de testemunha, sendo-lhe oferecidos, outrossim, todos os recursos de tecnologia assistiva eventualmente necessários. A interpretação sistemática do ordenamento impõe a rejeição de qualquer interpretação restritiva no ponto.

O parágrafo único do artigo 80, do EPD, aduz que "a pessoa com deficiência tem garantido o acesso ao conteúdo de todos os atos processuais de seu interesse, inclusive no exercício da advocacia". Tal comando tem natureza de mera regra de reforço, afinal, o direito de acesso a todos os atos processuais decorre do próprio princípio da publicidade do processo (artigo 8º, CPC/15) – que beneficia as partes e terceiros – e de prerrogativa conferida ao advogado (artigo 7º, XIII, Lei nº 8.906/94) e aos membros da Defensoria Pública (artigo 128, VIII, Lei Complementar nº 80/94) e do Ministério Público (artigo 41, VII, Lei nº 8.625/93).

Art. 81. Os direitos da pessoa com deficiência serão garantidos por ocasião da aplicação de sanções penais.

PEDRO GONZÁLEZ

O artigo 81 do EPD deve ser lido em conjunto com o §2º do art. 79, que afirma: "devem ser assegurados à pessoa com deficiência submetida à medida restritiva de liberdade todos os direitos e garantias a que fazem jus os apenados sem deficiência, garantida a acessibilidade".

De fato, tendo em vista o princípio da igualdade (artigo 5º, *caput*, CRFB e artigo 4º, EPD), todos os direitos e garantias que são previstos pelo ordenamento jurídico àquele que esteja submetido à sanção penal ou à medida restritiva de liberdade devem ser assegurados à pessoa com deficiência. Destarte, plenamente aplicável às pessoas com deficiência o artigo 3º da Lei de Execução Penal (Lei nº 7.210/84): "ao condenado e ao internado serão assegurados todos os direitos não atingidos pela sentença ou pela lei".

Não obstante, tendo em vista a necessidade de tratamento diferenciado decorrente do viés substancial do princípio da igualdade (MORAES, 2010, p. 86-96), na aplicação de sanções penais e medidas restritivas de liberdade devem ser observadas as peculiaridades decorrentes da deficiência, inclusive quanto à necessidade de acessibilidade dos locais de cumprimento das mesmas.

Seguindo essa linha, estabelece o artigo 14, parágrafo 2º, da Convenção sobre os Direitos das Pessoas com Deficiência (CDPD):

> 2. Os Estados Partes assegurarão que, se pessoas com deficiência forem privadas de liberdade mediante algum processo, elas, em igualdade de oportunidades com as demais pessoas, façam jus a garantias de acordo com o direito internacional dos direitos humanos e sejam tratadas em conformidade com os objetivos e princípios da presente Convenção, inclusive mediante a provisão de adaptação razoável.

Lamentavelmente, poucos são os dispositivos legais que atentam para essa necessidade de tratamento adequado ao apenado com deficiência. Na Lei de Execução Penal, a única previsão diz respeito à necessidade de adequação do trabalho do preso deficiente físico ao seu estado. Trata-se do artigo 32, §3º, da LEP:

> Na atribuição do trabalho deverão ser levadas em conta a habilitação, a condição pessoal e as necessidades futuras do preso, bem como as oportunidades oferecidas pelo mercado. (...) §3º Os doentes ou deficientes físicos somente exercerão atividades apropriadas ao seu estado.

O mesmo cuidado se deve ter quando da substituição da pena privativa de liberdade por restritiva de direitos, em especial quando se tratar de prestação de serviço à comunidade ou a entidades públicas (artigo 43, IV, Código Penal). Isso porque, as tarefas a serem cumpridas devem ser "atribuídas conforme as aptidões do condenado" (artigo 46, §3º, Código Penal), o que impõe atenção às condições pessoais da pessoa com deficiência.

Portanto, na designação do trabalho ou na prestação de serviços deve-se atentar sempre para o tipo de deficiência, sob pena de tornar a medida impossível de ser cumprida, em clara violação aos direitos da pessoa com deficiência.

Veja-se que os artigos 79, §2º e 81, ambos do EPD, aplicam-se não só às penas, mas igualmente às medidas de segurança. Afinal, a medida de segurança é espécie de sanção penal ao lado da pena (BITENCOURT, 2011, v. 1, p. 782; MARCÃO, 2010, p. 309), revelando-se tanto ou mais aflitiva do que essa (ROIG, 2014, p. 449).

As medidas de segurança têm finalidade diversa da pena, vez que se destinam – em tese – à cura ou, pelo menos, ao tratamento daquele que praticou um fato típico e ilícito (GRECO, 2014, p. 255). Assim, aquele que for reconhecidamente declarado inimputável deverá ser absolvido, sendo-lhe aplicada medida de segurança. Trata-se da chamada absolvição imprópria, nos termos do art. 26, *caput*, do Código Penal:

> É isento de pena o agente que, por doença mental ou desenvolvimento mental incompleto ou retardado, era, ao tempo da ação ou da omissão, inteiramente incapaz de entender o caráter ilícito do fato ou de determinar-se de acordo com esse entendimento.

Já se o agente é considerado semi-imputável será condenado, todavia sua pena poderá será reduzida ou substituída por medida de segurança. É o que estabelecem os artigos 26, parágrafo único:

> A pena pode ser reduzida de um a dois terços, se o agente, em virtude de perturbação de saúde mental ou por desenvolvimento mental incompleto ou retardado não era inteiramente capaz de entender o caráter ilícito do fato ou de determinar-se de acordo com esse entendimento, e 98 do Código Penal: Na hipótese do parágrafo único do art. 26 deste Código e necessitando o condenado de especial tratamento curativo, a pena privativa de liberdade pode ser substituída pela internação, ou tratamento ambulatorial, pelo prazo mínimo de 1 (um) a 3 (três) anos, nos termos do artigo anterior e respectivos §§1º a 4º.

O tratamento a que será submetido o agente sujeito à medida de segurança poderá ocorrer dentro de um estabelecimento hospitalar ou fora dele. Será da espécie detentiva se tratar-se de internação em hospital de custódia e tratamento psiquiátrico ou, à falta, em outro estabelecimento adequado (artigo 96, I, CP). Por sua vez, se consistir em tratamento ambulatorial (artigo 96, II, CP) a medida será considerada restritiva (GRECO, 2014, p. 255; ROIG, 2014, p. 447).

O artigo 97 do Código Penal estabelece que a espécie de medida de segurança a ser aplicada ao inimputável deve respeitar a gravidade em abstrato do delito, isto é, se punido com reclusão seria caso de internação e se punido com detenção a medida de segurança aplicável seria o tratamento ambulatorial. Todavia, o melhor entendimento é no sentido de que apesar dessa disposição poderá o julgador optar pelo tratamento que melhor se adeque ao inimputável, considerando as suas características pessoais (GRECO, 2014, p. 257).

Assim,

> nada impede que o juiz aplique tratamento ambulatorial, independentemente de o crime ser apenado com reclusão ou detenção. Isso porque a distinção entre o tipo de medida a ser imposta não pode decorrer da gravidade abstrata do injusto penal, mas da própria necessidade (e forma indicada) de assistência ao portador de sofrimento psíquico, de forma individualizada (princípio da individualização da medida de segurança). Na verdade, a conexão entre gravidade do injusto e espécie de medida de segurança não passa de expressão de um modelo retributivista, securitário e periculosista quanto às medidas de segurança (ROIG, 2014, p. 448).

Os artigos 97, §1º, e 98 do Código Penal estabelecem que a medida de segurança será por prazo indeterminado, persistindo enquanto houver necessidade do tratamento destinado à cura ou à manutenção da saúde mental do inimputável ou semi-imputável. Assim, pela literal aplicação desses comandos, a medida de segurança duraria enquanto não fosse constatada por perícia médica a chamada cessação da periculosidade do agente, podendo – o que, lamentavelmente, não é raro na prática – ser mantida até o falecimento do paciente.

Não obstante, consagrou-se o entendimento de que a medida de segurança não pode ter prazo completamente indeterminado, sob pena de ofender o princípio constitucional que veda as penas de caráter perpétuo (artigo 5º, XLVII, "b", CRFB). Nessa linha, a jurisprudência do Supremo Tribunal Federal firmou-se no sentido de que o tempo de duração da medida de segurança para o inimputável não pode exceder ao prazo de 30 (trinta) anos, por aplicação analógica do artigo 75 do Código Penal (STF, RHC nº 100383, Rel. Min. Luiz Fux, julg. em 18 out. 2011).

Parte da doutrina, todavia, advoga que a medida de segurança para inimputável não pode ultrapassar o limite máximo da pena abstratamente cominada ao delito (BITENCOURT, 2011, v. 1, p. 787; GRECO, 2014, p. 257-258), sob pena de ferir os princípios da proporcionalidade e da isonomia, por resultar em irrazoável diferença de tratamento entre os imputáveis e os inimputáveis.

O Superior Tribunal de Justiça consagrou esse último entendimento, tendo editado a Súmula 527, que diz: "O tempo de duração da medida de segurança não deve ultrapassar o limite máximo da pena abstratamente cominada ao delito praticado".

Já para o semi-imputável, uma vez que esse é condenado pelo juízo e tem a sua pena substituída por medida de segurança, a doutrina tem entendido que o prazo máximo para a medida de segurança deve ser o tempo da condenação (GRECO, 2014, p. 259; ROIG, 2014, p. 460).

Cumpre frisar que nos últimos anos vem crescendo o movimento que pugna pela revisão do tratamento dado aos detentos e sentenciados com deficiência mental, a fim de conferir-lhes tratamento mais adequado. Trata-se do chamado "Movimento da Luta Antimanicomial" (LÜCHMANN; RODRIGUES, 2007, v. 12, n. 2, p. 399-407). Nessa linha, tem-se defendido a plena aplicação às medidas de segurança de toda a sistemática prevista na Lei nº 10.216/01, que dispõe sobre a proteção e os direitos das pessoas com transtornos mentais e redireciona o modelo assistencial em saúde mental, conhecida como Lei da Reforma Psiquiátrica (CARVALHO; WEIGER, 2012, v. 2, n. 2, p. 285-301; ROIG, 2014, p. 452-457).

As péssimas condições de alguns dos locais destinados ao cumprimento de medidas de segurança de internação foram recentemente denunciadas pela Defensoria Pública do Estado do Rio de Janeiro, que constatou, inclusive, a falta de medicamentos básicos para o tratamento dos internados (DEFENSORES, 2016). De fato,

> a violência e a desumanidade que representam o cumprimento de medida de segurança no interior dos fétidos manicômios judiciários, eufemisticamente denominados hospitais de custódia e tratamento, exigem uma enérgica tomada de posição em prol da dignidade humana, fundada nos princípios da razoabilidade e da proporcionalidade assegurados pela atual Constituição Federal (BITENCOURT, 2011, v. 1, p. 787).

Assim, pela Lei da Reforma Psiquiátrica, a internação, em qualquer de suas modalidades, só será indicada quando os recursos extra-hospitalares se mostrarem insuficientes (artigo 2º, parágrafo único, VIII e IX e artigo 4º). Ademais, veda-se a internação de pacientes com transtornos mentais em instituições com características asilares – isto é, aquelas desprovidas de serviços médicos, de assistência social, psicológicos, ocupacionais, de lazer, entre outros – e que não assegurem aos pacientes os seus direitos (artigo 4º, §§2º e 3º). Considerando que a internação passa a ser a *ultima ratio*, "não há mais lugar para a presunção da necessidade de internação para todos aqueles que necessitem de cuidado e assistência" (ROIG, 2014, p. 453).

A mudança central da Lei nº 10.216/01, pois, foi passar a tratar a pessoa com diagnóstico de transtorno mental como verdadeiro sujeito de direitos, e não como um objeto de intervenção do laboratório psiquiátrico-forense. Destarte, logo em seu artigo 1º assegura direitos às pessoas acometidas de transtorno mental e veda qualquer forma de discriminação, inclusive quanto ao grau de gravidade ou tempo de evolução de seu transtorno (CARVALHO; WEIGER, 2012, v. 2, n. 2, p. 288; ROIG, 2014, p. 451).

Por essa razão,

> não se vislumbra qualquer motivo que justifique tratamento diferenciado entre os usuários comuns dos serviços de saúde mental e aqueles mesmos usuários que praticaram delitos. Com o advento da Lei da Reforma Psiquiátrica, independentemente da via de acesso aos serviços públicos de saúde mental (internação voluntária, involuntária ou compulsória), o tratamento prestado deve ser equânime e regido pela lógica da desinstitucionalização (CARVALHO; WEIGER, 2012, v. 2, n. 2, p. 294-295).

Some-se ainda o que dispõe o artigo 14, parágrafo 1º, alínea "b", do CDPD, que é expresso em afirmar que a existência de deficiência não deve justificar a privação de liberdade.

Essas premissas fundamentaram recente requerimento formulado pela Defensoria Pública do Estado do Rio de Janeiro dirigido à Organização das Nações Unidas – ONU. Em tal expediente solicitam-se providências contra o Estado brasileiro por ainda manter pessoas internadas em manicômios judiciais, pugnando, assim, que a reorientação determinada pela Lei nº 10.216/01 chegue às pessoas com problemas psíquicos que entraram em conflito com a lei (DEFENSORIA, 2016).

Decerto, "desconhecer ou desprezar o potencial redutor de danos da aplicação desta lei significa ignorar uma diferente concepção das medidas de segurança, perpetuando-se um modelo arcaico e danoso de enfrentamento do tema" (ROIG, 2014, p. 453). O advento do Estatuto da Pessoa com Deficiência reforça, pois, a necessidade de revisão da questão.

Destaque-se, por fim, que os artigos 79, §2º, e 81 do EPD aplicam-se, outrossim, aos adolescentes com deficiência submetidos às medidas socioeducativas previstas no Estatuto da Criança e do Adolescente, em especial as de internação, semiliberdade e de prestação de serviços à comunidade (artigo 112, III, V e VI, ECA). Isso porque, apesar de terem caráter pedagógico, tais medidas igualmente possuem natureza sancionatória (ROSSATO; LÉPORE; CUNHA, 2012, p. 349; SARAIVA, 2010, p. 72).

Aplica-se aqui, pois, tudo o que foi dito acima acerca da necessidade de adequação das sanções penais às peculiaridades da pessoa com deficiência, a fim de permitir que a mesma possa eficazmente cumprir a medida socioeducativa que lhe for aplicada, sob pena de a mesma não atingir seus objetivos por impossibilidade de cumprimento, violando seus direitos.

Art. 82. (VETADO).

Texto do artigo vetado:

Art. 82. É assegurado à pessoa com deficiência prioridade na tramitação processual, nos procedimentos judiciais e administrativos em que for parte, interveniente ou terceira interessada e no recebimento de precatórios, em qualquer instância.

§1º A prioridade a que se refere este artigo será obtida mediante requerimento acompanhado de prova da deficiência à autoridade judiciária ou administrativa competente para decidir o feito, que determinará as providências a serem cumpridas, anotando-se essa circunstância em local visível nos autos.

§2º A prioridade estende-se a processos e procedimentos em todos os órgãos e entidades da administração pública direta e indireta da União, dos Estados, do Distrito Federal e dos Municípios, no Poder Judiciário, no Ministério Público e na Defensoria Pública.

Razão do veto:

Ao estabelecer prioridade no pagamento de precatório, o dispositivo contradiz a regra do art. 100 da Constituição, que determina que esses deverão ser pagos exclusivamente na ordem cronológica de apresentação.

Art. 83. Os serviços notariais e de registro não podem negar ou criar óbices ou condições diferenciadas à prestação de seus serviços em razão de deficiência do solicitante, devendo reconhecer sua capacidade legal plena, garantida a acessibilidade.

Parágrafo único. O descumprimento do disposto no caput deste artigo constitui discriminação em razão de deficiência.

PEDRO GONZÁLEZ

Os serviços notariais e de registro são fundamentais para a prova e o exercício de determinados direitos. Devem, pois, estar submetidos ao comando constitucional que determina a facilitação do acesso à justiça em seu sentido material (artigo 5º, XXXV, CRFB), isto é, o acesso à ordem jurídica justa (FARIAS; CUNHA; PINTO, 2016, p. 238; WATANABE, 1998, p. 128). O Estatuto da Pessoa com Deficiência destaca essa vinculação, incluindo o artigo 83, ora em comento, dentro do título destinado ao acesso à justiça.

O Código de Processo Civil de 2015 também sublinha tal conexão, vez que o seu artigo 98, IX, inclui no rol de despesas abrangidas pela gratuidade de justiça os emolumentos devidos a notários ou registradores em decorrência da prática de registro, averbação ou qualquer outro ato notarial necessário à efetivação de decisão judicial ou à continuidade de processo judicial no qual o benefício tenha sido concedido.

De acordo com o artigo 236, *caput*, da CRFB, os serviços notariais e de registro são exercidos em caráter privado, por delegação do poder público, sendo tal disposição regulamentada pela Lei nº 8.935/84. Destarte, o Estado atribui a ente privado o exercício de atividade própria da administração.

Essa delegação, todavia, não retira a sua natureza essencialmente estatal. Logo, apesar de executado por pessoa de direito privado, os serviços notariais e de registro continuam sendo públicos, estando, pois, submetidos à regulamentação e à fiscalização do Estado (ESTEVES; SILVA, 2014, p. 264-265; MOREIRA NETO, 1995, v. 8, p. 27), que a realiza por meio do Poder Judiciário (artigos 236, §1º, CRFB; 37 e 38 da Lei nº 8.935/94).

Tendo em vista o desatrelamento dos conceitos de deficiência e incapacidade civil, aquela por si só não é bastante para caracterizar essa. Assim, desde que possa manifestar a sua vontade, o deficiente – como qualquer pessoa – é plenamente capaz, não importando se a deficiência é física, mental ou intelectual. Logo, não tendo sido submetida à curatela, a pessoa com deficiência é plenamente capaz e, por consequência, pode comparecer ao cartório para a prática de qualquer ato notarial ou registral, tenha esse natureza patrimonial ou existencial (p. ex.: lavratura de testamento, diretivas antecipadas de vontade, procuração, casamento, reconhecimento de filhos, etc.).

Nos termos do parágrafo único do artigo 83, do EPD, a recusa ou a criação de óbices ou condições diferenciadas para a prática de atos notariais e de registro, em razão de deficiência, constitui ato discriminatório, sujeitando os seus responsáveis, pois, às sanções civis, penais e administrativas previstas legalmente.

Esse dispositivo está em consonância com o artigo 5º do CDPD e o artigo 4º, §1º do EPD. Segundo esse último,

> considera-se discriminação em razão da deficiência toda forma de distinção, restrição ou exclusão, por ação ou omissão, que tenha o propósito ou o efeito de prejudicar, impedir ou anular o reconhecimento ou o exercício dos direitos e das liberdades fundamentais de pessoa com deficiência, incluindo a recusa de adaptações razoáveis e de fornecimento de tecnologias assistivas.

Visa-se, com isso, a facilitação do acesso à justiça e a plena inclusão social da pessoa com deficiência. Logo, além do dever de acessibilidade de suas instalações, devem os cartórios notariais e de registro eliminar as chamadas barreiras atitudinais, isto é, "atitudes ou comportamentos que impeçam ou prejudiquem a participação social da pessoa com deficiência em igualdade de condições e oportunidades com as demais pessoas" (artigo 3º, IV, "e", EPD).

Referências

ALVES, Cleber Francisco. Defensoria Pública e educação em direitos humanos. *In*: SOUSA, José Augusto Garcia de (Coord.). *Uma nova Defensoria Pública pede passagem*: reflexões sobre a Lei Complementar nº 132/09. Rio de Janeiro: Lumen Juris, 2011.

ALVES, Cleber Francisco. *Justiça para todos!* Assistência jurídica gratuita nos Estados Unidos, na França e no Brasil. Rio de Janeiro: Lumen Juris, 2006.

ARAUJO, Luiz Alberto David. *A proteção constitucional das pessoas com deficiência*. 4. ed. Brasília: Corde, 2011.

BARBOZA, Heloisa Helena. Proteção dos vulneráveis na Constituição de 1988: uma questão de igualdade. *In*: NEVES, Thiago Ferreira Cardoso (Coord.). *Direito & justiça social*: por uma sociedade mais justa, livre e solidária: estudos em homenagem ao Professor Sylvio Capanema de Souza. São Paulo: Atlas, 2013.

BARCELLOS, Ana Paula de. *A eficácia jurídica dos princípios constitucionais*: o princípio da dignidade da pessoa humana. 3. ed. Rio de Janeiro: Renovar, 2011.

BITENCOURT, Cezar Roberto. *Tratado de direito penal*: parte geral. 15. ed. São Paulo: Saraiva, 2011. v. 1.

BOBBIO, Norberto. *A era dos direitos*. Tradução de Carlos Nelson Coutinho. Rio de Janeiro: Campus, 1992.

CAPPELLETTI, Mauro; GARTH, Bryant. *Acesso à Justiça*. Tradução de Ellen Gracie Northfleet. Porto Alegre: Sérgio Antônio Fabris Editor, 1998.

CARVALHO, Leandro Coelho de. As atribuições da Defensoria Pública sob a ótica do acesso à ordem jurídica justa. *Revista de Processo*, v. 33, n. 156, p. 204-224, fev. 2008.

CARVALHO, Salo de; WEIGER, Mariana de Assis Brasil e. Reflexões iniciais sobre os impactos da Lei nº 10.216/01 nos sistemas de responsabilização e de execução penal. *Responsabilidades*, Belo Horizonte, v. 2, n. 2, p. 285-301, set. 2012.

CASAS MAIA, Maurilio. A legitimidade coletiva da Defensoria Pública para a tutela de segmentos sociais vulneráveis. *Revista de Direito do Consumidor*, São Paulo, v. 101, ano 24, p. 351-383, out. 2015.

CASAS MAIA, Maurilio; GONZÁLEZ, Pedro. Legitimidade institucional e a nomeação judicial do Defensor Público como curador especial. *Revista de Direito da Defensoria Pública*, Rio de Janeiro, n. 27, p. 87-104, 2017.

CITTADINO, Gisele. *Pluralismo, direito e justiça distributiva:* elementos da filosofia constitucional contemporânea. 4. ed. Rio de Janeiro: Lumen Juris, 2013.

COSTA FILHO, Waldir Macieira da. Acesso à justiça. *In:* DIAS, Joelson *et al.* (Org.). *Novos comentários à convenção sobre os direitos das pessoas com deficiência.* 3. ed. revisada e atualizada. Brasília: SDH-PR/SNPD, 2014.

DEFENSORIA pede à ONU providências contra manicômios judiciais. *Justificando,* São Paulo, 14 set. 2016. Disponível em: http://justificando.com/2016/09/14/defensoria-pede-onu-providencias-contra-manicomios-judiciais. Acesso em: 5 dez. 2016.

DEFENSORES públicos denunciam precariedade em hospital psiquiátrico. *Bom Dia Brasil,* Rio de Janeiro, 02 nov. 2016. Disponível em: http://g1.globo.com/bom-dia-brasil/noticia/2016/11/defensores-publicos-denunciam-precariedade-em-hospital-psiquiatrico.html. Acesso em: 5 dez. 2016.

DIDIER JR., Fredie. *Curso de Direito Processual Civil:* teoria geral do processo e processo de conhecimento. 12. ed. Salvador: Juspodivm, 2010. v. 1.

DIDIER JR., Fredie; ZANETI JR., Hermes. *Curso de Direito Processual Civil:* processo coletivo. 10. ed. Salvador: Juspodivm, 2016. v. 4.

DINAMARCO, Cândido Rangel; LOPES, Bruno Vasconcelos Carrilho. *Teoria geral do novo processo civil.* São Paulo: Malheiros, 2016.

ESTEVES, Diogo; CRUZ, Elisa Costa; SILVA, Franklyn Roger Alves. As consequências materiais e processuais da lei brasileira de inclusão da pessoa com deficiência e o papel da Defensoria Pública na assistência jurídica das pessoas com deficiência. *Revista de Processo,* São Paulo, v. 258, a. 41, p. 281-314, ago. 2016.

ESTEVES, Diogo; SILVA, Franklyn Roger Alves. *Princípios institucionais da Defensoria Pública.* Rio de Janeiro: Forense, 2014.

FARIAS, Cristiano Chaves de; CUNHA, Rogério Sanches; PINTO, Ronaldo Batista. *Estatuto da pessoa com deficiência comentado artigo por artigo.* Salvador: Juspodivm, 2016.

FENSTERSEIFER, Tiago. *Defensoria pública, direitos fundamentais e ação civil pública.* São Paulo: Saraiva, 2015. (Série IDP).

FONSÊCA, Vitor. *Processo civil e direitos humanos.* São Paulo: Thomson Reuters Brasil, 2018.

GRECO, Rogério. *Código penal comentado.* 8. ed. Niterói: Impetus, 2014.

KONDER, Carlos Nelson. Vulnerabilidade patrimonial e vulnerabilidade existencial: por um sistema diferenciador. *Revista de Direito do Consumidor,* v. 99, p. 101-123, maio/jun. 2015.

LIMA, Frederico Rodrigues Viana de. *Defensoria Pública.* 2. ed. Salvador: Juspodivm, 2011.

LÜCHMANN, Lígia Helena Hahn; RODRIGUES, Jefferson. O movimento antimanicomial no Brasil. *Ciência & Saúde Coletiva,* v. 12, n. 2, p. 399-407, abr. 2007.

MANCUSO, Rodolfo de Camargo. *Interesses difusos:* conceito e legitimação para agir. 7. ed. São Paulo: Revista dos Tribunais, 2011.

MAGNO, Patrícia. 100 regras, direitos humanos e o necessitado como pessoa em condição de vulnerabilidade. *In:* FRANCO, Glauce; MAGNO, Patrícia (Org.). *I Relatório nacional de atuação em prol de pessoas e/ou grupos em condição de vulnerabilidade.* Brasília: ANADEP, 2015.

MARCÃO, Renato. *Curso de execução penal.* 8. ed. São Paulo: Saraiva, 2010.

MARQUES, Claudia Lima; MIRAGEM, Bruno. *O novo direito privado e a proteção dos vulneráveis.* 2. ed. rev., atual. e ampl. São Paulo: Revista dos Tribunais, 2014.

MAZZILLI, Hugo Nigro. Intervenção do Ministério Público no processo civil: críticas e perspectivas. *In:* SALLES, Carlos Alberto de (Org.). *Processo civil e interesse público:* o processo como instrumento de defesa social. São Paulo: Revista dos Tribunais, 2003.

MENDES, Gilmar Ferreira; BRANCO, Paulo Gustavo Gonet. *Curso de direito constitucional.* 10. ed. São Paulo: Saraiva, 2015.

MENEZES, Joyceane Bezerra de. O direito protetivo no Brasil após a Convenção sobre a proteção da pessoa com deficiência: impactos do novo CPC e do Estatuto da pessoa com deficiência. *Civilistica.com*, a. 4, n. 1, 2015. Disponível em: http://civilistica.com/o-direito-protetivo-no-brasil. Acesso em: 28 out. 2016.

MORAES, Maria Celina Bodin de. O princípio da dignidade da pessoa humana. *In*: *Na medida da pessoa humana*: estudos de direito civil-constitucional. Rio de Janeiro: Renovar, 2010.

MOREIRA NETO, Diogo de Figueiredo. Inclusão dos serviços notariais e registrários públicos na assistência jurídica integral. *Revista de Direito da Defensoria Pública*, Rio de Janeiro, v. 8, p. 26-27, 1995.

NERY JÚNIOR, Nelson; NERY, Rosa Maria Andrade. *Código de processo civil comentado e legislação extravagante*. 11. ed. rev., atualizada e ampliada. São Paulo: Revista dos Tribunais, 2010.

PATERSON, Alan. *Lawyers and the public good:* democracy in action? Cambridge, UK: Cambridge University Press, 2012 (The Hamlyn lectures, 2010).

PINHO, Humberto Dalla Bernardina de. Direito individual homogêneo e legitimidade do Ministério Público: visão dos Tribunais Superiores. *Revista da EMERJ*, Rio de Janeiro, v. 7, n. 26, p. 246-264, 2004.

PINHO, Humberto Dalla Bernardina de. O Ministério Público e o papel de fiscal da ordem jurídica no CPC/2015. *In*: COSTA, Suzana; GODINHO, Robson (Coord.). *Ministério Público*. Salvador: Juspodivm, 2015 (Coleção Repercussões do Novo CPC, v. 6; coordenador geral, Fredie Didier Jr.).

RIBEIRO, Juliana do Val. O papel da Defensoria Pública na defesa dos interesses da pessoa com deficiência (art. 79, §3º). *In*: LEITE, Flávia Piva Almeida; RIBEIRO, Lauro Luiz Gomes Ribeiro; COSTA FILHO, Waldir Macieira da (Coord.). *Comentários ao Estatuto da pessoa com deficiência*. São Paulo: Saraiva, 2016.

RIBEIRO, Lauro Luiz Gomes Ribeiro. O papel do Ministério Público na defesa dos interesses da pessoa com deficiência (art. 79, §3º). *In*: LEITE, Flávia Piva Almeida; RIBEIRO, Lauro Luiz Gomes Ribeiro; COSTA FILHO, Waldir Macieira da (Coord.). *Comentários ao Estatuto da pessoa com deficiência*. São Paulo: Saraiva, 2016.

ROCHA, Amélia Soares da. *Defensoria Pública:* fundamentos, organização e funcionamento. São Paulo: Atlas, 2013.

ROIG, Rodrigo Duque Estrada. *Execução penal:* teoria crítica. São Paulo: Saraiva, 2014.

ROSSATO, Luciano Alves; LÉPORE, Paulo Eduardo; CUNHA, Rogério Sanches. *Estatuto da Criança e do Adolescente comentado:* Lei nº 8.069/1990 artigo por artigo. 3. ed. São Paulo: Saraiva, 2012.

SARAIVA, João Batista Costa. *Compêndio de direito penal juvenil*: adolescente e ato infracional. 4. ed. rev. e atualizada. Porto Alegre: Livraria do Advogado, 2010.

SCHREIBER, Anderson. Direito civil e constituição. *In*: *Direito civil e constituição*. São Paulo: Atlas, 2013.

SILVA, José Afonso da. *Curso de direito constitucional positivo*. 16. ed. São Paulo: Malheiros Editores, 1999.

SOUSA, José Augusto Garcia de. A nova Lei nº 11.448/07, os escopos extrajurídicos do processo e a velha legitimidade da Defensoria Pública para ações coletivas. *In*: SOUSA, José Augusto Garcia de (Coord.). *A Defensoria Pública e os processos coletivos:* comemorando a Lei Federal nº 11.448 de 15 de janeiro de 2007. Rio de Janeiro: Lumen Juris, 2008.

SOUSA, José Augusto Garcia de. O destino de Gaia e as funções constitucionais da Defensoria Pública: ainda faz sentido (sobretudo após a edição da Lei Complementar nº 132/09) a visão individualista a respeito da instituição? *Revista de Direito da Defensoria Pública*, Rio de Janeiro, v. 25, p. 175-244, nov. 2012.

TEPEDINO, Gustavo. Premissas metodológicas para a constitucionalização do direito civil. *In*: *Temas de direito civil*. 4. ed. Rio de Janeiro: Renovar, 2008.

TEPEDINO, Gustavo; BARBOZA, Heloisa Helena; MORAES, Maria Celina Bodin de. *Código civil interpretado conforme a Constituição da República*. 2. ed. Rio de Janeiro: Renovar, 2007. v. 1.

WAMBIER, Teresa Arruda Alvim *et al. Primeiros comentários ao novo código de processo civil:* artigo por artigo. São Paulo: Revista dos Tribunais, 2015.

WATANABE, Kazuo. Acesso à justiça e sociedade moderna. *In*: GRINOVER, Ada Pellegrini; DINAMARCO, Cândido Rangel; WATANABE, Kazuo (Coord.). *Participação e Processo*. São Paulo: Revista dos Tribunais, 1998.

CAPÍTULO II
DO RECONHECIMENTO IGUAL PERANTE A LEI

Art. 84. A pessoa com deficiência tem assegurado o direito ao exercício de sua capacidade legal em igualdade de condições com as demais pessoas.

§1º Quando necessário, a pessoa com deficiência será submetida à curatela, conforme a lei.

§2º É facultado à pessoa com deficiência a adoção de processo de tomada de decisão apoiada.

§3º A definição de curatela de pessoa com deficiência constitui medida protetiva extraordinária, proporcional às necessidades e às circunstâncias de cada caso, e durará o menor tempo possível.

§4º Os curadores são obrigados a prestar, anualmente, contas de sua administração ao juiz, apresentando o balanço do respectivo ano.

HELOISA HELENA BARBOZA
VITOR ALMEIDA

O artigo 84 dá início ao Capítulo II, dedicado ao Reconhecimento Igual Perante a Lei, que integra as disposições relativas ao Acesso à Justiça, tratado no Título I, do Livro II - Parte Especial do EPD. Reafirma-se a plena capacidade da pessoa com deficiência no tocante ao exercício dos direitos que lhe são garantidos, agora para fins de disciplina dos instrumentos dos quais se pode valer para tanto. Quando não puder exercer pessoalmente seus direitos, em igualdade de condições com as demais pessoas, poderá a pessoa com deficiência receber – quando necessário – *apoio* através do instituto da curatela, objeto deste capítulo II, ou da tomada de decisão apoiada, regulamentada pelo art. 1.783-A, inserido no CC pelo art. 116 do EPD. De acordo com o §2º do artigo em análise, a adoção de processo de tomada de decisão apoiada é facultada à pessoa com deficiência, que atenda os requisitos para tanto.

O provimento de apoio à pessoa com deficiência constitui um dos compromissos assumidos pelos Estados Partes na CDPD, visto terem se obrigado a tomar medidas apropriadas para prover o acesso de pessoas com deficiência ao apoio que necessitarem no exercício de sua capacidade legal (art. 12, 3º).

Desde o início da vigência do EPD, a *curatela* vem sendo debatida, por um lado pelos que questionam seu cabimento diante da plena capacidade reconhecida às pessoas com deficiência, e rejeitam a possibilidade de interdição e curatela; por outro, pelos que pleiteiam sua ampliação, em virtude de situações nas quais de fato a pessoa não tem, parcial ou totalmente, competência para exercer seus direitos e/ou gerir sua pessoa e bens.

Muitas e boas razões amparam ambos os entendimentos. O EPD se destina a assegurar e a promover, em condições de igualdade, o exercício dos direitos e das liberdades fundamentais *por pessoa com deficiência*, visando à sua inclusão social e cidadania, por conseguinte, tem natureza de Lei Especial. Contudo, as modificações promovidas pelo EPD no CC, para por fim à discriminação ali existente, em especial em relação às pessoas com deficiência intelectual, acabaram por revolucionar o regime de incapacidade existente na Lei Civil, que se aplica a todas as pessoas, que tenham ou não deficiência. É o que se constata da redação atual do inciso III, do art. 4º do CC, que considera incapazes, relativamente a certos atos ou à maneira de exercê-los, aqueles que, por causa transitória ou permanente, não puderem exprimir sua vontade, vale dizer, qualquer pessoa. Em síntese, o disposto no citado inciso III, do art. 4º, na redação dada pelo EPD, é hoje norma geral.

De acordo com a CDPD (art. 1º) e o EPD, pessoa com deficiência é aquela que tem impedimento de longo prazo de natureza física, mental, intelectual ou sensorial, o qual, em interação com uma ou mais barreiras, pode obstruir sua participação plena e efetiva na sociedade, em igualdade de condições com as demais pessoas (art. 2º). Em decorrência desse estado de vulneração, a pessoa com deficiência recebe tratamento legal especial, voltado para sua inclusão e proteção, que deve ser observado quando da aplicação do CC, em particular do mencionado art. 4º, II, em situações que a envolvam.

Considerados os termos desse conceito, o reconhecimento da incapacidade relativa se dirige a dois tipos de pessoas: (*i*) às que não podem exprimir sua vontade por causa transitória; e (*ii*) às pessoas que não podem exprimir sua vontade por causa permanente. Parece razoável entender que a noção de permanência alcança ou aproveita a exigência de impedimento de longo prazo, como elemento do conceito de pessoa com deficiência antes transcrito. Em consequência, quando se tratar de incapacidade relativa de pessoa com impedimento devido à causa permanente, o provimento do apoio necessário será regido, precipuamente, pela CDPD e pelo EPD e, subsidiariamente, pelo CC. No caso em que a incapacidade relativa decorrer de causa transitória, não há porque, em princípio, se aplicar a CDPD e o EPD, não obstante possa eventualmente ser invocado a bem da proteção da pessoa (ver comentário ao art. 85).

Cabe lembrar que o concurso de lei especial para reger a aplicação de instituto constante do CC não ocorre apenas nessa hipótese. Servem de exemplo as disposições que envolvem crianças e adolescentes, que devem ser interpretadas e aplicadas à luz dos princípios e regras do Estatuto da Criança e do Adolescente.

A distinção entre causa transitória e permanente está vinculada à noção de tempo e na prática certamente pode tornar-se tormentosa, ressalvados, talvez, os casos em que o impedimento da pessoa é irreversível, de que são exemplos comprometimentos físicos e intelectuais inatos. Assim sendo, parece mais razoável, tanto ou mais do que perquirir a causa, verificar a situação individual, segundo um critério de aferição da *funcionalidade*, termo que engloba todas as funções do corpo, atividades e participação, noção similar, mas não sinônima, à de incapacidade, que é um termo que inclui deficiências, limitação da atividade ou restrição na participação, conforme a Classificação Internacional de Funcionalidade, Incapacidade e Saúde – CIF, aprovada pela Organização Mundial de

Saúde – OMS, por meio da Resolução WHA nº 54.21, de 22 de maio de 2001 (Disponível em: http://www.periciamedicadf.com.br/cif2/cif_portugues.pdf. Acesso em: 30 ago. 2017). De acordo com a CIF,

nas classificações internacionais da OMS, as condições de saúde (doenças, perturbações, lesões, etc.) são classificadas principalmente na CID-10 (abreviação da Classificação Internacional de Doenças, Décima Revisão), que fornece uma estrutura de base etiológica. A funcionalidade e a incapacidade, associadas às condições de saúde, são classificadas na CIF. Portanto, a CID-10 e a CIF são complementares, e os utilizadores são estimulados a usar em conjunto esses dois membros da família de classificações internacionais da OMS. A CID-10 proporciona um "diagnóstico" de doenças, perturbações ou outras condições de saúde, que é complementado pelas informações adicionais fornecidas pela CIF sobre funcionalidade. [...] Duas pessoas com a mesma doença podem ter níveis diferentes de funcionamento, e duas pessoas com o mesmo nível de funcionamento não têm necessariamente a mesma condição de saúde. Assim a utilização conjunta aumenta a qualidade dos dados para fins clínicos. [...] as informações sobre o diagnóstico e sobre a funcionalidade dão uma imagem mais ampla e mais significativa da saúde das pessoas ou da população, que pode ser utilizada em tomadas de decisão.

A partir da constatação pericial da *funcionalidade* ou da *incapacidade* será possível, em cada caso, se estabelecer o apoio mais adequado ao indivíduo, visto que em qualquer das modalidades previstas no CC e no CPC o apoio tem por fim fornecer às pessoas os meios de que necessitam para exercer sua capacidade legal.

A incapacidade relativa, em qualquer caso, como acima indicado, encontra na curatela um dos instrumentos, se não o principal, de apoio à pessoa que tem impedimento, transitório ou permanente, para exercer seus direitos. Nesse sentido, estabelece o CC que tais pessoas receberão todo o apoio necessário para ter preservado o direito à convivência familiar e comunitária, sendo evitado o seu recolhimento em estabelecimento que os afaste desse convívio (art. 1.777 c/c art. 1.767, I, CC). Embora tal dispositivo tenha sido inserido no CC pelo EPD, tem como antes assinalado – e tanto quanto o art. 4º, I do CC –, caráter geral, não se destinando exclusivamente às pessoas com deficiência. Nessa linha, razoável é aplicar o disposto no art. 1.777 também às pessoas impedidas de exprimir sua vontade, por causa temporária, sempre em razão e nos limites de seu benefício e interesse, vale dizer, de sua funcionalidade.

Sem embargo das críticas que lhe podem ser feitas, a curatela está em pleno vigor, como instrumento de apoio, não apenas em face dos expressos termos do EPD e do CPC/2015, que lhe é posterior, mas principalmente por ser vocacionada à proteção da pessoa que precisa de apoio para a prática de certos atos ou à maneira de os exercer.

O instituto da curatela está regulamentado pelo CC (Livro IV, Título IV, Capítulo II), que trata da curatela dos interditos e da curatela do nascituro (arts. 1.767, 1.774-1.778 e 1.779), não se cogitando de interdição nesta última hipótese (BARBOZA; ALMEIDA, 2016, *passim*) e pelo CPC (Capítulo XV, Seção IX), que regulamenta a Interdição, dentre os Procedimentos de Jurisdição Voluntária (art. 747-763).

De acordo com o art. 1.767 do CC, estão sujeitas à curatela, dentre outras, as pessoas que, por causa transitória ou permanente, não puderem exprimir sua vontade (inciso I), situação que legitimará a sua interdição, vale dizer, a restrição da prática – sem apoio – dos atos da vida civil que forem indicados em decisão judicial. A nomeação de curador deve ser requerida por uma das pessoas indicadas no art. 747 do CPC. Incumbe ao requerente, na petição inicial, especificar os fatos que demonstram a incapacidade do interditando para administrar seus bens e, se for o caso, para praticar atos da vida civil, bem como o momento em que a incapacidade se revelou. Na sentença que decretar a interdição, o juiz nomeará curador e fixará os limites da curatela, segundo o estado e o desenvolvimento mental do interdito, consideradas suas características pessoais, e observadas suas potencialidades, habilidades, vontades e preferências. (art. 755, I e II, CPC). Na nomeação de curador para a pessoa com deficiência, o juiz poderá estabelecer curatela compartilhada a mais de uma pessoa (art. 1.775-A, CC).

Nos termos do CPC, a interdição só ocorrerá após: (*i*) a citação do interditando para comparecer perante o juiz, que o entrevistará minuciosamente acerca de sua vida, negócios, bens, vontades, preferências, laços familiares e afetivos e sobre o que mais lhe parecer necessário para convencimento quanto à sua capacidade para praticar atos da vida civil, devendo ser reduzidas a termo as perguntas e respostas (art. 751, CPC); (*ii*) a abertura de prazo ao interditando para apresentação de defesa (art. 752, CPC); (*iii*) a produção de prova pericial para avaliação da capacidade do interditando para praticar atos da vida civil. A perícia pode ser realizada por equipe composta por experts com formação multidisciplinar, devendo o laudo pericial indicar especificadamente, se for o caso, os atos para os quais haverá necessidade de curatela (art. 753, §§1º e 2º, CPC).

Tais disposições abrem ao julgador a possibilidade de aferir, em cada caso, de modo bastante adequado, a funcionalidade e/ou a incapacidade do interditando, de modo a assegurar ao curatelando o direito ao exercício de sua capacidade legal em igualdade de condições com as demais pessoas, conforme determina o *caput* do presente artigo. A submissão à curatela só deve ser decretada quando necessário, isto é, nos casos em que a pessoa comprovadamente precise de apoio para a prática de certos atos da vida civil, conforme dispõe o §1º. Além disso, deve o julgador necessariamente observar que a definição de curatela de pessoa com deficiência constitui medida protetiva extraordinária, admitida quando estabelecida de modo proporcional às necessidades e às circunstâncias de cada caso, para durar o menor tempo possível (§2º).

Embora o EPD seja direcionado às pessoas com deficiência, as medidas aqui preconizadas, por sua natureza protetiva, podem ser aplicadas à curatela de qualquer pessoa, mesmo que não tenha deficiência, caso dos ébrios habituais, dos viciados em tóxico e dos pródigos (CC art. 4º, II e IV).

Confirma o §4º do artigo em análise o dever dos curadores de prestar, anualmente, contas de sua administração ao juiz, apresentando o balanço do respectivo ano, regra também contida no CC (art. 1.781 c/c 1.755).

Algumas outras questões surgem no confronto do CPC ora em vigor com o EPD, no que respeita à curatela. Cabe lembrar que o EPD entrou em vigor em 03 de janeiro de 2016 e o CPC em 18 de março do mesmo ano, derrogando expressamente alguns dispositivos do CC.

Dentre as citadas questões merece consideração a revogação expressa do art. 1.768 do Código Civil, pela nova Lei Processual, conforme art. 1.072, II. O EPD havia acrescido um inciso (IV) ao art. 1.768, conferindo à própria pessoa legitimidade para requer sua curatela, mantendo, se não renovando, a denominada "curatela do enfermo", prevista no art.1.780, do CC, em sua redação original. Contudo, o art. 1.768, do CC, foi revogado expressamente pelo art. 123, VII, do EPD. Cabe verificar, portanto, se a falta de previsão legal extingue realmente tal possibilidade de requerimento de curatela pelo próprio curatelando. Cabe lembrar que a "curatela do enfermo" constituía uma das modalidades de curatela sem interdição, pois nunca se destinou pessoa incapaz.

Desde que a pessoa tenha competência para explicitar sua vontade, seja por meio de adequações razoáveis e/ou tecnologia assistiva (como meios eletrônicos ou de computação), intérpretes (no caso da língua dos sinais utilizada pelos surdos) ou de apoiadores, em princípio, não tem cabimento a declaração de sua incapacidade relativa e consequente interdição.

Quando se tem em mira promover a emancipação da pessoa com deficiência, torna-se razoável admitir que a inexistência de previsão expressa de curatela requerida pelo próprio interessado não deve significar sua extinção, entendimento que encontra apoio nos princípios da Convenção, que tem natureza de norma constitucional, e o que mais consta do EPD. Subtrair da pessoa com deficiência temporária ou mesmo permanente, mas que se encontra em pleno gozo de suas faculdades mentais, a legitimidade para requerer sua própria curatela seria negar sua própria capacidade, ignorar sua autonomia, vale dizer em última análise, violar o principal objetivo da CDPD.

Nestes termos, a curatela emerge como forma de apoio à pessoa com deficiência, de amplitude maior do que a tomada de decisão apoiada, e que confere maior segurança à pessoa com deficiência, na medida em que se exerce sob permanente acompanhamento judicial. Além disso, diferentemente da tomada de decisão apoiada, a curatela requerida pela própria pessoa com deficiência pode incluir sua representação, se assim for requerido e deferido.

Lembre-se, o curatelado é pessoa capaz, com poder de consentir e decidir, e – como qualquer pessoa – pode nomear um representante, que no caso será o curador, o qual terá a função de mandatário, além das demais que lhe foram atribuídas. Destaque-se, porém, que o curador com poderes de representação não substitui o curatelado, ou seja, não toma o seu lugar, de modo a solapar sua autonomia, enfim, a torná-lo invisível, como ocorria no caso da extinta curatela por incapacidade absoluta. Não há, por conseguinte, que se confundir essa situação de substituição (hoje inexistente) com a concessão de poderes de representação ao curador – nos limites do interesse do curatelado e do constante do ato judicial de sua designação. Trata-se de situação em que podem ser aplicadas, no que couberem, as regras da representação (CC, arts. 115-120) e do mandato (CC, arts. 653-691). A possibilidade de representação pode ser de grande valia prática para o curatelado, diante de suas condições psicofísicas, como se verifica no caso de haver dificuldade para deslocamento.

Esta é a vantagem da curatela, em sua nova feição de instrumento de apoio, inclusive a requerida pelo próprio curatelando, especialmente para gerenciamento do patrimônio de pessoas que, por causa transitória ou permanente, não podem ou têm grande dificuldade de exprimir sua vontade, mas não têm qualquer comprometimento intelectual ou mental.

Art. 85. A curatela afetará tão somente os atos relacionados aos direitos de natureza patrimonial e negocial.

§1º A definição da curatela não alcança o direito ao próprio corpo, à sexualidade, ao matrimônio, à privacidade, à educação, à saúde, ao trabalho e ao voto.

§2º A curatela constitui medida extraordinária, devendo constar da sentença as razões e motivações de sua definição, preservados os interesses do curatelado.

§3º No caso de pessoa em situação de institucionalização, ao nomear curador, o juiz deve dar preferência à pessoa que tenha vínculo de natureza familiar, afetiva ou comunitária com o curatelado.

HELOISA HELENA BARBOZA
VITOR ALMEIDA

O EPD restringe expressamente os efeitos da curatela das pessoas com deficiência aos atos relacionados aos direitos de natureza patrimonial e negocial. Para espancar qualquer dúvida, o §1º explicita quais são os direitos não alcançados pela curatela: o direito ao próprio corpo, à sexualidade, ao matrimônio, à privacidade, à educação, à saúde, ao trabalho e ao voto.

No mesmo sentido, o §2º ratifica a excepcionalidade da curatela e a exigência de expressa indicação das razões que informam a fixação dos limites da curatela, de modo a preservar os interesses do curatelado. Igual disposição se encontra no CPC (art. 755, I e §1º).

Essa restrição provoca vivo debate, quanto ao instrumento jurídico a ser utilizado para proteção das pessoas com deficiência, caso não tenham condições para exercer seus direitos existenciais, em razão de sua incapacidade, aqui considerada na definição da Classificação Internacional de Funcionalidade, Incapacidade e Saúde – CIF, que inclui deficiências, limitação da atividade ou restrição na participação.

Incrementa a discussão o entendimento exposto no comentário ao artigo 84 do EPD, quanto a ter natureza de norma geral o disposto no inciso III, do art. 4º do CC, a ser aplicado a todas as pessoas que não podem exprimir sua vontade, seja por causa transitória ou permanente, vale dizer, sejam ou não pessoas com deficiência. Quando se considera que (*i*) as pessoas referidas no art. 4º, III, estão sujeitas à curatela, conforme art. 1.767, I, do CC, e que (*ii*) a restrição estabelecida no presente artigo se aplica às pessoas com deficiência, chega-se à esdrúxula conclusão de que as pessoas com deficiência estariam excluídas da proteção que a curatela pode propiciar, no que se refere a direitos existenciais.

Deve-se ressaltar que a afirmação da plena capacidade das pessoas com deficiência não pode sacrificar sua proteção e dignidade. Destaque-se, desde logo, que o propósito da CDPD é promover, proteger e assegurar o exercício pleno e equitativo de todos os direitos humanos e liberdades fundamentais por todas as pessoas com deficiência e promover o respeito pela sua dignidade inerente (artigo 1º). A citada conclusão resulta de interpretação apegada à letra da lei e não prospera quando se consideram os demais dispositivos da Convenção, princípios de natureza constitucional, que regem a aplicação do EPD.

O exercício dos direitos enunciados no §1º, como é próprio dos direitos existenciais, depende da declaração de vontade, em alguns casos de expresso consentimento da pessoa com deficiência. Os Estados Partes da Convenção comprometeram-se, em várias passagens, a tomar medidas efetivas para proteção das pessoas com deficiência em situações existenciais.

Nesse sentido, bastante expressivo é o disposto sobre a prevenção contra a tortura, tratamentos ou penas cruéis (CDPD, art. 15):

> 1. Nenhuma pessoa será submetida à tortura ou a tratamentos ou penas cruéis, desumanos ou degradantes. Em especial, nenhuma pessoa deverá ser sujeita a experimentos médicos ou científicos sem seu livre consentimento. 2. Os Estados Partes tomarão todas as medidas efetivas de natureza legislativa, administrativa, judicial ou outra para evitar que pessoas com deficiência, do mesmo modo que as demais pessoas, sejam submetidas à tortura ou a tratamentos ou penas cruéis, desumanos ou degradantes.

A mesma orientação se constata quando se trata do respeito pelo lar e pela família. O direito de constituir família tem como base o livre e pleno consentimento dos pretendentes (CDPD, art. 23, 1º, "a"). De acordo com o mesmo artigo,

> Os Estados Partes assegurarão os direitos e as responsabilidades das pessoas com deficiência, relativos à guarda, custódia, curatela e adoção de crianças ou instituições semelhantes, caso esses conceitos constem na legislação nacional. Em todos os casos, prevalecerá o superior interesse da criança. Os Estados Partes prestarão a devida assistência às pessoas com deficiência para que essas pessoas possam exercer suas responsabilidades na criação dos filhos. (CDPD, art. 23, 2).

O CPC, mais do que o EPD, melhor se adequa a essas diretrizes. O art. 749 reza que incumbe ao requerente da curatela de especificar na petição inicial, os fatos que demonstram a incapacidade do interditando para administrar seus bens e, se for o caso, para praticar atos da vida civil, bem como o momento em que a incapacidade se revelou. O juiz deve entrevistar minuciosamente o interditando sobre sua vida, negócios, bens, vontades, preferências e laços familiares e afetivos, e sobre o que mais lhe parecer necessário para convencimento quanto à sua capacidade para praticar atos da vida civil (art. 751). A prova pericial, que pode ser feita por equipe multidisciplinar, deve avaliar a capacidade do interditando para praticar atos da vida civil (art. 753, §1º). O laudo pericial indicará especificadamente, se for o caso, os atos para os quais haverá necessidade de curatela (art. 753, §2º). O juiz, na sentença que decretar a interdição, nomeará curador a pessoa que melhor possa atender aos interesses do curatelado, e fixará os limites da curatela, segundo o estado e o desenvolvimento mental do interdito, suas características pessoais, observando suas potencialidades, habilidades, vontades e preferências (art. 755, §1º).

Atento ao princípio de respeito à inerente dignidade do ser humano, à autonomia individual, inclusive à liberdade de fazer as próprias escolhas, e à independência das pessoas com deficiência (CDPD, art. 3º, "a"), determina o CPC que o curador busque tratamento e apoio apropriados à conquista da autonomia pelo interdito (art. 758).

O CPC preserva, como se constata, a natureza de medida extraordinária da curatela, porém, de modo mais abrangente, avalia a "capacidade" (melhor seria dizer a competência ou as funcionalidades) do interditando para praticar atos da vida civil, sem distinção entre existenciais e patrimoniais, para fixar os limites da curatela. Por conseguinte, à luz do CPC, que teve vigência posterior à do EPD, a curatela não está vinculada à causa temporária ou permanente do impedimento da pessoa, nem à qualificação como pessoa com deficiência.

A curatela será decretada em função da situação individual daquele que será curatelado, tendo o requerente da curatela, como acima assinalado, o dever de especificar, já na petição inicial, os fatos que demonstram a incapacidade do interditando para administrar seus bens e, se for o caso, para praticar atos da vida civil. Trata-se, sem dúvida, de uma "curatela sob medida" (ABREU, 2016, p. 529-552), que se estabelece a partir das características pessoais do curatelando, observando suas potencialidades, habilidades, vontades e preferências, e na proporção da sua necessidade de apoio.

Dessa forma, com fundamento nos princípios constitucionais indicados e para atender aos interesses do curatelando, especialmente para fins de sua proteção, a curatela poderá – em caráter excepcional – afetar situações de natureza existencial da pessoa curatelada, inclusive no caso de pessoas com deficiência.

A escolha do curador, como assinalado, deve recair sobre a pessoa que melhor possa atender aos interesses do curatelando, mesmo no caso de pessoa em situação de institucionalização. Nessa hipótese, o juiz deve dar preferência à pessoa que tenha vínculo de natureza familiar, afetiva ou comunitária com o curatelado, conforme prevê o §3º do presente artigo. Cumpre observar, todavia, que a institucionalização deve ser evitada, devendo as pessoas que não podem exprimir sua vontade receber todo o apoio necessário para ter preservado, tanto quanto possível, o seu direito à convivência familiar e comunitária, como prescreve o art. 1.777 do CC.

Art. 86. Para emissão de documentos oficiais, não será exigida a situação de curatela da pessoa com deficiência.

HELOISA HELENA BARBOZA
VITOR ALMEIDA

A presente disposição tem amplo e eficaz alcance prático. Ao dispensar a situação de curatela, sem qualquer referência à situação de fato, autoriza o EPD a emissão de documentos oficiais mesmo no caso de a pessoa não poder expressar sua vontade, portanto sujeita à curatela, como prevê o art. 1.767, I, do CC.

Por "documentos oficiais" pode-se entender os que se referem à comprovação da qualificação civil e identificação da pessoa, como certidão de nascimento ou casamento, carteira de identidade ou de trabalho, inscrição no Cadastro de Pessoas Físicas – CPF, no Instituto de Previdência Social – INSS. Documentos dessa natureza são de todo imprescindíveis para as mais comuns providências de atendimento e assistência à pessoa por entidades públicas e privadas, inclusive bancárias e planos de saúde. A interpretação mais benéfica do presente dispositivo deve alcançar as instituições privadas, de qualquer natureza, ou seja, não é razoável que essas possam exigir a curatela da pessoa com deficiência para emissão de documentos que tenham a mesma finalidade dos "documentos oficiais" anteriormente referidos.

A nomeação de curador, mesmo provisório, é feita judicialmente, e a espera pelos trâmites procedimentais, certamente, e na maioria dos casos, pode causar sérios prejuízos à pessoa com deficiência. Não é raro ocorrer a morte do curatelando antes do deferimento da curatela provisória.

O risco de fraude na solicitação dos documentos não deve ser afastado, mas poderá ser minimizado com a comprovação da situação de deficiência da pessoa titular dos documentos, através de atestado médico ou documento de instituição em que se encontre em tratamento.

> **Art. 87.** Em casos de relevância e urgência e a fim de proteger os interesses da pessoa com deficiência em situação de curatela, será lícito ao juiz, ouvido o Ministério Público, de oficio ou a requerimento do interessado, nomear, desde logo, curador provisório, o qual estará sujeito, no que couber, às disposições do Código de Processo Civil.

HELOISA HELENA BARBOZA
VITOR ALMEIDA

A nomeação de curador provisório é medida de grande importância prática, especialmente quando se considera o tempo que normalmente demanda o processo de interdição e nomeação de curador.

A falta de curador provisório pode ser altamente prejudicial, quando não danosa, aos interesses do curatelando, especialmente de natureza patrimonial, quando esse se encontra, por exemplo, com dificuldade ou impedido de requerer e/ou assinar documentos. O retardamento injustificado na concessão da medida não raro chega tardiamente, ou seja, quando já falecido o curatelando.

Essa possibilidade é prevista também no CPC, segundo o qual, justificada a urgência, o juiz pode nomear curador provisório ao interditando para a prática de determinados atos (art. 749, parágrafo único). Se a nomeação não se der de ofício, o requerimento pode ser feito na petição inicial do processo de interdição, com esclarecimento da necessidade dessa nomeação e indicação dos atos a serem praticados pelo curador provisório.

A designação no ato de nomeação do tempo que deva durar a curatela provisória é medida de proteção do curatelando, por instar o curador provisório a tomar as medidas necessárias para a curatela definitiva. Contudo, considerada a demora que em geral ocorre no andamento dos procedimentos judiciais, deve-se atentar para que o prazo da curatela provisória seja razoável, ou seja, no mínimo de seis meses, para que possa ser útil. Lembre-se que a renovação do pedido provisório exige igual ou maior tempo do que o inicial.

Mesmo exercendo o *múnus* em caráter provisório, fica o curador provisório adstrito ao cumprimento das regras previstas para o exercício da curatela no art. 1.781 do CC, especialmente à prestação de contas, sob pena de remoção e responsabilização (art. 1.781 c/c 1.752 e 1.766, CC).

Referências

ABREU, Célia Barbosa. A curatela sob medida: notas interdisciplinares sobre o Estatuto da pessoa com deficiência e o novo CPC. *In*: MENEZES, Joyceane Bezerra (Org.). *Direito das pessoas com deficiência psíquica e intelectual nas relações privadas*: convenção sobre os direitos da pessoa com deficiência e Lei Brasileira de Inclusão. Rio de Janeiro: Processo, 2016.

ABREU, Celia Barbosa. *Curatela & interdição civil*. 2. ed. rev. ampl. e atual. Rio de Janeiro: Lumen Juris, 2014.

BARBOZA, Heloisa Helena; ALMEIDA, Vitor. O novo perfil da curatela em face do Estatuto da pessoa com deficiência. *In*: CABANELLAS, Beatriz Ramos; SILVA, Juvêncio Borges (Org.). *Direito de família e sucessões* [Recurso eletrônico on-line]. Florianópolis: Conpedi, 2016.

TÍTULO II
DOS CRIMES E DAS INFRAÇÕES ADMINISTRATIVAS

Art. 88. Praticar, induzir ou incitar discriminação de pessoa em razão de sua deficiência:

Pena - reclusão, de 1 (um) a 3 (três) anos, e multa.

§1º Aumenta-se a pena em 1/3 (um terço) se a vítima encontrar-se sob cuidado e responsabilidade do agente.

§2º Se qualquer dos crimes previstos no *caput* deste artigo é cometido por intermédio de meios de comunicação social ou de publicação de qualquer natureza:

Pena - reclusão, de 2 (dois) a 5 (cinco) anos, e multa.

§3º Na hipótese do §2º deste artigo, o juiz poderá determinar, ouvido o Ministério Público ou a pedido deste, ainda antes do inquérito policial, sob pena de desobediência:

I - recolhimento ou busca e apreensão dos exemplares do material discriminatório;

II - interdição das respectivas mensagens ou páginas de informação na internet.

§4º Na hipótese do §2º deste artigo, constitui efeito da condenação, após o trânsito em julgado da decisão, a destruição do material apreendido.

LUIZ CLÁUDIO CARVALHO DE ALMEIDA

A Convenção sobre os Direitos das Pessoas com Deficiência, que goza de *status* de emenda constitucional graças à edição do Decreto Legislativo nº 186, de 9 de junho de 2008, estabelece a não discriminação como um de seus princípios (art. 3º, "b"). Em seguida, impõe aos Estados Partes o dever de proibir qualquer discriminação baseada na deficiência, bem como o de garantir a efetiva proteção legal contra a discriminação do segmento populacional em comento, conforme estatuído no seu art. 5º (2).

Assim sendo, a criminalização da discriminação da pessoa com deficiência, em função desta característica, constitui iniciativa que encontra fundamento de validade na CDPD e, portanto, na Constituição Federal.

Cumpre ser consignado que a CDPD, em seu art. 2º, conceitua discriminação por motivo de deficiência como

> qualquer diferenciação, exclusão ou restrição baseada em deficiência, com o propósito ou o efeito de impedir ou impossibilitar o reconhecimento, o desfrute ou o exercício, em igualdade de oportunidades com as demais pessoas, de todos os direitos humanos e

liberdades fundamentais nos âmbitos político, econômico, social, cultural, civil ou qualquer outro. Abrange todas as formas de discriminação, inclusive a recusa de adaptação razoável.

Igualmente o Estatuto da Pessoa com Deficiência registra um conceito de discriminação em seu art. 4º, §1º, ora transcrito:

> Considera-se discriminação em razão da deficiência toda forma de distinção, restrição ou exclusão, por ação ou omissão, que tenha o propósito ou o efeito de prejudicar, impedir ou anular o reconhecimento ou o exercício dos direitos e das liberdades fundamentais de pessoa com deficiência, incluindo a recusa de adaptações razoáveis e de fornecimento de tecnologias assistivas.

Note-se que, calcado no conceito de discriminação, a recusa na adaptação do espaço de modo a torná-lo acessível pode caracterizar o crime ora examinado, caso esteja presente o dolo exigido para a hipótese presente.

É importante ressaltar que essa recusa pode se referir ao descumprimento das normas de acessibilidade, mas vai além, abarcando a recusa da adaptação razoável. Tais conceitos não se confundem, estando previstos no art. 3º, incisos I e VI, do Estatuto da Pessoa com Deficiência.

Consigna-se que a regra de caráter geral é o desenho universal (art. 54, §1º, do Estatuto da Pessoa com Deficiência), que consiste na concepção de produtos, ambientes, programas e serviços para o uso de todos, inclusive das pessoas com deficiência, sem a necessidade de adaptação ou projeto específico (art. 3º, inciso II, do Estatuto da Pessoa com Deficiência). O desenho universal funciona igualmente como princípio que ilumina as normas de acessibilidade. Por outro lado, a própria acessibilidade pode ser vista no texto legal, ora como princípio ora como regra. Nesse sentido, esclarece Flávia Piva Almeida Leite que

> além das pessoas com deficiência terem conquistado um tratado de direitos humanos que reconhece seus direitos, elas obtiveram também o reconhecimento da acessibilidade como conteúdo e forma de garantia de seus demais direitos humanos universais (LEITE, 2016, p. 59).

A adaptação razoável é exigida nas hipóteses em que, mesmo aplicadas todas as normas de acessibilidade, ainda assim alguma situação específica da pessoa não se encontre contemplada de modo a possibilitar a superação da barreira identificada.

Nesse caso surge a necessidade de uma solução "customizada", que consubstanciará direito da pessoa e por outro lado dever do responsável, caso não acarrete ônus desproporcional para o devedor da obrigação.

Assim sendo, recusar-se a fazer adaptação razoável com o intuito de obstar à pessoa o acesso a produto, ambiente, programa ou serviço, pode caracterizar o crime na figura "praticar" discriminação.

Outro ponto relevante é que não se deve confundir o tipo penal em referência com o previsto pelo art. 140, §3º, que prevê o crime de injúria consistente na utilização de elementos, dentre outros, referentes à condição de pessoa com deficiência.

Ao se referirem a conflito análogo entre os crimes de racismo (art. 20 da Lei nº 7.716/89) e de injúria racial (art. 140, §3º, do Código Penal), Cristiano Chaves de Farias, Rogério Sanches Cunha e Ronaldo Batista Pinto (2016, p. 250) propõem solução que também se apresenta aplicável aos casos envolvendo pessoas com deficiência como vítimas:

> No conflito entre o art. 20 da Lei nº 7.716/89 e o art. 140, §3º, do Código Penal, estabeleceu-se que a injúria preconceituosa não se confunde com o delito de racismo previsto na Lei nº 7.716/89. Neste, pressupõe-se sempre uma espécie de segregação (marginalizar, pôr à margem da sociedade) em função de raça ou cor. No caso do §3º do art. 140, o crime é praticado através de xingamentos envolvendo raça, cor, etnia, religião ou origem da vítima.

É importante também, por outro lado, não se confundir o tipo em análise com os previstos pelo art. 8º, incisos I, II e III, da Lei nº 7.853, de 24 de outubro de 1989, os quais tiveram sua redação alterada pelo art. 98 do Estatuto da Pessoa com Deficiência.

Os incisos em comento que se referem, respectivamente, à negativa de matrícula de alunos com deficiência, negativa de inscrição em concurso público e negativa de acesso a trabalho, também representam discriminação na medida em que descrevem atos de exclusão e marginalização da pessoa com deficiência, porém são mais específicos em relação ao crime aqui comentado.

Portanto, deve incidir o princípio da especialidade, aplicando-se o art. 8º da Lei nº 7.853/89, caso a discriminação tenha como objetivo obstar o acesso da pessoa a ensino regular, a concurso público ou a trabalho.

Com relação ao sujeito ativo do crime, não se exige nenhuma característica específica, podendo qualquer pessoa praticá-lo. Por outro lado, apenas pessoa com deficiência pode figurar como vítima. O dolo é o elemento subjetivo do tipo, eis que a lei não admite a modalidade culposa para o crime em questão.

Interessante questão é saber se o crime de discriminação admite tentativa. Cristiano Chaves de Farias, Rogério Sanches Cunha e Ronaldo Batista Pinto (2016, p. 251) não a admitem.

As condutas típicas previstas são praticar, induzir ou incitar a discriminação.

Caso o sujeito ativo seja responsável pela vítima ou se o ofendido estiver sob seus cuidados, a pena é aumentada em 1/3.

A pena é mais grave na hipótese do crime ser cometido por intermédio de meios de comunicação de qualquer natureza, permitindo-se ao juiz, no curso ainda da investigação, determinar a busca e a apreensão dos exemplares do material discriminatório ou a interdição de mensagens ou páginas da internet que tragam conteúdo ilícito.

É efeito da condenação a destruição do material apreendido.

Ressalte-se que o mero compartilhamento de mensagens discriminatórias em redes sociais pode caracterizar o tipo previsto pelo art. 88, §2º, do Estatuto da Pessoa com Deficiência, na medida em que seu conteúdo pode extrapolar a mera injúria e caracterizar-se pela incitação, caso se identifique o intuito de marginalização ou segregação de pessoa com deficiência em uma situação concreta, como por exemplo, conclamar pais de alunos e a diretoria de uma escola a impedir a matrícula de pessoa com deficiência ou incitar a prática de assédio moral ou *bullying* (vide Lei nº 13.185, de

6 de novembro de 2015) tendo em vista impedir a presença de pessoa com deficiência no ambiente escolar ou de trabalho.

Art. 89. Apropriar-se de ou desviar bens, proventos, pensão, benefícios, remuneração ou qualquer outro rendimento de pessoa com deficiência:

Pena - reclusão, de 1 (um) a 4 (quatro) anos, e multa.

Parágrafo único. Aumenta-se a pena em 1/3 (um terço) se o crime é cometido:

I - por tutor, curador, síndico, liquidatário, inventariante, testamenteiro ou depositário judicial; ou

II - por aquele que se apropriou em razão de ofício ou de profissão.

LUIZ CLÁUDIO CARVALHO DE ALMEIDA

O presente tipo penal apresenta-se como especial em relação ao crime de apropriação indébita previsto pelo art. 168 do Código Penal, prevendo, inclusive, causa de aumento de pena em hipóteses análogas ao já previsto pelo tipo subsidiário.

A incidência desta figura dar-se-á em razão do ofendido qualificado que aqui se exige, qual seja, a pessoa com deficiência.

Todavia, em relação ao tipo previsto no Código Penal, o legislador entendeu por bem inserir a conduta "desviar" além da conduta "apropriar-se". Esse acréscimo criminaliza não só a apropriação em proveito próprio, como também o desvio de finalidade. Assim sendo, tanto comete o crime quem inverte a posse para assenhorar-se dos bens ou rendimentos da pessoa com deficiência, como também quem dá destinação diversa, como ocorreria, por exemplo, no caso do uso de uma soma recebida em nome da vítima e doada a uma instituição de caridade ou religiosa sem o consentimento e em prejuízo do ofendido.

Naide Maria Pinheiro, ao analisar situação análoga existente no Estatuto do Idoso, vislumbra outra distinção entre as ações previstas no tipo penal:

> Trata-se, pois, de núcleos com significados distintos: o primeiro (apropriar-se de) pressupõe que o agente do delito já esteja na posse ou detenção lícita do bem ou rendimento, até mesmo no caso do coproprietário, que poderá transformar essa posse da parte alheia em propriedade. Já no desvio, não necessariamente o agente chega a possuir ou deter previamente o objeto do crime, uma vez que é perfeitamente possível a modificação na destinação da coisa sem que o agente dispusesse dela inicialmente. (PINHEIRO, 2006, p. 540).

A passagem acima foi utilizada para fundamentar acórdão proferido pela 6ª Turma do Superior Tribunal de Justiça, por ocasião do recurso especial nº 1.358.865

– RS (2012/0269434-0), de Relatoria do Ministro Sebastião Reis Junior, julgado em 04 de setembro de 2014, no qual se reconheceu a caracterização do crime em hipótese na qual o agente, estagiário de uma agência bancária, ao ajudar idosa no manejo de caixa eletrônico nas ocasiões em que a mesma comparecia para o recebimento de sua aposentadoria, desviava parte do dinheiro para conta de titularidade do criminoso.

O elemento subjetivo do tipo é o dolo, ou seja, o propósito de assenhorar-se de bem alheio de maneira definitiva, de não restituí-lo, passando o sujeito ativo a agir como se dono fosse ou a intenção de desviar o bem, pensão, benefício, remuneração ou qualquer outro rendimento da finalidade para qual lhe foi entregue.

É importante salientar que a intenção de se apropriar ou de desviar deve ser posterior à posse legítima do bem. Se o agente já possui a intenção de se locupletar de bens ou rendimentos da pessoa com deficiência antes mesmo de ter acesso aos mesmos, ter-se-ia a caracterização do crime de estelionato (art. 171 do Código Penal) e não de apropriação indébita (Nesse sentido: JESUS, 1993, v. II, p. 360 e CAPEZ, 2004, v. II, p. 466).

Quanto à possibilidade de tentativa, encontra-se certa controvérsia na doutrina. Embora seja possível em tese, a maioria dos autores entendem ser difícil sua caracterização. Magalhães Noronha esclarece:

> A dificuldade da realização reside em que a apropriação indébita é crime instantâneo e tem como pressuposto material achar-se já a coisa na posse ou detenção do agente. Ora, considerado isso e atendendo-se a que a apropriação (consumação) se realiza por um ato da vontade do agente em relação à coisa, parece-nos problemática a hipótese de se fracionar a figura delituosa, isolando-se a intenção da consumação (NORONHA, 1990, v. II, p. 337).

Por sua vez, Damásio de Jesus (1993, v. II, p. 360-361) ao distinguir as ações típicas em apropriação indébita propriamente dita e negativa de restituição, admite a possibilidade de tentativa apenas em relação ao primeiro caso.

Na esteira da lição desse mesmo autor (JESUS, 1993, v. II, p. 360) o crime em tela é qualificado como comum, simples, instantâneo, material e comissivo.

Nunca é demais lembrar que o tipo penal em análise exige que a vítima seja pessoa com deficiência, cujo conceito é atualmente previsto tanto na CDPD (art. 1º), quanto no Estatuto da Pessoa com Deficiência/Lei Brasileira de Inclusão (art. 2º, *caput*).

Tal qual ocorre no tipo análogo do Código Penal, a pena é agravada no caso do crime ter sido cometido por tutor, curador, síndico, liquidatário, inventariante, testamenteiro ou depositário judicial ou por quem se apropriou dos bens ou rendimentos em razão de oficio ou profissão.

Outro ponto que merece registro é que poderá caracterizar-se conflito aparente de normas com o tipo penal previsto pelo art. 102, da Lei nº 10.741/03 (Estatuto do Idoso), cujo texto é quase idêntico ao do *caput* do art. 89 em comento. Tal conflito ocorrerá no caso da vítima ser simultaneamente idosa e pessoa com deficiência. *A priori*, a solução exigirá a aplicação do princípio da especialidade, na medida em que a condição de pessoa com deficiência caracteriza uma circunstância extra de vulnerabilidade para o idoso e, portanto, denota uma maior especificidade na incidência da norma.

Assim, entende-se que sendo o ofendido simultaneamente idoso e pessoa com deficiência, deve incidir o tipo penal previsto pela Lei Brasileira de Inclusão.

Por outro lado, feita tal opção, incidirá, via de consequência, a agravante genérica do art. 61, inciso II, alínea "h", do Código Penal.

Art. 90. Abandonar pessoa com deficiência em hospitais, casas de saúde, entidades de abrigamento ou congêneres:

Pena - reclusão, de 6 (seis) meses a 3 (três) anos, e multa.

Parágrafo único. Na mesma pena incorre quem não prover as necessidades básicas de pessoa com deficiência quando obrigado por lei ou mandado.

LUIZ CLÁUDIO CARVALHO DE ALMEIDA

Infelizmente, a conduta descrita no tipo penal acima é bastante comum no dia a dia do sistema de justiça.

Seja pela impossibilidade de manter os cuidados em casa para uma pessoa com deficiência, seja por desinteresse ou má fé, são incomodamente rotineiros os casos em que a família se recusa a acolher em casa pessoa com deficiência após a alta hospitalar.

A mesma situação é identificada com idosos, cujo estatuto específico já previa crime com a mesma descrição (art. 98), sendo aplicáveis aqui os comentários feitos ao artigo anterior no que pertine à questão do conflito aparente de normas.

É importante consignar que tanto as pessoas com deficiência, quanto idosos foram historicamente excluídos da sociedade e marginalizados ao argumento de sua falta de produtividade. Em relação às pessoas com deficiência, houve em um passado não tão distante a aplicação de práticas eugenistas.

Nunca é demais lembrar que o elastério dado pelo novo conceito de pessoa com deficiência abarca também as pessoas com transtorno psiquiátrico ou com sofrimento psíquico, as quais passaram a integrar a categoria das pessoas com deficiência mental, no caso da presença dos requisitos legais, sobretudo as barreiras para a plena inserção social.

Considerado esse universo, este crime é uma grande chaga da sociedade brasileira e que demanda maior atenção do sistema de justiça.

Com o advento da CDPD, passou a haver norma constitucional que garante à pessoa com deficiência o direito à inclusão na comunidade, consubstanciado na prerrogativa de poder "escolher seu local de residência e onde e com quem morar, em igualdade de oportunidades com as demais pessoas, e que não sejam obrigadas a viver em determinado tipo de moradia" (art. 19, "a").

Em relação especificamente ao tipo penal, verifica-se que, diferentemente do *caput*, o parágrafo único confere ao sujeito ativo uma característica específica, qual seja, a de estar obrigado por lei ou mandado, a prover as necessidades básicas da vítima.

Essa diferença de tratamento fez com que Farias, Cunha e Pinto (2016, p. 255) classificassem o crime do caput como comum, podendo ser cometido por qualquer pessoa, e o crime do parágrafo único como próprio, por exigir condição especial do agente.

Contudo, permite-se abrir uma divergência.

Para caracterização do crime de abandono é necessária a existência de um dever de cuidado previsto em lei ou estabelecido por decisão judicial. Tanto é assim que os tipos penais que tratam do tema em outros diplomas o exigem expressamente (vide art. 244, do Código Penal, e art. 98, do Estatuto do Idoso).

A falta da previsão no *caput*, salvo melhor juízo, parece devida muito mais a um cochilo do legislador, do que a uma intenção deliberada de tornar o crime passível de ser praticado por qualquer pessoa, independentemente de sua condição de responsável legal ou judicial.

Até porque não há como exigir de quem não tem o dever legal de sustento ou de cuidado com a vítima, a obrigação de retirá-la do hospital ou entidade de abrigamento. Basta imaginar a situação de um vizinho que tenha socorrido uma pessoa com deficiência e levado para um hospital. No caso de alta hospitalar poder-se-ia exigir desse vizinho que a retirasse do ambiente hospitalar e ficasse responsável pela pessoa? Obviamente que não, na medida em que a lei não prevê tal responsabilidade para pessoas sem vínculos de parentesco ou estabelecidos em decisões judiciais. Sem embargo de que obrigação desse viés inibiria, por certo, ações de solidariedade.

Em conclusão, a hipótese presente demanda a aplicação de analogia, perfeitamente possível, vez que tem como resultado a restrição da incidência da norma em benefício de eventuais imputados que não tenham vínculo algum com o ofendido.

O elemento subjetivo do tipo é o dolo.

Nesse particular algumas considerações se apresentam como pertinentes.

Muitas vezes os familiares da vítima apresentam justificativas para não retirarem a pessoa com deficiência do ambiente hospitalar, dentre as quais se permite arrolar a falta de condições de estrutura para receber uma pessoa com necessidades médicas em casa, a falta de local para o acolhimento ou mesmo o risco à saúde da pessoa no caso de retorno ao lar.

O tipo penal, para sua caracterização, exige tão somente o abandono, seja qual for o seu motivo. Assim, mesmo diante de problemas ou dificuldades de adaptação ou obtenção de local para o acolhimento da pessoa, é dever do familiar ou do responsável retirá-lo do ambiente hospitalar tão logo seja comunicado da alta.

Muitas vezes pode haver de fato dificuldade para a saída do hospital. Não é incomum em casos como este que a pessoa com deficiência tenha vindo de uma situação de rua e que eventuais familiares tenham sido identificados após prévia investigação. A despeito dessa condição, o dever legal persiste, porém a intenção de abandonar deve ser aferida caso a caso. Para que esta não se caracterize, é preciso ao menos a demonstração de que o responsável comprove ações concretas no sentido de tornar efetiva a desospitalização, ainda que buscando o auxílio do sistema único de assistência social.

Todavia, uma vez caracterizado o intuito de abandonar, o crime tem-se por consumado, mesmo que posteriormente o agente venha a mudar de ideia. No máximo ter-se-á hipótese de arrependimento posterior, com a incidência do art. 16, do Código Penal.

No que tange ao tipo do parágrafo único, ele reproduz a figura penal já prevista no art. 244, incidindo presentemente o princípio da especialidade em razão da condição da vítima.

Observa-se, no entanto, uma incoerência, na medida em que não prover as necessidades básicas de uma pessoa com deficiência quando obrigado por lei ou mandado a fazê-lo é crime punido com uma pena mais branda do que nos casos em que o abandono afeta pessoas que não ostentam essa condição específica de vulnerabilidade. Enquanto a pena prevista para o crime do art. 90 do Estatuto da Pessoa com Deficiência varia entre 6 (seis) meses e 3 (três) anos, a sanção do crime previsto no art. 244, do Código Penal, é de 1 (um) a 4 (quatro) anos. Pouco ameniza essa incongruência a adoção da pena de reclusão na legislação específica em contraponto à pena de detenção no caso análogo do Código Penal.

Por fim, cabe aqui uma observação. Pode acontecer que a condição de pessoa com deficiência não esteja presente no momento de sua internação hospitalar, mas que se caracterize no curso desta internação (por exemplo, em razão de erro médico ou do agravamento da doença que levou à internação). Mesmo assim, uma vez noticiada a alta e já caracterizada a condição de pessoa com deficiência da vítima, havendo o intuito de abandonar pelo familiar ou responsável, ter-se-á por consumado o crime em tela.

Art. 91. Reter ou utilizar cartão magnético, qualquer meio eletrônico ou documento de pessoa com deficiência, destinados ao recebimento de benefícios, proventos, pensões ou remuneração ou a realização de operações financeiras, com o fim de obter vantagem indevida para si ou para outrem:

Pena - detenção, de 6 (seis) meses a 2 (dois) anos, e multa.

Parágrafo único. Aumenta-se a pena em 1/3 (um terço) se o crime é cometido por tutor ou curador.

LUIZ CLÁUDIO CARVALHO DE ALMEIDA

A inspiração deste tipo penal parece ter vindo do art. 104, do Estatuto do Idoso. Todavia, a redação não é idêntica, percebendo-se uma ampliação em relação àquela figura. O dolo exigido pelo art. 104, do Estatuto do Idoso, é específico, eis que a retenção do cartão deve ter como objetivo assegurar o recebimento ou o ressarcimento de dívida.

Presentemente, o tipo prevê que a retenção tenha como finalidade a obtenção de qualquer vantagem indevida para si ou para outrem, o que abarca um maior rol de situações do que a intenção tão só de assegurar o recebimento de dívida.

Andou bem o legislador ao não repetir a fórmula do Estatuto do Idoso.

Como invariavelmente este crime é cometido no ambiente familiar, assume grande importância se determinar se, tal qual no âmbito do direito do idoso, as imunidades previstas no art. 181, do Código Penal, também não incidirão no caso das pessoas com deficiência.

Em razão da grande quantidade de casos de violência intrafamiliar, a legislação de proteção ao idoso alterou o Código Penal para prever expressamente que a imunidade do art. 181 não se aplica se o crime for praticado contra pessoa com idade igual ou superior a 60 (sessenta) anos (art. 183, inciso III, do Código Penal, acrescido por força do art. 110, da Lei nº 10.741/03).

Sendo a vítima simultaneamente idosa e pessoa com deficiência, permite-se a aplicação de tipo penal previsto na Lei Brasileira de Inclusão, seja pela aplicação do princípio da especialidade (conforme exposto acima) seja nos casos em que a retenção ou a utilização dos documentos elencados no tipo penal não tenham como objetivo assegurar o recebimento ou o ressarcimento de dívida.

Nesse caso específico, ainda que o crime imputado ao agente seja o do art. 91, do Estatuto da Pessoa com Deficiência, sendo o autor do crime uma das pessoas arroladas no art. 181, do Código Penal, a imunidade prevista não se aplicará em razão da faixa etária do ofendido (art. 183, inciso III, do Código Penal).

Porém, *quid iuris* se o ofendido tiver menos de 60 (sessenta) anos?

Farias, Cunha e Pinto (2016, p. 254) sustentam a possibilidade de aplicação do art. 183, III, do Código Penal, também às pessoas com deficiência. Segundo os autores, "conclusão diversa redundaria numa clara proteção deficitária do Estado".

Muito embora se concorde com a premissa de que tal imunidade não deveria incidir neste crime em função do grande número de casos envolvendo familiares como sujeitos ativos, por outro lado, tal interpretação consubstanciaria analogia *in malam partem*, vedada em nosso ordenamento.

Pertinente, nesse sentido, é a lição de Zaffaroni e Pierangeli (1997, p. 174-175) que ora se transcreve em função de seu didatismo e erudição:

> Se por analogia, em direito penal, entende-se completar o texto legal de maneira a estendê-lo para proibir o que a lei não proíbe, considerando antijurídico o que a lei justifica, ou reprovável o que ela não reprova ou, em geral, punível o que não é por ela penalizado, baseando a conclusão em que proíbe, não justifica ou reprova condutas similares, este procedimento de interpretação é absolutamente vedado no campo da elaboração científico-jurídica do direito penal. E assim é porque somente a lei do Estado pode resolver em que casos tem ingerência ressocializadora afetando os bens jurídicos do criminalizado com a pena, sendo vedado ao juiz 'completar' as hipóteses legais. Como o direito penal é um sistema descontínuo, a própria segurança jurídica, que determina ao juiz o recurso à analogia no direito civil, exige aqui que se abstenha de semelhante procedimento.

Resta a proposta para uma alteração no Código Penal no intuito de se alcançar o ideal de justiça visado pela norma.

O crime em comento admite a tentativa.

O crime pode ser cometido por qualquer pessoa, havendo previsão para aumento de pena caso o autor seja tutor ou curador da pessoa com deficiência.

Referências

CAPEZ, Fernando. *Curso de Direito Penal*. 4. ed. São Paulo: Saraiva, 2004. v. II.

FARIAS, Cristiano Chaves de; CUNHA, Rogério Sanches; PINTO, Ronaldo Batista. *Estatuto da pessoa com deficiência comentado artigo por artigo*. Salvador: Juspodivm, 2016.

JESUS, Damásio de. *Direito Penal*. 15. ed. São Paulo: Saraiva, 1993. v. II.

LEITE, Flávia Piva Almeida; RIBEIRO, Lauro Luiz Gomes; COSTA FILHO, Waldir Macieira da (Coord.). *Comentários ao estatuto da pessoa com deficiência*. São Paulo: Saraiva, 2016.

NORONHA, Magalhães. *Direito Penal*. 24. ed. São Paulo: Saraiva, 1990. v. II.

PINHEIRO, Naide Maria (Coord.). *Estatuto do idoso comentado*. Campinas: LNZ, 2006.

ZAFFARONI, Eugênio Raul; PIERANGELI, Pietro. *Manual de direito penal brasileiro*: parte geral. São Paulo: RT, 1997.

TÍTULO III
DISPOSIÇÕES FINAIS E TRANSITÓRIAS

Art. 92. É criado o Cadastro Nacional de Inclusão da Pessoa com Deficiência (Cadastro-Inclusão), registro público eletrônico com a finalidade de coletar, processar, sistematizar e disseminar informações georreferenciadas que permitam a identificação e a caracterização socioeconômica da pessoa com deficiência, bem como das barreiras que impedem a realização de seus direitos.

§1º O Cadastro-Inclusão será administrado pelo Poder Executivo federal e constituído por base de dados, instrumentos, procedimentos e sistemas eletrônicos.

§2º Os dados constituintes do Cadastro-Inclusão serão obtidos pela integração dos sistemas de informação e da base de dados de todas as políticas públicas relacionadas aos direitos da pessoa com deficiência, bem como por informações coletadas, inclusive em censos nacionais e nas demais pesquisas realizadas no País, de acordo com os parâmetros estabelecidos pela Convenção sobre os Direitos das Pessoas com Deficiência e seu Protocolo Facultativo.

§3º Para coleta, transmissão e sistematização de dados, é facultada a celebração de convênios, acordos, termos de parceria ou contratos com instituições públicas e privadas, observados os requisitos e procedimentos previstos em legislação específica.

§4º Para assegurar a confidencialidade, a privacidade e as liberdades fundamentais da pessoa com deficiência e os princípios éticos que regem a utilização de informações, devem ser observadas as salvaguardas estabelecidas em lei.

§5º Os dados do Cadastro-Inclusão somente poderão ser utilizados para as seguintes finalidades:

I - formulação, gestão, monitoramento e avaliação das políticas públicas para a pessoa com deficiência e para identificar as barreiras que impedem a realização de seus direitos;

II - realização de estudos e pesquisas.

§6º As informações a que se refere este artigo devem ser disseminadas em formatos acessíveis.

RAFAEL ESTEVES

O cadastro-inclusão referido neste artigo foi regulamentado, inicialmente, pelo Decreto presidencial de 27 de abril de 2016, que criou o Comitê do Cadastro Nacional de Inclusão da Pessoa com Deficiência, que estaria localizado no âmbito do Ministério das Mulheres, da Igualdade Racial, da Juventude e dos Direitos Humanos. Entretanto, a Lei nº 13.341/2016, que promoveu uma reforma ministerial, extinguiu o referido Ministério e transferiu as suas respectivas competências ao Ministério da Justiça e Cidadania. Atualmente, incumbe à Secretaria Especial dos Direitos da Pessoa com Deficiência, órgão do Ministério da Justiça e Cidadania, prover suporte técnico e administrativo para o funcionamento do Comitê. O referido Decreto foi revogado pelo Decreto nº 8.954, de 10 de janeiro de 2017, confirmou a competência do Ministério da Justiça e Cidadania, e nos termos do art. 1º estabeleceu a criação

> [d]o Comitê do Cadastro Nacional de Inclusão da Pessoa com Deficiência e da Avaliação Unificada da Deficiência, no âmbito do Ministério da Justiça e Cidadania, com a finalidade de criar instrumentos para a avaliação biopsicossocial da deficiência e estabelecer diretrizes e procedimentos relativos ao Cadastro Nacional de Inclusão da Pessoa com Deficiência - Cadastro-Inclusão.

Conforme estabelecido no art. 5º do decreto em vigor, o Comitê é composto por um representante, titular e suplente, de cada órgão e entidade a seguir:

> I - Secretaria Especial dos Direitos da Pessoa com Deficiência do Ministério da Justiça e Cidadania, que o coordenará; II - Ministério da Fazenda; III - Ministério dos Transportes, Portos e Aviação Civil; IV - Ministério da Educação; V - Ministério da Cultura; VI - Ministério do Trabalho; VII - Ministério do Desenvolvimento Social e Agrário;
> VIII - Ministério da Saúde; IX - Ministério do Planejamento, Desenvolvimento e Gestão; X - Ministério das Cidades; XI - Instituto Brasileiro de Geografia e Estatística - IBGE; XII - Instituto Nacional do Seguro Social - INSS; e XIII - Conselho Nacional dos Direitos da Pessoa com Deficiência - Conade.

A função deste Comitê está prevista no art. 4º do Decreto nº 8.954, que determina ser de sua competência:

> Art. 4º [...] I - criar instrumentos para a avaliação da deficiência; II - estabelecer diretrizes, definir estratégias e adotar medidas para subsidiar a validação técnico-científica dos instrumentos de avaliação biopsicossocial da deficiência, com base no Índice de Funcionalidade Brasileiro; III - promover a multiprofissionalidade e a interdisciplinaridade na avaliação biopsicossocial da deficiência; IV - articular a implantação da avaliação biopsicossocial da deficiência no âmbito da administração pública federal; V - coordenar e monitorar a implementação dos instrumentos de avaliação biopsicossocial da deficiência em cada órgão e entidade da administração pública federal competente, consideradas as especificidades das avaliações setorialmente realizadas; VI - disseminar informações sobre a implantação da avaliação biopsicossocial da deficiência e promover a participação das pessoas com deficiência; VII - estabelecer diretrizes para a implantação do Cadastro-Inclusão e acompanhar seus processos de consolidação e aperfeiçoamento; VIII - definir estratégias e adotar medidas para garantir a interoperabilidade entre registros administrativos e outras fontes de informação da administração pública federal sobre as pessoas com deficiência; IX - definir procedimentos a serem adotados na administração pública federal que assegurem o sigilo das informações sobre as pessoas com deficiência

no Cadastro-Inclusão; X - articular-se com órgãos e entidades públicas, organismos internacionais e organizações da sociedade civil que desenvolvam pesquisas ou contem com registros e bases de dados sobre as pessoas com deficiência, para coleta, transmissão e sistematização de dados; e XI - promover, por meio de parcerias, pesquisas científicas sobre a caracterização socioeconômica da pessoa com deficiência e as barreiras que impeçam a efetivação de seus direitos.

Conforme dados coletados no site da Secretaria Especial dos Direitos da Pessoa com Deficiência, no ano de 2016 foram realizadas duas reuniões, uma em 3 de novembro, outra em 9 de dezembro, que tiveram como objeto de discussão, dentre outros temas, a Avaliação Unificada da Deficiência, a identificação e atualização das informações sobre políticas, serviços, benefícios e bases de dados sobre pessoas com deficiência, a validação do Índice de Funcionalidade Brasileiro aplicado à aposentadoria (Equipe de pesquisadores da UnB) (BRASIL, 2017).

(NC) É entendimento dos Coordenadores que a formação do Cadastro-Inclusão, que tem sua utilização restrita, conforme §5º do presente artigo, à formulação, gestão, monitoramento e avaliação das políticas públicas para a pessoa com deficiência e para identificar as barreiras que impedem a realização de seus direitos, assume papel relevante como instrumento de efetivação do EPD.

Apesar de algumas iniciativas direcionadas à sua efetivação, o Cadastro-Inclusão até hoje não foi implementado. Lamenta-se a morosidade do Governo brasileiro, uma vez que se trata de importante fonte de informação com o objetivo de perseguir a inclusão das pessoas com deficiência e que contribuiria com o direcionamento de políticas públicas mais eficazes à efetivação de seus direitos, levando-se em consideração não somente os dados relacionados à deficiência, mas também aspectos econômicos.

O art. 92 do EPD chegou a ser regulamentado por meio do Decreto nº 8.954, de 10 de janeiro de 2017, que revogou o Decreto de 27 de abril de 2016, e instituiu o Comitê do Cadastro Nacional de Inclusão da Pessoa com Deficiência e da Avaliação Unificada da Deficiência e deu outras providências, que foi declarado revogado, como veremos, pelo Decreto nº 10.087, de 5 de novembro de 2019, em seu inciso CCCXCI. Logo em seu art. 1º, já revogado, como veremos, restou determinada a criação do Comitê do Cadastro Nacional de Inclusão da Pessoa com Deficiência e da Avaliação Unificada da Deficiência, no âmbito do Ministério da Justiça e Cidadania, com a finalidade de criar instrumentos para a avaliação biopsicossocial da deficiência e estabelecer diretrizes e procedimentos relativos ao Cadastro Nacional de Inclusão da Pessoa com Deficiência – Cadastro-Inclusão.

Estabeleceu, ainda, no art. 2º que o "Cadastro-Inclusão é um registro público eletrônico com a finalidade de coletar, processar, sistematizar e disseminar informações georreferenciadas que permitam a identificação e a caracterização socioeconômica da pessoa com deficiência e das barreiras que impedem a realização de seus direitos, nos termos do art. 92 da Lei nº 13.146, de 6 de julho de 2015". No art. 3º fixou os objetivos do Cadastro-Inclusão nos seguintes termos:

> I - promover a padronização e a homogeneidade semântica dos dados sobre as pessoas com deficiência, de forma a possibilitar a integração de sistemas de informação e bases de dados;

II - reunir e sistematizar informações de bases de dados e sistemas de informação de órgãos públicos necessárias para a formulação, a implementação, o monitoramento e a avaliação das políticas de promoção dos direitos das pessoas com deficiência, especialmente aquelas referentes às barreiras que impedem a realização de seus direitos;

III - fomentar a realização de estudos e pesquisas que promovam o conhecimento técnico-científico sobre as pessoas com deficiência e as barreiras que impedem a realização de seus direitos; e

IV - promover a transparência ativa das ações do Estado, de modo a permitir a divulgação e a disseminação de informações que promovam o conhecimento sobre o grau de realização dos direitos das pessoas com deficiência.

Nos termos do já revogado art. 4º, compete ao Comitê do Cadastro Nacional de Inclusão da Pessoa com Deficiência e da Avaliação Unificada da Deficiência: I - criar instrumentos para a avaliação da deficiência; II - estabelecer diretrizes, definir estratégias e adotar medidas para subsidiar a validação técnico-científica dos instrumentos de avaliação biopsicossocial da deficiência, com base no Índice de Funcionalidade Brasileiro; III - promover a multiprofissionalidade e a interdisciplinaridade na avaliação biopsicossocial da deficiência; IV - articular a implantação da avaliação biopsicossocial da deficiência no âmbito da administração pública federal; V - coordenar e monitorar a implementação dos instrumentos de avaliação biopsicossocial da deficiência em cada órgão e entidade da administração pública federal competente, consideradas as especificidades das avaliações setorialmente realizadas; VI - disseminar informações sobre a implantação da avaliação biopsicossocial da deficiência e promover a participação das pessoas com deficiência; VII - estabelecer diretrizes para a implantação do Cadastro-Inclusão e acompanhar seus processos de consolidação e aperfeiçoamento; VIII - definir estratégias e adotar medidas para garantir a interoperabilidade entre registros administrativos e outras fontes de informação da administração pública federal sobre as pessoas com deficiência; IX - definir procedimentos a serem adotados na administração pública federal que assegurem o sigilo das informações sobre as pessoas com deficiência no Cadastro-Inclusão; X - articular-se com órgãos e entidades públicas, organismos internacionais e organizações da sociedade civil que desenvolvam pesquisas ou contem com registros e bases de dados sobre as pessoas com deficiência, para coleta, transmissão e sistematização de dados; e, XI - promover, por meio de parcerias, pesquisas científicas sobre a caracterização socioeconômica da pessoa com deficiência e as barreiras que impeçam a efetivação de seus direitos.

O referido decreto, no entanto, como visto, teve declarada sua revogação por força do Decreto nº 10.087, de 5 de novembro de 2019, em seu inciso CCCXCI. Neste cenário, apesar dos decretos já editados, mesmo após mais de 4 (quatro) anos de vigência do EPD o Cadastro-Inclusão ainda não foi implementado.

O Ministério da Mulher, da Família e dos Direitos Humanos (MMFDH), por meio da Secretaria Nacional dos Direitos das Pessoas com Deficiência (SNDPD), divulgou que pretende lançar o projeto "Brasil Inclusão" no ano de 2020 com o objetivo de editar regulamentações, criar uma plataforma de cadastro único, adotar medidas no campo de empregabilidade, entre outras ações em benefício das pessoas com deficiência.

Segundo a SNDPD, o objetivo é que haja um registro público eletrônico com a finalidade de coletar, processar, sistematizar e disseminar informações georreferenciadas, que permitam a identificação e a caracterização socioeconômica da pessoa com deficiência, bem como das barreiras que impedem a efetivação de seus direitos. Para tanto, "será criada uma plataforma digital, na qual as pessoas com deficiência poderão ser cadastradas. Mais do que mapear o exato número de pessoas com deficiência no país, o cadastro pretende possibilitar a identificação dessas pessoas para eliminar a burocracia relacionada ao acesso às políticas públicas, entre outras situações que dificultam a garantia dos direitos previstos por lei. [...] Com a inclusão no cadastro, a expectativa é que a pessoa com deficiência tenha uma identificação única que comprovará sua deficiência. Assim, aqueles que passarem pela avaliação biopsicossocial e tiverem sua condição de deficiência comprovada serão incluídas no Cadastro-Inclusão" (Disponível em: https://www.mdh.gov.br/todas-as-noticias/2020-2/fevereiro/projeto-brasil-inclusao-vai-implementar-acoes-em-beneficio-das-pessoas-com-deficiencia-em-2020. Acesso em: 6 mar. 2020).

Art. 93. Na realização de inspeções e de auditorias pelos órgãos de controle interno e externo, deve ser observado o cumprimento da legislação relativa à pessoa com deficiência e das normas de acessibilidade vigentes.

RAFAEL ESTEVES

O dispositivo em comento refere-se, como em outras oportunidades nesse diploma legal, às normas de acessibilidade vigentes. Além de normas de escopo legal, é importante observar a existência de diversas normas técnicas elaboradas com a finalidade de garantir a acessibilidade em várias situações. Tais são as normas da Associação Brasileira de Normas Técnicas (ABNT). São exemplos a NBR nº 16537:2016, que cuida da sinalização tátil no piso e diretrizes para elaboração de projetos e instalação; a NBR nº 15646:2016, que trata da plataforma elevatória veicular e rampa de acesso veicular para acessibilidade de pessoas com deficiência ou mobilidade reduzida, em veículo de transporte de passageiros; e a NBR nº 9050:2015, destinada a regulamentar a acessibilidade em edificações, mobiliário, espaços e equipamentos urbanos (ASSOCIAÇÃO BRASILEIRA DE NORMAS TÉCNICAS, 2017).

(NC) Cabe esclarecer que o escopo fundamental da norma em comento é o estabelecimento de ações de inspeções e auditorias voltadas aos órgãos de controle interno e externo, tais como os Tribunais de Contas da União, Estaduais e Municipais, para a devida observância das normas relativas à acessibilidade das pessoas com deficiência.

O dispositivo constitui, portanto, importante mecanismo de fiscalização por ocasião de inspeções e de auditorias pelos órgãos de controle interno e externo no sentido de exigir o cumprimento da legislação relativa à pessoa com deficiência e das normas de acessibilidade vigentes (v. art. 3º, I, e arts. 53 a 62), mesmo que não voltadas especificamente para tal fim.

Art. 94. Terá direito a auxílio-inclusão, nos termos da lei, a pessoa com deficiência moderada ou grave que:

I - receba o benefício de prestação continuada previsto no art. 20 da Lei nº 8.742, de 7 de dezembro de 1993, e que passe a exercer atividade remunerada que a enquadre como segurado obrigatório do RGPS;

II - tenha recebido, nos últimos 5 (cinco) anos, o benefício de prestação continuada previsto no art. 20 da Lei nº 8.742, de 7 de dezembro de 1993, e que exerça atividade remunerada que a enquadre como segurado obrigatório do RGPS.

RAFAEL ESTEVES

O auxílio-inclusão previsto nesse dispositivo tem por finalidade incrementar o suporte material conferido à pessoa com deficiência que exerça atividade remunerada de forma regular. Como explicitado no texto legal, ele não deve ser confundido com o benefício de prestação continuada previsto na Lei nº 8.742/93. Entretanto, não há ainda regulamentação legal para a concretização desse direito. Tramita na Câmara dos Deputados o Projeto de Lei (PL) nº 4.410/2016 com tal propósito. Dentre as determinações, o PL prevê que seja de um salário mínimo o valor do auxílio para as pessoas com deficiência grave, e de metade do salário mínimo, àquelas portadoras de deficiência moderada (art. 3º). Estabelece, ainda, no art. 6º, que "[a]s despesas com o pagamento do auxílio-inclusão serão financiadas com recursos do Orçamento da Seguridade Social". No momento da consulta para a elaboração desse comentário, o projeto encontrava-se submetido à Comissão de Defesa dos Direitos das Pessoas com Deficiência (BRASIL, 2016).

(NC) A Lei nº 8.742, de 7 de dezembro de 1.993, dispõe sobre a organização da Assistência Social, direito do cidadão e dever do Estado, é Política de Seguridade Social não contributiva, que provê os mínimos sociais, realizada através de um conjunto integrado de ações de iniciativa pública e da sociedade, para garantir o atendimento às necessidades básicas, conforme art. 1º, da referida Lei.

O Projeto de Lei (PL) nº 2.130/2015, de autoria da então Deputada Mara Gabrilli, atualmente Senadora desde 2019, em tramitação na Câmara dos Deputados, pretende instituir o auxílio-inclusão a ser pago à pessoa com deficiência que exerça atividade remunerada que a enquadre como segurada obrigatória do Regime Geral de Previdência Social ou como filiada a Regime Próprio de Previdência de todas as esferas de Governo. Ao projeto principal, foram apensados o Projeto de Lei nº 4.410, de 2016, de autoria da Deputada Flávia Morais, e o Projeto de Lei nº 11.098, de 2018, do Poder Executivo. Todos os projetos de lei objetivam instituir o auxílio-inclusão, que, apesar de estar previsto no art. 94 do EPD, ainda não foi implantado em razão da inexistência, até o momento, de lei que trate de forma detalhada sobre os critérios e requisitos para a concessão e a manutenção do benefício. Em 5 de novembro de 2019, o Deputado Relator Eduardo Barbosa deu parecer favorável à aprovação do PL nº 2.130/2015, do PL nº 4.410/2016 e do PL nº 11.098/2018, apensados, com substitutivo.

O substitutivo propõe a alteração da redação do art. 94 do EPD, de modo que preveja os fundamentos para concessão do auxílio-inclusão, quais sejam, a promoção da autonomia da pessoa com deficiência, sua inclusão na vida comunitária e a compensação de seus encargos adicionais decorrentes do exercício laboral. Nesses termos, o art. 11 do substitutivo propõe a seguinte redação:

> "Art. 94. Cumpridos os requisitos previstos em lei, o auxílio-inclusão será concedido à pessoa com deficiência moderada ou grave, para promover sua autonomia e inclusão ao mundo do trabalho e compensar os encargos adicionais decorrentes do exercício laboral."

Os requisitos para a concessão do benefício, que constam no art. 94 do EPD, continuariam a ser previstos em lei específica de forma mais detalhada. Em linhas gerais, o substitutivo prevê em seu art. 2º que terá direito à concessão do auxílio-inclusão a pessoa com deficiência moderada ou grave que, cumulativamente: (i) receba ou preencha os requisitos para a concessão do benefício de prestação continuada de que trata o art. 20 da Lei nº 8.742, de 7 de dezembro de 1993, salvo os critérios relativos à renda familiar mensal per capita exigida para o acesso ao benefício, e que passe a exercer atividade cuja remuneração não ultrapasse o limite máximo do salário-de-contribuição a que se refere o §5º do art. 28 da Lei nº 8.212, de 24 de julho de 1991, e que enquadre o beneficiário como segurado obrigatório do Regime Geral de Previdência Social ou como filiado a regime próprio de previdência social da União, dos Estados, do Distrito Federal ou dos Municípios; (ii) possua inscrição atualizada no Cadastro Único para Programas Sociais do Governo Federal – CadÚnico no momento do requerimento; e (iii) atenda aos critérios de manutenção do benefício de prestação continuada, salvo os critérios relativos à renda familiar mensal per capita exigida para o acesso ao benefício, observado o disposto no §3º.

No que tange ao valor do auxílio-inclusão, o substitutivo, com base na experiência portuguesa da Prestação Social para a Inclusão (PSI), que objetiva "melhorar a proteção social, combater a pobreza e incentivar a participação laboral e autonomização das pessoas com deficiência ou incapacidade", propõe que dependerá da avaliação da deficiência e do grau de impedimento para o exercício da atividade laboral, na forma do regulamento, não podendo ser inferior a 50% (cinquenta por cento) do valor do benefício de prestação continuada de que trata o art. 20 da Lei nº 8.742, de 7 de dezembro de 1993 (disponível em https://www.camara.leg.br/proposicoesWeb/prop_mostrarintegra?cod teor=1841218&filename=Parecer-CPD-05-11-2019. Acesso em: 8 mar. 2020). Em 11 de novembro de 2019 o PL nº 2.130/2015 foi retirado da pauta da Comissão de Defesa dos Direitos das Pessoas com Deficiência (CPD) pelo Relator.

O Poder Executivo apresentou, em 26 de novembro de 2019, o PL nº 6.159/2019, que visa dispor sobre o auxílio-inclusão de que trata a Lei nº 13.146, de 6 de julho de

2015, e altera a Lei nº 8.212, de 24 de julho de 1991, a Lei nº 8.213, de 24 de julho de 1991, o Decreto-Lei nº 4.048, de 22 de janeiro de 1942, o Decreto-Lei nº 8.621, de 10 de janeiro de 1946, o Decreto-Lei nº 9.403, de 25 de junho de 1946, o Decreto-Lei nº 9.853, de 13 de setembro de 1946, a Lei nº 8.029, de 12 de abril de 1990, a Lei nº 8.315, de 23 de dezembro de 1991, a Lei nº 8.706, de 14 de setembro de 1993, e a Medida Provisória nº 2.168-40, de 24 de agosto de 2001, para dispor sobre a reabilitação profissional e a reserva de vagas para a habilitação e a reabilitação profissional. Conforme se depreende, o escopo do referido PL é bem mais amplo que os demais já analisados e se propõe a aperfeiçoar as políticas de habilitação e reabilitação profissional e as medidas de inclusão laboral de pessoas com deficiência, como a reserva de vagas.

Em 11 de dezembro de 2019, em decorrência da apresentação da MSC nº 649/2019, que solicitou o cancelamento do pedido de urgência para a apreciação do Projeto de Lei nº 6.159, de 2019, a matéria passou a tramitar em regime de prioridade, na forma do art. 151, II, "a", do RICD. Considerando o encaminhamento sucessivo a diferentes comissões de mérito, a mesa diretora determinou a criação de comissão especial para analisar a matéria, conforme o inciso II do art. 34 do RICD. Proposição sujeita à apreciação do Plenário. Regime de Tramitação: Prioridade (art. 151, II, RICD). (Disponível em: https://www.camara.leg.br/proposicoesWeb/fichadetramitacao?idProposicao=2230632. Acesso em: 20 jul. 2020).

Art. 95. É vedado exigir o comparecimento de pessoa com deficiência perante os órgãos públicos quando seu deslocamento, em razão de sua limitação funcional e de condições de acessibilidade, imponha-lhe ônus desproporcional e indevido, hipótese na qual serão observados os seguintes procedimentos:

I - quando for de interesse do poder público, o agente promoverá o contato necessário com a pessoa com deficiência em sua residência;

II - quando for de interesse da pessoa com deficiência, ela apresentará solicitação de atendimento domiciliar ou fará representar-se por procurador constituído para essa finalidade.

Parágrafo único. É assegurado à pessoa com deficiência atendimento domiciliar pela perícia médica e social do Instituto Nacional do Seguro Social (INSS), pelo serviço público de saúde ou pelo serviço privado de saúde, contratado ou conveniado, que integre o SUS e pelas entidades da rede socioassistencial integrantes do SUAS, quando seu deslocamento, em razão de sua limitação funcional e de condições de acessibilidade, imponha-lhe ônus desproporcional e indevido.

RAFAEL ESTEVES

O propósito contemplado no artigo em comento está relacionado com a garantia de acesso da pessoa com deficiência aos serviços públicos. Por esse motivo, o termo "órgãos públicos" constante no *caput* apresenta-se impreciso. Para o esclarecimento, utiliza-se o conceito de serviço público proposto por Aragão (2012, p. 367-368), que considera como tal

> [...] as atividades de prestação de utilidades econômicas a indivíduos determinados, colocada pela Constituição ou pela lei a cargo do Estado, com ou sem reserva de titularidade, e por ele desempenhadas diretamente ou por seus delegatários, gratuita ou remuneradamente, com vistas ao bem-estar da coletividade.

O serviço público pode ser prestado por pessoas jurídicas de direito público integrantes da administração direta ou indireta (ARAGÃO, 2012, p. 113), assim como por pessoas jurídicas de direito privado que, através de atos jurídicos delegatórios, prestam o serviço. Portanto, o acesso buscado não se refere especificamente ao órgão, mas ao serviço. Essa observação permite, então, estender o dever de promoção da acessibilidade aos entes privados, prestadores de serviços públicos, tais como instituições bancárias, instituições de ensino, hospitais, laboratórios, etc.

Os beneficiários do Instituto Nacional do Seguro Social (INSS), por exemplo, estão obrigados a fazer prova de vida e renovação de senha bancária, periodicamente, para que haja a continuidade de seus benefícios. Para isso, a Previdência permite, em caso de impossibilidade de o próprio beneficiário realizar o procedimento, que haja um representante, que "deverá comparecer a uma Agência da Previdência Social, munido de Procuração registrada em Cartório (caso o beneficiário não possa comparecer) e apresentar o atestado médico que comprove a impossibilidade de locomoção do beneficiário [...]" (BRASIL, 2016b).

Sobre o serviço de saúde, especificamente, merece destaque o programa "Melhor em Casa", do Ministério da Saúde. Trata-se de

> [...] um serviço indicado para pessoas que apresentam dificuldades temporárias ou definitivas de sair do espaço da casa para chegar até uma unidade de saúde, ou ainda para pessoas que estejam em situações nas quais a atenção domiciliar é a mais indicada para o seu tratamento (BRASIL, 2013).

Esse programa integra a estratégia de Atenção Domiciliar (AD) do Sistema Único de Saúde (SUS), conforme expõe a Portaria nº 825/2016 do Ministério da Saúde (BRASIL, 2016).

(NC) A proibição da exigência de comparecimento da pessoa com deficiência estabelecida no *caput* do presente artigo tem grande importância prática, que contempla a situação de vulnerabilidade agravada dessas pessoas, e especialmente quando assegura o atendimento domiciliar (parágrafo único) para fins de perícia médica e social por agentes de entidades integrantes do SUS – Sistema Único de Saúde – e do SUAS – Sistema Único de Assistência Social, sistema público que organiza os serviços de assistência social no Brasil. Com um modelo de gestão participativa, ele articula os esforços e os recursos dos três níveis de governo, isto é, municípios, estados e a União, para a execução e o financiamento da Política Nacional de Assistência Social (PNAS), envolvendo diretamente estruturas e marcos regulatórios nacionais, estaduais, municipais e do Distrito Federal (Disponível em: http://www.mds.gov.br/suas/. Acesso em: 25 nov. 2017).

A Lei nº 8.213/1991, que dispõe sobre os Planos de Benefícios da Previdência Social, foi alterada pela Lei nº 13.457, de 26 de junho de 2017, que incluiu o §5º ao art. 101 para prever que: "É assegurado o atendimento domiciliar e hospitalar pela perícia médica e social do INSS ao segurado com dificuldades de locomoção, quando seu deslocamento, em razão de sua limitação funcional e de condições de acessibilidade, imponha-lhe ônus desproporcional e indevido, nos termos do regulamento".

Trata-se de indispensável garantia às pessoas com deficiência para acesso aos serviços públicos. Cabe frisar que, para fins de dispensa de comparecimento em juízo, já há entendimento que amplia o alcance do dispositivo em tela para abranger as pessoas com deficiência com dificuldades financeiras para comparecer aos órgãos públicos, eis que não somente as barreiras físicas devem ser levadas em consideração. Nesse sentido: "observando eventual limitação funcional e de condições de acessibilidade e financeiras, nos termos do artigo 95 da Lei 13.146/2015" (TJDF, Interdição, Proc. n. 0701666-16.2020.8.07.0004, 1ª Vara de Família e de Órfãos e Sucessões do Gama, publ. 16 mar. 2020).

Art. 96. O §6º-A do art. 135 da Lei nº 4.737, de 15 de julho de 1965 (Código Eleitoral), passa a vigorar com a seguinte redação:

Art. 135. [...]

§6º-A. Os Tribunais Regionais Eleitorais deverão, a cada eleição, expedir instruções aos Juízes Eleitorais para orientá-los na escolha dos locais de votação, de maneira a garantir acessibilidade para o eleitor com deficiência ou com mobilidade reduzida, inclusive em seu entorno e nos sistemas de transporte que lhe dão acesso. (NR).

RAFAEL ESTEVES

A alteração promovida por esse artigo ao Código Eleitoral buscou aprimorar e especificar o dever cometido aos Tribunais Regionais Eleitorais na seleção dos locais de votação. Esses locais deverão atender às regras de acessibilidade, tanto onde serão instaladas as Seções eleitorais, como em seu entorno, a fim de afastar as barreiras existentes e efetivar o acesso ao exercício dos direitos eleitorais da pessoa com deficiência.

(NC) A Lei nº 4.737, de 15 de julho de 1965, institui o Código Eleitoral. Cabe destacar que o presente dispositivo viabiliza e assegura o exercício do direito à participação na vida pública e política, nos termos dos art. 76 (vide comentário), especificamente garantindo o livre exercício do direito ao voto, que, de acordo com o art. 85, §1º, do Estatuto, não é alcançado pela curatela.

No âmbito do Superior Tribunal Eleitoral, foi editada a Resolução nº 23.381, de 19 de junho de 2012, que instituiu o Programa de Acessibilidade da Justiça Eleitoral, que tem por objetivo a necessidade de adoção de política de acessibilidade com vistas à equiparação de oportunidades no exercício da cidadania aos eleitores com deficiência ou mobilidade reduzida. Tal resolução, apesar de anterior à promulgação do EPD atende os objetivos da Convenção sobre os Direitos das Pessoas com Deficiência e seu Protocolo Facultativo. De igual modo, o Decreto nº 5.296, de 2 de dezembro de 2004, estabelece a necessidade de conferir autonomia ao exercício do direito ao voto às pessoas com deficiência ou mobilidade reduzida nos termos do parágrafo único do art. 21.

Conforme preconizado pela Resolução nº 23.381/2012, o "Programa de Acessibilidade destina-se à implementação gradual de medidas para a remoção de barreiras físicas, arquitetônicas, de comunicação e de atitudes, a fim de promover o acesso, amplo e irrestrito, com segurança e autonomia de pessoas portadoras de deficiência ou com mobilidade reduzida no processo eleitoral" (art. 2º). Desse modo, os Tribunais Regionais Eleitorais, em conjunto com as respectivas zonas eleitorais, deverão elaborar plano de ação destinado a (art. 3º): "I – expedir, a cada eleição, instruções aos Juízes Eleitorais, para orientá-los na escolha dos locais de votação de mais fácil acesso ao eleitor com deficiência física (art. 135, §6º, do Código Eleitoral c/c art. 1º da Resolução-TSE nº 21.008/2002); II – monitorar periodicamente as condições dos locais de votação em relação às condições de acessibilidade; III – providenciar, na medida do possível, a mudança dos locais de votação que não ofereçam condições de acessibilidade para outros que as possuam; IV – alocar as seções eleitorais que tenham eleitores com deficiência ou mobilidade reduzida em pavimento térreo; V – determinar a liberação do acesso do eleitor com deficiência ou mobilidade reduzida aos estacionamentos dos locais de votação e/ou a reserva de vagas próximas; VI – eliminar obstáculos dentro das seções eleitorais que impeçam ou dificultem o exercício do voto pelos eleitores com deficiência ou mobilidade reduzida, por exemplo, não instalando urna eletrônica em tablados em nível acima do piso, mantendo as portas dos locais abertas por completo para facilitar o acesso por cadeirantes, dentre outros; VII – celebrar acordos e convênios de cooperação técnica com entidades públicas e privadas responsáveis pela administração dos prédios onde funcionem as seções eleitorais, com vistas ao planejamento e à realização das adaptações/modificações das estruturas físicas necessárias à garantia da acessibilidade; VIII – celebrar acordos e convênios de cooperação técnica com entidades públicas e privadas representativas de pessoas com deficiência, objetivando o auxílio e acompanhamento das atividades necessárias à plena acessibilidade e aperfeiçoando as medidas para o seu atingimento".

A Resolução nº 21.538, de 14 de outubro de 2003, que dispõe sobre o alistamento e serviços eleitorais mediante processamento eletrônico de dados, a regularização de situação de eleitor, a administração e a manutenção do cadastro eleitoral, o sistema de alistamento eleitoral, a revisão do eleitorado e a fiscalização dos partidos políticos, entre outros, foi objeto de questionamento formulado pela Corregedoria Regional Eleitoral da Bahia por meio de consulta ao Superior Tribunal Eleitoral nos autos do procedimento administrativo nº 114-71.2016.6.00.0000, em razão da alteração do rol do art. 3º do Código Civil dos considerados absolutamente incapazes por força do Estatuto da Pessoa com Deficiência.

O art. 15, inciso II, da Constituição da República determina a suspensão dos direitos políticos de pessoas com incapacidade civil absoluta. A Resolução nº 21.538/2003, por sua vez, estabelece, em seu art. 52, que a regularização de situação eleitoral de pessoa com restrição de direitos políticos somente será possível mediante comprovação de haver cessado o impedimento, que, nos casos dos "interditos", são considerados documentos comprobatórios de reaquisição ou restabelecimento de direitos políticos nos casos de suspensão a sentença judicial, a certidão do juízo competente ou outro documento (art. 53, II, "a"). Com a atual restrição da incapacidade civil absoluta somente aos menores de 16 (dezesseis) anos – os quais não detêm legitimidade para se alistar, salvo nos casos em a idade mínima é alcançada no ano em que se realizarem eleições até a data do pleito (art. 14) –, é de todo cabível a dúvida em relação às anotações no cadastro eleitoral da suspensão dos direitos políticos de pessoas declaradas anteriormente à vigência do EPD absolutamente incapazes e a forma de regularização das inscrições registradas antes da entrada em vigor da lei inclusiva.

Entendeu a Justiça Especializada que, "na via administrativa, deve se abster de promover anotações de suspensão de direitos políticos por incapacidade civil absoluta, ainda que decretada anteriormente à entrada em vigor da norma legal em referência, nos históricos dos respectivos eleitores no cadastro, de forma a se adequar aos novos parâmetros fixados. Desse modo, com fins à "regularização das inscrições em que o registro de suspensão de direitos políticos por incapacidade civil absoluta tenha sido feito antes da entrada em vigor da Lei de Inclusão da Pessoa com Deficiência, o eleitor deverá cumprir as formalidades previstas nos arts. 52 e 53, II, "a", da Res.-TSE nº 21.538, de 2003". A partir do entendimento esposado, o Pleno da Corte Especializada fixou a seguinte orientação: "a) a comunicação recebida no âmbito desta Justiça especializada, relativa à suspensão de direitos políticos decorrente de incapacidade civil absoluta consagrada no inciso II do art. 15 da Constituição, por força da nova redação do art. 3º do Código Civil dada pelo Estatuto das Pessoas com Deficiência, não mais deverá ser anotada nos históricos de eleitores no cadastro; b) para a regularização das inscrições em que o registro de suspensão de direitos políticos por incapacidade civil absoluta tenha sido feito antes da entrada em vigor da mencionada lei, o eleitor deverá cumprir as formalidades previstas nos arts. 52 e 53, II, "a", da Res.-TSE nº 21.538, de 2003; c) expedição, via Corregedoria-Geral, das instruções necessárias sobre a matéria às corregedorias regionais eleitorais, objetivando idêntica comunicação às Corregedorias-Gerais de Justiça dos Estados e do Distrito Federal e aos juízos vinculados".

Art. 97. A Consolidação das Leis do Trabalho (CLT), aprovada pelo Decreto-Lei nº 5.452, de 1º de maio de 1943, passa a vigorar com as seguintes alterações:

Art. 428. [...]

§6º Para os fins do contrato de aprendizagem, a comprovação da escolaridade de aprendiz com deficiência deve considerar, sobretudo, as habilidades e competências relacionadas com a profissionalização.

[...]

§8º Para o aprendiz com deficiência com 18 (dezoito) anos ou mais, a validade do contrato de aprendizagem pressupõe anotação na CTPS e matrícula e frequência em programa de aprendizagem desenvolvido sob orientação de entidade qualificada em formação técnico-profissional metódica. (NR).

Art. 433. [...]

I - desempenho insuficiente ou inadaptação do aprendiz, salvo para o aprendiz com deficiência quando desprovido de recursos de acessibilidade, de tecnologias assistivas e de apoio necessário ao desempenho de suas atividades; (NR).

RAFAEL ESTEVES

O artigo em comento promoveu as alterações na Consolidação das Leis do Trabalho (CLT) com o objetivo tanto de adequar a linguagem ao conceito de deficiência desse Estatuto, quanto de inserir mecanismos de superação de barreiras. Assim, os dispositivos inseridos na legislação do trabalho pretendem garantir de forma eficaz o tratamento equitativo da pessoa com deficiência no desempenho da atividade laboral. Dessa forma, contará, quando com dezoito anos completos, com a presunção gerada pela anotação na Carteira de Trabalho e Previdência Social (CTPS). Ademais, a ausência de recursos de acessibilidade, de tecnologias assistivas e de apoio necessário ao desempenho de suas atividades laborais não serão consideradas causas de extinção do contrato de aprendizagem da pessoa com deficiência.

(NC) O art. 97 do EPD apresenta regras específicas sobre o contrato de aprendizagem, que, nos termos do art. 428 da CLT, qualifica-se como "contrato de trabalho especial, ajustado por escrito e por prazo determinado, em que o empregador se compromete a assegurar ao maior de 14 (quatorze) e menor de 24 (vinte e quatro) anos inscrito em programa de aprendizagem formação técnico-profissional metódica, compatível com o seu desenvolvimento físico, moral e psicológico, e o aprendiz, a executar com zelo e diligência as tarefas necessárias a essa formação".

O §3º do art. 428 da CLT estabelece que o contrato de aprendizado não pode ser estipulado por prazo superior a 2 (dois) anos, salvo quando se tratar de pessoa com deficiência, com redação dada pela Lei nº 11.788/2008, ou seja, anterior ao EPD.

Por sua vez, o §6º teve sua redação alterada pela Lei nº 13.146/2015 para determinar que, no caso de comprovação, para fins do contrato de aprendizagem, da escolaridade de aprendiz com deficiência é necessário levar em consideração as habilidades e competências relacionadas com a profissionalização.

A validade do contrato de aprendizagem para aprendizes com deficiência com 18 (dezoito) anos ou mais pressupõe anotação na CTPS e matrícula e frequência em programa de aprendizagem desenvolvido sob orientação de entidade qualificada em formação técnico-profissional metódica, conforme redação dada ao §8º do art. 97.

Tais modificações trazidas pelo EPD à Consolidação das Leis Trabalhistas são necessárias para a efetivação do direito da pessoa com deficiência à profissionalização, conforme determinado no art. 8º da Lei de Inclusão.

Art. 98. A Lei nº 7.853, de 24 de outubro de 1989, passa a vigorar com as seguintes alterações:

Art. 3º As medidas judiciais destinadas à proteção de interesses coletivos, difusos, individuais homogêneos e individuais indisponíveis da pessoa com deficiência poderão ser propostas pelo Ministério Público, pela Defensoria Pública, pela União, pelos Estados, pelos Municípios, pelo Distrito Federal, por associação constituída há mais de 1 (um) ano, nos termos da lei civil, por autarquia, por empresa pública e por fundação ou sociedade de economia mista que inclua, entre suas finalidades institucionais, a proteção dos interesses e a promoção de direitos da pessoa com deficiência. (NR).

Art. 8º Constitui crime punível com reclusão de 2 (dois) a 5 (cinco) anos e multa:

I - recusar, cobrar valores adicionais, suspender, procrastinar, cancelar ou fazer cessar inscrição de aluno em estabelecimento de ensino de qualquer curso ou grau, público ou privado, em razão de sua deficiência;

II - obstar inscrição em concurso público ou acesso de alguém a qualquer cargo ou emprego público, em razão de sua deficiência;

III - negar ou obstar emprego, trabalho ou promoção à pessoa em razão de sua deficiência;

IV - recusar, retardar ou dificultar internação ou deixar de prestar assistência médico-hospitalar e ambulatorial à pessoa com deficiência;

V - deixar de cumprir, retardar ou frustrar execução de ordem judicial expedida na ação civil a que alude esta Lei;

VI - recusar, retardar ou omitir dados técnicos indispensáveis à propositura da ação civil pública objeto desta Lei, quando requisitados.

§1º Se o crime for praticado contra pessoa com deficiência menor de 18 (dezoito) anos, a pena é agravada em 1/3 (um terço).

§2º A pena pela adoção deliberada de critérios subjetivos para indeferimento de inscrição, de aprovação e de cumprimento de estágio probatório em concursos públicos não exclui a responsabilidade patrimonial pessoal do administrador público pelos danos causados.

§3º Incorre nas mesmas penas quem impede ou dificulta o ingresso de pessoa com deficiência em planos privados de assistência à saúde, inclusive com cobrança de valores diferenciados.

§4º Se o crime for praticado em atendimento de urgência e emergência, a pena é agravada em 1/3 (um terço). (NR).

RAFAEL ESTEVES

A primeira alteração da Lei nº 7.853/89 promovida pelo artigo em apreço conferiu uma redação mais precisa ao artigo 3º, ampliando a legitimidade para propositura das medidas judiciais de tutela coletiva de direitos, de tutela de direitos transindividuais e de direitos individuais homogêneos e indisponíveis. Ademais, acrescentou ao rol de legitimados ativos a Defensoria Pública, conforme nova redação dada ao art. 3º da Lei nº 7.853/89.

A segunda alteração feita no art. 8º da Lei nº 7.853/89 elevou a pena dos crimes ali tipificados, que era de um a quatro anos, para dois a cinco anos de reclusão. Além disso, ampliou os tipos penais constantes dos incisos I a VI e incluiu quatro parágrafos no referido artigo 8º, tendo o §3º tipificado como crime as condutas de impedir ou dificultar o ingresso da pessoa com deficiência em planos privados de assistência à saúde. De acordo com os §§1º e 4º, a pena é agravada em 1/3 (um terço) se o crime for praticado contra pessoa com deficiência menor de 18 (dezoito) anos ou se o crime for praticado em atendimento de urgência e emergência, respectivamente.

(NC) A Lei nº 7.853, de 24 de outubro de 1989, dispõe sobre o apoio às pessoas portadoras de deficiência, sua integração social, sobre a Coordenadoria Nacional para Integração da Pessoa Portadora de Deficiência – Corde, institui a tutela jurisdicional de interesses coletivos ou difusos dessas pessoas, disciplina a atuação do Ministério Público e define crimes.

Art. 99. O art. 20 da Lei nº 8.036, de 11 de maio de 1990, passa a vigorar acrescido do seguinte inciso XVIII:

Art. 20. [...]

XVIII - quando o trabalhador com deficiência, por prescrição, necessite adquirir órtese ou prótese para promoção de acessibilidade e de inclusão social. (NR).

RAFAEL ESTEVES

A reforma promovida na Lei do Fundo de Garantia do Tempo de Serviço (FGTS) teve como objetivo inserir a possibilidade de movimentação da conta vinculada quando, por necessidade clinicamente demonstrada ("por prescrição"), houver a necessidade de aquisição de prótese ou órtese para a superação de alguma barreira.

(NC) A Lei nº 8.036, de 11 de maio de 1990, dispõe sobre o Fundo de Garantia do Tempo de Serviço. Trata-se, como se vê, de nova possibilidade de movimentação de conta vinculada do trabalhador com deficiência, incluída por força do art. 99 do EPD ao art. 20, XVIII, da lei citada, como forma de promover a habilitação e a reabilitação das pessoas com deficiência, visando sua plena inclusão social.

Art. 100. A Lei nº 8.078, de 11 de setembro de 1990 (Código de Defesa do Consumidor), passa a vigorar com as seguintes alterações:

Art. 6º [...]

Parágrafo único. A informação de que trata o inciso III do caput deve ser acessível à pessoa com deficiência, observado o disposto em regulamento.

Art. 43. [...]

Parágrafo sexto. Todas as informações de que trata o caput deste artigo devem ser disponibilizadas em formatos acessíveis, inclusive para a pessoa com deficiência, mediante solicitação do consumidor.

GUILHERME MAGALHÃES MARTINS

À luz do Código de Defesa do Consumidor, que concretiza a principiologia constitucional (art. 5º, XXXII, e art. 170, V, Constituição da República), a pessoa com deficiência tem um *plus* de vulnerabilidade em relação ao consumidor ordinário, podendo ser caracterizada como hipervulnerável, conforme a terminologia consagrada pelo Ministro Antonio Herman Benjamin (STJ, RESp. nº 931.513-RS, Rel. Min. Herman Benjamin, *DJ* 27 set. 2010), segundo o qual "a categoria ético-política, e também jurídica, dos sujeitos vulneráveis inclui um subgrupo de sujeitos hipervulneráveis, entre os quais se destacam, por razões óbvias, as pessoas com deficiência física, sensorial ou mental", necessitando de uma maior proteção.

O art. 6º, III, do Código de Defesa do Consumidor (Lei nº 8.078/90) elenca, dentre os direitos básicos do consumidor, a "informação adequada e clara sobre os diferentes produtos e serviços, com especificação correta de quantidade, características, composição, qualidade, tributos incidentes e preço, bem como sobre os riscos que apresentem".

O parágrafo único incluído pelo dispositivo em exame estendeu ao deficiente a acessibilidade a tais informações, com aplicabilidade plena e eficácia imediata, diante do que pode ser exigida, por exemplo, a utilização do método braile, sem prejuízo da futura edição de um regulamento, com vistas a uma disciplina mais específica do tema (FARIAS; CUNHA; PINTO, 2016, p. 285).

A informação deve ser adaptada às necessidades do deficiente, seja ao indicar o modo de utilização e emprego correto de produtos e serviços, seja prevenindo danos. A falha na informação, por si, pode tornar defeituoso o produto ou o serviço.

A pessoa com deficiência, ao adquirir um equipamento ou um dispositivo, ou mesmo contratar um serviço essencial para a sua autonomia e sua mobilidade, por exemplo, uma cadeira de rodas, uma prótese auditiva, um automóvel adaptado, um software adaptado, um serviço particular de transporte acessível ou de reabilitação, tem a expectativa e a boa-fé de que aquele produto funcionará e/ou aquele serviço lhe proporcionará condições para realizar tarefas essenciais para sua vida, realizando-se enquanto consumidor-pessoa (LEITE; RIBEIRO; COSTA FILHO, 2016, p. 412-413).

Já o art. 43 do Código de Defesa do Consumidor assegura ao consumidor o "acesso às informações existentes em cadastros, fichas, registros e dados pessoais e de consumo arquivados sobre ele, bem como sobre as suas respectivas fontes". O Estatuto incluiu o parágrafo sexto, assegurando ao deficiente o acesso a tais informações em formatos acessíveis.

(NC) O Superior Tribunal de Justiça, em julgamento realizado em 15 de maio de 2018, concluiu, em sede de Agravo Interno no Recurso Especial nº 1.377.941 – RJ, pela obrigatoriedade da utilização do método braille nas contratações bancárias estabelecidas com pessoas com deficiência visual, que encontra lastro normativo no sistema protetivo específico das pessoas com deficiência, bem como na legislação consumerista como um todo. Nesses termos, embora não mencione o EPD em sua fundamentação, o STJ entendeu que:

> [...] 2. O entendimento exarado na origem converge com o posicionamento firmado no âmbito das Turmas de Direito Privado do STJ, segundo o qual "ainda que não houvesse, como de fato há, um sistema legal protetivo específico das pessoas portadoras de deficiência (Leis nºs 4.169/62, 10.048/2000, 10.098/2000 e Decreto nº 6.949/2009), a obrigatoriedade da utilização do método braille nas contratações bancárias estabelecidas com pessoas com deficiência visual encontra lastro, para além da legislação consumerista in totum aplicável à espécie, no próprio princípio da Dignidade da Pessoa Humana".
>
> 2.1 Concluiu-se, por ocasião de tais julgamentos (REsp 1.315.822/RJ, desta Relatoria, Terceira Turma, julgado em 24/03/2015, Dje 16/04/2015, e REsp 1.349.188/RJ, Rel. Ministro Luis Felipe Salomão, Quarta Turma, julgado em 10/05/2016, DJe 22/06/2016), inclusive, que a obrigatoriedade de confeccionar em braille os contratos bancários de adesão e todos os demais documentos fundamentais para a relação de consumo estabelecida com indivíduo portador de deficiência visual, além de encontrar esteio no ordenamento jurídico nacional, afigura-se absolutamente razoável, impondo à instituição financeira encargo próprio de sua atividade, adequado e proporcional à finalidade perseguida, consistente em atender ao direito de informação do consumidor, indispensável à validade da contratação, e, em maior extensão, ao Princípio da Dignidade da Pessoa Humana.

Sem dúvida, é possível afirmar que a pessoa com deficiência consumidora é ainda mais vulnerável que o consumidor sem deficiência. Sensível a determinados grupos de consumidores, a doutrina tem identificado que em certas situações a vulnerabilidade é potencializada, como é o caso de crianças, idosos, enfermos e pessoas com deficiência, o que tem se convencionado denominar de "hipervulnerabilidade". Tal figura revela uma situação fática e objetiva de interseccionalidade que provoca o agravamento da vulnerabilidade da pessoa física consumidora, como é o caso de crianças e idosos, que têm deficiência e que são negros ou integrantes da população LGBTQI+.

O Superior Tribunal de Justiça vem adotando a noção de hipervulnerabilidade, afirmando que: "Ao Estado Social importam não apenas os vulneráveis, mas sobretudo os hipervulneráveis, pois são esses que, exatamente por serem minoritários e amiúde discriminados ou ignorados, mais sofrem com a massificação do consumo e a 'pasteurização' das diferenças que caracterizam e enriquecem a sociedade moderna. [...] Ser diferente ou minoria, por doença ou qualquer outra razão, não é ser menos consumidor, nem menos cidadão, tampouco merecer direitos de segunda classe ou proteção apenas retórica do legislador" (REsp 586316/MG. Rel. Min. Herman Benjamin, Segunda Turma, julg. em 17 abr. 2007, publ. 19 mar. 2009).

Nessa linha, o EDP em seu parágrafo único do art. 5º reconhece que crianças, adolescentes, mulheres e idosos com deficiência são considerados especialmente vulneráveis. No caso das pessoas com deficiência, portanto, a vulnerabilidade é indiscutível, no entanto, tal situação é agravada para além dos casos mencionados no mercado de consumo em razão da discriminação e das barreiras ao acesso a bens em formatos acessíveis para seu consumo. É com o objetivo de superar as assimetrias agravadas das pessoas com deficiência nas relações de consumo que o art. 110 do EPD, ao inserir o parágrafo único ao art. 6º e o §6º ao art. 43, contribui para a necessária eliminação das barreiras ao pleno acesso das informações no mercado de consumo de modo a permitir, em igualdade de condições, a liberdade de escolha da pessoa consumidora com deficiência.

Art. 101. A Lei nº 8.213, de 24 de julho de 1991, passa a vigorar com as seguintes alterações:

Art. 16. [...]

I - o cônjuge, a companheira, o companheiro e o filho não emancipado, de qualquer condição, menor de 21 (vinte e um) anos ou inválido ou que tenha deficiência intelectual ou mental ou deficiência grave;

[...]

III - o irmão não emancipado, de qualquer condição, menor de 21 (vinte e um) anos ou inválido ou que tenha deficiência intelectual ou mental ou deficiência grave;

[...] (NR)

Art. 77. [...]

§2º [...]

II - para o filho, a pessoa a ele equiparada ou o irmão, de ambos os sexos, pela emancipação ou ao completar 21 (vinte e um) anos de idade, salvo se for inválido ou tiver deficiência intelectual ou mental ou deficiência grave;

[...]

§4º (VETADO).

[...] (NR)

Art. 93. (VETADO):

I - (VETADO);

II - (VETADO);

III - (VETADO);

IV - (VETADO);

V - (VETADO).

§1º A dispensa de pessoa com deficiência ou de beneficiário reabilitado da Previdência Social ao final de contrato por prazo determinado de mais de 90 (noventa) dias e a dispensa imotivada em contrato por prazo indeterminado somente poderão ocorrer após a contratação de outro trabalhador com deficiência ou beneficiário reabilitado da Previdência Social.

§2º Ao Ministério do Trabalho e Emprego incumbe estabelecer a sistemática de fiscalização, bem como gerar dados e estatísticas sobre o total de empregados e as vagas preenchidas por pessoas com deficiência e por beneficiários reabilitados da Previdência Social, fornecendo-os, quando solicitados, aos sindicatos, às entidades representativas dos empregados ou aos cidadãos interessados.

§3º Para a reserva de cargos será considerada somente a contratação direta de pessoa com deficiência, excluído o aprendiz com deficiência de que trata a Consolidação das Leis do Trabalho (CLT), aprovada pelo Decreto-Lei nº 5.452, de 1º de maio de 1943.

§4º (VETADO). (NR)

Art. 110-A. No ato de requerimento de benefícios operacionalizados pelo INSS, não será exigida apresentação de termo de curatela de titular ou de beneficiário com deficiência, observados os procedimentos a serem estabelecidos em regulamento.

ELISA COSTA CRUZ

A primeira alteração recai sobre o art. 16, incisos I e III, que tiveram a expressão "ou que tenha deficiência intelectual ou mental que o torne absoluta ou relativamente incapaz, assim declarado judicialmente" substituída por "ou que tenha deficiência intelectual ou mental ou deficiência grave".

Como referido no comentário ao art. 41, realçamos que filhos, enteados, irmãos ou crianças e adolescentes sob a tutela do segurado não possuem direito irrestrito à pensão por morte. Até os 21 (vinte e um) anos, ou até a emancipação, há a presunção de dependência econômica e o benefício é devido. Após essa idade, apenas se comprovada invalidez, deficiência intelectual ou mental ou deficiência grave. Estão excluídas deficiências físicas, leves e médias, porque se pressupõe que nesses casos existe alguma capacidade laborativa residual.

Podemos, contudo, imaginar, situação em que a despeito de deficiências físicas, leves e médias esteja excluída a capacidade laborativa e de autossustento. Por isso, melhor seria que a lei tivesse usado o mesmo critério para a concessão de aposentadoria e definido o direito ao pensionamento a partir de completa e total incapacidade aferida em perícia médica e funcional. Apenas assim se cumpriria o postulado da justiça social que orienta a seguridade.

A segunda alteração promovida é sobre o art. 77, §2º, II, também adequando-o à filosofia da Lei nº 13.146/2015 e compatibilizando-o com a nova redação do art. 16 da Lei nº 8.213/1991. No mesmo ano, foi editada a Lei nº 13.183/2015, com pequena alteração na redação do inciso. Nesse sentido, passa a prever a lei a cessação do recebimento de pensão por morte "para o filho, a pessoa a ele equiparada ou o irmão, de ambos os sexos, ao completar vinte e um anos de idade, salvo se for inválido ou tiver deficiência intelectual ou mental ou deficiência grave".

A proposta de redação do §4º do art. 77 foi vetada porque "reintroduziria medida recentemente revogada, na conversão da Medida Provisória nº 664, de 2014 – Lei nº 13.135, de 17 de junho de 2015, que realizou ajustes nas regras previdenciárias", representando retrocesso.

A terceira alteração foi promovida nos §§1º a 3º do art. 93 da Lei nº 8.213/1991, visando adequá-lo ao reconhecimento da habilitação e reabilitação como direito da pessoa com deficiência e não como obrigação.

Os incisos do art. 93 e §4º foram vetados porque

> a medida poderia gerar impacto relevante no setor produtivo, especialmente para empresas de mão de obra intensiva de pequeno e médio porte, acarretando dificuldades no seu cumprimento e aplicação de multas que podem inviabilizar empreendimentos de ampla relevância social.

Por fim, foi incluído o art. 110-A na Lei nº 8.213/1991, reconhecendo a desnecessidade de nomeação de curador ou de qualquer outra medida de proteção para que a pessoa com deficiência tenha acesso aos benefícios previdenciários. O artigo dispõe que "no ato de requerimento de benefícios operacionalizados pelo INSS, não será exigida apresentação de termo de curatela de titular ou de beneficiário com deficiência, observados os procedimentos a serem estabelecidos em regulamento" e atende ao critério de universalização do atendimento constante do art. 194 da Constituição da República.

(NC) A Lei nº 8.213, de 24 de julho de 1991, dispõe sobre os Planos de Benefícios da Previdência Social, a qual, mediante contribuição, tem por fim assegurar aos seus beneficiários meios indispensáveis de manutenção, por motivo de incapacidade, desemprego involuntário, idade avançada, tempo de serviço, encargos familiares e prisão ou morte daqueles de quem dependiam economicamente.

Art. 102. O art. 2º da Lei nº 8.313, de 23 de dezembro de 1991, passa a vigorar acrescido do seguinte §3º:

Art. 2º [...]

§3º Os incentivos criados por esta Lei somente serão concedidos a projetos culturais que forem disponibilizados, sempre que tecnicamente possível, também em formato acessível à pessoa com deficiência, observado o disposto em regulamento. (NR)

ALLAN ROCHA DE SOUZA

A Lei Rouanet, como é conhecida a Lei nº 8.313/91, "reestabelece princípios da Lei nº 7.505, de 2 de julho de 1986, institui o Programa Nacional de Apoio à Cultura (PRONAC)". Com isso, reaviva algumas diretrizes da Lei Sarney, notadamente o financiamento indireto da cultura, feito por meio de abatimento do imposto de renda devido de valores investidos em atividades culturais, e, ao mesmo tempo, organiza o sistema de financiamento cultural, dando-lhe mais sistematicidade, embora também aumente os custos de transação em razão do aumento burocrático.

Os objetivos da lei são estabelecidos nos nove incisos do artigo primeiro, dentre os quais "contribuir para facilitar, a todos, os meios para o livre acesso às fontes da cultura e o pleno exercício dos direitos culturais" (art. 1º, I); promover a regionalização da produção cultural (art.1º, II); apoiar e difundir as manifestações culturais e seus criadores (art. 1º, III); promover o pluralismo cultural (art. 1º, IV); preservar o patrimônio material e imaterial (art. 1º, VI).

Além de outras finalidades menos práticas como "salvaguardar a sobrevivência e o florescimento dos modos de criar, fazer e viver da sociedade brasileira" (art. 1º, V); "desenvolver a consciência internacional e o respeito aos valores culturais de outros povos ou nações" (art. 1º, VII); "estimular a produção e a difusão de bens culturais de valor universal, formadores e informadores de conhecimento, cultura e memória" (art. 1º VIII); "priorizar o produto cultural originário do País" (art. 1º, IX).

Nota-se que, em comparação com o Plano Nacional de Cultura (PNC), instituído pela Lei nº 12.343, de 2 de dezembro de 2010, há uma ausência do direito de acesso à cultura como elemento essencial do ambiente cultural, o que também nos informa do crescimento da densidade normativa dos direitos culturais ao longo das quase duas décadas entre a promulgação da Lei Rouanet (1993) e do Plano Nacional de Cultura (2010).

Dentre os dispositivos do PNC que destacam este aspecto, temos os princípios instituídos no artigo 1º, incisos I ("liberdade de expressão, criação e fruição") e IV ("direito de todos à arte e à cultura"), bem como dentre os objetivos estabelecidos no artigo 2º, inciso V: "universalizar o acesso à arte e à cultura". É a partir deste conjunto normativo imediato que a análise dos próprios objetivos, princípios e operabilidade da Lei Rouanet devem ser entendidos e aplicados.

Os projetos passíveis de apoio no âmbito da Lei Rouanet devem atender a, pelo menos, uma das 18 finalidades agrupadas em cinco eixos (art. 3º), que são os seguintes: I - incentivo à formação artística e cultural; II - fomento à produção cultural e artística; III - preservação e difusão do patrimônio artístico, cultural e histórico; IV - estímulo ao conhecimento dos bens e valores culturais; V - apoio a outras atividades culturais e artísticas.

No que tange ao incentivo à formação artística e cultural (art. 3º, I), deve ser considerado o previsto no artigo 43, I, do EPD, que impõe a formação e o treinamento específicos das pessoas com deficiência, que viabilizem a formação e o treinamento adequados à participação em igualdade de condições. Isso exigirá também a formação inicial e continuada de instrutores aptos a conduzir esse treinamento. Para tal, são especialmente relevantes as possibilidades de incentivo previstos nas alíneas *a* e *c* do art. 3º, I, que estabelecem respectivamente as possibilidades de "concessão de bolsas de estudo, pesquisa e trabalho, no Brasil ou no exterior, a autores, artistas e técnicos brasileiros ou estrangeiros residentes no Brasil" e "instalação e manutenção de cursos de caráter cultural ou artístico, destinados à formação, especialização e aperfeiçoamento de pessoal da área da cultura, em estabelecimentos de ensino sem fins lucrativos".

O fomento à produção cultural constitui o núcleo central das políticas de incentivo cultural e é também o alvo principal das mudanças trazidas pelo EPD sobre a Lei Rouanet, pois este eixo concentra as ações de produção de novas obras, e estas novas produções devem, por obrigação legal, independentemente de serem incentivadas ou não, mas mais ainda se tiverem sido, contemplar a acessibilidade cultural aos portadores de deficiência.

Destaque também merece o eixo III do artigo 3º, que trata da preservação e da difusão do patrimônio artístico, cultural e histórico, em especial as alíneas (a) "construção, formação, organização, manutenção, ampliação e equipamento de museus, bibliotecas, arquivos e outras organizações culturais, bem como de suas coleções e acervos"; e (b) "conservação e restauração de prédios, monumentos, logradouros, sítios e demais espaços, inclusive naturais, tombados pelos Poderes Públicos". Este artigo é impactado diretamente pelo artigo 42, §2º, do EPD, que impõe aos poderes públicos o dever de "adotar soluções destinadas à eliminação, à redução ou à superação de barreiras para a promoção do acesso a todo patrimônio cultural, observadas as normas de acessibilidade, ambientais e de proteção do patrimônio histórico e artístico nacional".

São excluídos da possibilidade de obtenção de apoio por estes mecanismos os projetos destinados a circuitos privados ou coleções particulares e equivalentes que, de alguma forma, limitem a acessibilidade a determinados grupos ou pessoas, ficando fechados ao público em geral (art. 2º, §2º). Do mesmo modo, apenas "projetos culturais cuja exibição, utilização e circulação dos bens culturais deles resultantes sejam abertas, sem distinção, a qualquer pessoa, se gratuitas, e a público pagante, se cobrado ingresso" podem receber recursos de incentivo previstos na Lei Rouanet (art. 2º, §1º).

O PRONAC, que de fato estabelece o incentivo cultural, ponto central da Lei, é implementado por três mecanismos: Fundo Nacional de Cultura (FNC); Os Fundos de

Investimento Cultural e Artístico (FICART); Incentivo a Projetos Culturais (art. 2º). Os três mecanismos não são idênticos na sua representação prática.

O Fundo Nacional de Cultura é uma forma de financiamento direto das atividades culturais gerido pelo Ministério da Cultura e é "um fundo de natureza contábil, com prazo indeterminado de duração, que funcionará sob as formas de apoio a fundo perdido ou de empréstimos reembolsáveis" (art. 5º). O FNC financiará até 80% do total do projeto, mediante comprovação pelo proponente de disposição dos 20% remanescentes (art. 6º).

Além dos projetos adequados às disposições gerais do PRONAC, o FNC poderá destinar recursos que busquem "estimular a distribuição regional equitativa dos recursos a serem aplicados na execução de projetos culturais e artísticos" (art. 5º, I); "favorecer a visão interestadual, estimulando projetos que explorem propostas culturais conjuntas, de enfoque regional" (art. 5º, II); "apoiar projetos dotados de conteúdo cultural que enfatizem o aperfeiçoamento profissional e artístico dos recursos humanos na área da cultura, a criatividade e a diversidade cultural brasileira" (art. 5º, III); "contribuir para a preservação e a proteção do patrimônio cultural e histórico brasileiro" (art. 5º, IV); e

> favorecer projetos que atendam às necessidades da produção cultural e aos interesses da coletividade, aí considerados os níveis qualitativos e quantitativos de atendimentos às demandas culturais existentes, o caráter multiplicador dos projetos através de seus aspectos socioculturais e a priorização de projetos em áreas artísticas e culturais com menos possibilidade de desenvolvimento com recursos próprios (art. 5º V).

Os FICART, por sua vez, podem ser constituídos sob a forma de condomínio, sem personalidade jurídica, caracterizando comunhão de recursos destinados à aplicação em projetos culturais e artísticos (art. 8º). O art. 9º estabelece que "compete à Comissão de Valores Mobiliários, ouvida a SEC/PR, disciplinar a constituição, o funcionamento e a administração dos FICART, observadas as disposições desta lei e as normas gerais aplicáveis aos fundos de investimento". Os projetos que recebem recursos do FICART são de escopo diverso e incluem:

> I - a produção comercial de instrumentos musicais, bem como de discos, fitas, vídeos, filmes e outras formas de reprodução fonovideográficas; II - a produção comercial de espetáculos teatrais, de dança, música, canto, circo e demais atividades congêneres; III - a edição comercial de obras relativas às ciências, às letras e às artes, bem como de obras de referência e outras de cunho cultural; IV - construção, restauração, reparação ou equipamento de salas e outros ambientes destinados a atividades com objetivos culturais, de propriedade de entidades com fins lucrativos; além de V - outras atividades comerciais ou industriais, de interesse cultural, assim consideradas pelo Ministério da Cultura.

Porém, a despeito dos demais mecanismos, o Programa de Apoio à Cultura é substancialmente realizado por meio dos incentivos fiscais, que é uma forma de financiamento indireto. O artigo 18 assim dispõe:

> Com o objetivo de incentivar as atividades culturais, a União facultará às pessoas físicas ou jurídicas a opção pela aplicação de parcelas do Imposto sobre a Renda, a título de doações ou patrocínios, tanto no apoio direto a projetos culturais apresentados por pessoas físicas ou por pessoas jurídicas de natureza cultural, como através de contribuições ao

FNC, nos termos do art. 5º, inciso II, desta Lei, desde que os projetos atendam aos critérios estabelecidos no art. 1º desta Lei.

Os valores que podem ser deduzidos do Imposto de Renda, a título de incentivo fiscal, são da seguinte ordem: "Art. 26, I - no caso das pessoas físicas, oitenta por cento das doações e sessenta por cento dos patrocínios; II - no caso das pessoas jurídicas tributadas com base no lucro real, quarenta por cento das doações e trinta por cento dos patrocínios".

O EPD, ao inserir o §3º ao art. 2º da Lei Rouanet, impõe a ampliação do conceito de acessibilidade para além da "abertura" prevista no parágrafo 2º do mesmo artigo. Isto, por si só, já é um forte indicativo da mudança conceitual e ampliação do espectro do significado da 'igualdade de condições', indo de uma disponibilização genérica ao público, que ignora as condições pessoais, à disponibilização também em formato acessível às pessoas portadoras de qualquer deficiência.

A parte dispositiva, "sempre que tecnicamente possível", pode ser percebida como uma redução da obrigatoriedade, uma possível justificativa para se eximir da responsabilidade de inclusão cultural das pessoas com deficiência, mas, igualmente, pode ser compreendida como uma oportunidade para o aprimoramento e o desenvolvimento tecnológico, especificamente de dispositivos de acessibilidade. A boa-fé, comportamento exigível em todas as relações sócio jurídicas, demanda que o recurso ao "tecnicamente possível" seja aceitável apenas como última opção e ainda assim temporária, no sentido de que cabe ao responsável o dever de buscar o próprio aprimoramento tecnológico e os melhores dispositivos existentes para suas funções.

Outro aspecto do 'tecnicamente possível' que não pode ser ignorado é a viabilidade artística da acessibilidade, uma vez que conversão da linguagem de determinados espetáculos e expressões artísticas podem não ser viáveis para qualquer tipo de deficiência. Por exemplo, performances, espetáculos de dança, pantomímicos não são facilmente convertidos em linguagem apropriada aos deficientes visuais.

Porém, não é suficiente a alteração normativa no plano legislativo, é necessário também transformar tais comandos em ações, procedimentos administrativos, processo de avaliação e, não menos importante, no processo decisório de aprovação e de financiamento. E inserir e atentar para esta demanda é particularmente importante para a concretização e realização do comando legislativo.

A aprovação de projetos culturais a serem financiados pelo PRONAC segue três etapas administrativas. Em primeiro lugar, na fase de admissibilidade, são verificados se a proposta é de fato do campo cultural, se o proponente está devidamente qualificado; se o formulário foi adequadamente preenchido, ou seja, a adequação geral do projeto. Admitida a proposta, a seguir são emitidos pareceres técnicos específicos com relação a cada expressão artística ou cultural, inclusive com recurso a pareceristas externos previamente cadastrados e selecionados pelo Ministério da Cultura, no qual são analisados a adequação das fases do projeto, os preços e orçamentos do congresso, com possibilidade de aprovação, reprovação ou sugestão de adequação. Por fim, a proposta é encaminhada à Comissão de Incentivo à Cultura (CNIC), quando são reanalisados em última instância os projetos, avaliando o custo-benefício dos produtos.

Inafastável é a inclusão de avaliação própria em todas as fases de apreciação do projeto quanto à adequação dos mesmos aos ditames normativos impostos pelo EPD e pela Convenção de Nova York para Proteção das Pessoas com Deficiência. E esta mudança de procedimentos e paradigmas, para que se torne real, deverá ser acompanhada tanto pelos órgãos oficiais competentes (o Ministério Público em especial) quanto pelas associações e pessoas destinatárias desta mudança.

(NC) A Lei nº 8.313, de 23 de dezembro de 1991, institui o Programa Nacional de Apoio à Cultura (Pronac).

Art. 103. O art. 11 da Lei nº 8.429, de 2 de junho de 1992, passa a vigorar acrescido do seguinte inciso IX:

Art.11. [...]

IX - deixar de cumprir a exigência de requisitos de acessibilidade previstos na legislação.

DANIELE CHAVES TEIXEIRA

A Lei nº 8.429/1992, conhecida como Lei de Improbidade Administrativa – LIA, dispõe sobre as sanções aplicáveis aos agentes públicos nos casos de enriquecimento ilícito no exercício de mandato, cargo, emprego ou função. Digno de nota que o significado do ato de improbidade possui maior amplitude, pois engloba condutas que não poderiam ser enquadradas por atos de corrupção. Ou seja, "a improbidade e a corrupção relacionam-se entre si como gênero e espécie, sendo esta absorvida por aquela" (GARCIA; ALVES, 2014, p. 51).

A inserção do inciso possibilita que qualquer ação ou omissão que resulte na não efetiva garantia de acessibilidade às pessoas com deficiência ou mobilidade reduzida possa se caracterizar como ato de improbidade administrativa. Dessa forma, o agente infrator responde às penalidades definidas na Lei de Improbidade Administrativa – LIA, ao passo que viola princípios da administração pública.

A inovação trazida pelo EPD possibilitou uma exigência mais efetiva nas aprovações de projetos e/ou programas, assim como nas licitações e convênios, o que permite maior garantia quanto à execução dos requisitos de acessibilidade contidos nas leis vigentes e nas normas técnicas da Associação Brasileira de Normas Técnicas – ABNT.

Art. 104. A Lei nº 8.666, de 21 de junho de 1993, passa a vigorar com as seguintes alterações:

Art. 3º [...]

§2º [...]

V - produzidos ou prestados por empresas que comprovem cumprimento de reserva de cargos prevista em lei para pessoa com deficiência ou para reabilitado da Previdência Social e que atendam às regras de acessibilidade previstas na legislação.

[...]

§5º Nos processos de licitação, poderá ser estabelecida margem de preferência para:

I - produtos manufaturados e para serviços nacionais que atendam a normas técnicas brasileiras; e

II - bens e serviços produzidos ou prestados por empresas que comprovem cumprimento de reserva de cargos prevista em lei para pessoa com deficiência ou para reabilitado da Previdência Social e que atendam às regras de acessibilidade previstas na legislação.

[...]

Art. 66-A. As empresas enquadradas no inciso V do §2º e no inciso II do §5º do art. 3º desta Lei deverão cumprir, durante todo o período de execução do contrato, a reserva de cargos prevista em lei para pessoa com deficiência ou para reabilitado da Previdência Social, bem como as regras de acessibilidade previstas na legislação.

Parágrafo único. Cabe à administração fiscalizar o cumprimento dos requisitos de acessibilidade nos serviços e nos ambientes de trabalho.

DANIELE CHAVES TEIXEIRA

O art. 104 inseriu o inciso V no §2º e o §5º no art. 3º da Lei de Licitações e Contratos Administrativos – LLCA (Lei nº 8.666/93). Carvalho Filho (2014, p. 238) define a licitação como

> o procedimento administrativo vinculado por meio do qual os entes da Administração Pública e aqueles por ela controlados selecionam a melhor proposta entre as oferecidas pelos vários interessados, com dois objetivos – a celebração de contrato, ou a obtenção do melhor trabalho técnico, artístico ou científico.

Dessa forma, a licitação tem por objetivo garantir a isonomia e a escolha da proposta mais vantajosa para a Administração pública. O §2º do art. 3º traz critérios de desempate para os concorrentes que estiverem em igualdade de condições no certame. O Estatuto, ao incluir o inciso V no referido dispositivo, cria mais um critério de desempate ao dar preferência às empresas que comprovarem o cumprimento de reserva de cargos para pessoa com deficiência ou reabilitados, assim como aos que observarem as regras de acessibilidade previstas na legislação.

Os critérios elencados nos incisos do §2º do art. 3º da Lei nº 8.666/93 foram estabelecidos em caráter sucessivo, isto é, há uma ordem preferencial do inciso I em relação ao inciso II e assim sucessivamente. Desse modo, tem-se que a inclusão feita pelo Estatuto é o último critério de desempate que será observado.

Por sua vez, o §5º do art. 3º da Lei nº 8.666/93 apresenta critérios de preferência. O inciso I traz uma preferência para o mercado nacional. Já o inciso II cria, de fato, uma inovação que beneficia de modo indireto as pessoas com deficiência, vez que cria uma preferência para empresas que observem a reserva de vagas para pessoas com deficiência e reabilitados, assim como as normas de acessibilidade previstas em Lei.

Cabe relembrar que desde a Lei nº 8.213, de 24 de julho de 1991, em seu art. 93 institui-se no país a reserva de vagas para pessoas com deficiências nas empresas privadas, cujo percentual varia de 2% a 5%, conforme o porte da empresa. Entretanto, observa-se que em virtude do descumprimento da política de cotas por parte das empresas, muitas pessoas com deficiência ainda não estão inseridas no mercado de trabalho (BAARS, 2009, p. 3).

A inclusão do art. 66-A na LLCA tem por objetivo assegurar que as medidas em favor das pessoas com deficiência sejam cumpridas ao longo do contrato. Vale destacar que o objetivo é evitar que a empresa seja beneficiada na fase de licitação e após a contratação não efetive tais medidas. O parágrafo único do art. 66-A confere à Administração Pública o dever de fiscalizar o cumprimento dos requisitos de acessibilidade nos serviços e nos ambientes de trabalho ao longo da vigência da contratação. Ou seja, a empresa não pode ter vantagens no processo licitatório e, posteriormente, negligenciar o cumprimento das medidas das reservas de vagas e demais regras de acessibilidade que lhe favoreceram anteriormente.

Com efeito, as alterações feitas pelo art. 104 do Estatuto estão em consonância com a filosofia empregada pelo modelo social, em que se reconhece que a deficiência é uma questão complexa e não um problema médico e individual. Promove-se, ainda que de modo indireto, a independência, liberdade, autodeterminação e autossuficiência das pessoas com deficiência.

Art. 105. O art. 20 da Lei nº 8.742, de 7 de dezembro de 1993, passa a vigorar com as seguintes alterações:

Art. 20. [...]

§2º Para efeito de concessão do benefício de prestação continuada, considera-se pessoa com deficiência aquela que tem impedimento de longo prazo de natureza física, mental, intelectual ou sensorial, o qual, em interação com uma ou mais barreiras, pode obstruir sua participação plena e efetiva na sociedade em igualdade de condições com as demais pessoas.

[...]

§9º Os rendimentos decorrentes de estágio supervisionado e de aprendizagem não serão computados para os fins de cálculo da renda familiar per capita a que se refere o §3º deste artigo.

[...]

§11. Para concessão do benefício de que trata o caput deste artigo, poderão ser utilizados outros elementos probatórios da condição de miserabilidade do grupo familiar e da situação de vulnerabilidade, conforme regulamento.

DANIELE CHAVES TEIXEIRA

A Lei nº 13.146, de 2015, em seu art. 105, apresenta modificação no art. 20 da Lei nº 8.742/93, a Lei do Benefício de Prestação Continuada – BPC, que foi uma medida afirmativa e assistencial inserida no art. 203, V, da Constituição Federal vigente. Tal medida constitucional, regulamentada pela Lei nº 8.742/93, determina o benefício de "um salário mínimo para idoso com 65 anos ou mais e para pessoa com deficiência com impedimentos para a vida independente e para exercer trabalho remunerado" (COSTA FILHO, 2016, p. 415-416).

A nova redação dada ao §2º do art. 20 da Lei nº 8.742/93 não trouxe grandes inovações, apenas retirou da norma a necessidade de a pessoa com deficiência comprovar a obstrução de "diversas barreiras" (mais de uma barreira). Assim, basta que se comprove uma barreira para fazer *jus* ao recebimento do benefício.

No que tange à redação do §9º do art. 20, a redação anterior previa que para fins de cálculo da renda per capta familiar dever-se-ia excluir a remuneração da pessoa com deficiência na condição de aprendiz. A atual redação acrescentou que também será afastada a remuneração decorrente do estágio supervisionado, bem como deixou de limitar essa exclusão à pessoa com deficiência, portanto, estende-se a qualquer membro do núcleo familiar.

Para se obter o BPC, a Lei nº 8.742/93 estabelece critérios de pobreza e avaliação biopsicossocial, trata-se de benefício intrasferível, ou seja, não gera pensão aos dependentes. Dessa forma, deve-se constatar o critério da pobreza da pessoa com deficiência através da comprovação de que não exerce atividade remunerada e não possui renda familiar mensal *per capita* superior a ¼ do salário mínimo. A avaliação biopsicossocial deverá ser realizada pelo Serviço Social e pela perícia médica do INSS.

As alterações no §11 do art. 20 da Lei nº 8.742/93, que constam do art. 105 do Estatuto da Pessoa com Deficiência – EPD, têm por objetivo adequar: (*a*) o conceito de pessoa com deficiência conforme dispõe o art. 2º do referido estatuto; e (*b*) o entendimento de miserabilidade que havia sido construído no bojo das decisões dos tribunais – onde não só a renda *per capita* será considerada para viabilizar o benefício, mas também outros elementos probatórios da miserabilidade do deficiente.

A jurisprudência do Superior Tribunal de Justiça já consolidou entendimento no sentido de que a comprovação de miserabilidade, para fins de percepção do benefício a pessoas com deficiência não se limita à interpretação restrita da renda familiar de ¼ do salário mínimo, conforme dispunha a Lei nº 8.742/93, ao passo que outros meios também podem ser aplicados, senão vejamos: Agravo Regimental no Agravo de Instrumento. Previdenciário. Assistência Social. Benefício de Prestação Continuada. Cômputo do valor para verificação de miserabilidade. Art. 34 da Lei nº 10.741/2003. Interpretação restritiva ao BPC. Art. 20, §3º, da Lei nº 8.742/93. Possibilidade de aferição da miserabilidade por outros meios. Agravo Regimental improvido (STJ, AgRg no Ag nº 1.285.941/SP, 6ª T., Rel. Min. Maria Thereza de Assis Moura, julg. 15 jun. 2010).

Art. 106. (VETADO).

Texto do artigo vetado:

Art. 106. A Lei nº 8.989, de 24 de fevereiro de 1995, passa a vigorar com as seguintes alterações:

Art. 1º [...]

[...]

IV - pessoas com deficiência física, sensorial, intelectual ou mental ou autistas, diretamente ou por intermédio de seu representante legal;

[...] (NR)

Art. 2º A isenção do IPI de que trata o art. 1º desta Lei somente poderá ser utilizada uma vez, salvo se o veículo:

I - tiver sido adquirido há mais de 2 (dois) anos; ou

II - tiver sido roubado ou furtado ou sofrido sinistro que acarrete a perda total do bem.

Parágrafo único. O prazo de que trata o inciso I do caput deste artigo aplica-se inclusive às aquisições realizadas antes de 22 de novembro de 2005. (NR)

Art. 5º [...]

Parágrafo único. O imposto não incidirá sobre acessórios que, mesmo não sendo equipamentos originais do veículo adquirido, sejam utilizados para sua adaptação ao uso por pessoa com deficiência. (NR).

Razões do veto:

A medida traria ampliação dos beneficiários e das hipóteses de isenção do Imposto sobre Produtos Industrializados - IPI, o que resultaria em renuncia de receita, sem apresentar as estimativas de impacto e as devidas compensações financeiras, em violação ao que determina a Lei de Responsabilidade Fiscal.

Art. 107. A Lei nº 9.029, de 13 de abril de 1995, passa a vigorar com as seguintes alterações:

Art. 1º É proibida a adoção de qualquer prática discriminatória e limitativa para efeito de acesso à relação de trabalho, ou de sua manutenção, por motivo de sexo, origem, raça, cor, estado civil, situação familiar, deficiência, reabilitação profissional, idade, entre outros, ressalvadas, nesse caso, as hipóteses de proteção à criança e ao adolescente previstas no inciso XXXIII do art. 7º da Constituição Federal.

Art. 3º Sem prejuízo do prescrito no art. 2º desta Lei e nos dispositivos legais que tipificam os crimes resultantes de preconceito de etnia, raça, cor ou deficiência, as infrações ao disposto nesta Lei são passíveis das seguintes cominações:

[...]

Art. 4º [...]

I - a reintegração com ressarcimento integral de todo o período de afastamento, mediante pagamento das remunerações devidas, corrigidas monetariamente e acrescidas de juros legais;

[...]

DANIELE CHAVES TEIXEIRA

O art. 107 do EPD traz algumas alterações na Lei nº 9.029/95, como os art. 1º e 3º, que proíbem discriminação seja na admissão ou na permanência da relação de trabalho. Dessa forma, o Estatuto da Pessoa com Deficiência veda qualquer prática de discriminação e de limitação para o acesso ou a manutenção na contratação do trabalhador, seja por motivo de sexo, origem, raça, cor, estado civil, situação familiar, deficiência, reabilitação profissional, idade, entre outros. Além das hipóteses de proteção à criança e ao adolescente, conforme dispõe o art. 7º, XXXIII, da Constituição da República.

Cabe destacar que desde julho de 1991, por força da Lei nº 8.213/91, instituiu-se no Brasil uma política de cotas para garantir emprego à pessoa com deficiência. Essa política leva em consideração, para fins de percentagens de trabalhadores nesta condição, o porte da empresa. Trata-se de verdadeira ação afirmativa, que visa implementar preceito constitucional inserto no art. 7º, XXXI, que proíbe qualquer discriminação no tocante a salário e critérios de admissão do trabalhador portador de deficiência. Entretanto, a criação das cotas em instituições do setor privado iguala o tratamento conferido pelo Estado em seleções para empregos públicos, desde 11 de dezembro de 1990, com o advento da Lei nº 8.112, que dispõe sobre o regime jurídico dos servidores públicos civis da União, das autarquias e das fundações públicas federais, especialmente em seu art. 5º, §2º, que determina os requisitos básicos para a investidura em cargo público ao destinar percentual em cargos e empregos públicos à pessoa com deficiência, estabelecendo até 20% de vagas a essas pessoas. Contudo, a reserva legal de mercado "não é carente de críticas, seja pela dificuldade de implementação, seja pela imposição de normas ao setor privado que, originalmente, cabem ao Estado, onerando e dificultando sobremaneira a livre-iniciativa econômica" (LEMOS, 2015, p. 1-2).

O EPD, em seu art. 107, apresenta também relevante alteração no art. 4º da Lei nº 9.029/95, que beneficia os trabalhadores, inclusive os que possuem deficiências, ao garantir aos empregados, no rompimento da relação de trabalho por discriminação, o direito à reparação pelo dano moral, escolher entre a reintegração com ressarcimento integral de todo o período de afastamento, mediante pagamento das remunerações devidas, corrigidas monetariamente e acrescidas de juros legais, e a percepção, em dobro, da remuneração do período de afastamento, corrigida monetariamente e acrescida dos juros legais.

(NC) A Lei nº 9.029, de 13 de abril de 1995, proíbe a exigência de atestados de gravidez e esterilização, e outras práticas discriminatórias, para efeitos admissionais ou de permanência da relação jurídica de trabalho.

Art. 108. O art. 35 da Lei nº 9.250, de 26 de dezembro de 1995, passa a vigorar acrescido do seguinte §5º:

Art. 35 [...]

§5º Sem prejuízo do disposto no inciso IX do parágrafo único do art. 3º da Lei nº 10.741, de 1º de outubro de 2003, a pessoa com deficiência, ou o contribuinte que tenha dependente nessa condição, tem preferência na restituição referida no inciso III do art. 4º e na alínea "c" do inciso II do art. 8º.

DANIELE CHAVES TEIXEIRA

O EPD, em seu art. 108, altera o art. 35 da Lei nº 9.250/95, com a inserção do §5º, que se refere ao Imposto de Renda das Pessoas Físicas – IRPF, que, por sua vez, vem reafirmar o disposto no art. 9º, VI, do Estatuto, ao garantir prioridade no recebimento da restituição do imposto de renda à pessoa com deficiência ou do contribuinte que tenha dependente nessa condição. Ainda no §5º ressalva a manutenção do que dispõe o parágrafo único do art. 3º da Lei nº 10.741/03, o Estatuto do Idoso, que determina a obrigação da família, da comunidade, da sociedade e do Poder Público de assegurar ao idoso prioridade na efetivação do direito à vida, à saúde, à alimentação, à educação, à cultura, ao esporte, ao lazer, ao trabalho, à cidadania, à liberdade, à dignidade, ao respeito, à convivência familiar e comunitária, como também em seu inciso IX, que é a garantia da prioridade no recebimento da restituição do Imposto de Renda.

Vale destacar a Instrução Normativa da Secretaria da Receita Federal de nº 15/2001, que determina a isenção do IRPF para os valores recebidos por pessoas com deficiência mental, cegos, portadores de fibrose cística, hansenianos, aposentados por acidente de trabalho, que abrange também, os valores recebidos por essas pessoas oriundos de pensão, pecúlio, montepio e decorrentes de regime de previdência social ou privada. Para poder obter a isenção, a pessoa ou seu representante deve completar formulário e anexar laudo que demostre a deficiência em qualquer unidade da Receita Federal de seu estado.

Art. 109. A Lei nº 9.503, de 23 de setembro de 1997 (Código de Trânsito Brasileiro), passa a vigorar com as seguintes alterações:

Art. 2º [...]

Parágrafo único. Para os feitos deste Código, são consideradas vias terrestres as praias abertas à circulação pública, as vias internas pertencentes aos condomínios constituídos por unidades autônomas e as vias e áreas de estacionamento de estabelecimentos privados de uso coletivo.

Art. 86-A. As vagas de estacionamento regulamentado de que trata o inciso XVII do art. 181 desta Lei deverão ser sinalizadas com as respectivas placas indicativas de destinação e com placas informando os dados sobre a infração por estacionamento indevido.

Art. 147-A. Ao candidato com deficiência auditiva é assegurada acessibilidade de comunicação, mediante emprego de tecnologias assistivas ou de ajudas técnicas em todas as etapas do processo de habilitação.

§1º O material didático audiovisual utilizado em aulas teóricas dos cursos que precedem os exames previstos no art. 147 desta Lei deve ser acessível, por meio de subtitulação com legenda oculta associada à tradução simultânea em Libras.

§2º É assegurado também ao candidato com deficiência auditiva requerer, no ato de sua inscrição, os serviços de intérprete da Libras, para acompanhamento em aulas práticas e teóricas.

Art. 154. (VETADO).

Art. 181. [...]

[...]

XVII - [...]

Infração - grave;

[...]

DANIELE CHAVES TEIXEIRA

O art. 109 do EPD traz alterações relevantes na Lei nº 9.503/97, o Código de Trânsito Brasileiro – CTB, em seus arts. 2º, parágrafo único; 86-A; 147-A e 181, XVII. Trata-se de medida relevante ao passo que os índices de desrespeito às pessoas com deficiência oriundos do trânsito de veículos são alarmantes, seja pela má capacitação dos condutores de veículos coletivos e/ou privados. Outro ponto crítico é o uso indevido de vagas especiais de estacionamento, o qual, apesar de o EPD determinar que as vagas de estacionamento deverão ser sinalizadas com as respectivas placas indicativas de destinação e com placas informando sobre a infração, é prática frequente. Vale destacar que a inobservância à vaga destinada à pessoa com deficiência é infração de natureza grave, com anotação de cinco pontos no prontuário do condutor, além da remoção do veículo do local por meio de guincho.

O EPD, ainda em seu art. 109, assegura ao candidato com deficiência auditiva que presta exames para obtenção da Carteira Nacional de Habilitação (CNH) acessibilidade de comunicação, a qual se concretiza por meio de aplicação de tecnologias assistivas ou de auxílio técnico em todas as fases do processo de habilitação. Com efeito, o material didático audiovisual utilizado em aulas que antecedem as provas deve ser acessível, dessa forma, assegura-se ao candidato com deficiência, em sua inscrição, o direito de requerer os serviços de intérprete das Libras para o acompanhamento em aulas práticas e teóricas, efetivando-se, desta forma, a educação inclusiva. Vale destacar que a nomenclatura de um "sistema educacional inclusivo ainda é um estágio prévio do que virá a seguir: uma educação sem adjetivos, especial ou inclusiva, mas uma educação única e universal, garantindo a dignidade da pessoa humana" (ROCHA, 2016, p. 13). Dessa forma, a universalização do acesso à educação é a principal ferramenta para enfrentar a discriminação e o preconceito.

Art. 110. O inciso VI e o §1º do art. 56 da Lei nº 9.615, de 24 de março de 1998, passam a vigorar com a seguinte redação:

Art. 56. [...]

VI - 2,7% (dois inteiros e sete décimos por cento) da arrecadação bruta dos concursos de prognósticos e loterias federais e similares cuja realização estiver sujeita a autorização federal, deduzindo-se esse valor do montante destinado aos prêmios;

[...]

§1º - Do total de recursos financeiros resultantes do percentual de que trata o inciso VI do caput, 62,96% (sessenta e dois inteiros e noventa e seis centésimos por cento) serão destinados ao Comitê Olímpico Brasileiro (COB) e 37,04% (trinta e sete inteiros e quatro centésimos por cento) ao Comitê Paralímpico Brasileiro (CPB), devendo ser observado, em ambos os casos, o conjunto de normas aplicáveis à celebração de convênios pela União.

[...]

DANIELE CHAVES TEIXEIRA

Atualmente, todas as disposições foram revogadas por força do art. 37 da Lei nº 13.756/2018.

Anteriormente, o Estatuto da Pessoa com Deficiência em seu art. 110 alterava o art. 56, VI, e o §1º da Lei nº 9.615/98, que dispunha sobre normas gerais acerca do desporto, além de dar outras providências. A alteração que apresentava o art. 56 dizia respeito "aos recursos necessários ao fomento das práticas desportivas formais ou não formais a que se refere o art. 217 da Constituição Federal" (COSTA FILHO, 2016, p. 418). A alteração do percentual de arrecadação bruta dos concursos de prognósticos e loterias federais e similares, prevista no dispositivo para incentivo e fomento da prática do desporto paraolímpico e outras atividades esportivas às pessoas com deficiência possibilita a destinação de recursos financeiros para o incentivo da prática do desporto, contribuindo para o desenvolvimento da qualidade de vida, autonomia e liberdade da pessoa com deficiência.

Art. 111. O art. 1º da Lei nº 10.048, de 8 de novembro de 2000, passa a vigorar com a seguinte redação:

Art. 1º As pessoas com deficiência, os idosos com idade igual ou superior a 60 (sessenta) anos, as gestantes, as lactantes, as pessoas com crianças de colo e os obesos terão atendimento prioritário, nos termos desta Lei.

DANIELE CHAVES TEIXEIRA

O art. 111 apresenta a alteração no art. 1º da Lei nº 10.048/2000, conhecida como Lei da Prioridade, vindo o EPD a aperfeiçoar o termo a ser utilizado conforme dispõe em seu art. 1º, passando a utilizar a expressão "pessoa com deficiência" e não mais "pessoa portadora de deficiência". Importante ressaltar que a consistência de uma política de direitos humanos voltada às pessoas com deficiência só pode ser alcançada efetivamente com

> o constante acompanhamento crítico de sua implementação, junto com a sociedade civil organizada, através de seus conselhos e entidades representativas, pois só assim os problemas de percurso podem ser identificados e, com isso, buscar-se tratá-los da forma adequada (ARAÚJO; COSTA FILHO, 2015, p. 6).

Cabe dizer que se deve remover obstáculos que não possibilitem o exercício dos direitos, o desenvolvimento de suas potencialidades, a autonomia e a participação das pessoas com deficiência. Assim, "o meio ambiente econômico e social pode ser causa ou fator de agravamento da deficiência" (LAGO, 2016, p. 2).

O art. 1º da Lei nº 10.048/2000 estende a prioridade às pessoas obesas, assim o artigo tutela as pessoas com deficiência, os idosos com idade de 60 anos ou superior, as gestantes, as lactantes, as pessoas com crianças de colo e os obesos. Vale lembrar que as crianças têm prioridade absoluta garantida em função do art. 227 da Constituição da República.

Art. 112. A Lei nº 10.098, de 19 de dezembro de 2000, passa a vigorar com as seguintes alterações:

Art. 2º [...]

I - acessibilidade: possibilidade e condição de alcance para utilização, com segurança e autonomia, de espaços, mobiliários, equipamentos urbanos, edificações, transportes, informação e comunicação, inclusive seus sistemas e tecnologias, bem como de outros serviços e instalações abertos ao público, de uso público ou privados de uso coletivo, tanto na zona urbana como na rural, por pessoa com deficiência ou com mobilidade reduzida;

II - barreiras: qualquer entrave, obstáculo, atitude ou comportamento que limite ou impeça a participação social da pessoa, bem como o gozo, a fruição e o exercício de seus direitos à acessibilidade, à liberdade de movimento e de expressão, à comunicação, ao acesso à informação, à compreensão, à circulação com segurança, entre outros, classificadas em:

a) barreiras urbanísticas: as existentes nas vias e nos espaços públicos e privados abertos ao público ou de uso coletivo;

b) barreiras arquitetônicas: as existentes nos edifícios públicos e privados;

c) barreiras nos transportes: as existentes nos sistemas e meios de transportes;

d) barreiras nas comunicações e na informação: qualquer entrave, obstáculo, atitude ou comportamento que dificulte ou impossibilite a expressão ou o recebimento de mensagens e de informações por intermédio de sistemas de comunicação e de tecnologia da informação;

III - pessoa com deficiência: aquela que tem impedimento de longo prazo de natureza física, mental, intelectual ou sensorial, o qual, em interação com uma ou mais barreiras, pode obstruir sua participação plena e efetiva na sociedade em igualdade de condições com as demais pessoas;

IV - pessoa com mobilidade reduzida: aquela que tenha, por qualquer motivo, dificuldade de movimentação, permanente ou temporária, gerando redução efetiva da mobilidade, da flexibilidade, da coordenação motora ou da percepção, incluindo idoso, gestante, lactante, pessoa com criança de colo e obeso;

V - acompanhante: aquele que acompanha a pessoa com deficiência, podendo ou não desempenhar as funções de atendente pessoal;

VI - elemento de urbanização: quaisquer componentes de obras de urbanização, tais como os referentes a pavimentação, saneamento, encanamento para esgotos, distribuição de energia elétrica e de gás, iluminação pública, serviços de comunicação, abastecimento e distribuição de água, paisagismo e os que materializam as indicações do planejamento urbanístico;

VII - mobiliário urbano: conjunto de objetos existentes nas vias e nos espaços públicos, superpostos ou adicionados aos elementos de urbanização ou de edificação, de forma que sua modificação ou seu traslado não provoque alterações substanciais nesses elementos, tais como semáforos, postes de sinalização e similares, terminais e pontos de acesso coletivo às telecomunicações, fontes de água, lixeiras, toldos, marquises, bancos, quiosques e quaisquer outros de natureza análoga;

VIII - tecnologia assistiva ou ajuda técnica: produtos, equipamentos, dispositivos, recursos, metodologias, estratégias, práticas e serviços que objetivem promover a funcionalidade, relacionada à atividade e à participação da pessoa com deficiência ou com mobilidade reduzida, visando à sua autonomia, independência, qualidade de vida e inclusão social;

IX - comunicação: forma de interação dos cidadãos que abrange, entre outras opções, as línguas, inclusive a Língua Brasileira de Sinais (Libras), a visualização de textos, o Braille, o sistema de sinalização ou de comunicação tátil, os caracteres ampliados, os dispositivos multimídia, assim como a linguagem simples, escrita e oral, os sistemas auditivos e os meios de voz digitalizados e os modos, meios e formatos aumentativos e alternativos de comunicação, incluindo as tecnologias da informação e das comunicações;

X - desenho universal: concepção de produtos, ambientes, programas e serviços a serem usados por todas as pessoas, sem necessidade de adaptação ou de projeto específico, incluindo os recursos de tecnologia assistiva.

Art. 3º O planejamento e a urbanização das vias públicas, dos parques e dos demais espaços de uso público deverão ser concebidos e executados de forma a torná-los acessíveis para todas as pessoas, inclusive para aquelas com deficiência ou com mobilidade reduzida.

Parágrafo único. O passeio público, elemento obrigatório de urbanização e parte da via pública, normalmente segregado e em nível diferente, destina-se somente à circulação de pedestres e, quando possível, à implantação de mobiliário urbano e de vegetação.

Art. 9º [...]

Parágrafo único. Os semáforos para pedestres instalados em vias públicas de grande circulação, ou que deem acesso aos serviços de reabilitação, devem obrigatoriamente estar equipados com mecanismo que emita sinal sonoro suave para orientação do pedestre.

Art. 10-A. A instalação de qualquer mobiliário urbano em área de circulação comum para pedestre que ofereça risco de acidente à pessoa com deficiência deverá ser indicada mediante sinalização tátil de alerta no piso, de acordo com as normas técnicas pertinentes.

Art. 12-A. Os centros comerciais e os estabelecimentos congêneres devem fornecer carros e cadeiras de rodas, motorizados ou não, para o atendimento da pessoa com deficiência ou com mobilidade reduzida.

DANIELE CHAVES TEIXEIRA

O art. 112 altera a Lei nº 10.098/2000, denominada como a Lei de Acessibilidade, instrumento relevante para as pessoas com deficiência e mobilidade reduzida por inserir, no ordenamento jurídico brasileiro, critérios de acessibilidade no meio arquitetônico, urbanístico, de comunicação, tecnológico e de transporte, além de definir prazos para que ocorra a acessibilidade. Trata-se de tema de extrema relevância, pois diz respeito a direito fundamental e instrumental para o exercício da cidadania. Cabe destacar que o Decreto Federal nº 5.296/2004 regulamentou e operacionalizou aspectos da acessibilidade, como a incorporação das normas técnicas da ABNT. De forma exemplificativa, tem-se a NT nº 9050, de construção e adaptações de edificações e mobiliários urbanos (outras normas podem ser encontradas por meio do sítio www.pessoacomdeficiência.gov.br). Entretanto, é válido destacar que não é suficiente o Poder Público somente possibilitar o acesso precário aos logradouros e aos prédios públicos, é necessário que sejam asseguradas condições para o acesso, o que impõe a eliminação de barreiras arquitetônicas, sinalização adequada, dentre outras medidas necessárias a uma efetiva inclusão. Evidenciando que todas as pessoas com e sem deficiência fazem parte da mesma sociedade com os seus direitos e obrigações (NISHIYAMA; TEIXEIRA, 2016, p. 8-9).

(NC) A Lei nº 10.098/2000, editada dois anos após a promulgação da CR, ao estabelecer normas gerais e critérios básicos para a promoção da acessibilidade das pessoas portadoras de deficiência ou com mobilidade reduzida, deu cumprimento ao disposto nos §§1º, II, e 2º, do art. 227 e 244, da CR. Os citados dispositivos integram o conjunto de quinze artigos que tratam diretamente da proteção da pessoa com deficiência. À época, buscava-se a proteção para fins de integração social dessas pessoas, como deixa claro o disposto no art. 24, XIV, da CR. A compreensão da deficiência se dava sob a perspectiva do modelo médico, que objetiva a habilitação e a reabilitação da pessoa com deficiência, então designada como pessoa "portadora" de deficiência, o que permitiria a promoção de sua integração à vida comunitária, como expressa o art. 203, IV, da CR. A Emenda Constitucional nº 94/2016, posterior à EPD, alterou o art. 100, §2º, incluindo a denominação assumida após a CDPD – pessoa com deficiência, que decorre da adoção do modelo social e do objetivo de inclusão (e não mais integração; v. comentário ao art. 1º) da pessoa com deficiência. Nessa linha, o EPD promoveu a harmonização das leis já existentes à orientação da CDPD, caso do presente artigo.

Art. 113. A Lei nº 10.257, de 10 de julho de 2001 (Estatuto da Cidade), passa a vigorar com as seguintes alterações:

Art. 3º [...]

[...]

III - promover, por iniciativa própria e em conjunto com os Estados, o Distrito Federal e os Municípios, programas de construção de moradias e melhoria das condições habitacionais, de saneamento básico, das calçadas, dos passeios públicos, do mobiliário urbano e dos demais espaços de uso público;

IV - instituir diretrizes para desenvolvimento urbano, inclusive habitação, saneamento básico, transporte e mobilidade urbana, que incluam regras de acessibilidade aos locais de uso público;

[...]

Art. 41. [...]

§3º As cidades de que trata o caput deste artigo devem elaborar plano de rotas acessíveis, compatível com o plano diretor no qual está inserido, que disponha sobre os passeios públicos a serem implantados ou reformados pelo poder público, com vistas a garantir acessibilidade da pessoa com deficiência ou com mobilidade reduzida a todas as rotas e vias existentes, inclusive as que concentrem os focos geradores de maior circulação de pedestres, como os órgãos públicos e os locais de prestação de serviços públicos e privados de saúde, educação, assistência social, esporte, cultura, correios e telégrafos, bancos, entre outros, sempre que possível de maneira integrada com os sistemas de transporte coletivo de passageiros.

DANIELE CHAVES TEIXEIRA

O Estatuto da Pessoa com Deficiência, em seu art. 113, altera a Lei nº 10.257/2001, denominada como Estatuto da Cidade, que dispõe sobre as diretrizes gerais da política urbana ao estabelecer normas de ordem pública e interesse social que regram o uso da propriedade urbana em prol do bem coletivo, da segurança e do bem-estar dos cidadãos, ao regulamentar os arts. 182 e 183 da Constituição da República de 1988.

O Estatuto da Cidade, ao definir diretrizes, inclui um ponto relevante para as pessoas com deficiência que é a acessibilidade urbana. O EPD tem em seu art. 3º a definição de acessibilidade, a qual é compreendida como a possibilidade e a condição de alcance para utilização, com segurança e autonomia, de espaços, mobiliários, equipamentos urbanos, edificações, transportes, informação e comunicação, inclusive seus sistemas e tecnologias, bem como de outros serviços e instalações abertos ao público, de uso público ou privado de uso coletivo, tanto na zona urbana como na rural, por pessoa com deficiência ou com mobilidade reduzida.

Pode-se constatar que a independência e a autonomia estão no cerne do conceito de acessibilidade e demandam uma efetiva execução de atos que desconstruam as barreiras físicas e impeditivas do exercício igualitário da cidadania.

As alterações introduzidas pelo EPD denotam a necessidade de instituição de programas de construção de moradias e melhoria das condições habitacionais, de saneamento básico, das calçadas, dos passeios públicos, do mobiliário urbano e dos demais espaços de uso público e de diretrizes para o desenvolvimento urbano. Ademais, o EPD evidencia a necessidade de construir planos de rotas acessíveis, compatível com o plano diretor, com o objetivo de garantir a acessibilidade da pessoa com deficiência ou com mobilidade reduzida a todas as rotas e vias existentes. Vale salientar que compete às cidades "organizarem-se de tal forma que seja possível garantir, no mínimo, o atendimento às necessidades básicas do homem. Para isso, algumas funções urbanas elementares são essenciais a fim de alcançar o pleno atendimento das cidades" (NOVIS, 2010, p. 237). Assim, a Lei nº 10.257/2001 cumpre com a função social das cidades, traçando caminhos para garantir a todos o alcance do bem-estar, o qual é refletido no acesso efetivo às boas condições de moradia, transporte, recreação e condições satisfatórias de trabalho aos moradores da cidade.

Art. 114. A Lei nº 10.406, de 10 de janeiro de 2002 (Código Civil), passa a vigorar com as seguintes alterações:

Art. 3º São absolutamente incapazes de exercer pessoalmente os atos da vida civil os menores de 16 (dezesseis) anos.

I - (Revogado);

II - (Revogado);

III - (Revogado). (NR)

Art. 4º São incapazes, relativamente a certos atos ou à maneira de os exercer:

[...]

II - os ébrios habituais e os viciados em tóxico;

III - aqueles que, por causa transitória ou permanente, não puderem exprimir sua vontade;

[...]

Parágrafo único. A capacidade dos indígenas será regulada por legislação especial. (NR)

ANA CAROLINA BROCHADO TEIXEIRA
JOYCEANE BEZERRA DE MENEZES

Da capacidade civil. As alterações promovidas nesses dispositivos advêm do Estatuto da Pessoa com Deficiência – EPD, também denominada Lei Brasileira de Inclusão (Lei nº 3.146, de 6 de julho de 2015), cuja fundamentação imediata está na Convenção sobre os Direitos da Pessoa com Deficiência – CDPD, aprovada pelo Decreto nº 186/2008, com quórum qualificado de três quintos, nas duas casas do Congresso Nacional, em dois turnos, conforme instrui o art. 5º, §3º, da Constituição Federal, logrando alcançar a hierarquia de norma constitucional. Por cautela adicional e para evitar eventuais prejuízos ante as divergentes interpretações desse dispositivo constitucional, o Presidente da República a ratificou e a promulgou por meio do Decreto Presidencial nº 6.949/2009, cumprindo o rito de ratificação dos tratados em geral.

Seu principal escopo é a garantia de igualdade, visando a inclusão das pessoas com deficiência que somam um total de 46 milhões de brasileiros, ou seja, 25% da população do país (BARBOZA; ALMEIDA, 2016, p. 249). Para viabilizar essa inclusão, ambos os documentos reafirmam o princípio da dignidade da pessoa humana em duas de suas importantes perspectivas: a dignidade como dever que impõe ao Estado, à sociedade e à família prestações específicas voltadas para a proteção e a emancipação das pessoas com deficiência; e, a dignidade como autodeterminação que garante a plena expansão da personalidade do sujeito com limitações intelectuais ou psíquicas, justificando a sua capacidade jurídica em igualdade com as demais (PALACIUS, 2008, p. 207-209).

Com vistas a assegurar a dignidade como autodeterminação, a principal mudança introduzida pela CPDP (art. 12) e pelo EPD (art. 6º) foi a de reconhecer a capacidade civil das pessoas com deficiência, revogando parcialmente o regime das incapacidades inscrito nos artigos 3º e 4º do Código Civil. A mudança causou profunda inquietação entre os juristas, especialmente pelos impactos que pode produzir no âmbito dos negócios jurídicos, da prescrição, da responsabilidade civil, das relações familiares, etc.

Sob a perspectiva isolada da dogmática formal, esses impactos podem repercutir negativamente sobre a esfera pessoal e patrimonial das pessoas com deficiência. Porém, a despeito dos problemas que possam exsurgir nessa seara, a evolução dos direitos humanos permitiu concluir que o respeito à dignidade da pessoa humana é indissociável do respeito à sua autodeterminação (PECES-BARBA, 2003; FERRAJOLI, 2009; e RODOTÀ, 2014). Assim, agregando-se a premissa de que à pessoa deve ser reconhecido o poder de se autodeterminar, a doutrina e o Poder Legislativo devem construir novas soluções para os problemas que surgirem.

A partir dessa perspectiva, a CDPD e o EPD propõem uma dissociação entre autodeterminação, capacidade mental e capacidade civil (MENEZES; TEIXEIRA, 2016, p. 583), rompendo com o padrão conceitual da dignidade da pessoa humana utilizado nas primeiras declarações de direitos humanos, inclusive na Declaração Universal dos Direitos do Homem, promulgada pela Organização das Nações Unidas (1948). Independentemente da capacidade mental, é importante assegurar a autodeterminação da pessoa como uma forma de respeitar a sua dignidade enquanto sujeito. Por isso é que o artigo 12, parágrafo primeiro da CDPD, reafirma que as pessoas com deficiência têm direito ao reconhecimento de sua personalidade jurídica e, consequentemente, à capacidade jurídica.

Segundo G. Peces-Barba (2003, p. 28-55), o ideal de dignidade humana que permeia os primeiros documentos pertinentes aos direitos humanos foi construído sob um modelo de ser humano ilustrado e delineado por um conjunto de características estéticas e éticas que remetiam a um padrão de perfeição. Pressupunha um protótipo de agente apto a participar do discurso moral por sua capacidade de raciocinar, de sentir e de se comunicar, manifestando as competências indispensáveis ao desempenho de seu papel social (ROIG, 2008, p. 32-33). Àqueles considerados incapazes seriam atribuídos direitos não sob o fundamento da sua própria dignidade, mas em virtude de os sujeitos capazes considerá-los merecedores desse favor pelo fato de sua pertença à família humana.

A partir de meados do século XX, esse pensamento foi sofrendo modificações, permitindo-se a inclusão de determinados sujeitos, até então invisíveis e havidos como irrelevantes para o mundo jurídico. Foi o que aconteceu com as mulheres, as crianças e, por fim, com os deficientes, por meio de uma série de tratados temáticos de direitos humanos, cujos objetivos foram tutelar um grupo particular ou coletivo, ou mesmo ampliar o nível de proteção e tutela de alguns de seus direitos básicos no sistema universal de direitos humanos (BARIFFI, 2014, p. 104).

No Brasil, a questão de gênero sempre requereu atenção especial. Somente em 1962, com o Estatuto da Mulher Casada (Lei nº 4.121/1962), modificou-se o art. 6º, II, do Código Civil de 1916, que incluía as mulheres casadas entre os sujeitos relativamente incapazes, enquanto subsistisse a sociedade conjugal. Por isso, a relevância da Convenção sobre a Eliminação de todas as formas de Discriminação contra a Mulher – CEFDM, adotada e aberta para assinatura e ratificação, ou adoção, pela Assembleia Geral, por sua Resolução nº 34/180, de 19 de dezembro de 1979, em vigor a partir de 3 de setembro de 1981. Tal Convenção foi ratificada pelo Brasil com reservas pelo Decreto nº 89.460/1984 e, posteriormente, aprovada em sua integralidade pelo Decreto nº 4.377/2002 que revogou o decreto anterior.

O objetivo primordial dessa Convenção (art. 1º) foi o de resguardar as mulheres de toda e qualquer forma de discriminação, assim definida como distinção, exclusão ou restrição baseada no sexo que tenha por objeto ou por resultado diminuir ou anular o reconhecimento, o gozo ou o exercício dos direitos humanos e das liberdades fundamentais nas esferas política, econômica, social, cultural, civil ou em qualquer outra, pela mulher, independentemente do seu estado civil.

Em relação às crianças e aos adolescentes, a Convenção das Nações Unidas sobre os Direitos das Crianças adotada e aberta para assinatura e ratificação, ou adoção, pela Assembleia Geral, por sua Resolução nº 44/25, de 20 de novembro de 1989, reconhece-lhes todos os direitos humanos de caráter universal acrescidos de direitos específicos, em razão do seu peculiar estágio de desenvolvimento. Assenta-se nos seguintes princípios fundamentais: a não discriminação, a preservação do melhor interesse da criança, o direito à vida, à sobrevivência e ao desenvolvimento e o respeito à opinião da criança. Trata-se, efetivamente, de um instrumento internacional que visa preservar a inclusão e a participação da criança e do adolescente, ratificada no direito brasileiro pelo Decreto nº 99.710/99.

Foi com o mesmo escopo que se celebrou a Convenção Internacional sobre os Direitos das Pessoas com Deficiência, adotada pela Assembleia Geral em 13 de dezembro de 2006, com vigência iniciada em 3 de maio de 2008. Pretendeu-se romper o último *status* que ainda persistia como uma barreira de acesso à igualdade, a capacidade civil, conforme já denunciara Ferrajoli (2009, p. 22). Trata-se da normativa que considera a deficiência não como uma qualidade intrínseca do sujeito, mas como um resultado de suas limitações físicas, intelectuais ou psíquicas, em interação com as diversas barreiras sociais, nas quais se incluem as barreiras jurídicas. Já não é a pessoa que precisa se reabilitar, mas a sociedade que precisa de urgente reabilitação para receber aqueles que são considerados diferentes por sua diversidade funcional. Nessa perspectiva, a Convenção adotou o modelo social de abordagem da deficiência, como um caminho para a sua inclusão. Visando reduzir a discriminação, promover meios para sua participação e garantia da sua autonomia.

Antes, apartadas do padrão social e jurídico de normalidade, essas pessoas sofriam e ainda sofrem uma descriminação severa em diversas instâncias da vida sob a legitimação do próprio Direito. Qualquer restrição à capacidade mental ou intelectual repercutiria em prejuízo à sua autodeterminação na seara patrimonial e existencial, justificando a sua sujeição à curatela que se consolidava em um modelo firmado na substituição de vontade. Grosso modo, a pessoa sob curatela perdia a condição de sujeito e passava a figurar como mero objeto de proteção.

No âmbito da vida civil, a CDPD e o EPD impuseram a migração de um direito protetivo fundado na substituição da vontade, no qual se suprimia ou restringia o poder volitivo da pessoa por meio da curatela, para um sistema de apoio que fomenta a sua autonomia, disponibilizando-lhe os mecanismos de suporte que vier a necessitar para melhor exercer a sua capacidade. Modificou-se a curatela e instituiu-se a tomada de decisão apoiada.

Reconhecendo igual dignidade a todas as pessoas, a CDPD e o EPD sustentam a necessidade de se lhes reconhecer a igual capacidade jurídica, indispensável ao exercício da autonomia. Uma vez que a capacidade jurídica envolve a capacidade de fato e a capacidade de gozo, na medida em que houver necessidade, as pessoas com deficiência, mormente, aquela derivada de uma limitação de ordem psíquica e intelectual, poderão receber algum tipo de apoio, inclusive aquele que se institui por meio da curatela. Não mais se admite que o regime das incapacidades funcione como uma barreira institucional tendente a ampliar o quadro de desigualdade e a obstar o gozo dos direitos humanos, fundamentais e de personalidade. Conforme já anunciado, Luigi Ferrajoli (2009, p. 22) há muito tempo já alertava sobre a aplicação do *status* da capacidade e da cidadania como barreiras ao acesso aos direitos fundamentais, especialmente à igualdade.

Nessa esteira, o EPD estabeleceu que a deficiência não pode constituir um critério apto para aferição e modulação da capacidade (art. 6º, *caput*), ecoando o entendimento da própria CDPD, no sentido de que não será a deficiência psíquica ou intelectual o motivo da restrição à capacidade, e sim um eventual e grave déficit na capacidade de discernir proveniente de qualquer circunstância temporária ou duradoura. A ausência ou a redução do discernimento, ou seja, de capacidade natural para querer e entender os efeitos de uma decisão, é que será o critério para mitigação da capacidade de exercício.

Embora a CDPD use o termo "capacidade legal", no art. 12, está mesmo se referindo à capacidade jurídica, consoante esclarece o relatório intitulado "Observación general sobre el artículo 12: igual reconocimiento como persona ante la ley", elaborado pelo Comitê sobre os direitos da pessoas com deficiência da Organização das Nações Unidas. De um modo mais específico, o Comitê da ONU dispôs que devem ser abolidas todas as práticas cujos efeitos vierem a violar o artigo 12, a fim de que as pessoas com deficiência possam recobrar a sua plena capacidade jurídica.

> El Comité reafirma que el hecho de que una persona tenga una discapacidad o una deficiencia (incluidas las deficiencias físicas o sensoriales) no debe ser nunca motivo para negarle la capacidad jurídica ni ninguno de los derechos establecidos en el artículo 12 Todas las prácticas cuyo propósito o efecto sea violar el artículo 12 deben ser abolidas, a fin de que las personas con discapacidad recobren la plena capacidad jurídica en igualdad de condiciones con las demás (ONU. CRPD/C/11/4. Item 8).

Conforme esclarecimento do Comitê, a capacidade jurídica conjuga a capacidade de gozo e a capacidade de exercício. Credita-se à pessoa com deficiência igual aptidão para realizar os atos da vida civil, sejam eles de caráter existencial ou patrimonial. Para dirimir qualquer dúvida, note-se que o art. 12, parágrafo 5º da CDPD possibilita à pessoa com deficiência o direito de ser proprietária, herdeira de bens, controladora dos próprios assuntos econômicos, acesso igualitário a empréstimos bancários, hipotecas e outras modalidades de créditos financeiros, salvaguardando-as para que não sejam privadas de seus bens de maneira arbitrária.

Há uma dissociação entre os conceitos de capacidade jurídica e de capacidade mental. A primeira constitui a possibilidade de figurar nas relações jurídicas como titular de direitos e deveres (capacidade de direito ou de gozo) somada à capacidade para exercer esses direitos e deveres por si com legitimação para atuar em sua defesa (capacidade de fato ou de exercício). Essa capacidade jurídica integral é que se afigura como chave para a efetiva participação na arena política, civil e social. Já a capacidade mental (que remete à capacidade de agir ou à capacidade natural) diz respeito à aptidão que tem o sujeito para a tomada de decisões, sendo esta variável de pessoa para pessoa, a depender de uma gama de fatores pessoais, ambientais e sociais. Em razão do que dispõe o art. 12 da CDPD, eventuais déficits na capacidade mental, supostos ou reais, podem ser resolvidos por meio de apoios que não venham a restringir ou a negar a capacidade jurídica da pessoa. Essa restrição, quando for de fato necessária, deve ser excepcional e sempre cercada de salvaguardas:

> 13. En la mayoría de los informes de los Estados partes que ha examinado hasta la fecha el Comité se mezclan los conceptos de capacidad mental y capacidad jurídica, de modo que cuando se considera que una persona tiene una aptitud deficiente para adoptar decisiones, a menudo como consecuencia de una discapacidad cognitiva o psicosocial, se le retira en consecuencia su capacidad jurídica para adoptar una decisión concreta. Esto se decide simplemente en función del diagnóstico de una discapacidad (criterio basado en la condición), o cuando la persona adopta una decisión que se considera que tiene consecuencias negativas (criterio basado en los resultados), o cuando se considera que la aptitud de la persona para adoptar decisiones es deficiente (criterio funcional). En todos esos criterios, la discapacidad de la persona o su aptitud para adoptar decisiones se consideran motivos legítimos para negarle la capacidad jurídica y rebajar su condición como persona ante la ley. El artículo 12 no permite negar la capacidad jurídica de ese modo discriminatorio, sino que exige que se proporcione apoyo en su ejercicio.

Como esclarecem Gustavo Tepedino e Milena Donato Oliva (2016, p. 241),

> Com o advento do Estatuto da Pessoa com Deficiência, portanto, a pessoa com deficiência afigura-se plenamente capaz. Nada obstante, ostenta especial vulnerabilidade que a lei busca debelar com a previsão de uma série de medidas que objetivam a inclusão e a vedação à discriminação da pessoa com deficiência. Além disso, se a pessoa com deficiência não lograr ter pleno discernimento para a prática de atos civis, a lei prevê mecanismos para suprir essa carência na exata proporção em que necessitar o portador de deficiência.

Pela lógica da CDPD e do EPD defere-se igual capacidade a todos. Na hipótese de a pessoa necessitar de ajuda para o exercício de sua capacidade, a sociedade e o Estado devem lhe disponibilizar uma rede de apoio que envolve desde o mero auxílio informal (art. 7º, CDPD) até aqueles tipos específicos como a tomada de decisão apoiada e a curatela, esta última, constituindo um mecanismo de apoio mais intenso.

A redação original do art. 3º do Código Civil fazia menção expressa à "enfermidade ou deficiência mental" (inciso II) como critério qualificador da incapacidade absoluta.

De igual modo, o art. 4º dispunha que as pessoas com deficiência mental que tivessem o discernimento reduzido e os excepcionais sem desenvolvimento completo seriam consideradas entre os relativamente incapazes. *In verbis*:

> Art. 3º São absolutamente incapazes de exercer pessoalmente os atos da vida civil:
> I - os menores de dezesseis anos;
> II - os que, por *enfermidade ou deficiência mental*, não tiverem o necessário discernimento para a prática desses atos;
> III - os que, mesmo por causa transitória, não puderem exprimir sua vontade.
> Art. 4º São incapazes, relativamente a certos atos, ou à maneira de exercê-los:
> I - os maiores de dezesseis e menores de dezoito anos;
> II - os ébrios habituais, os viciados em tóxicos, e os que, por *deficiência mental*, tenham o discernimento reduzido;
> III - *os excepcionais*, sem desenvolvimento mental completo;
> IV - os pródigos.
> Parágrafo único. A capacidade dos índios será regulada por legislação especial.

Ainda que ambos os artigos associassem a deficiência à ausência, à redução ou à incompletude do discernimento para qualificação da incapacidade absoluta ou relativa (art. 3º, inciso II, e art. 4º, incisos II e III) faziam referência à deficiência em si. Mantinham a deficiência como uma espécie de causa da ausência ou redução do discernimento, configurando-a como um critério discriminatório que chancelava e reproduzia os tempos de exclusão e de preconceito. Desconsiderava-se que, a despeito da deficiência, a pessoa poderia conservar alguma capacidade para exercer os atos da vida civil.

Os dispositivos sequer mencionavam deficiência. Faziam uso de termos ainda mais estigmatizantes e, inclusive, incorretos sob a perspectiva da medicina. Enfermidade e doença mental não são termos adequados para dizer sobre as hipóteses em que a pessoa tem limitação psíquica. Sobre a necessidade de quebrar padrões discriminatórios e estigmatizantes, Agustina Palacios (2008, *passim*) defende que a deficiência seja compreendida como um aspecto da diversidade humana e não como doença ou enfermidade, que já induz à concepção de anormalidade.

Não é a deficiência, por si, que retira da pessoa o direito de praticar os atos da vida civil, mas a ausência do discernimento, da capacidade natural de querer e de entender os efeitos da sua escolha. Há pessoas com deficiência que têm o discernimento preservado; enquanto há outras que não possuem qualquer deficiência física, psíquica, intelectual ou sensorial e, mesmo assim, não têm discernimento, como na hipótese descrita na redação original do art. 3º, III, do Código Civil. Não podem sequer manifestar a sua vontade, em virtude de uma causa permanente ou transitória – nessa condição estariam aqueles que estão em estado de coma, por exemplo.

Em conformidade com o art. 12 da CDPD, que reconhece a capacidade legal a todas as pessoas com deficiência, em igualdade de condições com as demais, o EPD excluiu a deficiência dos critérios incapacitantes dos artigos 3º e 4º do Código Civil, dando-lhes nova redação. *In verbis*:

> Art. 3º São absolutamente incapazes de exercer pessoalmente os atos da vida civil os menores de 16 (dezesseis) anos.

Art. 4º São incapazes, relativamente a certos atos ou à maneira de os exercer:

I - os maiores de dezesseis e menores de dezoito anos;

II - os ébrios habituais e os viciados em tóxico;

III - aqueles que, por causa transitória ou permanente, não puderem exprimir sua vontade;

IV - os pródigos.

Parágrafo único. A capacidade dos indígenas será regulada por legislação especial.

Entre os absolutamente incapazes restaram apenas as pessoas menores de dezesseis anos. Sob esse entendimento, a 3ª Câmara de Direito Privado do Tribunal de Justiça de São Paulo (TJ/SP) deu provimento parcial a recurso da Defensoria Pública do Estado, contrariando sentença que declarava absolutamente incapaz um homem com "doença" psíquica irreversível. Conforme o relator, Donegá Morandin, a incapacidade da pessoa sob curatela será sempre relativa (Decisão disponível em: http://www.migalhas.com.br/arquivos/2017/3/art20170302-03.pdf. Acesso em: 8 out. 2019).

Investiga-se se o EPD pecou por excesso de cuidado ao deixar de considerar absolutamente incapaz aquela pessoa completamente faltosa de discernimento, sem qualquer capacidade de entendimento ou de manifestação de um querer – detectado por perícia. Entende-se que não! Uma pessoa não pode ser lançada ao plano da absoluta incapacidade sem que isso se opere com alguma lesão à dignidade. Nos casos específicos, quando houver a incapacidade de exprimir a vontade, em virtude de causa transitória ou permanente, ainda que esteja sob curatela e representação, não pode ser tratada como mero objeto de proteção. É fundamental que o representante legal possa identificar a vontade tácita desta pessoa – observando a sua história biográfica, seus elos afetivos e seus interesses fundamentais. Essa observância só não será possível se a pessoa nascer já sem nenhuma possibilidade de expressão de vontade, sendo que, nesse caso, o critério hermenêutico é o seu melhor interesse. Ou seja, a representação total dos poderes pelo curador depende de uma análise casuística, devendo o julgador se desincumbir do seu ônus argumentativo para superar as barreiras colocadas pelos arts. 6º e 85, §1º, EPD.

Considere-se decisão judicial que anulou um ato praticado pelo curador por entender que desatendeu à vontade tácita da curatelada. Na hipótese, o curador cancelou um contrato de seguro de vida celebrado pela curatelada quando ainda gozava de capacidade natural para decidir em benefício de uma neta com a qual mantinha forte laço afetivo. Coube ao Judiciário entender que a vontade biográfica da curatelada não poderia ter sido desrespeitada pelo curador (TJMG, AI 1.0000.16.003070-6/001, 16ª CC, Rel. Des. Wagner Wilson, julg. 30.06.2017, *DJ* 03.07.2017).

O PLS nº 757/2015 acrescenta um parágrafo terceiro ao art.4º do Código Civil para dispor que o curador que exerce poderes de representação deve atender à vontade potencial da pessoa sob curatela. Admite que a vontade possa ser manifesta por qualquer meio, conforme se lê na nova redação proposta para o art.1.783-A do Código Civil. Também não provoca qualquer alteração ao art. 3º, do CC/02. E, para ampliar a tutela da pessoa sob curatela ou tomada de decisão apoiada, faz alguns ajustes no art. 4º do Código Civil, acrescentando-lhe alguns parágrafos, dentre os quais o parágrafo segundo, que reafirma o direito da pessoa com deficiência de exercer a sua capacidade civil, por si só, com os apoios e salvaguardas necessários.

No Peru, a legislação civil usa a expressão "vontade tácita", que se extrai de sua história de vida. Pela alteração proposta pelo Decreto Legislativo nº 1.384/2018, o art. 141 do Código Civil assumiu a seguinte redação:

> Artículo 141. Manifestación de voluntad
>
> La manifestación de voluntad puede ser expresa o tácita. Es expresa cuando se realiza en forma oral, escrita, a través de cualquier medio directo, manual, mecánico, digital, electrónico, mediante la lengua de señas o algún medio alternativo de comunicación, incluyendo el uso de ajustes razonables o de los apoyos requeridos por la persona.
>
> Es tácita cuando la voluntad se infiere indubitablemente de una actitud o conductas reiteradas en la historia de vida que revelan su existencia.
>
> No puede considerarse que existe manifestación tácita cuando la ley exige declaración expresa o cuando el agente formula reserva o declaración en contrario.

Nos termos que propôs a CDPD, a capacidade civil é a regra geral. Eventual restrição a essa capacidade associada a um tipo de apoio mais intenso (Preâmbulo da CDPD, alínea "j") deve ser cercada de salvaguardas para proteger a autonomia da pessoa, de sorte que ainda possa decidir quanto àquilo que se revelar competente para fazê-lo.

Em todo caso, a restrição à capacidade jurídica somente poderá se justificar se o critério for aplicável a todos, indistintamente, e não apenas às pessoas com deficiência. Nesse aspecto, se o sujeito está em coma, por exemplo, o seu estado de saúde impede a comunicação da vontade, sendo esse um critério admissível à modulação de sua capacidade, porque aplicável a qualquer pessoa, independentemente de um diagnóstico de deficiência. Há países que falam de capacidade civil restringida com todas as salvaguardas para evitar riscos aos direitos fundamentais. *In verbis*, o trecho do relatório elaborado pelo comitê da ONU:

> Sin embargo, el derecho al igual reconocimiento como persona ante la ley y a no sufrir discriminación exige que cuando el Estado niegue la capacidad jurídica, debe hacerlo por los mismos motivos a todas las personas. La negación de la capacidad jurídica no debe basarse en un rasgo personal como el género, la raza o la discapacidad, ni tener el propósito o el efecto de tratar a esas personas de manera diferente.

Ou seja, o *status personae* é a medida máxima que assegura ao sujeito a condição de pessoa e, consequentemente, a possibilidade de integrar as relações jurídicas mais diversas, constituindo direitos e/ou obrigações (DANTAS, 1979, p. 169). A nacionalidade, a posição da pessoa na família ou mesmo a capacidade civil não podem justificar a restrição ao exercício e ao gozo dos direitos existenciais, quando muito, representam fórmulas descritivas de situações jurídicas específicas (PROSPERI, 2013, p. 14). A cidadania é condicionante para o exercício de muitos direitos políticos, como a elegibilidade e o direito de votar; a posição do sujeito na família informa a sua condição de *pater* ou de *filius*; a capacidade civil, por sua vez, pode ser determinante para a prática de atos jurídicos potestativos, a exemplo da compra e da venda de bens imóveis, do casamento, do testamento etc. Nenhuma dessas posições, porém, poderá implicar na supressão ou na restrição de direitos existenciais atrelados imediatamente à realização de sua personalidade.

Se voltarmos o olhar para a Alemanha, revogou-se a interdição com os instituto da Curatela e da Tutela, instituindo o *Betreuung* (§§1896 ff. BGB), uma espécie de cuidado jurídico. No geral, manteve-se a capacidade jurídica em virtude do direito fundamental à autodeterminação previsto na Constituição (art. 2º, nº 1, GG).

O novo Código Civil e Comercial argentino chegou a utilizar a expressão *apoio* – "Sistema de apoio ao exercício da capacidade", como título do parágrafo que trata a matéria na sessão sobre as restrições à capacidade civil (art. 43). Sem qualquer referência à deficiência, a Argentina dispôs que são incapazes aquelas pessoas que assim forem declaradas por sentença judicial e na extensão desta (art. 24, "c"). Sustenta que toda restrição à capacidade deve ser estabelecida em benefício da própria pessoa (art. 31, "c"), priorizando-se sempre as alternativas terapêuticas menos restritivas dos direitos e liberdades (art. 31, "f"). Na sentença que limita a capacidade, o juiz deve designar os apoios necessários previstos no art. 43, especificando as funções com os ajustes razoáveis em função das necessidades e circunstanciais pessoais do apoiado. Todo apoio designado deve promover a autonomia e favorecer a que as decisões sempre estejam atreladas às preferências da pessoa protegida. Excepcionalmente, quando a pessoa se encontrar absolutamente impossibilitada da interação com seu entorno de expressar a sua vontade por qualquer modo, meio ou formato, o Código argentino permite que o curador exerça poderes de representação, nos termos do art. 100 e art. 101, alínea "c".

Portugal também promulgou uma lei recente, a Lei nº 49/2018, para ajustar o Código Civil à CDPD. Instituiu o regime do maior acompanhado, eliminando a interdição e a inabilitação (equivalentes das nossas antigas curatela total e curatela parcial). A pessoa maior que está impossibilitada de exercer plena, pessoal e conscientemente os seus direitos ou de, nos mesmos termos, cumprir os seus deveres se beneficiará das medidas de acompanhamento (art. 138, Código Civil Português).

Sobre as alterações do EPD à curatela e quanto ao novo instituto da tomada de decisão apoiada comentaremos adiante.

> Art. 228. [...]
> [...]
> II - (Revogado);
> III - (Revogado);
> [...]
> §1º [...]
> §2º A pessoa com deficiência poderá testemunhar em igualdade de condições com as demais pessoas, sendo-lhe assegurados todos os recursos de tecnologia assistiva. (NR)

Capacidade da pessoa com deficiência para testemunhar. Com o escopo de eliminar as situações de desigualdade pautadas em face da deficiência, o art. 114 do EPD modificou o art. 228 do Código Civil, revogando os incisos II e III que previam a impossibilidade de atuarem como testemunhas aqueles que, por *enfermidade ou retardamento mental não tivessem discernimento* para a prática de atos da vida civil, bem como os cegos e surdos, quando a ciência do fato que se quer dependa dos sentidos que lhe faltam.

Assim, a pessoa com alguma deficiência pode ser testemunha nas mesmas condições das demais, devendo receber o suporte necessário para que possa fazê-lo, em atendimento ao princípio da igualdade substancial. Para tanto, foi acrescentado o parágrafo segundo ao art. 228 CC, determinando que lhe sejam assegurados todos os recursos de tecnologia assistiva, assim definida como

> área do conhecimento, de característica interdisciplinar, que engloba produtos, recursos, metodologias, estratégias, práticas e serviços que objetivam promover a funcionalidade, relacionada à atividade e à participação de pessoas com deficiência, incapacidades ou mobilidade reduzida, visando sua autonomia, independência, qualidade de vida e inclusão social. (Ata VII do Comitê de Ajudas Técnicas - CAT, Coordenadoria Nacional para Integração da Pessoa Portadora de Deficiência - CORDE e Secretaria Especial dos Direitos Humanos).

Nesse sentido, o art. 112 do EPD modificou a Lei nº 10.098/2000, de modo a exemplificar que a tecnologia assistiva ou a ajuda técnica se concretizam por meio de

> produtos, equipamentos, dispositivos, recursos, metodologias, estratégias, práticas e serviços que objetivem promover a funcionalidade, relacionada à atividade e à participação da pessoa com deficiência ou mobilidade reduzida, visando à sua autonomia, independência, qualidade de vida e inclusão social.

A fim de efetivar a previsão legal, foi editada a Resolução nº 230 pelo Conselho Nacional de Justiça, em 22 de junho de 2016, cujo art. 7º, §1º, dispõe que

> devem ser oferecidos todos os recursos de tecnologia assistiva disponíveis para que a pessoa com deficiência tenha garantido o acesso à justiça, sempre que figure em um dos polos da ação ou atue como testemunha, participe da lide posta em juízo, advogado, defensor público, magistrado ou membro do Ministério Público.

Pode-se afirmar que as pessoas com alguma deficiência, portanto, têm direito aos resultados da tecnologia assistiva, como forma de promoção da igualdade substancial. Tais recursos lhes devem ser oferecidos pelo Estado de forma prioritária, consoante se constata pelo art. 9º, do EPD. Assim, será possível maior esclarecimento dos fatos que, eventualmente, apenas a pessoa com deficiência tenha ciência. Corrobora-se, desse modo, que a deficiência não pode ser critério discriminatório, podendo ser também acolhida nesse tipo de participação, ainda que mediante o uso de recursos tecnológicos que auxiliem na mitigação de suas limitações.

> Art. 1.518. Até a celebração do casamento podem os pais ou tutores revogar a autorização. (NR)
> Art. 1.548. [...]
> I - (Revogado);
> [...] (NR)
> Art. 1.550. [...]
> [...]
> §1º [...]
> §2º A pessoa com deficiência mental ou intelectual em idade núbia poderá contrair matrimônio, expressando sua vontade diretamente ou por meio de seu responsável ou curador. (NR)

Art. 1.557. [...]

[...]

III - a ignorância, anterior ao casamento, de defeito físico irremediável que não caracterize deficiência ou de moléstia grave e transmissível, por contágio ou por herança, capaz de pôr em risco a saúde do outro cônjuge ou de sua descendência;

IV - (Revogado). (NR)

Casamento. Da mudança operada pela CDPD e regulamentada pelo Estatuto da Pessoa com Deficiência dessume-se o protagonismo e a autodeterminação da pessoa com deficiência para uma vida independente, na maior medida possível, inclusive quando estiver sob curatela. Nesse sentido, duas observações devem ser feitas sobre o Estatuto: o art. 85 determinou que a curatela se restrinja apenas aos aspectos negociais e patrimoniais e o §1º do mesmo dispositivo estabeleceu uma série de situações jurídicas existenciais herméticas aos poderes da curatela e que só podem ser legitimamente definidas e exercidas por decisão da pessoa com deficiência – tais como direito ao próprio corpo, à sexualidade, ao matrimônio, à privacidade, à educação, à saúde, ao trabalho e ao voto.

Portanto, uma das situações existenciais imunes à curatela é o casamento, direito expressamente assegurado no art. 6º, I, do referido Estatuto e no art. 23 da CDPD, ou seja, "o exercício de outros direitos existenciais, como a sexualidade-reprodução e o casamento, também não afetados pela incapacidade, não exige autorização judicial (...)" (BARBOZA, ALMEIDA, 2016, p. 265).

Essas normas reconheceram (ineditamente) um conjunto de direitos indispensáveis ao desenvolvimento da personalidade no âmbito emocional, sexual e familiar às pessoas com deficiência, inclusive psíquica ou intelectual. Anteriormente ao EPD, um casamento que envolvesse cônjuge com deficiência psíquica ou intelectual poderia ser nulo ou anulável (PAN, 2000, p. 301). A disciplina jurídica acompanhava o imaginário social de que a pessoa com deficiência era assexuada ou hipersexuada, apresentando uma sexualidade degenerada que deveria ser contida. Mas essa adjetivação da sexualidade da pessoa com deficiência, notadamente, a intelectual e psíquica, como "angelical" ou "selvagem", constitui, segundo estudos, uma falsa representação social que apenas fortalece o seu isolamento e a segregação, dificultando-lhe o acesso a uma orientação sexual mais consistente (MAIA, 2001).

Exemplos recentes veiculados nos jornais e nas redes sociais mostram a dificuldade que as pessoas com deficiência intelectual e psíquica enfrentam no Brasil, para obterem o reconhecimento jurídico de sua união. Ilka Farrath Fornazieiro (35 anos) e Athur Dini Grassi Neto (27 anos), ambos com Síndrome de Down, passaram um ano inteiro entre consultas jurídicas, negativas de Cartórios e ação judicial, até conseguirem a autorização para se casarem (Disponível em: http://www1.folha.uol. com.br/cotidiano/2013/09/1339011-casal-demora-1-ano-para-vencer-restricoes-legais. shtml. Acesso em: 30 ago. 2017).

É bem certo que os encargos que acompanham o casamento/união estável podem não ser de fácil administração para as pessoas com maior grau de deficiência intelectual ou psíquica. Muitos necessitarão do apoio da família, havendo ainda outros que, por não terem conquistado um desenvolvimento mais autônomo, sequer conseguirão assumir uma vida conjugal. Tudo dependerá da autonomia que tiverem conquistado. Pessoas com a mesma síndrome, ou com uma mesma limitação qualquer, que não receberem o mesmo apoio e os estímulos necessários, mas ao contrário, forem isoladas e segregadas, certamente terão muito mais dificuldades em realizar um projeto familiar ou qualquer escolha mais independente.

Ainda que demonstrem um desenvolvimento biológico, será necessário perscrutar-se sobre o seu desenvolvimento psíquico e intelectual para conduzirem uma vida a dois. Estudos científicos citados por Gherpelli (1995) demonstram que, no que toca aos aspectos biológicos, a pessoa com deficiência mental preserva a estrutura límbica do sistema nervoso, assim como "a sua constituição anatômica, processos biológicos, desenvolvimento dos caracteres sexuais primários e secundários, produção hormonal masculina e feminina, menarca ou semenarca, além dos impulsos biológicos, comuns a qualquer ser humano". A ocorrência de síndromes pode ocasionar a limitação ou a alteração da função reprodutiva em ambos os sexos, a exemplo do que ocorre na Síndrome de Down. Diz-se que, nesses casos, pode haver reduções na fertilidade ou na capacidade reprodutiva (MOREIRA, GUSMÃO, 2002).

Assim, a diferença que pode distanciá-las daquelas consideradas "normais" está nas condições cognitivas e adaptativas que determinam a capacidade do sujeito de compreender e ajustar sua conduta social, emocional e sexual às regras sociais. Por esta razão, com o fim de garantir a manifestação saudável da sexualidade, a pessoa com deficiência mental necessita de orientação educacional que lhe permita lidar e expressar melhor as suas emoções e os seus desejos. Não raro, as dificuldades insurgentes nessa área não derivam da deficiência, mas sim, de um deficitário ou inadequado esquema de educação sexual (MAIA, 2001).

Pesquisa realizada pela Federação Brasileira das Associações de Síndrome de Down (FBASD), em parceria com o Ministério da Educação e assessoria técnica da Comunicarte Marketing Cultural e Social, nos anos 1998 e 1999, visando identificar a opinião dos pais e profissionais sobre a sexualidade de pessoas com Síndrome de Down, assim como a percepção delas próprias sobre a questão, trouxe resultados interessantes. Dentre os entrevistados, pais (58,13%) e profissionais (71,83%) concordam que a sexualidade da pessoa com Síndrome de Down é semelhante a de outras pessoas. Para 10,84% dos pais e 0,86% dos profissionais, a sexualidade da pessoa com Síndrome de Down é inexistente e poucos dos entrevistados (3,68% dos pais e 0,86% dos profissionais) consideraram que a sexualidade existe, mas deve ser reprimida (CASTELÃO *et al.*, 2003, p. 34). A despeito dos resultados, pais e profissionais responderam que a orientação sexual não é matéria de fácil abordagem, sendo evitada por muitas famílias.

Quando foram indagados sobre a viabilidade do casamento dessas pessoas: 27,5% dos pais e 10,3% dos profissionais consideraram inviável; 31,2% dos pais e 42,5% dos profissionais concordam com o casamento apenas em algumas situações; e 22,1% dos pais e 28,4% dos profissionais não fizeram nenhuma restrição.

Para Castelão (*et al.*, 2003), o casamento entre pessoas com deficiência intelectual é um fato corrente, a despeito das dificuldades operacionais e da demanda de apoio à família. A procriação é que não tem sido escorreitamente aceita, especialmente por parte da família de quem se requer maior apoio. Teme-se que redunde em maior sobrecarga para os pais dessas pessoas, em geral, mais idosos.

A esse respeito, interessante é o depoimento de Ariel Goldeberg e Rita Pokk, protagonistas do filme "Colegas", ambos com Síndrome de Down, juntos há 9 anos. Indagados sobre a decisão de não ter filhos, responderam que sabendo da elevada chance de conceberem um filho com Síndrome de Down, optaram por não tê-los "porque dá muito trabalho formar um filho com a síndrome" (Disponível em: http://www1.folha.uol.com.br/ilustrada/2013/03/1240239-sou-igual-a-todo-mundo-diz-o-ator-ariel-goldenberg-que-tem-down.shtml. Acesso em: 30 ago. 2017). Chama a atenção sua autodeterminação a respeito de algo que lhes interessa. Denota que receberam a educação e as orientações adequadas para tanto.

No âmbito do Direito, com a CDPD e o EPD a questão se mostra mais estável, pelo menos no plano formal. O casamento é considerado um direito da pessoa com deficiência e sequer pode ser objeto de deliberação por parte do curador. E o acesso a esse direito já vem sendo reafirmado pelas instâncias responsáveis. Em 2013, quando vigia apenas a CDPD, o Juiz de Direito da 3ª Vara de Família e Sucessões de São Bernardo do Campo (SP) encaminhou ao Procurador Geral de Justiça do Estado, peças extraídas de um processo provocado pelo Oficial do Registro Civil das Pessoas Naturais, após a recusa do Promotor de Justiça de São Bernardo do Campo, em promover a ação declaratória de nulidade do casamento de J.T.T.S. e L.B.G., haja vista que este último estava sob "interdição". O promotor recusou a propositura da Ação, fundamentando-se nas disposições da CDPD. Em resposta, o Procurador Geral de Justiça do Estado de São Paulo acolheu as razões da recusa, reafirmando o direito de se casar da pessoa com deficiência, ainda que esteja sob interdição (CONJUR, 2014). *In verbis,*

> RECUSA DE ATRIBUIÇÃO. CASAMENTO. PESSOA COM DEFICIÊNCIA. INCAPACIDADE CIVIL ABSOLUTA. INTERDIÇÃO. RATIFICAÇÃO DO ATO PELO CURADOR. NEGATIVA À PROVOCAÇÃO JUDICIAL PARA PROMOÇÃO DE AÇÃO DECLARATÓRIA DE NULIDADE DE CASAMENTO. CONVENÇÃO SOBRE OS DIREITOS DA PESSOA COM DEFICIÊNCIA. DIREITOS HUMANOS. INCORPORAÇÃO COM STATUS DE EMENDA CONSTITUCIONAL. PREVISÃO DE DIREITO AO MATRIMÔNIO. MANUTENÇÃO DA CONVICÇÃO DO PROMOTOR DE JUSTIÇA.
>
> 1. Para fins de casamento, a incapacidade não se confunde com o impedimento: aquela impede que alguém se case com qualquer pessoa, enquanto este somente atinge determinadas pessoas e situações, pressupondo a capacidade.
>
> 2. Se à luz da interpretação dos arts. 3º, II, e 1.548, I, CC, a pessoa absolutamente incapaz não pode contrair núpcias nem manter união estável, essa interpretação sucumbe à Convenção Internacional sobre os Direitos das Pessoas com Deficiência (Nova York, EUA, 30.03.2007) promulgada pelo Decreto nº 6.949, de 25-08-2009, após sua aprovação pelo Decreto Legislativo nº 186, de 09-07-2008, conforme o procedimento do §3º do art. 5º, CF/88, e cujo art. 23assim dispõe: 1. Os Estados Partes tomarão medidas efetivas e apropriadas para eliminar a discriminação contra pessoas com deficiência, em todos os aspectos relativos a casamento, família, paternidade e relacionamentos, em igualdade de condições com as demais pessoas, de modo a assegurar que: a) Seja reconhecido o direito das pessoas com deficiência, em idade de contrair matrimônio, de casar-se e estabelecer família, com base no livre e pleno consentimento dos pretendentes.
>
> 3. A incorporação dessa convenção internacional - cujo objeto reflete direitos humanos - no direito brasileiro com o status de emenda constitucional torna insubsistente qualquer norma jurídica subalterna (infraconstitucional) ou interpretação conducente à proibição de pessoa com deficiência contrair núpcias.

4. Manutenção da recusa do douto Promotor de Justiça à promoção de ação de nulidade do casamento, considerada a ratificação do ato pela curadora (Disponível em: http://s. conjur.com.br/dl/pessoa-deficiencia-mental-casar.pdf. Acesso em: 20 dez. 2017).

Trecho abaixo, extraído de decisão originária do Tribunal de Justiça do Estado do Rio Grande do Sul, também é esclarecedor, no sentido de afirmar que o direito ao casamento não pode ser obstado nem mesmo por "interdição":

> Viver vida a dois, interdição alguma impede e sentença nenhuma será capaz de obstá-lo. Vivendo em companhia de outra pessoa, se o fizerem nos moldes da união estável, haverá união estável, debaixo da qual o patrimônio amealhável, filhos e a família, soem ser considerados para os efeitos jurídicos (TJRS, Ap. Civ. nº 70070435912, 8ª C.C., Rel. Des. Rui Portanova, julg. 13 out. 2016).

Pois bem, o EPD revogou o Código Civil (art. 1.548, I) quanto às restrições à validade do casamento da pessoa com deficiência, dando nova redação ao art. 1.548:

> Art. 1.548. É nulo o casamento contraído:
> I - pelo enfermo mental sem o necessário discernimento para os atos da vida civil;

Assim o fez porque a vida a dois é, como já referido, a expansão da vida afetiva, que também integra a personalidade humana. Por isso, algumas questões de tal intimidade – embora o casamento também implique em reciprocidade – estão inseridas em um círculo de liberdades existenciais tutelada pelo constituinte, no âmbito do que Stefano Rodotà (2008), chama de *indecidibile per il legislatore*.

Não se trata de direitos absolutos, mas da possibilidade das pessoas se autodeterminarem segundo seus próprios desejos – se houver discernimento suficiente a validar tais escolhas. Nesse contexto, o legislador ordinário, em consonância com as diretrizes constitucionais, reconheceu, em várias oportunidades, a privatização da família a fim de propiciar a realização da dignidade de seus membros, conforme se percebe por meio da tutela da comunhão plena de vida, ou seja, proteger a família enquanto instrumento do livre desenvolvimento da personalidade de seus membros, na medida em que ela realmente significa a realização pessoal dos componentes da entidade familiar.

O primeiro dispositivo do Livro IV do Código Civil, que trata do direito de família, determina a função do casamento na vida dos cônjuges: "O casamento estabelece *comunhão plena de vida*, com base na igualdade de direitos e deveres dos cônjuges" (art. 1.511 do Código Civil). Isso significa que a entidade familiar constituída pelo casamento deve realizar o projeto de vida em comum, idealizado pelo casal, segundo suas aspirações de felicidade. Especificamente em relação ao amor conjugal, os parceiros decidem assumir uma comunhão plena de vida com o fim primordial de se lhes garantir ajuda mútua em todos os processos vitais, compartilhando interesses patrimoniais e pessoais. Constituem a família, por assim dizer, uma comunidade de afeto, de comunhão, de solidariedade. Como qualquer outro ser humano, a pessoa com deficiência tem direito de afirmar a sua sexualidade e afetividade e, consequentemente, aceder às formas conjugais disponíveis na legislação. Assim, embora no capítulo da união estável o Código Civil nada tenha dito de forma expressa sobre a sua função, não há dúvidas de que é a mesma do casamento, vez que ambas são concebidas como entidades familiares, importando, nesse aspecto, a sua essência e não eventuais formalidades.

Diante do escopo do casamento, a experiência da comunhão plena de vida não requer plena higidez mental; embora várias de suas repercussões (pessoais e patrimoniais) demandem que as ações no âmbito do casamento possam ser exercidas de forma autônoma, mas com responsabilidade pelas suas consequências. Por isso, no plano funcional, é factível se refletir que a decisão sobre o casar ou não casar pertence estritamente à pessoa, não sendo a deficiência motivo, por si só, de ter tal vivência restringida:

> À vista dos elementos trazidos na dúvida, acolho, na íntegra, o parecer Ministerial ofertado, para autorizar o processamento da habilitação de casamento, por igualmente entender que os deficientes não podem ser alijados da formação de uma família pelo casamento e que não é toda e qualquer deficiência que retira o discernimento para deliberação nesse sentido, tendo a nubente-varoa, assim como sua curadora, expressado sua vontade na realização do referido ato (TJMG, Sentença nos autos do processo de nº 8012874.44.2015.813.0024, juíza Maria Luiza de Andrade Rangel Pires, Vara de Registros Públicos, julg. 26 jan. 2016).

Note-se o exemplo do primeiro casamento entre pessoas com deficiência mental após o EPD, ocorrido em fevereiro de 2016, no cartório da cidade de Artur Nogueira, estado de São Paulo. José Francisco Dias, de 53 anos, casou-se com a dona de casa Rosana de Lima Dias, de 44 anos, vítima de uma paralisia cerebral desde a infância. Formalizaram uma união que já se estendia por mais de vinte anos, da qual resultou o nascimento de um filho com a idade atual de 18 anos (Disponível em: http://www12. senado.leg.br/noticias/materias/2016/08/02/lei-facilita-casamento-de-pessoas-com-deficiencia-intelectual. Acesso em: 30 ago. 2017). Os fatos se impuseram e alcançaram o mundo jurídico, recebendo, inclusive, regulamentação de normas específicas.

Portanto, as pessoas com deficiência curateladas ou não poderão requerer a sua habilitação para o casamento ou requerer que a declaração que vivem união estável seja lavrada em escritura pública, seguindo a mesma sistemática que se aplica às pessoas sem deficiência. Estando, porém, sob curatela, será necessária a autorização do curador, tal como se exige a autorização da autoridade parental, no caso de pessoa relativamente incapaz pelo fato da idade?

De acordo com o art. 1.517 do Código Civil, os pais ou responsáveis legais deverão autorizar o casamento da pessoa que não possui capacidade plena, podendo revogar essa autorização até a data da celebração. Complementarmente, o art. 1.518 do CC, com a redação atribuída pelo EPD, diz-se que os pais e os tutores poderão revogar a autorização até a celebração do casamento. Na redação original, incluía-se a figura do curador. Portanto, se ao curador não é dado o poder de revogar a autorização, é porque também não lhe foi atribuído o poder/dever de consentir com o ato, tal como antes ocorria.

Estranhamente, no entanto, o art. 1.550, parágrafo único do Código Civil, manteve a figura do curador associada ao casamento. Segundo o dispositivo, a pessoa com deficiência "mental ou intelectual", em idade núbil, pode expressar sua vontade diretamente ou por meio de seu responsável ou curador. *In verbis,*

Art. 1.550 [...]

§2º A pessoa com deficiência mental ou intelectual em idade núbia poderá contrair matrimônio, expressando sua vontade diretamente ou por meio de seu responsável ou curador. (*Incluído pela Lei nº 13.146, de 2015*) (Vigência)

A vontade para casar somente pode ser manifesta pelo nubente ou por seu procurador, com poderes especiais carreados em procuração pública específica (art. 1.542 do Código Civil). Assim, como o curador poderia emitir essa vontade, em nome do curatelado, se a curatela não incide mais sobre o matrimônio (art. 85, §1º, EPD)? Nesse caso, a fim de dar coerência ao novo sistema inaugurado pelo EPD de acordo com a CDPD, a interpretação deve ser no sentido de que o curador poderá auxiliar a pessoa curatelada a se fazer entender perante o oficial de registro civil, mas nunca manifestar a sua vontade de modo indireto, como um substituto da vontade. De igual modo, poderia o apoiador facilitar a comunicação da vontade do apoiado, pessoa capaz, sujeita a um plano de apoio formalizado sob os moldes de "tomada de decisão apoiada", devidamente julgado, no qual conste a facilitação de sua comunicação com os interlocutores e intervenientes para a formação do negócio jurídico em questão.

Mas a pura deficiência não pode ser, por si só, um óbice à celebração do casamento. A esse respeito, o EPD dispõe no art. 83 que os serviços notariais e de registro não podem negar, criar condições diferenciadas ou mesmo óbice à prestação de seus serviços em razão da deficiência do solicitante, devendo reconhecer-lhe a capacidade legal plena e a garantia de acessibilidade. O descumprimento do dispositivo constituirá discriminação (art. 83, parágrafo único, EPD).

Contudo, se aquele que se apresenta como nubente não mostrar qualquer condição de manifestar a sua vontade, aparentando total e absoluta ausência de percepção quanto à realidade circundante, o que deve fazer o notário? Como dar seguimento a um ato notarial sem contar com a integral e concreta participação do declarante ou requerente?

Embora não possa negar o acesso ao casamento, alegando motivo da deficiência, não poderá o notário se esquivar da sindicância do elemento volitivo, essencial à consolidação do negócio jurídico a ser celebrado. O casamento continua requerendo a escorreita manifestação da vontade do nubente, afetado ou não por uma deficiência. Sem a vontade, o ato jurídico não se perfectibiliza, ainda mais quanto ao casamento, no qual a vontade é o elemento mais importante do casamento. Assim, para que o vínculo do casamento se forme e opere efeitos no mundo dos fatos, é necessário que a pessoa tenha condições de exprimir sua vontade, e que esta seja compreendida pelo oficial registrador de casamentos, pois do estabelecimento do direito ao casamento da pessoa com deficiência não se infere que "qualquer pessoa poderia casar, inclusive aquelas que padecem de deficiência severa que lhe rouba todo entendimento e razão" (MENDES, 2016, p. 396).

Para facilitar a participação da pessoa com deficiência, o notário deverá disponibilizar-lhe os recursos da tecnologia assistiva ou o aporte necessário, nos termos que prescreve a Resolução nº 230, de 22 de junho de 2016, publicada pelo Conselho Nacional de Justiça. Se, com todos esses recursos, o requerente não conseguir manifestar uma vontade apta à celebração do ato, para atender a *ratio* da lei e da Convenção que é também garantir a proteção da pessoa, o notário deve encaminhar o caso ao Ministério Público. Não estará, com isso, gerando tratamento discriminatório.

Foi exatamente para adequar as atividades dos órgãos do Poder Judiciário e dos serviços auxiliares aos comandos da CDPD e do EPD, que o Conselho Nacional de Justiça publicou a citada resolução. Visou, com esse documento, expurgar eventuais obstáculos que pudessem resultar em discriminação às pessoas em virtude da deficiência, tanto no âmbito do Poder Judiciário quanto da atividade notarial.

Em seu art. 2º, entende por discriminação,

> [...] qualquer diferenciação, exclusão ou restrição, por ação ou omissão, baseada em deficiência, com o propósito ou o efeito de impedir ou impossibilitar o reconhecimento, o desfrute ou o exercício, em igualdade de oportunidades com as demais pessoas, de direitos humanos e liberdades fundamentais nos âmbitos político, econômico, social, cultural, civil ou qualquer outro, incluindo a recusa de adaptações razoáveis e de fornecimento de tecnologias assistivas.

Em atenção a essa definição, o oficial de registro que encaminhar o requerimento para habilitação do matrimônio ao Ministério Público, alegando não ter conseguido tomar a vontade do requerente, não estará discriminando por motivo de deficiência, mas apenas zelando pelo elemento volitivo que é pressuposto para a existência do ato e assim, protegendo a pessoa em questão e a ordem jurídica como um todo.

O já citado PLS nº 757, por sua vez, na versão inaugural propunha um retrocesso nesse ponto, considerando inválido o casamento contraído pelo "incapaz", sem o apoio ou a autorização legalmente necessários. De acordo com o PLS nº 757:

> Art. 2º Dê-se aos arts. 3º, 4º, 1.548, 1.767, 1.777 e 1.783-A da Lei nº 10.406, de 10 de janeiro de 2002, a seguinte redação:
> Art. 1.548. [...]
> III – por incapaz, sem o apoio ou a autorização legalmente necessários, conforme o caso, e ressalvado o disposto nos §§2º e 3º do art. 1.768-B. (NR)

Por felicidade, as alterações que foram sendo realizadas durante o trâmite no Congresso afastaram essa tentativa de negar o casamento válido à pessoa com deficiência. Já não há qualquer proposta de alteração tendente a ressuscitar antigo teor do art. 1.548 do CC que capitulava a invalidade do casamento de pessoa com deficiência.

Tendo em vista que o EPD revogou as hipóteses de invalidade do casamento associadas à incapacidade, atualmente o casamento não é nulo quando contraído por pessoa com deficiência mental ou intelectual sem o necessário discernimento para os atos da vida civil. A única hipótese que leva à nulidade do casamento é gerada pela infringência aos impedimentos (art. 1.548 CC). O mesmo ocorreu com as hipóteses de anulabilidade do casamento (art. 1.550 CC), notadamente quanto ao erro essencial sobre a pessoa do outro cônjuge. O EPD (*i*) modificou a redação do inciso III do art. 1.557 CC, desatrelando o erro essencial da deficiência, de sorte que a redação passou a ser a seguinte: "a ignorância, anterior ao casamento, de defeito físico irremediável que não caracterize deficiência ou de moléstia grave e transmissível, por contágio ou por herança, capaz de pôr em risco a saúde do outro cônjuge ou de sua descendência"; e (*ii*) revogou o inciso IV, do mesmo art. 1.557 CC, que caracterizava como erro essencial a ignorância anterior ao casamento de moléstia mental grave que, por sua natureza, tornasse insuportável a vida em comum ao cônjuge enganado. Modificou-se, assim, a concepção de erro essencial nesses aspectos, na medida em que o alcance da comunhão plena de vida não se vincula ao conhecimento ou ao desconhecimento prévio de qualquer deficiência (física ou mental) do cônjuge, uma vez que essa não significa (por si só) uma diminuição de sua pessoalidade.

Uma vez compreendida a *ratio* que possibilitou o casamento da pessoa com deficiência, faz-se necessária a tentativa de estabelecer algumas diretrizes hermenêuticas, de modo que essa regra, de fato, tenha a função de exaltar a personalidade da pessoa com deficiência em busca da experiência da comunhão plena de vida, não se tornando um mecanismo de desproteção.

Em primeiro lugar, a manifestação de vontade da pessoa com deficiência perante o oficial do cartório de pessoas naturais deve ser clara, de modo a demonstrar que é livre o seu consentimento para o casamento. Se o oficial de Registro Civil tiver dúvida sobre a manifestação de vontade da pessoa, ele deverá enviar o procedimento de habilitação para apreciação do juiz e do Promotor de Justiça (art. 67, §1º, da Lei de Registros Públicos).

Essa possibilidade se aplica à pessoa sob curatela, sem obrigatoriedade do seu prévio levantamento, caso não haja dúvida sobre a manifestação de vontade do nubente para casar, ou seja, se seu consentimento aparentar hígido:

> No caso concreto, apesar de judicialmente considerado incapaz para os atos da vida civil, o convivente varão exprimiu claramente a vontade de continuar a já consolidada relação de afeto mantida com a autora, caracterizada por todos os elementos de uma união estável, razão pela qual entendeu a desembargadora que "tenho que a melhor interpretação para o caso versado é a que permite a constituição de união estável pelo portador de deficiência mental ou intelectual, levando em consideração o contexto histórico em que vivemos, bem como o propósito da legislação específica no tema, isto é, ao fim social desejado (no caso, a efetiva inclusão destas pessoas no seio social) e, ainda, harmonizando a solução jurídica dada ao fato apresentado com as liberdades e garantias individuais dos cidadãos" (TJPA, Ap. Civ. nº 0001300-63.2013.815.2001, Relª. Desª. Maria de Fátima Moraes Bezerra Cavalcanti, julg. 18 out. 2016).

Assim, pode-se afirmar a existência de um direito da pessoa com deficiência se casar, independentemente do suporte do curador. É bem certo que, não haverá óbice a que, na sentença que institui a curatela, o juiz inscreva a ausência de discernimento da pessoa curatelanda para o matrimônio. Mas, nessa hipótese, não se atribuirá qualquer ingerência ao curador na seara do casamento. Em sentido contrário:

> Como já mencionado, a partir da entrada em vigor do Estatuto da Pessoa com Deficiência, o Apelado não pode mais ser considerado absolutamente incapaz, mas sim, relativamente incapaz, nos termos da redação do artigo 4º, inciso III e 1.767, inciso I do Código Civil.
> A curatela deve se restringir a atos de conteúdo patrimonial ou econômico, desparecendo, portando, a figura da interdição completa e do curador com poderes ilimitados.
> Ocorre que, diante do relatório médico e do laudo psiquiátrico, juntados aos autos, verifico que, apesar de não haver como impor o caráter absoluto da interdição, não configura nenhuma medida extraordinária, mas sim real, a ampliação dos limites da curatela para

além dos atos patrimoniais e negociais, razão pela qual a curatela deverá alcançar os direitos relacionados ao matrimônio e à saúde.

Assim, reconhecida a incapacidade relativa do Apelado e mantida como curadora a sua companheira, J. A. G. da C., fixo a extensão da curatela, nos termos do art. 755, inciso I, do CPC/15, à prática de atos de conteúdo patrimonial e negocial, bem como ao gerenciamento de seu tratamento de saúde e à possibilidade de contrair matrimônio (TJMG, Ap. Civ. nº 1.0245.13.011494-6/001, 7ª CC, julg. 17 fev. 2017, DJ 21 fev. 2017).

Em termos conclusivos, entendemos que o EPD confere às pessoas com deficiência (sob curatela ou não), liberdade para casar, ainda que se requeira, como se requer em qualquer caso, a sua escorreita manifestação da vontade.

Conquanto a curatela não se imponha para intervir na seara matrimonial, importa considerar recente decisão do Superior Tribunal de Justiça que admitiu a excepcional legitimidade do curador para pleitear o divórcio (art.1.582, parágrafo único). Embora a decisão do STJ haja reformado a decisão que admitiu a ação de divórcio proposta pelo curador provisório, reconhecendo e provendo o recurso especial que chegou ao seu exame, a Corte não rechaçou a possível legitimidade do curador, em casos excepcionais. Conforme trecho do voto prolatado pela Ministra Nancy Andrighi, extrai-se:

> Diante desse cenário, é possível concluir, em síntese, que: (i) a ação em que se pleiteia a dissolução do vínculo conjugal, por possuir natureza personalíssima, deve ser ajuizada, em regra, pelo próprio cônjuge; (i i) excepcionalmente, admite-se a representação processual do cônjuge por curador, ascendente ou irmão; (iii) justamente em virtude de se tratar de representação de natureza absolutamente excepcional, a regra que autoriza terceiros a ajuizarem a ação de dissolução de vínculo conjugal deverá ser interpretada restritivamente, limitando-se a sua incidência apenas à hipótese de curatela definitiva; *(iv) em situações ainda mais excepcionais, poderá o curador provisório ajuizar a ação de dissolução do vínculo conjugal em representação do cônjuge potencialmente incapaz, desde que expressa e previamente autorizado pelo juiz após a oitiva do Ministério Público, como orientam os arts. 749, parágrafo único, do CPC/15, e 87 da Lei 13.146/2015.* (grifo intencional)

Pelo que se infere da decisão, o STJ somente não conheceu a legitimidade do curador provisório naquele caso específico. Entendeu que a medida não se apresentava em caráter de urgência e que poderia ter aguardado o trânsito em julgado da ação de curatela, com a nomeação do curador. É a ementa da decisão supra:

> EMENTA: CIVIL. PROCESSUAL CIVIL. AÇÃO DE DIVÓRCIO. AJUIZAMENTO PELO CURADOR PROVISÓRIO. AÇÃO DE NATUREZA PERSONALÍSSIMA. EXCEPCIONALIDADE DA REPRESENTAÇÃO PROCESSUAL DO CÔNJUGE ALEGADAMENTE INCAPAZ PELO CURADOR. PRETENSÃO QUE NÃO SE REVESTE DE URGÊNCIA QUE JUSTIFIQUE O AJUIZAMENTO PREMATURO DA AÇÃO QUE PRETENDE ROMPER, EM DEFINITIVO, O VÍNCULO CONJUGAL. POTENCIAL IRREVERSIBILIDADE DA MEDIDA. IMPOSSIBILIDADE DE DECRETAÇÃO DO DIVÓRCIO COM BASE EM REPRESENTAÇÃO PROVISÓRIA. 1- Ação distribuída em 26/03/2012. Recurso especial interposto em 22/11/2013 e atribuído à Relatora em 25/08/2016. 2- O propósito recursal consiste em definir se a ação de divórcio pode ser ajuizada pelo curador provisório, em representação ao cônjuge, antes mesmo da decretação de sua interdição por sentença.

3- Em regra, a ação de dissolução de vínculo conjugal tem natureza personalíssima, de modo que o legitimado ativo para o seu ajuizamento é, por excelência, o próprio cônjuge, ressalvada a excepcional possibilidade de ajuizamento da referida ação por terceiros representando o cônjuge – curador, ascendente ou irmão – na hipótese de sua incapacidade civil.

4- Justamente por ser excepcional o ajuizamento da ação de dissolução de vínculo conjugal por terceiro em representação do cônjuge, deve ser restritiva a interpretação da norma jurídica que indica os representantes processuais habilitados a fazê-lo, não se admitindo, em regra, o ajuizamento da referida ação por quem possui apenas a curatela provisória, cuja nomeação, que deve delimitar os atos que poderão ser praticados, melhor se amolda à hipótese de concessão de uma espécie de tutela provisória e que tem por finalidade específica permitir que alguém – o curador provisório – exerça atos de gestão e de administração patrimonial de bens e direitos do interditando e que deve possuir, em sua essência e como regra, a ampla e irrestrita possibilidade de reversão dos atos praticados.

5- O ajuizamento de ação de dissolução de vínculo conjugal por curador provisório é admissível, em situações ainda mais excepcionais, quando houver prévia autorização judicial e oitiva do Ministério Público.

6- É irrelevante o fato de ter havido a produção de prova pericial na ação de interdição que concluiu que a cônjuge possui doença de Alzheimer, uma vez que não se examinou a possibilidade de adoção do procedimento de tomada de decisão apoiada, preferível em relação à interdição e que depende da apuração do estágio e da evolução da doença e da capacidade de discernimento e de livre manifestação da vontade pelo cônjuge acerca do desejo de romper ou não o vínculo conjugal.

7- Recurso especial conhecido e provido. (STJ. RECURSO ESPECIAL No 1.645.612 - SP (2015/0264695-8). Rel. Ministra Nancy Andrighi).

Superada essa questão, pergunta-se se a autonomia para o exercício do direito de se casar ou de viver em união estável implica na possibilidade de escolha do regime de bens sem o suporte do curador, nos casos em que o nubente estiver sob curatela. É que o art. 85 do EPD determina que a curatela se restringe aos atos patrimoniais e negociais. Não obstante o casamento seja, predominantemente, um ato existencial – no que se refere à sua essência – tem inegáveis aspectos patrimoniais.

Em primeiro lugar, devem-se observar as determinações contidas na sentença que decreta a curatela e a singularização dos atos em relação aos quais a pessoa não tem discernimento para praticá-los. O ideal é que o juiz siga o laudo pericial que informa os atos para os quais o curatelando necessitará do apoio pelo curador (art. 753, §2º, CPC), de modo que possa fixar os limites da curatela em atenção ao seu estado e desenvolvimento mental (art. 755, inciso I, CPC). Assim, é recomendável que a sentença esclareça se a escolha do regime de bens, na hipótese de ulterior casamento, também estará no âmbito da curatela. Todavia, nota-se que, em decorrência do EPD ter limitado a incidência da curatela aos atos patrimoniais, como um gênero, se a sentença não especificar quais desses atos estarão sob o poder do curador, optando por afirmar que a curatela recairá sobre os atos patrimoniais, há que se incluir, dentre estes, o pacto antenupcial – a escolha do estatuto patrimonial que regerá o casamento, bem como contrato de convivência ou pedido de mudança de regime. A seguir o PLS nº 757, a escolha do regime de bens poderá ser objeto dos poderes do curador, conforme a redação que propõe para o art. 1781-A, item IV.

Nesse caso, será necessária a participação do curador na formalização da escolha do regime de bens. Deverá assinar, em conjunto com o nubente, o pacto antenupcial com o companheiro, no caso do contrato de convivência ou qualquer outro documento que importe na escolha do regime de bens, como aquele que traz a opção pelo regime convencional da comunhão parcial de bens. O mesmo se diga em relação ao pedido judicial que visa a modificação do regime de bens, previsto no art. 1.639, §2º, do Código Civil.

Não se pode é concluir que pessoa com deficiência está incluída entre aqueles que estão sujeitos ao regime de separação obrigatória de bens, previsto no art. 1.641 CC. A restrição imposta por este artigo é matéria de reserva legal. Mesmo que se recorra ao juiz, em busca de alguma autorização para contratação ou mudança de regime de bens, disso não resultará a imposição do regime de separação obrigatória fundamentada no art. 1.641, III, do Código Civil. Tal hipótese somente se aplica àqueles que dependem de suprimento judicial para se casar. A pessoa deficiente com idade núbil já tem reconhecido o direito ao casamento.

Embora seja possível a autorização judicial para a escolha do regime de bens – como se verá adiante, essa é providência que visa a tratar de um dos aspectos do casamento e não do ato propriamente dito, e se restringe às hipóteses fixadas no art. 1519 c/c 1.518, não se aplicando ao casamento da pessoa com deficiência. Dizendo de outro modo, se a pessoa pode se casar e não sofre restrição do regime sanção, também poderá escolher o regime de bens no momento da habilitação.

Relativamente à pessoa sob curatela, é bom cuidar que a escolha do regime de bens não venha a implicar na alienação velada dos bens do curatelado. Caso se trate de pessoa abastada que pretenda se casar no regime da comunhão universal de bens, por exemplo, faz-se necessário que se pleiteie autorização judicial para a contratação desse regime. Tendo em vista que se aplicam à curatela as disposições sobre a tutela (art. 1.774 CC), esta requer a autorização judicial para todo ato que importar em alienação de bens do curatelado (art. 1.749, II CC). Constituindo o regime de bens um negócio patrimonial, também é possível afirmar que o juiz, ao fixar a curatela, possa incluir a assistência do curador na formulação do pacto antenupcial.

Assim, não obstante o silêncio da lei sobre a contratação do regime, o mais recomendável é que seja escolhido o regime de separação total de bens ou o de comunhão parcial, que preserva o patrimônio do curatelado até então e não implica, *a priori*, nenhum ato de disposição de bens da pessoa curatelada. Mas deve-se frisar que a escolha é livre e casuisticamente é que se verificarão as situações que, eventual e concretamente, possam repercutir em déficit patrimonial para o curatelado. Essas hipóteses devem ser evitadas de acordo com a *ratio* do EPD e da sentença que verificou que a pessoa deve ser protegida exatamente na seara patrimonial, em razão de suas fragilidades.

O mesmo raciocínio se aplica ao pedido de mudança de regime de bens, ou seja, além da necessidade de acompanhamento do curador, deve-se avaliar *in casu*, as repercussões do pedido no patrimônio do curatelado, de modo que sua vontade ali manifestada não implique em redução patrimonial.

Art. 1.768. O processo que define os termos da curatela deve ser promovido:
[...]
IV - pela própria pessoa. (NR)

Art. 1.769. O Ministério Público somente promoverá o processo que define os termos da curatela:

I - nos casos de deficiência mental ou intelectual;

[...]

III - se, existindo, forem menores ou incapazes as pessoas mencionadas no inciso II. (NR)

Art. 1.771. Antes de se pronunciar acerca dos termos da curatela, o juiz, que deverá ser assistido por equipe multidisciplinar, entrevistará pessoalmente o interditando. (NR)

Art. 1.772. O juiz determinará, segundo as potencialidades da pessoa, os limites da curatela, circunscritos às restrições constantes do art. 1.782, e indicará curador.

Parágrafo único. Para a escolha do curador, o juiz levará em conta a vontade e as preferências do interditando, a ausência de conflito de interesses e de influência indevida, a proporcionalidade e a adequação às circunstâncias da pessoa. (NR)

Art. 1.775-A. Na nomeação de curador para a pessoa com deficiência, o juiz poderá estabelecer curatela compartilhada a mais de uma pessoa.

Art. 1.777. As pessoas referidas no inciso I do art. 1.767 receberão todo o apoio necessário para ter preservado o direito à convivência familiar e comunitária, sendo evitado o seu recolhimento em estabelecimento que os afaste desse convívio. (NR)

Curatela. Um marco inquestionável da CDPD e do EPD é a promoção da autonomia e da igualdade da pessoa com deficiência para favorecer a sua inclusão. Primeiramente se reconhece a autonomia a todas as pessoas, garantindo-lhes o exercício da capacidade legal ou jurídica em igualdade com as demais. Como tais normas visam à inclusão das pessoas por meio de um sistema de tutela protetivo-emancipatório, inaugura-se um modelo de atenção pautado no apoio ao exercício da capacidade. Esse modelo visa à modificação da solução anterior cunhada nos mecanismos de substituição de vontade.

Na medida em que o sujeito é capaz de se manifestar e assumir o exercício do seu destino, não poderá ser subtraído dessa faculdade porque possui alguma deficiência psíquica ou intelectual. A CDPD propõe a positivação e a efetiva aplicação da antiga presunção da capacidade que acompanha o desenvolvimento do direito civil. Na medida em que o sujeito necessitar de apoio para o melhor exercício desta capacidade, este lhe será concedido nos exatos limites do que for necessário. Tudo para que a pessoa saia daquele lugar de não sujeito, comum a quem está na condição de mero objeto de proteção, a qual se remetiam os antigos institutos do direito protetivo, mormente, a curatela total.

A CDPD dispõe, em diversas passagens, a partir do seu preâmbulo (alínea *j*), que os Estados devem criar os mecanismos de apoio e salvaguardas necessários à promoção da autonomia das pessoas com deficiência. Inaugura-se o sistema protetivo pautado no apoio, nos termos em que encerra a CDPD no art. 12, item 3, confiando-se a cada Estado a tarefa de delinear os mecanismos de apoio que oferecerá à pessoa com deficiência, desde que cerque de salvaguardas todas as previsões de direitos humanos.

Como instrumentos de apoio ao exercício da capacidade, o Brasil optou por instituir a tomada de decisão apoiada e por reformar o instituto da curatela, nos termos que se vê no EPD – Lei nº 13.146/2015. A curatela passa a constituir em medida extraordinária *in extremis*, a ser estabelecida nos restritos limites da necessidade do curatelado e para atender aos seus interesses. Sua disciplina jurídica segue as regras do Código Civil, do Código de Processo Civil e do Estatuto da Pessoa com Deficiência, além da principiologia da própria Convenção.

Destaca, por curiosidade, que embora o projeto de lei do novo CPC e o projeto de lei que culminou com o Estatuto houvesse tramitado na mesma época no Congresso Nacional, havia incoerência entre os seus textos. O CPC que iniciou sua vigência depois do EPD acabou revogando expressamente, no art. 1.072, alguns dos dispositivos do Código Civil que tinham recebido nova redação pelo EPD, quais fossem os artigos 1.768 a 1.773.

O art. 1.768, IV, estabelecia a legitimidade da própria pessoa em propor a ação de curatela em seu favor. Nesse particular, o CPC não foi tão longe, pois não reconheceu tal legitimidade ao sujeito com deficiência, como se pode ver no art. 747. O CPC também alterou as hipóteses em que o Ministério Público pode assumir o polo ativo da ação, seguindo caminho diverso do revogado art. 1.769. Restringiu essa legitimidade àqueles casos em que o sujeito sofre deficiência mental grave e somente e se as pessoas arroladas no art. 747 não existirem, não promoverem a ação ou forem civilmente incapazes (art. 748).

À semelhança do que dispôs o art. 1.771, o CPC estabeleceu, no art. 751, que o juiz entrevistará minunciosamente o curatelando acerca de sua vida, negócios, bens, vontades, preferencias, e laços pessoais e afetivos, visando formular um juízo sobre a sua capacidade de agir na prática dos atos da vida civil. Diverge do artigo revogado, porque estabeleceu que o juiz poderá se fazer assistir por especialista (conforme se lê no parágrafo segundo do mesmo artigo) e não por equipe multidisciplinar, como referia o artigo da lei material revogado. Afastando-se o art. 1.772, coube ao art. 755 da lei processual informar as diretrizes para o estabelecimento da interdição, a nomeação do curador e os limites da curatela.

A despeito da revogação expressa de tais dispositivos, entende-se possível a aplicação de algumas das soluções ali estabelecidas por serem de absoluta compatibilidade com a norma de direito fundamental – a CDPD. Os valores protetivos carreados pelo Estatuto, em total correspondência à Convenção, não poderão ser postos em xeque. A jurisprudência haverá de construir uma solução conforme os direitos fundamentais da pessoa com deficiência, como já referido. E, repita-se, o parâmetro oferecido pelo Estatuto continuará sendo uma alternativa jurídica adequada à plataforma dos direitos humanos e fundamentais (MENEZES, 2015, p. 19).

Embora o novo Código de Processo Civil tenha incorporado mudanças importantes para o instituto da curatela, condicionando-a a um maior respeito à pessoa do curatelado e aos seus direitos existenciais, foi o Estatuto da Pessoa com Deficiência que se aproximou ainda mais do texto da CDPD, especialmente quanto à garantia de maior autonomia. É em virtude desse contexto normativo que se delineia a nova curatela, agora voltada diretamente para atender aos comandos de inclusão originários dos documentos internacionais sobre direitos humanos. Tem-se, portanto, uma curatela humanizada que busca a proteção e a emancipação do sujeito (RETTORE; SILVA; TEIXEIRA, 2016). A despeito dos avanços da lei processual, a preservação do termo *interdição* é incompatível com a *ratio* da CDPD, por esta razão, optamos por designar o procedimento como Ação de Curatela.

Conceito e finalidade da curatela. A curatela perde o fôlego enquanto medida de substituição de vontade e, no seu estabelecimento, passa-se a atribuir maior relevo às circunstâncias pessoais do próprio curatelado, notadamente às suas preferências, aos seus vínculos de afetividade e aos seus interesses fundamentais.

Consolida-se em um perfil funcional que determina o respeito às "escolhas de vida que o deficiente psíquico for capaz, concretamente, de exprimir, ou em relação às quais manifesta notável propensão" (PERLINGIERI, 2007, p. 164). Pois em razão do *status personae*, todo ser humano é titular de situações existenciais como o direito à vida, à saúde, à integridade corporal, ao nome, à manifestação do pensamento, cujo exercício prescinde das suas capacidades intelectuais (PERLINGIERI, 2007) e é fundamental para o desenvolvimento de sua personalidade. Enquanto medida protetiva extraordinária, somente pode ser deflagrada quando realmente for imprescindível ao apoio da pessoa com deficiência, devendo ser sempre proporcional às suas necessidades e às suas circunstâncias, pelo período de tempo mais curto possível (art. 84 e parágrafos primeiro a terceiro, Lei nº 13.146/2015).

O CPC/2015 e, posteriormente, o EPD, atenderam aos reclames da relativização do regime das incapacidades então existentes (TEIXEIRA, 2008; MENEZES, 2017). Nessa esteira, a curatela de pessoas com deficiência, segundo o art. 85 do EPD, restringe-se aos aspectos patrimoniais e negociais, não podendo incidir sobre "o direito ao próprio corpo, à sexualidade, ao matrimônio, à privacidade, à educação, à saúde, ao trabalho e ao voto" (art. 85, §1º, EPD).

Antes da CDPD, Paulo Lobo (2010, p. 121-122) já entendia que a capacidade para o exercício dos direitos não patrimoniais, relacionados ao estado da pessoa humana, como o direito à identidade pessoal ou ao nome, cujo exercício não depende da capacidade do titular, não era alcançada pela incapacidade absoluta ou relativa. De igual modo, Menezes (2014) propunha uma reestruturação para o regime das incapacidades para melhor realizar as questões existenciais. Porém, quanto a esse aspecto, a nova curatela tem sido objeto de severas críticas por parte da doutrina (por todos: SIMÃO, 2015).

A generalidade da doutrina espanhola exclui do âmbito da representação, os negócios jurídicos de direito de família; especialmente no que toca à mudança do estado civil das pessoas, como na habilitação para o casamento, na separação ou no divórcio (RUIZ, 2007, p. 163). No Brasil, vale a referência que Pontes de Miranda (2012, p. 383) já fazia, citando o casamento como o ato personalíssimo que, por sua natureza, exclui a possibilidade de convolação por decisão de outrem (no caso de representação por substituição de vontade) ou por assistência. Se os pais, tutores ou curadores eram chamados a assentir no casamento dos filhos, tutelados ou curatelados, faziam-no para cumprir mera formalidade voltada às cautelas do ato matrimonial sem que, com isso, estivessem exercendo representação ou assistência. Nesse aspecto, ousa-se até mesmo em discordar do art. 1.582, parágrafo único, do CC/2002 que atribui legitimidade ativa ao curador para propositura do divórcio ou separação. Quando muito, este poderia contestar tais ações.

Entende-se que o dispositivo procura evitar a coisificação da pessoa curatelada e garantir o exercício de direitos personalíssimos qualificados pela intransmissibilidade. Porém, se o curatelado não reunir qualquer capacidade de agir, estiver sob tratamento médico, houver a necessidade de se decidir sobre certa intervenção em matéria de saúde e não existir familiar em condições de fazê-lo? Terá o curador que submeter o problema ao juiz, a fim de obter a vênia para decidir naquela matéria. De toda sorte, a solução deve se pautar segundo o interesse fundamental do curatelado, assim entendido como o conjunto de suas preferências genuínas, sua percepção do mundo, suas convicções pessoais acerca da própria identidade (DWORKIN, 2003, p. 321). Caso o curatelado houver nascido sem qualquer competência volitiva e, por isso, não houver registrado por seu modo de viver, quais seriam esses interesses fundamentais, a atuação do curador deverá se guiar pelo princípio da beneficência, seguindo os padrões respeitáveis à dignidade da pessoa humana e os direitos do curatelado, na tentativa de atender, sempre que possível, às suas inclinações e relações afetivas, mas sempre com a vênia judicial (BARBOSA-FOHRMANN, 2013, p. 80-87).

Grosso modo, compreende-se que a fixação dos limites da curatela deve evitar dois extremos: de um lado, a proteção excessiva que aniquila toda autonomia da pessoa, lançando-a em um estado semelhante ao da morte civil. De outro lado, a limitação da curatela apenas à administração do patrimônio, excluindo, em abstrato e *a priori*, eventual e necessária proteção no plano das questões existenciais (PERLINGIERI, 2007, p. 165). Se houver necessidade de proteger o interdito no âmbito dessas questões não patrimoniais, respeitadas as exceções listadas no art. 85, parágrafo primeiro, a curatela deverá recair também sobre tais interesses, respeitadas as salvaguardas importantes à efetivação dos direitos humanos.

Legitimidade processual ativa. Ampliou-se a legitimidade ativa para a ação de curatela, incluindo-se o companheiro e não apenas o cônjuge; os parentes, em geral (e não apenas os mais próximos); os tutores e o representante da entidade na qual se encontrar abrigado o interditando (art. 747, CPC/2015). Para o companheiro provar a sua condição e, portanto, a sua legitimidade, deve acostar documentação pertinente à petição inicial. Nesse aspecto, a jurisprudência pátria admitia a declaração de união estável de forma incidental ao processo principal de interdição (TJPE, AGR nº 2643034 PE nº 0003328-70.2012.8.17.0000, 7ª CC, Rel. Luiz Carlos Figueirêdo, julg. 27 mar. 2012; TJDF, APL nº 0007403-41.2006.807.0001, 6ª TC, Rel. José Divino de Oliveira, julg. 09 ago. 2010; TJRS, AC nº 70042260133-RS, 7ª CC, Rel. Jorge Luís Dall'Agnol, julg. 05 jan. 2012, publ. 19 jan. 2012). Na hipótese de necessidade emergencial, na qual a incapacidade seja decorrência de um acidente inesperado, por exemplo, que deixa como sequela irreversível o comprometimento do discernimento, existindo a união estável sem aquela prova documental, não se deve negar a possibilidade de seguir a orientação jurisprudencial já praticada, permitindo a prova do vínculo incidentalmente ao processo. Ainda que seja permitida a oposição por parte de outros interessados, como os parentes, em geral.

Considerando o princípio da igualdade e o da não discriminação por motivo de deficiência, o respeito à autonomia e à capacidade legal da pessoa, bem como o direito de acesso à justiça (art. 79 e segs. da Lei nº 13.146/2015), admitiu-se a propositura da medida pela própria pessoa, com a faculdade de indicar quem melhor poderia exercer a sua curatela (art. 114, da Lei nº 13.146/2015 que altera a redação do inciso IV, do art. 1.768, do Código Civil). Mesmo que não houvesse a previsão específica da Lei nº 13.146/15 quanto a isso, não caberia o contra-argumento da ausência de capacidade processual, porque à pessoa com deficiência tem se reconhecido o direito de constituir advogado para impugnar o pedido de interdição, recorrer da sentença que a concede e pleitear o seu levantamento, art. 756, §1º, CPC (CAMARA, 2012). Por que não poderia pedir a instituição da própria curatela? Ademais, deduzindo a interpretação das normas processuais em conformidade com a Constituição (art.12 do CPC) e atinando para a *ratio* da Convenção sobre o Direitos da Pessoa com Deficiência em promover a autonomia da pessoa, será forçoso admitir que se mantem a legitimidade ativa do próprio sujeito para pleitear a sua curatela (MENEZES, 2017). Até mesmo porque "a revogação promovida pelo CPC/2015 levou em conta o texto do Código Civil à época da elaboração do estatuto processual, na qual ainda não constava a possibilidade de o próprio interditando requerer a interdição" (RETTORE; SILVA; TEIXEIRA, 2016, p. 857).

Coube ao CPC/2015 limitar mais ainda a legitimidade processual ativa do Ministério Público, presentes os pressupostos assinalados no art. 748. De modo mais restrito que o art. 1.769 do CC, o dispositivo da lei processual autoriza a legitimidade do MP para pleitear a curatela apenas no caso de doença mental grave, excluindo as hipóteses de mera deficiência intelectual. Mesmo para aquela hipótese, somente proporá a medida se os legitimados ordinários não existirem, não propuserem a medida, quando for necessária, ou quando existindo, forem menores. Mas, como fica a situação da pessoa com deficiência intelectual severa, se os parentes se mantiverem inertes, se inexistirem ou forem menores? É bem certo que o Estado não poderá negar-lhes o apoio de que necessitarem. Entendemos que, ainda nesta hipótese, o MP poderia propor a ação. Ademais, a legislação processual confiou à Defensoria Pública a condição de curador especial (art. 72) que pode se aplicar ao presente caso, com o auxílio do art. 12 e do art. 185 do mesmo diploma.

A petição inicial deve especificar os fatos que demonstram a incapacidade do interditando para administrar seus bens e, se for o caso, para a prática de outros atos da vida civil, bem como o momento no qual essa incapacidade se revelou (art. 749, CPC/2015). Deve apresentar um laudo médico que faça prova dessas alegações ou justificar a impossibilidade de fazê-lo, assim como juntar a documentação que prova a legitimidade ativa do requerente (art. 750). Nada obsta que o requerente também possa sugerir um ou alguns nomes de pessoas aptas ao exercício da curatela naquele caso. Se houver pedido de tutela de urgência de curatela provisória, o juiz deverá apreciar o pleito, nomeando o curador provisório, caso haja os requisitos do art. 300 CPC. Em face do caráter excepcional da curatela, é necessária a rígida comprovação das exigências processuais. Conforme se vê na decisão, de cujo texto se extrai:

> De acordo com o art. 87 da Lei nº 13.146/2015 - o Estatuto da Pessoa com Deficiência e os arts. 749 e 750 do CPC/2015, somente em casos de relevância e urgência, e a fim de proteger os interesses da pessoa com deficiência em situação de curatela, é cabível a nomeação de curador provisório, competindo à parte autora especificar os fatos que demonstram a necessidade de sujeição da requerida à curatela, bem como juntar laudo médico para fazer a prova de suas alegações, ou mesmo informar a impossibilidade de fazê-lo (TJRS, AI nº 70070428818, 8ª CC. Rel. Luiz Felipe Brasil Santos, julg. 27 out. 2016).

Na ação de curatela, o zelo principal do juiz deve voltar-se para os interesses da pessoa que necessita da medida e não dos autores da ação. É fundamental analisar, em cada caso, a *causa* que justifica a demanda, se está fundada no apoio de que necessita a pessoa com impedimento natural, de ordem física, psíquica ou intelectual. O objetivo dessa medida deve ser sempre o benefício efetivo e concreto que trará à pessoa.

Assim, devem ser examinadas as circunstâncias pessoais do curatelando, pois o diagnóstico médico que informa uma limitação psíquica ou intelectual não equivale genericamente à ausência de autogoverno. O auxílio da família, a aprendizagem alcançada, os avanços da medicina, da farmacologia e da própria tecnologia tem permitido a que muitas pessoas reestabeleçam ou desenvolvam habilidades ou possibilidades que outras com o mesmo diagnóstico não apresentariam (RUIZ, 2007, p. 584).

É necessário que o processo no qual se pretende a nomeação do curador, reúna material suficiente para aferir a incapacidade pessoal do curatelando e a sua extensão. Inicialmente cumpre ao Juiz citar a pessoa para quem se requer a curatela, a fim de que esta possa comparecer em juízo. Conforme o Estatuto da Pessoa com Deficiência, alterando o art. 1.771, do Código Civil, o juiz, assistido por equipe multidisciplinar, o entrevistará sobre aspectos existenciais e patrimoniais de sua vida, perscrutando sobre as suas preferências, laços afetivos e familiares de sorte que possa construir um programa de curatela específico para as suas necessidades.

A entrevista deve ser conduzida em linguagem clara e acessível à pessoa do curatelando, registrando-se não apenas as suas respostas, mas também o seu comportamento (gestos, expressões, reações), na ocasião. A entrevista tem por finalidade oportunizar ao curatelando a manifestação sobre a alegada restrição da sua autonomia, pleiteada em juízo, resguardando-lhe, além do contraditório e da ampla defesa, a possibilidade de expressar sua opinião sobre questão tão importante para ele. A própria modificação da nomenclatura de interrogatório para entrevista, já demonstra o quão mais humanizado deve ser a visão do interditando pelo Poder Judiciário. Constituirá o momento em que o juiz formará a sua convicção sobre a situação do curatelando, a partir das impressões pessoais deste. Elas são importantes para verificar se, de fato, o objetivo da ação é a proteção do curatelando e de seus interesses, ou o dos autores da ação. É a oportunidade em que o magistrado conhecerá o interditando, poderá se inteirar melhor de suas "vontades e preferencias", formulará uma primeira ideia do seu estado de saúde. Em suma, o ouvirá sobre circunstâncias da sua vida, o que pode demonstrar indícios de presença ou ausência de discernimento.

Nessa oportunidade, diz o CPC que o juiz poderá ser assistido por um especialista (art. 751, §2º). De todo modo, para garantir maior eficiência à entrevista, o juiz poderá recorrer aos instrumentos de tecnologia assistiva tendentes a favorecer ao curatelando as condições de melhor expressar suas vontades e preferências, na resposta às perguntas formuladas.

Não sendo possível o comparecimento do curatelando, em razão do quadro geral de sua saúde ou eventual impossibilidade de locomoção, o Juiz se dirigirá ao local de sua residência, acompanhado do representante do Ministério Público. Se entender necessário, o juiz poderá solicitar a oitiva de parentes ou pessoas próximas (art. 751, §4º).

Após a entrevista, segundo o CPC/2015, o curatelando terá quinze dias para apresentar sua contestação, podendo, inclusive, fazer-se representar por advogado (art. 752, §2º). Caso não o faça, o juiz lhe designará um curador especial, podendo o cônjuge ou companheiro, ou ainda qualquer parente sucessível atuar como assistente (art. 752, §2º). Em todas as hipóteses, o Ministério Público funcionará como fiscal da lei (art. 752, §1º, CPC). Sendo necessário, o curador especial será o defensor público (art. 72, CPC).

Dentre as fases da ação de curatela, destaca-se a importância da perícia que se realizará por uma equipe composta por *experts* com formação multidisciplinar, visando à avaliação da capacidade do curatelando para a prática dos atos da vida civil (art. 753 e §1º, CPC). Nessa mesma esteira, a Lei nº 13.146/2015 determina a avaliação biopsicossocial da pessoa por equipe multiprofissional e interdisciplinar, considerando todos os elementos presentes no art. 2º, §1º e incisos. Reafirma-se a ideia de que a deficiência não é determinável somente por características biopsíquicas, mas também por outros fatores que interferem na sua vivência social e comunitária. Nessa medida, retira-se do médico psiquiatra o poder absoluto para decidir sobre a sanidade da pessoa, permitindo uma análise mais complexa e abrangente por outros profissionais.

A perícia é de grande relevância para averiguar se a deficiência gera algum tipo de abalo mental, intelectual, sensorial, etc., que o impeça de gerir a própria vida e, em caso positivo, qual a amplitude do comprometimento do discernimento da pessoa. É esse dado técnico que será um instrumento eficaz para auxiliar o juiz a delimitar os limites da curatela (art. 1.772, CC). Logo, a perícia será um meio imprescindível para se detectar se a doença existente é incapacitante, bem como o grau de comprometimento da mesma para o curatelado, não servindo somente a impressão pessoal do juiz, como já decidido: É imprescindível a realização de perícia médica para delimitar os limites da curatela" (TJMG, AI nº 1.0479.15.004169-3/001, Relª. Desª. Hilda Teixeira, julg. 4 out. 2016, publ. 17 out. 2016). Por isso, a perícia deve ser feita por profissional que "detenha conhecimento técnico ou científico específico acerca da matéria em que deverá opinar, já que a realização da perícia médica constitui providência imprescindível na ação de interdição (TJMG, AI nº 1.0525.15.006059-4/002, Rel. Des. Renato Dresch, julg. 18 ago. 2016, DJ 23 ago. 2016).

O laudo da equipe, por sua vez, deverá sempre considerar as potencialidades, habilidades, vontades e preferências do curatelado, de sorte a modular a curatela naquilo que for mais adequado às suas demandas. Se houver necessidade, os peritos poderão, inclusive, solicitar as diligências e os esclarecimentos que entenderem essenciais às suas conclusões (SANTOS, 2012, p. 72). Caso a perícia se mostre inconclusiva, será possível a realização de novo exame, renovando-se, inclusive, o rol dos profissionais envolvidos.

Porém, considerando que a legislação processual assegura ao juiz a livre apreciação das provas, sua decisão não estará vinculada aos termos da perícia. Mas, como a matéria envolve restrição da autonomia e a proteção da pessoa, é temerária a decisão que se oponha ao laudo, seja quando esse conclui pela capacidade do interdito ou pela restrição de sua capacidade. Nesse sentido, transcreve-se a seguinte decisão:

> Apelação Cível. Interdição. Curatela. Esquizofrenia Paranoide. Irresignação do Ministério Público. Laudo Pericial que indica incapacidade absoluta para os atos da vida civil embora ausente perda significativa da capacidade cognitiva. Higidez da prova técnica. Livre convencimento do magistrado. Acerto da decisão que decretou a interdição. Sentença Mantida. Recurso Desprovido. - Aqueles que, por enfermidade ou deficiência mental, não tiverem o necessário discernimento para os atos da vida civil estão sujeitos à curatela (CC, art. 1.767, I). – 'A perícia psiquiátrica não pode ser entregue apenas ao juiz que, se conhece o texto da lei, pode desconhecer as síndromes tidas como suficiente para elidir a capacidade jurídica da pessoa. As moléstias mentais admitem gradações e modalidades várias' (MIRANDA, 2000, tomo 9, p. 380). - *In casu*, embora ausente perda significativa do funcionamento cognitivo da interditanda, 'a normalidade aparente não pode conduzir o julgador a desconsiderar por completo a conclusão médica, mormente em relação à esquizofrenia, onde o indivíduo pode apresentar períodos de razoável sociabilidade, sem desnaturar o mal de que se faz portador'. (TJPE, AC nº 60257-7, Rel. Desig. Des. Milton José Neves, julg. 21 mar. 2006).

Por isso, em razão da matéria de fato posta em discussão e da especialidade dos profissionais que realizaram a perícia, há que se lhe atribuir superior importância comparativamente às demais (SANTOS, 2012, p. 86).

Ao final, constatada a restrição ou a inexistência da capacidade civil, o juiz julgará procedente o pedido de curatela, designando o respectivo curador (art. 755, I, CPC/2015). Se, do contrário, a entrevista e o laudo pericial forem claros quanto à capacidade do interdito para gerir a sua própria vida e os seus bens, não haverá razões para o seguimento do processo.

Um dos grandes avanços do EPD é o abandono de um modelo *prêt-à-porter*, no qual a pessoa deveria se adaptar às categorias pré-estabelecidas de incapacidade (absoluta ou relativa). A redação anterior do Código determinava que o juiz verificasse o grau de incapacidade, segundo o estado ou o desenvolvimento mental dos deficientes mentais, os ébrios habituais, os viciados em tóxicos e os excepcionais sem completo desenvolvimento mental para então determinar os limites da curatela. Ao prever que, casuisticamente e segundo as potencialidades da pessoa, o juiz deverá determinar os limites da curatela, o Direito passou a se adequar às necessidades e às vicissitudes do curatelando, com o escopo de dar concretude aos espaços de autonomia que podem se efetivar através do discernimento e da maturidade do incapaz.

Aprisionar a pessoa humana – sem analisá-la individualmente – em categorias estanques, dificulta e impede o seu livre desenvolvimento, tolhe sua personalidade, além de limitar suas potencialidades, o que contraria toda a principiologia constitucional, tornando-se prisão institucionalizada.

> Dessa situação deriva, por um lado, a necessidade de recusar preconceitos jurídicos nos quais pretende armazenar a variedade do fenômeno do déficit psíquico; por outro, a oportunidade que o próprio legislador evite regulamentar a situação do deficiente de maneira abstrata e, portanto, rígida, propondo-se estabelecer taxativamente o que lhe é proibido e o que lhe é permitido fazer (PERLINGIERI, 2002, p. 163).

Nesse sentido, a nova redação do art. 1772 do Código Civil assinala que os limites da curatela deverão ser estabelecidos a partir das potencialidades da pessoa, para que ela possa atuar segundo os atos de autonomia que ela está apta a praticar, sem engessar sua personalidade e preservando sua dignidade.

Nomeação do curador. Uma vez modulada a amplitude da curatela, deverá o juiz nomear um curador, apto a desempenhar funções que foram modificadas pelo EPD. Observa-se que

> A real necessidade da pessoa com algum tipo de doença mental é menos a substituição na gestão patrimonial e mais a proteção – nas fragilidades – e promoção – nas potencialidades – dos aspectos que constituem sua identidade. O curador, como decorrência do Princípio da Solidariedade, torna-se a principal via e o mais eficaz escudo na promoção da dignidade da pessoa do interditando, tendo como propósito garantir a qualidade de vida e a recuperação da sua saúde (ESTEVES; TEIXEIRA, 2010, p. 647-648).

O EPD criou critérios para o exercício desse *munus*: vontade e preferências do curatelando, ausência de conflito de interesses e de influência indevida, proporcionalidade e adequação às circunstâncias da pessoa. Isso significa que o rol de pessoas que a lei presume que têm aptidão para o exercício da curatela deve ser submetido aos critérios estabelecidos pela nova redação do parágrafo único do art. 1.772 do Código Civil, em nome do princípio do melhor interesse do vulnerável (BARBOSA, 2009).

O curador deve ser a pessoa que melhor puder realizar os interesses do curatelado. Se este tiver a guarda ou a responsabilidade sobre pessoa menor ou incapaz, a curatela se estenderá também sobre os interesses deste e o curador será aquele que melhor realizar os interesses do curatelado e do incapaz. Conquanto o CPC não tenha previsto nada a respeito, é possível à pessoa com deficiência indicar o seu próprio curador. Trata-se de solução compatível com a promoção da autonomia, tanto valorizada pela CDPD, não obstante a discussão sobre direito intertemporal a respeito da vigência da nova redação dada pelo EPD ao art. 1.768.

Nessa esteira, em acordo com a principiologia da CDPD e da Constituição Federal, defende-se a possibilidade de uma prévia indicação do curador pela pessoa que sabe que perderá integralmente o seu discernimento, como aquelas que estão no estágio inicial de doenças como o Alzheimer. Fariam a indicação por documento autêntico, firmando uma curatela por vontade antecipada ou autocuratela (COELHO, 2016; RETTORE; SILVA; TEIXEIRA, 2016).

A Lei nº 13.146/2015 trouxe a possibilidade da curatela compartilhada a mais de uma pessoa (art. 114, pelo acréscimo do art. 1.775-A ao Código Civil), como se fez no caso da guarda dos filhos menores, o que já vinha sendo aplicado pela jurisprudência. Essa modalidade tem cabimento se for mais conveniente aos interesses da pessoa curatelada, reforçando a proteção que lhe deve ser dirigida, senão vejamos trecho de decisão neste sentido:

> Sentença que decreta a interdição, estabelecendo a curatela compartilhada aos genitores, salientado ainda que o interditado pode praticar todos os atos da vida civil, desde que assistidos por seus curadores, diante do acometimento da Esquizofrenia Paranoide (TJRJ, Ap. Civ. nº 0360231-92.2012.8.19.0001, 7ª CC, Rel. Des. Luciano Sabóia Rinaldi de Carvalho, julg. 19 fev. 2016).

Em outras circunstâncias, ela serve para jurisdicizar situações de fato já existentes:

> Art. 1.775-A do CC, incluído pelo Estatuto da Pessoa com Deficiência, que reforça a possibilidade de curatela compartilhada. Compartilhamento do encargo entre as duas irmãs que parece já ocorrer de fato, bem como, por ora, consta atender ao melhor interesse do interditando. Decisão reformada. Recurso provido (TJSP, AI nº 2016.0000072543, Relator: Des. Cláudio Godoy, 1ª Câmara de Direito Privado, julg. 16 fev. 2016).

A ideia é que, de forma compartilhada, a função do curador possa ser melhor desempenhada, de modo a se funcionalizar a curatela em direção à recuperação do interdito, ou à melhora qualitativa da sua vida, sendo, no caso, a medida que mais atende aos interesses do interditando.

Convivência familiar e social do curatelado. Na rota da desinstitucionalização iniciada com a Lei nº 12.216/2001, que dispõe sobre a proteção e os direitos das pessoas portadoras de transtornos mentais e redireciona o modelo assistencial em saúde mental, o EPD modifica o art. 1.777 do Código Civil, para determinar que a curatela deve ser exercida preferencialmente no seio da família, de modo a resguardar a convivência familiar e comunitária. A internação manicomial deve ser a última alternativa, embora não deva ser descartada quando necessária.

Não obstante o art. 1.777 CC se refira expressamente às pessoas descritas no art. 1.767, I, CC – aqueles que, por causa transitória ou permanente, não puderem exprimir sua vontade – entende-se que tal dispositivo deve se estender às demais pessoas sujeitas à curatela, na medida em que o ideal é que os membros da família sejam cuidados no próprio ambiente familiar, por força da solidariedade familiar.

Em nome da convivência fortalecedora dos vínculos de afetividade, o TJMG reconheceu legitimidade ativa para propor ação de curatela da irmã de criação, tendo em vista que o interditando, solteiro, sem ascendentes e descendentes, bem como parentes que lhe dispensem atenção ou cuidados (TJMG, Ap. Civ. nº 1.0414.09.026412-1/001, 1ª CC, Rel. Des. Eduardo Andrade, julg. 23 mar. 2010, publ. 14 abr. 2010). Em outra oportunidade, o mesmo tribunal manifestou-se que só configuraria hipótese de remoção de curador se "o curador estivesse impedindo a convivência do idoso com os demais familiares e parentes", tal a relevância do convívio (TJMG, Ap. Civ. nº 1.0529.15.007006-6/001, 4ª CC, Rel. Renato Dresch, julg. 8 set. 2016, publ. 13 set. 2016).

Interessante julgado foi proferido pelo TJSP, que autorizou o processamento de ação com vistas à nomeação da irmã do namorado como nova curadora da pessoa com deficiência, que sempre foi institucionalizada e tinha como curadores o diretor da APAE – Associação de Pais e Amigos dos Excepcionais. Conheceu um rapaz que também frequentava a APAE, começaram a namorar e ela começou a frequentar a sua família. Decidiram que viveriam em união estável ou que se casariam, o que motivou que o diretor da APAE, seu então curador, pleiteasse sua remoção, transferindo o *múnus* para a futura cunhada. Não obstante não fosse sua parente, mantinha com ela relações de afetividade, no momento do julgamento do recurso, o que levou ao tribunal registrar a plausibilidade da transferência do *múnus*, pois (*i*) não há impedimentos para tal, (*ii*) a pessoa com deficiência tem direito a formar uma família e ser incluída socialmente, livrando-se da institucionalização. Tendo em vista que a institucionalização deve ser vista como medida excepcional, devendo ser evitada nos moldes determinados pelo art. 1.777 do Código Civil, determinou que se fizesse o estudo multidisciplinar do juízo, de modo a se verificar se a pretensa curadora está apta ao cumprimento do *múnus* (TJSP, AI nº 2017166-55.2016.8.26.0000, 2ª Câm. Dir. Priv., Rel. Des. José Joaquim dos Santos, julg. 31 maio 2016, publ. 2 jun. 2016).

Art. 115. O Título IV, do Livro IV, da Parte Especial da Lei nº 10.406, de 10 de janeiro de 2002 (Código Civil), passa a vigorar com a seguinte redação:

TÍTULO IV
Da Tutela, da Curatela e da Tomada de Decisão Apoiada

HELOISA HELENA BARBOZA
VITOR ALMEIDA

O art. 115 do EPD alterou a redação do Título IV, do Livro IV, da Parte Especial do Código Civil, ao incluir em seu título, ao lado da tutela e da curatela, tradicionais instrumentos protetivos da pessoa considerada legalmente incapaz, aquela voltada ao menor de idade e essa para os maiores (apesar do termo também ser utilizado para o nascituro, conforme art. 1.779, CC), a Tomada de Decisão Apoiada, que se afigura como instrumento de apoio à pessoa com deficiência plenamente capaz, nos termos do art. 1.783-A, inserido na Lei Civil por força do art. 116 do Estatuto, que acresceu o Capítulo III ao Título mencionado, conforme comentários ao art. 116, a seguir.

Art. 116. O Título IV, do Livro IV, da Parte Especial da Lei nº 10.406, de 10 de janeiro de 2002 (Código Civil), passa a vigorar acrescido do seguinte Capítulo III:

CAPÍTULO III
Da Tomada de Decisão Apoiada

Art. 1.783-A. A tomada de decisão apoiada é o processo pelo qual a pessoa com deficiência elege pelo menos 2 (duas) pessoas idôneas, com as quais mantenha vínculos e que gozem de sua confiança, para prestar-lhe apoio na tomada de decisão sobre atos da vida civil, fornecendo-lhes os elementos e as informações necessários para que possa exercer sua capacidade.

§1º Para formular pedido de tomada de decisão apoiada, a pessoa com deficiência e os apoiadores devem apresentar termo em que constem os limites do apoio a ser oferecido e os compromissos dos apoiadores, inclusive o prazo de vigência do acordo e o respeito à vontade, aos direitos e aos interesses da pessoa que devem apoiar.

§2º O pedido de tomada de decisão apoiada será requerido pela pessoa a ser apoiada, com indicação expressa das pessoas aptas a prestarem o apoio previsto no caput deste artigo.

§3º Antes de se pronunciar sobre o pedido de tomada de decisão apoiada, o juiz, assistido por equipe multidisciplinar, após oitiva do Ministério Público, ouvirá pessoalmente o requerente e as pessoas que lhe prestarão apoio.

§4º A decisão tomada por pessoa apoiada terá validade e efeitos sobre terceiros, sem restrições, desde que esteja inserida nos limites do apoio acordado.

§5º Terceiro com quem a pessoa apoiada mantenha relação negocial pode solicitar que os apoiadores contra-assinem o contrato ou acordo, especificando, por escrito, sua função em relação ao apoiado.

§6º Em caso de negócio jurídico que possa trazer risco ou prejuízo relevante, havendo divergência de opiniões entre a pessoa apoiada e um dos apoiadores, deverá o juiz, ouvido o Ministério Público, decidir sobre a questão.

§7º Se o apoiador agir com negligência, exercer pressão indevida ou não adimplir as obrigações assumidas, poderá a pessoa apoiada ou qualquer pessoa apresentar denúncia ao Ministério Público ou ao juiz.

§8º Se procedente a denúncia, o juiz destituirá o apoiador e nomeará, ouvida a pessoa apoiada e se for de seu interesse, outra pessoa para prestação de apoio.

§9º A pessoa apoiada pode, a qualquer tempo, solicitar o término de acordo firmado em processo de tomada de decisão apoiada.

§10. O apoiador pode solicitar ao juiz a exclusão de sua participação do processo de tomada de decisão apoiada, sendo seu desligamento condicionado à manifestação do juiz sobre a matéria.

§11. Aplicam-se à tomada de decisão apoiada, no que couber, as disposições referentes à prestação de contas na curatela.

JOYCEANE BEZERRA DE MENEZES
ANA CAROLINA BROCHADO TEIXEIRA

A Tomada de Decisão Apoiada foi instituída no Brasil pela Lei Brasileira de Inclusão ou, como preferem os juristas, pelo Estatuto da Pessoa com Deficiência (Lei nº 13.146, de 6 de julho de 2015). No art. 84, §2º, dispõe que à pessoa é facultada a adoção de processo de tomada de decisão apoiada, cujo detalhamento seguiu previsto no art. 116 que acresceu o Capítulo III, ao Título IV, do Livro IV, da Parte Especial da Lei nº 10.406, de 10 de janeiro de 2002 (Código Civil), aditando-lhe o art. 1.783-A com todos os seus parágrafos.

Visa fortalecer o sistema de apoio à pessoa com deficiência, que nasce a partir do art. 12 da Convenção sobre os Direitos da Pessoa com Deficiência, evocando o uso de medidas de cunho jurídico por parte dos Estados signatários, para favorecer o exercício de sua capacidade civil. Na explicação do Comitê da ONU sobre os direitos das pessoas com deficiência (CRPD/C/11/4), o apoio deve respeitar os direitos, a vontade e as preferências da pessoa apoiada, de modo a não se impor como mera substituição da sua decisão. Pode se apresentar por meio de arranjos oficiais e não oficiais de variados formatos e intensidade, mas sempre objetivando a dar suporte à autonomia.

Para atender à *ratio* da CDPD, os Estados signatários são livres para delinear o sistema de apoio que pretendem oferecer, devendo, entretanto, partir das seguintes premissas (ONU CRPD/C/11/4):

Amplo acesso, de forma que o grau de apoio de que a pessoa necessita não seja considerado um obstáculo para a sua obtenção.

Gratuidade ou baixo custo do acesso ao apoio, para que a falta de recursos financeiros não sejam impedimentos para que alguns possam desfrutar desse tipo de suporte.

Respeito à vontade e às preferências da pessoa apoiada como elementos norteadores a quaisquer modalidades de apoio ao exercício da capacidade, sejam as mais intensas ou as mais brandas.

Inclusão comunicativa. A forma como a pessoa que requer o apoio se comunica, se por linguagem convencional ou não convencional, não pode ser obstáculo a obtenção do apoio à tomada de decisões.

Os Estados devem facilitar a criação desse modelo de apoio, favorecendo o reconhecimento jurídico da relação de apoio e, consequentemente, do *múnus* do apoiador. A facilitação do apoio deve considerar, em especial, a situação daquelas pessoas isoladas e/ou solitárias que não desfrutam de qualquer tipo de apoio ordinariamente oferecido pela comunidade (por meio da família, igreja, amigo, escolas, etc).

O apoio na adoção das decisões não pode constituir justificativa para limitar outros direitos fundamentais das pessoas com deficiência, especialmente, o direito ao voto, o direito de constituir família pelo casamento ou pela união estável, os direitos sexuais e reprodutivos, o poder familiar, o consentimento para tratamento médico e a liberdade.

Revogabilidade do apoio. A pessoa apoiada tem direito de, a qualquer tempo, encerrar ou alterar a relação de apoio.

Salvaguardas. Nos termos indicados pela própria CDPD, devem ser estabelecidas salvaguardas a fim de que sejam garantidas a vontade e as preferências da pessoa apoiada.

Muitos países já adotaram o sistema de apoio, modulando o suporte ou a ajuda conforme a necessidade de cada pessoa, a fim de priorizar sua autonomia e de construir uma solução protetiva mais humanista. O novo Código Civil e Comercial Argentino previu o que chama "parágrafo" com o título "Sistema de apoio ao exercício da capacidade", ainda que inserto na secção pertinente as restrições à capacidade.

Na Itália, antes mesmo da promulgação da CDPD, foi instituída a "amministrazione di sostegno" pela Lei nº 6, de 9 de janeiro de 2004. Alternativa menos invasiva que o instituto da curatela, visando prestigiar a autonomia da pessoa e modular a intensidade do apoio, ainda que também permita o poder de assistência ou de representação, em caráter excepcional (LAROBINA, 2013).

No Canadá, tem-se o *Representation Agreement Act* (acordo de representação), instituído pela província *British Columbiam*, por meio do qual a pessoa pode nomear um representante a quem incumbirá o poder de tomar decisões sobre os cuidados com a sua pessoa, sua saúde, assuntos financeiros e outras matérias de cunho individual, caso venha a se tornar incapaz de decidir de forma independente. A República Checa também instituiu, por lei, dois mecanismos de decisão apoiada, quais sejam, a representação e o contrato de apoio. A França oferece a *sauvegarde de justice* como uma alternativa provisória à curatela para proteger a esfera patrimonial da pessoa com deficiência, sem restringir-lhe a capacidade civil (art. 433 e seguintes do Código Civil Francês).

A Alemanha também realizou alterações significativas no plano do direito protetivo, revogando os institutos da curatela e tutela. Por meio de lei datada de 25 de junho de 1998, com vigência a partir de 1º de janeiro de 1999, alterou o BGB, instituindo o chamado *Betreuung* (§§1896 a 1908i, BGB) com o escopo de proteger a pessoa com o mínimo de intervenção na sua autonomia, de modo a respeitar a autodeterminação, direito constitucionalmente assegurado (MONTIJANO, 1999). Abandonou a inflexibilidade da incapacitação, determinando que a extensão dos poderes do *Betreuer* se estabelecesse conforme decisão judicial atenta à situação pessoal e às necessidades do sujeito sob cuidado. A semelhança do que a CDPD veio a estabelecer, os princípios da necessidade e da subsidiariedade nortearão a fixação do *Betreuung* (assistência). Pela modulação desse apoio, conforme a necessidade da pessoa com deficiência, o *bretreuer* (assistente) suprime definitivamente a conexão entre incapacidade e curatela, sendo possível à pessoa sob *betreuung* continuar exercendo livremente a sua capacidade para atuar de forma livre. A capacidade jurídica será determinada por sua capacidade natural (ESTRADA, 2010).

A Lei Brasileira de Inclusão ou Estatuto da Pessoa com Deficiência propôs uma reforma no instituto da curatela (MENEZES, 2015) e criou a figura da tomada de decisão apoiada (MENEZES, 2016). A primeira consiste numa alternativa de apoio mais intenso que envolverá a nomeação de um curador a quem se outorgarão poderes de assistência ou, em casos extremos e justificáveis, poderes de representação, traçando-se um plano da curatela individualizado, respeitados os limites fixados em lei. Mesmo quando incluir poderes de representação, estes não se consubstanciarão na fria substituição de vontade, pois o representante terá que agir em consonância com a vontade e os interesses do curatelado, atentando para as suas preferências, inclusive. Nesse ponto, a versão mais recente do PLS nº 757 em trâmite no Congresso Nacional dispõe que o curador deverá exercer os poderes de representação em respeito à vontade potencial da pessoa curatelada (art. 4º, §3º).

A tomada de decisão apoiada, por sua vez, apresenta-se como um instrumento que oferece apenas um apoio àquele que preserva sua capacidade civil incólume, reunindo condições de, por si, realizar suas escolhas e celebrar quaisquer negócios jurídicos sem a necessidade de assistência ou representação. Os termos do apoio, nesse caso, serão definidos pelo próprio sujeito que o requer, quando submete o pedido de homologação do acordo de apoio ao juiz.

O instituto tem fundamento jurídico no art. 116 do EPD que, dentre outras alterações ao Código Civil, incluiu o art. 1.783-A, que instituiu a tomada de decisão apoiada. Embora guarde alguma semelhança com a *amministrazione di sostegno* italiana e com o contrato de representação instituído pela *British Columbiam* canadense, não constitui cópia de qualquer deles, razão pela qual ainda apresenta arestas e lacunas que serão aparadas e preenchidas pela doutrina e pela jurisprudência brasileiras, com o fim de favorecer a sua aplicação e utilidade. Tramita no Senado Federal, PLS nº 757, de 2015, com o objetivo de modificar algumas das alterações que o Estatuto da Pessoa com Deficiência provocou no Código Civil, incluindo-se alguns aspectos da tomada de decisão apoiada.

O apoio a que se refere o novo Código Civil e Comercial Argentino, conforme inscrito no art. 43, talvez seja uma figura que mais se aproxima da TDA brasileira:

> Artículo 43 - Concepto. Función. Designación. Se entiende por apoyo cualquier medida de carácter judicial o extrajudicial que facilite a la persona que lo necesite la toma de decisiones para dirigir su persona, administrar sus bienes y celebrar actos jurídicos en general.
>
> Las medidas de apoyo tienen como función la de promover la autonomía y facilitar la comunicación, la comprensión y la manifestación de voluntad de la persona para el ejercicio de sus derechos.
>
> El interesado puede proponer al juez la designación de una o más personas de su confianza para que le presten apoyo. El juez debe evaluar los alcances de la designación y procurar la protección de la persona respecto de eventuales conflictos de intereses o influencia indebida. La resolución debe establecer la condición y la calidad de las medidas de apoyo y, de ser necesario, ser inscripta en el Registro de Estado Civil y Capacidad de las Personas.

Considera apoio toda e qualquer medida de caráter judicial ou extrajudicial tendente a facilitar o processo de tomada de decisões quando da celebração de negócios jurídicos, em geral, seja no âmbito patrimonial ou existencial. Como orienta a CDPD, esse apoio visa à promoção da autonomia e a facilitação da comunicação, compreensão da manifestação da vontade da pessoa no exercício de seus direitos.

Portanto, a tomada de decisão apoiada constitui um novo instituto voltado para auxiliar a pessoa com deficiência que se sente fragilizada no exercício de sua autonomia, mas que não necessita de um suporte mais extremo como o da curatela. Coloca-se como uma alternativa intermediária (ROSENVALD, 2015, p. 755) para aquelas pessoas que estão entre as que ostentam a integral aptidão para o exercício autônomo e independente da vida civil e aquelas que carecem de assistência ou representação pelo fato de não possuírem o discernimento necessário à compreensão e à avaliação das coisas e circunstâncias que lhes cercam, com bom senso e clareza (MORAES, 2010, p. 192).

A tomada de decisão apoiada, no Brasil, requer a provocação do interessado ao Poder Judiciário (art. 1.783-A, §2º) por meio de um processo de jurisdição voluntária, no qual se pretende a homologação de um termo de *acordo*, consoante se extrai dos parágrafos 1º e 9º. Trata-se de um negócio jurídico que, para se completar, requer um ato do Estado (MARQUES, 2000, p. 61).

Na jurisdição voluntária, o magistrado não atua para resolver um conflito, efetivar um direito ou acautelar outro interesse, mas, primordialmente, para integrar um negócio jurídico ou um ato de interesse dos particulares, verificando a sua conveniência ou a sua validade formal, quando por lei for exigida a sua participação. O juiz desempenha uma função integrativo-administrativa, que se presta a ampliar a tutela dos interesses da pessoa, haja vista que fará um controle sobre a adequação e a validade formal da medida (CPC, art. 723, parágrafo único).

A opção do legislador brasileiro foi a de atribuir à Tomada de Decisão Apoiada, a condição de instituto de jurisdição voluntária, seguindo um processo que conta, inclusive, com a participação do Ministério Público, na função de *custos legis*. Não é comum a presença do Ministério Público em demandas que envolvem interesses de agentes capazes. A exceção, no presente caso, demonstra um excesso de cautela para com a pessoa vulnerável (embora capaz) que requer o apoio. Em virtude desse mesmo propósito de melhor assegurar a sua proteção é que não se permitiu a solução da tomada de decisão apoiada por meio extrajudicial. Discussões ainda incipientes têm sido envidadas, defendendo a possibilidade de se firmar esse tipo de apoio por meio de escritura pública, uma vez que a pessoa do apoiado permanece com a sua capacidade incólume.

Mas, seguindo o rito da lei, é necessária a propositura da ação específica, cuja legitimidade ativa recai apenas sob a pessoa com deficiência, que entende necessitar do apoio (art. 1.783-A, §2º). Nada obsta que dele também possa fazer uso, a pessoa idosa, a que sofre problema de alcoolismo ou drogadição, e ainda a que possua diagnóstico recente de alguma doença crônica capaz de, progressivamente, comprometer a sua competência cognitiva e volitiva. Na prática dos tribunais, inclusive, a medida tem sido mais utilizada pelas pessoas com idade avançada do que propriamente pelas pessoas com deficiência. Mas reitera-se que tal alternativa se presta apenas à pessoa que conserva sua capacidade civil.

Como se trata de um ato personalíssimo, a legitimidade ativa é exclusiva do interessado no apoio. Assim, nem o próprio juiz, *ex officio* ou mediante provocação do Ministério Público, poderá designar a decisão apoiada em favor do jurisdicionado, tampouco indicar novos apoiadores em substituição àqueles indicados pelo apoiado. Uma vez que se verifique a inaptidão da pessoa indicada para prestar o apoio, o beneficiário deve ser intimado para renovar a indicação, ocasião em que poderá até manifestar o interesse em extinguir a decisão apoiada (art. 1.783-A, §8º).

Assistida por um advogado, o requerente proporá a homologação do termo de apoio, no qual constará a descrição dos seus limites e extensão, bem como o número mínimo de dois apoiadores, pessoas de sua confiança e com as quais possua vínculo de afetividade. Deve também indicar o prazo de vigência e o compromisso dos apoiadores em atender a vontade, os direitos e os interesses da pessoa apoiada (art. 1.783-A, §1º). Ainda que o período de sua vigência não haja expirado, o apoiado pode requerer a extinção da medida.

Anderson Schreiber, em artigo publicado no jornal Carta Forense (Disponível em: http://www.cartaforense.com.br/conteudo/artigos/tomada-de-decisao-apoiada-o-que-e-e-qual-sua-utilidade/16608. Acesso em: 14 set. 2019), critica a exigência de se nomearem, no mínimo, dois apoiadores. Embora ciente de que a ideia se presta a evitar a prática de abusos em desfavor da pessoa apoiada, sua aplicação poderá, ao cabo e ao fim, representar um complicador para o apoiado, que terá que encontrar duas pessoas de sua máxima confiança e com as quais tenha laços de afinidade. E, para além disso, poderá afastar candidatos a apoiadores que já não se sintam à vontade para compartilhar o *múnus* com outra pessoa, com a qual não tenha relação de proximidade e confiança.

Diferentemente da *sauvegarde de justice* francesa, que se restringe às questões patrimoniais (artigos 435 e 436, do Código Civil Francês), a legislação brasileira não definiu o âmbito de incidência do apoio, o que leva à possibilidade de sua aplicação na seara patrimonial e/ou existencial, a depender do interesse e da necessidade do apoiado. Ante a omissão legal, nada impede que também incida sobre decisões da rotina doméstica ou pertinentes aos cuidados pessoais. Pode consistir na facilitação da comunicação, na prestação de informações e esclarecimentos, no auxílio à análise dos fatores favoráveis e desfavoráveis que circundam certa decisão, etc., tudo a depender do caso específico e das demandas da pessoa que precisa do apoio.

Como as pessoas apoiadoras não ocuparão a função de representante ou assistente, não haverá razão para aplicar a limitação do art. 85, §1º, do EPD. Esta limitação restringe-se à curatela. Não estando em jogo a renúncia ao exercício de direitos fundamentais, tampouco a transmissão do exercício de direitos personalíssimos, é possível incluir as situações subjetivas existenciais, tais como aquelas pertinentes ao casamento, ao divórcio, ao planejamento familiar, à educação, à saúde, etc., nos limites do apoio.

As varas que têm competência para conhecer a matéria de direito de família são também competentes para o processo de tomada de decisão apoiada. À semelhança do que se aplica à curatela (art. 46, do CPC), prevalece a competência do juízo do domicílio da pessoa que requer o apoio, muito embora haja possibilidade de sua prorrogação, se assim for mais adequado às suas condições.

Ao receber um pedido dessa ordem, o juiz deverá ouvir o Ministério Público e também a pessoa do requerente, assistido por uma equipe multidisciplinar, além de entrevistar os indicados apoiadores (art. 1.783-A, §3º). Ressalta-se a crítica formulada por Anderson Schreiber à participação do Ministério Público que, nesse tipo de feito, não tem qualquer fundamentação jurídica, haja vista envolver interesse de pessoa plenamente capaz.

Antes de homologar a indicação dos apoiadores deve, ainda, averiguar se não há entre eles e o beneficiário qualquer conflito de interesse ou influência indevida e se aqueles reúnem condições jurídicas e morais mínimas para o exercício do encargo.

Quanto à possibilidade de cumulação da Tomada de Decisão Apoiada com a curatela, ainda não se tem uma resposta. A seguir, a solução praticada na Argentina ou mesmo o modelo da *amministrazione de sostegno* (D'ORTA, 2014), na Itália, a resposta seria negativa, haja vista que esse tipo de apoio mais brando antecede a alternativa da curatela, sem que com ela possa ser deferido concomitantemente. Projeto de Lei nº 757/2015, versão remetida à Comissão de Constituição, Justiça e Cidadania do Senado Federal, propõe alteração a vários artigos do Código Civil, inclusive, ao art. 1.783-A, defendendo que a Tomada de Decisão Apoiada não seja deferida se o requerente estiver sob curatela. *In verbis*:

> Art. 2º Dê-se aos arts. 3º, 4º, 1.548, 1.767, 1.777 e 1.783-A da Lei nº 10.406, de 10 de janeiro de 2002, a seguinte redação:
>
> Art. 1.783-A [...]
>
> §12. Os negócios e os atos jurídicos praticados pela pessoa apoiada sem participação dos apoiadores são válidos, ainda que não tenha sido adotada a providência de que trata o §5º deste artigo.
>
> §13. Não será deferida a tomada de decisão apoiada quando a situação da pessoa exigir a adoção da curatela.
>
> §14. A tomada de decisão apoiada não será registrada nem averbada no Registro Civil de Pessoas Naturais. (NR)

Entende-se, no entanto, pela *ratio* da Convenção que é o reconhecimento da ampla autonomia do sujeito quanto àquilo que ainda tiver discernimento, ser admissível a concomitância da tomada de decisão apoiada com a curatela, desde que cada uma incida sobre área diversa. É de supor que se alguém necessitar de curatela para certos negócios patrimoniais e mantiver sua autonomia relativamente a negócios de menor porte, possa decidir quanto a estes e quanto a assuntos existenciais. Nos atos não alcançados pela curatela, poderia, no exercício de sua autonomia, requerer a decisão apoiada (MENEZES, 2016a).

A decisão apoiada terá validade e efeitos sobre terceiros, sem quaisquer restrições, desde que formulada nos limites do apoio acordado, é o que diz o paragrafo quarto do artigo sob exame. A tomada de decisão apoiada não modula a capacidade civil do apoiado. Consiste numa relação jurídica entre apoiado e apoiadores, que traz para esses o dever de diligência em apoiar o primeiro nos limites do que foi estabelecido. Mas o *munus* do apoiador não é pressuposto de validade do ato, volta-se apenas a suprir uma necessidade confessa pelo apoiado. Pode consistir na decodificação da linguagem contratual, de modo a favorecer a compreensão do apoiado sobre as vicissitudes do negócio jurídico que pretende firmar; pode ser a facilitação da comunicação do apoiado com os seus interlocutores, em geral, ou seja, visa apenas a fornecer o suporte de que o apoiado necessita. Tanto é assim que, a proposta do PLS nº 757 já citado, sugere a inclusão de um parágrafo específico ao artigo apenas para dizer que os negócios e atos jurídicos praticados pela pessoa apoiada serão válidos mesmo sem a participação dos apoiadores.

Mesmo assim, o parágrafo quinto do artigo 1.783-A diz que o terceiro, interlocutor contratual da pessoa apoiada, poderá solicitar que os apoiadores contra-assinem o contrato ou acordo que está sendo firmado, especificando a sua função de apoiado. Essa possibilidade é absolutamente incompatível com o instituto e carece de fundamentação jurídica, haja vista que a tomada de decisão apoiada em nada se opõe ou restringe à capacidade civil do apoiado, tampouco interfere na validade do ato. O dispositivo milita contra a *ratio* da CDPD e do próprio Estatuto que sobrelevam a autonomia da pessoa com deficiência, pois, temendo riscos à validade do ato, os interlocutores contratuais das pessoas com deficiência podem adotar a prática de exigir a assinatura dos apoiadores, vindo a transformar a sua figura numa espécie de assistente.

Ademais, é de se perguntar: como esses "terceiros" conhecerão que a pessoa está sob decisão apoiada para solicitar a contra-assinatura dos apoiadores? O instituto não obriga a sua inscrição nos órgãos de registros civis, como se exige na curatela. Se não se obriga a tal registro, é porque não se opõe a terceiro! Nesse aspecto, vale rememorar, mais uma vez, o PLS nº 757, que positiva a não inscrição da tomada de decisão apoiada no ofício de registro civil.

O apoiador está em relação direta com a pessoa do apoiado. Cumpre-lhe realizar esse apoio nos limites do que foi previsto no termo de apoio. Conquanto a legislação atual não imponha aos apoiadores a contra-assinatura aos negócios firmados pela pessoa apoiada, se o PLS nº 757 vier a se converter em lei exigirá essa assinatura como se verifica na redação proposta ao art.1.783-A, §5º.

Se o apoiador entender que determinado negócio jurídico poderá trazer riscos e prejuízos relevantes ao apoiado e, nisso houver discordância entre ambos, deverá informar ao juiz (art. 1.783-A, §6º) que deflagrará as providências necessárias, inclusive, para suspender a realização do negócio. Tem-se aqui, uma modalidade de controle *a posteriori* de validade do negócio, a semelhança do que se tem no *sauvegarde de justice*, conforme art. 435 do Código Civil Francês.

O pressuposto para tanto é apenas o de que a matéria objeto do negócio jurídico questionado se ache no âmbito do apoio requerido. Se o apoiado a incluiu no objeto da TDA, é porque sabia da sua necessidade de suporte naquela área.

Dispõe o parágrafo sétimo que se o apoiador agir com negligência, exercer pressão indevida sobre o apoiado ou não adimplir as obrigações assumidas, a pessoa apoiada ou qualquer pessoa poderá apresentar denúncia ao Ministério Público ou ao juiz. No caso, tem-se apenas as hipóteses que suscitarão uma eventual substituição do apoiador e, não necessariamente, a responsabilidade civil deste. Para a possibilidade de aplicação da responsabilidade civil será indispensável a prova do dano, sendo de natureza subjetiva a responsabilidade do ofensor.

Uma vez que aceite a incumbência de apoiar a pessoa com deficiência, o apoiador não pode se colocar como um sujeito autoritário que infantiliza ou desrespeita a autonomia do apoiado. Deve se concentrar em oferecer o suporte que aceitou prestar de forma atenta e diligente. Exercerá pressão indevida quando se superpuser à vontade do apoiado, no exercício de sua plena capacidade. Na hipótese em que discordar do apoiado quanto à formação de negócio jurídico que entender prejudicial a este, deverá informar ao juiz e deixar que este decida.

A todo tempo o apoiador poderá requerer ao juiz a sua exclusão do processo de tomada de decisão apoiada (§10) sem que para isso tenha que apontar quaisquer razões. Porém, a ele se aplicarão as mesmas disposições referentes à prestação de contas na curatela (§11), que se acham no artigo 1.781 c/c o art. 1755 e segs. do Código Civil.

Art. 117. O art. 1º, da Lei nº 11.126, de 27 de junho de 2005, passa a vigorar com a seguinte redação:

Art. 1º É assegurado à pessoa com deficiência visual, acompanhada de cão-guia, o direito de ingressar e de permanecer com o animal em todos os meios de transporte e em estabelecimentos abertos ao público, de uso público e privados de uso coletivo, desde que observadas as condições impostas por esta Lei.

[...]

§2º O disposto no caput deste artigo aplica-se a todas as modalidades e jurisdições do serviço de transporte coletivo de passageiros, inclusive em esfera internacional com origem no território brasileiro. (NR)

DANIELE CHAVES TEIXEIRA

O art. 117 do EPD altera a conhecida "Lei do Cão", Lei nº 11.126/2005. A Lei é de significativa relevância para que os cegos que utilizam o serviço de cão-guia consigam ter sua autonomia e independência com fundamento no princípio da acessibilidade, porque "sem acessibilidade não há inclusão social" (NISHIYAMA; ARAÚJO, 2016, p. 7). A inclusão social das pessoas com deficiência é difícil e de longo prazo. É necessária uma mudança na cultura e na forma de a sociedade olhar para os portadores de deficiência, ainda mais tendo em vista a multiplicidade de situações enquadradas como deficiência. Porque "os problemas de um surdo ou de um cego, ambos com deficiência, serão totalmente diferentes. Da mesma forma, os problemas de um cadeirante são de natureza diversa (e com consequências diversas) de alguém que tem outro problema" (NISHIYAMA; ARAÚJO, 2016, p. 2).

(NC) Observa-se aqui mais uma harmonização com lei preexistente, promovida pelo EPD, como destacado na NC feita no art. 112. Não obstante a edição da Lei nº 11.126/2005, ainda houve e há resistência ao seu cumprimento, em diversas circunstâncias, resolvida pelos Tribunais, que asseguram o direito dos cegos ao uso do cão-guia, inclusive sob o argumento de estar caracterizada violação de direitos humanos. Nesse sentido: TJRS, AGR nº 70052259694, 9ª C.C., Relator: Marilene Bonzanini Bernardi, julg: 12 dez. 2012, publ. 14 dez. 2012; TJRS, AGV nº 70052262920, Relator: Marilene Bonzanini Bernardi, 9ª C.C., Relator: Marilene Bonzanini Bernardi, julg: 12 dez. 2012, publ. 14 dez. 2012; TJDF, AC nº 0057759-45.2003.807.0001, 4ª Turma Cível, Relator: Cruz Macedo, julg. 11 abr. 2005, publ. 28 abr. 2005; TJPR, APL: nº 1486309-5, 10ª Câmara Cível, Relator: Luiz Lopes, julg. 28 jul. 2016, publ. 25 ago. 2016.

Art. 118. O inciso IV, do art. 46, da Lei nº 11.904, de 14 de janeiro de 2009, passa a vigorar acrescido da seguinte alínea "k":

Art. 46. [...]

[...]

IV - [...]

[...]

k) de acessibilidade a todas as pessoas.

[...] (NR)

DANIELE CHAVES TEIXEIRA

O art. 118 da Lei nº 13.146 modifica o Estatuto dos Museus, como é denominada a Lei nº 11.904, de 2009. Vale destacar que o Estatuto dos Museus, em seu art. 1º, apresenta o conceito aplicado para museus, ao dizer que considera que são todas as instituições sem fins lucrativos que conservam, comunicam, interpretam e expõem, para fins de preservação, estudo, pesquisa, educação, contemplação e turismo, conjuntos e coleções de valor histórico, artístico, científico, técnico ou de qualquer outra natureza cultural, abertas ao público, a serviço da sociedade e de seu desenvolvimento.

Ainda o Estatuto dos Museus, em seu art. 46, inciso IV, alínea "k", determina sobre o Plano Museológico que define a missão básica e a função na sociedade de qualquer museu nacional que é a necessidade de se garantir acessibilidade a todas as pessoas.

As pessoas com deficiência têm o direito de acessar locais que ofereçam serviços e eventos culturais, tais como teatros, museus, cinemas, bibliotecas, serviços turísticos e, quando possível, devem ter acesso a monumentos e locais de importância cultural nacional. Dessa forma, pode-se dizer que houve um avanço, desde que a legislação deixou de limitar lugares para pessoas em cadeira de rodas e lhes deu o direito de acesso a todos os teatros, cinemas, casas de espetáculo, etc., em formatos acessíveis (NISHIYAMA; ARAÚJO, 2016, p. 5-6).

Cabe ressaltar, ainda, que o EPD, em seu art. 42, dispõe que a pessoa com deficiência tem direito à cultura, ao esporte, ao turismo e ao lazer, da mesma forma que as demais pessoas (vide comentário).

Art. 119. A Lei nº 12.587, de 3 de janeiro de 2012, passa a vigorar acrescida do seguinte art. 12-B:

Art. 12-B. Na outorga de exploração de serviço de táxi, reservar-se-ão 10% (dez por cento) das vagas para condutores com deficiência.

§1º Para concorrer às vagas reservadas na forma do caput deste artigo, o condutor com deficiência deverá observar os seguintes requisitos quanto ao veículo utilizado:

I - ser de sua propriedade e por ele conduzido; e

II - estar adaptado às suas necessidades, nos termos da legislação vigente.

§2º No caso de não preenchimento das vagas na forma estabelecida no caput deste artigo, as remanescentes devem ser disponibilizadas para os demais concorrentes.

DANIELE CHAVES TEIXEIRA

O art. 119, do Estatuto da Pessoa Deficiente, altera a Lei nº 12.587, de 2012, que institui as diretrizes da Política Nacional de Mobilidade Urbana, ao acrescentar o art. 12-B, que dispõe sobre a outorga de exploração de serviço de táxi, a qual reservará 10% (dez por cento) das vagas para condutores com deficiência. Para concorrer às vagas reservadas na forma deste artigo, o condutor com deficiência deverá observar os requisitos quanto ao veículo utilizado: *a*) ser de sua propriedade e por ele conduzido; e *b*) estar adaptado às suas necessidades, nos termos da legislação vigente. Entretanto, caso o número de pessoas deficientes não seja suficiente para o preenchimento das vagas, as remanescentes devem ser disponibilizadas para os demais concorrentes.

Vale destacar que com as inovações do EPD ocorre também a necessidade de adaptação razoável dos produtos e serviços, a implementação de tecnologia assistiva, a proibição da cobrança diferenciada de tarifas ou de valores adicionais pelos serviços de táxi prestados às pessoas com deficiência e a obrigatoriedade de as locadoras de veículos oferecerem um veículo adaptado para o uso de pessoa com deficiência (NISHIYAMA; ARAÚJO, 2016, p. 12).

Com efeito, a partir da publicação do EPD, passou a ser dever do Poder Público adotar mecanismos de garantia da efetivação da acessibilidade junto aos planos diretores municipais; os planos diretores de transporte e trânsito; os planos de mobilidade urbana e os planos de preservação de sítios históricos elaborados ou atualizados com a nova lei (ARAÚJO; COSTA FILHO, 2015, p. 5). Assim também deverá ocorrer nas atividades de fiscalização e a imposição de sanções de incentivos à produção, à edição, à difusão, à distribuição e à comercialização de livros em formatos acessíveis, inclusive em publicações da administração pública ou financiadas com recursos públicos, com vistas a garantir à pessoa com deficiência o direito de acesso à leitura, à informação e à comunicação (ARAÚJO; COSTA FILHO, 2015, p. 6).

(NC) Merece destaque a importância do presente artigo no que se refere à inclusão da pessoa com deficiência, a qual passa a ter assegurado seu direito de trabalhar como condutor de táxi e não mais apenas como passageiro. Observe-se que o art. 12-A da Lei nº 12.587/2012, incluído pela Lei nº 12.865/2013, estabelece que o direito à exploração de serviços de táxi poderá ser outorgado a qualquer interessado que satisfaça os requisitos exigidos pelo poder público local. O EPD viabiliza o exercício desse direito pelas pessoas com deficiência, ao determinar a reserva de vagas e prever desde logo os requisitos específicos a serem por elas observados, os quais não se submetem, por conseguinte, ao poder público local (como previsto no art. 12-A), que poderá eventualmente estabelecer outras exigências, nos limites de sua competência legislativa.

Art. 120. Cabe aos órgãos competentes, em cada esfera de governo, a elaboração de relatórios circunstanciados sobre o cumprimento dos prazos estabelecidos por força das Leis nº 10.048, de 8 de novembro de 2000, e nº 10.098, de 19 de dezembro de 2000, bem como o seu encaminhamento ao Ministério Público e aos órgãos de regulação para adoção das providências cabíveis.

Parágrafo único. Os relatórios a que se refere o caput deste artigo deverão ser apresentados no prazo de 1 (um) ano a contar da entrada em vigor desta Lei.

DANIELE CHAVES TEIXEIRA

O art. 120 da Lei nº 13.146/2015, que institui no ordenamento brasileiro a inclusão da pessoa com deficiência, tem como objetivo garantir que os prazos sejam cumpridos pelos órgãos públicos e instituições privadas de uso coletivo para a acessibilidade arquitetônica, urbanística, de comunicação e tecnológica, determinadas pelas Leis nº 10.048 e nº 10.098, de novembro e dezembro de 2000, respectivamente. Na verdade, em relação à acessibilidade, o EPD não alterou os prazos já extintos para adequação e adaptação dos prédios públicos e privados de uso coletivo, já previstos anteriormente pelas Leis nº 10.098/2000 e nº 10.048/2000 e Decreto nº 5.296/2004 e outras normas correlatas. Entretanto, o EPD "trouxe novos elementos para exigir com maior rigor a acessibilidade, principalmente, junto ao poder público, condicionando financiamentos, licitações e contratos ao cumprimento dos requisitos do desenho universal" (ARAÚJO; COSTA FILHO, 2015, p. 5-6).

Cabe destacar que o art. 120 dispõe que os órgãos competentes pela fiscalização e pelo cumprimento dos prazos, seja na esfera municipal, estadual ou federal, expeçam relatórios sobre o cumprimento da Lei, e que os mesmos sejam encaminhados para o Ministério Público. Com efeito, por força do art. 79, §3º, do Estatuto da Pessoa Deficiente, e com os arts. 3º a 6º da Lei nº 7.853/89, além da Defensoria Pública, o Ministério Público é a principal instituição responsável por zelar e verificar os direitos das pessoas com deficiência.

O parágrafo único do art. 120 do EPD trata do prazo de um ano para que os relatórios sejam apresentados, tendo em vista que o estatuto entrou em vigência em 2 de janeiro de 2016, o prazo para o envio dos relatórios se encerrou em 2 de janeiro de 2017. Se eles não forem expedidos no prazo, depois do advento do EPD, caberá aos representantes do Ministério Público ou da Defensoria Pública solicitar aos Ministérios, às Secretarias e aos demais entes administrativos competentes seus respectivos relatórios, a fim de verificar se houve o cumprimento das leis de acessibilidade e, caso não tenha ocorrido, tomar as medidas cabíveis na esfera judicial, por meio da ação pública, ou extrajudicial (COSTA FILHO, 2016, p. 422), que pode ser por inquérito civil, termos de ajustamento de conduta ou recomendação.

Assim, como destaca Heloisa Helena Barboza, com base nos valores constitucionais, o EPD discorre "sobre assuntos aparentemente distantes, todos os artigos têm em mira a proteção da pessoa humana, o resguardo de sua dignidade e a promoção da sua personalidade" (BARBOZA, 2016, p. 15).

Dentre os órgãos que já disponibilizaram o relatório citam-se: a Agência Nacional de Telecomunicações (ANATEL); o Ministério da Educação; o à época Ministério da transparência, fiscalização e Controladoria-Geral da União (CGU); o Sistema Integrado de Planejamento e Orçamento (SIOP); o Ministério da Ciência, Tecnologia, inovações e comunicações (MCTIC); a Fundação Nacional de Saúde (FUNASA); Universidade Federal do Espírito Santo (UFES); Caixa Econômica Federal (CEF); Instituto Federal Catarinense (IFC), dentre outros.

Art. 121. Os direitos, os prazos e as obrigações previstos nesta Lei não excluem os já estabelecidos em outras legislações, inclusive em pactos, tratados, convenções e declarações internacionais aprovados e promulgados pelo Congresso Nacional, e devem ser aplicados em conformidade com as demais normas internas e acordos internacionais vinculantes sobre a matéria.

Parágrafo único. Prevalecerá a norma mais benéfica à pessoa com deficiência.

GUILHERME MAGALHÃES MARTINS

No ano de 2007, a Organização das Nações Unidas – ONU promulgou a Convenção sobre os Direitos da Pessoa com Deficiência – CDPD e seu protocolo facultativo. No Brasil, a Convenção de Nova York foi aprovada por meio do Decreto nº 186/2008, com quórum de maioria qualificada de três quintos, nas duas casas do Congresso Nacional, em dois turnos, alcançando a hierarquia de norma constitucional (art. 5º, parágrafo terceiro da Constituição da República).

Posteriormente, a Convenção foi ratificada e promulgada através do Decreto Presidencial nº 6.949/2009. A Convenção trouxe um novo paradigma para a pessoa com deficiência, pautado no "modelo social dos direitos humanos".

A partir deste novo modelo social, as noções de deficiência e incapacidade não são mais passíveis de confusão, constituindo um notável avanço em relação ao direito anterior, quando as pessoas com deficiência psíquica e intelectual foram excluídas de uma maior participação na vida civil, tiveram a sua capacidade mitigada ou negada, os bens espoliados e a vontade e a autonomia desrespeitadas (MENEZES, 2015, p. 3).

O dispositivo ora em exame busca, no seu parágrafo único, solucionar a interpretação sistemática em relação a outras normas, tratados e convenções internacionais. Em caso de divergência entre o Estatuto da Pessoa com Deficiência e a Convenção de Nova York, prevalecerá a norma mais favorável ao deficiente. A capacidade, em face de ambos os diplomas legais, integra o catálogo de direitos fundamentais da Constituição Federal, constitui cláusula pétrea, possui efeito irradiante perante a legislação infraconstitucional e afeta as relações entre particulares, além de criar para o Estado o dever de adotar medidas concretas para a sua efetivação.

A Lei nº 13.146/15, por exemplo, revogou expressamente dispositivos do Estatuto do Idoso (Lei nº 10.741/2013), em matéria de saúde, especificamente quanto à escolha entre tratamentos médicos. O dispositivo revogado, artigo 17, parágrafo único do Estatuto do Idoso, inclusive, fazia referência à figura do curador:

Art. 17. Ao idoso que esteja no domínio de suas faculdades mentais é assegurado o direito de optar pelo tratamento de saúde que lhe for reputado mais favorável.

Parágrafo único. Não estando o idoso em condições de proceder à opção, esta será feita:

I – pelo curador, quando o idoso for interditado;

II – pelos familiares, quando o idoso não tiver curador ou este não puder ser contatado em tempo hábil;

III – pelo médico, quando ocorrer iminente risco de vida e não houver tempo hábil para consulta a curador ou familiar;

IV – pelo próprio médico, quando não houver curador ou familiar conhecido, caso em que deverá comunicar o fato ao Ministério Público.

Outra questão diz respeito ao fato de a Lei nº 13.146, de 6 de julho de 2015, ter entrado em vigor anteriormente ao novo Código de Processo Civil (Lei nº 13.105, de 16 de março de 2015), que disciplina o processo de interdição.

Embora tenha sido a "interdição total" abolida pelo artigo 1.772 do Código Civil, na redação dada pela Lei Brasileira de Inclusão da Pessoa com Deficiência, o art. 755, parágrafo terceiro do vigente Código de Processo Civil, ao dispor sobre a publicação da sentença de interdição, sugere a possibilidade contrária: "constando do edital os nomes do interdito e do curador, a causa da interdição, os limites da curatela e, não sendo total a interdição, os atos que o interdito poderá praticar autonomamente".

Da mesma forma, embora tenha o vigente Código de Processo Civil revogado expressamente o art. 1.768 do Código Civil, na redação dada pelo Estatuto da Pessoa com Deficiência, a possibilidade de requerimento da curatela pelo interessado não se extingue. Por força dos princípios da Convenção e o que mais consta do Estatuto da Pessoa com Deficiência, não se pode retirar da pessoa com deficiência a legitimidade para requerer sua própria curatela, sob pena de negar sua capacidade e ignorar sua autonomia, violando o principal objetivo da Convenção de Nova York, que, portanto, tem força de norma constitucional.

Pelo critério cronológico, estabelecido no art. 2º da LINDB – Lei de Introdução às Normas do Direito Brasileiro (Lei nº 12.376/2010), prevaleceria, em princípio, o novo Código de Processo Civil.

No entanto, tendo em vista a natureza de norma constitucional sobre direitos fundamentais da Convenção de Nova York (BARBOZA; ALMEIDA, 2016, p. 207), bem como a natureza de norma mais favorável à pessoa com deficiência da Lei nº 13.146/2015, o direito adjetivo abraçado pelo Código de Processo Civil deve ser contido em sua validade e eficácia, tendo em vista sua inconstitucionalidade material.

Através da sua pretensão de eficácia, a Constituição procura imprimir ordem e conformação à realidade política e social, conforme ensina Konrad Hesse (1991, p. 15). A partir da ideia de vontade da Constituição, conclui o autor que

> [...] a pretensão de eficácia de uma norma constitucional não se confunde com as condições da sua realização; a pretensão de eficácia associa-se a essas condições como elemento autônomo. A Constituição não configura, portanto, apenas expressão de um ser, mas também de um dever ser; ela significa mais do que o simples reflexo das condições fáticas de sua vigência, principalmente as forças sociais e políticas.

Para Otto Bashof (2009, p. 42), professor da Universidade de Tübingen, em aclamado ensaio sobre a possibilidade de normas constitucionais inconstitucionais, a validade de uma Constituição compreende dois aspectos: a positividade e a obrigatoriedade. Esta última somente existirá "se o legislador tome em conta os princípios constitutivos de toda ordem jurídica e, nomeadamente, se deixe guiar pela aspiração à justiça *e evite regulamentações arbitrárias* (g.n.)".

Trata-se de normas constitucionais de aplicabilidade imediata (art. 5º, parágrafo primeiro da Constituição da República) (SARLET, 2008, p. 278-279) e eficácia plena, definidas por José Afonso da Silva (1998) como aquelas que "desde a entrada em vigor da Constituição, produzem, ou têm possibilidade de produzir, todos os efeitos essenciais, relativamente aos interesses, comportamentos e situações, que o legislador constituinte, direta e normativamente, quis regular".

A mesma conclusão é afirmada por Ingo Wolfgang Sarlet (2008, p. 145), para quem, com a adoção do procedimento previsto no art. 5º, parágrafo terceiro da Constituição, os tratados em matéria de direitos humanos integram o bloco da constitucionalidade, que representa a reunião de diferentes diplomas normativos de cunho constitucional, que atuam, em seu conjunto, como parâmetro de controle da constitucionalidade.

Outra possível solução é aventada pelo autor português J. Dias Marques (1972, p. 264), que defende que

> a lei revogatória deve ser posterior à lei revogada, determinando-se a posteridade pela data de promulgação, e não pela entrada em vigor. Por isso, de duas leis, uma das quais foi promulgada primeiro e entra em vigor depois, e a outra que foi promulgada depois e entre em vigor primeiro, será esta que, em caso de contradição, deve prevalecer sobre aquela.

Esta última orientação já foi adotada pelo Supremo Tribunal Federal no julgamento do HC nº 72.435-3 (Rel. Min. Celso de Mello, julg. 12 set. 1995):

> *Habeas Corpus* - Delito de estupro praticado contra criança de três anos de idade - Crime Hediondo - Alegado erro na dosimetria da pena - Inocorrência - Decisão Fundamentada - Inaplicabilidade do art. 263 da Lei nº 8.069/90 (Estatuto da Criança e do Adolescente) - Vigência imediata da Lei nº 8.072/90 (Lei dos Crimes Hediondos) - *Possibilidade jurídica de revogação, ainda que tácita, de lei que se acha em período de 'vacatio legis'* - Doutrina - Jurisprudência - Pedido Indeferido (g. n.).

(NC) O artigo em exame revela-se de grande utilidade para o intérprete, ao ratificar o *princípio da norma mais benéfica*, previsto no artigo 4º, nº 4, da CDPD, o qual, ao tratar das obrigações gerais das Partes, estabelece que:

> Nenhum dispositivo da presente Convenção afetará quaisquer disposições mais propícias à realização dos direitos das pessoas com deficiência, as quais possam estar contidas na legislação do Estado Parte ou no direito internacional em vigor para esse Estado. Não haverá nenhuma restrição ou derrogação de qualquer dos direitos humanos e liberdades fundamentais reconhecidos ou vigentes em qualquer Estado Parte da presente Convenção, em conformidade com leis, convenções, regulamentos ou costumes, sob a alegação de que a presente Convenção não reconhece tais direitos e liberdades ou que os reconhece em menor grau.

A admissão da interdição total, como hipótese excepcionalíssima, para casos em que essa modalidade é exigida pelas circunstâncias psicofísicas do indivíduo, exclusivamente para fins de sua proteção, encontra amparo constitucional no dispositivo acima transcrito. Compatível com a norma constitucional, por conseguinte, o disposto no CPC no art. 749, no sentido de caber ao requerente da interdição, na petição inicial, especificar os fatos que demonstram a incapacidade do interditando para administrar seus bens e, se for o caso, para praticar atos da vida civil. De igual modo, o mesmo dispositivo legitima o juiz a, na sentença que decretar a interdição, fixar os limites da curatela, segundo o estado e o desenvolvimento mental do interdito, nos termos do art. 755 do CPC. Somente à luz do princípio da norma mais benéfica é admissível e deve ser interpretada a referência à "interdição total" mencionada no parágrafo terceiro do art. 755 do CPC.

O *modelo social de deficiência* adotado pelo Brasil não comporta restrições à plena capacidade das pessoas com deficiência, salvo para protegê-las em situações excepcionais (v. comentário aos arts. 84 e 85). O *princípio da norma mais benéfica* autoriza o intérprete e o aplicador da lei a buscarem as "disposições mais propícias à realização dos direitos das pessoas com deficiência, as quais possam estar contidas na legislação do Estado Parte ou no direito internacional", visto que nenhum dispositivo da Convenção as afeta, como expressa o artigo 4º, nº 4, da CDPD anteriormente transcrito.

Art. 122. Regulamento disporá sobre a adequação do disposto nesta Lei ao tratamento diferenciado, simplificado e favorecido a ser dispensado às microempresas e às empresas de pequeno porte, previsto no §3º do art. 1º da Lei Complementar nº 123, de 14 de dezembro de 2006.

GUILHERME MAGALHÃES MARTINS

A Lei Complementar nº 123, de 14 de dezembro de 2006, criou o Estatuto Nacional da Microempresa e da Empresa de Pequeno Porte e prevê, em seu art. 1º, parágrafo terceiro, um "tratamento diferenciado, simplificado e favorecido". O dispositivo contempla a edição de um regulamento sobre o tema, beneficiando as empresas que se adequarem ao estatuto.

(NC) O Decreto nº 8.538, de 6 de outubro de 2015, regulamenta o tratamento favorecido, diferenciado e simplificado para as microempresas, empresas de pequeno porte, agricultores familiares, produtores rurais pessoas físicas, microempreendedores individuais e sociedades cooperativas de consumo nas contratações públicas de bens, serviços e obras no âmbito da administração pública federal, para atender os arts. 42 a 45 e os arts. 47 a 49, da Lei Complementar nº 123, de 14 de dezembro de 2006. O debate sobre a inclusão de pessoas com deficiência em microempresas se iniciou antes da promulgação do EPD. A necessidade de fortalecer políticas específicas de inserção de pessoas com deficiência em micro e pequenas empresas foi o destaque da audiência pública da Comissão de Defesa dos Direitos das Pessoas com Deficiência da Câmara dos Deputados, realizada em 17 de junho de 2015.

Em 11 de junho de 2018 entrou em vigor o Decreto nº 9.405, que dispõe sobre o tratamento diferenciado, simplificado e favorecido às microempresas e às empresas de pequeno porte, previsto no art. 122 da Lei nº 13.146, de 6 de julho de 2015 – Lei Brasileira de Inclusão da Pessoa com Deficiência (Estatuto da Pessoa com Deficiência). Em linhas gerais, as microempresas e as empresas de pequeno porte deverão, na relação com pessoas com deficiência, assegurar (i) condições de acessibilidade ao estabelecimento e suas dependências abertos ao público; (ii) atendimento prioritário, com a disponibilização de recursos que garantam igualdade de condições com as demais pessoas; (iii) igualdade de oportunidades na contratação de pessoal, com a garantia de ambientes de trabalho acessíveis e inclusivos; (iv) acessibilidade em cursos de formação, de capacitação e em treinamentos; e, (v) condições justas e favoráveis de trabalho, incluídas a igualdade de remuneração por trabalho de igual valor e a igualdade de oportunidades de promoção.

O decreto estabelece prazos diferenciados para a realização das adaptações necessárias para garantir as condições de acessibilidade ao estabelecimento (art. 2º,

§1º) e permite que as microempresas e as empresas de pequeno porte se organizem de forma coletiva para cumprir com os objetivos estabelecidos (art. 2º, §3º). O decreto também determina que os hotéis, as pousadas e os outros estabelecimentos similares garantam o percentual de cinco por cento de dormitórios acessíveis, com, no mínimo, uma unidade acessível (art. 4º).

Por fim, torna obrigatória a acessibilidade nos sítios eletrônicos mantidos por microempresa, empresa de pequeno porte ou microempreendedor individual, mas essa poderá ser feita gradativamente de acordo com os prazos previstos no decreto.

Art. 123. Revogam-se os seguintes dispositivos: (Vigência)

I - o inciso II, do §2º, do art. 1º, da Lei nº 9.008, de 21 de março de 1995;

II - os incisos I, II e III, do art. 3º, da Lei nº 10.406, de 10 de janeiro de 2002 (Código Civil);

III - os incisos II e III, do art. 228, da Lei nº 10.406, de 10 de janeiro de 2002 (Código Civil);

IV - o inciso I, do art. 1.548, da Lei nº 10.406, de 10 de janeiro de 2002 (Código Civil);

V - o inciso IV, do art. 1.557, da Lei nº 10.406, de 10 de janeiro de 2002 (Código Civil);

VI - os incisos II e IV, do art. 1.767, da Lei nº 10.406, de 10 de janeiro de 2002 (Código Civil);

VII - os arts. 1.776 e 1.780, da Lei nº 10.406, de 10 de janeiro de 2002 (Código Civil).

BRUNA LIMA DE MENDONÇA

Em atenção ao disposto no art. 9º da Lei Complementar nº 95/1998, com redação dada pela Lei Complementar nº 107/2001, o art. 123 enumera expressamente quais são as disposições legais revogadas com o advento da Lei Brasileira de Inclusão da Pessoa com Deficiência (Lei nº 13.146/2015). Trata-se de dispositivos existentes no ordenamento jurídico brasileiro (em especial, no Código Civil de 2002) que contrariam as previsões da LBI, elaborada em conformidade com diretrizes da Convenção sobre os Direitos das Pessoas com Deficiência (CDPD).

Além das revogações expressas operadas por este artigo, a eventual incompatibilidade entre leis ou disposições legais anteriores à LBI acarreta a revogação tácita das primeiras, já que a lei posterior revoga tacitamente a lei anterior incompatível. Essa hipótese também é prevista no art. 2º, §1º, da Lei de Introdução às Normas do Direito Brasileiro, e resulta da própria noção de unidade do ordenamento, para a qual se revela inadmissível a coexistência de dois comandos prescritivos contraditórios em um mesmo sistema (BOBBIO, 2014, p. 84).

I – o inciso II do §2º do art. 1º da Lei nº 9.008, de 21 de março de 1995;

A norma revogada estabelecia que as multas e indenizações decorrentes da tutela jurisdicional dos interesses coletivos ou difusos das pessoas com deficiência deveriam ser revertidas ao Fundo de Defesa de Direitos Difusos (FDD), criado pelo art. 13 da Lei nº 7.347/85 (Lei da Ação Civil Pública).

Ocorre que o Fundo de Defesa de Direitos Difusos tem por finalidade "a reparação dos danos causados ao meio ambiente, ao consumidor, a bens e direitos de valor artístico, estético, histórico, turístico, paisagístico, por infração à ordem econômica e a outros interesses difusos e coletivos" (Decreto nº 1.306/1994), ou seja, outros interesses transindividuais que não os das pessoas com deficiência.

Em razão da revogação operada pela LBI, as verbas arrecadadas deverão ser destinadas especificamente à prevenção e à reparação dos interesses das pessoas com deficiência, o que possibilitará o investimento em políticas públicas que possam viabilizar a sua efetiva inclusão.

II - os incisos I, II e III, do art. 3º,da Lei nº 10.406, de 10 de janeiro de 2002 (Código Civil).

A LBI, no Capítulo II da Parte Geral, trata "da igualdade e da não discriminação" e determina expressamente que "a deficiência não afeta a plena capacidade civil da pessoa" (Lei nº 13.146/15, art. 6º), o que é corroborado mais a frente, ao dispor que a "pessoa com deficiência tem assegurado o direito ao exercício de sua capacidade legal em igualdade de condições com as demais pessoas" (Lei nº 13.146/15, art. 84).

Os referidos dispositivos consagram o disposto no art. 12 da CDPD, que reconhece que "as pessoas com deficiência gozam de capacidade legal em igualdade de condições com as demais pessoas em todos os aspectos da vida" e determina que os Estados partes adotem as "medidas apropriadas para prover o acesso de pessoas com deficiência ao apoio que necessitarem, no exercício de sua capacidade legal".

Diante do alcance internacional da CDPD, houve problemas interpretativos relevantes em razão das diferenças conceituais existentes nos países envolvidos acerca do conceito de "capacidade legal" ou "capacidade jurídica", de acordo com tradução de cada país (BARIFFI, 2009, p. 358-359). Em linhas gerais, a disputa centrou-se em definir se o termo "capacidade legal" deveria englobar unicamente a capacidade de ser titular de direitos (capacidade de direito) ou se deveria incluir também a capacidade de exercê-los (capacidade de agir).

Em razão da divergência, o Alto Comissariado das Nações Unidas para os Direitos Humanos apresentou, perante os Estados participantes, informe (ACNUDH, 2016), em que restou concluído que o termo "capacidade legal" se trata de conceito amplo, que logicamente pressupõe a capacidade de ser um potencial titular de direitos e obrigações (capacidade de direito), mas também implica a capacidade de exercer esses direitos e assumir esses deveres por meio de sua própria conduta (capacidade de agir).

Portanto, ao dispor que "as pessoas com deficiência gozam de capacidade legal em igualdade de condições com as demais pessoas em todos os aspectos da vida", a CDPD não se refere apenas à capacidade de direito – o que pouca repercussão teria no ordenamento jurídico brasileiro, que já a atribui indistintamente a todas as pessoas (CC/02, art. 1º) – mas também, e principalmente, à capacidade de exercício desses direitos.

A materialização dos comandos da CDPD e da LBI se deu, em grande parte, por meio da revogação dos incisos do art. 3º do Código Civil de 2002, cujo caput passa a prever como única hipótese de incapacidade absoluta a etária, que se refere aos menores de dezesseis anos (Lei nº 13.146/2015, art. 114).

No que tange ao tratamento das pessoas com deficiência, merece destaque a revogação dos incisos II e III do referido artigo, que previam a incapacidade absoluta para exercer os atos da vida civil das pessoas "que, por enfermidade ou deficiência mental, não tiverem o necessário discernimento para a prática desses atos" e "que, mesmo por causa transitória, não puderem exprimir sua vontade". Especialmente, o inciso II do art. 3º, em sua redação original, ao fazer referência expressa à "enfermidade" ou à "deficiência mental", induzia à presunção de que em tais casos "normalmente" não há discernimento (BARBOZA; ALMEIDA, 2016, p. 261), o que revela o tratamento discriminatório destinado às pessoas com deficiência.

Não se pode olvidar que o regime de incapacidades foi previsto na Parte Geral da codificação civil brasileira, sob a justificativa de proteção da pessoa (BEVILAQUA, 1936, p. 190). Em um contexto em que os atos de autonomia privada eram tidos apenas como expressão da atividade econômica, a proteção da pessoa significava o seu resguardo no âmbito patrimonial.

A vida civil, contudo, não se resume ao patrimônio. A declaração da incapacidade absoluta acabava por negar os efeitos das escolhas existenciais realizadas pela pessoa declarada incapaz – que, muitas vezes, preservava a sua autonomia existencial. O regime das incapacidades contribuiu, assim, para o processo de exclusão das pessoas com deficiência – especialmente daquelas com deficiência mental ou intelectual –, do acesso e exercício de seus direitos fundamentais.

A revogação dos incisos II e III do art. 3º do Código Civil de 2002 contribuiu não apenas para excluir as referências discriminatórias às pessoas com deficiência mental ou intelectual, mas também para afastar a possibilidade de feri-las com a incapacidade absoluta, o que, não raro, representava o completo alijamento da vida civil, verdadeira "morte civil" (PERLINGIERI, 2008, p. 781-782). É o que se verifica em precedentes da jurisprudência nacional que, sob a justificativa da incapacidade absoluta, negam o exercício de situações existenciais titularizadas pela pessoa declarada incapaz (Superior Tribunal de Justiça. REsp nº 1201462/MG, 3ª Turma, Relator: Min. Massami Uyeda, julg. 14 abr. 2011, publ. 27 abr. 2011; Tribunal de Justiça do Rio Grande do Sul. *AC nº 70058444084*, 22ª Câmara Cível, Relator: Des. Maria Isabel de Azevedo Souza, julg. 24 abr. 2014, publ. 30 abr. 2014).

A CDPD e a LBI repudiam categoricamente a negação às pessoas com deficiência (inclusive, às pessoas com deficiência mental ou intelectual) do exercício de seus direitos fundamentais, razão pela qual são de grande significado as mudanças operadas no art. 3º do Código Civil, que praticamente eliminaram do ordenamento jurídico brasileiro a previsão da incapacidade absoluta (Tribunal de Justiça do Distrito Federal. *AC nº 0012256-33.2015.8.07.0016*, 1ª Turma Cível, Relatora: Desª Nídia Corrêa Lima, julg. 26 abr. 2017, publ. 22 maio 2017).

Há que se mencionar que, a despeito da manutenção dos menores de dezesseis anos no rol dos absolutamente incapazes, o ordenamento jurídico brasileiro já reconhece a importância da vontade do menor, em especial em relação às situações existenciais, conforme se infere dos arts. 15, 16 e 45, §2º, do Estatuto da Criança e do Adolescente. Nesse sentido, o Enunciado nº 138 do CJF, também dispõe que: "A vontade dos absolutamente incapazes, na hipótese do inc. I do art. 3º, é juridicamente relevante na concretização de situações existenciais a ele concernentes, desde que demonstrem discernimento bastante para tanto".

III - os incisos II e III, do art. 228, da Lei nº 10.406, de 10 de janeiro de 2002 (Código Civil).

Os incisos II e III, do art. 228, do Código Civil de 2002, previam, de modo discriminatório, que não poderiam ser admitidos como testemunhas "II - aqueles que, por enfermidade ou retardamento mental, não tiverem discernimento para a prática dos atos da vida civil" e "III - os cegos e surdos, quando a ciência do fato que se quer provar dependa dos sentidos que lhes faltam".

A revogação dos referidos incisos consagra o disposto no Capítulo I da Parte Especial da LBI e no art. 13 da CDPD, no sentido de garantir o amplo acesso à justiça das pessoas com deficiência, com igualdade de condições às demais pessoas, inclusive mediante a utilização de recursos de tecnologia assistiva para eliminar as barreiras que possam impedir a sua partição não só como parte, mas também como testemunhas.

Não há razão para a inclusão apriorística de determinadas pessoas com deficiência no rol dos que não podem ser admitidos como testemunhas. Na hipótese de determinada pessoa não apresentar condições materiais para testemunhar – seja pela deficiência ou por qualquer outra razão –, caberá ao juiz a devida valoração da prova, a partir de uma admissibilidade ampla.

Surge, contudo, problema de ordem sistemática, na medida em que o novo Código de Processo Civil (CPC/2015), instituído pela Lei nº 13.105/2015, publicada em 17 de março de 2015, traz em seu art. 447, §1º, incisos I, II e IV, redação semelhante à prevista nos dispositivos revogados do Código Civil de 2002, em matéria de admissibilidade de testemunhas.

A LBI, sancionada em 6 de julho de 2015 e publicada em 7 de julho de 2015, fixou o prazo geral para sua vigência de 180 (cento e oitenta) dias decorridos de sua publicação oficial (art. 127). Considerando a contagem do prazo nos termos do art. 8º, §1º, da Lei Complementar nº 95/1998, com redação dada pela Lei Complementar nº 107/2001, tem-se que a LBI entrou em vigor no dia 03 de janeiro de 2016.

O CPC/2015 (Lei nº 13.105/2015), por sua vez, foi sancionado em 16 de março de 2015 e publicado em 17 de março de 2015 – anteriormente, portanto, à LBI. Ocorre que foi fixado o prazo de 1 (um) ano da data da publicação oficial para a sua entrada em vigor (Lei nº 13.105/2015, art. 1.045), que, pelas mesmas regras acima referidas, deu-se no dia 18 de março de 2016, portanto, quando já vigente a LBI.

Percebe-se que, ao tempo das discussões legislativas para a implementação do CPC/2015, ainda não haviam sido incorporadas no ordenamento jurídico brasileiro as disposições da LBI, que só vieram a ser elaboradas em data posterior. Em síntese, o CPC/2015, em razão da sua *vacatio legis*, entrou em vigor após a vigência da LBI, embora tenha sido elaborado antes.

O CPC/2015 não acompanhou os avanços alcançados pela LBI em relação à garantia do efetivo acesso das pessoas com deficiência à justiça, inclusive como testemunhas, sendo certo que as previsões contidas em seu art. 447, §1º, incisos I, II e IV, vão de encontro às diretrizes da CDPD, que é norma constitucional e, portanto, deve prevalecer.

IV - o inciso I, do art. 1.548, da Lei nº 10.406, de 10 de janeiro de 2002 (Código Civil).

Fica revogada a previsão de nulidade do casamento contraído "pelo enfermo mental sem o necessário discernimento para os atos da vida civil", constante no inciso I do art. 1.548 do Código Civil de 2002. A revogação expressa do referido inciso é consequência lógica da supressão das pessoas com deficiência mental ou intelectual do rol dos absolutamente incapazes.

A mudança reafirma o disposto no art. 23 da CDPD, que garante "o direito das pessoas com deficiência, em idade de contrair matrimônio, de casar-se e estabelecer família, com base no livre e pleno consentimento dos pretendentes" e também no art. 6º da LBI, que dispõe que "a deficiência não afeta a plena capacidade civil da pessoa, inclusive para: I – casar-se e constituir união estável; (...)".

Esclarece-se que a afirmação de que os direitos existenciais da pessoa com deficiência, nos quais se inclui o casamento, são intangíveis, "não significa o abandono da pessoa a suas próprias decisões, quando se sabe não haver evidentemente condições de tomá-las, por causas físicas ou mentais" (BARBOZA; ALMEIDA, 2016, p. 265). Em situações mais graves, a deficiência mental ou intelectual pode implicar restrições nas faculdades volitivas e cognitivas do indivíduo de tal ordem, podendo, até mesmo, levá-lo a adotar decisões manifestamente prejudicais para os seus bens ou à sua pessoa.

O casamento, em especial, é ato jurídico complexo que dependente de sucessivas manifestações e declarações de vontade, além da oficialidade de que é revestido, pois sua eficácia depende de atos estatais (habilitação, celebração, registro público) (LÔBO, 2011, p. 100).

A expressa revogação dos incisos do art. 3º e do inciso I, do art. 1.548, do Código Civil de 2002, afasta a presunção discriminatória de que a pessoa com deficiência mental ou intelectual não teria capacidade para contrair matrimônio (Tribunal de Justiça do Rio Grande do Sul. *AC nº* 70070435912, 8ª Câmara Cível, Relator: Des. Rui Portanova, julg. 13 out. 2016, publ. 18 out. 2016). Não é excluída, porém, a necessidade de se avaliar concretamente a qualidade da vontade das pessoas envolvidas. Na hipótese de se verificar concretamente a inexistência de uma vontade consciente da pessoa com deficiência mental ou intelectual ao contrair o matrimônio, deve-se recorrer à teoria geral das nulidades (YOUNG, 2017).

V – o inciso IV, do art. 1.557, da Lei nº 10.406, de 10 de janeiro de 2002 (Código Civil).

O art. 1.557, do Código Civil de 2002, define os tipos de erro que dizem respeito à identidade ou à qualidade essencial do outro cônjuge. Para fins de anulação do casamento, o erro deve ter sido determinante no consentimento.

Com o advento da LBI, fica revogado o inciso IV, do art. 1.557, do Código Civil de 2002, que previa ser erro essencial sobre a pessoa do outro cônjuge "a ignorância, anterior ao casamento, de doença mental grave que, por sua natureza, torne insuportável a vida em comum ao cônjuge enganado".

A despeito de o referido inciso também enumerar como requisito para a anulação do casamento a insuportabilidade da vida em comum, a referência à doença mental possuía viés negativo, não contribuindo para a promoção do exercício dos direitos existenciais da pessoa com deficiência, objetivo buscado pela CDPD e pela LBI. Se uma das partes objetivar o término da relação conjugal, remanesce no ordenamento jurídico brasileiro a opção da separação judicial ou do divórcio.

VI – os incisos II e IV, do art. 1.767, da Lei nº 10.406, de 10 de janeiro de 2002 (Código Civil).

Curatela dos "interditos". A incapacidade da pessoa maior de idade – ao contrário da incapacidade decorrente da menoridade, que é aferível com base em critério objetivo, consistente na idade do sujeito – sempre dependeu de intervenção judicial para a constituição da representação ou assistência, por meio do procedimento da interdição (DANTAS, 1991, p. 440).

O termo interdição, derivado do latim *interdictio*, significa, em termos amplos, a proibição de fazer alguma coisa ou praticar algum ato. Do ponto de vista jurídico, é o "ato judicial pelo qual o juiz declara a incapacidade real e efetiva de pessoa maior, para a prática de certos atos da vida civil e para a regência de si mesma e de seus bens" (SARMENTO, 1981, p. 2). A curatela, por sua vez, traduz-se no encargo público conferido a uma pessoa para que, em conformidade com os limites jurídicos, cuide do declarado incapaz (BEVILAQUA, 1960, p. 349; MIRANDA, 1916, p. 407; VELOSO, 2003, p. 208). A decisão que pronuncia a interdição designa um curador.

Desde o Código Civil de 1916, a deficiência mental ou intelectual nada representava juridicamente sem que estivesse acompanhada da declaração da incapacidade da pessoa, por meio do procedimento da interdição. É a partir desse procedimento que o magistrado identifica se, de fato, a condição da pessoa corresponde a uma das causas de incapacidade prevista na lei. Ressalta-se que, como a capacidade é uma restrição ao poder de agir, "deve ser sempre encarada *stricti iuris*, e sob a iluminação do princípio segundo o qual a *capacidade é a regra e a incapacidade a exceção*" (PEREIRA, 2015, p. 228).

Por essa razão, as revogações dos incisos do art. 3º do Código Civil de 2002 refletiram diretamente no rol das pessoas sujeitas à curatela. Ficam revogados, nesse sentido, os incisos II e IV, do art. 1.767, do Código Civil de 2002, que previam a possibilidade de serem submetidas à curatela "II - aqueles que, por outra causa duradoura, não puderem exprimir a sua vontade" e "IV - os excepcionais sem completo desenvolvimento mental".

Esclarece-se que a curatela prevista no art. 1.767 refere-se à chamada "curatela dos interditos", por depender de intervenção judicial, via procedimento de interdição. Essa espécie não se confunde com as denominadas "curatelas especiais" ou "curadorias", algumas de natureza processual, como a concedida ao réu preso ou revel citado por edital, e outras de natureza "funcional", como as atribuídas por lei especial ao Ministério Público, incumbido de zelar pelos interesses de órfãos, infância e juventude, consumidores, e massas falidas (BARBOZA, 2015, p. 434).

As revogações operadas nos arts. 3º e 1.767, do Código Civil de 2002, têm sido objeto de acaloradas críticas por parte da doutrina, sob o argumento de que a pessoa com deficiência será sempre considerada plenamente capaz, ainda que não apresente condições materiais para tanto (SIMÃO, 2016), o que excluiria do alcance dessas pessoas um importante instrumento de proteção. Isso poderia significar a atribuição de responsabilidades injustificadas à pessoa com deficiência, já que uma das consequências do reconhecimento da capacidade é a imputação da responsabilidade (BODIN DE MORAES, 2010, p. 192). Basta dizer, nesse sentido, o impacto que a incapacidade tem em diversos institutos do direito civil, como a teoria das invalidades, a prescrição e a responsabilidade civil.

Esse, contudo, não é o objetivo da LBI, tampouco da CDPD, que não ignoram as vulnerabilidades concretas das pessoas com deficiência, inclusive, com deficiência mental ou intelectual. Não é por outra razão que o art. 12 da CDPD, ao mesmo tempo em que prevê que "as pessoas com deficiência gozam de capacidade legal em igualdade de condições com as demais pessoas em todos os aspectos da vida", dispõe que os Estados Partes "tomarão medidas apropriadas para prover o acesso de pessoas com deficiência ao apoio que necessitarem no exercício de sua capacidade legal" e "assegurarão que todas as medidas relativas ao exercício da capacidade legal incluam salvaguardas apropriadas e efetivas para prevenir abusos, em conformidade com o direito internacional dos direitos humanos".

Celso Lafer (1978, p. 319) esclarece que o termo salvaguarda tem a sua origem no Direito Internacional e designa, de modo geral, a "proteção contra um perigo". Considerando que as pessoas com deficiência são vulneradas na sociedade contemporânea, sujeitas a abusos de todas as ordens, a adoção de salvaguardas pelos Estados Partes constitui mecanismo indispensável para o respeito à sua dignidade inerente.

No ordenamento jurídico brasileiro, as salvaguardas podem se dar, em casos mais graves, por meio da curatela ou do mais recente procedimento de tomada de decisão apoiada (Lei nº 13.146/2015, art. 1.783-A). A diversidade de instrumentos de proteção é indispensável para a adequada tutela da pessoa com deficiência, especialmente diante da heterogeneidade dos impedimentos mentais ou intelectuais que podem acometer determinadas pessoas.

Ao comentar o art. 12-4 da CDPD, Eugênia Augusta Gonzaga (2014, p. 87-89) observa que as chamadas "salvaguardas apropriadas e efetivas" correspondem ao procedimento de interdição (à época, ainda não havia sido introduzido o instituto da tomada de decisão apoiada no Código Civil de 2002), previsto na legislação brasileira. Destaca, contudo, que "o instituto da interdição deve ser adotado apenas quando isso ocorrer em proveito da própria pessoa com deficiência, de maneira transitória, sempre sujeito a reanálises, e de maneira parcial, como regra".

Considerando que toda incapacidade necessariamente é legal, deve-se apurar qual é a hipótese que autoriza a pessoa com deficiência mental ou intelectual a ser submetida à curatela, caso essa medida se dê em prol do seu melhor interesse. Por meio da nova redação dos arts. 4º, III, e 1.767, I, do Código Civil de 2002 (Lei nº 13.105/2015, art. 113), serão relativamente incapazes a certos atos ou à maneira de exercê-los, podendo ser submetidos à curatela, "aqueles que, por causa transitória ou permanente, não puderem exprimir sua vontade".

Percebe-se que a referida disposição não faz qualquer presunção relacionada à pessoa com deficiência. No entanto, se a pessoa (com deficiência ou não) – em razão de algum impedimento, seja de ordem mental, intelectual ou de qualquer natureza – não puder exprimir a sua vontade, pode ter declarada a sua incapacidade relativa, sendo-lhe designado curador.

A pessoa que transmite a sua vontade, por sua vez, tem que ter um mínimo de compreensão e discernimento acerca dos efeitos do ato de autonomia privada. Nos casos em que são relevantes os efeitos do ato praticado, ao se examinar a capacidade de determinada pessoa (com deficiência ou não), deve-se analisar não só a sua capacidade de exteriorizar uma vontade, mas a sua capacidade de exprimir uma vontade qualificada pelo discernimento, entendido como o fator que nos faz capazes de avaliar as consequências de nossos atos e ter consciência da correlata responsabilidade advinda da sua prática (TEIXEIRA, 2010, p. 49).

Assim, não só quando a pessoa não tenha condições de exprimir a sua vontade, mas também nos casos em que não tenha condições de exprimir uma vontade consciente e responsável – isto é, qualificada pelo discernimento –, pode vir a sofrer restrições em sua capacidade de agir e ser submetida à curatela, com base na nova dicção do art. 4º, III, e 1.767, I, do Código Civil de 2002.

Em oposição a essa linha de entendimento, sustenta-se que: (*i*) ao deslocar o antigo inciso III, do art. 3º, do Código Civil, para o inciso III, do art. 4º, (pessoas que, por causa transitória ou permanente, não possam exprimir a sua vontade), o legislador teria desconsiderado que a hipótese se refere a pessoas que estão absolutamente impedidas de manifestar vontade, não havendo sentido em considerá-las apenas "relativamente incapazes" (REQUIÃO, 2016, p. 162); (*ii*) essa interpretação iria de encontro ao comando constitucional do art. 12, da CDPD, e aos arts. 6º e 84 da LBI, que determinam expressamente que a pessoa com deficiência goza de capacidade legal em igualdade de condições com as demais. Tratar-se-ia de "brecha" inconstitucional para que as pessoas com deficiência ainda fossem consideradas incapazes (STOLZE, 2016).

Entende-se, contudo, que essa orientação não contraria os comandos da CDPD, que também determinou que os Estados Partes devem adotar todas as medidas e as salvaguardas apropriadas para garantir a proteção das pessoas com deficiência. Assim como todas as pessoas, a plena capacidade da pessoa com deficiência é a regra. Excepcionalmente, caso seja verificado que a pessoa (em razão da deficiência ou por qualquer outro motivo) não tem condições de manifestar uma vontade consciente e responsável ou sequer de exprimir qualquer vontade, poderá ser declarada a sua incapacidade relativa e lhe ser designado um curador.

O ponto central da questão é o fato de o processo de interdição ou do processo que define os termos da curatela ter sido absolutamente reformulado, em conformidade com os ditames da CDPD, que determina, em seu art. 12-4, que as medidas de salvaguarda deverão: respeitar os direitos, a vontade e as preferências da pessoa; ser isentas de conflito de interesses e de influência indevida; ser proporcionais e apropriadas às circunstâncias da pessoa; durar o período mais curto possível e ser submetidas à revisão regular por autoridade ou órgão judiciário competente, independente e imparcial.

Daí se infere também o acerto do legislador em eliminar a possibilidade legal de declaração da incapacidade absoluta da pessoa com deficiência, o que, como já se demonstrou (v. comentários supra), representava verdadeira carta em branco para a atuação do curador, muitas vezes, uma atuação disfuncional, em contrariedade aos interesses da pessoa com deficiência.

Mesmo nos casos de impedimentos mentais ou intelectuais severos, a pessoa com deficiência só poderá ter a sua capacidade restringida parcialmente, nos termos da nova redação do art. 4º, III, do Código Civil de 2002. Isso não deve ser interpretado como uma opção incoerente do legislador, mas sim, como a necessidade de – mesmo nos casos de profundo comprometimento do discernimento – a decisão ser fundamentada com sólidos argumentos (CF/1988, art. 93, IX), privilegiando os interesses da pessoa com deficiência e delimitando os exatos limites da atuação do curador (Tribunal de Justiça do Estado de São Paulo. AC nº 10037659420158260564, 9ª Câmara de Direito Privado, Relator: Des. Alexandre Lazzarini, julg. 14 mar. 2017, publ. 14 mar. 2017; Tribunal de Justiça do Rio Grande do Sul. AC nº 70069713683, 8ª Câmara Cível, Relator: Des. Rui

Portanova, julg. 15 set. 2016, publ. 19 set. 2016; Tribunal de Justiça do Rio Grande do Sul. AC nº 70069122794, 8ª Câmara Cível, Relator: Des. Luiz Felipe Brasil Santos, julg. 11 ago. 2016, publ. 17 ago. 2016).

Rompe-se, assim, com a distinção rígida entre a interdição total e parcial, sendo mais adequado que a capacidade da pessoa com deficiência seja verificada em relação a cada ato (ABREU, 2014, p. 206). Inclusive, se houver necessidade específica em prol do curatelado, há que se considerar a possibilidade de serem atribuídos poderes de representação ao curador para atos específicos – mas, jamais, de forma absoluta para todos os atos da vida civil.

VII – os arts. 1.776 e 1.780, da Lei nº 10.406, de 10 de janeiro de 2002 (Código Civil).

Deveres do curador. O revogado art. 1.776, do Código Civil de 2002, previa que "havendo meio de recuperar o interdito, o curador promover-lhe-á o tratamento em estabelecimento apropriado".

A busca pela promoção da autonomia da pessoa submetida à curatela é dever primordial do curador. A despeito da revogação operada pela LBI, o art. 758 do CPC/2015 apresenta norma com redação aprimorada ao dispor que o curador "deverá buscar tratamento e apoio apropriados à conquista da autonomia pelo *interdito*". Ainda, aplica-se, com as ressalvas legais, a disciplina da tutela à curatela, nos termos dos arts. 1.774 e 1.781, do Código Civil de 2002. Isso se justifica pela afinidade entre a tutela e a curatela, já que "ambas têm o objetivo de proteger a pessoa e administrar os bens de indivíduos que necessitam da intervenção e do apoio do Estado para gerir suas vidas e administrar seu patrimônio" (VELOSO, 2003, p. 221).

A partir do disposto no art. 1.740, do Código Civil de 2002, que regulamenta os deveres do tutor em relação ao pupilo, pode-se afirmar que, em relação à pessoa do curatelado, também compete ao curador "dirigir-lhe a educação, defendê-lo e prestar-lhe alimentos, conforme os seus haveres e condição", em síntese, o dever jurídico de cuidado.

Curatela do enfermo. A LBI também revoga o art. 1.780, do Código Civil de 2002, que previa a denominada "curatela do enfermo", ao dispor que "a requerimento do enfermo ou portador de deficiência física, ou, na impossibilidade de fazê-lo, de qualquer das pessoas a que se refere o art. 1.768, dar-se-lhe-á curador para cuidar de todos ou alguns de seus negócios ou bens".

A curatela do enfermo, na forma como prevista no Código Civil de 2002, constituía modalidade distinta da "curatela dos interditos", por se tratar de hipótese de curatela sem interdição (VELOSO, 2003, p. 227). Tinha como objetivo primordial facilitar o gerenciamento dos bens do enfermo ou da pessoa com deficiência física e possui natureza eminentemente patrimonial. Tratava-se de instrumento útil às pessoas com deficiência física ou em situação de enfermidade, na medida em que o curador poderia assumir tarefas do cotidiano do curatelado, como, por exemplo, o pagamento de contas (BARBOZA, 2015, p. 448).

A despeito da revogação expressa do art. 1.780, a finalidade precípua da curatela do enfermo – a disponibilização de um instrumento de apoio às pessoas com deficiência física ou enfermidade, que mantém íntegra a sua capacidade de agir – renasce com a LBI, de modo renovado e vigoroso (BARBOZA, 2015, p. 451).

Nessa senda, destaca-se a inclusão de novo Capítulo no Código Civil de 2002, que prevê o instituto da "Tomada de Decisão Apoiada" (Lei nº 13.146/2015, art. 1.783-A), criado para fornecer suporte às pessoas com deficiência que mantêm íntegra a sua capacidade de agir, mas necessitam de apoio na tomada de decisão sobre atos da vida civil.

Art. 124. O §1º do art. 2º desta Lei deverá entrar em vigor em até 2 (dois) anos, contados da entrada em vigor desta Lei.

GUILHERME MAGALHÃES MARTINS

A aplicação do art. 1º da LINDB (Lei de Introdução às Normas do Direito Brasileiro), que estabelece a *vacatio legis* das normas jurídicas em 45 dias depois de oficialmente publicadas, é residual, conforme o mesmo dispositivo, que ressalta a possibilidade de prazos previstos em cada norma específica.

O artigo 2º, parágrafo primeiro, do Estatuto da Pessoa com Deficiência, cuja vigência se inicia dois anos após a publicação da lei, dispõe sobre a avaliação da deficiência, que será biopsicossocial, realizada por equipe multiprofissional e multidisciplinar, considerando os impedimentos nas funções e nas estruturas do corpo (inciso I), os fatores socioambientais, psicológicos e pessoais (inciso II), a limitação no exercício de atividades (inciso III) e a restrição de participação (inciso IV).

Art. 125. Devem ser observados os prazos a seguir discriminados, a partir da entrada em vigor desta Lei, para o cumprimento dos seguintes dispositivos:

I - incisos I e II, do §2º, do art. 28, 48 (quarenta e oito) meses;

II - §6º do art. 44, 60 (sessenta) meses; (Redação dada pela Medida Provisória nº 917, de 2019)

III - art. 45, 24 (vinte e quatro) meses;

IV - art. 49, 48 (quarenta e oito) meses.

BRUNA LIMA DE MENDONÇA

O artigo em referência estabelece prazos diferenciados para o cumprimento de determinações contidas na LBI, expressamente indicadas, por demandarem um lapso temporal maior para serem implementadas. São as seguintes: (*i*) a regra que estabelece a formação dos tradutores e intérpretes de Libras a serem disponibilizados pelo Poder Público deverá ser cumprida até 48 (quarenta e oito) meses a partir da vigência da LBI (Lei nº 13.146/2015, art. 28, §2º, incisos I e II); (*ii*) Também a previsão de adaptação das salas de cinema do País, para que ofereçam, em todas as sessões, recursos de acessibilidade às pessoas com deficiência, deverá ser cumprida até 60 (sessenta) meses a partir da vigência da LBI (Lei nº 13.146/2015, art. 44, §6º), de acordo com a alteração realizada pela Medida Provisória nº 917, de 31.12.2019, que prorrogou o prazo originário de 48 (quarenta e oito) meses; (*iii*) a determinação de que todos os hotéis, ou congêneres, adotem os princípios do desenho universal e os meios de acessibilidade, bem como que os estabelecimentos já existentes disponibilizem, pelo menos, 10% (dez por centro) de suas unidades para dormitórios acessíveis, garantida, pelo menos, uma unidade, deverá ser cumprida até 24 (vinte e quatro meses) a partir da entrada em vigor da LBI (Lei nº 13.146/2015, art. 45); (*iv*) a imposição de que as empresas de transporte de fretamento e turismo, na renovação de suas frotas, garantam acessibilidade às pessoas com deficiência, deve observar o prazo de 48 (quarenta e oito) meses a partir da vigência da LBI (Lei nº 13.146/2015, art. 49).

> **Art. 126.** Prorroga-se até 31 de dezembro de 2021, a vigência da Lei nº 8.989, de 24 de fevereiro de 1995.

GUILHERME MAGALHÃES MARTINS

Com o objetivo de inclusão social (FARIAS; CUNHA; PINTO, 2016, p. 353), o Estatuto da Pessoa com Deficiência ampliou a vigência da Lei Temporária nº 8.989/95, que trata da isenção do Imposto sobre Produtos Industrializados – IPI, na aquisição de automóveis para utilização no transporte autônomo de passageiros, especialmente aqueles usados por pessoas com deficiência física. Seu novo prazo de vigência, portanto, passa a ser o dia 31 de dezembro de 2021.

Art. 127

Art. 127. Esta Lei entra em vigor após decorridos 180 (cento e oitenta) dias de sua publicação oficial.

GUILHERME MAGALHÃES MARTINS

A inovação trazida pelo Estatuto, direcionado à inclusão social e ao pleno desenvolvimento das pessoas com deficiência, justifica a *vacatio legis* prevista no dispositivo. A Lei nº 10.146/2015 entrou em vigor no dia 3 de janeiro de 2016 (FARIAS; CUNHA; PINTO, 2016, p. 354; no mesmo sentido: LEITE; RIBEIRO; COSTA FILHO, 2016, p. 423), considerando o disposto no artigo 8º, parágrafo primeiro da Lei Complementar nº 95/1998, "a contagem do prazo para entrada em vigor das leis que estabeleçam período de vacância far-se-á com inclusão da data da publicação e do último dia do prazo, entrando em vigor no dia subsequente à sua consumação integral".

Referências

ABREU, Célia Barbosa. *Curatela & interdição civil.* 2. ed. Rio de Janeiro: Lumen Juris, 2014.

ACNUDH. *Informe do Alto Comissariado das Nações Unidas para os Direitos Humanos.* Disponível em: http://www.un.org/esa/socdev/enable/rights/documents/ahc6ohchrlegalcap.doc. Acesso em: 6 nov. 2016.

AMOR PAN, José Ramón. El matrimonio de las personas con deficiencia mental. *In:* AMOR PAN, José Ramón (Org.). *Sexualidad y personas con discapacidad psíquica.* Madrid: Feaps, 2000.

ARAÚJO, Luiz Alberto David; COSTA FILHO, Waldir Macieira da. O estatuto da pessoa com deficiência – EPCD (Lei nº 13.146, de 06.07.2015): algumas novidades. *Revista dos Tribunais,* v. 962, p. 65-80, dez. 2015.

BAARS, Renata. *Análise sobre a reserva de cargos em empresas privadas para pessoa com deficiência.* Disponível em: file:///C:/Users/User/Downloads/vagas_deficiencia_baars.pdf. Acesso em: 15 fev. 2017.

BARBOSA-FOHRMANN, Ana Paula. Algumas reflexões sobre os fundamentos dos discursos de direitos humanos e de justiça social para pessoas com deficiência mental ou cognitiva severa ou extrema. *Revista de Direitos fundamentais & Justiça,* PUCRS, ano 7, n. 22, jan./mar. 2013.

BARBOZA, Heloisa Helena. Curatela do enfermo: instituto em renovação. *In:* MONTEIRO FILHO, Carlos Edison do Rêgo; GUEDES, Gisela Sampaio da Cruz; MEIRELES, Rose Melo Vencelau (Org.). *Direito civil,* Rio de Janeiro: Freitas Bastos, 2015, p. 433-451.

BARBOZA, Heloisa Helena. Prefácio. *In:* EHRHARDT JR., Marcos (Coord.). *Impactos do novo CPC e do EPD no Direito Civil Brasileiro.* Belo Horizonte: Fórum, 2016.

BARBOZA, Heloisa Helena. Vulnerabilidade e cuidado: aspectos jurídicos. *In:* OLIVEIRA, Guilherme de; PEREIRA, Tânia da Silva. *Cuidado & Vulnerabilidade.* São Paulo: Atlas, 2009.

BARBOZA, Heloisa Helena; ALMEIDA, Vitor. A (in)capacidade da pessoa com deficiência mental ou intelectual e o regime das invalidades: primeiras reflexões. *In:* EHRHARDT JR., Marcos (Coord.). *Impactos do novo CPC e do EPD no direito civil brasileiro.* Belo Horizonte: Fórum, 2016.

BARBOZA, Heloisa Helena; ALMEIDA, Vitor. A capacidade civil à luz do estatuto da pessoa com deficiência. *In:* MENEZES, Joyceane Bezerra de (Org.). *Direito das pessoas com deficiência psíquica e intelectual nas relações privadas.* Convenção sobre os direitos da pessoa com deficiência e a Lei Brasileira de inclusão. Rio de Janeiro: Processo, 2016.

BARIFFI, Francisco. Capacidad jurídica y capacidade de obrar de las personas con discapacidad a la luz de la Convención de la ONU. *In:* BUENO, Luiz Cayo Pérez (Dir.). *Hacia un derecho de la discapacidad:* estudios en homenaje al profesor Rafael de Lorenzo. CizurMenor: Arandazi, 2009.

BEVILÁQUA, Clóvis. *Código Civil dos Estados Unidos do Brasil comentado.* 5. ed. Rio de Janeiro: Livraria Francisco Alves, 1936.

BEVILÁQUA, Clóvis. *Código Civil dos Estados Unidos do Brasil comentado.* 12. ed. Rio de Janeiro: Livraria Francisco Alves, 1960. v. 2.

BOBBIO, Norberto. *Teoria do ordenamento jurídico.* 2. ed. Tradução de Ari Marcelo Solon. São Paulo: EDIPRO, 2014.

BODIN DE MORAES, Maria Celina. Uma aplicação do princípio da liberdade. *In: Na medida da pessoa humana:* estudos de direito civil-constitucional. Rio de Janeiro: Renovar, 2010.

CAMARA, Alexandre Freitas. *Lições de Direito Processual Civil.* 22. ed. Rio de Janeiro: Lumen Juris, 2012. v. I.

CARVALHO FILHO, José dos Santos. *Manual de Direito Administrativo.* 27. ed. rev., ampl. e atual. até 31.12.2013. São Paulo: Atlas, 2014.

CASTELÃO, Talita Borges; SHIAVO, Márcio Ruiz; JURBERG, Pedro. Sexualidade da pessoa com síndrome de Down. *Rev. Saúde Pública,* v. 37, supl. 1, p. 32-9, 2003. Disponível em: http://www.scielo.br/pdf/rsp/v37n1/13542.pdf. Acesso em: 21 fev. 17.

COELHO, Thais Câmara Maia Fernandes. *Autocuratela.* Rio de Janeiro: Lumen Juris, 2016.

CORREA, Cláudia Franco; SETA, Cristina Gomes Campos de. Os reflexos do Estatuto da Pessoa com Deficiência no Instituto da Capacidade: retrocesso protetivo ou impulso capacitório? *In:* MELLO, Cleyson de Moraes; MARTINS, Vanderlei (Coord.). *Direitos humanos, biótica e sociedade* – Estudos em homenagem a Heloisa Helena Gomes Barboza. Juiz de Fora: Editar Editora Associada Ltda., 2016.

COSTA FILHO, Waldir Macieira da. Título III – Disposições Finais e Transitórias. *In:* LEITE, Flavia Piva Almeida; RIBEIRO, Lauro Luiz Gomes; COSTA FILHO, Waldir Macieira da (Coord.). *Comentários ao estatuto da pessoa com deficiência.* São Paulo: Saraiva, 2016.

D'ORTA, Carlo. Amministrazione di sostegno e tutela della persona. *Comparazione e Diritto Civille.* A cura de Pasquale Stazione. 2014. Disponível em: http://www.comparazionedirittocivile.it/prova/files/dorta_sostegno.pdf. Acesso em: 23 fev. 2017.

DANTAS, F. C. de San Tiago. *Direitos de família e das sucessões.* Rio de Janeiro: Forense, 1991.

DANTAS, San Tiago. *Programa de direito civil.* Rio de Janeiro: Editora Rio, 1979.

DWORKIN, Ronald. *Domínio da vida, aborto, eutanásia e liberdades individuais.* São Paulo: Martins Fontes, 2003.

ESTEVES, Rafael; TEIXEIRA, Ana Carolina Brochado Teixeira. Curatela. *In:* MOREIRA ALVES, Leonardo Barreto. *Código das famílias comentado.* 2. ed. Belo Horizonte: Del Rey, 2010.

FERRAJOLI, Luigi. *Los fundamentos de los derechos fundamentales.* Madrid: Trotta, 2009.

FOUCAULT, Michel. *O poder psiquiátrico.* São Paulo: Martins Fontes, 2006.

GARCIA, Emerson; ALVES, Rogério Pacheco. *Improbidade administrativa.* 8. ed. São Paulo: Saraiva, 2014.

GARCÍA-RIPOLL MONTIJANO, Martín. *La nueva legislación alemana sobre tutela o asistencia (Betreuung) de los enfermos físicos y psíquicos:* otro modelo. Disponível em: https://dialnet.unirioja.es/servlet/articulo?codigo=115894. Acesso em: maio de 2015.

GONZAGA, Eugênia Augusta. Artigo 12: reconhecimento igual perante a lei. *In:* DIAS, Joelson *et al.* (Org.). *Novos comentários à convenção sobre os direitos das pessoas com deficiência.* 3. ed. rev. e atual. Brasília: Secretaria de Direitos Humanos da Presidência da República (SDH/PR)/Secretaria Nacional de Promoção dos Direitos da Pessoa com Deficiência (SNPD), 2014.

GUERPELLI, M. H. B. V. *Diferente mas não desigual*. A sexualidade do deficiente mental. São Paulo: Editora Gente, 1995.

ISHAY, Micheline R. Declaração universal dos direitos humanos das Nações Unidas (1948). *In:* ISHAY, Micheline R. (Org.). *Direitos humanos*: uma antologia. Principais escritos políticos, ensaios e documentos desde a Bíblia até o presente. Trad. Fábio Duarte Joly. São Paulo: Núcleo de Estudos da Violência (NEV), 2006.

LAFER, Celso. Salvaguardas: o direito internacional e a reforma política. *Revista da Faculdade de Direito da Universidade de São Paulo*, São Paulo, v. 73, 1978.

LAGO, Ivan Jacopetti do. O atendimento prioritário da Lei Federal nº 13.146/2015 (Estatuto da pessoa com deficiência) e o princípio da prioridade do registro de imóveis. *Revista de Direito Imobiliário*, v. 80, p. 293-318, jan./jun. 2016.

LAROBINA, Antonella. L'amministrazione di sostegno tra tutela e protezione: nuova forma di prevenzione della vittimizzazione? L'applicazione della L. 6/2004 attraverso una ricerca comparata. *Rivista di Criminologia, Vittimologia e Sicurezza*, v. VII, n. 3, Settembre-Dicembre 2013. Disponível em: http://www.vittimologia.it/rivista/articolo_larobina_2013-03.pdf. Acesso em: 27 jan. 2017.

LEMOS, Rafael Diogo Diógenes. Cotas trabalhistas para pessoas com deficiência – uma análise principiológica. *Revista de Direito do Trabalho*, v. 164, p. 65-84, jul./ago. 2015.

LIMA, Taisa Maria Macena; SÁ, Maria de Fátima Freire; MOUREIRA, Diogo Luna (Coord.). *Autonomia e vulnerabilidade*. Belo Horizonte: Arraes, 2017.

LÔBO, Paulo. *Direito civil*: famílias. 4. ed. São Paulo: Saraiva, 2011.

LOBO, Paulo. *Direito Civil*: parte geral. São Paulo: Saraiva, 2010.

MAIA, Ana Cláudia Bortolozzi. Reflexões sobre a educação sexual da pessoa com deficiência. *Revista Brasileira de Educação Especial*, v. 7, n. 1, 2001. Disponível em: http://www.abpee.net/homepageabpee04_06/artigos_em_pdf/revista7numero1pdf/3bortolozzi_maia.pdf/. Acesso em: 12 out. 2016.

MARQUES, José Frederico. *Ensaio sobre a jurisdição voluntária*. Campinas: Millennim, 2000.

MENDES, Vanessa Correia. O casamento da pessoa com deficiência psíquica e intelectual: possibilidades, inconsistências circundantes e mecanismos de apoio. *In:* MENEZES, Joyceane Bezerra de (Org.). *Direito das pessoas com deficiência psíquica e intelectual nas relações privadas*. Convenção sobre os direitos da pessoa com deficiência e a Lei Brasileira de Inclusão. Rio de Janeiro: Processo, 2016.

MENEZES, Joyceane B. O direito protetivo no Brasil após a Convenção sobre a proteção da pessoa com deficiência: impactos do novo CPC e do Estatuto da Pessoa com Deficiência. *Civilistica.com*. Disponível em: http://civilistica.com/o-direito-protetivo-no-brasil/. Acesso em: 23 maio 2016.

MENEZES, Joyceane B. O risco do retrocesso: uma análise sobre a proposta de harmonização dos dispositivos do Código Civil, do CPC, do EPD e da CDPD a partir da alteração da Lei nº 13.146, de 6 de julho de 2015. *Revista IBDFAM*: família e sucessões, Belo Horizonte, v. 16, 2016a.

MENEZES, Joyceane B. Tomada de decisão apoiada. MENEZES, Joyceane Bezerra de (Org.). *Direito das pessoas com deficiência psíquica e intelectual nas relações privadas*. Convenção sobre os direitos da pessoa com deficiência e a Lei Brasileira de Inclusão. Rio de Janeiro: Processo, 2016.

MENEZES, Joyceane Bezerra de. O direito protetivo no Brasil após a convenção sobre a proteção da pessoa com deficiência: impactos do novo CPC e do estatuto da pessoa com deficiência. *Civilistica.com.*, Rio de Janeiro, ano 4, n. 1, jan./jun. 2015. Disponível em: http://civilistica.com/wp-content/uploads/2016/01/Menezes-civilistica.com-a.4.n.1.2015.pdf. Acesso em: 28 dez. 2016.

MENEZES, Joyceane Bezerra; TEIXEIRA, Ana Carolina Brochado. Desvendando o conteúdo da capacidade civil a partir do Estatuto da pessoa com deficiência. *Pensar, Revista de Ciências Jurídicas*, Fortaleza, Unifor, v. 21, n. 2, p. 568-599, maio/ago. 2016. Disponível em: http://ojs.unifor.br/index.php/rpen/article/view/5619/pdf. Acesso em: 28 dez. 16.

MENEZES, Joyceane Bezerra. A capacidade dos incapazes: o diálogo entre a Convenção da ONU sobre os direitos da pessoa com deficiência e o Código Civil Brasileiro. *In:* TEPEDINO, Gustavo *et al. Direito Civil Constitucional*. A ressignificação da função dos institutos fundamentais do direito civil contemporâneo e suas consequências. Florianópolis: Conceito, 2014.

MENEZES, Joyceane Bezerra. Curatela. *In:* RIBEIRO, Gustavo Pereira Leite; TEIXEIRA, Ana Carolina Brochado (Coord.). *Manual de direito das famílias e sucessões*. 3. ed. Rio de Janeiro: Processo, 2017 (no prelo).

MENEZES, Joyceane Bezerra. O risco do retrocesso: uma análise sobre a proposta de harmonização dos dispositivos do Código Civil, do CPC, do EPD e da CDPD a partir da alteração da Lei nº 13.146, de 6 de julho de 2015. *Revista IBDFAM:* famílias e sucessões, Belo Horizonte, p.141-177, 2016.

MIRANDA, Francisco Cavalcanti Pontes de. *Direito de família*. Rio de Janeiro: Jachynto Ribeiro dos Santos, 1916.

MIRANDA, Pontes de. *Direito de personalidade*. Direito de família: direito matrimonial (existência e validade do casamento). Coleção Tratado de Direito Privado: parte Especial. Atualizado por Rosa Maria Barreto B. de Andrade Nery. São Paulo: RT, 2012.

MORAES, Maria Celina Bodin de. *Na medida da pessoa humana*. Rio de Janeiro: Renovar, 2010.

MORAES, Maria Celina Bodin de. Prefácio. *In:* MENEZES, Joyceane Bezerra de (Org.). *Direito das pessoas com deficiência psíquica e intelectual nas relações privadas* – Convenção sobre os direitos da pessoa com deficiência e Lei Brasileira de Inclusão. Rio de Janeiro: Processo, 2016.

MOREIRA, Lilia M. A.; GUSMÃO, Fábio A F. *Aspectos genéticos e sociais da sexualidade em pessoas com síndrome de Down*. Disponível em: http://www.scielo.br/pdf/rbp/v24n2/a11v24n2.pdf. Acesso em: 21 fev. 2017.

MOUREIRA, Diogo Luna; SÁ, Maria de Fátima Freire de. *A capacidade dos incapazes*. Rio de Janeiro: Lumen Juris, 2011.

NISHIYAMA, Adolfo Mamoru; ARAÚJO, Luiz Alberto David. Estatuto da pessoa com deficiência e a tutela do consumidor: novos direitos? *Revista de Direito do Consumidor*, v. 105, p. 103-121, maio/jun. 2016.

NISHIYMA, Adolfo Mamuru; TEIXEIRA, Carla Noura. A evolução histórica da proteção das pessoas com deficiência nas constituições brasileiras: os instrumentos normativos atuais para a sua efetivação. *Revista de Direito Privado*, v. 68, p. 225-240, ago. 2016.

NOVIS, Mariana. O meio ambiente urbano e a sadia qualidade de vida à luz do art. 225, *caput,* da Constituição Federal de 1988. *In:* GARCIA, Maria; GAMBA, Juliane Caravieri; MONTAL, Zélia Cardoso (Coord.). *Biodireito constitucional*. Rio de Janeiro: Elsevier, 2010.

PECES-BARBA, Gregório. *La dignidad de la persona desde la Filosofía del Derecho*. Col. Cuadernos Bartolomé de las casas, n. 26. Dykinson: Madrid, 2003.

PEREIRA, Caio Mário da Silva. *Instituições de direito civil*. 28. ed., rev. e atualizada por Maria Celina Bodin de Moraes. Rio de Janeiro: Gen/Forense, 2015. v. 1.

PERLIGIERI, Pietro. *Perfis de Direito Civil*. Introdução ao Direito Civil Constitucional. Rio de Janeiro: Renovar, 2007.

PERLINGIERI, Pietro. *O direito civil na legalidade constitucional*. Tradução de Maria Cristina de Cicco. Rio de Janeiro: Renovar, 2008.

PROSPERI, Francesco. Rilevanza della persona e nozione di status. *Civilistica.com.*, ano 2, n. 1, p. 14, 2013. Disponível em: http://civilistica.com/rilevanza-della-persona-e-nozione-di-status/. Acesso em: 12 maio 2013.

REQUIÃO, Maurício. *Estatuto da pessoa com deficiência, incapacidades e interdição*. Salvador: Juspodivm, 2016.

RETTORE, Anna Cristina de Carvalho; SILVA, Beatriz de Almeida Borges e; TEIXEIRA, Ana Carolina Brochado. O impacto da conformação do novo Código de Processo Civil à Constituição Federal no direito material da interdição e sua eficácia. *In:* EHRHARDT JÚNIOR, Marcos; MAZZEI, Rodrigo (Coord.). *Direito Civil*. Salvador: Juspodivm, 2017.

RETTORE, Anna Cristina de Carvalho; SILVA, Beatriz de Almeida Borges e; TEIXEIRA, Ana Carolina Brochado. Reflexões sobre a autocuratela na perspectiva dos planos do negócio jurídico. *In:* MENEZES, Joyceane Bezerra de (Org.). *Direito das pessoas com deficiência psíquica e intelectual nas relações privadas*. Convenção sobre os direitos da pessoa com deficiência e a lei brasileira de inclusão. Rio de Janeiro: Processo, 2016.

ROCHA, Marcelo Hugo da. Do direito fundamental à educação inclusiva e o Estatuto da pessoa com deficiência. *Revista dos Tribunais*, v. 963, jan., 2016, p. 129-151.

RODOTÀ, Stefano. *El derecho a tener derecho*. Madrid: Editorial Trota, 2014.

RODOTÀ, Stefano. *Politici, liberateci dalla vostra coscienza*. Disponível em: http://daleggere.wordpress.com/2008/01/13/stefano-rodota-%C2%ABpolitici-liberateci-dalla-vostra-coscienza%C2%BB/. Acesso em: 13 mar. 2017.

ROIG, Rafael de Asis. Derechos humanos y discapacidad. Algunas reflexiones derivadas del análisis de la discapacidad desde la teoría de los derechos. *In:* CAMBOY CERVEJA, Ignacio (Org.). *Igualdad, no discriminación y discapacidad*: una visión integradora de las realidades española y argentina. España: Dikinson, 2008.

ROSENVALD, Nelson. Curatela. *Tratado de direito das famílias*. Minas Gerais: IBDFAM, 2015.

RUEDA ESTRADA, J. Daniel. Alternativas a los procesos de incapacitación judicial a la luz de la Convención Internacional de las personas con discapacidad. Disponível em: https://dialnet.unirioja.es/servlet/articulo?codigo=3441788. Acesso em: 23 dez. 2016.

SANTOS, Emídio. *Das interdições e inabilitações*. Lisboa: Quid Juris?, 2011.

SARMENTO, Eduardo Sócrates Castanheira. *A interdição no direito brasileiro*. Rio de Janeiro: Forense, 1981.

SCHREIBER, Anderson. Tomada de decisão apoiada: o que é e qual a sua finalidade? *Jornal Carta Forense*. Disponível em: http://www.cartaforense.com.br/conteudo/artigos/tomada-de-decisao-apoiada-o-que-e-e-qual-sua-utilidade/16608. Acesso em: 3 mar. 2017.

SIMÃO, José Fernando. *Estatuto da pessoa com deficiência causa perplexidade (Parte I)*. Disponível em: http://www.conjur.com.br/2015-ago-06/jose-simao-estatuto-pessoa-deficiencia-causa-perplexidade. Acesso em: 10 fev. 2016.

SOUTO RUIZ, José Javier. El estatus jurídico de las personas con discapacidad en las leyes de cabecera del ordenamiento jurídico privado. *In:* LORENZO, Rafael de; PÉREZ BUENO, Luis Cayo (Dir.). *Tratado sobre discapacidad*. Navarra: Editorial Aranzadi S/A, 2007.

SOUZA, Eduardo Nunes de; SILVA, Rodrigo da Guia. Autonomia, discernimento e vulnerabilidade: estudo sobre as invalidades negociais à luz do novo sistema das incapacidades. *Civilistica.com*, Rio de Janeiro, v. 5, n. 1, 2016. Disponível em: http://civilistica.com/ autonomiadiscernimento-e-vulnerabilidade/. Acesso em: 09 out. 2016.

STOLZE, Pablo. Deficiência não é causa de incapacidade relativa: a brecha autofágica. *Revista Jus Navigandi*, Teresina, v. 21, n. 4.794, 16 ago. 2016. Disponível em: https://jus.com.br/artigos/51407. Acesso em: 26 dez. 2016.

TEIXEIRA, Ana Carolina Brochado. Integridade psíquica e capacidade de exercício. *Revista Trimestral de Direito Civil*, Rio de Janeiro, n. 33, p. 3-36, jan./mar. 2008.

TEIXEIRA, Ana Carolina Brochado; RODRIGUES, Renata de Lima. *O direito das famílias entre a norma e a realidade*. São Paulo: Atlas, 2010.

TEPEDINO, Gustavo; OLIVA, Milena Donato. Personalidade e capacidade na legalidade constitucional. *In:* MENEZES, Joyceane Bezerra de (Org.). *Direito das pessoas com deficiência psíquica e intelectual nas relações privadas*. Convenção sobre os direitos da pessoa com deficiência e a Lei Brasileira de Inclusão. Rio de Janeiro: Processo, 2016.

YOUNG, Beatriz Capanema. A Lei Brasileira de Inclusão e seus reflexos no casamento da pessoa com deficiência psíquica e intelectual. *In:* BARBOZA, Heloisa Helena; MENDONÇA, Bruna Lima de; ALMEIDA, Vitor (Coord.). *O código civil e o estatuto da pessoa com deficiência*. Rio de Janeiro: Processo, 2017.

SOBRE OS AUTORES

Allan Rocha de Souza
Professor e pesquisador de Direito Civil e Propriedade Intelectual no curso de Direito da UFRRJ/ITR). Professor e pesquisador de Direitos Autorais e Políticas Culturais no programa de pós-graduação em Políticas Públicas, Estratégias e Desenvolvimento (PPED/IE/UFRJ). Pesquisador visitante do OIPRC, Faculty of Law, Oxford University (2016-2017). Vice-coordenador e pesquisador do INCT PROPRIETAS. Integrante do NEDAC e do Núcleo de Pesquisa em Direitos Fundamentais, Relações Privadas e Políticas Públicas. Doutor em Direito Civil pela UERJ. Advogado e consultor jurídico.

Ana Carolina Brochado Teixeira
Doutora em Direito Civil pela UERJ. Mestre em Direito Privado pela PUC Minas. Especialista em Direito Civil pela Scuola di Diritto Civile di Camerino-Itália. Professora de Direito Civil do Centro Universitário UNA. Advogada.

Bruna Lima de Mendonça
Mestre em Direito Civil pela Universidade do Estado do Rio de Janeiro. Especialista em Direito Civil Constitucional pela Universidade do Estado do Rio de Janeiro. Graduada em Direito pela Universidade Federal do Rio de Janeiro. Advogada.

Camila Aguileira Coelho
Mestre em Direito Civil pela Universidade do Estado do Rio de Janeiro (2017). Especialista em Direito Civil-constitucional pela Universidade do Estado do Rio de Janeiro (2012). Graduada em Direito pela Pontifícia Universidade Católica do Rio de Janeiro (2010). Advogada.

Carlos Nelson Konder
Professor adjunto do Departamento de Direito Civil da Faculdade de Direito da UERJ. Professor do Departamento de Direito da PUC-Rio. Doutor e mestre em Direito Civil pela UERJ. Especialista em Direito Civil pela Universidade de Camerino. Advogado.

Célia Barbosa Abreu
Pós-Doutorado, Doutorado e Mestrado em Direito pelo programa de pós-graduação em Direito da Universidade do Estado do Rio de Janeiro (UERJ). Professora adjunta de Direito Civil da Universidade Federal Fluminense. Professora do mestrado em Direito Constitucional da Faculdade de Direito (UFF).

Cíntia Muniz de Souza Konder
Doutoranda em Direito Civil pela Universidade do Estado do Rio de Janeiro (UERJ). Mestre em Direito e Sociologia pela Universidade Federal Fluminense (UFF). Professora do Departamento de Direito Civil da Faculdade Nacional de Direito (FND) da Universidade Federal do Rio de Janeiro (UFRJ). Professora da pós-graduação *lato sensu* da UERJ e da PUC-Rio. Professora de Direito Civil do Ibmec.

Daniel Bucar
Doutor e mestre em Direito Civil (UERJ). Especialista em Direito Civil (Università degli Studi di Camerino). Professor de Direito Civil (IBMEC/RJ). Procurador do Município do Rio de Janeiro. Advogado.

Daniele Chaves Teixeira
Mestre e doutora em Direito Civil pela UERJ. Especialista em Direito Privado pela PUC-Rio. Especialista em Direito Civil pela Università degli Studi di Camerino-Itália. Professora e coordenadora de cursos de pós-graduação de Direito do CEPED/UERJ. Advogada.

Deborah Pereira Pinto dos Santos
Procuradora do Município do Rio de Janeiro. Mestre e doutoranda em Direito Civil da UERJ. LLM Candidate Harvard Law School (2018).

Eduardo Freitas Horácio da Silva
Mestrando em Direito Civil na Universidade do Estado do Rio de Janeiro. Advogado.

Elisa Costa Cruz
Doutoranda e mestre em Direito Civil pela Universidade do Estado do Rio de Janeiro (UERJ). Professora substituta da UFRJ. Professora convidada da EMERJ e da FESUDEPERJ. Defensora Pública do Estado do Rio de Janeiro.

Fernanda Cohen
Mestre em Direito Civil pela Universidade do Estado do Rio de Janeiro. Advogada.

Gabriel Schulman
Doutor em Direito na Universidade Estadual do Rio de Janeiro (UERJ). Mestre em Direito pela Universidade Federal do Paraná (UFPR). Especialista em Direito da Medicina pela Universidade de Coimbra (Portugal). Coordenador da pós-graduação em Direito e Saúde da Universidade Positivo. Professor da Universidade Positivo e advogado.

Guilherme Magalhães Martins
Promotor de Justiça titular da 2ª Promotoria Cível – Rio de Janeiro. Professor adjunto de Direito Civil da Faculdade Nacional de Direito (UFRJ). Doutor e mestre em Direito Civil e Bacharel em Direito pela Faculdade de Direito da UERJ. Diretor do Instituto Brasilcon. Membro honorário do Instituto dos Advogados Brasileiros. Ex-professor visitante do programa de pós-graduação *stricto sensu* em Direito Civil da Faculdade de Direito da UERJ.

Heloisa Helena Barboza
Professora titular de Direito Civil da Faculdade de Direito da Universidade do Estado do Rio de Janeiro (UERJ). Doutora em Direito pela UERJ e em Ciências pela ENSP/FIOCRUZ. Diretora da Faculdade de Direito da Universidade do Estado do Rio de Janeiro (UERJ). Procuradora de Justiça do Estado do Rio de Janeiro (aposentada). Advogada, parecerista e árbitra em Direito Privado.

Joyceane Bezerra de Menezes
Pós-doutora em Direito Civil pela Universidade do Estado do Rio de Janeiro (2014). Doutora em Direito pela Universidade Federal de Pernambuco (2004). Mestre em Direito Constitucional (Direito e Desenvolvimento) pela Universidade Federal do Ceará (1995). Graduada em Direito pela Universidade de Fortaleza (1990). Exerce o magistério superior como professora titular da Universidade de Fortaleza, integrando o programa de pós-graduação *stricto sensu* em Direito, responsável pelas disciplinas de Direito de Personalidade e Direito dos Danos. É professora adjunto, nível 4, da Universidade Federal do Ceará – Faculdade de Direito (Departamento de Direito Privado), ministrando as disciplinas de Direito de Família e Direito das Sucessões. Desenvolve projetos de pesquisa e publicações na área de Direito Civil, com ênfase na análise de questões existenciais correlacionadas à pessoa com deficiência, à tutela da personalidade e à família. Experiência na área de Direito Civil. Editora da Pensar, Revista de Ciências Jurídicas (ISSN - impresso: 1519-8464; ISSN - eletrônico: 2317-2150). Advogada.

Luiz Cláudio Carvalho de Almeida
Promotor de Justiça titular da Promotoria de Justiça de Proteção ao Idoso e à Pessoa com Deficiência do Núcleo Campos dos Goytacazes. Coordenador do Centro de Apoio Operacional das Promotorias de Justiça de Proteção ao Idoso e à Pessoa com Deficiência do Ministério Público do Estado do Rio de Janeiro. Mestre em Direito.

Paula Moura Francesconi de Lemos Pereira
Doutora e mestre em Direito Civil pela Universidade do Estado do Rio de Janeiro (UERJ). Especialista em Advocacia Pública pela UERJ e em Direito da Medicina pela Universidade de Coimbra. Professora nos cursos de pós-graduação da Pontifícia Universidade Católica do Rio de Janeiro (PUC-Rio) e do CEPED (UERJ). Diretora financeira do IBDCivil. Advogada.

Pedro González
Mestrando em Sociologia e Direito pela Universidade Federal Fluminense (UFF). Bacharel em Direito e Especialista em Direito Civil-Constitucional pela Universidade do Estado do Rio de Janeiro (UERJ). Especialista em Direito Civil pela Universidade Anhanguera-Uniderp I Rede LFG. Defensor Público do Estado do Rio de Janeiro. Coordenador do Núcleo de Atendimento à Pessoa com Deficiência (NUPED). Conselheiro do Conselho Estadual para a Política de Integração da Pessoa com Deficiência do Estado do Rio de Janeiro (CEPDE-RJ).

Rafael Esteves
Doutor em Bioética, Ética Aplicada e Saúde Coletiva – PPGBIOS (curso em associação entre UERJ, UFRJ Fiocruz e UFF). Mestre em Direito Civil pela UERJ. Professor adjunto de Direito Civil da FND/UFRJ. Advogado.

Renata Vilela Multedo
Doutora e mestre em Direito Civil pela Universidade do Estado do Rio de Janeiro (UERJ). Professora titular de Direito Civil do Grupo IBMEC. Professora dos cursos de pós-graduação *lato sensu* da PUC-Rio. Membro do Conselho Executivo da civilistica.com – Revista Eletrônica de Direito Civil. Advogada.

Tânia da Silva Pereira
Professora assistente (aposentada) da UERJ e da PUC-Rio. Mestre em Direito Privado pela UFRJ (1980) com equivalência pela Universidade de Coimbra como Mestre em Ciências Civilísticas (1995). É advogada militante com experiência em Direito de Família e Sucessões, Direito da Criança e do Adolescente, Direito do Idoso e da Pessoa com Deficiência. Escreveu inúmeras obras e textos monográficos, destacando-se o livro "Direito da Criança e do Adolescente: uma proposta interdisciplinar", publicado em 1996 e atualizado em 2008 pela Editora Renovar. Atualiza anualmente o Volume V de "Instituições de Direito Civil (Família)", de Caio Mário da Silva Pereira.

Thamis Dalsenter Viveiros de Castro
Doutora em Direito Civil pela UERJ. Mestre em Direito Constitucional e Teoria do Estado pela PUC-Rio. Professora de Direito Civil do Departamento de Direito da PUC-Rio. Coordenadora e professora da pós-graduação em Direito das Famílias e Sucessões da PUC-Rio. Professora da pós-graduação em Direito Civil-Constitucional do CEPED-UERJ.

Vanessa Ribeiro Corrêa Sampaio Souza
Doutora em Direito Civil pela Universidade do Estado do Rio de Janeiro. Professora adjunta de Direito Civil da Universidade Federal Rural do Rio de Janeiro.

Vitor Almeida

Pós-doutorando em Direito Civil pela Universidade do Estado do Rio de Janeiro (UERJ). Doutor e Mestre em Direito Civil pela UERJ. Professor adjunto de Direito Civil da Universidade Federal Rural do Rio de Janeiro (ITR/UFRRJ). Professor de Direito Civil da PUC-Rio. Professor do CEPED-UERJ. Professor convidado da Escola Superior da Advocacia Pública da PGE-RJ e da EMERJ.

Esta obra foi composta em fonte Palatino Linotype, corpo 10
e impressa em papel Offset 75g (miolo) e Supremo 250g (capa)
pela Gráfica Paulinelli, em Belo Horizonte/MG.